柯城年鉴

（2020）

衢州市柯城区地方志编纂委员会
衢 州 市 柯 城 区 档 案 馆 编

方志出版社
Publishing House of Local Records

衢州市柯城区地方志编纂委员会

主　　任：蒋国强

副 主 任：王永明　邱雪萍(女)　曾三山

委　　员：洪　栋　余继雄　舒素标　刘小华　汪晓勤
吴国清　姚宏东　方宏华　周　勇　杨利兵
徐珍宏　薛　云　雷　晓　周建立　董高法
张文利　施　萍(女)　林良友　周志平　杨更华
陈志忠　吴志鸿　郑　亮　方　燕(女)　孙浩浩

办公室主任：徐珍宏(兼)

《柯城年鉴》编辑部

主　　编：徐珍宏

副 主 编：骆江涛

执行主编：郑学乾

编　　辑：韩志宏　黄淼炎　王美卿(女)
柯　舟　周　誉　魏　丽(女)

编　　务：徐佳斯(女)　程　丽(女)

英文目录：李丹琪(女)

版式设计：《柯城年鉴》编辑部

编辑说明

《柯城年鉴》由中共衢州市柯城区委、区人民政府主办，区地方志编纂委员会、区档案馆承编的综合年鉴，是具有年度性、综合性、资料性的文献。年鉴系统记述柯城区行政区域内自然、政治、经济、文化、社会等方面内容，为各级领导决策和管理提供客观信息，为社会人士了解、研究、宣传柯城提供服务。

《柯城年鉴（2020）》以马克思列宁主义、毛泽东思想、邓小平理论、“三个代表”重要思想、科学发展观、习近平新时代中国特色社会主义思想为指导，坚持辩证唯物主义和历史唯物主义的立场、观点和方法。编纂出版执行国务院《地方志工作条例》、中国地方志指导小组《地方综合年鉴编纂出版规定》和《浙江省年鉴编纂业务规范细则》的规定，记录本区域内2019年1月1日至12月31日各项事业发展的基本情况和重大事件。为保证资料的完整性，有少量上溯或下延的内容。

《柯城年鉴（2020）》框架由卷首、百科、卷尾三部分组成，特载、专记采用综合体，百科采用条目体。设类目、分目、条目三个层次，条目为主要信息载体。全卷设类目34个。卷首设彩页、地图、中文目录、英文目录、特载、专记、大事记、区情概要。卷尾设附录，录入2019年全区国民经济主要统计资料、机构单位和负责人名录、区委关于巡视整改情况的通报、区机构改革方案、乡镇（街道）机构改革方案、柯城区第二批地名文化遗产保护名录、区委部分文件选目、区政府规范性文件目录、荣誉录、各单位审稿人名录、索引等资料。

全书采用现代语体文记述，用第三人称，引文仍用原文人称。以文字记述为主，辅以图片、表格。全书采用的数据，凡涉及全区性的，以区统计数据为准；未列入统计部门统计的数据，以职能部门提供为准。计量单位采用国家法定计量单位，历史数据沿用旧制。标点符号、语言文字、数字等执行国家标准和国家有关规定。数据有小数点的，除特殊情况外，一般保留小数点后2位有效数字；表中空格表示数据未产生或无法取得。

《柯城年鉴（2020）》文字资料由各承编单位提供，署作者名。卷首照片署拍摄名或署提供单位名，文中插图除署名外，由撰稿单位或区全媒体中心提供。

12月6日，浙江省委书记车俊（中）调研余东农民画发展状况　（沟溪乡提供）

8月21日，浙江省委常委、政法委书记王昌荣（中）到柯城法院调研　（区法院提供）

12月18日，浙江省委常委、统战部部长熊建平（中）到柯城调研基层统战工作　（楼郁馨　摄）

5月15日，衢州市委书记徐文光（中）带队考察柯城区农村改革亮点工作　（陈蓉蓉　摄）

6月28日，柯城区委书记徐利水（中）到航埠镇新山村塘下自然村看望“一生积蓄献给党，一颗初心跟党走”的老党员贵海良（左）　（卢颖　摄）

10月22日，柯城区委副书记、代区长蒋国强（中）到企业调研　（金超　摄）

4月18日，区人大部署开展促进民营经济高质量发展专项监督工作　（方秀琴　摄）

3月13日，省人大常委会党组副书记、副主任李卫宁调研街道人大工作　（区人大提供）

7月17日，浙江省全国人大代表第三小组到柯城开展专题调研　（陈蓉蓉　摄）

11月8日，区人大常委会组织五级人大代表视察“最多跑一次”改革落实情况活动　（区人大提供）

6月24日，区政协召开“请你来协商小区物业管理”专题协商会 （方心怡 摄）

6月4日，调研金河湾小区物业管理工作（区政协提供）

7月18日，调研龙威新材料股份有限公司工作 （区政协提供）

9月4日，区政协举办“请你来协商·新材料+”专题协商活动 （区政协提供）

2月18日，区九届人大三次会议开幕 （卢颖 摄）

2月17日，区政协四届三次会议开幕 （卢颖 摄）

1月20日，全区机构改革动员大会 （卢颖 摄）

2月13日，全区干部大会表彰新时代奋斗者 （卢颖 摄）

9月8日，区委、区政府召开全区教育大会，表彰优秀教育者 （卢颖 摄）

9月30日，区政协庆祝人民政协成立70周年座谈会 （方心怡 摄）

4月7日，古城双修房屋征收动员大会召开 （方秀琴 摄）

12月27日，区人大常委会举行“回眸来时路 履职新时代”纪念地方人大设立常委会40周年活动 （区人大提供）

7月2日，创建全国文明城市占道经营专项整治行动启动仪式　（方秀琴　摄）

6月11日,新材料＋特色小镇、5G数字化智慧园区启动仪式现场　（卢颖　摄）

10月24日，四川北川羌族自治县考察团到柯城考察交流　（金超　摄）

2月28日，全省重大项目集中开工，衢州分会场活动在柯城举行　（卢颖　摄）

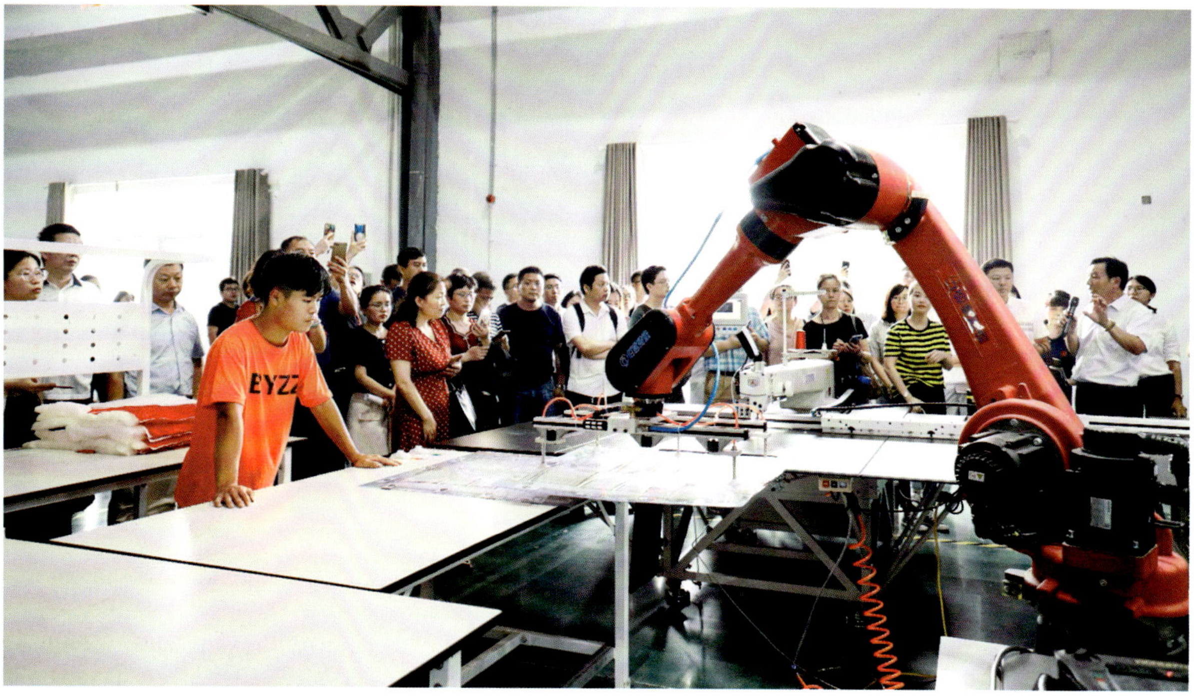

7月10日，全省工业互联网平台现场推广会（衢州专场）与会人员参观浙江佰意智造服饰有限公司生产车间机器人手臂、AGV小车等智能设备　（卢颖　摄）

10月21日，打造全市、全省乃至长三角运动休闲旅游的网红地、目的地、标杆地——衢州奥陶纪景区项目正式开工　（卢颖　摄）

鹿鸣小学七里校区有43年来无怨无悔甘当山村“孩子王”的老教师——原七里小学校长雷霄给学生们上书法课　（区全媒体中心提供）

柯城首批援川支教的巨化中学英语老师朱荣林与学生合影留念（区全媒体中心提供）

鹿鸣小学七里校区（区全媒体中心提供）

4月28日，新世纪学校机器人社团夺得2019VEX机器人世锦赛初中组世界冠军 （区全媒体中心提供）

在超级上海国际青少年篮球邀请赛中，礼贤小学获U9组亚军 （区教育局提供）

尼山小学节目《大鱼》获得浙江省少儿艺术节器乐类项目省二等奖 （区教育局提供）

4月24日，全国百家电台“践行四力”融媒体采风团到沟溪乡余东村采访农民画产业发展情况　（楼郁馨　摄）

荷花街道朝晖社区“居民艺术团”在演奏歌曲（荷花街道提供）

12月30日，余东农民画在文化和旅游部恭王府博物馆嘉乐堂展出　（王飞　摄）

8月31日，灵鹫山第二届（国际）森林汽车穿越大赛和中国摩托车耐力大奖赛掠影 （区全媒体中心提供）

1月4—6日，马帮中国车王争霸赛 （绿创提供）

12月13—18日，灵鹫山全国首届极限森林运动会自行车攀爬 （绿创提供）

4月22—23日，全国森林极限运动会论坛 （绿创提供）

11月16—17日，灵鹫山百公里国际越野赛 （绿创提供）

衢州专业市场城 （张霞艳提供）

航埠镇航拍图 （刘青 摄）

6月21日，雨后的乌溪江面水汽蒸腾（卢颖 摄）

航埠集镇整齐有序的交通网 （刘青 摄）

石梁溪枫林堰 （朱欣慰 摄）

目　　录

中共衢州市柯城区委员会

衢州市柯城区人民代表大会

衢州市柯城区人民政府

政协衢州市柯城区委员会

纪检 监委

民主党派·工商联

人民团体

群众团体

法　治

军　事

经济管理

交 通

基础设施

信 息 业

城乡建设

资源　环境

农业·林业·水利

工业经济

商贸　服务业

财　政

税　务

金融业

教　育

科学技术

文化·旅游·体育

卫 生

社会事务

乡镇　街道

附　录

索　引

Contents

Special Reports

Feature

Memorabilia

General Survey

Kecheng District Committee of the Communist Party of China

Kecheng District's People's Congress

The Kecheng District People's Government

The CPPCC Kecheng Committee

Discipline Inspection Supervision

Democratic Parties Federations of Industry and Commerce

People's Organization

Mass Organization

The rule of Law

Military

Economic Management

Traffic

Infrastructure

Information Industry

Urban-Rural Construction

Resources Environment

Agriculture Forestry and Water Conservancy

Industrial Economy

Commercial and Trade Service Industry

Finance

Taxation

Financial Industry

Education

Science and Technology

Culture Tourism and Athletics

Hygiene

Social Affairs and Management

TownshipSubdistrict Office

Appendix

Index

特　　载

聚焦聚力　奋勇争先
用忠诚和行动书写高质量快发展的柯城答卷

——在区委八届七次全体(扩大)会议上的报告

(2020年1月16日)

中共衢州市柯城区委书记　徐利水

同志们:

这次全会的主要任务是:高举习近平新时代中国特色社会主义思想伟大旗帜,深入学习贯彻党的十九届四中全会、中央经济工作会议和省委十四届六次全会、省委经济工作会议、市委七届七次全会精神,认真总结2019年工作,研究部署2020年重点工作任务,审议通过《关于认真学习贯彻党的十九届四中全会精神为市域治理现代化走在前列展现主城担当的决定》,动员全区上下坚持市区一体,聚焦聚力,奋勇争先,用忠诚和行动书写高质量快发展的柯城答卷,为决胜高水平全面建成小康社会而努力奋斗。

下面,我代表区委常委会向全会作报告。

一、攻坚克难、实干担当,高质量发展打开新局面

2019年对柯城来说,是有压力、有困难的一年,更是有收获、有突破的一年。一年来,区委常委会深入学习贯彻习近平新时代中国特色社会主义思想,坚决贯彻落实中央和省委、市委各项决策部署,全力推动市委"1433"发展战略体系在柯城重重落地。这一年,我们一起奋斗、一起攻坚克难,很辛苦,也很有收获,成功夺得了省新时代美丽乡村示范县、省教育基本现代化区、全省扩大有效投资优秀单位、中国天然氧吧等一批"金字招牌",生态环境公众满意度排名全省第六、全市第一,形成了经济社会发展和党的建设各项事业持续向好的新局面。预计全区实现地区生产总值225.55亿元,增长6.6%,迈上了200亿元的台阶;全年财政总收入19.89亿元,增长12.5%;一般公共预算收入12.84亿元,增长7.7%;固定资产投资增长13.1%;社会消费品零售总额212.6亿元,增长 8%；城镇和农村居民人均可支配收入分别达 50431 元和 25810 元，分别增长 8.6%和 10.2%。

一年来，区委常委会集中精力主要抓了九件大事：

一是扎实开展“不忘初心、牢记使命”主题教育，“两个维护”更加坚决坚定。牢牢把握“守初心、担使命，找差距、抓落实”的总要求，一体推进四项重点措施，做到全程高质量、全面高质量。区委常委会率先作出“五个始终”“六个带头”公开承诺，紧扣主题主线，带头开展“五个一”学习活动，推动伟大思想入脑入心、扎根铸魂；坚持开门搞教育，扎实开展“调研解难题、深化‘三服务’”活动，常委班子带着课题包乡走村入企，协调解决各类问题 142 个；坚持刀刃向内，认真对照党章党规找差距，高质量开好专题民主生活会，找准问题短板，真刀真枪抓实整改，“9 ＋ 1”专项整治 82 个问题全部整改到位。在区委常委会的引领带动下，全区各级党组织和广大党员干部高标准、严要求，认真抓好规定动作，结合实际做好自选动作，取得了思想大洗礼、党性大锻炼、初心大感悟、担当大提升、作风大砥砺的良好成效。省委书记车俊，省委常委、组织部部长黄建发，市委书记徐文光都对我区主题教育的成效给予充分肯定、高度评价，这是对全区上下最大的褒奖，也是对我们主题教育成果的最好总结。

二是攻坚克难勇挑重担，主城担当更加坚实有力。作为主城区，我们理应挑起城市赋能的重担，书写南孔古城复兴的开篇。面对征迁这件“天下第一难事”，我们坚持历史的人做历史的事，广大征收干部毫不畏难、主动请战，跑楼串户、不知疲倦，30 天完成古城双修 1322 户、12.7 万平方米房屋签约，礼贤未来社区 1029 户、6.5 万平方米和衢化棚改 1643 户、8.1 万平方米的房屋签约均只用时 15 天，三大征迁实现签约、腾空 100%目标，用一组组新纪录展现了柯城铁军的“速度与激情”，用真情与汗水换来了群众笑脸、诠释了“斗潭精神”。自觉当好全国文明城市创建主力军，全面压实创建责任，投入 1.8 亿元改造提升便民、利民、惠民设施，农贸市场、背街小巷、老旧小区、占道经营、停车难等重点难点问题得到有效整治，有礼之城、志愿之城、文明之城的创建氛围更加浓厚，成功实现“保 8 晋位”目标。

三是集中精力大干项目，发展动能更加强劲。紧盯重点抓招引，围绕“3 ＋ 2”现代产业体系，大力开展产业链招商、驻点招商、专业招商、以商招商，全年新引进亿元以上项目 22 个，其中 10 亿元以上项目 3 个。紧盯项目抓推进，扎实开展“百日攻坚”行动，打好领导挂联、项目红黑榜、“拔钉清障”组合拳，全力服务保障重点项目建设，34 个省市集中开工项目和 2 个省市县长工程项目全部开工入库，鸿盛新材料、贝喜欧智能卫浴等产业类大项目顺利投产，寺桥水库项目用地通过预审，四个结构性指标均增长 10%以上，固定资产投资增速领跑全市、领跑全年。紧盯要素抓保障，持续推进全域土地综合整治，成功创建省级国土资源节约集约模范区，新增垦造耕地 260 余公顷，建设标准农田 80 余公顷，盘活存量工业用地 33.33 公顷，完成农转用报批面积 80 余公顷，争取林地指标 46 公顷；成功发行首单 12 亿元公司债券，创下全市同级别国资公司债券发审最快纪录，利率为2018年以来全国同级别、同期限发行最低；争取中央棚改资金、老旧小区改造资金9.16亿元，项目数、资金数均列全省第一。紧贴企业需求优服务，常态化开展“组团联企”活动，“党建＋招工”做法得到省委车俊书记批示肯定；设立让利性股权投资引导基金，有效缓解企业“融资难”“融资贵”问题。

四是大力实施数字经济“一号工程”，产业创新成果更加突显。借力余杭山海协作，导入高端数字资源，建立“两院一会一平台”，构建“1＋2＋N”产业扶持政策体系，全力打造“数字经济先行区的第一协作区”，全区数字经济发展综合评价在全省前移22位，排名全市第一。积极推动企业数字化改造，新增上云企业300家，引进数字经济企业18家，恒业汽车部件有限公司数字化转型成效获得袁家军省长点赞，佰意智造被评为省级数字化车间并成功承办全省工业互联网平台推广现场会，新材料小镇获评全省数字化示范园区。深化拓展“飞地模式”，柯城科创园暨清创和梓“一亿中流”上市加速器在杭州未来科技城正式开园。航埠“两小”创建提档升级，时尚低碳小镇与余杭艺尚小镇成功结对，杰丰服装等一批项目建成投产，服装时尚产业的创新集群正加速形成。持续加大科技创新投入，新增国家高新技术企业12家，新认定省科技型中小企业30家，柑橘产业创新服务综合体被列入省级创建名单。联手高德地图打造智慧商圈，成为全国首个全域点亮的智慧城区。加快城区服务业转型提升，实达实入选省现代服务业和先进制造业深度融合试点项目，服务业发展综合评价考核跃升至全省第4位。深化“亩均论英雄”改革，出清低效企业25家，淘汰落后产能企业4家，整治“低散乱”企业105家。

五是勇闯新路振兴乡村，乡村大花园更加“好看、好玩、好听、好吃”。坚持把农房整治作为党建治理大花园建设的“牛鼻子”，全年整治各类农房15231宗、拆除面积100.8万平方米，实现应拆尽拆、全面清零，累计利用拆后土地33.53万平方米。坚持全景式打造、全产业融合，萱草未来村、航天智慧农业、衢六味等一批亿元以上三产融合项目签约落地，13个诗画风光带重点项目全面开工，美丽沿江公路全线贯通；创新实施“一乡千宿”工程，新增省级金宿1个、银宿4个，“智多张西”等一批中高端民宿投入运营；创建AAA级景区村庄5个、A级景区村庄31个。坚持以运动振兴乡村，中国运动汽车城、奥陶纪景区、飞鸿神网谷、千里岗森林营道等项目开工建设，徐莫岩路一期全面打通，全国首个乡村国家运动公园加快推进，森林汽车穿越大赛晋升国家A类赛事，全国首届森林极限运动会等大赛好戏连台。坚持用文化和艺术“点燃”乡村，持续打造以九华“立春祭”为代表的乡村特色文化品牌，余东农民画在恭王府博物馆成功举办赴京跨年展，乡村音乐会、橘子音乐节场场爆满。坚持数字赋能助推农业转型，依托阿里技术，打造全省首家数字农场示范基地，建成鸡尾柚数字农场133.33公顷；借助天猫流量，拿下全省首个阿里巴巴淘宝直播村播试点区，柯城农特产品成为网红“爆款”，直播销售额超1800万元，“村播”数字营销模式得到省委书记车俊大会表扬。

六是全面深化改革创新，内生动力更加

充沛有力。坚持以“最多跑一次”改革为牵引，加快“三个城”建设，100%政务服务事项实现网上办理，100%民生事项实现“一证通办”，一般企业投资项目实现竣工验收前审批“最多90天”，营商环境持续优化。积极推动“最多跑一次”改革向机关内部及公共服务场所延伸，政府数字化转型步伐不断加快。扎实做好机构改革“后半篇文章”，积极探索乡镇（街道）模块化改革，荷花街道“四维”考核办法在全市推广运用。加速推进国资国企市场化改革，完成“1＋4＋X”母子公司体系整合。进一步推广和深化“一村万树”绿色期权，利用山海协作渠道，有效助推村集体增收1000余万元，“一村万树”GEP核算高达80.22亿元，创新做法得到全国政协副主席李斌和全国绿化委员会副主任、国家林业和草原局局长张建龙批示肯定。聚焦农民建房“一件事”改革，在全市率先上线房地信息系统，农房审批办理时间由98天减至31天，得到省委车俊书记批示肯定。

七是强化党建统领基层治理，治理体系更加管用有效。全面开展乡村振兴“一号行动”，制定出台“固本强基20条意见”和后进村整转验收标准，清退“三类人员”59名，推动63个后进村完成整转，实现“由乱到治”“由治到美”。大力实施“一区百雁”工程，以老党员贵海良为典型榜样，成立“领头雁培育基金”，强化教育培训、擂台比拼，“领头雁”抓村治村水平有了新提升。建好用好乡村振兴讲堂，打造全市首个乡村振兴综合体。突出抓好“三联工程”，严格落实“周二无会日”制度，持续深化“网格365”基层治理服务体系，分层分级开展“网格大比武”活动，有效提升干部做群众工作、处理复杂问题的能力。“红色物业联盟”做法入选省级标准试点，“邻礼通”小程序得到袁家军省长点赞。深入开展扫黑除恶专项斗争，截至目前，全区共破获各类涉黑涉恶案件295起，打掉黑社会性质组织1个、恶势力犯罪集团3个、恶势力犯罪团伙7个，区纪委监委被省委、省政府授予“2018年度全省扫黑除恶专项斗争先进集体”。诉源治理成效明显，诉前化解率排名全省第六。在全省率先建立“信访超市”，扎实推进“最多跑一地”改革，创新信访代办、网格调解，全年走访总量、赴京访总量分别下降47.5%、71.7%，国家级、省级积案化解70%以上，顺利通过省“无信访积案区”初评，圆满完成新中国成立70周年、党的十九届四中全会等重大节点的安保维稳工作。

八是持续增进民生福祉，人民群众获得感幸福感更加充实。高规格召开全区教育大会，进一步加强党对教育工作的全面领导，确立了“优质均衡、特色发展、人民满意”的现代化教育目标，教师队伍建设和待遇保障得到改善提升；教育资源供给得到新加强，城南小学、白沙小学、礼贤幼儿园等投入使用，鹿鸣小学迁建项目主体结顶；教育教学质量继续保持全市领先，新世纪学校获VEX机器人世锦赛冠军。深入推进“健康柯城”建设，“双下沉、两提升”稳步推进，区中医院正式开业，区疾控中心正式运行，浙西健康城医养综合体开工建设，基层医疗卫生服务能力不断提升，获评健康浙江考核优秀等次。扎实推进全民参保精准扩面，户籍人口养老保险参保率达99.3%、居全市第一，基本医疗保险参保率达99.8%。积极提升养老服务，3家示范型居家养老服务中心实现社会化运营。持续改善城乡人居环境，完成35个污水零直排小区建设，“五水共治”工作具备“冲鼎”条件；全面完成地质灾害隐患点搬迁房屋拆除清零；斗潭片区、高铁新城、衢化棚户区等安置房陆续结顶，农民集聚点建设有序推进。持续加强各领域各行业安全监管，社会大局和谐稳定，连续四年被评为全省“平安区”。高质量助力北川全县贫困人口全部脱贫、贫困村全部退出、国家级贫困县成功“摘帽”，并进入四川省东西部扶贫协作考核综合评价“好”的序列。

九是全面从严管党治党，政治生态更加风清气正。高度重视做好省委巡视反馈问题整改，36项具体问题全部整改到位，整改成效得到省委巡视办和省委巡视组高度肯定。深入推进清廉柯城建设，召开万人警示教育大会，全面开展群众身边“微腐败”和不正之风专项整治，查处问责村干部48人，有力净化基层政治生态、社会生态。扎实推进政治巡察，对14个乡镇、部门和132个村（社）开展“政治体检”，发现问题1047个，移送问题线索114条，问责党员干部136人，健全完善各类制度46项，做法成效得到中巡办王鸿津主任的高度认可。持之以恒反“四风”，力戒形式主义、官僚主义，查处违反中央八项规定精神问题14起15人，党纪政务处分13人，区本级会议、文件、督查数量分别下降36.2%、38%和40.4%。持续保持惩治腐败的高压态势，全区各级纪检监察组织共立案140件，结案147件，给予党纪政务处分136人。坚持干部为事业担当、组织为干部担当，旗帜鲜明地为14名村级“领头雁”和7名区管干部澄清正名，让他们放下包袱、挺直腰杆、继续前行。

同时，区委始终坚持总揽全局、协调各方，认真执行民主集中制，完善区委议事规则。专题召开区委人大工作会议和区委政协工作会议，积极支持人大、政协履职尽责。统战、民族、宗教、侨务、对台、档案、党校、残联、工商联、工青妇、老干部、红十字会、关心下一代等各项工作也取得了新的成绩，意识形态、党管武装、国防动员和军民融合发展等工作得到进一步加强。

这些成绩的取得，根本在于以习近平同志为核心的党中央举旗定向、掌舵领航，得益于省委、省政府和市委、市政府强有力的领导和关心关怀，更饱含着全区各级党组织和广大党员干部的奋斗和奉献，既是久久为功、水到渠成的结果，更是忘我投入、接力奋斗的战果。回顾这一年的工作，我们深深体会到：只有始终坚持党建统领，我们的事业才有坚强可靠的保证；只有始终坚持市区一体，我们的发展才能充分借势借力、赢得先机；只有始终坚持团结一心、聚焦聚力，我们才能不断破难前行，开创发展新局面。借此机会，我代表区委，向辛勤奋斗在全区各条战线上的广大党员干部群众，向长期以来关心支持柯城发展的社会各界人士，表示衷心的感谢和崇高的敬意！

同志们，成绩来之不易，经验弥足珍贵，清醒同样重要。在这个不进则退、慢进也是退的时代，我们决不能自我满足、自我陶醉，躺在“功劳簿”上沾沾自喜。要清醒地看到存在的差距和不足，面临的困难与挑战：一是面对杭深衢一体化、长三角一体化、四省边际一体化的历史性大机遇，我们是否已经做好了准备、想好了对策、找到了路子，高铁时代，时空融合，竞争与合作并存，适者生存，强者胜出。我们都要想一想、问一问，是当站在路边的旁观者、鼓掌者，还是当奔跑前行的运动员、领跑者。二是对照经济高质量快发展的要求，我们的产业和企业主体是否具备创新力、竞争力、影响力、引领力？只有大项目才有大投入、大产出，只有大产业才有大集聚、大带动。但是，我们目前能够聚链成链的大项目好项目还不多，产业集聚集群效应还不明显，资金、土地、科技、人才等资源要素依然紧缺，经济总量和财政收入等关键性指标在全省仍处于中下游。三是对标高水平全面小康的要求和群众日益增长的美好生活需要，我们的基层治理、公共服务与保障是否能够及时跟上。作为主城区，我们的教育、医疗、养老等优质公共服务供给仍然相对不足，城市管理的精细化、智能化、常态化水平还不够高，生态环保、安全生产、金融等领域的风险不容忽视，村集体经济自我“造血”功能还不强，保障和改善民生还需付出更多的努力。四是面对高质量快发展的职责使命，我们的党员干部是否稳得住心神、挑得起重担、守得住底线。地方发展、事业成败，最核心的要素是人，最关键的关键是党员干部。应该看到，在我们的队伍中，还有一小部分人能力不足、本领不强，眼界不宽、思想不新，作风不实、担当不力，极少数干部纪律法律意识淡薄，违纪违法现象仍有发生，等等。对这些问题，我们必须高度重视，切实增强忧患意识和斗争精神，认真研究并加以解决。

二、保持定力、接续奋斗，用忠诚和行动书写高质量快发展的柯城答卷

2020 年是高水平全面建成小康社会和“十三五”规划的收官之年，是全面推进治理体系和治理能力现代化的开局之年，也是谋划“十四五”、为实现第二个百年奋斗目标打基础之年。做好今年工作意义重大、影响深远。今年工作的总体要求是：高举习近平新时代中国特色社会主义思想伟大旗帜，全面贯彻党的十九届四中全会以及中央经济工作会议和省委十四届六次全会、省委经济工作会议、市委七届七次全会精神，坚决扛起贯彻“八八战略”、践行“八个嘱托”、推进“八大任务”的使命担当，坚持一体化、高质量、快发展，扎实开展全面小康决胜年、招商引资攻坚年、重大项目推进年活动，保持定力、精准发力、竭尽全力，推动市委“1433”发展战略体系在柯城重重落地，加快建设“四个区”，确保高水平全面建成小康社会和“十三五”规划圆满收官，为建设“活力新衢州、美丽大花园”、实现“发展高质量、治理现代化”做出柯城贡献。

2020 年的主要预期目标是：地区生产总值增长 7%左右，固定资产投资增长 10%以上，一般公共预算收入增长 7%以上，社会消费品零售总额增长 8%，城镇和农村居民人均可支配收入分别增长 8%和 9%，城镇登记失业率控制在 2%以内。

在工作中，我们必须突出“一个主基调”，扎实开展“三个年”活动，全力抓好“一个决胜、六个聚焦聚力”：

（一）突出“一个主基调”

即坚持一体化、高质量、快发展。必须坚持“一体化”不动摇。作为“一体化”的先行者和受益者，我们必须以更大格局、更高站位、更宽视野，强化“入圈”“进群”“组团”意识，主动融入杭深衢一体化、长三角一体化，积极推进市区市域一体化、柯城巨化一体化、四省边际一体化，以更高层次、更大力度的一体化助推更高质量的快发展。必须坚持“高质量”不动摇。自觉把“高质量”的理念贯穿于经济社会发展各个领域、各项工作的全过程，精心组织开展“十四五”规划编制，不论是抓经济、抓项目、抓治理、抓民生还是抓党建，都要高起点谋划、高标准推进，努力做到发展高质量、小康高水平、治理高标准、党建高要求。必须坚持“快发展”不动摇。“一体化”“高质量”的成效，最终都要用经济社会的“快发展”来体现。我们要切实增强紧迫感、危机感、责任感、使命感，紧起来、急起来，动起来、干起来，跑起来、快起来，实起来、严起来，以各项工作的快节奏、高效率，跑出高质量发展的“加速度”。

（二）扎实开展“三个年”活动

一是全面小康决胜年。对照与全省同步高水平全面建成小康社会的目标任务和指标体系，全面厘清差距和不足，逐项制定攻坚任务书，明确目标清单、任务清单、责任清单，整体部署、条块联动、精准发力，确保补短板工作有序有力高效，坚决打好打赢高水平全面建成小康社会“收官战”，为实现第二个百年奋斗目标打下扎实基础。二是招商引资攻坚年。坚持把招商引资、招才引智作为 “一把手工程”，坚持市区一体化，强化全区一盘棋，抢抓杭深衢一体化、长三角一体化、四省边际一体化等发展机遇，重点围绕“新材料+”、智能制造、服装时尚三大重点产业和美丽经济、数字经济“3 + 2”体系，集中兵力、聚焦产业抓招商，形成全员全域全面招商引资大格局。三是重大项目推进年。坚持把项目建设摆在突出位置，全力以赴抓谋划、抓引进、抓前期、抓推进、抓服务，掀起大干项目、干大项目新高潮，加快形成“储备一批、开工一批、建设一批、竣工一批、投产一批”的项目梯次推进格局，继续为全市有效投资增长做出柯城贡献。

（三）全力抓好“一个决胜、六个聚焦聚力”

1. 决胜高水平全面小康，全力补齐短板弱项。做好今年工作，千条万条最重要的一条就是决胜高水平全面小康。要始终坚持以人民为中心的发展思想，突出问题导向、目标导向、价值导向，在保障和改善民生上持续发力，不断提升高水平全面小康的品质成色。

一要高质量推进富民增收。严格落实低收入农户全面小康计划，统筹推进产业开发、创业就业、结对帮扶、社会救助、健康保险、光伏扶贫等系统工程，持续打好低收入农户增收攻坚战，确保低收入农户收入年增幅保持在10%以上。深化“一村万树”绿色期权改革，加大“一村万树”生态产品价值核算成果应用，不断拓宽“生态飞地”“消薄飞地”等实现路径，助力村集体经济持续稳定增收。深入实施“两进两回”行动，鼓励乡贤、青年回归，引导资金、技术下乡，为乡村振兴注入新动力新活力。继续做好东西部扶贫协作，协助对口的北川县打好打赢精准脱贫收官战。

二要高品质创造美好生活。以决战决胜的姿态全力冲刺全国文明城市创建，细化创建举措，攻坚短板难点，提升全社会志愿服务水平，用“绣花”功夫抓好常态长效管理，为衢州成功创建全国文明城市展现柯城担当。深化群众性精神文明建设，探索“有礼”标准化，全面提升居民道德素质和未成年人思想道德水平，上下同欲打造一座“最有礼的城市”。有序推进衢化片区和双西港片区改造提升，加快推进斗潭片区、高铁新城、衢化棚户区安置房建设，按照“六有”标准，加快实施老旧小区改造，推进城市有机更新、美丽更新。着力推动美丽城镇建设，围绕“五美”总目标，加快“人产城文景”深度融合，促进城乡高质量融合发展。

三要高水平改善民生福祉。全面落实全区教育大会部署要求，完成鹿鸣小学迁建，开工建设城南初中，启动尼山小学改扩建等，进一步加强教育硬件设施保障，积极创建全国义务教育优质均衡区。深化医药卫生体制改革，扎实推进区域医共体建设，加快推进区中医院住院综合大楼、浙西健康城医养综合体等项目建设，以便民、利民、惠民为标准，不断改善就医环境，助力“世界长寿之都”创建。全面推进医保精准扶贫。统筹抓好养老、就业、社会保障、退役军人事务、殡葬改革等工作。全面完成农村饮用水达标提标工程。坚决打赢污染防治攻坚战，全力做好新一轮中央环保督察迎检工作，争创省级生态文明建设示范区。

2. 聚焦一体化发展，聚力开放再出发。要进一步打开思路、打开格局，在推动区域开放融合发展上更加积极主动，以融合凝聚发展资源，以开放拓展发展空间，不断走向高质量发展前沿。

一要主动推进市区一体、市域一体。继续按照“八个一体化”的思路，强化重大战略定位、重大基础设施、重大资源要素、重大产业项目的市区统筹，在推动市域一体发展中争当“龙头”、争做“示范”。大力弘扬“斗潭精神”，坚决当好城市开发建设的突击队、排头兵，全力征战杭衢铁路、351国道柯城段、杭金衢高速拓宽等重大项目征迁，确保如期完成。强化产城联动，深入推进柯城—巨化一体化发展，充分发挥巨化在产业创新中的龙头作用，进一步丰富完善“新材料＋”等领域的协同创新体系和产业招商体系，加强信息互通、招商合作、资源共享、平台共建，加快推动功能性膜材料、含氟新材料、电子化学品材料等产业集聚集群发展。积极推进四省边际旅游协作区创建，主动谋划与四省九市文旅体等领域的区域协作，着力打造“诗意杭州、梦幻黄山、有礼衢州”世界级黄金旅游线的核心景区。

二要主动深化杭深衢一体化，扩大山海协作“朋友圈”。抓住打造山海协作工程升级版和杭衢同城化发展的契机，充分对接杭州城西科创大走廊，全方位深度融入杭州都市圈、创新生态圈。充分发挥科创园“飞地”功能，积极对接杭州都市圈“十四五”规划重大产业合作项目，争取更深层次更高水平的产业共构。用足用好余杭全国数字经济先行区的优势，深化拓展“两小镇、两飞地、两基地”建设，加快数字产业化、产业数字化，推动数字经济和实体经济深度融合。着眼杭深高铁近海内陆线可能带来的新机遇。主动深化与深圳的对接交流，积极探索互联网、人工智能、新材料、生物医药、服装时尚等领域的协作机会，进一步构建借势借力、借智借力、开放开发的发展新格局。

三要主动融入长三角一体化，服务借力大上海。按照市委“接轨大上海、聚力一体化”工作部署，制订实施融入长三角一体化行动计划，深入研究把握上海的发展趋势，精准对接上海的发展需求，主动承接上海的辐射效应，以更优服务实现更好接轨。积极探索“上海所需、柯城所能”的产业互补机会，力争加入G60科创大走廊，着力在时尚产业、新材料产业培育和科技合作等方面加大协作力度，在长三角“后花园”的旅居康养定位上建基地、做文章。适时建立“上海飞地”和若干产业创新综合体，力争在“柯城—杨浦”区块合作上取得突破。

3. 聚焦产业为王，聚力招大做强。围绕“3＋2”的产业主攻方向，全力以赴攻坚招商引资、项目落地、提质升级、品牌打造，努力构建“创新引领、要素协同、链条完整、竞争力强”的现代产业体系。

一要狠抓双招双引。紧紧围绕美丽经济幸福产业、数字经济智慧产业两大新兴产业，聚焦“新材料＋”、服装时尚、智能制造等三大主导产业，大力实施“建链、补链、强链”工程。紧盯央企国企、上市公司和龙头型、平台型企业，强化平台招商、产业招商、驻点招商、专业招商、以商招商，努力引进一批具有影响力和话语权的领军企业、龙头项目，不断壮大亿元以上重点产业项目群，实现数量、层次和能级同步提升。全年力争新引进亿元项目20个以上，10亿元项目2个以上，30亿元先进制造业项目1个。进一步加大招才引智力度，深化柔性引才、飞地引才、自主育才，健全引育留用人才“生态链”，大力引进、加速集聚符合柯城产业发展方向的一流团队、高端人才。不断深化“三服务”，在“持久、深入、精准、有效”上下功夫，积极主动帮助企业解决融资难、用工难等问题。

二要狠抓项目落地。牢固树立抓项目就是抓投资、抓发展、抓后劲的理念，进一步完善领导挂联、月度排名、红黑榜等制度，健全项目推进考核机制，制定重点项目计划书、攻坚任务书，倒排计划、挂图作战，确保制造业投资、民间投资、高新技术产业投资、交通投资、生态环境和公共设施投资均增长10%以上。狠抓省市县长项目工程，确保开工率50%以上。做深做实寺桥水库、喜尔康智能家居设备等重大项目前期，力争早开工建设。加快推进博瑞中硝、常山港治理工程等73个重点项目、83个政府投资项目建设，确保逐月完成预定投资计划。加强要素保障，做好全域土地综合整治和生态修复，新增垦造耕地233.33公顷以上，建设标准农田133.33公顷以上。加大向上对接争取的力度，积极争取土地、资金、政策等要素支持。

三要狠抓提质升级。深化“亩均论英雄”改革，围绕提高经济密度，抓实亩均税收等关键指标，建立工业企业绩效综合评价体系，加快“标准地＋承诺制”改革破题，推进企业提档升级。着力推动小微企业上规模，积极培育一批“隐形冠军”“单打冠军”，全年新增规上企业8家以上。深入实施“凤凰行动”，鼓励企业股改上市，努力争取主板上市企业零的突破。梯度培育高新企业和科技型中小企业，争取全年新增国家高新技术企业8家，省科技型中小企业18家以上。大力实施“低散乱”企业整治、低效闲置工业用地盘活、僵尸企业市场出清等专项行动，盘活存量建设用地66.67公顷以上，为优质企业腾出发展空间。

四要狠抓特色品牌。持续打响“衢州有礼·运动柯城”城市品牌，在运动、文化、柑橘产业等方面做文章、创特色。要打好“运动”牌，以国家森林运动小镇建设为核心，大力推进中国运动汽车城、奥陶纪等重点项目建设，继续办好森林汽车穿越等一批IP赛事，持续打响乡村运动品牌。要打好“文化”牌，更高品质包装打造九华“立春祭”、余东农民画、围棋文化、赵抃清廉文化等优秀传统文化品牌，结合“衢州有礼”诗画风光带，加快立春生态文化保护区建设，持续办好乡村音乐会、橘子音乐节、麻蓬武林大会等特色文化活动，不断提升文化文创水平。启动灵鹫山名山开发，做好整体规划设计，加强基础设施配套，着力打造四省边际的运动名山、文化名山、康养名山。要打好“柑橘”牌，加快推进柑橘产业创新服务综合体建设，不断提升柑橘品质，按照农文旅体融合的思路，积极推进柑橘小镇建设，推动柑橘产业转型提升。

4. 聚焦数字革命，聚力数字赋能。抢抓数字时代发展新机遇，主动拥抱数字化浪潮，用数字引领产业发展、点亮智慧城市、赋能乡村振兴，以走在前列的姿态积极抢占数字革命制高点。

一要用数字引领产业发展。进一步发挥“两院一会一平台”作用，加大政策“罚点球”力度，支持企业数字化改造，实施数字化转型项目10个以上，建设标准化车间10个以上，新增上云企业200家以上。加快重点产业平台数字化转型升级步伐，全面提升四个区级重点平台的信息基础设施建设、数字化管理、数字化服务等方面的能力和水平。深化与阿里巴巴等数字经济龙头企业合作，积极引进和培育互联网、物联网、大数据、人工智能及5G通信等产业，力争全年引进数字经济企业30家以上。建立企业数字化管理引育实训基地，制定出台数字经济领域人才专项政策，培育数字经济发展的中坚力量。

二要用数字点亮智慧城市。深化与高德地图的全方位战略合作，全面推进“高德链通衢州·数字点亮柯城”计划，加快实体商业数字化转型升级，推动更多景点、民宿、企业、产业“上线”“上图”，形成全域化、网络化、数字化的智慧商圈。加快打造集智慧应用、社会治理、综合指挥于一体的“城市大脑”，建立完善智慧健康、智慧教育、智慧旅游、智慧人社、智慧监管等数字化应用，推动城市治理和公共服务方式数字化创新，提升高质量数字化的城市服务水平，让新型智慧城市的建设成果惠及更多居民。

三要用数字赋能乡村振兴。以创建全省数字乡村试点示范县为抓手，制定出台数字乡村建设规划和实施意见，加快推动物联网、大数据、智能装备等现代信息技术与农村深度融合。全力推进智慧农业、数字农业、区块链农业建设，加大与市场主体合作力度，加快航天智慧农业产业园、佳农果蔬智慧农业示范园等数字农业项目建设，新增数字化种养基地5个以上。深入实施“村播计划”，大力推广数字营销，让更多优质农产品、手工艺品搭上数字快车，为农民增收致富打开新路子。高标准推进九华未来社区试点建设。大力发展“一乡千宿”，推广“智多张西”模式，打造一批精品民宿集聚示范村。

5. 聚焦“最多跑一次”，聚力改革驱动。以深化“最多跑一次”改革为牵引，全力抓好各领域重大改革落地见效。

一要纵深推进“最多跑一次”改革。拉高标杆、提质扩面，统筹推进个人、企业、项目全生命周期“一件事”全流程“最多跑一次”，加快“最多跑一次”改革向机关内部、公共服务等领域拓展，向村（社区）延伸。统筹推进工程建设项目审批制度、商事登记制度、一般企业投资项目审批“最多80天”等涉企领域各项改革，积极探索产业政策“即享即兑”，持续优化服务环境和营商环境。进一步深化国资国企市场化改革，创新投融资体制机制，拓展企业经营性项目融资模式，不断提升自身“造血”功能和市场竞争力。

二要高标准打造乡村振兴综合体。围绕打造党建治理大花园政府服务供给侧改革系统集成平台的目标，融合新时代文明实践中心、农村文化礼堂、党群服务中心等各类基层阵地，结合各地实际，改造提升和建设一批乡村振兴综合体。通过功能定位迭代升级，对乡村振兴讲堂进行系统重构，推动功能集成、资源集成、政策集成、服务集成、信息集成，为群众和投资创业者提供策划、规划、政策、培训、信息等全方位、全过程、全要素、全领域的服务。加强与衢州职业技术学院、衢州学院等院校的合作交流，用好“家门口”的资源，依托其师资力量，积极构建大培训产业，把讲堂（综合体）打造成能够满足多种需求的大课堂，为乡村振兴培养更多新型实用技术人才。

三要全面深化农村改革。深入推进农村宅基地“三权分置”改革，探索宅基地有偿使用制度和自愿有偿退出机制，启动农村宅基地使用权抵押贷款试点，推进农房审批信息和“三权”流转平台建设，稳步推进资源资产化管理。深化农村“三位一体”改革，加快省级农业社会化服务试点区建设，加强农产品区域公共品牌打造，着力培养一批爱农业、懂技术、善经营的新型经营主体。全力做好农房整治“后半篇文章”，按照“宜建则建、宜耕则耕、宜绿则绿”的原则，规划布局复垦还田、公共设施、产业发展空间和绿化美化，加快推进农村小微创业园建设，确保全年资源转化利用率达到40%以上。

6. 聚焦治理现代化，聚力效能提升。坚持以创新为动力，不断把制度创新优势转化为治理效能，为高水平推进市域治理现代化走在前列提供更多柯城案例、柯城实践。

一要深化“最多跑一地”改革。建好用好区社会矛盾纠纷调处化解中心，充分整合司法、行政、信访资源，完善联合接待、联合调处、联合帮扶等工作机制，实现矛盾纠纷化解“只进一扇门”“最多跑一地”。巩固省“无信访积案区”创建成果，全面落实领导包案化解和信访代办制度，变“群众跑”为“干部跑”，变“跑一地”为“不用跑”，推动矛盾纠纷“发现在源头、解决在萌芽、化解在基层”。深化“网格365”基层治理服务体系建设，强化信息化、智能化技术手段的支撑应用，打造集中统一、信息共享、功能完善的信息平台，进一步提升乡镇（街道）智慧治理的能力水平。

二要提升乡镇（街道）模块化运行实战水平。突出实战实效，进一步理顺职责边界，优化乡镇（街道）内部运行机制，着力构建扁平一体高效的模块化管理体制。突出实干实绩，进一步优化完善“四维”考核办法，强化结果运用，充分激发干部干事创业激情，切实提升模块化运行效率。突出条块融合，将派驻机构人员纳入乡镇（街道）日常管理和考核，进一步推动资源整合，力量下沉，权限下放。同时，注重加强派驻干部的全科能力培养，畅通派驻干部推荐提拔通道，让派驻干部和乡镇干部“同上同下、同心同力”。

三要打造“红色物业联盟”升级版。以创建“全国城市基层党建示范区”为抓手，做实“三联工程”“周二无会日”，扎实推进党员进社区服务国家级标准化试点，推动城市基层党建工作与城市治理体系有机融合。深化“红色物业联盟”，总结提升“红手印”议事会、“五色管理”工作法等特色做法，推广用好“邻礼通”小程序，形成区域化党建大联盟、社区治理共同体，探索打造未来社区“党建＋智慧”治理样板。完善“红色网格联队”机制，全面落实《衢州市城乡网格化服务管理条例》，不断提升网格治理的标准化、规范化、法治化、数字化水平。

四要统筹推进“扫黑除恶＋树正打歪＋行业治乱”。坚持“出重拳、深彻查、铲土壤”，加强重点案件联合攻坚，紧盯“套路贷”、非法集资、“黄赌毒”等重点领域环节，持续加大打击惩处和“打财断血”力度，把黑恶势力打深打透打彻底。严格落实“一案三查”“两个一律”要求，做到有腐必查、有“伞”必打、有“网”必破。持续开展行业乱象专项整治和“树正打歪”专项行动，不断巩固净化基层生态、社会生态，推动专项斗争从深挖根治向长效常治转变。深入推进“平安柯城”建设，突出抓好安全生产、道路交通、消防安全、食品药品安全等重点领域风险隐患排查整治工作，全力夺取“平安银鼎”。

7. 聚焦党建统领，聚力锻造铁军。决胜高水平全面小康，关键在党，关键在干部。要用好党建统领这把“金钥匙”，认真落实新时代好干部标准，以“铁军之干”推动柯城高质量快发展。

一要筑牢永葆初心勇担使命的思想根基。始终把政治建设摆在首位，持续巩固拓展主题教育成果，把不忘初心、牢记使命作为永恒课题和终身课题，把“四个意识”“四个自信”“两个维护”作为根本原则和首要任务，自觉用新思想武装头脑、指导实践、推动工作，在思想上政治上行动上同以习近平同志为核心的党中央保持高度一致。严格落实党委（党组）意识形态工作主体责任，强化阵地队伍管理，加强网络综合治理，牢牢掌握意识形态、舆论宣传工作的领导权和主动权。

二要锻造担当有为的铁军队伍。突出实干实绩的鲜明导向，把项目一线、招商一线、基层一线、信访维稳一线作为锤炼、培养、发现、使用干部的战场、考场和赛场，完善干部上挂、下派等实践锻炼制度，进一步激励广大干部担当有为、建功立业。大力发扬斗争精神，敢于斗争、善于斗争，当斗士、勇士、战士，决不当“绅士”，做到守土有责、守土负责、守土尽责。分领域分专业开展干部教育培训工作，继续办好“和君班”“产业班”“招商班”“教育班”等特色班次，进一步加强数字经济、乡村振兴、社会治理等方面的学习培训，着力培养一支顺应时代发展要求的复合型高素质干部队伍。继续完善用好尽责豁免、澄清正名、“十条军规”典型事项通报、记功嘉奖等制度，更好地激励广大干部新时代新担当新作为。

三要打造坚强有力的战斗堡垒。深入开展乡村振兴“一号行动”，全面落实“固本强基20条意见”，推动后进村党组织实现更高质量的整转提升。深入实施“一区百雁”工程，选优配强村级“领头雁”，积极培育村党组织书记后备人选，鼓励乡贤、退伍军人、返乡大学生等回村任职，稳步推进村书记、主任“一肩挑”，着力打造一支政治过硬、敢于斗争、担当作为、群众信赖的新时代农村“领头雁”队伍。全面落实村主职干部基本报酬和“一长三员”报酬，进一步打开优秀村党组织书记上升通道，不断夯实党在基层的执政根基。

四要坚决维护风清气正的政治生态。持续强化政治监督保障制度执行，坚决把“两个维护”落到实处，不断压实管党治党政治责任。进一步深化政治巡察，高质量推进区委巡察全覆盖。坚决贯彻中央八项规定精神，保持定力、寸步不让，防止老问题复燃、新问题萌发、小问题坐大。坚决破除形式主义、官僚主义，驰而不息纠“四风”、树新风。全面推进清廉柯城建设，开展“惩治基层腐败、推动基层治理”专项行动，深入整治民生领域的“微腐败”、妨碍惠民政策落实的“绊脚石”、阻碍全面小康的“小蛀虫”，推动基层党组织全面过硬。始终保持反腐败高压态势，构建完善权力运行制约和监督机制，常态化加强警示教育，从严从实一体推进不敢腐、不能腐、不想腐，打造政治生态上的绿水青山。

同志们，幸福不是毛毛雨，小康不会从天降，美好生活靠奋斗。让我们更加紧密地团结在以习近平同志为核心的党中央周围，高举习近平新时代中国特色社会主义思想伟大旗帜，不忘初心、牢记使命，凝神聚力、接续奋斗，在省委、市委强有力的领导下，按照“一体化、高质量、快发展”的要求，全力推动市委“1433”发展战略体系在柯城重重落地，加快建设文明有礼的首善之区、治理有效的幸福之区、运动健康的活力之区、担当作为的奋斗之区，为与全省同步高水平全面建成小康社会而努力奋斗！

2019年政府工作报告

——在衢州市柯城区第九届人民代表大会第四次会议上

（2020年4月20日）

衢州市柯城区人民政府代区长　蒋国强

各位代表：

现在，我代表区人民政府向大会报告工作，请予审议，并请区政协委员和列席会议的同志提出意见。

一、2019年工作回顾

2019年是新中国成立70周年，也是高水平全面建成小康社会的关键之年。一年来，我们在市委、市政府和区委的正确领导下，在区人大、区政协的监督支持下，以习近平新时代中国特色社会主义思想为指导，全面贯彻落实党的十九大和十九届二中、三中、四中全会精神，全力推动市委“1433”发展战略体系在柯城重重落地，较好完成了区九届人大三次会议确定的目标任务。全区实现地区生产总值225.6亿元，增长6.6%；财政总收入19.9亿元，增长12.5%，其中一般公共预算收入12.8亿元，增长7.7%；社会消费品零售总额213.4亿元，增长8.4%；城乡居民收入分别为50431元和25810元，增长8.6%和10.2%。十方面民生实事全面完成。我区成功创建省无欠薪区、教育基本现代化区、国土资源节约集约模范区，荣获省“新时代美丽乡村示范县”“中国天然氧吧”等称号，获评全省扩大有效投资优秀单位，“五水共治”、生态环境公众满意度分别列全省第二和第六，在全省26县发展实绩考核中跃升至二档第一。

一年来，我们始终坚持城市赋能，能级品质得到新提升

三大征收攻坚圆满完成。持续弘扬“斗潭精神”，奋力接续“高铁速度”，不断深化“网格作战”，心往一处想、智往一处谋、劲往一处使，一线解决问题、一线化解矛盾、一线服务群众，30天完成古城双修1322户签约，15天完成礼贤未来社区1029户签约，15天完成衢化棚改1643户签约，连续刷新征收纪录，顺利实现“当年签约、当年腾空、当年拆除”。这是党建统领基层治理、市区一体主城担当、上下同欲协同作战的结果！

基础设施配套日趋完善。全面加快安置房建设，斗潭片区、衢化棚户区、高铁新城等安置房陆续结顶。大力改善居住条件，治理农村危旧房146幢，完成4个城中村和151个老旧小区基础设施改造提升，新增小区停车位1500余个、路灯400余盏、电动自行车充电桩200余处，惠及居民6万余户。北门村9户16年未完成集体土地征收的历史遗留问题得到妥善解决。提升衢化片区交通设施，南一道主车道实现通车，文昌路二期破土动工。

文明城市创建再战再捷。全面压实创建责任，构建四级创建体系，10.8万人次机关干部、76.7万人次社会志愿者下沉网格参与创建，做到城区乡村一起上、编内编外一起上、干部群众一起上、在职退休一起上，实现志愿服务“无盲点”，有礼之城、志愿之城、文明之城的创建氛围更加浓厚。积极实施“文明素养提升十大行动”，集中开展农贸市场、小餐饮、占道经营、“飞线”充电等专项整治，圆满完成省测、国测迎检任务，实现了“保8晋位”目标，体现了主城区应有的担当。

一年来，我们始终坚持大干项目，有效投资实现新突破

招商引资更精准。坚持驻点招商、专业招商、以商招商，组建区生产力促进中心，搭建招商智库平台，强化招商信息研判。全年新引进亿元以上项目22个，其中10亿元以上项目3个。总投资36亿元的奥陶纪项目当年引进、当年开工，有望成为全国高空极限运动的“新网红”。

要素保障更有力。持续推进全域土地综合整治，新增垦造耕地265.87公顷，建设标准农田83公顷。开展“十类地”处置，盘活存量建设用地36.47公顷。报批各类农转用指标83公顷，争取林地指标46公顷。国资公司成功发行债券12亿元，利率为近两年全国同级别、同期限最低。争取中央棚改资金、老旧小区改造资金9.2亿元，项目数、资金量均列全省第一。这是抢占风口、抢抓机遇，积极谋划、主动作为、各显神通、努力争取的结果！

项目推进更扎实。举办项目谋划擂台赛，全区各部门（单位）、乡镇（街道）全部登台赛项目，形成一把手“谋项目、招项目、干项目”的浓厚氛围。创新“专案分析”，每月“亮榜排名”，全力以赴推项目、扩投资。寺桥水库、常山港治理工程等一批项目取得阶段性进展。34个省市集中开工项目、2个省市县长项目工程全部开工入库。4个结构性指标全部增长10%以上。固定资产投资增长13.1%，增速在全市一路领跑。这是柯城发展的潜力所在、后劲所在，给未来增添了更多机遇、更多可能！

一年来，我们始终坚持产业为王，动能转换迈出新步伐

产业集聚效应凸显。新材料小镇加快推进，博瑞中硝开工建设，贝喜欧智能卫浴等产业项目落地见效。航埠小城市培育试点获评优秀、时尚低碳小镇考核良好，杰丰服装等一批项目建成投产。柯城—余杭山海协作连续三年获全省优秀。三大主导产业产值占全区规上工业产值的59.9%。全面推进“亩均论英雄”改革，出清低效企业25家，淘汰落后产能企业4家，整治“低散乱”企业105家，新增规上企业10家，规上工业亩均税收增长55.1%，亩均增加值增长7.9%。

现代服务业提档升级。中医药健康城正式开园，首届中医药博览会成功举办。联手高德地图，探索智慧商圈建设。推动农村电商发展，建成省电商镇2个。全国首个“阿里巴巴村播基地”落户柯城，获评全国淘宝直播示范区，“村播”数字营销模式得到省

委书记车俊高度肯定。服务业增加值达到175亿元，增长7.5%。服务业发展综合评价考核跃升至全省第四。

数字经济势头强劲。召开数字经济发展大会，组建“一院一会一平台”，出台专项扶持政策，完成企业数字化转型20家、企业上云300家，引进浙江瑞能等数字经济企业18家。承办全省工业互联网平台推广现场会。佰意智造企业被评为省级数字化车间。恒业汽部件公司数字化转型成效获省委副书记、省长袁家军点赞。新材料小镇获评全省数字化示范园区。数字经济核心产业增加值增长48.2%，居全市前列。数字经济发展综合评价在全省前进22位，排名全市第一。

一年来，我们始终坚持融合发展，乡村振兴谱写新篇章

乡村风貌持续提升。建立农房整治风貌提升长效机制，构建拆、管、用工作闭环，“一米菜园”、村庄停车场等成为新风景。在全市率先上线房地信息系统，农民建房审批效率明显提高，得到省委书记车俊批示肯定。全力推进诗画风光带建设，13个重点项目全面开工。加快实施村庄景区化工程，创建AAA级景区村庄5个、A级景区村庄31个。万田乡被评为省美丽乡村示范乡镇。沿江公路全线贯通，改造提升“四好农村路”120千米。“污水零直排区”年度创建任务全面完成。交接断面水质达标率100%，出境水质始终保持II类以上。把乡村打造成“农民幸福家园、居民休闲乐园”的梦想正逐步成为现实。

乡村产业提质增效。萱草未来村、航天智慧农业等一批亿元以上“产村人文”融合项目签约落地，百草园项目开工建设。加快推进橘子小镇建设，获批“衢州椪柑”地理标志证明商标。柑橘无病良种苗木繁育中心投入使用。大力实施数字乡村战略，打造全省首个阿里巴巴数字农场标准化示范基地，建成鸡尾柚数字农场133.33公顷。成功列入省乡村振兴产业发展示范建设区、农业绿色发展先行示范区创建。实施“一乡千宿”工程，成立全市首个民宿服务中心，智多张西等一批中高端民宿投入运营，新增省级金宿1个、银宿4个。

运动品牌全面打响。与国家体育总局、省体育局达成战略合作。万田智慧体育公园投入使用，全国首个乡村国家运动公园稳步推进。加快国家森林运动小镇建设，中国运动汽车城、神网谷等一批项目签约落地，百里森林营道开工建设，徐莫岩路一期全面完工。小镇各类赛事和三大“森系”赛事等级规模进一步提升，吸引游客48万人次。“衢州有礼·运动柯城”城市品牌的关注度、知名度、美誉度不断提升。

一年来，我们始终坚持改革创新，区域发展迸发新活力

重点改革纵深推进。加大农村宅基地“三权分置”改革力度，在全市率先建成农村产权交易平台。深化“一村万树”绿色期权，累计认购1000余万元，有效打通资源、资产、资金转化通道。“一村万树”绿化美化乡村经验获全国政协副主席和国家林草局局长批示肯定。初步搭建区属国资公司市场化改革架构，基本完成建投公司、乡村振兴公司市场化转型。工业用地“标准地”出让实现全覆盖。

创新驱动成效明显。汇聚创新资源，成立制冷剂联合研究中心，与浙江科技学院、

东华大学达成合作，促进产学研深度融合。柑橘产业创新服务综合体列入省级创建名单。培育创新主体，引导企业加大科技投入，新增国家高新技术企业12家、省科技型中小企业30家。制定“浙江制造”标准1个，认定“品字标”企业1家。申请PCT国际专利3件，实现“零”突破。成功争取首个乡村振兴省级标准化战略重大试点项目。

营商环境不断优化。政务服务事项网上办理、民生事项“一证通办”实现100%。建立商事登记“零成本、零距离、零见面”办理新模式。“最多跑一次”改革向区文化中心等公共场所延伸扩面。一般企业投资项目实现竣工验收前审批“最多90天”。设立让利性股权投资引导基金，有效缓解企业融资难。顶格落实减税降费各项政策，全年为企业减负2.8亿元。破解企业用工难，一把手领衔企业招工做法在全省推广。

一年来，我们始终坚持民生至上，社会事业取得新进步

公共服务均衡发展。高规格召开全区教育大会，加快补齐教育短板。扩大城区优质教育资源供给，悦鑫府、锦西家园等幼儿园完成建设，鹿鸣小学迁建项目主体结顶，城南小学、礼贤幼儿园等投入使用。新世纪学校机器人社团获VEX机器人世锦赛冠军。“一校两区”城乡教育均衡发展模式得到教育部部长陈宝生充分肯定。扎实推进健康柯城建设，区疾控中心正式运行，区中医院顺利开业。在健康浙江建设考核中获评优秀等次。文化事业蓬勃发展，九华“立春祭”影响力进一步扩大，立春文化生态保护区启动建设。“余东农民画进京展”大获好评。融媒体中心正式挂牌。顺利通过省基本公共文化服务标准化认定。

民生保障坚实有力。全力以赴稳就业，城镇新增就业9282人。推进参保精准扩面，户籍人口医疗保险参保率达99.8%，养老保险参保率达99.3%、居全市第一。积极提升养老服务，3家示范型居家养老服务中心实现社会化运营。“残疾人之家”基本实现全覆盖。扎实推进救灾救济、慈善救助，发放城乡最低生活保障金和各类救助金9600余万元。持续打好低收入百姓增收攻坚战，低收入农户收入增长11.8%。全面完成地质灾害隐患点整治。实施农村饮用水达标提标工程，1万余人饮水条件得到改善。

社会治理有序有效。创新“邻礼通”小程序，打造红色物业联盟升级版，积极探索基层治理柯城样板。“五色管理＋全科网格”工作法列入国家标准化试点，府山街道入选省级社区治理和服务创新实验区。成立全市首个区级社会矛盾纠纷调处化解中心，推进矛盾纠纷化解“只进一扇门、最多跑一地”，走访、赴京访总量分别下降47.5%和71.7%。诉源治理工作成效明显。加强应急管理工作，“保平安、迎大庆”任务圆满完成，交通安全、森林消防等工作有力推进。深入开展扫黑除恶专项斗争，两年累计破获各类涉黑涉恶案件295起。连续五年被评为全省“平安区”。

一年来，我们始终坚持制度管理，自身建设开创新局面

把深入学习贯彻习近平新时代中国特色社会主义思想作为首要政治任务，进一步增强“四个意识”、坚定“四个自信”、做到“两个维护”。高标准高质量开展“不忘初心、牢记使命”主题教育，初心使命意识更加牢固。深入开展警示教育，做到以案为鉴、警

钟长鸣。坚决抓好巡视、审计反馈问题整改，举一反三、立行立改，建立村级工程项目交易管理等22项长效机制，制度意识、规矩意识不断增强。加快推进政府数字化转型，有力推动部门观念转变、职能转变、流程转变。规范政府工作程序，建立政府周例会、常务会议预审和领导工作日报等制度，重实干、强执行、抓落实的氛围更加浓厚。自觉接受人大法律监督、政协民主监督和社会舆论监督，认真办理人大代表建议112件、政协委员提案141件。

与此同时，柯城—北川扶贫协作进一步深化，退役军人服务保障工作进一步提升，国防建设、人民防空等工作进一步加强。民族宗教、工青妇、老龄、关心下一代、红十字、残疾人等事业实现新发展。咨询委、外事、侨务、对台、档案、科协、文联、社科联、工商联等工作取得新成绩。

各位代表！幸福都是奋斗出来的。这些成绩的取得是区委正确领导、科学决策的结果，也是区人大、区政协有力监督、鼎力支持的结果，更是全区广大干部群众担当奉献、团结奋斗的结果。在此，我代表区人民政府，向各位代表、各位委员，向离退休老领导、老同志，向全区人民，向所有关心、支持柯城发展的同志们、朋友们，表示衷心的感谢和崇高的敬意！

在肯定成绩的同时，我们也清醒地看到政府工作还存在不少短板弱项。主要是：经济总量偏小，产业结构不优的问题依然较为突出；大项目、好项目还不够多，主导产业的支撑带动作用还不够明显；土地、资金、能耗等刚性制约日益突出；生态环境、安全领域等基础还不够稳固；高品质的教育、医疗、养老等公共服务供给还不够充分；区乡两级政府和广大干部推动大发展快发展高质量发展的意识和能力还不够强，等等。对此，我们一定高度重视，采取更加有力的措施认真加以解决。

二、2020年重点工作

新年伊始，面对突如其来的新冠肺炎疫情，全区上下深入贯彻习近平总书记关于疫情防控的一系列重要指示精神，按照中央和省委、市委的部署要求，在区委的坚强领导下，把人民群众生命安全和身体健康放在第一位，坚决打好疫情防控人民战争、总体战、阻击战，取得了重要的阶段性成果。我们全面落实“坚定信心、同舟共济、科学防治、精准施策”总要求，坚持“外防输入、内防扩散”防控策略，建立强有力的战时组织指挥体系，全面发动、全民动员，精密智控、联防联控，以防为主、防治结合，两例患者得到及时有效救治、顺利痊愈，成功实现了“三个不发生”的工作目标。我们一手抓疫情防控、一手抓复工复产，及时建立“1＋9”复工复产工作体系，全面推行挂联服务机制，点对点解决企业实际困难，在全市率先实现规上企业全面复工。全区疫情防控形势持续向好，社会生产生活逐步进入正常轨道。在这场战“疫”中，全区上下没有旁观者、没有局外人，每个人都是战斗员、奋斗者。我们衷心感谢挺身而出、逆行而上的医务工作者，衷心感谢踊跃参与、无私奉献的志愿者，衷心感谢同心抗疫、同舟共济的企业家，衷心感谢放弃休假、坚守一线的机关干部，衷心感谢临危不惧、忘我工作的村社网格员，衷心感谢每一位服从大局、守望相助的柯城人民。你们在特殊时期展现出来的责任与勇气、爱心与奉献、大义与担当，是我们战胜疫情、迎来春天的最大底气，也是我们应对挑战、赢得未来的最强动力！

当然，我们也清醒地认识到，疫情防控这场斗争还未结束，特别是境外疫情的蔓延扩散，给疫情防控带来新风险、新挑战，也给我们的经济社会发展带来极大的不确定性、不稳定性。我们必须认真贯彻习近平总书记在浙江考察提出的“疫情防控要慎终如始”“复工复产要化危为机”等一系列重要指示要求，坚持疫情防控不松劲、加快发展再加力，全力打好高质量发展组合拳，确保实现“两手抓、两手硬，两战赢、两领先”。

2020年是高水平全面建成小康社会的决胜之年，是“十三五”规划的收官之年，也是全面推进治理体系和治理能力现代化的开局之年。总体要求是：高举习近平新时代中国特色社会主义思想伟大旗帜，认真贯彻习近平总书记考察浙江时重要讲话精神，全面落实党的十九大和十九届二中、三中、四中全会精神以及省委省政府、市委市政府决策部署，坚决扛起贯彻“八八战略”、践行“八个嘱托”、推进“八大任务”的政治使命，突出“一体化、高质量、快发展”，统筹推进疫情防控和经济社会发展工作，扎实开展全面小康决胜年、招商引资攻坚年、重大项目推进年“三个年”活动，推动市委“1433”发展战略体系在柯城重重落地，确保与全省同步高水平全面建成小康社会和“十三五”规划圆满收官，为加快建设“首善之区、幸福之区、活力之区、奋斗之区”打下坚实基础，切实当好“重要窗口”的建设者、维护者、展示者。

综合考虑各方面因素，建议2020年全区经济社会发展主要预期目标为：地区生产总值增长7%左右，在高质量基础上能快则快；固定资产投资增长10%以上；一般公共预算收入增长7%以上；社会消费品零售总额增长8%；城乡居民收入分别增长8.5%和10%左右；城镇登记失业率控制在2%以内；全员劳动生产率稳步提高，能源和环境指标全面完成上级下达的目标任务。

做好今年政府工作，必须把握好“六个方面”：

一要快发展。作为主城区，市里的风口就是我们的风口，市里的优势就是我们的优势。面对疫情对经济社会发展带来的冲击和挑战，要危中寻机、化危为机，顺势而为、乘势而上，紧起来、急起来，动起来、干起来，跑起来、快起来。要进一步增强责任感和紧迫感，保持定力、精准发力、竭尽全力，在服务全市发展中展现担当作为，在借力市区一体中加快发展，做到“任务完成更早、项目推进更快、经济指标更好”。

二要争进位。逆水行舟，不进则退。要放大格局、拉高标杆，向高处攀、与强者比、和能者赛。不仅要与自己纵向比，更要在全市、全省横向比；不仅要比总量、规模，更要比质量、效益；不仅要比增速，更要比后劲。要严格执行目标管理，争先激励、末位问责，以每个单位的争先创优推动全区工作的争先进位。

三要大开放。开放是加快发展的必由之路。要进一步打开思路、打开格局，聚焦“五个一体化”，构筑开放平台，在开放中接受新发展理念、寻找新发展机遇、注入新发展动力、拓展新发展空间。既要对外开放，又要对内开放；既要“引资进柯”，又要“借船出海”，在推动区域开放融合发展上更加积极主动。

四要创特色。特色就是生产力，就是竞争力。要坚持高点定位、高标推进、高效运行，列出全年规定动作清单和特色工作清单，确保规定动作标准高、速度快、质量优，特色工作更聚焦、更有效、更出彩，力争每个部门（单位）、乡镇（街道），都有工作在全市、全省有特色、有亮点、有影响。

五要重落实。一分部署，九分落实。对上级党委政府和区委作出的决策部署，抓落实的态度要坚决，行动要迅速，措施要有力。对重大决策和重点工作定了就干、干就干好。要全面落实政府工作项目化，建立项目链、工作链、责任链、考核链，实行全系统分类、全责任落实、全流程管理、全过程考核，确保每项工作都有具体抓手和项目支撑。

六要守底线。战胜挑战就是抓机遇，防住风险就是促发展。要坚持问题导向，强化底线思维，主动应对困难挑战，以工作的确定性应对形势的不确定性，用大概率思维应对小概率事件，把各类风险隐患消除在萌芽、处置在未发、管控在属地，不断提升风险预判与防控能力。积极应对、主动化解“后疫情”时期可能引发的各类矛盾问题和各种风险挑战，不断巩固发展来之不易的大好形势。

围绕实现上述目标，重点抓好“十项工作”：

（一）决战决胜全面小康。突出目标导向，对标聚焦、全力冲刺，确保与全省同步高水平全面建成小康社会。

全面补齐指标短板。紧扣“全面性”，对标对表高水平全面小康和“十三五”规划目标，逐项量化分析、找准问题差距，补齐科技创新、文化建设和节能降耗等指标短板。紧扣“高水平”，对照人民群众的期待与切身感受，聚焦创业就业、社会保障和社会救助等群众关切，有的放矢、靶向发力，丰富提升全面小康建设的内涵和标准，以发展的高质量提升小康的含金量。

坚决打赢三大攻坚战。抓住关键重点，精准发力、持续用力，确保如期完成各项任务。坚决打赢低收入百姓增收攻坚战，巩固“消薄”成果，壮大村集体经济，拓宽农民增收渠道，确保低收入农户收入增长10%以上。高质量开展柯城—北川东西部扶贫协作，项目化推进产业合作、人才支援、携手奔小康等工作。坚决打赢污染防治攻坚战，高标准打好治气、治水、治土三大硬仗，全力做好新一轮中央环保督察迎检工作，争创省级生态文明建设示范区。坚决打赢防范化解金融风险攻坚战，稳妥有序化解政府隐性债务，及时有效处置各类金融风险。

（二）培优培强产业集群。加快提升产业层次、优化产业结构，培育新动能、打造新引擎，努力将特色产业转化为优势产业、支柱产业。

增强工业竞争力。充分发挥新材料小镇等特色小镇支撑作用，引进一批产业项目，大力培育产业集群，力争工业增加值增长7%以上。整合“三园”力量，争创省级经济开发区。助力小微企业快速成长，加快恒生科技新材料、杰丰服装产业园、鸿盛生产科研基地等园中园建设，新增标准厂房20万平方米以上，创建省级小微企业园1家以上。强化创新驱动，培育国家高新技术企业8家、省科技型中小企业18家、省高新技术企业研发中心2家以上。推进传统制造业改造提升。加快三间智能家居产业园等项目进度，争创省级智能制造试点示范区。

增强服务业支撑力。以“四好衢州·放心消费”活动为契机，有效提振消费信心，加快服务业发展。在发展特色服务业上下功夫，推进专业市场城改造提升，培育壮大中医药健康城、创客孵化园、中国网红城等市场主体，加快现代服务业集聚示范区建设。在发展优质服务业上下功夫，建立服务业规上企业亩产效益综合评价体系，新增入库企业60家以上。深化与高德地图的全方位战略合作，全面推进“高德链通衢州·数字点亮柯城”计划。采取切实有效措施，稳定外贸增长。

增强数字经济引领力。聚焦数字经济“一号工程”，推进产业数字化、数字产业化，引进数字经济企业30家以上。支持企业数字化改造，实施数字化转型项目10个以上，建设标准化车间10个以上，新增上云企业200家以上，实现重点企业装备数控化率50%以上。探索“互联网＋产业数字治理”，深化与阿里云工业互联网平台合作，建立企业数字化管理人才引育实训基地。

（三）提速提效项目建设。牢固树立“抓项目就是抓投资，抓项目就是抓发展，抓项目就是抓后劲”的理念，确保4个结构性指标、制造业投资增长10%以上。

做好重大征迁。乘势而上、再接再厉，啃下征迁“硬骨头”。加快杭衢铁路柯城段征迁，挂图作战、网格推进，开工建设上下蒋等7个安置点，9月底前完成438幢房屋、140公顷土地征迁，力争在全市率先完成征迁任务。坚持统筹推进，定计划、明节点，确保常山港综合治理等一批项目政策处理按期完成。

加快项目推进。严格项目全过程管理，健全项目协调机制，以超常规力度推进项目。全力抓好73个重点项目、83个重大政府投资项目建设，确保省市县长项目工程完成目标任务。按照“落地开工一批、加快建设一批、竣工投产一批”要求，确保寺桥水库等一批重大前期项目转实施，开工建设航天智慧农业等项目，加快推进奥陶纪等重点项目建设，力争博瑞中硝等一批项目投产运营。

强化要素保障。多渠道、多方式破解要素制约，为发展提供坚强保障。加强用地保障，坚持生态优先，统筹推进全域土地综合整治，新增垦造耕地233.33公顷以上，建设高标准农田166.67公顷以上，争创国家级全域土地综合整治示范区。加大城乡建设用地增减挂钩力度。深化“十类地”处置，盘活利用存量建设用地33.33公顷以上。加强资金保障，发挥财政专项资金、政府产业基金引领作用，争取和用好政府一般债券、专项债券、特别国债，集中财力办大事，保障重点区域、重点产业、重点项目资金需求。加强人才保障，加大高技能人才培养和紧缺技能人才引进力度。

（四）借势借智招大引强。坚持把招商引资作为“一把手工程”，做到意向项目抓跟踪、跟踪项目抓签约、签约项目抓落地，进一步提高工作实效。

健全体系抓招商。建立领导盯引机制，主要领导带头抓、亲自抓。依托清华大学长三角研究院等平台和现有企业，深化专业招商、中介招商、以商招商。鼓励企业与大院名所开展产学研合作借脑发展。引导企业通过资本运作，与央企、大型民企和上市公司开展战略合作借力发展。

聚焦产业抓招商。坚决摒弃“眉毛胡子一把抓，捡到篮里都是菜”的落后观念，紧盯主导产业，围绕美丽经济幸福产业、数字经济智慧产业，完善区生产力促进中心研判工作机制，编制完成区重点产业目录，建立重点招引项目库，推动产业延链补链强链，努力在引进高精尖和上下游产业链项目上取得新突破。

突出一体抓招商。抢抓杭深衢一体化、长三角一体化、四省边际一体化等发展机遇，谋划实施上海“科创飞地”，深化柯城—余杭山海协作，充分释放柯创园“飞地”效应，力争转化落地产业项目5个以上。大力推动柯城巨化新一轮更高质量、更高水平一体化融合发展，依托巨化在产业引领、产业配套、产业招商上的龙头作用，推进产业共兴、设施共建、成果共享。力争全年签约引进亿元项目20个、10亿元项目2个、20亿元先进制造业项目1个以上。

（五）用心用情帮扶企业。全面贯彻落实《浙江省民营企业发展促进条例》，以“绣花功夫”精准服务企业，帮助解决实际困难，让企业感受到政府的“温度”和政策的“力度”。

在稳企业上出实招。把做大存量与引进增量放到同等重要位置，以“三服务”活动为抓手，建立全覆盖、全过程、全天候的企业服务体系。发挥让利性股权投资引导基金作用，加大对重点成长型企业的支持。深化政银企合作，更好缓解中小微企业融资难融资贵问题。坚决落实推动企业复工复产“五减”要求，把该减的减到位、该降的降到位、该省的省到位。用好“政企通”服务平台，凡是涉企优惠政策，只要符合条件的，主动兑现、第一时间兑现。我们一定竭尽所能，为企业加油、为企业解忧、为企业赋能。

在增动能上抓实事。培优育强企业梯队，扩容“专精特新”中小企业库，新增“隐形冠军”“单打冠军”各1家。持续推进“凤凰行动”“雄鹰行动”“雏鹰行动”，力争新增10亿元企业1家、5亿元企业2家以上。深化“亩均论英雄”改革，重点推进工业园区企业低效用地整治，出清低效企业45家以上，整治“低散乱”企业50家以上，腾出用地、用能空间，推动资源加快向优势企业集中。

在优服务上下实功。坚持企业期盼什么，就把什么列入改革范围，打造全国营商环境最优区。深入推进“放管服”改革，加快实现个人和企业全生命周期“一件事”全流程“最多跑一次”。推进一般企业投资项目审批“最多80天”改革，开展低风险小型项目审批“最多20个工作日”试点。加快“最多跑一次”改革向基层延伸，探索乡镇“两心融合、两员合一、两办便民”模式。加快信用体系建设，推广更多“信安分”场景应用。

（六）共建共享创建成果。当好创文主力军，持续完善城市功能，整治城乡环境，为创成全国文明城市作贡献。

强硬件惠民生。突出抓好基础设施建设，努力做到硬件少失分。常态化开展背街小巷、行政村、集镇等重点区域专项整治。深化城市有机更新，按照“六有”标准，提升老旧小区改造水平，加快实施污水零直排、高楼消防、二次供水等项目。有序推进衢化片区和双西港片区改造提升。抓好安置房建设，确保斗潭片区、衢化棚户区、高铁新城等安置房项目按期完工。

优环境聚民心。坚持创建为民、创建靠

民、创建惠民，努力做到软件多得分。全面推广红色物业联盟、“邻礼通”等模式，推行“商圈自治联盟”，落实“门前五包”制度。完善志愿服务体系，扎实开展“红手印”志愿服务活动。深入落实《衢州有礼市民公约》20条，全面开展“八个一”有礼系列行动，突出抓好使用公筷公勺、不随地吐痰、行作揖礼等有礼风尚的落地，真正以创促建、以创促治。我相信，只要全区上下万众一心、连续奋战，我们一定能够取得全国文明城市创建的最后胜利，一定能够创造更加生态宜居的城乡环境。

（七）抓紧抓实乡村振兴。推进“产村人文”融合发展，深入实施“两进两回”行动，为乡村振兴聚力、为现代农业赋能、为农村小康增色、为基层治理提效。

让产业更强。深化农业供给侧结构性改革，加强与华中农大、中柑所等院所合作，拉长柑橘、中药材等特色产业链，发展优质品牌农业。推进农业＋文旅，加快衢六味、萱草未来村等一批产业项目建设。深入实施“一乡千宿”，大力推广张西模式，争创文旅产业融合试验区。推进农业＋互联网，加快8个农村小微创业园建设，新增数字化种养基地5个以上。深入实施“村播计划”，带动农产品销售5000万元以上，让农民变主播、手机变农具、直播变农活、数据变农资，打造乡村“新时尚”。以产业发展为支撑，夯实农民增收基础，使农民群众日子过得更加殷实。

让品牌更响。紧扣运动柯城，提升品牌价值，争创省级特色小镇。建好“运动场”，加快中国运动汽车城项目建设进度，确保神网谷、徐臭岩路建成运营。办好“精品赛”，完善“1＋3＋N”赛事体系，创新开展群众性赛事活动。做长“产业链”，加快乡村国家运动公园建设，推进体育“双创园”落地，打造研学旅行基地、汽车改装基地。启动灵鹫山“名山”开发，加快立春文化生态保护区建设。

让环境更美。做好农房整治拆后利用“后半篇”文章，大力推进“一米菜园”等特色做法，打造有乡土味、乡亲味、乡愁味的乡村大花园。全面应用房地信息系统，加快沟溪集镇等6个集聚点建设。推进诗画风光带建设，以“妙缘双溪”片区为核心，集中资源要素，招引优质项目，打造一批诗画风光带重点村、风景线。抓好美丽城镇建设，争创省级美丽城镇样板2个。启动航埠时尚低碳小镇AAA级景区创建，新增4个景区镇、20个A级景区村庄。实施乡贤回归工程，打造乡村未来社区样板。

（八）聚焦聚力改革落地。坚持以改革破难题，按下“快进键”，跑出“加速度”，为高质量发展注入强劲动力。

推进重点领域改革。全面深化农村改革，推广“一村万树”绿色期权，加强GEP核算成果应用，新增国家森林乡村5个、省级示范村6个以上。探索集体经营性建设用地入市，有效盘活村集体资产。提速农村“三位一体”改革，推广农民互助合作模式，加快省级农业社会化服务试点区建设。全面完成国资公司市场化改革，提高国资公司市场化水平，逐步实现管企业向管资本转变。

推进政府数字化转型。聚焦掌上办事、掌上办公，深化机关内部“最多跑一次”改革，推动95%以上部门间非涉密事项实现“一窗受理、一网通办”。着力提升“互联网

＋政务服务”“互联网＋监管”效能，确保政务服务办件网上受理达到90%以上，掌上执法全运用。

（九）谋深谋好“十四五”规划。加强对重大改革、重大项目、重大平台、重大政策、重大规划的研究，精心组织开展“十四五”规划编制。

吃透上级精神。积极对接国家、省、市规划和发展战略，在杭深衢一体化、长三角一体化、四省边际一体化发展中找准定位、找到支点，把握高铁时代、互联网时代、消费升级时代和经营乡村时代等发展机遇，谋划制定“融杭接沪”路线图，提出切实可行的发展路径和对策举措。

摸准实际情况。对标省市高质量发展指标体系，分析所处的发展阶段和水平，研判存在的优势和劣势，算好土地、资金、环境容量等资源要素平衡账，按照“跳一跳、摘桃子”的要求，合理设置“十四五”发展阶段性目标。

加强向上对接。紧紧围绕国家和省投资导向、重大战略及区域发展实际，认真谋划一批具有全局性、基础性、战略性的重要事项和重大项目，坚持“脑勤腿勤”，争取更多项目纳入国家和省市“十四五”规划盘子。

（十）做精做优民生工程。坚持以人民为中心的发展思想，不断健全基本公共服务制度体系，让改革发展成果更多更公平惠及全区人民。

提供更优质的社会服务。优先发展教育事业，启动全国义务教育优质均衡区创建。加强教育资源供给，开工建设城南初中、通荷幼儿园，启动尼山小学、汪村小学、巨化四小、书院幼儿园等项目，确保新鹿鸣小学和锦西家园、悦鑫府两所幼儿园投入使用。深化医药卫生体制改革，加快推进公共卫生领域补短板，完善疾病预防控制体系、重大疫情应急响应机制，健全公共卫生服务管理体系，推动工作力量向一线下沉。实施区公共卫生服务中心等项目，完成区中医院住院综合大楼主体工程，不断改善就医环境。

实现更可靠的社会保障。进一步织密扎紧社会保障网，做好零就业家庭动态清零，新增城镇就业 5800 人以上。推进社保、医保精准扩面，提高户籍人口参保率。完善养老服务体系，推进乡镇敬老院社会化运营改革。深化殡葬改革，推进节地生态安葬。持续做好因病致贫、因病返贫人口的监测和帮扶，确保困难群众基本生活得到有效保障。开展退役军人全生命周期服务管理试点，完善退役军人“三级五有”服务保障体系。

构建更完善的治理体系。深化社会治理领域“最多跑一地”改革，更好发挥社会矛盾纠纷调处化解中心作用。健全应急管理体系，提升防灾减灾救灾能力。强化交通、消防、食品安全等重点领域监管，确保安全生产形势持续稳定。完善社会治安防控体系，完成 26 个“智安小区”建设。坚决夺取扫黑除恶专项斗争全面胜利。争创平安柯城“六连冠”，力夺“平安银鼎”。

全力办好民生实事。按照“群众提、大家定、政府办”的原则，我们将继续根据票决结果，集中力量、集聚资源、集成服务，全力以赴办好十方面民生实事，让群众感受到稳稳的幸福！

做好以上“十项工作”，需要全区上下各方面共同努力。要积极支持咨询委、工青妇、科协、文联、社科联、工商联等开展工作，加强民族宗教、侨务、外事、对台、统计、档案等工作，推进老龄、关心下一代、红十字会、残疾人、国防建设、人民防空等事业稳步发展，进一步营造全区上下合心合力推动大发展快发展高质量发展的浓厚氛围。

三、全面加强政府自身建设

各位代表，我们将始终坚持党的领导，进一步增强“四个意识”，坚定“四个自信”，做到“两个维护”，构建“不忘初心、牢记使命”的长效机制，努力建设人民满意的服务型政府。

（一）严守十条军规。强化军规意识，完善“红黑榜”制度，以干事为导向、以实绩论英雄，表彰先进、鞭策后进，奖罚分明、抓人促事。充分发挥督查考评作用，严格监管、跟踪考核，既考结果、又考过程，形成工作闭环，确保各项工作落到实处。

（二）加强统筹整合。按照打造整体政府的要求，坚持工作统一部署、资源统一配置、力量统一调配，做到统筹整合联动、跨界打通融合、扁平一体高效。列出项目清单、任务清单、政策清单，确保年初确定建设的项目都在资金盘子上、土地指标内、规划空间里。完善区大项目统筹办、大财政金融办、大监管服务办运行机制，加快“4421”项目推进体系落地落实。

（三）坚持依法行政。用法治思维和法治方式指导工作、制定政策、解决问题。认真落实区人大及其常委会的决议决定，自觉接受人大法律监督、政协民主监督和社会舆论监督，高质量办好议案建议和提案。强化行政决策的权限意识、程序意识和责任意识。扎实推进政务公开，深化拓展公开内容，及时更新政府信息。加强政府诚信体系建设，做到言出必行、行必见效。

（四）严格正风肃纪。认真落实全面从严治党主体责任和党风廉政建设“一岗双责”。严格落实中央八项规定精神，坚定不移推进反腐败斗争，营造风清气正的政治生态。强化专项资金使用管理，扎实开展财政资金绩效评价。严格控制和压减一般性支出，非刚性、非重点项目支出压减不低于 10%，日常公用经费支出压减不低于 5%，“三公”经费压减不低于 5%，真正把钱用在刀刃上，真正做到政府过紧日子、百姓有好日子。

各位代表，非常之时，当有非常之举、尽非常之力！让我们更加紧密地团结在以习近平同志为核心的党中央周围，在区委的坚强领导下，攻坚克难，不惧风雨，只争朝夕、不负韶华，万众一心加油干，越是艰险越向前，为与全省同步高水平全面建成小康社会、坚定推进“四个区”建设而努力奋斗！

专　　记

记三位灭火救人的老英雄

——衢州市见义勇为先进分子

瓶口喷出火舌，老人踹门灭火救人

2019年3月2日晚上6点多，家住市区府山街道天皇巷社区湖畔路德坪坝一栋3楼宿舍内，孙大爷的老伴在厨房烧水时，液化气发生泄漏并点燃，她的裤子被烧了一大块，瓶口喷出火舌。老两口情急之下爬出三楼窗外，躲到阳台遮雨棚上，大声呼救："救命啊！着火了，救命……"当时，75岁的罗亚洲正在家中和儿子罗俊一起吃晚饭。听到声响后，他马上放下碗筷跑到楼道观察，家住同小区88岁的应献岳、74岁的王同孝也闻讯赶来。三位老人闻到孙大爷家里弥漫出来的焦臭味，情况十分危急，罗亚洲立即让儿子打电话报警并去路口接应消防员。"敲了半天门没人应，里面的人怕是昏倒了。"三人当机立断，一同发力，经过5次合力撞门，最终踹开了房门。王同孝说"当时真的很危险，冲进去的时候厨房里一个液化气钢瓶正在喷火，边上另一个还不断地往外冒出刺鼻的煤气味儿。三人就只有一个信念——立即把火扑灭，不能让火势蔓延。"年轻时曾在炮兵部队服役的王同孝憋着一口气，拿起楼道里的灭火器往液化气钢瓶上喷去，灭火后，他才感觉喉咙被呛得难受。府山街道天皇巷社区兼职网格员、"红管家"陈明多也拿着灭火器赶到现场，加入到灭火队伍中。明火被扑灭后，三位老人在窗户外发现被困的孙大爷和老伴，幸好两人并无大碍。他们一起把孙大爷拉回屋内，但其老伴钱奶奶因惊吓过度，无法成功营救。三位老人体力已有些不支，担心泄漏的液化气有可能发生轰燃造成更大危险，在提醒钱奶奶躲好后，便拉着孙大爷撤到房间外等待救援。衢州市消防救援支队在接警后，指令柯城消防救援大队派出救援力量前往救援。18名消防员只用约9分钟赶到现场，消防员们一边疏散围观群众，一边将泄漏的液化气钢瓶迅速转移到户外处置，并将窗外的钱奶奶救回。

三位老人中有两位"红管家"

罗亚洲老人年轻时曾在海军部队服役，是一名党员"红管家"。他说，这次能成功灭火和救人，多亏了2018年创文期间社区为每个楼道配备的灭火器，以及消防部门迅速出警赶到。“我和老罗既是社区的‘红管家’，也是老孙夫妇的隔壁邻居，第一时间为居民解困，这是我们应该做的。”应献岳老人谦虚地说。“三位平均79岁的老人面对明火毫不退缩，机智应对，真不愧是‘有礼’城市的主人翁！”天皇巷社区工作人员徐小仙对老人们的义举竖起了大拇指。“三位老人灭火救人的举动让我感动，这也说明了我们强化‘红管家’队伍建设取得了实效。”府山街道党工委书记洪栋说，去年创文期间，街道锤炼了一支忠诚担当的“红管家”队伍，夯实了基层网格力量。险情处置中，及时添置的消防设备、网格员的消防培训知识发挥了一定作用。下步，他们要加强社区居民消防教育，让更多居民懂得怎样正确使用液化气钢瓶及灭火器，尽量避免类似安全事故的发生。

区委书记徐利水看望慰问三位“救火老英雄”

3月4日晚上，区委书记徐利水专门来到府山街道天皇巷社区德坪坝小区，看望慰问三位奋不顾身、救邻居于火灾之中的高龄老人。“我代表区委区政府向你们表示感谢！你们三位老人，年龄最大的已经88岁，最小的也已经74岁了，还能这么英勇，关键时刻挺身而出，给我们党员、机关干部树立了非常好的榜样！”徐利水紧紧地握着老人的手，深情地与老人话家常，向老人们表达满满的敬佩之情。

“我们中有老党员、老军人，还有网格员，遇到这样的事情，我们一定要救的。”“我会用灭火器，以前当过兵，社区培训消防安全知识的时候也学过。”提及救人一事，三位老人表示，邻里有危险就应该帮，这是天经地义的事情。据老人们介绍，小区在创建全国文明城市期间为每个楼道都配备了灭火器，这给成功救援创造了“必胜条件”。

“你们三位觉得这只是件小事，可这救人命的事情绝对不应该是小事。正是因为你们第一时间挺身而出，才为后续救援赢得了宝贵的时间。”徐利水向老人们竖起大拇指，“在危急时刻，你们彰显了平民英雄、军人本色、党性光辉！我们的城市因你们而文明，也因你们变得更温暖！你们就是衢州有礼最好的代言人，我们都应该向你们学习！”

柯城三大爷灭火救人引全国媒体争相关注

《宝刀未老啊！》《平均79岁！火势千钧一发，3大爷踹门冲了进去》。三位老人的英勇事迹被新华社、《人民日报》的官方微信公众号及《钱江晚报》相继报道，引来好评如潮，全国网支纷纷为老人点赞，并引发各大媒体转载热潮，短短几天两篇微信阅读量就突破10万人次。

三位老英雄将获赠1万元阿里正能量奖捐给社区改造基础设施

《钱江晚报》3月4日发布了三位老人救人的新闻后，阿里巴巴天天正能量致电《钱江晚报》，将赠给三位老人万元奖励致敬勇敢的心。天天正能量给三位老人的颁奖词这样写道：面对浓烟烈焰，逃生是每个人的本能，三个头发花白、并肩逆行的身影，却给出一份不一样的答案。没有观望，没有犹豫，他们拼尽全力，他们机智果敢，他们改变了一场意外的结局，也让我们看见最美最暖的邻里情。这是一次救援，也是教科书般的一课。有一种道理叫远亲不如近邻，这一课，他们用行动教会了所有人。三位老人得知将获赠 1 万元奖励的消息后，他们商量后决定将奖金捐出去，用于改造小区基础设施。如果还有剩余的钱，同意将钱捐给起火的孙师傅家，用于购买因火灾而烧掉的生活用品。”

三位老英雄获衢州市见义勇为先进分子称号，并记二等功

2020 年 9 月 17 日，衢州市政府常务会议通过决定，授予罗亚洲、应献岳、王同孝三位救火老英雄“衢州见义勇为先进分子”称号，并记二等功。市政府号召全市人民要以见义勇为先进人物为榜样，学习他们临危不惧、见义勇为的精神学习，学习他们无私奉献、舍己为人的高尚情操。

（根据《今日柯城》2019 年 3 月 5 日第 1 版记者陈蓉蓉、方秀琴报道材料及有关资料整理）

大　事　记

1　月

1 日　区委八届五次全体会议召开。

2 日　安徽商会副会长杨支扬一行专程到柯城经信（商务）局，送锦旗称赞柯城优良营商环境。

4 日　区分管领导率有关企业负责人 50 余人赴杭州市余杭区考察学习智能制造发展经验。

4—5 日　中国工程院副院长、国家柑橘产业体系首席科学家邓秀新与华中农大、省柑橘研究所、市农科院专家到柯城区，为柯城“把脉问诊”。

5 日　2019 年灵鹫山·江浙沪马帮越野挑战大师赛在灵鹫山国家森林运动小镇开赛。

7 日　区消防救援大队授衔、换装仪式举行。

是日　“山海协作+产业智慧化”柯城区数字经济发展大会召开。

是日　区政府和全国体育院校体育产业创新创业服务平台、浙江森华文化发展有限公司签订合作框架协议。

9 日　市委副书记、市长汤飞帆带队到柯城区检查考核 2018 年落实全面从严治党主体责任情况。

是日　省侨联主席连小敏一行到信安街道侨界空巢老人服务中心调研。

10 日　区九届人大常委会第十六次会议审议通过《区人大常委会关于批准将衢州市区古城双修国有土地上房屋征收项目列入区 2019 年国民经济和社会发展计划的决定》。

15 日　市人大常委会主任居亚平到柯城区检查全国文明城市创建工作。

16 日　副市长毛建民到柯城区召开座谈会，征求对市《政府工作报告》意见。

19 日　在杭州未来科技城柯城科创园举行余杭——柯城山海协作升级版工作座谈会。衢州市委副书记、市长汤飞帆和杭州市委常委、余杭区委书记张振丰，省发改委区域发展办主任韩海洋，柯城区领导徐利水等参加座谈会。

是日　区九届人大常委会第十八次会议听取和审议区政府工作机构调整情况的报告，审议通过人事任免事项。

20 日　全区机构改革动员会召开。

21 日　选址石梁镇的柯城区寺桥水库工程项目获省发改委批复，项目投资 26 亿元，总库容约 3433 万立方米，为区水利史上最大工程。

是日　区委政法委机关全体干部会议召开。

23 日　全区平安稳定工作部署会召开。

24 日　阿里巴巴·柯城数字农场示范基地合作协议签约仪式在杭州举行。

25 日　受中宣部委托，省委宣传部副部长王四清一行到柯城区人民医院看望慰问

“时代楷模”万少华及其团队。

是日 区委常委会会议听取区人大常委会党组、区政府党组、区政协党组、区法院党组和区检察院党组工作汇报。

是日 柯城区与中国围棋协会签订战略合作协议，推动“南孔圣地 棋妙柯城”文化品牌走向全国。

28日 区九届政府第38次常务会议研究讨论《柯城区“大棚房”问题专项清理整治行动情况报告》《政府工作报告（送审稿）》《2019年区政府民生实事候选项目（送审稿）》等事项。

30日 区纪委八届四次全体（扩大）会议召开。

是日 区九届人大常委会第十九次会议召开。

是日 全区道路交通安全专业安全生产委员会工作会议召开。

31日 区“不忘初心、牢记使命、严守军规、接续奋斗”专题培训班开班。

是日 区委召开2018年度党委（党组）书记抓基层党建和人才工作述职评议会。

1月 全区实现省级卫生乡镇全覆盖，沟溪乡成为全省首个省级卫生村全覆盖乡镇。

是月 九华乡妙源村民宿溢舍获评浙江省白金级民宿。

是月 全市精品柑橘质量评比中，柯城区占一、二等奖名额的一半。

是月 2018年全国U17（17岁以下）射击锦标赛柯城小运动员获4枚金牌、4枚银牌和2枚铜牌，创造区参加该赛事的最好历史记录。

是月 衢州火宏凯泰国际汽车联合工会成立，企业64家，会员137人。

是月 全区11个行政村被评为“一村万树”行动市级示范村。

是月 航埠镇、万田乡、石室乡、华墅乡和姜家山乡通过小城镇整治省级验收，其中航埠镇、石室乡获评省级样板乡镇。

是月 庙源溪、江山港省级湿地公园建设获批。

2 月

1日 区领导徐利水、许存真、高雪峰、何晓文到衢州军分区走访慰问部队官兵，交流共谋发展。

是日 区委、区政府举办2019年新春团拜会。

是日 市春季人力资源交流大会开幕。全区184家企业提供5057个工作岗位。

12日 柯城区获市“活力新衢州 美丽大花园”建设考核第二名。

是日 柯城区服务企业开复工新年首场招聘在南湖广场举行，全区80余家企业提供就业岗位2400余个。

13日 在市工人文化宫召开全区干部大会，表彰一批新时代奋斗者。

是日 区九届人大常委会召开第二十次会议。

15日 区委召开常委会会议，专题研究开展“服务企业、服务群众、服务基层”三服务活动。

是日 区九届政府召开第40次常务会议，研究讨论区生态文明建设示范区规划等事项。

17—20日 区政协四届三次会议召开。

18—21日 区九届人大三次会议召开。

28日　全省扩大有效投资重大项目集中开工仪式衢州分会场活动在柯城区举行，柯城区4个项目参加集中开工，总投资43.26亿元。

2月　经区委同意，区委巡察组向区审计局、区专业市场管委会、区供销社、九华乡、区行政服务中心管理办公室、花园街道、区信访局、双西港管委会（衢州田园开发有限公司）反馈巡察情况，并就整改工作提出意见建议。

是月　区市场监管局推行电子营业执照申办工作。

是月　区“两会”期间2件议案10件优秀建议和16件提案获表彰。

是月　辖区新增一所省级幼儿园——柯城区幸福幼儿园。

3　月

1日　全区领导干部会议暨网格“一长三员”视频大会召开。

3日　区委全面深化改革委员会第一次会议召开。

4日　区委书记徐利水到府山街道天皇巷社区德坪坝小区看望慰问三位奋不顾身、救火老英雄。

是日　柯城区首家街道议事会在府山街道成立。

5日　市政协主席吴国升到柯城区开展“三服务”活动。

6日　衢州市实施“百乡共廉”工程推进“清廉村居”建设现场会在柯城区召开。

是日　柯城区“一村万树”绿色期权产品发布会召开。会上，推出“一村万树”先锋卡，签订绿色期权认购协议。国家林草局生态修复司副司长吴秀丽，省林业局正厅级领导杨幼平、副市长毛建民，区领导徐利水、徐登富、陈雪良等出席，58家单位签订绿色期权认购协议。

是日　省人力资源和社会保障厅党组成员、就业管理中心主任夏春胜一行到柯城区调研招工服务工作。

7日　区妇联举办“传承好家风·讲述好故事”巾帼风采展示活动。

是日　由区创建办主办，区创建专班、府山街道承办的争做“有礼城市的主人、花园城市的园丁”暨“争当主人翁、扮美大花园”活动启动仪式在水亭门街区举行。

11日　省委第二巡视组专项巡视衢州市柯城区工作动员会召开。

13日　省人大常委会副主任李卫宁到柯城区调研街道人大工作和建设试点以及人大代表联络站建设工作。

是日　由市商务局、柯城区政府主办，区电商办承办的“电商发展趋势前瞻”暨电商法解读论坛在衢州国际大酒店举行。

19日　市委常委、组织部部长林晓峰到柯城区开展“服务企业、服务群众、服务基层”活动。

20日　全国文明城市年度测评结果公布，衢州市以总分92.31分居113个地级提名城市第8位。

22日　区九届政府第41次常务会议召开，研究讨论农村饮用水达标提标行动计划等事项。

23日　全区安全生产暨消防工作会议召开。

是日　“妙源双溪”大花园重点建设项目暨全域土地综合整治与生态修复工程集中

开工仪式举行。43 个大花园重点建设项目和全域土地综合整治与修复工程十大项目，计划总投资 600 亿元。

同日 全区交通重点项目工作推进会暨杭金衢拓宽征迁工作动员会召开。

25 日 全区“清廉乡村”建设暨群众身边“微腐败”专项整治行动动员会召开。

26 日 区委常委、常务副区长徐洪水带队检查全区危化品企业安全生产工作。区应急管理局、经信局、柯城生态环境分局、柯山消防救援大队等相关部（单位）负责人参加检查。

28 日 区九届人大常委会召开第二十一次会议，会议听取和审议区政府关于柯城区生态文明建设规划编制情况报告，听取和审议人大街道工委年度工作报告。

29 日 区九届政府召开第 42 次常务会议，专题研究扫黑除恶专项斗争。

3 月 府山街道入选第二批“省级社区治理和服务创新实验区”。

是月 柯城区以参与人数最多、时长最长获全省志愿服务之“最”。

是月 石梁镇中央方村、万田乡荷塘村上榜省“一村万树”示范村。

4 月

1 日 全区政法平安信访工作会议暨扫黑除恶斗争攻坚推进会召开。

2 日 市人大常委会主任居亚平带队到柯城区开展“三服务”活动。

3 日 全区污染防治三大战役暨环保督察整改工作推进会召开。

4 日 全区农业农村重点工作会议暨农村饮用水达标提标工作部署会召开。

5 日 全区地质灾害隐患综合治理工作部署会召开。

7 日 古城双修房屋征收动员会召开。

9 日 总投资约 100 亿元，由柯城人民政府和吉利控股集团联手打造的全国首个森林运动汽车城——中国运动汽车城项目签订仪式举行。

11 日 省委改革办副主任谢小云带队到柯城区调研“信访超市”建设工作。

12 日 区九届政府召开第 43 次常务会议研究安全生产工作。

13—14 日 2019 中国围棋之乡联赛揭幕战——棋妙柯城·中国围棋之乡联赛柯城分站赛举行。中国围棋协会主席林建超和副主席聂卫平、孙光明、王谊出席开幕式。

16 日 浙江鸿盛环保科技集团公司向柯城区慈善总会捐款人民币 50 万元。

19 日 区委机构编制委员会第一次会议召开，区委书记徐利水主持会议。

20 日 江西省婺源县委书记吴曙率县四套班子领导、部门单位负责人、乡镇（街道、园区）党政主要领导到柯城考察。区领导徐利水、许存真、陈雪亮等陪同考察。

23 日 全省运动休闲小镇建设工作第二次推进会暨灵鹫山·首届全国森林极限运动论坛在柯城区举行。

23—25 日 四川省北川羌族自治县县委副书记文峰率团到柯城区考察交流。

26 日 由区政府主办，区人力社保局、区委人才办、区总工会承办的全区第九届职工技能竞赛在衢州中专举行，187 人参加比赛。

28 日 区委退役军人事务工作领导小组第一次会议召开。

是日 新世纪学校机器人社团夺得2019VEX机器人世界锦标赛初中组世界冠军。

是日 “两会”建议提案交办会召开。

4月 江西省上饶市人力资源服务中心代表团一行到柯城区考察商谈人力资源合作事项并签订人力资源合作框架协议。

是月 柯城区为全省首个取消并清退政府采购投标保证金。

5 月

2—3日 2019灵鹫山杯越野摩托车耐力赛在灵鹫山国家森林运动小镇举行。

5日 区委召开审计委员会第一次会议。

6日 市委常委、组织部部长林晓峰到万田乡调研农村基层组织和基层政权建设情况。

是日 区九届政府召开第44次常务会议，研究部署扶贫工作、政府系统扫黑除恶专项斗争等事项。

是日 省委统战部副部长、省工商联党组书记徐旭带队到柯城调研“千企结千村、消灭薄弱村”乡村振兴专项行动推进情况。

7日 省政协副主席、党组副书记孙景淼一行到柯城区调研基层社会治理工作。

8日 全区创建全国文明城市总结推进会召开。

是日 市政协主席吴国升带领市国资委等相关单位负责人到柯城区开展“组团联企”服务活动。

10日 区委宣传部、区文化和旅游体育局主办，区文化馆承办的“棋妙柯城·田园牧歌”民族室内乐独奏重奏音乐会在区文化中心上演。

是日 全区组织工作会议召开。

13日 全区“五水共治”（河长制）工作推进会召开。

是日 全区领导干部警示教育大会召开。

15日 市领导徐文光、汤飞帆、周伟江、林晓峰、吕跃龙带队考察柯城区农村改革亮点工作。

是日 市人大常委会主任居亚平到柯城调研街道人大工作。

是日 区人大常委会主任徐登富到荷花街道朝晖社区、万川资源回收中心、姜家山垃圾分拣中心等地，专项调研垃圾分类工作。

16日 全区经济形势分析会暨重点项目推进会召开。

17日 区委2019年巡察工作动员部署会召开。

是日 柯城区民宿协会成立。

是日 区委理论学习中心组举行防范化解重大风险专题学习会。

19日 “中国·灵鹫山”电竞联赛(2019春季赛）暨衢州市第二届英雄联盟联赛在网红星耀城电竞馆落下帷幕。

21日 柯城区委书记徐利水在参加衢州·绵阳东西部扶贫工作联席会后率区党政代表团到四川省北川羌族自治县考察对接东西部扶贫协作工作。

22日 九届政府召开第45次常务会议研究讨论区减税降费工作和《柯城区村级工程项目交易管理实施细则》等事项。

是日 区委书记徐利水率区党政代表团到成都市郫都区和天府新区考察乡村振兴和新经济发展工作。

27日 柯城区2019年基干民兵应急队伍集结点检暨授旗仪式在驻衢部队礼堂举行。

是日 市政协主席吴国升带队到柯城区

调研石梁镇“坡地村镇”项目建设工作。

28日 市人大常委会主任居亚平带队到柯城区调研全国文明城市创建工作。

是日 柯城第一支退役军人志愿者服务队成立。

29日 全市推进信访工作改革创新现场会在柯城区召开。

是日 在衢州举办的全国中小河流系统治理培训班70余名代表考察石梁溪、庙源溪治理工作。

是日 区政协组织部分委员专项视察“一村万树”工作。

是日 羽毛球世界冠军、衢州籍羽毛球国手黄雅琼到新世纪学校羽毛球馆，为孩子们上一堂别具风格的羽毛球课。

30日 市委副书记、市长汤飞帆，市政协主席吴国升，市委常委、宣传部部长钱伟刚到新世纪学校、教工幼儿园恒大分园，与孩子们一起庆祝“六一”儿童节，并向教育工作者表示感谢。

30—31日 徐利水、徐登富、徐连土、许存真等区四套班子领导到区城乡学校、幼儿园，为孩子们送上“六一”节的祝福，慰问教育工作者。

30日 区委常委会召开会议，专题研究社会治理综合服务中心和融媒体中心建设工作。

31日 区委书记徐利水到区人民来访接待调解中心接待约访群众，面对面倾听群众心声，现场协调解决群众反映的问题。

是日 区九届人大常委会召开第二十二次会议，首次召开专题询问会、听取区监委工作报告并任命街道人大兼职副主任。

5月 区征迁管理办公室（柯城高铁新城征迁工作团队）获2019年省模范集体称号。

是月 白云学校46名击剑运动员代表市参加省青少年击剑冠军赛获3金、3银、2铜。

是月 柯城——北川乡村振兴能力提升专题示范班在柯城区举行。

是月 灵鹫山国家森林运动小镇入选2019年省首批青创运动基地。

6 月

3日 市委书记徐文光带队到柯城检查调研地质灾害隐患点治理工作。

是日 区委书记徐利水带领农房整治工作专班干部专题调研农房整治工作。

4日 市委常委、纪委书记、监委主任蔡旭昶到柯城区调研纪检监察工作。

是日 市委书记徐文光到柯城区专题调研基层党建工作。

5日 区九届政府召开46次常务会议，研究讨论《柯城区加快工业创新转型大力推进产业群发展的若干意见（修订）》和2018年度招商引资信息、特别贡献、工作经费奖励等事项。

6日 区“振兴一号”行动动员会在九华乡沐一村召开。

是日 区政协组织部分委员开展扫黑除恶专项斗争专题视察活动。区政协主席徐连土、副主席徐成旺参加。

10日 市委表彰全市党建治理大花园先锋战队和先锋战士，柯城区9支队伍和16名奋斗者获奖。

11日 中央新闻单位驻浙江9家媒体到柯城区开展美丽大花园建设采风活动。

12日 全区产业创新大会召开。

14日 全国围棋锦标赛（团体）暨第四届全国智力运动会测试赛在柯城区举行。

是日 全区防汛防台和森林防火工作会议召开。

17日 省妇联副主席李志慧到柯城给柯城区蔬菜技术推广中心主任何润云颁发“全国三八红旗手”牌证。

是日 区九届政府召开第47次常务会议听取柯城公安分局、柯山公安分局扫黑除恶专项斗争工作情况汇报，研究讨论区第三次国土调查工作情况等事项。

18日 区委书记徐利水到航埠镇万川村调研农房整治工作。

是日 省自资源厅厅长黄志平带队到柯城区调研地质灾害隐患综合治理工作。市领导汤飞帆、毛建民，区领导徐利水、徐洪水等陪同调研。

20日 市政协在石梁镇举行“六送下乡”（送文化、送卫生、送教育、送科技、送法律、送体育）活动，市政协主席吴国升等领导参加。

是日 区召开驻点招商组暨山海协作专班工作会议，成立新一批驻点招商组和山海协作专班。

是日 做“有礼城市的主人 花园城市园丁”2019年柯城区市民文明素养提升活动启动仪式暨项目认领活动现场会在荷花街道兴华社区兴华苑康乐广场举行。

是日 沟溪乡率先完成非法“一户多宅”“四类人员”违规清零。

23日 “烂柯棋院”在2019年全国围棋锦标赛（团体）中升为甲级行列。

24日 全区农房整治工作汇报会召开。

是日 区政协召开“请你来协商·小区物业管理”专题协商会。

是日 区委全面依法治区委员会第一次会议召开。

25日 省委第二巡视组向柯城区反馈专项巡视情况。

25—26日 省政协副主席马光明带队到柯城区视察深化“千万工程”，推进美丽乡村和大花园建设工作推进情况。

27日 全区“乡村振兴讲堂·村书记大比武”擂台赛在石梁村文化礼堂举行。

28日 区委书记徐利水到航埠镇新山村塘下自然村看望慰问“一生积蓄献给党，一颗初心跟党走”的老党员贵海良。

29日 由区委宣传部主办“棋妙柯城·田园牧歌”七里乡村音乐会在七里乡云水广场举行。

30日 全区首届群众声乐大赛（决赛）在区文化中心剧场举行。

6月 在2019年“体彩杯”省青少年射箭冠军赛上，浙江师范大学附属衢州白云学校参赛队伍获6枚金牌、2枚银牌、3枚铜牌，创造全区青少年运动员参加射箭比赛以来的历史最好纪录。

是月 全区首个街道侨联——信安街道侨联成立。

是月 花园街道“信访超市”成立。

是月 柯城区创办全市首批农民夜校。

是月 航埠镇墩头村入选省首批善治示范村。

7 月

1日 全区“领头雁教育基金”成立大会暨贵海良同志先进事迹座谈会举行。

是日 柯城区召开东西部扶贫协作工作推进会，专题研究推进与四川省绵阳市北川羌族自治县东西部扶贫协作工作。

3日 在7月2日《衢州日报》一版刊发《40万元积蓄背后的“初心”——老党员贵海良的故事》后，区委书记徐利水专门作批示：“一生积蓄献给党，一颗初心跟党走”。

是日 市人大常委会主任居亚平和部分省、市人大代表到柯城区视察“衢州有礼”诗画风光带柯城段建设情况。

4日 区九届政府召开第48次常务会议，研究讨论《衢州市柯城区“一村万树”绿色期权管理实施细则（试行）》《柯城区公开选聘优秀教师方案和优秀教师及创新团队奖励办法》等事项。

9日 市委书记徐文光到柯城——余杭山海协作产业园考察衢州恒业汽车部件有限公司数字化改造车间、浙江格林特电线电缆有限公司数字化制造生产线工作。

是日 在石梁镇召开的区纪委关于麻蓬村不实信访举报澄清会上为麻蓬村村民主任方雪光等10个乡镇（街道）的11名村主职干部澄清正名。

10日 全省工业互联网平台现场推广会在柯城区举行。

是日 全区乡镇创建专项整治现场会在石梁镇召开。

13日 2019文明出行全省巡回宣传月大型公益活动在柯城区文化中心举行。

14日 全市首个棚户区改造委员会在衢化街道成立，这是柯城区棚户区改造、房屋征收工作的一大创新。

15日 全区“诗画风光带”重点项目推进会召开。

是日 全区党建治理大花园专班推进会召开，区委书记徐利水主持会议并讲话。

17日 市委书记徐文光对老党员贵海良的事迹作出批示。

是日 柯城区农村产权交易平台上线。

是日 全国人大常委会委员、全国人大社会建设委员会委员、全国妇联党组成员邓丽率浙江省全国人大代表第三小组到柯城开展“一村万树”绿色期权、灵鹫山国家森林运动小镇等专题调研。

是日 全区2019农村文化礼堂建设工作推进会召开。

18日 柯城区召开落实省委巡视反馈意见整改工作部署会。

19日 全区“乡村振兴讲堂”工作推进会召开。

23日 区委书记徐利水带队赴乡镇督查后进村整转情况，并调研农房整治和风貌提升、乡村振兴讲堂建设等工作。

24日 副市长毛建民带队调研古城双修房屋征收工作。

是日 柯城—余杭山海协作联席会议召开。余杭区委副书记、区长陈如根和柯城区委书记徐利水、区领导黄宏瞻、柴志强及两地相关部门负责人参加。

是日 区九届人大常委会召开第二十四次会议。

是日 区九届政府召开第49次常务会议。

25日 市委常委、宣传部部长钱伟刚到柯城区调研。

26日 区领导徐利水、徐连土、胡益峰等到衢州军分区及驻衢部队看望慰问官兵。

28日 由区人力社保局与区总工会联合举办的四川省北川务工者培训班在七里乡举

行，近40名北川务工人员参加。

30日 市政协主席吴国升到沟溪乡碗窑村、碗东村调研党建治理乡村大花园工作。

31日 区委书记徐利水到区人民来访接待调解中心接访，面对面倾听群众诉求，现场研究解决信访案件。

是日 区九届政府召开第50次常务会议审议《衢州市柯城区安委会关于“防风险、保安全、迎大庆”安全生产综合整治大行动方案》《衢州市柯城区“亲水花园·乡村振兴”示范区建设行动计划》等事项。

7月 全市首个“城市基层党建博士工作站”在柯城区成立。

是月 航埠镇墩头村、石梁镇中央方村入选省农村引领型社区名单。

是月 柯城区电子商务办公室联合四川省北川羌族自治县商务和经济合作局举办的柯城——北川电子商务精英培训班。

是月 杭州市上城区文化馆一行画家到柯城区开展文化走亲书画交流活动。

8 月

1日 全区招商引资与工业经济形势分析会召开。

2日 全区房地产信息系统在线审批现场推进会在沟溪乡召开。

是日 全市第四次县（市、区）委统战部长工作交流现场会在柯城区召开。

是日 全区“防风险、保安全、迎大庆”安全生产综合整治大行动工作部署会召开。

3日 区委八届六次全体（扩大）会议暨九届政府第三次全体（扩大）会议召开。

6日 余杭区百丈镇与七里乡山海协作“一村万树”认购签约仪式在七里乡政府举行。

7日 余杭区委常委、组织部部长李红丹带队到柯城区考察调研。

8日 农村公路改建工程——351国道至大阴山段公路项目的半山隧道贯通。

是日 在市会展中心举行市人才交流会，柯城95家企业，提供2170个岗位。

是日 全市街道人大工作和建设现场推进会在柯城区召开。

9日 市人大代表衢江中心组到柯城区跨县域视察乡村大花园建设工作。

11日 全区“五水共治”暨“污水零直排区”创建工作现场会召开。会前，与会人员前往信安街道渔村小区、双港街道南滨花苑二区，现场观摩“污水零直排”改造情况。

12日 区委财经委员会召开第一次会议。

13—14日 省文明办副主任王先中到石梁镇、信安街道、荷花街道、区文化中心、衢化街道，对柯城区创建工作及创建难点进行专题督查指导。

14日 全区扫黑除恶专项斗争领导小组（扩大）会议暨行业乱象整治工作推进会召开。

16日 礼贤未来社区房屋征收动员会召开。

19日 区委书记徐利水带队到荷花街道、航埠镇调研乡镇（街道）机构改革模块化运行工作。

是日 柯城区与SUC项目管理中心签订《柯城区乡村版未来社区试点项目全过程管理咨询合作框架协议》，打造全省首个乡村版未来社区。

20日 市委常委、组织部部长林晓峰到柯城调研数字经济发展及创新人才引育工作。

是日 市人大常委会主任居亚平率队到柯城区检查全国文明城市创建工作。

是日 区政协主席徐连土到沟溪乡直力村专题调研“后进村”整转工作。

21日 省委常委、政法委书记王昌荣到柯城区调研诉源治理工作。

是日 区委人才工作领导小组第一次会议召开。

23日 在山东省日照市举办的中国围棋大会期间，柯城区与中国围棋协会签约，继续冠名2020年中国围棋之乡联赛。

24日 区爱卫办、区卫健局、区红十字会共同举办首届家庭健康大奖赛。

25日 由柯城文化和旅游体育局、石梁镇主办，柯城自行车运动协会承办的四省边际中心石梁镇（石门山）第四届自行爬坡赛在石梁镇开赛。

28日 区九届政府召开第51次常务会议，专题听取中央扫黑除恶督导组反馈问题整改工作情况汇报。

29日 由区政府和吉利集团联手打造的全国首个森林运动汽车城——中国运动汽车城项目启动仪式在水亭门广场举行。

是日 区委网络安全和信息化委员会召开第一次全体会议。

29—30日 区举行“文明成果体验日”主题活动暨创建全国文明城市工作成果展示活动。

30日 区委全面深化改革委员会举行第二次会议。

31日 2019年灵鹫山第二届（国际）森林汽车穿越大赛和中国摩托车耐力大奖赛举行。

是日 柯城区与国家体育总局、省体育局、衢州职业技术学院签订推进共建体育产业战略合作协议，创建柯城区运动休闲产业双创基地。

9 月

2日 区委常委会召开议军会议。

是日 区委书记徐利水带队调研公安工作。

是日 区九届政府召开第52次常务会议，审议全区教育大会筹备情况与表彰人选等事宜。

是日 全区乡镇（街道）模块运行试点工作会议召开。

4日 全区大花园典型示范创建暨GEP核算与“一村万树”生态产品价值实现工作启动会召开，正式与浙大团队签订GEP核算技术服务合同。

是日 区政协举办“请你来协商·新材料十”专题协商活动。

是日 区委常委、常务副区长徐洪水带队到姜家山大塘头片区城中村改造项目现场、石华线航埠金万村路口、衢州伟荣药化有限公司等地督查“迎大庆 保安全”安全生产工作。

6日 区政协组织部分委员视察农村宅基地“三权分置”改革工作开展情况。

8日 区委、区政府召开全区教育大会，这是建区以来规格最高、规模最大的全区教育大会。

9—10日 四川省北川羌族自治县党政代表团到柯城区考察交流。

10日 区四套班子领导干部会议召开，宣布省委提名蒋国强为区人民政府区长候选人。市委书记徐文光出席会议并讲话，市委常委、组织部部长林晓峰宣读省委人事任命文件。

12日 全区“不忘初心、牢记使命”主题教育工作部署会召开。

17日 区九届人大常委会第二十五次会议召开，决定任命蒋国强为柯城区人民政府副区长、代理区长职务。

是日 区委副书记、代区长蒋国强带队检查全国文明城市创建工作。

18日 区四套班子领导到衢州地区第一个共产党支部——中共衢县支部旧址（市区棋杆巷18号）开展“不忘初心、牢记使命”主题教育。

是日 全区领导干部警示教育大会召开，通报省纪委、省监委关于方庆建开除党籍、开除公职处分决定 ，以案明纪，举一反三，开展党章党规警示教育。

23日 全区政府采购业务迈入全流程电子化操作时代。

是日 2019“浙江好腔调”全省传统戏剧展演衢州专场——通衢长歌“非遗”展演活动在石梁镇文化礼堂举行。

24日 省委主题教育第八巡回指导组副组长陈志雄带队到柯城区走访调研。

25日 全区扫黑除恶专项斗争领导小组会议召开。

27日 首届中国·衢州中医药博览会暨中国（衢州）医药健康城在衢州专业市场城开园。

是日 北川农特产品的扶贫展示体验馆在衢州专业市场城内中国（衢州）医药健康城开馆。

28日 余杭——柯城山海协作乡村振兴示范点——“智多张西”在石梁镇双溪村张西自然村开业。

29日 区九届政府第53次常务会议召开。

是日 区委财经委员会召开第二次会议，审议《柯城区让利性股权投资引导基金管理办法（试行）》《柯城区让利性股权投资引导基金实施细则（试行）》《合作共建衢州市柯城小微企业孵化园协议书》等事项。

30日 西安门大桥完成拓宽改造全面通车。

9月 礼贤社区入选省首批未来社区试点创建名单。

是月 区委第九轮巡察工作启动。

是月 由区委宣传部、区文联主办，区书法家协会、区书画院承办的“棋妙柯城，礼赞祖国”书画展在市文化馆开展。

10 月

9日 赵抃故里——信安街道沙湾村举办纪念赵抃诞辰1011周年暨2019年沙湾廉孝节活动。

11日 省人大常委会党组副书记、副主任李卫宁到柯城区调研。

15日 区九届政府第54次常务会议召开，研究松材线虫病防控、集中财力办大事财政政策体系等事项。

17日 浙江普农家电有限公司、衢州德贤纺织制品有限公司、浙江佰意智造服饰有限公司为北川群众捐献总价值60万元爱心物资。

18日 市委副书记、政法委书记周伟江带队到柯城区调研“红色物业联盟”运转工作。

20日 区委财经委员会召开第三次会议，审议“亲水花园·乡村振兴”示范区建设、区航天智慧农业产业园项目、区政府与高德软件有限公司框架合作协议等事项。

21日 衢州奥陶纪景区项目在石梁镇派溪头村开工。

是日 柯城区第三届民间剪纸展在衢州市儒学馆开展。

是日 省政府下达寺桥水库封库令，启动工程占地和淹没区的实物指标调整，标志着总投资26亿元的柯城寺桥水库项目进入实质性阶段。

22日 市委书记徐文光到柯城区专题调研党建治理大花园建设。

23日 区委副书记、代区长蒋国强带队到万田乡、九华乡调研全域土地综合整治工作。

24日 区委书记徐利水为全区领导干部上专题党课。徐登富、徐连土、许存真等四套班子领导参加。

是日 区让利性股权投资引导基金设立。

是日 四川省绵阳市北川羌族自治县县委副书记、县长瞿永安率北川县考察团到柯城区考察交流。

25日 礼贤未来社区房屋征收签约腾空部署会召开。

27日 在老年大学开办基层党支部书记培训班，全区521名基层党支部书记参加学习。

30日 市政协主席吴国升带队到石室乡视察美丽城镇建设。

是日 区九届政府第55次常务会议审议《衢化片区棚户区改造国有土地上房屋征收决定（征收补偿方案）》等事项。

是日 区委副书记、代区长蒋国强带队调研中央和省环保督察反馈问题整改工作。

31日 区委副书记、代区长蒋国强带队调研351国道柯城段项目推进工作。

是日 四川省绵阳市市委副书记、市长元方，副市长经大忠和北川羌族自治县县委书记赖俊相继率考察团到柯城区考察交流。衢州市副市长王良春，区领导徐利水、蒋国强、林静、吴伟红分别陪同考察，柯城区援川挂职领导、北川县委常委、副县长贵丽青参加。

10月 区委全面依法治区委员会守法普法协调小组第一次会议召开。

是月 通过三年验收期，柯城正式成为国家级鲟鱼养殖标准化示范区。

是月 区委人才工作领导小组公布10名首批“首席技术官”名单。

是月 浙江歌瑞新材料有限公司产的航空氟塑料制品（在C919国产大型飞机上应用的首件航空产品）交付。

11 月

5日 代区长蒋国强致公开信向全区人民征集2020年民生实事项目。

6日 全区领导干部会议召开，传达学习中共十九届四中全会及省委扩大会议精神。

是日 市人大常委会主任居亚平率部分人大代表到柯城区视察全国文明城市创建工作。

是日 柯城区与阿里巴巴高德软件有限公司签订高德地图·衢州柯城战略合作协议。

8日 区人大常委会组织柯城区的全国、省、市、区、乡镇五级人大代表视察区“最多跑一次”改革工作。

9日 第四届全国智力运动会围棋比赛在柯城开棋。

9—10日 区人民政府主办，浙江马帮、柯城区绿创森林运动有限公司、三衢马帮承办的2019灵鹫山“火宏凯泰杯”马帮·中国车王争霸赛暨浙江马帮越野嘉年华在灵鹫山国家森林运动小镇举行。

13日 区中医医院揭牌暨区政府与市中医医院合作办医仪式举行。

是日 区委召开人大工作会议。

是日 区九届人大常委会第二十六次会议，补选蒋国强、柴志强为衢州市第七届人民代表大会代表。听取和审议区政府关于2018年度审计查出问题整改情况的报告。

14日 区九届政府召开第56次常务会议，传达全省传统制造业改造提升现场推进会精神，审议“最多跑一次”改革向公共场所延伸扩面工程实施方案等事项。

19日 区委财经委员会召开第四次会议，审议衢州市柯城区佳农园艺养生综合体和九华衢六味康养药博园田园综合体项目招商文件及招商投资协议、大平山工业园区相关资产收储处置及土地收储合同等事项。

20日 浙江音乐学院2019青年乐团全省巡演第六场演出在柯城区文化中心上演。

21日 柯城——余杭山海协作工作联席会议召开，两地政府签约《关于山海协作“消薄飞地”建设合作协议》《关于深化全面合作打造山海协作升级版之补充协议》。

26日 省委第八巡回指导组组长谢力群带队到柯城区调研“不忘初心、牢记使命”主题教育开展情况。

26—27日 柯城区通过浙江省区域推进语言文字规范化区评估验收。

27日 全市乡村振兴讲堂现场推进会在柯城区召开。

28日 全国乡村绿化美化系列宣传活动启动仪式在柯城区举行。全国政协常委、国家林业和草原局副局长刘东生，省政协副主席陈小平、浙江省林业局党组书记、局长胡侠等参加。

是日 “全国乡村绿化美化系列宣传活动暨绿色中国行——走进衢州柯城”系列活动大型系列电视访谈节目《绿色中国十人谈》“两山”路上看变迁（美丽乡村篇）首次走进柯城。

是日 柯城公安分局与柯城区人民法院联合举行“2017-07-01系列盗刷银行卡案”退赔大会，向来自全国各地90余名受害人全额返还300余万元。

29日 中央广播电视总台、《农民日报》、人民网、中新社等全国各地20余家知名媒体到柯城，进行“全国乡村绿化美化系列宣传活动”采风。

30日 湖南省沅江市委副书记、市长杨智勇率考察团到柯城区考察交流。

11月 省委常委、组织部部长黄建发到柯城区调研“不忘初心、牢记使命”主题教育、党建引领乡村振兴等工作。

是月 区九华乡村社区项目列入“SUC联合国可持续社区标准试点项目”。

是月 万田稻田和柯城最美两溪——石梁溪1日游、庙源溪2日游分别列入2019年全省100个“最美田园”和110条休闲农业与乡村旅游精品线路名单。

是月 杭州市余杭区高新技术企业协会考察团到柯城区调研考察。

是月 柯城区列入全省新时代美丽乡村示范县。

是月 新世纪学校成为全国青少年机器人技术等级考点。

是月 柯城区入选省级乡村振兴产业发展示范建设县并获得省级乡村振兴奖补资金。

是月 教师刘迪婷获台盟中央第八次协商议政论坛演讲最具实力奖。

12 月

2 日　柯城传媒集团成立暨融媒体中心启用仪式举行。

是日　全区 2019 年重大项目集中签约大会举行，签约 26 个项目总投资 92.85 亿元。

3 日　2019 年全省创业师资培训班在柯城区举行。

4 日　全市首个县级社会矛盾调处化解中心——柯城区社会矛盾纠纷调处化解中心成立。

是日　全区安全生产工作暨道路交通重点问题整改部署会召开。

是日　区首个宪法主题公园——西港公园开园。

5 日　柯城区航天智慧农业产业园项目签约仪式举行。

是日　柯城区代表队获全市消防队伍业务技能比武竞赛总分第一。

6 日　省委书记车俊到万田乡万田村、弈园村考察农房整治与风貌提升、农产品产销、基层网格建设等工作，肯定全域土地综合整治、“村播”农产品销售模式。

7 日　全市首个乡村国家运动公园——万田乡运动公园正式对外开放。

9 日　区委书记徐利水参加指导航埠镇领导班子“不忘初心、牢记使命”主题教育专题民主生活会。

10 日　市委书记徐文光参加指导柯城区委常委会“不忘初心、牢记使命”主题教育专题民主生活会。

是日　省级科技特派员屠振力到沟溪乡直力村，指导该村香榧种植。

11 日　全国政协常委、省政协副主席吴晶率队到柯城区考察省重点建设项目发展情况，开展“三服务”蹲点调研。

12 日　市委常委、宣传部部长钱伟刚到万田乡调研乡村振兴综合体及乡村文化建设情况。

13 日　区召开领导干部会议，传达贯彻省委书记车俊在衢州市委常委会专题民主生活会上讲话精神和在柯城调研指示精神。

14 日　2019 年灵鹫山·全国首届森林极限运动会在灵鹫山国家森林运动小镇开幕。

16 日　衢州市政协常山委员小组一行到柯城区就乡村振兴开展跨区域视察。

是日　区“请你来协商·灵鹫山名山开发建设”专题协商会议召开。

是日　区九届政府第 57 次常务会议听取全区年度安全生产巡查工作报告，学习新修订的《土地管理法》。

17 日　区委在《今日柯城》公布省委第二巡视组对《柯城区委巡视整改情况的通报》。

是日　市政协主席吴国升率队到沟溪乡碗窑村开展“三服务”活动。

18 日　全区乡村振兴“一号行动”推进会在万田乡召开。

是日　杭衢铁路柯城段征迁动员会召开。

是日　省委常委、统战部部长熊建平到柯城区开展“三服务”活动并调研基层统战工作。

19 日　区委政协工作会议举行。

24 日　区委副书记、代区长蒋国强带队督查道路交通安全大会战工作。

25 日　柯城区台胞台属联谊会成立大会暨第一次代表大会召开。

是日　《柯城民间故事》《上栋梁》获第

七届浙江民间文艺最高奖“映山红奖”。

26日　全区深化“红色物业联盟”工作部署会召开。

是日　嘉兴市科学技术协会考察团到柯城区考察交流。

27日　区举行纪念地方人大设立常委会40周年活动。

是日　衢州沿江公路（柯城段）主体工程完工。

是日　全区首家新型农业服务主体——柯城区农业公共社会化服务中心，在石梁镇中澳柑橘风情园成立。

28日　婺州窑衢州白瓷工艺大师作品展开幕式暨研讨会在北京恭王府会议室举行。

30日　种文化——余东农民画进京展在文化和旅游部恭王府博物馆开幕。

是日　区九届人大常委会第二十七次会议决定2020年2月上旬召开区第九届人民代表大会第四次会议。

12月　柯城阿里村播基地获评全省首个阿里巴巴淘宝“直播村播”试点区。

是月　区国有资产经营有限公司12亿元公司债券在中央国债登记结算有限公司簿记成功，发行期限7年。

是月　柯城区列为省财政厅2020年度第二批一事一议财政奖补助、助推美丽乡村建设项目试点单位，省财政补助资金2000万元。

是月　航埠镇新山村、万田乡万田村、沟溪乡五十都村列为2020年度省级美丽宜居示范村试点。

是月　全省有机肥应用技术现场考察培训班在柯城举行。

是月　由浙江音乐学院声乐歌剧系主办、区文旅体局承办的《我爱你，中国》专题音乐会在柯城文化中心上演。

是月　全区首个乡镇交通管理站——姜家山乡交通管理站揭牌。

是月　柯城区柑橘产业创新服务综合体晋级省级创建名单。

是月　柯城区新材料小镇获评省数字化示范园区。

是月　万田乡与花园街道被评为2019年度浙江省电子商务电商镇，花园街道上洋村、万田乡谷塘村、沟溪乡余东村等10个村庄被评为年度省电子商务专业村。

是月　柯城区公积金服务实现乡镇街道全覆盖。

是月　柯山公安分局城南派出所获全省首批“枫桥式公安派出所”称号。

是月　沟溪乡余东村获评2019年度衢州市“一米菜园”精品村，万田乡上蒋村、信安街道沙湾村获评“一米菜园”示范村。

是月　柯城区仙草记民宿获2019年度省级金宿，壹品舍、圃舍立春、栖坡竹语、九久民宿获省级银宿称号。

是月　沟溪乡洞头村、华墅乡华墅村、航埠镇将军叶村列入2019年度省高标准农村生活垃圾分类示范村名单。

是月　柯城区获2019年度全省实施乡村振兴战略优秀单位称号。

是月　柯城区获2019年度全省“五水共治”工作公众满意度总得分94.34分，名列全省各县（市、区）第二。

区情概览

综 述

柯城区为衢州市中心城区，地处钱塘江上游、金衢盆地西端，介于北纬 28° 48′32″～29° 11′36″，东经 118° 40′48″～118° 57′04″。东、南、北与衢江区接壤，西与江山市、常山县为邻。东西最大距离 25.86 千米，南北最大距离 42.66 千米，总面积 606.8 平方千米。区人民政府驻荷花街道荷三路 28 号，距衢州市人民政府 4 千米。衢州古城为国家历史文化名城。

建置沿革

【概 况】 柯城区境内曾是太末县、新安县、信安县、西安县、衢县和衢州市（县级）属地，1985 年 5 月，设衢州市柯城区。

【新安县】 汉时，境属会稽郡太末县，县治今龙游县。东汉初平三年（192），析太末置新安县，隶属会稽郡，境属新安县，县治驻境内峥嵘岭（今府山）。

【信安县】 西晋太康元年（280），新安县改称信安县，境属信安县，县治仍驻峥嵘岭。南朝陈永定三年（559），信安县设信安郡，信安郡治驻峥嵘岭；三年后，信安郡撤销。唐武德四年（621），信安县置衢州，州治驻峥嵘岭，境属衢州信安县；八年废衢州。垂拱二年（686），复置衢州。天宝元年（742），改州为郡。乾元元年（758），复置衢州。唐咸通元年（860），改信安县为西安县，信安县境内延续时间 580 年。

【西安县】 唐咸通元年（860），改信安县为西安县后，境属西安县，县治始驻峥嵘岭，后移仁寿坊。元至元十三年（1276），置衢州路，境属衢州路西安县；至正十九年（1359），衢州路改称龙游府，府治驻境内府山，境属龙游府西安县；二十六年（1366），龙游府改称衢州府。明嘉靖元年（1522），金衢守道驻境内道前街。清顺治元年（1644），金衢守道改称衢州府；三年（1646），衢州府改称金衢巡道，道治驻境内紫金坊；五年（1648），浙闽总督驻境内北门校士馆；十五年（1658），移温州。清康熙九年（1670），金衢严守道驻道前街；十二年（1673），浙江总督驻校士馆；二十一年（1682），移杭州。雍正十二年（1734），金衢严巡道驻道前街；宣统三年（1911）七月，裁西安县，由府兼理县事，境属衢州府。1911 年 10 月（辛亥革命），置衢州军政分府，境隶衢州军政分府。西安县境内延续时间 1051 年。

【衢 县】 民国元年（1912）2 月，废衢州军政分府，以府名县称衢县，境属衢县，县治驻道前街。民国 3 年（1914），衢州隶金华道，道尹驻道前街。民国 16 年（1927）1 月，撤金华道，衢县为浙江省直属，县治驻忠烈庙前；次年衢县改隶浙江省衢县督察区。民国21年（1932）5月，于衢县设浙江省第一县政督察区。民国24年（1935）8月，改为衢县行政督察区；次年7月，改衢县行政督察区为浙江省第五行政督察区，督察区均驻府山。民国35年（1946），境内有峥嵘镇和下村、石梁、毓秀、航埠、沟溪、将军、黄坛7个乡。民国37年（1948）4月，衢县隶属浙江省第三行政督察区，督察区初驻府山，8月迁江山。1949年5月6日衢州解放，中国人民解放军衢州军事管制委员会实行军事管制。20日，成立衢县人民政府，人民政府驻忠烈庙前（1950年9月迁县学街），境属衢县。6月7日，衢县城区及城郊设衢州市（县级）。衢州市与衢县均隶属第三专区。1950年5月15日，撤销衢州市设立城关区，城关区直属衢州专署。1953年5月，城关区复归衢县管辖。1955年3月，衢州专署撤销，衢县划归金华专区管辖。1958年9月，撤区建人民公社，人民公社下设管理区。境有红专（城关）人民公社、卫星（航埠）人民公社、东风（石梁）人民公社及所属管理区及上游（后溪）人民公社所属的园林、华墅管理区，和平（大州）人民公社所属的石室管理区。1961年9月，大公社改为区公所，管理区撤并为人民公社，境内有4个区（镇），15个人民公社。1981年5月，衢县改称衢州市（县级）。1985年5月15日，设省辖衢州市及衢州市柯城区、衢县；7月16日，市委决定，建立柯城区筹备小组和衢江区筹备小组；12月，衢江区改称衢县。衢县人民政府始驻境内浮石路北门农场，1987年1月迁驻县学街。2001年12月，衢县复称衢江区。

【衢州市】 1949年6月7日，衢县城区及城郊设衢州市（县级），市人民政府驻钟楼底，隶属第三专区，市域属境内。1950年5月15日衢州市撤销，设立城关区，城关区直属衢州专署。10月10日，第三专区更名为衢州专区。1955年3月，衢州专署撤销。1981年5月，衢县改称衢州市（县级）。8月撤销城关镇，建立上街街道、下街街道和市郊人民公社。1983年12月，建市区工作委员会。1984年1月恢复乡、村建制，市郊公社改称柯城乡；境有花园区、航埠区、石梁区、市区工委，上街街道、下街街道及柯城、花园、石室、汪村、黄家、航埠、河东、沟溪、姜家山、华墅、石梁、下村、七里、下郑、万田、九华16个乡。1985年5月15日，设省辖衢州市，衢州市管辖柯城区、衢县、龙游县、江山县、常山县、开化县。衢州市人民政府始驻县学街，1987年1月迁荷花街道荷三路28号，2016年3月29日迁白云街道三江东路28号。

【柯城区】 1985年5月15日，根据国务院批复，撤销金华地区，设省辖衢州市及衢州市柯城区、衢县。7月16日，市委决定，建立柯城区筹备小组和衢江区筹备小组，一市两区同城而治。柯城区管辖上街、下街两个街道和石室、下张、汪村、黄家、万田、浮石、柯城、花园8个乡。柯城区人民政府驻下街宋井商场。8月设衢化街道。1986年1月，衢县姜家山乡划归柯城区管辖。1987年3月，区人民政府迁水亭街东风、红楼招待所。1990年3月，在城南设荷花街道。1992年10月，区人民政府迁信安街道西安路24号新大楼。1993年7月，在衢州下张经济开发区设新新街道。时辖9乡、5街道。2001

年12月10日，根据国务院批复，撤销衢县设立衢州市衢江区，将柯城区的原浮石、下张2个乡和石室乡的黄坛口村划归衢江区管辖；原衢县的华墅、沟溪、七里、九华4个乡和航埠、石梁2个镇划归柯城区管辖。2002年9月，衢江区人民政府迁衢江区樟潭镇。2003年9月，设花园岗街道。2005年12月，撤销柯城乡设立信安街道；撤销花园乡和衢化街道合并设立花园街道；撤销汪村乡设立双港街道；撤销上街、下街街道合并设立府山街道；花园岗街道更名为白云街道。2012年12月，设衢化街道。2017年12月，区人民政府迁荷花街道荷三路28号。

（区方志办）

自然环境

【概　况】 柯境属钱塘江流域。地形以衢江为中轴，南北两侧海拔依次升高，具有河谷平原—低丘岗地—高丘—低山—中山过渡特征。东部为河谷平原盆地，南为仙霞岭余脉，西为白际山余脉，西北为千里岗山脉。最高峰白菊花尖位于石梁镇下村村西北部，海拔1394.7米；最低点信安湖出口，位于信安街道鸡鸣村，海拔58.8米。境内气候四季分明，光照充足，气温适中，无霜期长，具有春早、秋短、夏冬长，温适、光足、旱涝频特征。冬季主要受干冷的极地变性大陆气团控制，多干、冷和晴朗少雨天气；夏季主要受湿润的热带副热带海洋气团左右，湿，热及多雷暴阵雨天气：春末夏初，冷暖气团势均力敌，锋面气旋活动频繁，大雨、暴雨显著增加，是主要降水季节；人秋后，北方寒冷空气逐渐加强，南方暖湿气流减弱后退，气温波动下降，是秋高气爽的季节。境内河流水流湍急侵蚀强，但自净能力强。受降水控制，径流季节变化大，水位易涨易落。其流量、水位、泥沙、水质都有季节性变化的特点。

【山　脉】 境内三面环山。南为仙霞岭余脉，仙霞岭，为浙西南重要山脉，山高岭峻，地形复杂，江山市境内仙霞关为中国东南著名关隘，余脉自黄坛口入境，盘亘于石室乡、黄家乡境内，以低山丘陵为主，天苍岭海拔309米，为南面最高点。西为白际山余脉，白际山，地处浙、赣、皖三省边际，余脉自常山县延伸至境内华墅乡、航埠镇，呈低山丘陵起伏地貌。北为千里岗山脉，为境内主要山脉。自新安江水库南、开化县东经常山县北、柯城区北止于兰溪江西，东西长约100千米，南北宽约50千米，略呈直线，耸立连绵，具“千里山岗”特征。千里岗山势陡峻，山体狭窄，南北两侧沟谷对称深切，山顶多尖锥状，露岩较多，黄沙层厚0.3～0.5米，多长茅草、灌木丛，斜面呈凹凸形，一般为35°～45°。千里岗北坡与新安江水库相连，南坡梯级延展至境内，渐为低山、丘陵，海拔千米以上山峰有11座：白菊花尖（1394.7米）、西坑岭（1348米）、大谷坪（1327米）、石门山（1200米）、箬坞山（1126米），老鹰石（1151未）、蓑衣田岗（1112米）、阳关尖（1110米）、倒坞岭（1016米）、百丹坪（1013米）、松岗坞（1011米）。

【河　流】 境内河道均属钱塘江流域。主要河道有一级河衢江；二级河江山港、常山港、乌溪江3条，境内长43.2千米；三级河庙源溪、大头源、大俱源、徐姑垄溪等9条，总长125.1千米。河流总长度993.7千米，河网密度1.64千米/平方千米。最大河流为衢江，始于双港街道双港口，从西南向东北流经双港、荷花、白云、府山、信安5街道，境内长10.7千米，流域面积598平方千米。江山港由江山市四都镇入华墅乡，继而出境入衢江区廿里镇，再从廿里镇入黄家乡、双港街道，在双港街道双港口入衢江。常山港由常山县招贤镇入境，由西向东流经沟溪乡、航埠镇、姜家山乡、白云街道，在双港口汇入衢江。乌溪江自衢江区黄坛口乡入境，然后由南向北流经石室乡、花园街道、新新街道，在信安街道鸡鸣村汇入衢江出境。

（区方志办）

气候水文

【气　候】 2019年，境内气候起伏较大，温高、光足，气象条件对农作物生长有利。但气象灾害较往年相比偏重，遭遇年初历史罕见的连阴雨、梅汛期暴雨洪涝、秋冬干旱等气象灾害，给农业造成较严重经济损失。柯城气象分局依托市气象台主动及时发布暴雨、雷电、大风、霜冻、大雾、霾、高温等各类预警信号，有效防御并减轻各类气象灾害影响。境内平均气温18.5℃，全年高温日数41天，较常年偏多11.6天；超过38℃高温3天，高温时段在7月下旬和8月，年极端最高气温39.7℃，出现在8月28日；年极端最低气温－0.7℃，出现在12月8日。年总降水量1990.4毫米，年降水天数157天，暴雨天数8天，日最大降水量108.4毫米，出现在7月4日。年日照时数1690.3小时，年日照百分率38%，年平均相对湿度76%，年平均气压1005.8百帕，年平均风速2.6米/秒。雾天数20天，霾天数12天，冰冻天数5天。终雪出现日期2月23日；初霜出现日期12月3日，终霜出现日期1月27日。2018年12月2日—2019年1月17日、2月3日—3月10日遭遇历史罕见的两轮持续阴雨天气，平均降水量为622.2毫米，较常年异常偏多1倍，位列历史第2位；降水日数74天，较常年偏多28天，破历史最多纪录；日照时数120小时，较常年偏少6成，位列历史后3位。连续阴雨寡照天气致农田土壤过湿、病虫害滋生，对蔬菜、瓜果生长及品质有明显不利影响。6月17日入梅。6月18—19日出现一轮大范围强降水，南部出现大暴雨。自8月13日后，降水异常偏少，8月13日到12月22日，平均雨量为135.3毫米，比常年同期（348.8毫米）偏少213.5毫米，偏少61.2%，较常年异常偏少，破历史最少纪录。雨日为36天，比常年同期（54天）偏少18天，破历史最少纪录。9月下旬，干旱露头持续发展，10月下旬，出现2天有效降水，之后旱情又迅速反弹，旱情跨越夏末秋季冬初三季，长时间干旱给农业造成严重损失。12月正值初冬时节，月平均气温9.2℃，较常年同期异常偏高1.9℃，位列近40年历史同期第2位，特别是中下旬较常年异常偏高3.5℃，破历史同期最高纪录，月最高气温均破本站历史同期极端最高气温纪录。

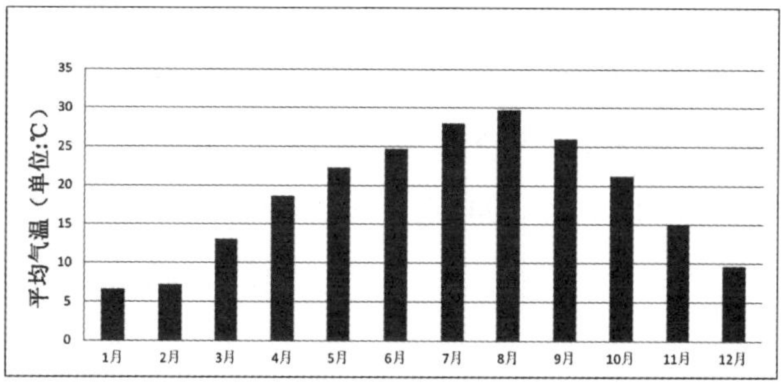

图1　2019年逐月平均气温图

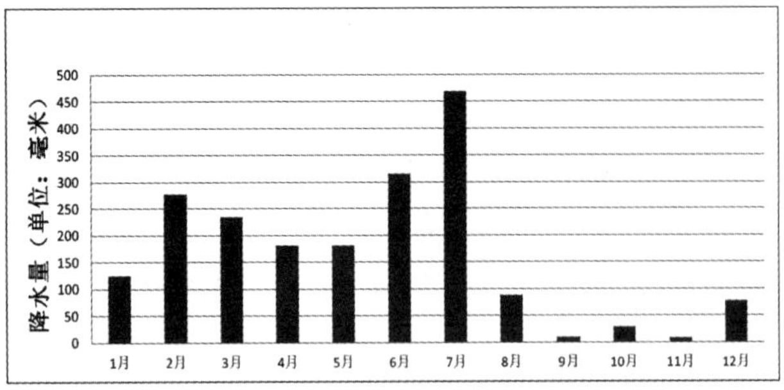

图 2　2019 年逐月降水量图

（孙　迎）

【水　文】 2019 年，境内年总降水量 1990.4 毫米，全年降水 157 天，比上年偏多，属丰水年。6 月 17 日入梅，7 月 17 日出梅，比常年出梅迟 11 天（常年 7 月 6 日出梅），梅期 31 天，比常年（22 天）长 9 天。梅雨期间出现 6 轮强降水过程（分别为 6 月 18—19 日、21—22 日、24—25 日、7 月 3-5 日、7—9 日、11—15 日）。6 月 18—19 日，出现一轮大范围强降水。第四轮强降水期间的 7 月 4 日，日最大降水量 108.4 毫米。7 月 14 日，衢江衢州站出现洪峰水位 62.12 米，洪峰流量 4720 立方米/秒，超警戒水位 0.92 米。8 月 10 日，第 9 号台风“利奇马”造成暴雨，部分地区出现较大山洪，辖区面雨量 49.4 毫米。全年降水量分布不均，1 月、2 月、3 月、7 月、12 月降水量比多年平均值偏多，其他月份降水量偏少。8 月 13 日至 12 月 22 日，全市平均雨量仅 153.3 毫米，比常年同期偏少，偏少 213.5 毫米，破历史最少记录。据衢江衢州水文站实测：年蒸发量 787.2 毫米、年径流量 80.18 × 108 立方米、输沙量 124 × 104 吨。

（区方志办）

行政区划

【概　况】 2019 年，柯城区辖航埠、石梁 2 个镇，华墅、沟溪、黄家、七里、万田、姜家山、石室、九华 8 个乡，府山、信安、荷花、双港、花园、衢化、新新、白云 8 个街道。村 213 个、社区 56 个，其中黄家 2005 年 2 月根据衢州市委决定，撤乡设街道办事处，委托市高新园区管委会管理，由于省政府至今未批，仍称黄家乡。12 月 31 日，区政府批复同意撤销新新街道小南门村村民委员会建制。

【区划范围】 根据 2003 年边界勘测，区境边界线长 177.72 千米，其中与衢江区边界线 106.26 千米，最长。三县（市、区）交点有三处，衢江区太真乡银洞尖西 510 处的 801 米高程山脊上为柯城区、衢江区、常山县边界线交点，银洞尖因灌木丛生，山陡路险，三方商定不实地埋设界桩。衢江区后溪镇的江山港溪滩上为柯城区、衢江区、江山市边界线交点，因溪滩不宜埋设界桩，三方商定不设桩。江山市四都镇山坑村、常山县招贤镇溪上村、柯城区华墅乡三官村的柿坞尖，为柯城区、江山市、常山县边界线交点，在柿坞尖海拔 710.4 米处设置花岗岩界桩一座。

【行政区划】 2019 年，辖镇 2 个、乡 8 个、街道 8 个，村 213 个、社区 56 个。村改居工作委员会 1 个（小南门）。

表 1 　　2019 年柯城区行政区划一览表

乡镇街道名称	建制村、社区名称
航埠镇（32＋1）	万川村、枧头村、长泽街村、大力桥村、航埠村、彭村村、毛村村、墩头村、陈安村、殿前村、将军叶村、北一村、北二村、雨灵山村、西果源村、汪周村、缪村村、上万村、金万村、曹门村、下河东村、上河东村、上塘周村、严村村、孙家村、姚家村、翁家村、横源塘村、何双蓬村、莫家村、三十六亩村、新山村、兴航社区
石梁镇（21＋1）	石梁村、塘公村、麻蓬村、杨田源村、静岩村、荞麦坞村、中央方村、城西村、梅山村、柴家坊村、白云村、五龙村、里前坞村、小沟村、童前村、大俱源村、下村村、黄茶村、派溪头村、坎底村、双溪村、白云山社区
九华乡（23）	九华村、沐一村、沐二村、沐三村、上清村、谷口村、近山村、关溪村、范村村、上铺村、上宅村、下坦村、下彭川村、塔石岭村、童村村、上彭川村、源口村、新宅村、茶铺村、妙源村、坞口村、大候村、上方村
沟溪乡（16）	高山窑村、直力村、河山村、欣源村、上叶村、后坞村、宋家垅村、上余坂村、沟溪村、洞头村、余西村、余东村、斗目垅村、碗东村、碗窑村、五十都村
华墅乡（10）	华墅村、华新村、三官岭村、上墅村、龙泉头村、园林村、望江村、柴家村、刘坂村、金坂村
七里乡（7）	七里三村、桃源村、大头村、沙龙村、少岭坞村、治岭村、上门村
姜家山乡（11）	姜家山村、锦西村、柴陈村、三山村、塘头毛家村、兴运村、大塘头村、前昏村、前徐村、跃进新村、富周塘村
万田乡（16＋1）	下方村、姚家村、弈园村、慈张村、上蒋村、下蒋村、谷塘村、坞石村、顺家路边村、炉头村、王家村、万田村、冯坦村、荷塘村、余家山头村、三和村、文景苑社区
石室乡（11＋1）	下石埠村、石室村、新东村、荆溪村、江东村、崇文村、姜家埠头村、沙埠一村、沙埠二村、九龙村、响春底村、柯山社区
黄家乡（19）	寺前村、张家村、旺吴村、四都刘村、下刘村、山底村、东山村、王千秋村、黄家村、十五里村、后川祝村、坑西村、宣家村、新铺村、下卢村、吕宅村、上草铺村、东周村、陈家村
府山街道（8）	坊门街社区、蛟池街社区、城站社区、府山社区、钟楼社区、北门社区、天皇巷社区、县学街社区
荷花街道（1＋9）	大南门村、新荷社区、松园社区、荷东苑社区、兴华社区、清莲里社区、荷西苑社区、朝晖社区、通荷社区、朝阳社区
花园街道（6＋4）	花园村、上下门村、平园村、上洋村、叶蓬村、新姜村、安装社区、新苑社区、福苑社区、花港社区
双港街道（6＋6）	汪村村、皂角村、梅家村、南村村、滨港村、五湖村、双港社区、西港社区、双水桥社区、锦绣社区、美港社区、欣港社区
信安街道（4＋6）	东门村、北门村、沙湾村、信安村、迎和社区、紫荆社区、书院社区、斗潭社区、金河湾社区、恬静苑社区
新新街道（10＋7＋1）	杨家田铺村、十五田铺村、官庄村、白沙村、上妙村、建新村、东埂村、戴家村、童村碓村、后贻村、三衢社区、金桂社区、彩虹社区、杨浦社区、乐业社区、银桂社区、五环社区、小南门村改居工作委员会
白云街道（13＋4）	双塘岭村、河边埂村、严家圩村、鹿鸣山村、钱家山村、湖柘垅村、亭川村、龚家埠头村、地藏寺村、花园岗村、过溪畈村、回龙村、压潮村、白云社区、新湖社区、玉龙社区、幸福社区
衢化街道（7＋8）	溪东埂村、普珠元村、官碓村、缸窑村、塔坛寺、孔家村、上祝村、滨一社区、滨二社区、滨三社区、花径一村社区、花径二村社区、昌苑社区、文昌社区、望江社区

人　口

【人　口】 2019年末，全区总户数181016户，总人口441191人，其中城镇人口232029人，乡村人口209162人。人口密度727.3人/平方千米。全年出生新生儿4452人，其中男婴2307人，女婴2145人，人口出生率10.11‰。死亡2819人，其中男性1654人，女性1165人，死亡率6.4‰，人口自然增长率3.71‰。

【百岁老人】 2019年末，全区有百岁老人17人，其中男性2人，女性15人。最长者是陈生英（女），生于1916年8月27日。

表2　**2019年末全区百岁老人一览表**

姓　名	性别	出生年月	住　址
陈生英	女	1916年8月	姜家山乡柴家村
梁银珠	女	1917年8月	信安街道紫荆社区
余水英	女	1917年8月	荷花街道梅花小区
汪雪梅	女	1918年1月	航埠镇彭村村
何雪香	女	1918年2月	航埠镇何双蓬村
徐秀娟	女	1918年5月	府山街道钟楼社区
杨荣妹	女	1918年6月	石室乡九龙村
徐凤仙	女	1918年8月	府山街道府山社区
吴海寿	男	1918年12月	黄家乡旺吴村
巫荷花	女	1919年1月	石室乡崇文村
徐世英	女	1919年2月	航埠镇长泽街村
郑爱花	女	1919年8月	姜家山乡姜家山村
翁亚子	女	1919年10月	石梁镇柴家坊村
赖梅青	女	1919年12月	沟溪乡沟溪村
周荣海	男	1919年12月	荷花街道丰林小区
吴先友	女	1919年12月	荷花街道清莲里社区
潘阿花	女	1919年12月	双港街道兴华北区

（区方志办）

中共衢州市柯城区委员会

综　述

2019 年，中共衢州市柯城区委始终坚持以习近平新时代中国特色社会主义思想为指导，坚决贯彻落实中央和省委、市委各项决策部署，紧紧围绕市委“1433”发展战略体系，努力扛起主城担当，聚焦“八大任务”，在“党建治理大花园”中争当标兵、争做示范，全力推进“八个一体化”落地落实，全面完成年初确定的各项目标任务。创建省无欠薪区、教育基本现代化区、国土资源节约集约模范区，获省新时代美丽乡村示范县、中国天然氧吧等称号。获评全省扩大有效投资优秀单位，“五水共治”、生态环境公众满意度分别列全省第二和第六，在全省 26 个加快发展县实绩考核中跃升至二档第一，形成经济社会发展和党的建设各项事业持续向好的新局面。

【经济发展】 坚持产业为王、项目为王、招商为王，优化营商环境，振兴实体经济，推动产业创新。全年全区实现地区生产总值 225.55 亿元，增长 6.6%，迈上 200 亿元台阶；财政总收入 19.89 亿元，增长 12.5%；一般公共预算收入 12.84 亿元，增长 7.7%；固定资产投资同比增长 13.1%；社会消费品零售总额 213.39 亿元，同比增长 8.4%；城镇常住和农村常住居民人均可支配收入分别达 5.04 万元和 2.58 万元，分别同比增长 8.6% 和 10.2%。紧盯重点抓招引，围绕“3 + 2”现代产业体系，开展产业链招商、驻点招商、专业招商、以商招商，全年新引进亿元以上项目 22 个，其中 10 亿元以上项目 3 个。实施数字经济“一号工程”，推动产业穿行，借力余杭山海协作，导入高端数字资源，建立“两院一会一平台”，构建“1 + 2 + N”产业扶持政策体系，全力打造“数字经济先行区的第一协作区”，全区数字经济发展综合评价在全省前移 22 位，排名全市第一。推动企业数字化改造，新增上云企业 300 家，引进数字经济企业 18 家，新材料小镇获评全省数字化示范园区。深化拓展“飞地模式”，柯城科创园暨清创和梓“一亿中流”上市加速器在杭州未来科技城正式开园。航埠“两小”创建提档升级，时尚低碳小镇与余杭艺尚小镇结对，杰丰服装等项目建成投产，服装时尚产业创新集群加速形成。加大科技创新投入，新增国家高新技术企业 12 家，新认定省科技型中小企业 30 家，柑橘产业创新服务综合体被列入省级创建名单。联手高德地图打造智慧商圈，成为全国首个全域点亮的智慧城区。加快城区服务业转型提升，实达实入选省现代服务业和先进制造业深度融合试点项目，服务业发展综合评价考核跃升至全省第 4 位。深化“亩均论英雄”改革，出清低效企业25家，淘汰落后产能企业4家，整治“低散乱”企业105家，新增规上企业10家。紧贴企业需求优服务，常态化开展“组团联企”活动，“党建＋招工”做法得到省委书记车俊批示肯定；设立让利性股权投资引导基金，缓解企业融资难融资贵问题。

【大干项目】 紧盯项目抓推进，举办项目谋划擂台赛，开展“百日攻坚”行动，打好领导挂联、项目红黑榜、“拔钉清障”组合拳，全力服务保障重点项目建设。省、市集中开工项目34个和省、市、县长工程项目2个全部开工入库，鸿盛新材料、贝喜欧智能卫浴等产业类大项目投产，寺桥水库项目用地通过预审，四个结构性指标均增长10%以上，固定资产投资增速领跑全市、领跑全年。紧盯要素抓保障，推进全域土地综合整治，创建省级国土资源节约集约模范区，新增垦造耕地260公顷，建设标准农田80公顷，盘活存量工业用地33.33公顷，完成农转用报批面积80公顷，争取林地指标46公顷；发行首单公司债券12亿元，创下全市同级别国资公司债券发审最快纪录，利率为2018年以来全国同级别、同期限发行最低；争取中央棚改资金、老旧小区改造资金9.16亿元，项目数、资金数均列全省第一。

【城市赋能】 坚持城市赋能，攻坚克难勇挑重担，在城市建设过程中勇当先锋。三大征收攻坚完成，30天完成古城双修1322户、12.7万平方米房屋签约，礼贤未来社区1029户、6.5万平方米和衢化棚改1643户、8.1万平方米房屋签约均用时15天，三大征迁实现签约、腾空目标100%，展现柯城铁军“速度与激情”，同时，探索实践棚户区改造新模式，开展衢化棚改竞争性征收工作，成立全市首个棚户区改造委员会，用真情与汗水换来群众笑脸、诠释“斗潭精神”。文明城市创建再战再捷，全面压实创建责任，改造提升便民、利民、惠民设施投入1.8亿元，开展“文明素养提升十大行动”，农贸市场、背街小巷、老旧小区、占道经营、停车难等重难点问题有效整治，有礼之城、志愿之城、文明之城创建氛围更加浓厚，省测、国测迎检任务完成，实现“保8晋位”目标。

【乡村振兴】 深化“乡村振兴”建设，坚持融合发展，勇闯新路振兴乡村。坚持把农房整治作为党建治理大花园建设的“牛鼻子”，全年整治各类农房15231宗、拆除面积100.8万平方米，实现应拆尽拆、全面清零，累计利用拆后土地33.53万平方米。坚持全景式打造、全产业融合，萱草未来村、航天智慧农业、衢六味等亿元以上三产融合项目签约落地，诗画风光带重点项目13个全面开工，美丽沿江公路全线贯通；创新实施“一乡千宿”工程，新增省级金宿1个、银宿4个，“智多张西”等中高端民宿投入运营；创建AAA级景区村庄5个、A级景区村庄31个；“污水零直排区”年度创建任务全面完成，交接断面水质达标率100%，出境水质始终保持II类以上。坚持以运动振兴乡村，中国运动汽车城、奥陶纪景区、飞鸿神网谷、千里岗森林营道等项目开工建设，徐莫岩路一期全面打通，全国首个乡村国家运动公园加快推进，森林汽车穿越大赛晋升国家A类赛事，全国首届森林极限运动会赛事等级规模提升，“衢州有礼·运动柯城”城市品牌关注度、知名度、美誉度提升。坚持用文化和艺术“点燃”乡村，打造以九华“立春祭”

为代表乡村特色文化品牌，“余东农民画进京展”获好评，乡村音乐会、橘子音乐节场场爆满。人民群众文化获得感提升。坚持数字赋能助推农业转型，依托阿里技术，打造全省首家数字农场示范基地，建成鸡尾柚数字农场 133.33 公顷；借助天猫流量，成为全省首个阿里巴巴淘宝直播村播试点区，柯城农特产品成为网红“爆款”，直播销售额超 1800 万元，“村播”数字营销模式受到省委书记车俊大会表扬。

【管理服务】 加大民生事业投入和社会治理创新，提升社会管理服务水平。召开全区教育大会，加强党对教育工作的全面领导，确立“优质均衡、特色发展、人民满意”现代化教育目标，教师队伍建设和待遇保障改善提升；教育资源供给新加强，城南小学、白沙小学、礼贤幼儿园等投入使用，鹿鸣小学迁建项目主体结顶；教育教学质量保持全市领先，新世纪学校获 VEX 机器人世锦赛冠军。深入推进“健康柯城”建设，“双下沉、两提升”稳步推进，区中医医院开业，区疾控中心运行，浙西健康城医养综合体开工建设，基层医疗卫生服务能力提升，获评健康浙江考核优秀等次。推进全民参保精准扩面，户籍人口养老保险参保率达 99.3%、居全市第一，基本医疗保险参保率达 99.8%。养老服务提升，示范型居家养老服务中心 3 家，实现社会化运营。推进文化事业蓬勃发展，融媒体中心挂牌；省基本公共文化服务标准化认定通过。改善城乡人居环境，完成污水零直排小区建设 35 个，实施农村饮用水达标提标工程，饮水条件得到改善 1 万余人；全面完成地质灾害隐患点搬迁房屋拆除清零；斗潭片区、高铁新城、衢化棚户区等安置房陆续结顶，农民集聚点建设有序推进。加强各领域各行业安全监管，社会大局和谐稳定，连续 5 年获评全省“平安区”。开展扫黑除恶专项斗争，破获各类涉黑涉恶案件 295 起，打掉黑社会性质组织 1 个、恶势力犯罪集团 3 个、恶势力犯罪团伙 7 个。诉源治理成效明显，诉前化解率排名全省第六。在全省率先建立“信访超市”，推进“最多跑一地”改革，创新信访代办、网格调解，全年走访总量、赴京访总量分别下降 47.5%、71.7%，国家级、省级积案化解 70%以上，完成新中国成立 70 周年、十九届四中全会等重大节点安保维稳工作。

【改革创新】 坚持以改革为引领，全面深化改革创新。坚持以“最多跑一次”改革为牵引，加快“三个城”建设，政务服务事项实现网上办理 100%，民生事项实现“一证通办”100%。一般企业投资项目实现竣工验收前审批“最多 90 天”，营商环境优化。推动“最多跑一次”改革向机关内部及公共服务场所延伸，政府数字化转型步伐不断加快。做好机构改革“后半篇文章”，探索乡镇（街道）模块化改革，荷花街道“四维”考核办法全市推广运用。加速推进国资国企市场化改革，完成“1 ＋ 4 ＋ X”母子公司体系整合。推广和深化“一村万树”绿色期权，利用山海协作渠道，助推村集体增收 1000 余万元，“一村万树”GEP 核算高达 80.22 亿元，创新做法得到全国政协副主席李斌和全国绿化委员会副主任、国家林业和草原局局长张建龙批示肯定。聚焦农民建房“一件事”改革，在全市率先上线房地信息系统，农房审批办理时间由 98 天减至 31 天，该做法得到省委书记车俊批示肯定。

【自身建设】 把抓好党建作为最大政绩，坚决扛起党要管党、全面从严治党重大政治责任。开展“不忘初心、牢记使命”主题教育，把握“守初心、担使命，找差距、抓落实”总要求，抓好规定动作，结合实际做好自选动作，做到全程高质量、全面高质量，取得思想大洗礼、党性大锻炼、初心大感悟、担当大提升、作风大砥砺的良好成效。全面开展乡村振兴“一号行动”，制定出台“固本强基20条意见”和后进村整转验收标准，清退“三类人员”59名，推动后进村完成整转63个，实现“由乱到治”“由治到美”。实施“一区百雁”工程，成立“领头雁培育基金”，强化教育培训、擂台比拼，“领头雁”抓村治村水平新提升。建好用好乡村振兴讲堂，打造全市首个乡村振兴综合体。突出抓好“三联工程”，严格落实“周二无会日”制度，深化“网格365”基层治理服务体系，分层分级开展“网格大比武”活动，干部做群众工作、处理复杂问题的能力提升。“红色物业联盟”做法入选省级标准试点，“邻礼通”小程序得到省长袁家军点赞。重视做好省委巡视反馈问题整改，整改到位具体问题36项，整改成效得到省委巡视办和省委巡视组肯定。深入推进清廉柯城建设，召开万人警示教育大会，全面开展群众身边“微腐败”专项整治，查处问责村干部48人，净化基层政治生态、社会生态。推进政治巡察，对14个乡镇、部门和132个村（社）开展“政治体检”，发现问题1047个，移送问题线索114条，问责党员干部136人，健全完善各类制度46项，做法得到中巡办主任王鸿津认可。持之以恒反“四风”，力戒形式主义、官僚主义，查处违反中央八项规定精神问题14起15人，党纪政务处分13人，区本级会议、文件、督查数量分别下降36.2%、38%和40.4%。保持惩治腐败高压态势，全区各级纪检监察组织立案140件，结案147件，给予党纪政务处分136人。坚持干部为事业担当、组织为干部担当，旗帜鲜明为村级“领头雁”14名和区管干部7名澄清正名。

【区委八届六次全体（扩大）会议】 于8月3日召开。全会高举习近平新时代中国特色社会主义思想伟大旗帜，深入贯彻中共十九大精神和省委十四届五次全会、市委七届六次全会精神，回顾总结区委八届四次全会以来特别是2019年以来主要工作情况，研究部署下半年重点工作任务，动员全区上下凝神聚力、狠抓落实，在“党建治理大花园”中争当标兵、争做示范，以高质量发展新成果向新中国成立70周年献礼。区委书记徐利水代表区委常委会作《凝神聚力，狠抓落实，以高质量发展的新成果向新中国成立70周年献礼》报告。

【区委常委会会议】 全年区委召开常委会会议41次，讨论研究主要议题160余项。

表 3　　2019 年中共柯城区委常委会会议一览表

时　间	常委参加人数	主　要　议　程
1 月 11 日	13	研究有关人事事项
1 月 13 日	13	研究有关人事工作 研究《柯城区人大常委会关于开展街道人大工作和建设试点的实施方案》
1 月 22 日	11	研究有关人事工作 研究恢复设立区人民法院石梁法庭有关事宜 研究教师待遇有关事宜
1 月 24 日	12	传达中央政治局民主生活会和省委常委民主生活会精神，研究部署有关工作 听取 2018 年度扫黑除恶专项斗争情况汇报，研究部署有关工作 听取 2018 年度平安信访工作情况汇报，研究部署有关工作 研究《柯城区安全生产巡查工作报告（送审稿）》 研究寺桥水库项目建设有关事宜 研究“大棚房”专项整治工作
1 月 25 日	12	听取五个党组工作情况汇报
1 月 30 日	9	传达学习中纪委十九届三次全会、省纪委十四届四次全会和市纪委七届三次全会精神，讨论《区纪委八届四次全体会议报告》 研究《衢州市柯城区纪委区监委派驻机构改革方案》
2 月 2 日	11	听取“两会”筹备情况汇报 审议《区人大常委会工作报告》《政协常委会工作报告》 研究 2018 年度全区经济社会发展目标综合考核工作 研究 2018 年度有关表彰奖励名单（两美建设、平安建设、党建工作、考核先进、两创贡献、先锋战士、记功嘉奖） 研究全区干部大会方案（送审稿） 研究区级满意不满意单位评选结果 研究专班调整名单、退职保留待遇人员四个一线工作安排、有关人事任免事项
2 月 13 日	14	讨论 2018 年度国民经济和社会发展计划执行情况和 2019 年计划草案 研究 2019 年财政预算安排 研究 2019 年重点项目及政府投资项目编制 研究 2019 年区政府民生实事项目预安排 讨论区政府工作报告 研究 2018 年度突出贡献个人三等功名单
2 月 15 日	11	研究服务企业工作，交办问题清单 研究《柯城区“一村万树”绿色期权实施指导意见（试行）》 传达学习全省宣传思想工作会议和全省县级融媒体中心建设推进会精神，研究贯彻意见 研究有关人事工作
2 月 24 日	10	传达省委第二巡视组巡视衢州市反馈意见和省委常委、纪委书记、省委巡视工作领导小组组长任振鹤讲话精神 研究落实市委交办的省委第二巡视组反馈意见柯城区整改落实措施和责任分工

续表3

时　间	常委参加人数	主　要　议　程
3月4日	11	学习贯彻《中国共产党重大事项请示报告条例》《中共中央关于加强党的政治建设的意见》 传达学习习近平总书记在中央政治局第十二次集体学习时重要讲话精神 传达学习全国、全省组织部长会议精神，研究柯城区贯彻意见 传达学习全国、全省统战部长会议精神，研究柯城区贯彻意见 传达学习省委农村工作会议精神，研究柯城区贯彻意见 传达市委政法平安信访工作会议精神 研究区委常委班子民主生活会对照检查存在问题整改方案 研究2018年度市对区全面从严治党考核反馈意见整改方案 研究2018年度全市党委（党组）书记抓基层党建和人才工作述职评议会反馈意见整改方案 研究区委议事协调机构组成人员名单和区委常委分工
3月9日	14	讨论省委巡视区委、区政府汇报材料
3月12日	10	传达学习2月11日省委书记专题会议精神和十四届省委第六轮巡视工作动员部署会精神 学习《被巡视党组织配合省委巡视工作规定》 传达省委巡视办和省委第二巡视组领导在区委工作汇报会上的讲话精神，研究贯彻意见 研究区委配合省委巡视工作自查问题的整改责任清单（一） 研究落实省委巡视组对衢州市委巡视反馈问题整改工作
3月20日	10	听取重大地质灾害隐患综合治理工程虚列问题有关情况的汇报，研究整改举措 讨论研究开展群众身边“微腐败”和不正之风专项整治行动 听取柯城区大花园典型示范建设工作汇报，讨论研究“妙缘双溪”大花园建设重点项目安排 研究派驻纪检监察组人员调整名单和“浙江省担当作为好干部”推荐人选
3月28日	10	研究迎接中央扫黑除恶督导组督导工作
3月30日	11	研究奥陶纪项目合作事宜 研究中国运动汽车城投资合作协议
3月31日	10	研究蒋勇案件涉及有关违纪人员处理意见
4月3日	12	观看《长江经济带生态环境警示片》传达推动长江经济带发展领导小组会议精神和省、市有关会议精神 传达省市老干部局长会议精神，研究柯城区贯彻意见 研究以蒋勇为首的涉嫌有组织犯罪案“一案三查”相关党员干部的问责处理意见
4月18日	9	传达学习习近平总书记对民政工作作出重要指示精神和李克强总理在会见与会代表时讲话精神，研究柯城区贯彻意见 传达中央及省、市宗教工作督查整改专题会议精神，听取柯城区整改清单和落实情况汇报 传达学习全省教育大会会议精神，研究柯城区贯彻意见 传达学习全省对台工作会议精神，研究柯城区贯彻意见 研究《关于建立区人民政府向区人大常委会报告国有资产管理情况制度的意见（审议稿）》 研究《中共衢州市柯城区委2019年度政党协商（会议协商）计划（审议稿）》

续表 3

时　间	常委参加人数	主　要　议　程
4 月 22 日	8	审议《区委党建工作领导小组 2019 年工作要点》 审议《柯城区农村基层组织强基固本二十条意见》 研究城市基层党建有关工作 研究柯城区贯彻落实中央、省、市关于解决形式主义为基层减负的实施意见 研究专班清理设置情况和《专班干部管理考核办法(试行)》 审议柯城区 2019 年度干部教育培训计划 听取扶贫消薄工作情况汇报，研究部署下步工作
4 月 28 日	12	传达省委十四届五次全体(扩大)会议精神和全省防范化解重大风险专题培训班精神 审议《中共衢州市柯城区委理论学习中心组 2019 年学习计划》
5 月 8 日	12	学习贯彻衢州市"双十条"意见(书面印发)，研究我区加强基层组织建设有关工作 研究柯城区中央扫黑除恶督导组反馈问题整改方案 研究有关人事工作
5 月 17 日	8	研究 2019 年柯城区执行"十条军规"工作较好典型事项表扬、嘉奖奖励有关事宜
5 月 30 日	14	研究专项工作组常驻人员调整方案 研究有关人事工作 听取平安信访工作情况汇报，研究柯城区信访超市建设工作 研究柯城区融媒体中心总体建设方案(讨论稿)
6 月 19 日	10	传达学习习近平总书记在"不忘初心、牢记使命"主题教育工作会议上的重要讲话精神和中央、省委有关文件精神 传达学习习近平总书记在解决"两不愁三保障"突出问题座谈会上的重要讲话精神和省委常委会议精神 传达学习全省违建别墅整治专项行动视频会精神 传达全省汛期地质灾害防治工作部署暨地矿行政管理工作座谈会精神 学习省委"请你来协商"文件(书面印发)、传达学习省政协"请你来协商"推进会议精神，研究柯城区贯彻意见 传达学习全省政协系统开展"新时代人民政协的新样子"专题讨论活动动员部署会精神 研究《中共衢州市柯城区委常委会 2019 年工作要点》 研究《柯城区落实中央扫黑除恶督导组反馈问题整改方案(送审稿)》 研究《柯城区员额法官、检察官单独职务序列实施后有关待遇问题的意见》 研究柯城区产业发展有关政策文件：1.《关于柯城区推进"新材料"和智能制造产业发展的实施意见(试行)》2.《柯城区加快工业创新转型大力推进产业集聚发展的若干意见(修改)》3.《柯城区支持航埠时尚小镇产业发展的若干政策(试行)》 研究《柯城区 2019 年有效投资季度考核分工抓落实方案》和柯城区重点项目领导挂联安排表(征求意见表)
6 月 28 日	9	研究部署省委巡视反馈意见整改工作 研究《关于深化衢州市柯城区纪委监委派驻机构改革的意见(送审稿)》 研究《柯城区 2019 年推进乡村振兴大花园核心区建设实施意见》

续表 3

时　间	常委参加人数	主　要　议　程
7 月 23 日	10	传达学习习近平总书记在中央和国家机关党的建设工作会议上的重要讲话精神，研究柯城区贯彻意见 传达省、市“扫黄打非”工作会议精神，研究柯城区贯彻意见 审议区政府与市中医医院合作办医协议 审议《衢州市柯城区公务员职务与职级并行制度实施方案（送审稿）》 研究柯城区中层干部交流方案 研究柯城区机关事业单位年度考核优秀嘉奖、三等功名单 研究 2019 年柯城区劳动模范和模范集体评选名单 研究澄清不实信访举报有关事宜
7 月 29 日	11	审议《关于开展向贵海良同志学习活动的决定》 传达省、市“不忘初心、牢记使命”主题教育专项整治行动工作要求，研究部署柯城区专项整治工作
8 月 1 日	8	讨论区委八届六次全体（扩大）会议报告（审议稿），研究全会有关事项 审议《柯城区村主职干部报酬考核指导意见（试行）》《柯城区网格工作考核指导意见（试行）》 听取柯城区扫黑除恶专项斗争工作情况汇报，研究部署下一步工作 听取 6—7 月平安信访工作汇报
8 月 3 日	9	研究有关人事工作
8 月 21 日	9	研究《柯城区 2019 年度全区经济社会发展工作目标综合考核办法》 研究有关人事工作
9 月 2 日	10	传达学习《中国共产党宣传工作条例》 传达学习中共衢州市委七届第七轮巡察工作动员部署会精神 传达学习省委《关于高水平推进新时代人大工作和建设的意见》及人大工作会议精神，研究柯城区贯彻意见 听取全区教育大会筹备情况汇报，审议《柯城区加快教育高水平高质量均衡发展 推进教育现代化实施意见》等若干政策文件和受表彰先进名单 审议《柯城区新时代文明实践中心建设工作方案》（PPT 汇报） 审议《柯城区 2019 年度招商引资考核办法》《柯城区 2019 年度招商引资考核实施细则》
9 月 9 日	9	传达学习全省政协主席暑期读书会暨市、县（市、区）政协工作经验交流会议精神 听取柯城区护航新中国成立 70 周年维稳安保工作情况汇报 研究柯城区“后进”整转工作 研究柯城区“不忘初心、牢记使命”主题教育领导小组、办公室组成人员名单及工作规则等有关事宜 传达全省美丽城镇建设工作会议精神
9 月 11 日	9	通报省纪委省监委关于方庆建严重违纪违法被开除党籍、开除公职处分的决定，研究进一步抓好党风廉政建设等工作 传达学习习近平总书记在“不忘初心、牢记使命”主题教育工作会议上的重要讲话精神和中央、省委、市委有关会议精神 审议《区委“不忘初心、牢记使命”主题教育实施意见》《区委常委会带头深入开展“不忘初心、牢记使命”主题教育的实施方案和工作计划安排》等文件，研究部署主题教育工作部署会、培训会、专题读书班、学习会等工作

续表 3

时　间	常委参加人数	主　要　议　程
9月16日	11	研究有关人事工作
9月25日	8	研究省委巡视反馈意见整改落实情况和巡察、选人用人、扶贫、意识形态专项检查整改落实的报告
10月31日	8	传达学习中央、省委政协工作会议和《中共浙江省委关于新时代加强和改进人民政协工作的实施意见》精神，研究我区贯彻意见 审议《中共衢州市柯城区委关于高水平推进新时代人大工作和建设的实施意见》 听取第一轮中央环保督察和省环保督察整改情况汇报 传达学习全省和全市收入组织工作会议精神，审议《衢州市柯城区集中财力办大事财政政策体系(2019—2022年)(送审稿)》 听取8—9月平安信访和无信访积案区创建工作汇报，研究部署下步工作 传达学习省委常委、组织部长黄建发在考察调研柯城时的讲话精神，研究柯城区贯彻意见
11月6日	8	传达学习十九届四中全会精神和省委常委扩大会议、全市领导干部会议精神，研究柯城区贯彻意见 研究成立中国国际贸易促进委员会衢州市柯城区委员会有关事宜 研究雷玉明违纪案件处理意见
12月4日	11	传达学习省委十四届六次全体(扩大)会议和市委七届七次全体(扩大)会议精神 传达学习全省传统制造业改造提升现场推进会，研究柯城区贯彻意见 传达学习全省深化“千万工程”建设新时代美丽乡村现场会精神，研究柯城区贯彻意见 传达学习省委常委、组织部长黄建发重要批示精神，研究柯城区贯彻意见
12月12日	10	传达学习省委书记车俊在柯城调研时候的重要讲话精神，研究柯城区贯彻意见 学习《中国食品安全法实施条例》，听取柯城区食品安全工作汇报，研究部署下步工作 传达学习《中央生态环境保护督查工作规定》精神，研究柯城区贯彻意见 传达学习中央扫黑除恶第11督导组督导浙江省“回头看”工作情况反馈会精神，听取柯城区扫黑除恶专项斗争工作情况汇报，研究部署下步工作 传达学习全国、全省市县党委巡察办主任工作等系列会议精神，听取柯城区巡察工作专题汇报 审议《柯城区加快建设“一乡千宿”民宿集聚区实施意见(送审稿)》 审议《关于全面推进预算绩效管理实施意见(送审稿)》 审议《衢州市柯城行政事业单位国有资产整合划转工作实施方案(送审稿)》 审议《中共衢州市柯城区委关于新时代加强和改进人民政协工作的实施意见(送审稿)》 审议《关于进一步加强新时代乡贤工作同心聚力四区建设的实施意见》 审议《柯城区公务员职级晋升操作办法(送审稿)》
12月27日	12	传达学习中央、省委经济工作会议精神和袁家军省长在衢州调研时的重要讲话精神，研究柯城区贯彻意见 传达学习省纪委书记、监委主任许罗德在全省深入落实中央八项规定精神持续发力纠治“四风”工作视频会议上的讲话精神 研究主题教育专题民主生活会检视问题整改责任清单 听取柯城区2019年安全生产巡查工作报告汇报 听取区“两会”筹备工作情况汇报，研究区“两会”有关事项 审议《柯城区残联改革实施方案(送审稿)》 研究共青团柯城区第九次代表大会换届有关工作

（汪　斌）

区委办公室工作

【概　况】 2019年，在区委领导下，深入学习贯彻习近平新时代中国特色社会主义思想、开展“不忘初心、牢记使命”主题教育活动，围绕中央和省、市、区委决策部署及中心工作，发挥参谋助手、统筹协调、督查考核、后勤保障职能作用，搞好“三服务”工作，为区委各项决策顺利实施和区委机关高效运转提供保障，发挥“坚强前哨”和“巩固后院”作用，为全区深入实施“两创强区、两美富民”战略，推进经济社会发展作贡献。

【参谋服务】 围绕区委中心工作，建言献策，增强参谋服务主动性、预见性和前瞻性。全年注重调查研究，坚持做好“排头兵”和“先锋队”，扑下身子，沉到基层，紧紧围绕“一村万树”绿色期权、“三权分置”改革、企业数字化转型、党建统领＋基层治理、文明城市创建等重点工作出谋划策，运用现代科学技术拓展调研渠道、创新调研方式，多层次、多渠道、多方位了解实情，梳理研究，形成多篇高质量调研报告，推动成果转化，为区委科学决策提供参谋服务。改革创新成效显著，推进“最多跑一次”改革不断向机关内部及公共服务场所延伸，群众和企业全生命周期“一件事”改革持续深化，农民建房“一件事”改革得到省委书记车俊批示肯定；全国乡村绿化美化系列活动现场会在柯城召开，“一村万树”绿色期权得到全国政协副主席李斌和国家林草局局长张建龙批示肯定，并入选全省改革创新优秀实践案例；“三权分置”“一乡千宿”“三位一体”等农村改革组合拳招招见效，富民增收成果显著；“网格356”“信访超市”“红色物业联盟”升级版等基层治理改革蹄疾步稳，“邻礼通”小程序得到省长袁家军点赞，全年新增重大改革试点16项。

【公文处理及文稿撰写】 按严谨细致工作要求，规范公文处理程序，坚持文秘人员认真核稿，分管领导严格把关，确保办文质量。由办公室起草文件，认真拟稿，精益求精。对由部门代拟文件，仔细缮改，严格审核，力求准确到位。严格按省委、市委、区委要求大力精简文件简报，重点精简三类文件，同比下降38%。对上级文件及时登记传阅，文件保存及时整理存档，达到公文制作规范、传阅准确及时、不出差错标准。紧扣区委加快发展大局，树立精品意识，提高文稿质量，为推进发展献计出力。领会区委领导意图，贴近领导思路，坚持质效并重，力求办文新起色，增强以文辅政思想性、针对性和指导性。全年起草市人代会、区“两会”、全省山海协作工程推进会、“党建治理大花园”柯城专场新闻发布会、柯城区“一村万树”绿色期权产品发布会、全区干部大会、运动休闲小镇高峰论坛、全省工业互联网平台推广现场会、区教育大会、省委政协工作会议等重要会议讲话稿180余篇，为领导提供全方位、高质量综合文字材料服务。

【会务接待工作】 健全完善“四办”工作协调制度，统筹建立“4＋5”月度联席会议制度，对各类会议统筹考虑，周密安排，规范办会程序，会前缜密组织，会中优质服务，会后完善落实。对重大会议做到早介入、早协调、早安排，完成“山海协作＋产业智慧化”柯城区数字经济发展大会、全区机构改革大会、柯城区创建全国文明城市总计推进大会、全区经济形势分析会暨重点项目推进会、全区“不忘初心、牢记使命”主题教育工作部署会等大型会务活动40余场次。绿色中国行走进柯城活动、省委书记车俊到柯城区调研、全国人大代表团专题调研及外来客商考察等接待任务顺利完成。

【信息工作】 按“紧贴中心、服务决策”工作思路，为各级党委领导提供有价值文稿材料，切实做好参谋助手和领导耳目。全年提供各类信息材料、理论文章、调研报告等400余篇，编发《柯城信息》41期；上报市级以上信息2150余篇，被中办、省、市委办录用285篇。其中“一把手领衔破解招工难”专报材料得到省委书记车俊批示，另有信息材料11篇得到省、市领导批示。通过扬优势、补短板，全区党委信息工作在全市考核排名中位列第一。

【督查工作】 完善督查年度计划管控和审批备案机制，精简优化督查内容形式，统筹安排督查活动。强化督查工作创新，运用信息化手段，实现督查工作自然留痕。全力推进“最多督一次”改革，科学制定每月“最多排一次”排名规则，既督查工作实绩，又充分挖掘总结各条线典型经验和创新亮点，加快解决督查检查过多、过频、过度问题。抓好媒体曝光问题整治，高效快速处置《今日聚焦》《请人民阅卷》曝光问题整改工作。全年组织开展涉及党建治理大花园、文明城市创建、有效投资、“最多跑一次”、危旧房改造、三服务、会风会纪等工作督查20次，下发督查通报18期，向区委、区政府领导报送督查专报1期、快报5期。通报交办各类问题101个，办理区委主要领导批示件183件，落实事项近400件。及时处置媒体曝光问题整改5起。

【机要 保密 信息化工作】 区委机要局和保密办始终以高度的政治责任感、使命感和强烈的奉献精神，忠诚履职、服务大局，出色完成各项工作任务。高质量保障政令指示安全畅通，保障上级布置的视频会40场，做到零差错。筑牢保密工作防线，全年开展保密专项检查14次，对发现问题提出整改要求，有效堵塞保密安全漏洞，以案为鉴，及时通报保密工作情况，分析保密工作形势，研究保密工作对策，确保全区保密工作万无一失。稳步推进政务内网建设，数次组织开展内网建设单位“三员”培训，提升电子政务内网应用水平和管理能力。着力提高公文阅办效率，推行“终端公文交换阅办系统+掌上公文阅办钉钉群”，全年接收分发处理市级各单位文件2500余件，审核分发处理区级各单位文件1800余件，制作发布区委、区委办电子版公文280余件。

【对台工作】 全年区台办组织农业、教育等领域赴台考察学习3批次33人次；接待台湾同胞5批次130人次；结合“三服务”活动，为生活在本区的台胞台属排忧解难，帮扶解决困难问题98件次，全区无一起涉台投诉协调事件发生；完成“中华人民共和国台湾居民居住证”办理53本；协助办理2019届柯城籍赴台学习大陆生13人，大陆生寒、暑假座谈会和上级台办交办的各项工作任务完成。

【外事工作】 区委外办全力做好外事活动保障，严格按程序做好涉外活动报备工作，服务外籍人士12批162人次；保障美国驻沪总领事一行、二战国博教育旅行主管内森·休根一行等访问衢州外事活动；及时做好涉外安全管理，妥善处理一起违规采访事件；做好因公出国（境）和邀请外国人到华管理工作，全年审核审批因公出国（境）14批26人次，办理外国专家到华审批11批18人次；完成上级外事办交办的调查、办理、协助等任务。

（汪　斌）

组织工作

【概　况】 2019年，柯城区委组织部在区委领导和上级组织部门指导下，紧扣“组织工作高质量发展”主线，践行新时代党的组织路线，打造敢于斗争的干部队伍、根基强健的基层组织、开放共享的人才生态、公道正派的组工队伍，各项工作取得成效，为推动市委“1433”战略在柯城重重落地，提供坚强有力组织保证。

图3　7月1日，全区“领头雁教育基金”成立大会暨贵海良同志先进事迹座谈会举行

【干部队伍建设】 是年，严格按“宜早不宜迟，宜快不宜慢，宜先不宜后，确保改革质量”的要求，以“五个一批”选好干部优化结构。选优配强一批一把手。调整区级部门（单位）一把手28名，其中具有乡镇（街道）正职经历的14名，占50%。提拔重用一批。从专班一线、项目一线提拔重用干部37名，占35.5%；在基层一线苦干实干乡土干部62人，占59.6%。注重年轻干部培养选拔，调整提拔重用“80”后干部48名，占46.1%，其中30岁左右年轻干部20名。交流转岗一批。注重把综合素质好、发展潜力大的区级部门（单位）优秀年轻干部交流到乡镇（街道）任职。同时从乡镇（街道）选拔一批经历基层多岗位历练，表现优秀的干部到区级部门（单位）工作，丰富干部阅历。对同一领导岗位任职满6年以上的区管干部，在听取个人意愿基础上，有针对性地进行交流轮岗。重要岗位配强一批。注重把领导经验丰富、敢于担当、实绩突出、群众公认的优秀干部选配到乡镇（街道）党（工）委副书记、政府常务副职等重要岗位。自愿退职一批。对因个人年龄、健康、家庭等原因自愿提出退出领导岗位的干部44名，参照省、市做法，保留原职级待遇，按“四个一线”原则，安排到招商一线、创文一线、基层一线、专班（项目）一线，继续发挥作用。

【激励干部担当作为】 年内，区委常委会票决区管干部任免事项8批529人次（不含市管、挂职、派驻），其中提拔或转任重要岗位干部162名，在基层、项目、专班、招商等一线斗争中敢担当、善攻坚、有实绩的干部104名。用好公务员职级晋升激励作用，从现有职数中拿出一定比例用于激励一线攻坚、担当作为、实绩明显的优秀干部。落实省委组织部《关于及时做好不实信访举报澄清工作的通知》，对照澄清不实举报界定标准和方式方法，及时梳理全年收到的信访举报，开展澄清正名工作。7月，在前期对来信来访调查核实基础上，以会议澄清形式，对两名乡镇党政正职不实信访举报进行澄清，并向所在单位送达澄清文件，及时消除负面影响，让广大干事担当干部卸下思想包袱。开展中层干部系统性交流。为让更多优秀年轻干部脱颖而出，优化干部资源配置，防范岗位风险，解决“中梗阻”等问题，打破部门壁垒，按培养性交流、制度性交流、强制性交流、关爱性交流原则，通过单位推荐、个人报名、双向选择、组织调配，交流干部40名，其中强制性交流干部7名。

【专业化干部队伍】 办好“三个班”。每月安排1期一把手“奋斗班”，围绕市委“1433”发展战略体系，邀请省、市系统领导及有关专家教授，重点就政治理论、产业创新、乡村振兴等12个方面开展系统培训，轮训区管干部1430余人次；连续三年与和君商学院合作，开办第三期“和君班”、第一期和君“教育领航班”，重点培训“80后”年轻区管干部35名和表现优秀、具有培养潜力的区属学校党支部书记、校长、副校长40名；深化柯城—余杭山海协作办好“余杭班”，选派第1批干部13名到余杭区开展为期3个月挂职锻炼，挂职结束后，注重成果交流，累计举办挂职经验交流会30余场。实施一线墩苗历练。加大干部上挂下派力度，为年轻干部干事创业创造平台。全年选派“85后”有培养潜力的干部到专班一线锻炼45名，是年新进公务员根据学习专业和工作经历分配到专班开展为期一年岗位锻炼28名；选派年轻干部到省农业农村厅、省治水办、浙江清华长三角研究院等省级部门单位和市级专班学习锻炼18名。拓宽选人用人视野。加大紧缺型专业人才引进和培养力度，面向“双一流”高校、区属国有企业、学校、医院等选拔优秀年轻干部。全年面向“双一流”高校招录优秀选调生5名、紧缺型专业技术人才3名和高层次人才2名，提拔重用研究生学历干部6名，提高区高素质专业化干部队伍储备。

【基层组织建设】 狠抓全区基层组织建设整固提升，通过出台《柯城区大力加强农村基层组织建设的二十条意见》等举措，把加强党的基层组织建设作为治本之策和关键之举，夯实乡村振兴基层基础、群众基础。以“蒋勇案”为反面典型，牵头开展群众身边“微腐败”和不正之风专项整治行动，派出巡察组3个，对乡镇6个、重点村24个进行巡察。派出巡察专员6名，对面上其他村进行巡察。对全区村“两委”干部是否受过刑事处罚、存在“村霸”和涉黑涉恶问题进行全面排摸1121名，累计排查并清理“三类”人员59名。对村干部是“三类”人员的村，全部纳入后进村进行整顿转化，重新进行梳理，将列入后进村整转计划村60个，全面实行“四个一”帮扶机制。全区有后进村基本完成整转45个，整转率达71%。

【乡村振兴讲堂建设】 5月，全面启动乡村振兴讲堂“五百”行动（百名局长“一把手”进讲堂、百名头雁进讲堂、百名工匠进讲堂、百名乡贤进讲堂、百名大师进讲堂），形成“1＋3＋N”乡村振兴讲堂推进体系。以1个万田乡为推进乡，以3个市级试点村万田村、新宅村、余东村为示范，谋划N个特色讲堂（教学点），形成一批可看、可学、可借鉴的特色中心讲堂。万田乡上蒋村多肉致富讲堂、万田乡余家山头村手工剪纸讲堂、航埠镇新山村“三心”治村讲堂、石梁镇双溪村张西自然村智多文旅讲堂、沟溪乡余东村农民画讲堂、沟溪乡斗目垅村手工挂面讲堂等。同时，建立以干部、名师、名医、工匠、大师、社会力量等六类人员为主“6＋N”乡村振兴讲堂百人师资库，做到农民缺什么学什么，需什么教什么。全区建成特色中心讲堂24个，教学点（实训地）146个，至11月初，开课379场，党员群众参与听课2.9万名，做到讲堂建设全覆盖、课程设置全覆盖、党员教育全覆盖。

【村集体经济增收】 牵头推进“千企结千村、消灭薄弱村”专项行动，以项目为纽带联结村企，提升“造血”功能。谋划“一村万树”绿色期权项目。通过整合“一村万树”资源，建设村企结对林“消薄飞地”，形成企业付费买林木未来收益，村集体“一村万树”小周期变现增收的共享模式。打通“一村万树”资源、资产、资金通道。现有企业143家、个人500余名认购绿色期权资产包1654个，认购资金达720余万元。以5年为1个周期，项目为首批参与的33个村，每村带来经营性收入20余万元。谋划“小微企业创业园”项目。结合全域土地综合整治、农房体系构建和风貌提升等工作，对原有“低散乱”产业进行管控提升，打造小微企业创业园，助力集体增收、农民致富。万田乡农村小微企业产业园项目建设后每年可实现经济收益128万元以上，给全乡16个村每个村集体增加收入8万元以上。项目一期已经投入运营，并吸引项目主体入驻，二期正在推进中。谋划一批爱心项目。通过“一对一”结对方式，与省属集团企业谋划一批爱心项目。如省传化集团与航埠镇北二村结对共建“传化爱心农贸市场”，利用传化集团资源和传化衢州公路港供应链物流优势，帮助北二村在杭州建立水产和农特产品销售渠道，为北二村带来每年不低于10万元收入。省海港集团与石梁镇白云村结对物业综合体项目每年带来物业经济收入30万元。

【人才队伍建设】 坚持服务社会经济发展，服务企业实际需求的理念，将人才建设、人才引育与数字经济、高端装备制造等战略新兴产业与发展需求相结合，加大产业型人才培育力度。人才建设方面，为落实市委“五百行动”要求，推进“三服务”工作。针对调研过程中发现的民营企业人才平台总量不足、人才平台质量不高问题，提出建成一批高端技术孵化平台、打造一批校地校企合作标杆、建成一个数字经济特色分院“三个一”人才平台建设目标。人才引进，针对数字经济人才，启动专项招引计划。上半年，辗转赴全国多所高校开展人才招聘活动和博士后引才专场7场，提供职位200余个，达成引进意向66人，其中硕士毕业生6人。按市委“1＋8”人才工作体系部署要求，体现主城担当，抓实教育、卫生、民政等社会事业重点领域人才队伍。通过人才梯队建设，制定人才政策，招引高端教育、卫生、民政等社会事业人才60余人。人才建设，为落实市委“五百行动”要求，推进“三服务”工作。针对调研过程中发现民营企业人才平台总量不足、人才平台质量不高等问题，提出建成一批高端技术孵化平台、打造一批校地校企合作标杆、建成一个数字经济特色分院“三个一”人才平台建设目标。

【主题教育】 9月，全面启动“不忘初心、牢记使命”主题教育，按学习教育、调查研究、检视问题、整改落实四项重点举措一体推进、贯穿始终的要求，做到规定动作落到位、创新动作不跑偏，确保每项工作实打实、真对真。原原本本抓学习教育。在全区范围内开展“七个一”学习活动，要求全区党员干部每天至少学一次原著、开展一次初心之行、开展一次法纪警示教育、开展一次应知应会测试、至少开展一次集中学习研讨、上好一堂专题党课、举办一系列“学三老”宣讲活动，分层分类深化学习，做到学习教育入脑入心。沉下身子抓调查研究。深化“三联”工程，落实“周二无会日”制度，组织各级党员干部特别是党员领导干部深入一线开展调研破难活动，推动党员干部集中服务、集中检查、集中议事、集中调处、集中攻坚，实打实地解决一批农房管控与风貌提升、信访积案矛盾化解、村级集体经济发展等具体问题。对照查摆抓问题检视。紧密联系中央和省、市委决策部署在柯城落地见效，紧密联系市委“1433”战略体系重重落地，紧密联系本地区本单位工作职责和重点任务，紧密联系自身思想、工作、生活情况，对照“八个嘱托”“八大任务”，对照“十条军规”“十条宣言”，对照巡视巡察、干部考察、工作考核反馈问题，对照党章规定的党员条件和义务权利，对照《关于新形势下党内政治生活的若干准则》《中国共产党党内监督条例》，通过谈心谈话、召开座谈会、设立意见箱、新媒体留言等形式，听取基层党员群众、工作服务对象意见建议。动真碰硬抓整改落实。年初，结合扫黑除恶专项斗争、省委专项巡视、区委巡察等发现的问题，开展集中整治。特别是在基层党建突出问题专项整治中，集中整顿后进基层党组织，有效推动一批后进村“由乱到治”，取得阶段性成效；集中整治村干部队伍管理宽松软问题，出台村书记区级备案管理和村干部资格条件区级常态化联审等制度文件；集中整治党员失管漏管和发展党员违规违纪、基层党组织未按期换届、党内基本制度落实不到位等问题，按“六个一批”（转出一批、回村一批、处理一批、保留一批、教育一批、挂靠一批）工作思路对全区挂靠流动党员 1100 余名组织关系进行有序清理，除需要上级协调迁转以外，全部清理到位。

（陈剑刚）

宣传工作

【概　况】 2019 年，全区宣传思想文化战线围绕上级要求和区委、区政府中心工作，突出重点、服务大局，守正创新、担当有为，壮大主流舆论声势，推进文化柯城建设，宣传思想文化各项工作成效良好。

【理论学习】 以学习贯彻习近平新时代中国特色社会主义思想为主线，把主题教育相关学习要求融合到区委理论学习中心组学习中，全年开展各类学习 20 余场次，其中涉及主题教育相关内容达 10 场次，编印学习资料 12 期，下发中心组学习推荐书目 2 期，督促指导各乡镇（街道）、部门（单位）开展理论学习宣教活动。推进中共十九届四中全会精神学习宣讲工作，做好“学习强国”平台推广使用，举办“世界读书日——书记约你来读书”系列活动和“讴歌光辉岁月，弘扬有礼风尚”社科普及活动，营造全民阅读、崇尚学习的良好社会氛围。

【舆论宣传】 聚焦主题，主动谋划，报网端微融媒体平台发力，围绕新中国成立 70 周年、“不忘初心　牢记使命”主题教育、全国文明城市创建、古城双修房屋征收、礼贤片区房屋征收、党建治理大花园等区委、区政府中心工作，推出一系列重点宣传报道，开设“壮丽70年　奋斗新时代”“柯城铁军　接续奋斗”“不忘初心　牢记使命”等重点中心工作专版或专栏，为全区中心工作和重难点工作推进提供强有力的舆论支撑。

【文化建设】 举办己亥（2019）年“人类非遗·二十四节气·九华立春祭”活动。以“梧桐祖殿祭春神　柯城妙源过大年”为主题，通过互联网向全球发起网络祭春，数千群众现场参与，中央电视台《新闻联播》头条对活动进行报道，央视新闻移动网、今日头条等网络平台对现场活动进行直播，中央电视台新闻，中央电视台中文国际频道（CCTV-4）、中央电视台新闻频道（CCTV-13）和外语频道播出，网上各直播覆盖用户突破1500万人次，同比增长80%，网络平台总点击量超过8000万人次，立春祭知名度和影响力不断扩大。围绕“我和我的祖国”主题，开展“党建引领、古城有礼、最美橘乡、运动赋能、产业创新”五大系列活动，重点推出“红色柯城”主题教育、“红手印”战队礼赞柯城、“建功新时代”系列大比武、“行走柯城”系列采风、森林汽车穿越大赛、农村公益电影展映等。举办区庆祝新中国成立70周年主题文艺晚会，创作舞蹈《棋韵柯城》、音乐情景剧《来了，我们的运动之城》、音乐快板《有一种坚守，叫斗潭精神》、诗歌《七城畅想曲》等文艺作品，填补柯城近十年无大型文艺晚会的空白。原创主题短视频《万颗童心·节日同唱：我爱你，中国！》从线下创意策划、组织实施、拍摄制作，到线上融合传播、全面推广，短时间内迅速“吸睛”，微信推送阅读量10小时突破10万人次，14小时突破20万人次。三天，“柯城发布”微信后台阅读量超过27万人次，并在学习强国、新华社、人民网等平台转载，阅读总量超500万人次。12月30日下午，柯城余东农民画展首次在北京文化和旅游部恭王府博物馆举行“种文化——浙江衢州柯城余东农民画进京展”，展出农民画作品100件、文创衍生产品9种25款，被誉为国内基层文化最高规格进京展，赢得各级领导和社会各界点赞肯定。媒体分别从不同角度进行报道或转载30余家，线上观看流量突破100万人次，三代画家同展等农民画家故事网络热度超过500余万人次。围绕乡村振兴和文化复兴建设，以打造“好听衢州”音乐品牌为契机，以区文化中心、花海万人天然音乐场、桃源七里为核心，采取“3＋N”模式，突出“中国·乡村音乐谷”“高雅音乐进乡村”“跟着音乐游柯城”等主题，打造“田园牧歌”乡村音乐会品牌，全年举办桃源七里乡村音乐会13场次、橘子音乐节3场次、柯城文化中心专场音乐会7场次，丰富群众精神文化生活。

【文化产业发展】 把握文旅融合、产业融合大势，推进优秀传统文化创造性转化、创新性发展。衢州莹白瓷烧制技艺和邵永丰麻饼制作技艺入围国家级“非遗”代表性名录申报项目，余东农民画、火神莹白瓷申报省文化艺术发展基金项目。坚持“市场运作＋项目引领”，启动围棋“六进”普及育苗工程，推进智慧围棋产业园一期项目。协调推进中国乡村美术馆规划建设，打造农民画培训、展示、展销、创作等一体化平台，以农民画为特色开发衍生产品60多种，年产值超1000万元，带动村民人均增收万元以上，农民画研学游项目全年吸引学生到余东研学40多批近万人次。推进“文旅农”深度融合，发展乡村休闲旅游，举办全国“运动振兴乡村”专题研讨会，通过中国立春文化之乡（春神故里）考察评审，在立春祭等文化活动推动下，春节7天接待游客45.82万人次，同比增长4.22%；实现旅游收入3.7亿元，同比增长9.84%。

（江丹西）

统战工作

【概　况】 2019年，区委统战部围绕区委、区政府中心工作，紧扣助发展、创品牌、促和谐、聚共识主题，为全区经济社会高质量发展凝聚人心和力量，彰显统一战线新作为。年度综合考核位列全市各县（市、区）第二名，取得历史性突破；两次全市统战部长工作现场会在柯城召开，推出柯城统战工作新经验；省委常委、统战部部长熊建平，全国侨联秘书长陈迈，省委统战部副部长、工商联党组书记徐旭，农工党中央专职副主委曲凤宏到柯城考察调研，对区统战工作给予充分肯定。

【灵鹫山禅意康养景区项目建设】 9月总投资4258.82万元的灵鹫山梓绶山至孟高寮段道路建设项目动工。完成僧团引进工作，7月，省佛学院弥勒佛学院副院长、宁波雪窦山华林寺监院然相法师率僧团进驻灵鹫寺，全面负责灵鹫寺修缮扩建等工作。寺庙规划设计进展顺利，初步完成占地2公顷的灵鹫寺建筑规划设计平面图。10月，省佛教协会会长、雪窦寺方丈怡藏大和尚到柯城，与区委主要领导会商灵鹫山名山建设事宜。11月，区委统战部联合区政协、灵鹫山禅意康养景区专项工作组赴宁波奉化考察学习雪窦山名山建设工作经验。

【少数民族地区乡村振兴】 年内，与市委统战部共同推进七里乡上门村民族发展项目建设，完成村口畲族特色楼牌项目建设，开展村内环境整治和外立面改造工作，有序推进文化礼堂（乡贤馆）项目建设。指导航埠镇殿前村谋划老年食堂项目，推动民族村留守老人居家养老服务体系建设。推进少数民族文化传承发展，连续第12年举办畲族“三月三”风情文化节。衢州安康民族工艺饰品有限公司被省民宗委评为年度省级民族团结进步创建重点培育单位。

【乡贤助力家乡建设】 印发《关于在春节前后积极开展乡贤联络联谊活动的通知》和《关于开展乡贤信息调查登记工作的通知》，推进乡贤信息调查摸底和联络联谊工作，区乡贤人才从年初300余人增加至2100多人。开展乡镇（街道）乡贤联谊会建设工作，到年末，在全区实现乡镇（街道）乡贤联谊会组织建设全覆盖。区委出台《关于进一步加强新时代乡贤工作同心聚力“四区”建设的实施意见》文件，指导乡贤联谊会结合乡贤人才结构和本地实际，打造“九大”乡贤服务团，引导乡贤立足自身资源禀赋和集群优势，精准地为家乡经济社会高质量发展贡献智慧、贡献力量。乡贤助力乡村振兴相关经验做法被市委常委、统战部部长傅根友批示肯定；11月，区承办全市新乡贤和基层统战工作交流推进会。

【基层统战特色品牌创建】 立足现有资源和

特色优势，开展基层统战特色品牌创建活动，做深做实做精“统战＋”文章，柯城统战品牌的识别度不断提升。衢化街道依托巨化集团离退休统战成员爱好广泛的特点，成立“国韵统战联谊艺术团”。沟溪乡立足农民画家集聚优势，成立全省首个新社会阶层农民画家联谊会。信安街道成立街道侨联，府山街道城站社区成立全市首个社区侨联，推进基层侨务工作，全国侨联秘书长陈迈、省侨联主席连小敏先后到柯城区调研基层侨联工作，陈迈现场批示肯定柯城做法。农工党柯城区总支部依托党派特色，打造衢州中医药博物馆和农工党之家。7月，网红·星耀城被省委统战部确定为全市首个省级新的社会阶层人士统战工作实践创新基地。8月，全市统战部部长工作交流现场会在柯城召开。12月，省委常委、统战部部长熊建平到柯城调研农工党助力中医药产业发展工作和新的社会阶层人士统战工作情况。同月，农工党中央专职副主席曲凤宏到柯城调研衢州中医药博物馆和农工党之家建设工作。

【党外代表人士队伍建设】 做好向区委汇报和横向对接，扎实推进党外干部配备工作。全年新提拔副科级以上党外干部9名，其中区部门正职1名，完成上级统战部门关于政府工作部门配备8名副科以上党外干部要求。开展统一战线主题教育活动，6月，组织各民主党派、知联会、新联会代表人士40余人赴温州平阳浙南革命根据地，开展“风雨七十年、肝胆常相照”红色教育活动；打造统一战线“同心筑梦”读书会活动品牌，组织党外代表人士70多人次举办学习活动3期。九三学社社员杨慧峰参加九三学社省委会举办主题教育演讲比赛获优秀奖。广泛发动和组织各民主党派、工商联和无党派人士建真言献良策，为全区改革发展稳定工作提供智力支持，“两会”期间统一战线各界人士提交提案建议100多件。区政协委员陈玮被评为全国优秀基层政协委员（全国共30名）并入围全省“最美统战人物”候选人，区政协委员方向明事迹被列入省政协《70年70人史料专辑》。

【礼贤未来社区征迁工作】 年内，主动参与和包干礼贤片区一幢40户征迁工作，为柯城铁军刷新衢州征迁新纪录贡献力量。因参与征迁工作成绩突出，区委统战部受到区委、区政府集体嘉奖，2名干部受表彰。

（沈水忠）

机构编制

【概　况】 2019年，区委编办紧紧围绕区委、区政府决策部署和省委、市委编办重点工作，着力提升体制机制改革创新，科学有效管好用好机构编制资源，为全区经济社会发展提供体制机制保障。

【主题教育工作】 区委编办按照区委统一部署和要求，紧密结合机构编制工作实际，紧扣主题主线，准确把握总要求和目标任务，把抓学习教育、调查研究、检视问题、整改落实四项重点措施贯通起来，纵深推进，确保主题教育走深走实，取得实效。坚持理论武装不松劲。坚持把学习教育贯穿主题教育全过程，落实“一天一小时、一周一集中、一月一研讨”学习计划。围绕中共十九大报告和十九届三中、四中全会精神，深入学习《习近平关于“不忘初心、牢记使命”论述摘编》《习近平新时代中国特色社会主义思想学习纲要》《中国共产党党章》及习近平总书记最新重要讲话、指示精神等重点内容，制订个人自学计划、党支部及班子集中学习计划，按照计划安排深入开展学习，同时依托“学习强国”等平台，不断创新学习载体，深层次、全方位推进主题教育往深里走，往实里学。坚持深入搞调研不松动。围绕贯彻落实中共中央决策部署和习近平总书记重要讲话和指示精神，把调查研究贯彻主题教育始终，结合编办工作实际和领导班子职责分工，精心研究制定调研方案，确定调研课题2个，深入乡镇和区直相关部门，有针对性开展专题调研。通过认真梳理调研情况，形成调研问题清单，最终形成关于柯城区编外用工规范管理的实践与成效、五大领域综合行政执法改革人员编制上收的调研2篇调研报告，以此来推动区机构编制工作再上新台阶。坚持聚焦问题找差距不松动。“不忘初心、牢记使命”主题教育开展以来，在认真重温学习党章、《关于新形势下党内政治生活的若干准则》《中国共产党纪律处分条例》等党内法规基础上，结合各自思想、工作实际及近期学习研讨和调查研究情况，深入对照党章党规、“18个是否”、问题检视清单、征求意见建议清单，逐条进行检视，寻找差距，直面问题。坚持对照专项整治抓整改不松动。以中共十九大和十九届三中、四中全会精神和习近平新时代中国特色社会主义思想为根本指导，严格落实中央，省、市、区委关于主题教育检视问题工作方案有关要求。坚持以刀刃向内的自我革命精神，增强“四个意识”、坚定“四个自信”、做到“两个维护”；坚持对表对标，立查立改、即知即改，以高度政治自觉抓好专项整治重点任务落实。做好选人用人专项巡视问题整改落实。坚持目标导向、问题导向，聚焦十四届省委第六轮巡视选人用人专项检查反馈的两方面5条具体问题意见，坚持立行立改和持续用力相结合，完成自定机构规格违规配备领导干部、编制不合理不合规等二类五个方面问题整改。做好编外用工清理规范专项整治工作。通过规范用工行为、统一薪酬管理、强化日常监管三方面措施。取得“有效控制编外用工的规模、解决编外用工随意问题、规范编外用工薪酬待遇，编外用工成本得到有效控制、长效管理机制得到落实”等实效。

【推进乡镇（街道）模块化改革】 是年，因地制宜搭建运行架构。拓展和提升“基层治理四平台”建设，根据乡镇人口、区域、经济等差异，按大、中、小乡镇和街道确定航埠镇、万田乡、沟溪乡、七里乡、荷花街道为试点单位，按照3—6个模块因地制宜搭建模块框架。打破人员身份、机构和岗位限制，跨模块统筹要素资源，因地制宜调整组建工作专班。定岗定责明确人员选配。乡镇根据模块化运行要求按模块“牵头领导＋负责领导”分工，对岗位任务较重的班子调整

图4　荷花街道荷东苑社区网格员利用下班时间开展入户信息采集工作

分工，尽量做到与模块一对一，防止交叉过多。根据实际情况，设置与干部数相符的具体职能岗位，所有人员包括派驻人员、编外人员等全部入模到岗，打通使用。建立模块运行机制。模块内建立内部研判协调等共性机制。同时根据每个模块功能、职责来制定具体业务运行机制。模块间建立“合作＋竞争”机制，激发模块活力。制定模块交流制度，模块牵头人、机构负责人定期会商，增强模块之间沟通交流、协同推进。建立模块和网格间“转办＋承办”机制，形成工作闭环。网格复杂事件通过平安通上报至综合信息指挥系统，分流交办至“四平台”，对应到大经济、大服务、大治理、大执法四个模块，形成网格代办、平台转办、模块承办的工作闭环。探索“四维考核”激发队伍干劲。通过岗位和模块横向评价，专班和组团联社竖向评价，建立“岗位赋分＋模块评分＋专班加分＋组团积分”的干部综合考评机制，对干部工作进行量化评分，体现“能者多得”导向，抓人促事、激发队伍干劲。该“四维考核”模式得到市委书记徐文光的批示肯定，考核指导意见已在区级层面推广。专题培训提升履职能力。针对改革后乡镇（街道）新岗位和新职责工作要求，各有关部门按六大功能模块以专题讲座、学习研讨等方式开展培训。区级18个部门（单位）完成42项培训科目，培训5685人次。经过城乡规划、生态环境、基层社会治理、信访维稳等方面业务培训，强化基层工作人员履职意识，提升业务能力。厘清职责边界工作。结合部门职责业务的调整，对上做好沟通衔接，建立履职清单；对下加强跟踪指导，认真组织培训，做到上下贯通，执行有力，保障工作不断档、职责不缺位。全区54个部门（单位）分两批，梳理出职责边界事项333项，经双向反复征求意见后，以两办名义印发。

【部门机构改革跟踪问效】 年内，对改革后特别是新组建部门进行跟踪调研，根据工作任务，对人员进行适当补充调整。对照省、市部门“三定”，对区级部门职责进行查漏补缺，确保责任落实，业务融合。明确应急、林业、水利相关职责界限，协调解决市场监管、医疗保障、人力社保职责划转问题，以协调小组办名义召开住建、消防、资规、人力社保等部门专题协调会，发文明确村镇建设和消防设计审验职责移交事项。

【推进五大领域综合执法改革】 是年，做好执法队伍人员摸底工作。通过调研，掌握区内涉及五大领域改革部门（文化、市场监管、农业农村、交通、生态环境）的机构编制、实有人员、执法工作开展等情况。7月，市级工作部署会后，及时向相关部门通报改革进度、统一思想，请部门与区分管领导做好汇报，并做好与上级业务部门沟通衔接。市协调会后召开区级五大执法领域改革布置会，明确市辖区五大领域执法层级，人员编制锁定数量及下派人员由区级管理，向区委编委会汇报相关事项。

【加快推进事业单位改革】 年内，做好事业单位改革前期各项准备工作。成立区事业单位改革领导小组。对全区各类事业单位全面梳理核对，对机构设置、人员编制、领导职数、实际运行情况等进行摸底调查。统筹考虑事业单位设置，分析事业单位运行中存在实际问题和改革中可能面临困难，提前做好保留、整合、职能划转等情况进行模拟，形成改革初步框架方案。做好规范局级事业单位总量控制工作。根据浙编办发〔2017〕51号文件精神和全省编办主任会议关于县（市、区）科级事业单位总量控制的要求，经市委编办审核，确定区属局级事业机构29家，其中正局级事业机构14家，副局级事业机构15家。初步完成29家单位的框架意见。统筹做好承担行政职能事业单位改革。完成39家承担行政职能事业单位改革；21家行政类事业单位只转职能不转机构，调整机构类别；调整6家无行政职能事业单位机构类别；9家行政执法机构暂维持不变；撤销3家行政职能回归事业单位。区属称“委、办、局”事业单位机构名称已调整到位。

【深化“最多跑一次”改革】 持续推进群众“最多跑一次”改革。早谋划早部署，召开区级单位权力清单梳理调整业务培训会，指导全区35个部门（单位）根据新“三定”，厘清工作职责。会同区司法局进行联合审查，改革后行政权力事项（公共服务事项）清单共计3642项，其中行政权力事项3467项，公共服务事项175项。完成浙江政务服务网区级单位名称更名工作；完成改革后区级单位行政权力事项（公共服务事项）清单梳理调整工作。全力推进机关内部“最多跑一次”改革。坚持以“最多跑一次”改革为牵引，借鉴政务服务“最多跑一次”改革经验做法，按照“事项减、流程优、材料减、时间压、次数少、平台建”要求，试点先行、统筹兼顾、精准发力，将改革触角从群众到政府办事向机关内部管理领域延伸，着力解决多头跑、多次跑、时间长、环节多、签字烦等制约机关效能的突出问题，推动实现部门间、层级间办事“最多跑一次”取得明显实效。至12月，区级47个部门梳理出部门间办事事项261项，其中85%办事事项实现最多跑一次，高频事项100%实现最多一次；压减办事材料、办事时间。

【用机构编制资源服务民生事业】 做好民生事业发展保障，服务高质量发展。立足主城区，强化民生事业服务保障，根据区委、区政府决策部署，成立城南小学、区中医医院等事业单位，同时做好机构登记相关事项。开展幼儿园员额报备试点工作，以玉龙幼儿园为试点园（含12个分园），核定报备员额编制206名，为学前教育补好人员编制紧缺短板。成立区中医医院，根据医院床位数，服务人口数等，核定区中医医院报备员额编制117名，推进医疗资源纵向整合、完善城乡医疗服务体系、同步提高区、乡两级医疗服务能力。加强事业单位登记规范化管理。优化提升事业单位登记管理相关服务工作，推进事业单位登记全流程网上办理，编制标准化办事指南和工作手册。结合变更登记现场核实、事业单位法人公示信息“双随机一公开”抽查等，创新监管方式，规范行政执法效能。实现事登档案电子化管理。

【机构编制工作规范化法定化】 认真开展机构改革落实情况检查。重点围绕机构政策执行情况、违纪违规问题整改情况、实名制管理情况等方面，对全区多个部门及下属事业单位进行专项检查，对农业农村局等单位挂牌不规范，宣传部等单位实名制系统人员信息更新不及时等问题督促整改到位，进一步提高部门（单位）对机构编制法定化、规范化意识。做好选人用人专项巡视问题整改落实。坚持目标导向、问题导向，聚焦十四届省委第六轮巡视选人用人专项检查反馈的两方面5条具体问题意见，坚持立行立改和持续用力相结合，完成自定机构规格违规配备领导干部、编制不合理不合规二类五个方面问题整改。用好机构编制实名制系统。分步骤、按节点更新系统中涉及改革的32个部门和乡镇街道机构基本情况、主要职责、内设机构、下设机构、编制及实有人数情况、领导职数明细等具体化信息。认真落实机构编制实名制管理办法，全区274家单位实现用编计划申请、编制核准、进出编备案，职务变动备案实现网上办理，准确及时录入数据，实现全程留痕、可溯。用活实名制系统，梳理各部门、事业单位人员性别比例、年龄结构、退二线及超编空编情况，形成专项调查分析报告，为区委选人用人做好参谋。

【规范编外用工管理】 做好机构改革后半篇文章，以省委选人用人专项巡视为契机，按照“总量控制、精简效能，优化管理”原则，精心组织，统筹谋划，在全市范围内率先开展区级部门和乡镇（街道）编外用工清理规范工作。通过核定总量加强管控，规范人员招聘，统一薪酬待遇，强化监督管理，有效地解决编外用工增量快，人员整体素质不高、使用随意等问题，编外用工管理进一步规范。对比清理前，全区减少编外人员178人，节约行政成本，提升行政效能。规范用工行为。区委出台《柯城区机关事业单位编外用工管理办法（试行）》，从计划管理、规范招聘、监督检查三方面进行规定。全方位身份确认。对用工数量、用工形式、批准文件、经费来源等方面全面清查。除服务外包、借用、退休返聘等人员外，对区级部门和乡镇（街道）因工作需要聘用但未纳入编制管理的临时工作人员进行重新梳理确认。全员明确岗位分类。根据全区61家行政机关和194家事业单位的编外用工岗位分布以及各单位用工的实际需求，按照“按需设岗、从严控制、按岗聘用、规范管理”的原则将编外用工岗位分为执法辅助类、技术辅助类、受理经办类和后勤保障类等岗位类别。全透明核定指标。明确“总量控制，只减不增，分类指导、保障工作”原则，一般部门以清理后实有编外人数为基数，参考财政预算数进行从紧核定；乡镇（街道）结合重点项目、攻坚任务实际工作需要，按行政事业编制总数的20%核定；特殊岗位按照一事一议方法核定编外用工控制数。规范后，核定编外用工控制数838名，其中部门699名，乡镇（街道）139名。全流程规范招聘。人员招聘遵循公开、平等、竞争、择优原则，新增用工一般实行劳务派遣制，由主管部门协同区人社部门针对岗位类别和实际需要，统一公开招聘。用工单位应按照《中华人民共和国劳动法》等法律法规完善人员岗位认定、登记备案、劳动合同、派遣协议签订等相关手续。统一薪酬管理。为规范全区机关事业单位编外人员薪酬，真正做到编外用工薪酬总量控制，绩效分配，同工同酬，区政府办公室专门出台《柯城区机关事业单位编外用工薪酬待遇实施细则（试行）》，对机关事业单位编外用工薪酬待遇做出规范。分类核定薪酬。部门（单位）人均薪酬以市区上年度在岗职工年平均工资（以下简称“社平工资”）为基准，乡镇（街道）人均薪酬以“社平工资”的140%核定，驾驶员人均薪酬以“社平工资”的110%核定。强化绩效考核。以编外人员日常考核和年度考核作为编外人员薪酬分配的重要依据，鼓励用人单位按岗按绩适当拉开差距，但最高应控制在本单位人均薪酬150%之内，最低不得低于衢州市最低工资标准。年度考核不合格，取消当年年度考核奖。建立监督检查机制。严禁超范围、超标准、超总额发放薪酬。编外用工联席会议成员单位将会同有关部门，每年定期监督检查，对违反规定的单位，由相关部门责令其限期整改；情节严重或者整改不力的，追究用工单位主要负责人及相关人员责任。强化日常监管。坚持实名制动态管理制度，将编外用工纳入实名制管理，利用现代信息技术手段，建立编外用工信息库，将编外用工指标、人员变动情况等进行整合录入，从而使全区各部门编外用工全部纳入管理范围。规范用工形式。引导用工单位，由直接与编外用工签订劳动合同向劳务派遣的方式转变。对物业管理、保安、保洁、绿化养护、食堂等后勤服务类岗位通过服务外包形式购买服务，一定程度上将用工市场化，化解劳资纠纷和廉政风险，减轻行政负担，提高管理绩效。严格审批联动机制。建立由区委编办、区财政局、区人社局组成的编外用工联席会议制度，对编外用工单位提出的用工需求，数量、岗位、期限、经费来源等在控制数总量内实行联合审查，确定使用数后，人社部门按数招聘，财政部门按数拨款。压实主体责任。按照“谁主管、谁负责”原则，由各乡镇（街道）和主管部门负责本系统编外用工清理消化和日常管理工作。纪检监察部门对管理制度执行情况进行监督，财政、编办、人力社保局等部门不定期开展联合抽查，及时发现问题，督促整改。

（陈佩文）

党校工作

【概　况】 2019年，区委党校坚持“党校姓党”原则，以习近平新时代中国特色社会主义思想为指引。牢记“四个意识”，坚定“四个自信”，探索基层党校专业化、特色化、实效性发展新路子，突出“做优干部培训、做强课题研究、做好决策咨询”工作重点，克服培训场地限制、师资人员短缺等客观因素，在队伍建设、干部培训、科学研究及项目建设等方面，取得较好成绩。1月，区委党校获市级文明单位称号，陈芬红获2018年度全省党校（行院）系统成绩突出个人称号。6月，《居家养老服务中的老年教育策略探索——基于柯城区居家养老视角》《柯城区万少华团队、“365兰花热线”长远发展的几点思考》两篇文章，在《衢州论坛》第2期全文刊发。

【队伍建设】 坚持“思路更加清晰，作风更加务实，绩效更加明显”的队伍建设目标，严抓理想信念教育，落实党校姓党各项要求，提升办学治校能力。高度重视理论学习，在全体党员干部中，开展“不忘初心、牢记使命”主题教育，严格将“学习教育、调查研究、检视问题、整改落实”贯穿始终，做到抓思想认识到位、抓检视问题到位、抓整改落实到位、抓组织领导到位，促使全体教师坚定信念，增强看齐意识，强化党校教师熔炉意识，推动学校各项工作有序开展。促使干部时刻保持警惕，守住底线。加强“红色学府”建设，充分发挥党校“补钙壮骨、立根固本”主阵地作用。年内，选派参加上级党校和其他系统培训10余人次，以提升教师专业素养和理论水平。与市委党校对接，借助其资源，为教师科研工作提供指导。发挥工会作用，组织开展各类活动，增强教职工使命感和责任感，促进作风建设和效能建设，营造和谐融洽的校园文化。

【干部教育培训】 坚持高标准、多渠道的培训理念，克服培训场地紧张、师资人员短缺等因素，举办“不忘初心、牢记使命、严守军规、继续奋斗”专题培训班、2019区管干部和君班、2019教育“领航班”、2019区新录用机关事业人员初任培训班、“不忘初心、牢记使命”主题教育读书班（两期）、后进村后备干部培训班（三期）及公务员学法用法三年轮训培训班（两期）等主体班次27期，培训2905人次；举办区民政干部培训班、区国资国企改革专题培训班、2019衢州市柯城区统一战线代表人士培训班、党务工作者和入党积极分子培训班、2019区纪检监察干部培训班，应急管理局专题培训班、区2019新招录大学生村干部（社区工作者）培训班及2019区党员发展对象培训班等专题培训班10期，培训592人次。其中，“和君班”由区委组织部、区委党校、和君商学院联合举办，按“高起点、高标准、高质量”要求，通过结构化笔试、无领导小组面试、组织审核等程序，从64名“80后”区管干部中选出35名学员参加培训。加大开放办学力度原则，重点班次引进省内外顶尖“精英型教师”。同时，在课程设置上指向干部工作中可能碰到的困惑和难题，聚焦“不忘初心、牢记使命”主题教育、习近平新时期中国特色社会主义思想等内容，赋能提升，引导“讲党性、学理论、谋思路、找对策”工作方式，提高科学发展能力。

【科研成果】 坚持科研优先工作思路。召开科研工作选题研讨会，秉承“教学、科研、实践”一体化原则，强调“上下联动抓整合，深入一线重调研，科学严谨求实证”理念。主动聚焦区社会经济领域的热点、难点问题，在“做强课题研究，做好决策咨询，发挥创新型智库作用”等方面做有益探索，取得成效。全年立项课题6项，其中省委党校2项，市社科联1项，市委党校3项。此外，方明红老师的《居家养老服务中的老年教育策略探索——基于柯城区居家养老视角》、徐李英老师的《柯城区万少华团队、“365兰花热线”长远发展的几点思考》在《衢州论坛》刊发。

（殷晓强　朱久良）

老干部工作

【概　况】 2019年，柯城区老干部学习贯彻上级文件精神，做好新形势下老干部服务工作，发挥老干部独特优势和涉老团队作用，推动正能量活动深入开展，为柯城“两美”建设贡献力量。

【“银耀柯城”行动】 结合老干部活动中心改造提升，形成2厅4室（多功能厅、书画厅、棋牌室、图书室、阅览室、理疗室）功能布局，依托老干部活动中心成立老党员驿站。同时，结合主题教育，完善老干部“一月一学习”“一季一活动”制度，年初制定学习计划，推动老干部学习常态化。

【老干部党建工作】 按“统一指导、分级管理、原单位负责”原则，贯彻落实老干部工作政策，助力老干部安享晚年。坚持报告会、情况通报会、学习讨论会、阅读文件、走访慰问等制度，落实老干部政治待遇。召开座谈会向老干部通报情况，并就区委全会报告、政府工作报告征求意见。邀请老干部参加区“两会”、全区干部大会等重要会议和活动，向老干部通报区人事调整情况，使老同志理解支持区委、区政府中心工作。坚持“四必访三沟通”和“五有”工作制度，做好春节、老人节等重要节日走访慰问，全年走访298人次，其中探望住院老干部146人次。

【信息化工作机制】 对全区退休干部基础信息进行全面大排摸，将全区所有老干部信息导入浙江省离退休干部信息管理系统，进行电子化管理。经常听取老同志意见建议，建立问题解决反馈机制，帮助解决老干部用车难、提高健康奖励标准、物业管理问题和小区改造、离休干部目录外报销等几年没得到解决的问题，得到老干部肯定。

（江德生）

精神文明建设

【概　况】 2019年，柯城区精神文明建设指导中心抓好精神文明建设、全国文明城市创建等工作。新时代文明实践中心建设有序推进，精神文明创建活动卓有成效，“最美”现象蔚然成风。在全国文明城市创建工作中，自觉当好创建主力军，全面压紧压实创建责任。从“破点扩面”入手，用“绣花功夫”落地，“有礼之城”“志愿之城”“文明之城”创建氛围浓厚。

【精神文明建设】 推进新时代文明实践中心建设，重点抓好信安街道、府山街道、荷花街道、校园、医院等实践示范点建设，12月底前全面完成并投入使用。精神文明创建活动精彩纷呈，全区组织开展“新春走基层、有礼送进门”“礼进两会”“争做有礼城市的主人、花园城市的园丁”暨“争当主人翁　扮美大花园”活动、居民文明素质提升项目认领活动等610余场次，覆盖全区城乡居民95%，做到志愿服务“零缺位”。其中，居民文明素养提升项目认领活动，吸引志愿团队和个人报名认领近200个，小锦鲤志愿者

图5　3月5日，《衢州之声》联合《浙江之声》为三位“救火老英雄”送上鲜花　（陈蓉蓉　摄）

服务队、教师志愿者团队、家长志愿者团队等活跃度持续攀升，社会文明程度和市民素质提升。广泛挖掘，最美效益持续放大。全年全区选树各类典型人物161名，涵盖各行各业、各个阶层。其中贵海良获第八届“最美衢州人”年度特别致敬人物；陈昱安获2019年度“最美浙江人·浙江骄傲”提名人物、第八届“最美衢州人”十大年度人物；上洋村村支书黄岳华、五湖村村支书毛荣山、范村村支书吴梅仙与其他15位村支书组成乡村振兴18个村书记先锋战队获第八届“最美衢州人”十大年度人物奖；　罗亚洲、应献岳、王同孝等5人当选“浙江好人”；虞雅娟、叶建华等7人当选

衢州市“有礼之星”。

【文明城市创建】 区、乡街、村居、市民四级创建作战体系逐步完善。按条线职能划分，纳入创建指挥体系县处级分管领导6位，成立专项组6个。部门创建责任向包干小区、街巷延伸，综合执法、市场监管、公安等部门力量纳入全区292个网格，机关干部下沉网格10.8万人次，创建责任实现无缝对接。硬件提标有力度。改造提升便民、利民、惠民设施投入1.8亿元，全面推进农贸市场、小餐饮、占道经营、乡镇集镇、行政村、“飞线”充电等重点点位和难点问题整治241次，清运垃圾3.9万车次、11.7万吨，清理流动摊贩、占道经营1.5万多起，规范车辆乱停放2.9万余辆次，农贸市场、背街小巷、老旧小区、占道经营、停车难等重难点问题得到整治。针对背街小巷和集镇经营秩序乱象，探索“商圈自治联盟”模式，在荷花街道、石梁镇实践基础上，向全区推广，初步实现背街小巷、集镇经营管理常态化、长效化、规范化。软件升级创新。以解决群众最忧小区物业治理难题为突破口，创设线下“邻礼中心”和线上“未来社区”小程序平台，打造红色物业联盟社区治理共同体，城市小区治理体系科学智慧、管用有效。“红色物业联盟”做法入选省级标准试点，“邻礼通”小程序得到省长袁家军点赞。

（蒋利平）

信访工作

【概　况】 2019年，全区信访工作在区委领导下，以新中国成立70周年大庆为重中之重，压实信访工作责任，推进信访领域“最多跑一次”改革，加快区级社会矛盾纠纷调处化解中心（信访超市）建设，探索信访代办制，实施“树正气、打歪风”信访积案专项行动和信访领域扫黑除恶专项斗争，以“不忘初心，牢记使命”主题教育活动提振干部精气神，全区信访形势稳定向好。建国70周年大庆等重要活动重大节点安保完成，实现活动期间“无去京集体访、无闹访滋事、无恶性上访事件、无去京扰序、信访总量降”目标；推动越级访治理，去京赴省访降幅明显；重点工作、重大项目信访保障完成，未发生各类阻挠问题。

【信访受理】 全年群众走访894批1912人次，人次减少47.49%，其中：去京访人次减少71.7%；赴省访人次减少41.21%；到市访人次减少62.32%；到区访人次减少46.56%。区级走访占比84.6%。信访件按期办结率100%，群众满意率98.18%。受理群众来电转交办14044件，同比下降2.9%，其中：意见建议类12483件，申诉类55件，求决类19件，揭发控告类58件，咨询类1195件，其他类234件。按期受理率99.99%，按期办结率100%，信访部门满意率99.99%，责任单位满意率93.65%。完成回访件11139件，核实件3895件，核实匿名件612件，回访核实率99.98%。受理网上投诉7339件，同比增加246.40%；受理纸质来信580件，同比下降17.96%。按期办结率99.95%，满意率99.25%。主要集中反映公共基础设施类1451件，物业服务362件。网上代办件2211件，主要反映基础设施和道路安全等问题。全年网信占比74.47%，位列全市第四名。全区各乡镇（街道）累计完成调解信访矛盾2784件；完成化解区级以上信访积案22件，占全部任务65件的32.3%，其中：省级1件，市级18件，区级3件；13个乡镇（街道）建成信访超市（除华墅乡、石室乡外），累计受理群众信访443件，完成调处354件；全区所有村（社区）建立代办制，累计完成信访代办402件。

【信访办理】 坚持信访工作服务经济社会发展大局，围绕中心、狠抓主业，推进社会治理综合服务中心（信访超市）建设、信访代办制、省级无信访积案区创建等具体工作落实，对标时间进度要求，各项工作稳妥推进。党委政府重视，高位推动工作。强化会商研判。区委常委会深化信访工作“双月”会商制度；区委深改委专题研究区社会矛盾纠纷调处化解中心（信访超市）建设，明确成立正科级事业单位及由信访局牵头负责等重大事项，为持续深化信访“最多跑一次”改革及访调深度融合奠定基础；区政府增强未雨绸缪意识，在推动古城双修、巨化棚户区改造、礼贤片区未来社区等重大项目建设及出台重大政策前，听取并吸收信访部门意见。强化治理创新。围绕实现人民信访“最多跑一次”目标，以区人民来访接待调解中心为基础，强化部门（单位）信访调解功能集合、优化资源配置，打造区级社会治理综合服务中心，延伸工作触角，区、乡、村三级联动体系基本形成。强化机制保障。加大信访工作考核权重，提高信访工作考核赋分，将其列入年度工作目标考核“一票否决”事项；区人大、区政协、区纪委监委、区委组织部、区总工会等单位在确定“两代表一委员”及各类评优评先活动推进中，事先征求信访局意见成制度化常态化。强化问题处置，抓实矛盾化解。抓领导带头示范。通过强化领导定点值班、阅批群众来信及“三联工程”等要求，压实区级领导干部带头挑起信访工作与主业主责“一肩挑”责任。抓重难点突破。梳理出信访突出问题76件（国家级7件，省级6件，市级50件，区级13件），列入领导包案范围，实行“六包”责任制（即包调查、包处理、包督办、包结案、包息访、包稳定），开展组团联村化解信访矛盾专项行动，全年完成化解44件（国家级5件，省级5件，市级29件，区级5件），化解比率57.9%，国家及省级信访积案化解比率超70%，重点人员去京访减幅达50%以上，实现省级无信访积案区创建。抓督查督办跟进。区信访局先后9次组织资规、综合执法、人力社保等部门（单位）到乡镇（街道），对信访隐患进行督查督办，对群众不满意件逢件必督，对新产生积案每件必查，通过实地督查、暗访、回访、抽查等方式，严督实查、通报追责，确保消化一批骨头案，推动矛盾在基层化解。搞好重点项目推进工作保障，做好古城双修、寺桥水库、高铁新城、巨化棚户区改造、礼贤片区未来社区等项目启动前风险评估和推进过程中的信访保障，累计接待群众582人次。参与扫黑除恶专项斗争，发挥信访部门及时发现问题矛盾的优势，累计整理报送涉黑涉恶涉乱线索13条（被认定有效信息2条）。参与全国文明城市创建，仅此类群众来电就达2415件，全部完成转交办。协助搞好省委巡视组信访接待工作。按期完成转交办群众信访件3批66件。配合区委组织部、人大、政协、总工会等做好“两代表一委员”及各类评优评先对象的政治审核把关，做到客观如实反映，确保经得起检验。抓实信访主业，搞好工作基础。升级打造“信访超市”，深化信访“最多跑一地”改革。围绕打造区级社会矛盾纠纷调处化解中心（信访超市“升级版”）目标，区委、区政府下发《关于推进“信访超市”建设的实施意见》，积极推进改造提升工作；按构建区、乡两级“超市”要求及年底前80%乡镇（街道）建成使用目标，指导乡镇（街道）开展信访超市建设，至年底，全区乡镇（街道）信访超市建成使用。实施“信访代办制”。各乡镇全面完成信访代办制建设并覆盖全区村（社区），区、乡、村三级联动代办机制基本建成。群众信访事项232件。其中，签订代办委托书48件，通过网上代办119件、网格员代办120件，乡镇（街道）自办112件，上报区信访超市调处1件。

【信访责任落实】 区四套班子领导阅批群众来信和网上信访件97件，接听群众来电157个，接待来访群众592批1034人次。新中国成立70周年保大庆登记响应期间，区级领导在信访局定点接待群众39批71人次，依托人民来访接待调解中心平台组织调解38次，涉及信访问题25件，调处成功11件。帮助联系乡镇（街道）调解信访问题78个。

【信访超市】 “最多跑一地”改革走在前列。区人民来访接待调解中心做法及成效获得省委肯定，3月26日，在全省信访重点工作推进会上作交流发言。5月26日，举办全市推进信访工作制度改革现场会。11月26日，省委书记车俊在全省县级社会矛盾纠纷调处化解中心建设现场推进会上讲话，点赞区信访超市建设成效。省委改革办副主任谢小云，省委政法委副书记朱恒毅等专程到柯城区调研指导，湖州市、重庆江北区、山东滨州市滨城区及金华市婺城区、台州临海市等省内外近20个兄弟县市区到柯城交流学习。

（程利明）

网信工作

【概　况】 2019年，柯城网信深入学习贯彻习近平总书记关于建设网络全国重要思想和中央、省、市各项决策部署，坚持正能量、管得住、用得好，强化网络综合治理，完善网信体制机制，做强网上正面宣传，清朗网络空间，网上推介城市品牌，全区网络生态积极健康、向上向善。

【网络综合治理体系】 年内，召开区委网络安全和信息化委员会第一次全体会议，下发《中共衢州市柯城区委网络安全和信息化委员会工作规则》《中共衢州市柯城区委网络安全和信息化委员会办公室工作细则》，完善“6 ＋ X”工作专班舆情会商研判机制，保障互联网宣传工作有序开展。全年下发《网络舆情提示单》629期，及时回应恒盛名苑小区建设停工、时代悦城小区虚假宣传、弈谷文体城新建高压电线塔、学生医保年度过渡为自然年引发家长误读、乡镇禁建村建房规划等网民关注的热点问题。联合区大数据服务中心，开展新媒体宣传信息平台专项整治工作、全区政务“今日头条”号排查清理注销工作，摸排各部门单位、乡镇街道官方微信公众号43个、网站7个，清理政务“今日头条”号12个。

【网络外宣】 加强与新华网、人民网、中国网、腾讯、网易、浙江在线、衢州新闻网等网络媒体沟通联系，围绕庆祝新中国成立70周年、九华立春祭、城市品牌推荐等主题开展系列外宣活动。其中，九华立春祭活动，中央电视台《新闻联播》头条报道，央视新闻移动网、今日头条等网络平台同步直播，直播覆盖用户达1500万人次，同比增长80%，网络平台总点击量突破8000万人次。短视频《万颗童心　节日同唱：我爱你，中国！》“柯城发布”微信后台阅读量10小时达26万+，抖音号播放量7.9万+，单条微博阅读量260万+，“学习强国”、新华社、人民网、中新社等平台转载，共青团中央点赞，阅读总量超500万人次。强化素材推介，形成供稿链条，“学习强国”学习平台频现柯城身影，全年“学习强国”、新华社、光明网、新华网等中央主流媒体平台刊发稿件70余篇。

（陈　欣）

档案工作

【概　况】 2019年，全区档案系统深入学习贯彻习近平新时代中国特色社会主义思想和中共十九大精神，围绕区委、区政府中心工作，突出改革创新，着力提升档案“三服务”水平，推动档案行政管理和档案馆工作“双加强”，实现档案工作更高质量更高水平发展。结合“双随机一公开”工作，开展全区档案检查30余次，涉及单位（部门）70余家；组织开展《机关档案管理规定》解读暨业务培训会，全区到会学习档案员200余名；阶段性完成省“互联网+监管”事项目录清单动态管理系统录入全覆盖工作；配合市档案局完成柯城区市重点建设项目档案管理专项检查。印发《衢州市柯城区数字化档案管理合同模板》《保密协议》《衢州市柯城区行政中心档案数字化场地管理制度》推动全区档案室数字化建设规范有序开展。

【档案服务管理】 深化“最多跑一次”电子化归档工作。主动对接有关单位，构建完善电子化归档平台，打通数据“最后一公里”，接收政务服务网上各类办件产生的电子文件，为电子数据保护和备份打下基础。完成电子化归档硬件平台和软件平台建设，推进全区部门档案信息库共建共享。

【服务长三角一体化】 结合长三角一体化三年行动计划实施，在深化全省“一网查档、百馆联动”基础上，加快推进长三角区域民生档案“跨馆查档、便民服务”，拓展与周边省份档案共享利用。通过浙江档案服务网等形式查档，在1个工作日内通过网上及电话回复，查询到的纸质档案通过EMS快递给查档人。

【档案查阅利用工作】 以档案为依托为区机关查考、核实工龄、婚姻登记、征地拆迁提供便利。区档案馆接待查阅利用者500余人次，为利用者复印400余份档案资料，共1000余页。

【机构改革中档案管理】 2018年底，区两办转发《柯城区档案局关于做好全区机构改革中档案工作的意见》的通知，要求各涉改单位档案管理出台档案管理与移交处置方案、明确分管责任人、责任科室和人员，承担相应档案收集、整理、清理、交接等工作，按规定向区档案馆或新组建单位移交档案。2019年，结合“双随机一公开”工作，区档案局、档案馆30余次60余人次到机构改革单位实地检查，运用钉钉上的掌上执法APP软件开展检查工作，并扩大到全区各部门单位，实现档案检查工作全覆盖。

【局馆工作统筹】 探索统筹资源力量，强化协作合作工作机制，做好档案行政管理与档案馆工作。年初，区委副书记许存真、区委办主任吴伟红实地调研区档案馆，进一步明确区档案局、区档案馆的工作分工，重点推进的工作由区委发文，具体工作由区档案馆负责，经过半年运行，实现各项工作平稳过渡，形成“1＋1＞2”的工作合力。

【“三服务”工作】 是年，组织开展区级单位数字档案室创建工作。组织开展认定工作，及时提供工作指导，于规定时限内上报上级业务指导部门审定。通过规范化管理认定工作，规范全区档案管理，助推新形势下档案工作。开展档案业务知识交流培训。以检查指导为契机，开展档案工作交流学习，提高档案人员能力水平，为全区档案事业发展提供智力和人才保障；采取以会代训和现场指导等方式，对全区档案专（兼）职人员进行业务培训，提高档案人员业务素质。指导全区各部门单位做好档案年报工作。服务档案中介企业。梳理在柯城从事档案中介服务公司基本情况，将名称、主营业务、联系人、地址、电话等信息进行表格式，提供有关各单位使用。

【扩大档案影响力】 6月27日，召开全区档案工作会议。全区各单位分管领导、档案馆100多人参加会议。会议前，组织实地参观两家档案管理较好单位。会议上，表彰一批先进单位和先进个人，对2019年档案工作布局谋篇，并与全区各部门单位签订工作目标责任书，调整2019年档案工作考核办法。组织开展“6・9”国际档案日宣传工作。在馆内以摆放展板、发放浙江档案服务网宣传册、设置政务公开角等形式宣传档案工作。认真贯彻《关于深入推进新时代档案文化建设的意见》，定期组织全馆人员学习，做好档案服务工作。

【档案信息化工作】 2019年，努力推进区档案馆档案数字化加工工作。抓紧清查库房，理清还未数字化的纸质档案，全部完成数字化加工。完成万田乡和航埠镇婚姻档案694卷数字化工作，加强档案信息系统人才培养，提高档案信息系统的建设、运行和管理水平。培养，引进档案信息化专业技术人员，形成数字档案馆管理以本馆人才为主、社会外包服务为辅的机制。

【年鉴编纂】 是年，全力推进《柯城年鉴》“一年一鉴”编纂工作。重点做好《柯城年鉴（2016）》《柯城年鉴（2017）》《柯城年鉴（2018）》编纂工作。年底，2016卷和2017卷开始统稿，《柯城年鉴（2018）》已经出版社审查通过，取得出版号，交付印刷厂印刷出版。年内，启动《柯城年鉴（2019）》编纂工作。

【谋划区档案馆建设项目立项】 全年围绕区综合档案馆建设项目，做好区综合档案馆选址工作。遵循科学筹谋，合理规划的原则。按照“五位一体”建设标准，推进区综合档案馆建设项目前期工作，抓好项目跟进力度。针对项目推进过程中存在的实际问题，多方谋划，积极请示汇报，加大项目协调，争取区档案馆新馆建设项目早日立项。

（柯　舟）

媒体宣传

【概　况】 2019年，全区新闻工作聚焦新中国成立70周年、“不忘初心　牢记使命”主题教育、全国文明城市创建、古城双修房屋征收、礼贤片区房屋征收、党建治理大花园等党委、政府中心工作开展主题宣传，推进县级融媒体中心建设，“新闻中央厨房”建设、大屏指挥中心建设、APP新闻客户端开发、平台和队伍扩容融合等工作完成。区全媒体中心更名为“柯城传媒集团（衢州市柯城区融媒体中心）”，12月2日举行柯城传媒集团成立暨融媒体中心启用仪式，“运动柯城”手机客户端同步上线。全区形成《今日柯城》报纸、《柯城新闻》电视、《柯城新闻》广播、柯城新闻网和新媒体微信公众号“柯城发布”“运动柯城APP”“柯城区融媒体中心”抖音、浙江新闻客户端柯城频道等涵盖多种宣传途径的媒体平台。

【宣传报道】 是年，《柯城新闻》电视栏目播出新闻100多期、新闻600多条；《柯城新闻》广播栏目播出新闻200多期、新闻600多条；《今日柯城》报纸刊出245期、1020版，全年采编稿件约5000篇；“柯城发布”微信公众号累计发稿1644篇，总阅读量累计260万余次（其中单条阅读量29万＋1条，4万＋1条；2万＋1条，1万＋17条）；“柯城区融媒体中心”抖音号推送各类短视频100多个，总浏览量50多万人次，点赞量4万多人次。省级以上媒体刊发柯城相关稿件500余篇，其中九华立春祭、为基层减负新闻登上中央电视台《新闻联播》。柯城传媒集团获互联网新闻信息服务许可证，并获评新华社浙江分社2019年度“融媒圈”优秀组织奖（衢州唯一）；“柯城发布”入围2019年第一季度全省县（市、区）级政务新媒体20强。在2019年省市新闻奖评选活动中，柯城传媒集团获2018年度衢州市电视和广播新闻协作一等奖各1个，全省的县（区）报好新闻奖一等奖1个、二等奖7个、三等奖3个，衢州新闻奖一等奖1个、二等奖2个、三等奖5个。

【今日柯城】 2019年，《今日柯城》刊出245期、1020版，刊登稿件约5000篇。报纸聚焦主题，主动谋划，围绕新中国成立70周年、“不忘初心　牢记使命”主题教育、全国文明城市创建、古城双修房屋征收、礼贤片区房屋征收、党建治理大花园等中心工作推出重点宣传报道。开设“创建全国文明城市　打造一座最有礼的城市”“壮丽70年奋斗新时代”“柯城铁军　接续奋斗”“不忘初心　牢记使命”“党建治理大花园”等重点中心工作专版、专栏，为全区中心工作和重难点工作推进提供强有力的舆论支撑。《今日柯城》刊发《废弃地大变身！柯城处处展新颜》《各征收组放弃休假推进礼贤征收入户评估工作》《衢化棚改选定房地产价格评估机构投票率超九成》等稿件获区委书记徐利水批示肯定。

表 4　　**柯城传媒集团 2019 年获得省市奖项一览表**

<table>
<tr><th>获奖内容或作品名称</th><th>发奖单位</th><th>文件号</th><th>发奖时间</th></tr>
<tr><td>2019 年度“融媒圈”优秀组织奖</td><td>新华社浙江分社</td><td></td><td>2019 年 12 月</td></tr>
<tr><td>2018 年度衢州市广播新闻协作一等奖</td><td>衢州广电传媒集团</td><td></td><td>2019 年 1 月</td></tr>
<tr><td>2018 年度衢州市电视新闻协作一等奖</td><td>衢州广电传媒集团</td><td></td><td>2019 年 1 月</td></tr>
<tr><td>《今日柯城》报纸消息《两把伞，温暖了一座城》获 2018 年度浙江省县市区域报好新闻奖一等奖</td><td rowspan="11">浙江省记协县市区域报工作委员会</td><td rowspan="11">省记协县市区域报工作委员会〔2019〕7 号</td><td rowspan="11">2019 年 4 月</td></tr>
<tr><td>《今日柯城》报纸消息《LED 智能灯棚点亮柯城农业新前景》获 2018 年度浙江省县市区域报好新闻奖二等奖</td></tr>
<tr><td>《今日柯城》报纸消息《泰国男子发病倒地 柯城护士挺身相救》获 2018 年度浙江省县市区域报好新闻奖二等奖</td></tr>
<tr><td>《今日柯城》报纸消息《全省首家村级乡里乡亲互助会推动农民“抱团”发展》获 2018 年度浙江省县市区域报好新闻奖二等奖</td></tr>
<tr><td>《今日柯城》报纸消息《衢州首例！农村宅基地“三权分置”不动产权登记证在九华颁发》获 2018 年度浙江省县市区域报好新闻奖二等奖</td></tr>
<tr><td>《今日柯城》报纸通讯《老中医和“生日礼物”——姜家山高铁新城征迁中的那些人和事》获 2018 年度浙江省县市区域报好新闻奖二等奖</td></tr>
<tr><td>《今日柯城》报纸通讯《种出风景 种出财富 种出未来——柯城推进“一村万树”行动综述》获 2018 年度浙江省县市区域报好新闻奖二等奖</td></tr>
<tr><td>《今日柯城》报纸通讯《老房子寄来的一封感谢信》获 2018 年度浙江省县市区域报好新闻奖三等奖</td></tr>
<tr><td>“柯城发布”微信公众号新媒体报道《半夜里，有人“偷偷”干了这件事》获 2018 年度浙江省县市区域报好新闻奖三等奖</td></tr>
<tr><td>“柯城发布”微信公众号新媒体报道《刚刚，柯城首期〈电视问政〉录制完毕，提问毫不留情，现场火药味十足！》获 2018 年度浙江省县市区域报好新闻奖三等奖</td></tr>
<tr><td>《今日柯城》摄影作品《这一幕，真美！》获 2018 年度浙江省县市区域报好新闻奖二等奖</td></tr>
</table>

（沈月梅）

衢州市柯城区人民代表大会

综　述

2019年是新中国成立70周年，是高水平全面建成小康社会关键之年，也是地方人大设立常委会40周年。在区委领导下，区人大常委会高举中国特色社会主义伟大旗帜，深入学习贯彻习近平总书记关于坚持和完善人民代表大会制度的重要思想，学习贯彻全国人大常委会委员长栗战书在府山街道人大代表联络站调研时的讲话精神，坚持党的领导、人民当家作主、依法治国有机统一，紧扣市委“1433”发展战略体系在柯城重重落地和全区工作大局，依法履职尽责，主动担当作为，不断开拓进取，为促进全区经济社会发展和民主法治建设做出积极贡献。

【视察调研】 是区人大常委会联系群众、听取民意、改进工作的重要形式，也是推进法律法规正确实施、实现人民当家作主的重要途径。区人大常委会组织人大代表对扫黑除恶专项斗争、安全生产、区中医医院建设、农村“三位一体”改革、全域土地综合整治、乡村振兴、水质自动监测站建设和大气污染治理等进行视察调研，分析研究问题，提出意见建议，为人大及其常委会审议重大问题和作出决议、决定提供参考依据。

【执法检查】 就是“法律巡视”，是行使宪法法律赋予的监督权、保证法律得到有效实施的一把“利剑”。首次组织辖区内五级人大代表开展浙江省保障“最多跑一次”改革规定的执法检查，开展水污染防治“一法一条例”、科技成果转化“一法两条例”、学前教育条例、野生动物保护法、妇女权益保障法执法检查，督促区政府及相关部门落实整改措施，确保法律法规全面贯彻执行。

【专题询问】 这是人大及其常委会行使监督职权的重要方式，也是人大常委会组成人员在审议议案和有关报告时，了解有关情况的有效手段。紧盯“审计查出问题整改，一个问题都不放过”，5月31日，召开区九届人大常委会第二十二次会议，首次举行联组会议对审计查出的未整改到位9个问题进行专题询问。重点对扶贫资金管理、出借财政资金、乡镇资产管理等进行询问，问出辣味，推动遗留问题有效整改。在全省率先构建从“审计查出问题报告、问题整改情况报告、未整改到位问题专题询问”的监督工作闭环。

【代表工作】 继续深化“双联系”制度，把服务大局与发挥代表作用结合起来，开展“党建统领＋网格治理＋人大参与”、助推“最多跑一次”、调研斗潭征迁安置房工程进展情况等主题活动。全年代表向选民述职60余人次，参与治水巡查1500余次，为再夺大禹鼎作出贡献。重视加强代表履职培训，组织区人大代表115名赴浙江大学参加为期4天全区人大代表履职能力提升培训班。落实代表列席常委会会议制度，组织代表参与各项视察调研、执法检查活动，拓宽代表知情知政渠道。加强代表履职管理，制定出台《区人大代表履职考评实施办法》。加强和规范代表活动经费管理，落实代表履职补贴，激发代表履职积极性。

【地方人大设立常委会40周年纪念活动】 学习领会习近平总书记对地方人大及其常委会工作重要指示，及时传达全国、省、市纪念地方人大设立常委会40周年座谈会精神。《府山街道人大代表联络站：民有所呼我有所应》入选浙江人大杂志《地方人大设立常委会40周年创新案例》。组织开展拍摄一部代表联络站宣传片、汇编一本人大历程和代表风采书、开展一次参观“五四宪法”纪念馆专题教育、举行一场“回眸来时路·履职新时代”纪念会、举办一次人大工作图片展等系列纪念活动。回顾全区设立常委会33年来光辉历程，宣传代表先进事迹，交流人大工作经验，向全区人民展示人民代表大会制度的显著优越性和在柯城的生动实践。

【人大代表联络站】 贯彻落实区委出台的《关于建好用好人大代表联络站的指导意见》，按“四好”总目标和“四个六”新标准，召开专题会议对全区代表联络站建设工作进行部署、推进，打造富有柯城特色的代表联络站升级版。全年建好用好代表联络站成效明显。硬件配套“六个有”得到全面提升。全区乡镇（街道）代表联络站18个全部配齐功能区块和必要设施，其中搬迁新址6个。站内信息“六公开”有新提高。新创设区、乡镇（街道）两级党政领导进代表联络站接待代表群众公开制度，全年安排进站接待165人。组织管理“六到位”有新加强。定期对乡镇（街道）代表联络站活动开展情况进行检查指导，年底开展“互看互学互评”。活动开展“六定期”有新实效。代表联络站在全日制接待选民群众基础上，发挥好网上代表联络站作用。健全社情民意分级分类处理机制，完善意见建议汇总、梳理、交办、督查流程，推动民生实事、垃圾分类、古城双修、棚户区改造等中心工作，就近就便解决群众所忧、所盼、所急的烦心事。代表联络站成为柯城人大工作一张“金名片”，有全国各地人大代表团51批次到柯城考察学习。

图6　3月27日，区人大代表万衢英在衢化街道人大代表联络站听民声、汇聚民智　（卢颖　摄）

【街道人大工作和建设试点】 2018年底，柯城区及所辖府山和衢化两个街道，被省人大确定为全省街道人大工作建设试点单位。全年坚持区街联动，加强跟进指导，强化要素保障，发挥先行先试示范作用，形成好经验好做法：始终坚持党的领导和严格依法办事两项原则。试点工作在区委领导下有序开展；街道党工委书记担任街道试点工作领导小组组长，创新性组建人大街道工委党支部；坚持在法律框架内开展试点工作。注重发挥常委会和人大街道工委两个主体作用。常委会组建试点工作领导小组和工作专班，制定完善“一方案六制度”体系；首次听取和审议人大街道工委年度工作报告及街道预算报告；人大街道工委在常委会和街道党工委领导下开展工作，重点做好对街道专项工作监督、预算和国有资产监督、召开工委会和议事会。建好人大街道工委和议事员两支队伍。试点人大街道工委设专职主任和副主任，首次任命人大街道工委兼职副主任3名，设立财政经济、社会民生、法制宣传3个工作小组；二是组建包括人大代表在内的街道议事员队伍。建立健全正常运行机制和密切联系群众两项机制。试点工作以来，街道议事会开展主题议事活动140余次，解决处理社区民意170余件，取得良好的口碑和效果。人大府山街道工委“四个三”经验做法在省人大微信公众号发布推广；人大衢化街道工委“12345”经验做法在全省街道人大和建设试点培训班上作交流发言。

【议案建议办理】 高度重视议案建议办理工作，由常委会领导牵头，各专工委对口联系，组成6个小组对2件议案和10件重点建议进行跟踪督办，听取和审议区政府关于代表议案建议办理情况报告。区九届人大三次会议期间，代表提出的议案建议112件，全部办理完毕并答复代表，其中问题得到解决或者计划逐步解决的97件，占总数的86.6%，代表满意率99.10%。在代表监督推动下，污水零直排、消防设施维修等群众普遍关注的问题得到有效解决。

【民生实事项目代表票决制】 票决制工作，就是通过群众提、代表定、政府办、人大评，实现政府决策与群众需求的精准对接、高度融合。全年区、乡镇（街道）实际票决（票选）项目79个，总投资22.06亿元。经区人大常委会评估，十方面民生实事项目17个目标任务全部完成。城乡养老服务提升、农村饮用水水质达标提标、残疾人庇护中心建设等民生领域短板得到显著改善，群众获得感满意度明显提升。

【区九届人大三次会议】 于2月18日—2月21日召开，出席代表195名，列席人员261名。会议听取和审查区长方庆建作《柯城区人民政府工作报告》；审查《柯城区2018年国民经济和社会发展计划执行情况、2019年国民经济和社会发展计划草案的报告》；批准《柯城区2018年国民经济和社会发展计划执行情况的报告及柯城区2019年国民经济和社会发展计划》；听取和审查柯城区2018年预算执行情况和2019年预算草案的报告；批准柯城区2019年预算；听取和审查区人大常委会主任徐登富作《柯城区人大常委会工作报告》；听取和审查区人民法院院长祝菊红作《柯城区人民法院工作报告》；听取和审查区人民检察院检察长周恩强作《柯城区人民检察院工作报告》；听取和审议柯城区人民政府2018年民生实事项目完成情况的工作报告，进行满意度测评；票决柯城区人民政府2019年民生实事项目。会议依法补选邵晓航为区监察委员会主任；补选王荣胜、王爱华、华成、刘丰、何建忠、佘荣明、余成友、余继雄、汪晓勤、张强、陈伟、林利奇、郑建、郑建华、熊清益为区人大常委会委员。会议收到议案36件，建议、批评和意见68件。

【区人大常委会会议】 全年举行12次，听取和审议有关议题，作出决议、决定、审议意见等事项。

表 5　　2019 年柯城区人大常委会会议一览表

会议名称	时　间	主　要　内　容
区九届人大常委会第十六次会议	1 月 10 日	审议通过《衢州市柯城区人大常委会讨论决定重大事项实施办法（修订草案）》；听取和审议区政府关于将衢州市古城双修国有土地上房屋征收项目列入区 2019 年国民经济和社会发展计划的议案；审议通过区人大常委会关于批准将衢州市古城双修国有土地上房屋征收项目列入区 2019 年国民经济和社会发展计划的决定（草案）
区九届人大常委会第十七次会议	1 月 17 日	审议通过区人大常委会关于召开区九届人大三次会议的决定
区九届人大常委会第十八次会议	1 月 19 日	听取和审议区政府工作机构调整情况的报告；审议通过人事任免事项
区九届人大常委会第十九次会议	1 月 30 日	审议区人大常委会工作报告稿，征求对区人民政府、区人民法院、区人民检察院工作报告稿的意见，对柯城区 2018 年国民经济和社会发展计划执行情况与 2019 年国民经济和社会发展计划草案报告、柯城区 2018 年政府预算执行情况及 2019 年政府预算草案报告的意见；听取和审议区政府关于区九届人大二次会议代表议案、建议办理情况的报告；听取和审议区政府关于 2018 年民生实事项目完成情况的工作报告；听取区人大常委会关于区政府 2018 年民生实事项目完成情况的评估报告；听取区政府 2019 年民生实事候选项目有关情况介绍；审议通过人事任免事项
区九届人大常委会第二十次会议	2 月 11 日	听取区九届人大三次会议区政府 2019 年民生实事项目投票表决办法草案起草情况；审议通过关于柯城区第九届人民代表大会代表变动情况的报告；审议通过区九届人大三次会议列席人员安排的原则意见和列席人员名单；审议区九届人大三次会议主席团和秘书长名单（草案）；审议区九届人大三次会议日程（草案）；听取区九届人大三次会议筹备情况的汇报；审议通过人事任免事项
区九届人大常委会第二十一次会议	3 月 28 日	审议通过区人大常委会 2019 年监督工作计划；听取和审议区政府关于柯城区 2019 年政府重点支出和重大投资项目预算情况的报告；听取和审议区政府关于柯城区生态文明建设规划编制情况的报告；听取和审议区政府关于柯城区 2018 年政府重大投资项目执行及 2019 年计划情况的报告；听取和审议府山、衢化街道人大工委关于 2018 年度工作情况和 2019 年工作打算的报告；荷花、信安街道办事处 2019 年度预算的报告；审议通过人事任免事项
区九届人大常委会第二十二次会议	5 月 31 日	听取和审议区政府关于要求将礼贤片区改造和东门遗址公园及配套工程国有土地上房屋征收项目列入柯城区 2019 年国民经济和社会发展计划的议案；听取和审议区政府关于 2018 年度环境质量状况和环境保护目标完成情况的报告；听取区监委专项工作情况报告；联组会议对区政府 2017 年度审计查出问题未整改到位情况开展专题询问；听取和审议衢州市公安局柯山分局关于提请许可对区人大代表徐三古采取刑事强制措施的报告；审议通过区人大常委会关于许可衢州市公安局柯山分局对区第九届人民代表大会代表徐三古采取强制措施的决定；审议通过人事任免事项

续表 5

会议名称	时　间	主　要　内　容
区九届人大常委会第二十三次会议	7 月 10 日	审议通过人事任免事项
区九届人大常委会第二十四次会议	7 月 24 日	听取和审议区政府关于 2019 年上半年经济社会发展情况和下半年政府工作的报告；审议区政府关于柯城区 2019 年上半年国民经济和社会发展计划执行情况的报告（书面报告）；审议通过人事任免事项
区九届人大常委会第二十五次会议	9 月 17 日	听取和审议区政府关于 2018 年财政决算和 2019 年上半年财政预算执行情况的报告；听取和审议区政府关于柯城区 2018 年度财政预算执行和其他财政收支的审计工作报告；听取和审议区政府关于促进民营经济高质量发展情况的报告；听取和审议区政府关于全域土地综合整治情况的报告；听取和审议区检察院关于开展公益诉讼工作情况的报告；审议通过人事任免事项
区九届人大常委会第二十六次会议	11 月 13 日	听取和审议区政府关于 2018 年度审计查出问题整改情况的报告；听取和审议区政府关于议案建议办理情况的报告；听取和审议区政府关于《浙江省保障“最多跑一次”改革规定》贯彻落实情况的报告；听取和审议区政府行政事业性国有资产管理情况专项报告，审议区政府关于国有资产管理情况的报告（书面报告）；听取和审议区政府关于 2019 年地方政府债务限额及新增债务预算的报告；审议通过关于批准衢州市柯城区 2019 年地方政府债务限额及新增债务预算方案的决议（草案）；听取和审议区政府关于区 2019 年政府预算调整方案的报告；审议通过关于区 2019 年政府预算调整方案的决议（草案）；审议通过人事任免事项
区九届人大常委会第二十七次会议	12 月 30 日	审议通过区人大常委会关于召开区九届人大四次会议的决定；听取和审议区政府关于 2019 年重大政府投资项目调整情况的报告；听取区教育局、区交通运输局、区林业局、区审计局、区医疗保障局主要负责人履职情况报告并进行履职情况测评；审议通过人事任免事项

【重大事项决定】 审议通过新修订的《衢州市柯城区人大常委会讨论决定重大事项实施办法》。全年，区人大常委会就古城双修和礼贤片区改造国有土地上房屋征收项目、人大街道工委工作报告等作出决议决定 9 项，及时把区委重大决策和战略意图通过法定程序转变为全区人民的共同意志。1 月 10 日，区九届人大常委会第十六次会议通过《关于批准将衢州市古城双修国有土地上房屋征收项目列入柯城区 2019 年国民经济和社会发展计划的决定》。1 月 17 日，区九届人大常委会第十七次会议通过《关于召开衢州市柯城区第九届人民代表大会第三次会议的决定》。3 月 28 日，区九届人大常委会第二十一次会议通过《关于批准柯城区生态文明建设规划的决议》和《关于通过人大街道工委工作报告的决定》。5 月 31 日，区九届人大常委会第二十二次会议通过《关于批准将礼贤片区改造和东门遗址公园及配套工程国有土地上房屋征收项目列入柯城区 2019 年国

民经济和社会发展计划的决定》。9月17日，区九届人大常委会第二十五次会议通过《关于批准衢州市柯城区2018年财政决算的决议》。11月13日，区九届人大常委会第二十六次会议通过《关于衢州市柯城区2019年政府预算调整方案的决议》和《关于批准衢州市柯城区2019年地方政府债务限额及新增债务预算方案的决议》。12月30日，区九届人大常委会第二十七次会议通过《关于召开衢州市柯城区第九届人民代表大会第四次会议的决定》。

【人事任免】 坚持党管干部原则与人大任免有机统一，重视做好任命干部任后监督，首次听取区政府组成部门主要负责人5名的履职情况报告，并进行满意度测评，监督被任命人员牢记职责使命，为民担当实干。

表6　　2019年柯城区人大常委会任免国家机关工作人员一览表

会议名称	时　间	任　免　职　务
区九届人大常委会第十八次会议	1月19日	决定接受薛伟辞去区监察委员会主任职务 决定邵晓航代理区监察委员会主任职务 决定任命徐洪水为区人民政府副区长 决定接受薛伟、姜海洋辞去市第七届人民代表大会代表职务 决定接受薛伟、姜海洋辞去区第九届人民代表大会代表职务 补选毛靖翔、胡益峰为市第七届人民代表大会代表 任命： 邵晓航为区监察委员会副主任 余继雄为区人大常委会办公室(研究室)主任 余成友为区人大常委会财政经济工作委员会主任 华成为区人大常委会建设与资源环境保护工作委员会主任 王荣胜为区人大常委会农业与农村工作委员会主任 张强为区人大常委会代表工作委员会主任 杨甘清为区人大常委会双港街道工作委员会主任 谢小丽为区人大常委会荷花街道工作委员会副主任 张建生为区人大常委会衢化街道工作委员会副主任 薛云为区经济和信息化局局长 雷晓为区教育局局长 龚晓为区科学技术局局长 周建立为区民政局局长 程志华为区司法局局长 陈志忠为区交通运输局局长 董高法为区农业农村局局长 姜建铃为区文化和旅游体育局局长 施萍为区卫生健康局局长 卢成龙为区退役军人事务局局长 肖善生为区应急管理局局长 舒建明为区市场监督管理局局长 王晖为区医疗保障局局长

续表 6

会议名称	时　间	主　要　内　容
区九届人大常委会第十八次会议	1 月 19 日	免去： 余龙富的区人大常委会办公室(研究室)主任职务 栾耀根的区人大常委会财政经济工作委员会主任职务 吴世良的区人大常委会建设与资源环境保护工作委员会主任职务 朱云良的区人大常委会农业与农村工作委员会主任职务 徐宝清的区人大常委会代表工作委员会主任职务 陈建林的区人大法制委员会副主任委员职务 张雪康的区人大法制委员会委员职务 吾雪花、巫立山的区人大财政经济委员会副主任委员职务 陈邦军的区人大财政经济委员会委员职务 唐志斌的区人大常委会府山街道工作委员会主任职务 郑才根的区人大常委会双港街道工作委员会主任职务 周荣古的区人大常委会花园街道工作委员会副主任职务 戚光照的区人大常委会荷花街道工作委员会副主任职务 叶建国的区经信局(商务局)局长职务 吴玉珍的区教体局(文化局)局长职务 佘荣明的区卫生和计划生育局局长职务 周建立的区市场监管局局长职务 余志华的区安监局局长职务 叶鹤琪的区农业局局长职务 舒建明的区民政局局长职务 张强的区科技局局长职务 刘荣禄的区司法局局长职务 吴学文的区民宗局局长职务
区九届人大常委会第十九次会议	1 月 30 日	决定接受余龙富、栾耀根、吴世良、朱云良、徐宝清、陈建林、张雪康、吾雪花、巫立山、陈邦军、余海云、宣晓君、徐卫东、唐志斌、姜良米、宋昌顺、程志华、方燕、郑亮、严兵、舒素标、洪承晖、周渊、揭根龙、徐云飞、卢云飞、郑才根辞去区第九届人民代表大会代表职务
区九届人大常委会第二十次会议	2 月 11 日	任命： 何建忠为区人大法制委员会副主任委员 林利奇为区人大财政经济委员会副主任委员 陈伟为区人大常委会办公室(研究室)副主任 鲁红平为区人大常委会府山街道工作委员会主任 免去： 鲁红平的区人大常委会办公室副主任职务
区九届人大常委会第二十二次会议	5 月 31 日	任命： 赵珍良为区人大常委会监察和司法工作委员会主任 任蜀云为区人大常委会社会建设工作委员会主任 马凌为区人大常委会府山街道工作委员会副主任(兼) 蔡宏伟为区人大常委会府山街道工作委员会副主任(兼) 王乐燕为区人大常委会衢化街道工作委员会副主任(兼) 程广为区司法局局长 吴国清、张新刚为区监察委员会副主任 区监察委员会副主任 免去： 赵珍良的区人大常委会法制内务司法工作委员会主任职务 杨甘清的区人大常委会双港街道工作委员会主任职务 程志华的区司法局局长职务 杨熠、程广的区监察委员会副主任职务 樊辅东、陈晶、龚欣伟的区人民检察院检察员职务

续表 6

会议名称	时　间	主　要　内　容
区九届人大常委会第二十三次会议	7月10日	决定接受方庆建、徐卫东辞去市第七届人民代表大会代表职务 决定接受方庆建辞去区第九届人民代表大会代表职务
区九届人大常委会第二十四次会议	7月24日	决定接受方庆建辞去区人民政府区长职务 决定接受徐卫民辞去区人大常委会委员职务 任命： 任蜀云、余向琴、缪明进、郑建国、方盛、张建明、张伟为区人大常委会社会建设工委委员； 舒志明区人大常委会双港街道工作委员会主任
区九届人大常委会第二十五次会议	9月17日	决定任命蒋国强为区人民政府副区长，代理区长职务 决定任命吴伟红为区人民政府副区长职务 决定接受毛志宏辞去区人民政府副区长职务 决定免去姚礼敏、马睿的区人民政府副区长职务 任命： 张红萍为区科学技术局局长 舒素标为区财政局局长 徐荣华、秦新举为区人民法院副院长 邱雅梅为区人民法院审判委员会委员、审判员 余建华为区人民法院审判委员会委员 吴海青为区人民检察院副检察长、检察委员会委员、检察员 范晓岚为区人民检察院副检察长 免去： 龚晓的区科学技术局局长职务 吴国清的区财政局局长职务 舒素标的区人力资源和社会保障局局长职务 缪颖丰的区人民法院审判委员会委员职务 徐志英的区人民法院副院长、审判委员会委员职务 郑向东的区人民法院副院长、审判委员会委员、审判员职务 秦新举的区人民法院行政审判第一庭庭长职务 王引儿的区人民法院审判委员会委员、民事审判第二庭庭长、审判员职务 余建华的区人民法院立案庭庭长职务 杨根荣、高兴旺、于桂华的区人民法院审判员职务 郑延春、龚予红的区人民检察院副检察长职务 王显祥的区人民检察院副检察长、检察委员会委员、检察员职务
区九届人大常委会第二十六次会议	11月13日	决定接受何健辞去市第七届人民代表大会代表职务 补选蒋国强、柴志强为市第七届人民代表大会代表 任命： 徐春波、章文、胡适为区人民法院审判员
区九届人大常委会第二十七次会议	12月30日	决定接受刘丰、吴国清、张洋陆、裴春风、杨甘清、方献忠、麻鲜明辞去区第九届人民代表大会代表职务 任命： 叶丽清、李燕、黄王振为区人民检察院检察员

【听取和审议专项工作报告】 每年选择若干关系经济社会发展稳定大局和群众切身利益、社会普遍关注的重大问题，有计划地安排听取“一府一委两院”专项工作报告，提出审议意见，促进“一府一委两院”依法行政和公正司法，推动各项工作。

表 7　　2019 年柯城区人大常委会听取和审议专项工作报告一览表

会议名称	时　间	主　要　内　容
区九届人大常委会第十六次会议	1 月 10 日	听取和审议区政府关于将衢州市古城双修国有土地上房屋征收项目列入区 2019 年国民经济和社会发展计划的议案
区九届人大常委会第十八次会议	1 月 19 日	听取和审议区政府工作机构调整情况的报告
区九届人大常委会第十九次会议	1 月 30 日	听取和审议区政府关于区九届人大二次会议代表议案、建议办理情况的报告；听取和审议区政府关于 2018 年民生实事项目完成情况的工作报告
区九届人大常委会第二十一次会议	3 月 28 日	听取和审议区政府关于柯城区 2019 年政府重点支出和重大投资项目预算情况的报告；听取和审议区政府关于柯城区生态文明建设规划编制情况的报告；听取和审议区政府关于柯城区 2018 年政府重大投资项目执行及 2019 年计划情况的报告
区九届人大常委会第二十二次会议	5 月 31 日	听取和审议区政府关于要求将礼贤片区改造和东门遗址公园及配套工程国有土地上房屋征收项目列入柯城区 2019 年国民经济和社会发展计划的议案；听取和审议区政府关于 2018 年度环境质量状况和环境保护目标完成情况的报告；听取区监委专项工作情况报告；联组会议对区政府 2017 年度审计查出问题未整改到位情况开展专题询问
区九届人大常委会第二十四次会议	7 月 24 日	听取和审议区政府关于 2019 年上半年经济社会发展情况和下半年政府工作的报告
区九届人大常委会第二十五次会议	9 月 17 日	听取和审议区政府关于 2018 年财政决算和 2019 年上半年财政预算执行情况的报告；听取和审议区政府关于柯城区 2018 年度财政预算执行和其他财政收支的审计工作报告；听取和审议区政府关于促进民营经济高质量发展情况的报告；听取和审议区政府关于全域土地综合整治情况的报告；听取和审议区检察院关于开展公益诉讼工作情况的报告
区九届人大常委会第二十六次会议	11 月 13 日	听取和审议区政府关于 2018 年度审计查出问题整改情况的报告；听取和审议区政府关于议案建议办理情况的报告；听取和审议区政府关于《浙江省保障“最多跑一次”改革规定》贯彻落实情况的报告；听取和审议区政府行政事业性国有资产管理情况专项报告，审议区政府关于国有资产管理情况的报告（书面报告）；听取和审议区政府关于 2019 年地方政府债务限额及新增债务预算的报告；听取和审议区政府关于区 2019 年政府预算调整方案的报告
区九届人大常委会第二十七次会议	12 月 30 日	听取和审议区政府关于 2019 年重大政府投资项目调整情况的报告

【主题教育】 开展“不忘初心、牢记使命”主题教育。按中央和省市区委统一部署，把握“守初心、担使命，找差距、抓落实”总要求，把学习教育、调查研究、检视问题、整改落实贯穿主题教育全过程。坚持将主题教育与投身“三服务”活动结合起来，与促改革、助发展、保稳定结合起来，助力解决企业、群众和基层集中反映的问题。全面压实从严治党主体责任，贯彻意识形态工作责任制，推进“两学一做”学习教育常态化、制度化，开展警示教育月活动，进行廉政风险排查和防范化解，落实省委巡视整改工作，坚持立行立改，重视建章立制，规范议事决策程序。做好人大机关机构改革相关工作，增设社会建设工作委员会，配齐工委组成人员，明确工委职责；法制内务司法工作委员会更名为监察和司法工作委员会；增设办公室行政科。

（祝　现）

衢州市柯城区人民政府

综 述

2019年，柯城区下辖2个镇、8个乡、8个街道（其中白云、新新街道和黄家乡委托管理），区域面积606.6平方千米，年末户籍人口44.12万人。年内实现地区生产总值225.6亿元，同比增长6.6%；固定资产投资同比增长13.1%，其中，交通投资、民间投资、高新技术产业投资、生态环境和公共设施投资均同比增长10%以上；财政总收入19.9亿元，同比增长12.5%；一般公共预算收入12.8亿元，同比增长7.7%；社会消费品零售总额213.4亿元，同比增长8.4%；城镇和农村居民人均可支配收入分别为50431元和25810元，同比增长8.6%和10.2%。

【乡村产业】 萱草未来村、航天智慧农业等一批亿元以上“产村人文”融合项目签约落地，百草园项目开工建设。加快推进橘子小镇建设，获批“衢州椪柑”地理标志证明商标。柑橘无病良种苗木繁育中心投入使用。大力实施数字乡村战略，打造全省首个阿里巴巴数字农场标准化示范基地，建成鸡尾柚数字农场133.33公顷。成功列入省乡村振兴产业发展示范建设区、农业绿色发展先行示范区创建。实施“一乡千宿”工程，成立全市首个民宿服务中心，智多张西等一批中高端民宿投入运营，新增省级金宿1个、银宿4个。

【产业集聚】 新材料小镇加快推进，博瑞中硝开工建设，贝喜欧智能卫浴等产业项目落地见效。航埠小城市培育试点获评优秀、时尚低碳小镇考核良好，杰丰服装等一批项目建成投产。柯城—余杭山海协作连续三年获全省优秀。三大主导产业产值占全区规上工业产值的59.9%。全面推进“亩均论英雄”改革，出清低效企业25家，淘汰落后产能企业4家，整治“低散乱”企业105家，新增规上企业10家，规上工业亩均税收增长55.1%，亩均增加值增长7.9%。

【现代服务业】 中医药健康城正式开园，首届中医药博览会成功举办。联手高德地图，探索智慧商圈建设。服务业增加值达到175亿元，增长7.5%。服务业发展综合评价考核跃升至全省第四。

【基础设施配套】 全面加快安置房建设，斗潭片区、衢化棚户区、高铁新城等安置房陆续结顶。大力改善居住条件，治理农村危旧房146幢，完成4个城中村和151个老旧小区基础设施改造提升，新增小区停车位1500余个、路灯400余盏、电动自行车充电桩200余处，惠及居民6万余户。北门村9户16年未完成集体土地征收的历史遗留问题得到妥善解决。提升衢化片区交通设施，南一道主车道实现通车，文昌路二期破土动工。

【有效投资】 坚持驻点招商、专业招商、以商招商，组建区生产力促进中心，搭建招商智库平台，强化招商信息研判。全年新引进亿元以上项目22个，其中10亿元以上项目3个。举办项目谋划擂台赛，全区各部门（单位）、乡镇（街道）全部登台赛项目，形成一把手“谋项目、招项目、干项目”的浓厚氛围。创新“专案分析”，每月“亮榜排名”，全力以赴推项目、扩投资。寺桥水库、常山港柯城段治理工程等一批项目取得阶段性进展。34个省市集中开工项目、2个省市县长项目工程全部开工入库。四个结构性指标全部增长10%以上。固定资产投资增长13.1%，增速在全市一路领跑。

【要素保障】 持续推进全域土地综合整治，新增垦造耕地265.87公顷，建设标准农田83公顷。开展“十类地”处置，盘活存量建设用地36.47公顷。报批各类农转用指标83公顷，争取林地指标46公顷。国资公司成功发行债券12亿元，利率为近两年全国同级别、同期限最低。争取中央棚改资金、老旧小区改造资金9.2亿元，项目数、资金量均列全省第一。

【乡村振兴】 建立农房整治风貌提升长效机制，构建拆、管、用工作闭环，“一米菜园”、村庄停车场等成为新风景。在全市率先上线房地信息系统，农民建房审批效率明显提高，得到省委书记车俊批示肯定。全力推进诗画风光带建设，13个重点项目全面开工。加快实施村庄景区化工程，创建AAA级景区村庄5个、A级景区村庄31个。万田乡被评为省美丽乡村示范乡镇。沿江公路全线贯通，改造提升“四好农村路”120千米。“污水零直排区”年度创建任务全面完成。交接断面水质达标率100%，出境水质始终保持Ⅱ类以上。与国家体育总局、省体育局达成战略合作。万田智慧体育公园投入使用，全国首个乡村国家运动公园稳步推进。加快国家森林运动小镇建设，中国运动汽车城、神网谷等一批项目签约落地，百里森林营道开工建设，徐莫岩路一期全面完工。小镇各类赛事和三大“森系”赛事等级规模进一步提升，吸引游客48万人次。“衢州有礼·运动柯城”城市品牌的关注度、知名度、美誉度不断提升。

【区域发展】 加大农村宅基地“三权分置”改革力度，在全市率先建成农村产权交易平台。深化“一村万树”绿色期权，累计认购1000余万元，有效打通资源、资产、资金转化通道。“一村万树”绿化美化乡村经验获全国政协副主席和国家林草局局长批示肯定。初步搭建区属国资公司市场化改革架构，基本完成建投公司、乡村振兴公司市场化转型。工业用地“标准地”出让实现全覆盖。汇聚创新资源，成立制冷剂联合研究中心，与浙江科技学院、东华大学达成合作，促进产学研深度融合。柑橘产业创新服务综合体列入省级创建名单。培育创新主体，引导企业加大科技投入，新增国家高新技术企业12家、省科技型中小企业30家。制定“浙江制造”标准1个，认定“品字标”企业1家。申请PCT国际专利3件，实现“零”突破。成功争取首个乡村振兴省级标准化战略重大试点项目。政务服务事项网上办理、民生事项“一证通办”实现100%。建立商事登记“零成本、零距离、零见面”办理新模式。“最多跑一次”改革向区文化中心等公共场所延伸扩面。一般企业投资项目实现竣工验收前审批“最多 90 天”。设立让利性股权投资引导基金，有效缓解企业融资难。顶格落实减税降费各项政策，全年为企业减负 2.8 亿元。破解企业用工难，一把手领衔企业招工做法在全省推广。

【社会事业】 高规格召开全区教育大会，加快补齐教育短板。扩大城区优质教育资源供给，悦鑫府、锦西家园等幼儿园完成建设，鹿鸣小学迁建项目主体结顶，城南小学、礼贤幼儿园等投入使用。新世纪学校机器人社团获 VEX 机器人世锦赛冠军。“一校两区”城乡教育均衡发展模式得到教育部部长陈宝生充分肯定。扎实推进健康柯城建设，区疾控中心正式运行，区中医医院顺利开业。在健康浙江建设考核中获评优秀等次。文化事业蓬勃发展，九华“立春祭”影响力进一步扩大，立春文化生态保护区启动建设。“余东农民画进京展”大获好评。融媒体中心正式挂牌。顺利通过省基本公共文化服务标准化认定。全力以赴稳就业，城镇新增就业 9282 人。推进参保精准扩面，户籍人口医疗保险参保率达 99.8%，养老保险参保率达 99.3%、居全市第一。提升养老服务，3 家示范型居家养老服务中心实现社会化运营。“残疾人之家”基本实现全覆盖。扎实推进救灾救济、慈善救助，发放城乡最低生活保障金和各类救助金 9600 余万元。持续打好低收入百姓增收攻坚战，低收入农户收入增长 11.8%。全面完成地质灾害隐患点整治。实施农村饮用水达标提标工程，1 万余人饮水条件得到改善。创新“邻礼通”小程序，打造红色物业联盟升级版，探索基层治理柯城样板。“五色管理＋全科网格”工作法列入国家标准化试点，府山街道入选省级社区治理和服务创新实验区。成立全市首个区级社会矛盾纠纷调处化解中心，推进矛盾纠纷化解“只进一扇门、最多跑一地”，走访、赴京访总量分别下降 47.5%和 71.7%。诉源治理工作成效明显。加强应急管理工作，“保平安、迎大庆”任务完成，交通安全、森林消防等工作有力推进。深入开展扫黑除恶专项斗争，两年累计破获各类涉黑涉恶案件 295 起。连续五年被评为全省“平安区”。

【三大征收完成】 持续弘扬“斗潭精神”，奋力接续“高铁速度”，不断深化“网格作战”，心往一处想、智往一处谋、劲往一处使，一线解决问题、一线化解矛盾、一线服务群众，30 天完成古城双修 1322 户签约，15 天完成礼贤未来社区 1029 户签约，15 天完成衢化棚改 1643 户签约，连续刷新征收纪录，实现“当年签约、当年腾空、当年拆除”。

【文明城市创建】 全面压实创建责任，构建四级创建体系，10.8 万人次机关干部、76.7 万人次社会志愿者下沉网格参与创建，做到城区乡村一起上、编内编外一起上、干部群众一起上、在职退休一起上，实现志愿服务“无盲点”，有礼之城、志愿之城、文明之城创建氛围更加浓厚。实施“文明素养提升十大行动”，集中开展农贸市场、小餐饮、占道经营、“飞线”充电等专项整治，圆满完成省测、国测迎检任务，实现“保 8 晋位”目标，体现主城区应有担当。

【数字经济】 召开数字经济发展大会，组建“一院一会一平台”，出台专项扶持政策，完成企业数字化转型 20 家、企业上云 300 家，引进浙江瑞能等数字经济企业18家。承办全省工业互联网平台推广现场会。佰意智造企业被评为省级数字化车间。恒业汽部件公司数字化转型成效获省委副书记、省长袁家军点赞。新材料小镇获评全省数字化示范园区。数字经济核心产业增加值增长48.2%，居全市前列。数字经济发展综合评价在全省前进22位，排名全市第一。

【奥陶纪项目落户柯城】 3月30日，柯城区政府与重庆奥陶纪旅业有限公司正式签约总投资36亿元的衢州奥陶纪项目。10月21日，该项目在石梁镇派溪头村正式开工，实现当年引进、当年开工。该项目计划用地280公顷，以“高空极限”为主题，按照全国一流标准，建设高空极限类、高空刺激类、高空体验类、游乐趣玩类、自然景观类五大旅游板块，全力打造长三角地区首屈一指的极限运动冒险胜地。项目一期将建设奥陶纪景区核心区块，包含奥陶纪原创、拥有专利的天空悬廊、悬崖秋千等上百种游玩项目及商业小镇，建设周期为2年，力争在2022年杭州亚运会之前开园；二期将建设大型酒店体、演艺剧场、冰雪世界、海洋公园、动物王国等。一期项目建成每年可吸引游客150万人次，每年实现营收3亿元左右。

【村播计划】 在全国率先实施“村播计划”，按照“农民当主播、手机变农具、直播成农活、数据为农资”理念，开展“农民当主播”培训3100人，直播2000多场，销售农特产品3600万元，推广“南孔圣地、衢州有礼”城市品牌3000多万人次。“村播计划”有效促进农民增收致富，推动乡村振兴。12月，获全省首个“阿里巴巴淘宝直播村播试点区”，省委书记车俊在柯城村播基地调研时高度评价柯城村播“三好模式”即“村播助农数字营销模式好、阿里赋能地方合作方式好、在推产品的同时营销山水、城市品牌的形式好”。

（许辰玺）

区政府办公室工作

【概　况】 2019年，在区委、区政府领导下，区府办紧扣中心工作，主动适应新形势新任务新要求，以提升工作效能为抓手，充分发挥参谋助手、运转枢纽、服务保障等作用，加强统筹协调和谋划调度，狠抓督查落实，各项工作任务完成。

【精文简会】 按机关内部“最多跑一次”工作要求，强化岗位职责，优化公文运转程序，明确收文分工，有效减少流转环节，18项办事内容实现跑一次或零跑腿。全年办理各级来文办结率100%。同时，严格控制发文数量和质量，切实改进文风，没有实质内容、可发可不发文件和简报一律不发，全年重点精简三类文件发文数量同比下降35%，其他发文数量同比也大幅下降。坚持少开会、开短会、讲短话，可开可不开会议一律取消，能套开或合并召开的不再另行安排会议，区政府召开全区性会议同比下降40%。

【调查研究】 坚持把调研贯彻于办公室工作全过程，围绕推动经济高质量发展、“三大攻坚”“党建治理大花园”等重点工作及事关改革稳定发展全局性问题、经济社会发展中突出问题、领导关注难点问题、社会普遍关注的热点问题及民生工程，有针对性开展专题调研。主题教育期间，完成调研报告11篇，解决一批关乎群众切身利益、群众关注度高的操心事、烦心事。

【政务督查】 完善督查机制，建立督查进度“三色”表，根据事项轻重缓急划分为红色、黄色、蓝色，红色为需加急事项由区领导牵头跟进督办，黄色为按期即可，由政务督查科及有关科室跟进办理，蓝色为常规事项，由有关科室跟进办理，进度定期向督查科报送、备案。同时，牵头制定《政务督查内部运行机制》《政务督查工作任务清单制度》，形成“1＋2＋ X”督查体系，“1”即有关工作分管副区长总牵头，“2”即区府办政务督查科、有关业务科室具体负责，“X”即其他科室配合，明确督查重点，细化责任分工，确保责任到人到岗。

【政务信息】 围绕市、区党委、政府中心和重点工作，从提高质量入手，抓领导、转观念、夯基础，不断创新工作思路，着力加强信息上报工作，被上级采用信息121篇。

【数字化转型】 聚焦深化“最多跑一次”改革，围绕“互联网＋政务服务”“互联网＋监管”两大攻坚任务，开展公共数据整合工作，完善数据支持体系，深入挖掘柯城数字化转型亮点，推动柯城数字化转型创新样板创建。完成上报个性化目录152项，并以此为基础，完成14家区级单位46项可开放数归集，迈出数据产业化第一步。

【金融服务】 以“凤凰行动”为抓手，推动重点企业上市、培育后备企业梯队并提供精准服务、加大贷款投放力度，有效支持全区经济发展，加快绿色金融改革创新试验区建设。强化对地方金融机构监管，针对区小额贷款公司1家、民间融资服务中心1家、融资担保公司2家、典当公司1家和农村互助会8家，通过换证审查、监管评级、自查自纠等方式，确保金融风险防范“到边到底，不留死角、不留漏洞”，全区地方金融健康有序发展。

【政务公开】 主动公开方面，按公共资源配置、社会公益事业、重大建设项目和其他重点领域划分，主动公开重点领域信息25个。决策预公开方面，全年在政府门户网站上针对全区重要决策向公众公开意见收集和采纳14次。依申请公开方面，全年，政务公开办收到依申请公开件23件，均依法依规按时进行答复，对收到依申请公开件的7家区政府部门（单位）、乡镇逐一进行工作指导。同时，在全区范围开展政务新媒体清理整顿工作，全区全年共注销政务微信公众号68个、微博7个、头条号32个，保留对推动工作宣传确有需要且运营情况较好的“柯城发布”等政务新媒体55个。

【提案议案】 完善工作机制，规范办理程序，提案建议办理工作规范有序。全年交办建议议案102件，代表对答复满意率99.1%；交办提案141件，委员对答复满意率为100%。

【机关创建】 始终把学习作为提升能力的重要途径，推动办公室学习制度化、常态化。组织学习中共十九届四中全会会议精神、党章、党规。坚持领导带头学，开展学习例会，组织学习30余次，提高思想认识。加强基层党组织阵地建设，制作宣传板，完善党员活动室设施。开展主题教育，学习“两书一章”，组织全体干部集中观看《三门县城西村八任书记事迹》《榜样3》等教育宣传片，开展多种形式主题党日活动，坚定党员干部理想信念，增强责任感、使命感。

（许辰玺）

应急管理

【概　况】 2019年，区应急管理局在区委、区政府领导下，以中共十九大、十九届四中全会精神为指引，以构建“大安全、大应急、大减灾”体系为目标，强化风险管控，做到关口前移、重心下沉，抓好安全生产、防汛抗旱、森林防火和防灾减灾责任落实，全年安全生产形势保持稳定，未发生重大安全事故和灾情险情。获评“全国综合减灾示范区”“浙江省安全生产月省级先进单位”“安康杯知识竞赛全省第二，全市第一”“全区信息工作先进单位（三等奖）”。

【安全生产】 是年，全区发生各类安全生产事故8起、死亡8人，同比下降46.7%、42.9%。其中工矿商贸企业事故2起、死亡2人，未发生较大安全生产事故。辖区内死亡人数时序控制进度为市下达指标的72.7%；全区经历强降雨和超强台风“利奇马”3轮，立即启动相应防汛应急预案，转移群众369人，未出现重大人员伤亡和重大财产损失；出梅以后，出现持续高温少雨天气，森林防火形势严峻，接森林火警电话80余起，其中火情7起，森林受灾面积2.67公顷，未发生较大损失。全区建设避灾安置点48个，均通过省政府关于民生项目的检查验收。

【安全监管】 区委、区政府高度重视安全生产工作，召开专题研究会，区委常委会1次、区政府常务会3次；区委、区政府主要领导和分管领导带队检查12次；区人大组织视察2次；区委、区政府主要领导和分管领导先后对涉及安全方面相关工作作指示批示26次。区政府与安委会成员单位和乡镇街道签订年度安全责任书，并保留对安全生产工作一票否决。发挥区安委办作用，通过加强安全监管执法，筑牢安全生产底线。强化企业隐患排查治理。建立“企业自查、社会化中介机构协查、乡镇街道（园区）核查、区应急管理局全面督查”立体式排查体系，实现对全区危化企业隐患排查全覆盖，江苏响水“3·21”事故发生后，排查隐患68条，其中现场隐患49条，台账隐患19条，形成闭环管理全部整改到位。建立一企一档。委托第三方专业机构组织专家对区企业开展全面摸底305家，做好企业分级分类监管基础工作。因企施策开展培训。结合区企业分布情况，分东港、航埠、花园、石梁4个片区，覆盖乡镇街道（园区）17个，因企施策有针对性地组织开展企业安全生产培训，企业120余家，参加300余人。9月底前，分两期完成全区非高危企业安全生产管理人员免费取证培训180余人次。开展“防风险、保安全、迎大庆”专项整治行动。为护航新中国成立70周年，由区安办牵头，出动检查11865人次，排查生产经营单位数2942家次，发现隐患1027条，完成整改1018条，行政处罚9143起（其中交警处罚9100起），罚款金额45.71万元。第二轮安全生产巡查工作完成。区安办分巡查组4个，完成对13个乡镇安全生产巡查工作全覆盖，发现各类隐患234条，全部整改到位。开展冬季安全生产整治攻坚行动。解决园区企业安全生产和消防隐患问题，整治园区企业“低散乱”现象，在双港管委会全面排查基础上，由安办和双港管委会联合开展专项整治。11月11日至29日，检查企业272家，查出各类隐患问题615个，并立即部署开展整治，在12

月10日“回头看”中，还在整改企业235家，整改完成17家，还未开始20家，整治隐患185条，后续区安办和双港管委会加强督促，通过督查整改、停产整治等强力措施确保企业整改到位。

【防灾减灾救灾】 机构改革后，夯实应急基础建设，提高防灾减灾救灾能力。高标准完成避灾安置点建设。根据省应急管理厅要求，全年完成避灾安置点建设任务48个。其中，双港街道避灾安置中心获评全国防灾减灾综合示范区。森林防灭火工作成效明显。是年，经受连续一个多月晴热高温天气考验，未发生较大火情。区森林防指成员单位全年开展森林消防专线检查70批次，消除隐患77处。防汛工作实现平稳应对。全年经历强降雨和超强台风“利奇马”三轮，面对灾情，全区及时启动相应防汛应急预案，转移群众369人，未出现重大人员伤亡和重大财产损失。汛期区防指发布预警信息40余次，通过钉钉、短信、电话提醒34000多条，对小型水库47座，山塘37座（重要山塘14座）、小流域7条、在建水利工程12处、地质灾害点17处、D级危房点12处开展防汛检查，发现隐患46处，其中45处整改到位。加强应急物资储备。区级物资仓库2处，仓储各类物资价值超过60余万元。其中主要有麻袋25000只，编织带25000根，合金网兜200只，对讲机10只，卫星电话6只，潜水泵50台、救生圈150只，救生衣500件，应急发电机3台，无人机1架，及其他各类物资储备，应急保障能力加强。

【应急队伍建设】 按习近平总书记提出建设一支专常兼备、反应灵敏、作风过硬、本领高强应急救援队伍目标要求，组建区雄鹰红十字救援队，列入市政府民生项目；重点支持童前森林消防机降队建设，使其向一专多能方向转变，表现突出，多次得到省厅和市区各级领导视察指导。在全年森林消防大比武中，童前机降队获全省三等奖。以实战演练提升应急救援处置能力，6月20日，在浙江嘉德精细化工有限公司，组织开展区2019年化学事故应急救援综合演练，各乡镇街道分管领导和相关企业安全生产管理人员观摩学习100余人；7月5日，开展2019柯城区防汛防台应急实战演练，模拟区出现持续强降雨，区防指组织开展防汛抢险应急行动，通过“人员转移”“冲锋舟技能展示”“水上搜救”“人员救治”“应急抢险”“通信抢修”等实战科目，应急救援处置能力有效提升。

【应急宣教活动】 开展“防风险、除隐患、遏事故”安全生产宣传咨询月活动。参与群众达8000余人，市常务副市长陈锦标参加启动仪式，获评2019年度“安全生产月”省级优秀单位。开展危化品全民安全应急知识竞赛。通过广泛深入发动，夺得总积分全省第2名，全市第1名的好成绩。联合区总工会开展“安康杯”知识竞赛活动。通过“柯城工会”“柯城应急管理”“柯城发布”等微信公众号拓宽群众参与渠道，覆盖粉丝群众10万多人，营造安全知识人人参与良好氛围。在护航新中国成立70周年期间，加强森林防火工作，制作横幅50余幅，宣传告示牌100余块，发放禁火令50000余份，微信宣传40余万条。普及安全生产事故预防、避险、自救、互救和应急处置知识，群众救援技能全面提高，全社会安全意识和应对突发事故灾难能力全面增强。

【干部自身建设】 以开展“不忘初心、牢记使命”主题教育为切入点，狠抓作风建设，加强干部教育管理。主题教育期间组织集中学习13次，集中研讨3次，一把手专题辅导4次，专题党课6次，征求对局班子和班子成员意见建议26条，查找问题31个，整改全部完成，形成长效机制6项，主题教育取得成效。始终把干部放到急难险重工作一线锤炼，提升克难攻坚能力。在古城双修、礼贤未来社区征收中，合心合力，两线作战，征收任务完成，受到区委、区政府表扬和拆迁户好评；防范“利奇马”台风中，时刻备战、统筹协调，确保全区未发生较大自然灾害损失。

（饶俊雄）

退役军人事务

【概　况】 1月21日，区退役军人事务局挂牌成立，核定行政编制6名。4月30日，区退役军人服务中心挂牌运行，核定事业编制8名。5月30日前，全区18个乡镇（街道）和全部村（社）退役军人服务站挂牌到位，在全市率先实现退役军人服务保障体系“三级五有”工作目标；局机关内设办公室（政

图7　区退役军人事务局成立

策法规科）、拥军优抚科、安置就业科，下设事业单位区退役军人服务中心。

【服务站创建】 以建设“退役军人之家”为服务理念，在乡镇（街道）、村（社）退役军人服务站全面实施“五上墙、一人一档、一事一登记、一事一交办”制度，打造府山

图8　年度退役士兵报到

街道退役军人服务站、荷西苑社区退役军人服务站等13个乡镇（街道）、村（社区）示范型退役军人服务站。全市退役军人事务系统在府山街道退役军人服务站、荷西苑社区退役军人服务站召开现场会，工作经验在全市推广。

【退役军人信息采集】 组织开展退役军人信息采集工作，在区退役军人服务中心、乡镇（街道）及村（社区）退役军人服务站设立信息采集点，普查核对退役军人信息，逐人登记造册、建档立卡。

【落实退役军人接收和转业军人安置】 全年，发放130名上年接收秋冬季退役士兵自主就业一次性经济补助金610.67万元；会同营商办、组织部、公安、社保、医保等多部门，通过单位联动、事项整合、材料简化、流程再造，实现军人退役12件事项“最多跑一次”；接收报到退役军人，“军人退役一件事”

联合办理办结率 100%。全年上级下达区符合政府安排工作条件退役士兵 30 人，接收转业干部安置任务 3 人，自主择业干部 4 人。严格按规定程序，有序推进档案审核、考核计分、笔试面试等系列工作。最终安置党政机关干部 3 人，安置事业单位 18 人，安置国企 12 人。

【职业教育和技能培训】 全区参加高职教育和中职教育的退役军人 30 人，其中高职 23 人。本年度退役士兵参加各类职业技能培训 221 人，全年职业技能培训补贴 17.86 万元。

【就业创业】 建立退役军人就业档案，及时掌握就业信息，在事业单位招考中核定 3 个岗位面向退役军人招聘；全年举办退役军人

图 9　转业士官选岗会

专场招聘会 3 场，用人单位参加 132 家，提供就业岗位约 1513 个，签订意向协议 126 人；与中国邮政储蓄银行合作，开发“对创业退役军人提供 30 万元贷款，有抵押的可获最高贷款 500 万元，贷款利率在市场利率基础上优惠 10%”金融优惠政策；全市首创“裕农通退役军人服务站”，联合中国建设银行衢州分行为帮扶农村退役军人就业创业；全区为退役军人提供创业贷款 685 万元，全年就业创业补贴 632 万元，税收减免金额 29.54 万元，确保退役军人在享受普惠性政策和公共服务基础上给予特殊优待。

【下岗失业志愿兵再就业】 在充分摸底调研基础上，开发政府购买服务的公益性劳务派遣岗位 40 个，举办专场招聘会公开招录下岗失业志愿兵，有效解决区下岗失业志愿兵就业问题。

【社保接续工作】 12 月 31 日前，按上级文件和政策法规，完成部分退役士兵社会保险接续受理工作。全区告知符合社保接续政策对象 935 人，按自愿原则，受理符合条件对象 358 人。

【拥军优抚和褒扬纪念】 春节、“八一”等重大节日，区四套班子领导走访慰问辖区驻军部队官兵，新春团拜会邀请驻柯部队参加，强化军地融合。全年慰问驻训部队 3 批次，慰问品 25 万余元。全区各乡镇、街道及衢州学院、衢州职业技术学院发放军属优待金 1273.07 万元，发放军属座谈会荣誉奖励和慰问经费 34.1 万元。走访慰问 856 人次 86 万元，送新春年画 17000 余张；发放定制纪念杯 2000 余个；发放“庆祝中华人民共和国成立 70 周年”纪念章 19 枚；上门走访困难退役军人 374 人次、帮助解决子女入学 4 人

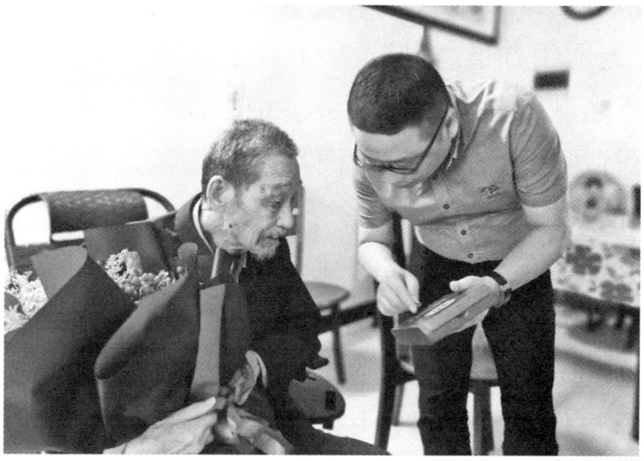

图 10　为老战士敬献中华人民共和国成立 70 周年纪念章

次、生病探望24人次。发放全区1065名重点优抚对象抚恤补助3000余万元；发放1772名60周岁以上农村籍退役军人老年生活补助400余万元；发放重点优抚对象10%门诊包干药费161万元，医院“一站式”重点优抚对象住院药费报销84万元；组织军休干部、无军籍职工体检43人次。树“宝刀不老—府山退役军人救火英雄”“不忘本色—诚星家电吴刚松十年爱心捐赠”“九华战狼中队”等先进典型退役军人14位；清明节，开展“清明．祭英烈”活动；举办“9·30”烈士纪念日系列活动，与新世纪学校合作，举办“传承烈士精神”现场作文比赛、举办柯城籍烈士事迹展览、举办区四套班子领导向烈士纪念碑敬献花篮仪式、赴三山烈士陵园开展纪念烈士活动。

（吴之玮）

行政服务

【概　况】 2019年，面对新的改革形势，区营商办贯彻落实全省“最多跑一次”改革工作例会精神，围绕“五个最优”，以公共服务领域“最多跑一次”改革工作为重点，推动“无证明办事之城”“掌上办事之城”“信用示范之城”建设，区“最多跑一次”改革再上新台阶，全力打造营商环境最优区。

【便民服务延伸】 围绕“两张清单”抓落实。攻坚清单。压缩常态化企业开办时间。将常态化企业开办“一件事”（工商登记—公章刻制—银行开户—领取发票）时间压缩至1个工作日。4月，协调税务窗口进驻中心，方便企业和群众办理涉税事项。推进“无差别受理”向乡镇（街）、村（社区）延伸。健全完善区乡村三级联动服务机制，以落实乡村代办人员激励机制和培训机制为抓手，提高窗口综合受理业务能力，加快实现全区域“无差别受理”。加强业务指导与培训，加强督导与考核，发现问题，全区通报。推进工业园区数字化改造提升。运用“互联网＋”“机器人＋”和“标准化＋”，提升重点传统产业数字化改造。加快电商产业发展，推动数字经济智慧产业新突破。7月，省工业互联网现场会在航埠工业功能区召开。项目清单。开展“无证明办事”之城。全面清理烦扰企业和群众“奇葩”证明、循环证明、重复证明，建立健全电子证明共享、工作人员代跑、个人承诺等替代机制，对确需保留证明事项实行清单式管理。建立“掌上办事之城”“浙里办”掌上办事平台，实现区政务服务事项掌上办80%。围绕实施个人全生命周期便利化改革抓落实。以“一件事”梳理为牵引，推进“个人全生命周期便利化改革”。实施“新生儿e站通”、退休“一件事”全覆盖、扶贫领域医保服务“一次都不跑、一个都不少”、扶贫“一件事”精准联办等便民利民服务。以“新生儿e站通”为例，在衢州市中医院、柯城区人民医院、柯城区妇保院、衢化医院等多家医院设立受理窗口，新生儿家长只需带上身份证、户口本便能实现10件事、5本证（卡）一件事联办，群众零次跑。围绕机关内部“最多跑一次”改革抓落实。按事项要“简”、流程要“优”、材料要“少”、时间要“压”、次数要“减”总体要求，多次召开机关内部“最多跑一次”改革推进会，明确任务要求、时间节点，交流探讨做法，攻关解决难点。全年完成34家部门（单位）的部门间“最多跑一次”事项目录上报，梳理事项完成226项。推进“最多跑一次”改革向公共服务场所延伸。联系实际，确定新建成区文化中心率先为实施“最多跑一次”改革向公共场所延伸扩面工程，组织区文旅体局、设计公司召开延伸扩面工程推进会，从数字化、互动性、智能化、便利性等方面确定提升改造总体方案。抢时间赶进度，边学习边谋划，边设计边提升。推进“最多跑一次”改革向社区延伸。围绕做小区级行政服务中心目标，拓展街道便民服务中心服务职能，下放涉及民政、卫计、社保医保等领域高频事项到街道，完善无差别受理窗口服务职能，提高街道满足群众服务需求能力，更多事项“就近办”。“最多跑一次”改革向社区延伸，以“网格办”为主要实现途径，谋划“未来社区”模式，拓展线上受理、现场受理、入户受理等多元服务路径，实现群众办事由“最多跑一次”向“一次不用跑”和“办得快”“办得好”转变。加快落实全市通办工作。优化政府部门业务办理流程，打破办事过程中存在的户籍地或居住地限制，梳理全市通办事项213项，涉及区经信局、区财政局、区税务局、区建设局、区交通局、区文旅体局、宣传部、医保局、区市场监督管理局、柯城公安分局、柯山公安分局、柯城公积金中心管理部、资源规划分局13个部门，打破群众办事过程中户籍地或县乡层级限制，解决部分高频政务服务事项办理过程中存在“满城跑”问题。

【优化营商环境】 做好营商环境调查评价工作。确保营商环境调查评价指标继续保持前列，召开营商环境调查评价工作推进会，围绕营商环境评价各项指标，部署相关工作内容，抓好营商环境调查评价工作落细落实，优化营商环境柯城样本。要求全区各部门（单位）以调查评价工作为契机，紧盯企业、群众办事中遇到痛点、难点，以评促改，分析存在短板和差距，找标杆、再提升，全省优化营商环境“10 ＋ N”指标评价工作完成。建立服务企业工作机制。开展“组团联企”活动，“点对点”为企业提供精准服务。按1名领导加1名专职干部形式分4组主动对接企业27家，了解企业诉求，梳理汇总问题清单，根据企业诉求联系相关部门（单位）进行精准服务。通过“12345”营商环境服务专线受理解决各类营商环境建议投诉事项60起，交办、督办，及时转交相关部门办理，要求在规定时限内办结，杜绝进展缓慢、落实不力现象，及时解决企业、群众反映的各类问题。为民营经济高质量发展政策赋能。梳理汇总区各单位（部门）制定出台的科技创新、绿色发展、税收减免等惠企政策，形成《柯城区各部门（单位）惠企政策汇编》，分发至各企业，区行政服务中心书架、导服台等显著位置摆放，供企业、群众随时翻阅查看，企业享受政策红利，同时促进企业健康发展。

【信用示范之城】 抓信用示范之城创建配合工作。6月13日，组织召开全区深化“最多跑一次”改革工作推进会暨打造“信用示范之城”动员会，要求各单位以“首战必胜、首创必成”决心，围绕示范评审指标体系，推进政府、社会、个人协同信用。配合衢州市做好“信安分”应用场景落地，推出高端民宿折扣预定、图书借阅数量提升、公益活动、公益培训名额提前预留等应用场景。谋划信用监管和“互联网＋监管”平台融合，全区执法人数205人，全年均参加执法2次以上，完成双随机检查 1231 户次，平均问题检出率为 13.4%。通过“互联网＋监管”新模式优化区信用环境。

（叶建康）

机关事务

【概　况】 2019 年，因机构改革，柯城区机关事务管理局更名柯城区机关事务保障中心。以中共十九大精神和习近平新时代中国特色社会主义思想为指引，围绕落实市委、市政府“1433”重大战略体系、市委 “3752”乡村振兴大花园建设体系，贯彻区委、区政府决策部署，加强队伍建设，推动后勤管理规范化、标准化、智能化建设，服务大局，优化作风，全面提升机关事务服务保障水平。

【后勤保障】 打造综合能源管理平台。利用系统监控行政中心片区用水用电情况。全年处置突发停电 3 次，消除用电安全隐患 4 处；综合能源平台自 8 月上线以来，排查隐藏漏水点 2 处（漏水 432 吨，损失 1300 元），保障安全用电 84 天。引进化粪池油脂消纳技术。采用油脂消纳技术对行政中心的污水进行处理。有效避免行政中心片区出现化粪池满溢、淤堵情况，行政中心环境得到改善。

【财务管理】 做好财务预决算并及时公开，确保资金正常运转。加强“三公”经费支出控制，全面实行公务卡结算；公务用车保障中心与机关事务保障中心开展分账，对差旅费报销情况进行自查自纠，未发现违规行为；完成机关事业单位在职人员年度工资晋升工作；及时调整是年各项社会保险和住房公积金缴费基数。

【公车管理】 推进公车管理制度化建设。定点维修，加强对公车运行经费的管理，促进公车管理制度化、规范化。制定《中心车辆维修询价办法》《公务用车定点维修企业考核暂行办法》等制度。是年，完成立春祭、衢州人才发展大会、衢州市乡贤大会等活动用车保障任务，保障农房整治专班、创文专班等 7 个专班的业务用车。至 10 月底，车管科出车 7200 余次，合计 84800 小时，服务总里程 48.9 万千米。

【安全保卫】 安保人员素质不断提高。至年底，保障中心保卫科开展日训 180 余次。顺利完成中华人民共和国成立 70 周年安保任务。行政中心片区实现零突发性事件、零盗窃案件、零刑事案件。组织力量对行政中心院内车辆进行文明劝导，全年劝导车辆 169 次，维护大院内良好的工作秩序。

【古城双修】 高度重视，精心组织。成立由班子挂帅的攻坚领导小组，在全局范围内抽调精兵强将 6 名，全脱产参与古城双修征迁工作，以“白＋黑”“5 ＋ 2”精神全力开展入户工作。注重方法，多方联动。征迁工作组巧妙运用“五先五后”法推进征迁工作。采取先易后难，先析后入，先谈后签，先记后询，先质后量的工作方法，完成入户任务 9 户。此举在古城双修工作推进会上受到指挥长毛志宏表扬。明确分工，形成合力。专班工作人员分工明确，互相配合，定期召开古城双修房屋征收工作情况分析会，对当天入户情况进行总结。做好后勤保障支持工作，协助安排专班办公场地，为专班工作人员提供有效住户信息，协助入户工作顺利开展。

（巴雨秋）

公共资源监管

【概　况】 2019年，区公共资源交易监督管理办公室（简称区监管办）以“规则在先、规范操作、公开平等、竞争择优”原则，创新机制，强化监管，优化服务，实现全区公共资源交易服务高质量、高效率。全年区级平台完成交易项目143项、交易额2.15亿元，节约率11.89%；乡镇公共资源平台完成交易项目473个、交易额3.3亿元。全年完成评审项目234项，节省财政资金1.39亿元。

【招投标制度建设】 3月，区监管办出台《衢州市柯城区政府投资工程建设项目标后监管实施细则》《柯城区政府投资工程建设项目联合检查方案》《柯城区监理企业履职考核管理办法（试行）》等规范性制度。5月，区监管办草拟并征求行业部门和社会公众意见，由区政府出台《柯城区村级工程项目交易管理实施细则》。完善区公共资源交易制度建设，规范区村级工程项目交易活动，明确各方主体对村级工程项目交易活动监督管理职责。

【招投标平台建设】 推进电子招投标系统建设，实现招标投标交易、服务、监管的全过程电子化。自2017年开始，试点实施全流程电子招投标，现已实现房建及市政工程项目全流程电子招投标。通过电子招标系统，可自动核验投标单位标书制作、电子清单等是否存在一致或雷同，有效打击围标串标等违法行为，促进区交易活动规范有序。

【标后监管专项检查】 3月，市监管办组织柯城区纪委、监管办、柯城公安分局对2013—2017年万田乡牵涉蒋勇团伙问题69个项目进行核查，经分析，柯城区万田工程建设项目招投标程序无违反规定，问题在于资质挂靠承揽资质，标后转包分包。5月起，区监管办根据《柯城区政府投资工程建设项目联合检查方案》联合行业主管部门及审计局对各乡镇（街道）开展月度常态检查和针对信访、投诉随机抽查，重点检查乡镇及村级项目是否存在转包、挂靠、村干部违规插手工程等情况。全年对沟溪、石梁、花园、华墅、石室等8乡镇（街道）开展检查。共检查项目503项，走访112人次，检查施工现场18处，发现问题70余项。均下发联合检查反馈单。沟溪乡、石室乡、石梁镇等均对检查问题予以整改落实，共退回超付工程款23万余元，处理相关人员4名，约谈企业3家。7—8月，为深入贯彻落实省委巡视反馈意见，自查自纠、立查立改，防范工程建设领域廉政风险，进一步规范政府投资项目招投标程序，加强在建项目行业监管。由区政府组织，区住建局、柯城资规分局、区监管办、区国资办作为牵头单位，分别组成四个专项检查组对旧住宅区改造小城镇环境综合整治、EPC等137个项目开展专项检查。对检查发现的问题，由业主及建设单位进行整改。

【招投标改革创新】 9月，区监管办试点文昌路二期“评定分离”招标，该项目在对斗潭招标评定分离实施经验总结改进的基础上，变量化定标为投标单位现场阐述实施方案定标模式，使投标单位从片面研究招标文件提高中标率转移到结合项目实际，制定合理方案、突出自身优势来吸引招标人，很好的发挥招投标正面引导作用，杜绝投标企业的挂靠、资质转借行为，为业主选择好施工单位提供平台。该项目也是市首例采用现场方案阐述评定分离项目。试点花园上下门公寓式安置（一期）项目村道提升改造工程成为市在招标中率先引入第三方信用报告试点项目（由第三方对投标企业出具《企业诚信报告》，根据结果对企业诚信分给予相应分值）。区监管办申请柯城作为试点区、县引用该信用系统，促进市场主体依法诚信经营。同时，对企业不良行为记录、转包分包、欠薪等结果也运用到招投标中，规范企业市场规范运行，促进企业健康发展。

（郑世明）

政协衢州市柯城区委员会

综　　述

2019年是中华人民共和国成立70周年，也是人民政协成立70周年。区政协及常委会高举习近平新时代中国特色社会主义思想伟大旗帜，认真学习贯彻中共中央和省委、市委、区委各项决策部署，牢牢把握团结和民主两大主题，坚持建言资政、凝聚共识双向发力，紧扣中心大局履职尽责，切实发挥专门协商机构作用，团结政协各参加单位和各界人士，为建设文明有礼的首善之区、治理有效的幸福之区、运动健康的活力之区和担当作为的奋斗之区贡献智慧和力量。2月17日—20日，区政协召开四届三次会议。

【政治理论学习】 学习习近平新时代中国特色社会主义思想，特别是习近平总书记关于加强和改进人民政协工作的重要思想，学习贯彻中共十九届三中、四中全会和省委、市委、区委全会精神，学习贯彻中共中央和省委、市委、区委政协工作会议精神，做到学深悟透、入脑入心。制订年度学习计划，谋划拓展学习渠道，精心设置学习载体，统筹抓好委员和机关干部学习、集中和自主学习，建立完善以党组会议学习为引领，以主席会议、常委会议和委员培训、履职调研等为主载体的学习体系。通过理论学习，武装思想头脑，增强贯彻落实政治自觉、思想自觉和行动自觉意识。撰写的《书写新时代人民政协新样子的实践探索》等理论文章，在市政协主席读书会、理论研讨会上交流发言。全年召开政协党组（扩大）学习会议、主席会学习会议22次，召开常委会学习会议和专题学习会议5次，举办委员培训班2期，组织调研视察学习32次。

【主题教育】 紧扣“不忘初心、牢记使命”主题和学习贯彻习近平新时代中国特色社会主义思想主线，严格按“守初心、担使命，找差距、抓落实”总要求，落实市委巡回指导组和区委“五个一”“五个始终”“六个带头”部署，实施学习教育、调查研究、检视问题、整改落实工作措施，做到全程高质量、全面高质量。发挥政协党组领导核心作用，指导区政协机关党组、机关党支部等党组织主题教育一体谋划、一体推进。坚持学原著、读原文、悟原理原则，加强学习教育；围绕党的政治建设、宗旨性质等8个专题分批集中研讨，讲好专题党课。通过深入调研，了解民情、掌握实情，形成专题调研报告，组织召开调研成果交流会，推动问题解决，做实调查研究。采取主动上门、调研座谈、实地走访、个别访谈和谈心谈话等方式，广泛听取意见；对照初心使命、对照党章党规、对照群众新期待和先进典型、身边榜样，深刻检视剖析，开好专题民主生活会。制定检视剖析问题清单，明确责任人和整改期限，扎实做好整改。

【新样子专题活动】 贯彻省政协开展“新时代人民政协的新样子”和市政协开展 “学习新思想、践行新使命、树立新样子”专题讨论活动部署，聚焦如何把政治责任担当起来等“五个如何”，紧扣开展一次“政协人新时代新风貌”笔谈等“六个一”活动要求，开展学习讨论、自查自纠、检视差距、整改落实工作。通过专题讨论，锤炼履职本领、焕发精神风貌。科技和科协界制定界别活动办法、成立界别活动小组委员会、探索建立委员工作激励机制，履职经验在区委政协工作会议上交流发言。经济界、工商联界、农业和农村界委员向有关方面反映经济运行情况，推动实际问题解决。教育和体育界、工会界委员围绕森林运动小镇建设，开展调研活动，提出意见建议。台侨界委员承办新样子专题讨论主题演讲活动，展示政协委员新风采。无党派人士界、社会福利和社会保障界、少数民族和宗教界委员开展助残、扶弱献爱心活动，效果良好。文化艺术和新闻出版界、社会科学界委员，积极作为，持续发力，宣传县域品牌。医药卫生界、共青团（青联）界、妇联界委员，广泛发动界别群众助力文明城市创建。

【政协系统党的建设】 贯彻中共中央、全国政协和省委、省政协关于加强新时代政协系统党的建设部署要求，突出政协特点，完善党组织体系设置。明确政协机关党组分工，设立机关党总支部、机关党支部、退休干部党支部、专门委员会党支部和党员委员活动小组，在委员培训期间设立临时党组织，实现党组织对党员委员的全覆盖。建立政协党组成员联系党外副主席、党组成员联系专门委员会党支部、党员委员联系党外委员制度，推进党的工作对政协委员工作的全覆盖。落实党员领导干部双重组织生活制度，政协党组成员以普通党员身份参加政协机关党支部专题组织生活会。不折不扣抓好省委巡视组巡视反馈问题的整改落实，严格执行重大问题请示报告制度，落实落细全面管党治党主体责任，落实区政协机关党组向政协党组汇报工作制度，支持派驻政协机关纪检监察组履行监督责任。

【调查研究】 区政协四届三次会议期间，委员们围绕《政府工作报告》协商讨论，提交大会发言稿 29 篇、提案 150 件，履行职责。会后以“政协专报”形式将梳理归类的 72 条建议向区委、区政府报送，区委主要负责同志批转相关部门办理；就城市品牌建设、运动小镇、科技创新等 19 个课题，以口头和书面形式作大会发言，得到区政府领导的肯定。围绕基层治理总课题，开展先进村“保先”、发挥乡贤作用、节俭操办红白喜事等子课题调研 10 个，形成调研报告 16 个，供有关方面决策参考。开展“扫黑除恶”专项斗争专题视察，从线索归并、源头治理等方面提出意见建议。

【民主监督】 是年，区政协综合运用协商议政、民主监督、课题调研、委员视察、提案信息等履职方式，提高民主监督工作质量和实效。参与“礼贤未来社区”征迁工作，针对广大老年征迁户强烈反映的要求小面积安置房问题，做到充分调研，形成《关于礼贤未来社区拆迁安置工作的建议》，向有关方面报送。开展“最多跑一次”改革、残疾人庇护中心建设等民主监督活动，开展食品安全、文体设施、健康养生、养老产业视察调研，形成《打造浙西新型医疗综合体、助推“未来社区”建设》调研报告。紧扣民生实际问题，推动办理涉及社会保障、医疗教育、养老托老等民生提案 52 件。反映社情民意信息 57 篇，为民意民智提供参考。

【提案工作】 区政协四届三次会议以来，广大政协委员、政协各参加单位以提案形式提出意见建议 150 件，经审查，立为提案 141 件。与提案者协商，对超越本区职权范围无法立案的意见和建议 9 件，请市政协委员在市两会期间向大会提出或作为委员来信转送有关部门研究处理。141 件提案中，委员个人提案 139 件，集体提案 2 件。141 件提案送交 45 个部门办理，答复完毕。办理结果被采纳提案 90 件，占 63.80%；部分采纳或列入计划提案 42 件，占 29.80%；因条件所限未能采纳或留作参考提案 9 件，占 6.40%，承办单位将有关情况向提案者说明。委员们反馈的意见对承办单位办理提案的态度和结果满意或基本满意率均达 100%。总之，这些提案凝聚政协委员的智慧与心血，集中反映人民群众对美好生活的向往，对区经济社会发展，对奋力推进“活力新衢州、美丽大花园”建设，对推动市委“1433”发展战略体系在柯城重重落地贡献的力量。

【委员工作】 发挥政协统一战线组织团结联谊功能，增进最大共识度、寻求最大公约数、汇聚最大正能量。支持和保障各民主党派、工商联、无党派人士履职活动，优先安排大会发言、视察调研、培训学习等事项。落实委员约谈走访制度，加强同党外知识分子、非公有制经济人士、新社会阶层人士沟通联络，走访委员 87 名。发挥少数民族和宗教界委员作用，密切与少数民族群众和信教群众的联系，促进民族团结、宗教和睦。依托“半边天委员工作室”等载体，拓展团结联系更多人士渠道，扩大“朋友圈”。将树立精品意识和打造履职亮点贯穿到委员履职全过程，经广泛推荐、协商评选，陈玮委员获评全国政协“优秀基层政协委员”（全国仅评出 30 名）。选派委员赴全国政协干部培训中心学习，接受政协系统最具权威、最高层次的履职培训；推进委员学习培训常态化，组织委员到高校专题培训 2 期、89 名，提升委员思想政治、调查研究、民主协商、社情民意的履职能力。

【队伍建设】 落实机构改革决策部署，坚持与省、市政协专门委员会设置相对统一原则，优化专门委员会设置，保留办公室（研究室）、委员工作委员会、提案委员会、农业农村和人口资源环境委员会，调整设置经济委员会、教育科技文化卫生体育和文史委员会、社会法制和港澳台侨民族宗教委员会。把加强制度建设摆在突出位置，制定政协全体会议工作规则、常务委员会议工作规则、主席会议工作规则、专门委员会工作职责、界别活动小组组长职责、委员履职管理办法等制度，推动履职工作制度化、规范化。依照政协章程，及时增补委员 8 名，调整界别活动小组组长 8 名。经广泛推荐、协商评选产生区政协 2019 年度优秀委员 24 名、优秀提案 15 件、优秀大会发言 8 篇、“金点子”奖 4 件、先进界别活动小组和组长各 7 个（名）。区政协机关 2 名干部得到区委提拔、2 名干部被区政府授予个人三等功。政协机关干部开展第一书记、生态指导员等“组团联村”工作，深入联系村（社区）、联系企业，帮助解决实际问题。

【平台建设】 打造“请你来协商”平台，统一平台标识、创新协商方式、完善运行机制。围绕灵鹫山名山开发建设、企业老龄化用工等议题，邀请区委、区政府领导和相关部门与委员、群众代表开展协商活动 6 场，提出意见、建议 80 多条，平台建设得到党政重视、群众欢迎、委员点赞，专门协商机构服务中心大局作用得到发挥。聚焦“活力新衢州、美丽大花园”核心景区灵鹫山名山开发建设工作，邀请市、区两级政协委员和专家共商献策，形成高质量协商成果 30 余条，为区委决策广献良策、为重要工作广聚共识。着眼支持民营企业发展，组织委员开展调查研究，形成《打造企业全生命周期“服务链”、助推企业高质量发展》调研报告；专题协商“企业老龄化用工问题”，推动相关部门出台老龄化用工社会保险政策。紧扣“新材料＋”重点产业发展，就扶持政策、要素保障等问题，组织委员开展民主监督、建言献策。关注群众反映强烈的小区物业管理、垃圾分类难题，组织委员、居民、社区、物业公司等相关方包容共议，推动解决相关问题。

【助力重点工作】 聚焦重点项目工作推进，主席会议成员到项目工作“一线”，全力以赴，实干担当，牵头寺桥水库、浙西健康城和 “五水共治”等重点工作有序推进。围绕“古城双修”“礼贤未来社区”等征迁工作，区政协机关全体干部连续奋战 8 个月，按期完成征迁工作任务 71 户，用结果书写政协干部的忠诚担当，区政协机关获集体三等功。紧扣全国文明城市创建“保 8 晋位”目标，主席会议成员、政协机关干部全员到责任区块，协助开展志愿行动和文明劝导工作；广泛动员全区政协委员，开展志愿服务和“随手拍”等活动，为文明城市创建贡献政协人力量。在政协系统宣传“衢州有礼 • 运动柯城”品牌，全年向 36 批政协系统视察考察团（其中省部级领导带队的 5 批）宣传县域品牌。

【助推民生福祉】 开展“三服务”活动。通过“组团联村”“周二无会日”等载体，帮助企业、群众和基层解决困难问题。帮助余东农民画打响知名度、美誉度，余东农民画在北京恭王府博物馆展览期间，全国政协副主席兼秘书长夏宝龙等国家领导人和全国政协文化文史及学习委领导出席展览并给予高度肯定；《衢州余东农民画的前世今生》等文章被省政协《联谊报》头版整版刊登并经 5 家国家级杂志和网站刊载。协助姜家山乡三山村建强村级组织、整治村庄环境，帮助沟溪乡直力村协调解决香榧基地建设等困难，帮助企业协调解决政策服务、员工子女入学等困难。精心办好“六送下乡”活动。将承办市政协送教育、科技、文化、卫生、体育、法律 “六送下乡”活动确定为年度重点工作，多次召开部署推进会议，与石梁镇做好各项工作落实。聚焦基层所需、群众所盼，注重由“送”向“种”转变，促成衢州市人民医院与石梁镇中心卫生院共建医联体，建立“同心”助教基地，开展专家结对柑橘技术服务、结对培育书法村等活动 26 场，赠送鱼苗 5 万尾、图书资料 2000 册和价值 25 万元的教体器材、助学金，增进石梁镇群众获得感、幸福感。

【文史宣传】 区政协坚持双轮驱动、双向发力，把建言资政、凝聚共识一体设计、一体落实。通过建言献策来助力党政中心工作，通过宣传引领、沟通协调、互动交流凝心聚力、传播共识，协助做好宣传政策、协调关系、解疑释惑、化解矛盾工作。举办柯城区政协庆祝人民政协成立70周年座谈会，回顾政协初心，展望政协使命，凝聚人心力量。重视发挥政协文史工作存史资政和团结育人作用，委员方向明事迹入选省政协《70年70人》文史图书，《徐徽言传》出版工作完成，《柯城古村》初稿编辑完成。省政协“同心苑”微信公众号推送柯城政协文章10篇，委员郑建军履职风采在省政协《联谊报》、“同心苑”微信公众号传递。在“柯城政协”微信公众号推送文章123篇。拍摄《同心协力谋发展、敢于担当塑新颜》专题宣传片并由衢州电视新闻频道播出，传播政协好声音、讲述政协好故事、传递政协正能量。

【区政协四届三次会议】 2月16—2月20日，区政协四届三次会议召开，出席会议委员182名。会议听取和审议区政协主席徐连土作的政协工作报告、副主席吴云林作的提案工作报告。会议审议和通过徐连土所作的政协工作报告，提案委所作的四届三次会议提案审查情况报告。会议选举缪宏飞为政协第四届衢州市柯城区委员会秘书长；方宏华、张芳萍（女）、周小玲（女）、郑亮为政协第四届衢州市柯城区委员会常务委员。

表8　　2019年区政协常委会会议一览表

会议名称	日　期	主　要　内　容
区四届政协常委会第九次会议	2019年1月23日	审议通过政协第四届衢州市柯城区委员会常务委员会第九次会议议程；审议通过区政协四届三次会议常委会工作报告和提案工作报告（征求意见稿）；审议通过区政协四届三次会议相关文件（草案）； 审议通过相关人事事项；徐连土主席讲话
区四届政协常委会第十次会议	2019年2月20日	审议通过政协第四届衢州市柯城区委员会第三次会议决议（草案）；审议通过政协第四届衢州市柯城区委员会提案委员会关于四届三次会议提案审查情况的报告（草案）；审议通过政协第四届衢州市柯城区委员会选举办法（草案）；审议通过政协第四届衢州市柯城区委员会常务委员候选人建议名单；审议通过政协第四届衢州市柯城区委员会秘书长候选人建议名单；审议通过大会总监票人、监票人名单（草案）
区四届政协常委会第十一次会议	2019年6月24日	区住建局局长林良友通报小区物业管理工作情况；委员代表和受邀代表与相关部门进行协商；毛志宏副区长讲话；徐连土主席传达全省政协系统开展“新时代人民政协的新样子”专题讨论活动动员部署会精神；缪宏飞秘书长部署区政协“新时代人民政协的新样子”工作
区四届政协常委会第十二次会议	2019年8月28日	审议通过《政协第四届衢州市柯城区委员会常务委员会第十二次会议议程（草案）》；传达学习全省政协主席暑期读书会暨市、县（市、区）政协工作经验交流会议精神；传达学习区委八届六次全体（扩大）会议精神；传达学习区九届政府第三次全体（扩大）会议精神；审议通过区政协专门委员会设置及相关人事事项

（孙涵斐）

纪委 监委

纪委 监委

【概 况】 2019年，全区纪检监察组织在市纪委、市监委和区委领导下，增强“四个意识”、坚定“四个自信”，做到“两个维护”，坚持稳中求进总基调，聚焦中心任务，强化监督执纪问责，持续正风反腐，在忠实履职、砥砺奋进、担当实干中践行初心使命。区纪委监委被省委、省政府评为全省扫黑除恶专项斗争先进集体，“古城双修”“礼贤未来社区”“衢化棚户区改造”三大征收项目工作，敢于担当、作风过硬，被区委、区政府记三等功一次。

【强化政治监督】 是年，把政治监督作为第一任务，加强对“不忘初心、牢记使命”主题教育、三大攻坚战、“最多跑一次”改革及地质灾害隐患点整治和减税降费等中央和省委重大部署贯彻落实情况的监督检查，以政治监督具体化、常态化践行“两个维护”。把握市、区一体要求，贯通运用“五项监督法”，重点围绕文明城市创建、农房整治、古城双修、高铁新城等中心工作和重点项目开展立项监督。“古城双修”纪检监察组全程驻点监督，“农房整治”成立检查组24个，开展“回头看”，重点项目集中攻坚，成立专项监督组助力项目“拔钉清障”。全区实施监督立项113个，开展监督检查960余次，保障市、区中心工作。加强政治生态动态评估，结合巡察发现问题，按季度开展分析研判，整体把握部门、单位政治生态状况。抓主体责任这个“牛鼻子”，深化党委（党组）主体责任落实情况报告、“廉情双抄告”等制度，下发主体责任抄告单15份，问责处理落实主体责任不力的领导干部6人。

【聚焦基层治理】 年内，牵头抓十大专项整治整改落实工作，根据区委主题教育工作部署，对整治重点82个，建立责任清单，精准施治，逐一销号。牵头开展扶贫、民生领域不正之风和侵害群众利益问题专项整治，完成整改整治项目24个。加强和改进信访举报工作，面对中央扫黑除恶督导和省委专项巡视后的信访件，推行“全员办信”机制，办信质效提升，重复举报量同比下降33%，赴省到京访数量由上年13件下降为2件，“全员办信”经验做法被省纪委《纪检监察信息》专题刊发。开展群众身边“微腐败”专项治理，打出“微腐败”整治“组合拳”。深化扶贫领域专项治理，制定工作方案和工作要点，开展区乡联动督查，查处违纪违规问题9起、22人；开展村干部插手工程项目“亮剑行动”，查处问责48人；开展“十问十查”对照检查，廉政提醒谈话114人次，清退“三类人员”村两委干部59人。加强建章立制，出台

《农村干部违反廉洁履职若干规定责任追究办法》《村级工程项目交易管理实施细则》等制度，扎紧制度笼子。深化阳光监督平台建设，以清廉网格为依托，探索实践“清廉网格365”智慧监督，通过“清单式晒权、实时化监督、一键式举报、网格化办理”，把规范公权力向基层做实。

【纠治“四风”】 贯彻落实习近平总书记“锲而不舍、持续发力、再创新绩”重要批示精神，加强对中央八项规定及实施细则精神和省委“36条办法”，市委、区委操作办法执行情况监督检查，作风建设取得成效。紧盯重要节点，深挖细查隐形变异问题，开展正风肃纪和“廉节清风”专项行动，防止“四风”问题反弹回潮。全区查处违反中央八项规定精神问题14起、15人，其中党纪政务处分13人，同比增长117%。开展违规发放津补贴或福利问题自查自纠，摸清底数、督促整改，追回违规发放津补贴140万余元。深化整治形式主义、官僚主义，重点围绕基层减负，推动解决文山会海、督查考核过多过频、过度留痕、干部不担当不作为等困扰基层突出问题。全区查处形式主义、官僚主义问题12起、23人，区本级会议、文件、督查数量均下降35%以上。加大通报曝光力度，对“四风”问题典型案例10起，进行点名道姓通报曝光，强化警示震慑。

【巡视巡察】 是年，配合省委第二巡视组对区委开展专项巡视，在全省率先探索实践“巡视带巡察”上下联动、住村夜巡等模式，“巡视带巡察”在省委第七轮巡视工作中被全省推广。协助区委抓巡视反馈问题整改工作，省委巡视反馈7个方面、36项问题全部整改到位。协助区委统筹开展巡察工作，全年巡察乡镇（街道）、部门（单位）14家，延伸巡察行政村（社）党组织132个，发现问题1047个。做好巡察“后半篇文章”，建立立行立改、追责问责、问题线索、党委书记点人点事和专项检查“五个清单”制度，督促被巡察党组织逐条逐项整改落实。全年，移送问题线索114条，问责党员干部136人。11月，中巡办在衢州召开县级巡察工作座谈会，柯城区委作典型发言，中巡办王鸿津主任高度肯定区巡察工作。

【深化监督执纪】 运用监督执纪“四种形态”，精准量纪处理，抓早抓小、防微杜渐。全区各级纪检监察组织处置问题线索549件，运用“四种形态”处理548人次，其中第一、第二、第三、第四种形态分别占73.4%、18.4%、5.1%、3.1%，监督执纪向“管住大多数”拓展。探索有效监督方式方法，深化片区协作，针对基层纪检监察组织日常监督短板，优化片区联系协作机制，通过资源整合、交叉协作，形成“一盘棋”监督格局，提升监督效能。严把“党风廉政意见回复”关，在干部提拔、评优评先、职级晋升等工作中廉政审查788人次，防止“带病”评优、“带病”提拔。把握“三个区分开来”要求，落实尽责豁免、澄清正名，通过反馈答复、发放书面正名通知书、公开通报等方式，为村级“领头雁”14名和区管干部7名澄清正名，旗帜鲜明对干事者负责、为担当者担当。

【深化监察体制改革】 深化纪律检查体制改革，加强党对反腐败工作集中统一领导，坚持重大事项、重要工作第一时间向市纪委、市监委和区委请示报告。落实对乡镇（街道）纪（工）委“两为主一报告”、对派驻机构“三为主一报告”工作要求，强化上级纪委监委对下级纪委监委的领导。持续深化国家监察体制改革，把增强对公权力和公职人员的监督全覆盖、有效性作为着力点，加强与公安、检察院、法院、金融机构等沟通联系，强化查办职务犯罪案件调查、移送审查、线索移送等协作配合。发挥乡镇（街道）监察办公室作用，督促指导乡镇（街道）15 个完成监察办公室规范化建设，推动监察工作向基层延伸。深化派驻机构改革，优化机构布局，派驻机构数由 15 家减少到 13 家，派驻机构编制由 52 名增加至 61 名。落实“六个一体化”目标要求，全面加强对派驻机构统一管理，增强派驻机构干部凝聚力和归属感。

【惩治腐败】 保持惩治腐败高压态势，坚决减存量、遏增量，全区各级纪检监察组织接受信访举报 280 件次，办理中央扫黑除恶督导组和省委巡视组交办件 299 件；立案 140 件，同比增长 15%；党纪政务处分 136 人，同比增长 24%，其中区管干部 21 人。在市纪委、市监委指导下，查处柯城公安分局龚××、市卫健委张××、衢州绿发集团毛××、衢州日报报业传媒集团张××等公职人员违纪违法案件，采取留置措施 6 人。聚焦涉黑涉恶腐败及其“保护伞”问题，建立涉黑涉恶案件提前介入机制，重点查处蒋勇涉黑案等省、市挂牌督办案件。开展“一案三查”，全区查处 58 人，其中党纪政务处分 35 人，打伞破网工作全市排名第一。发挥反腐败协调小组作用，加强各成员单位间沟通协调，形成反腐整体合力。加强问题线索统一管理，建立信访办理例会、问题线索集体会商、案情分析会等机制，加强线索分析研判、交办督办，线索处置质效提升。落实审查调查安全责任制，规范留置执行工作和“走读式”谈话，编印《“走读式”谈话资料汇编手册》，绘制谈话流程图，签订安全责任书，建立谈话安全档案，严守安全底线。做好案件查办“后半篇”文章，以方庆建案件和蒋勇案件等为反面典型，分别召开全区干部警示大会和警示教育“万人大会”，在强大震慑和政策感召下，党员干部有 44 名主动向组织报告说明问题。坚持一案一总结、一案一整改，运用监察建议书等形式，督促案发单位以案为鉴、堵塞漏洞。开展以“七个一”为主要内容“警示教育月”活动，常态开展警示教育下乡、每周短信提醒、廉政知识测试、观看《赵抃》婺剧等活动，强化党员干部日常教育提醒。深化清廉柯城建设，全区建成各类清廉建设示范点 17 家，全市清廉村（居）建设现场会在柯城召开。

【队伍建设】 从讲政治高度认识和开展“不忘初心、牢记使命”主题教育，推进区纪委、区监委机关主题教育。学习教育扎实深入，在做细做实集中学习、集中研讨、专题党课等规定动作同时，创新开展以老带新结对学、警示教育下乡学、擂台比武竞赛学、夜访夜办实践学、初心之行现场学等自选动作，纪检监察干部政治素养和理论修养得到提升。坚持问题导向，强化严实作风，做到调查研究深入基层，检视问题全面深刻，整改落实动真碰硬，扎实推进主题教育走深走实。选优配强干部队伍，争取市纪委和区委支持，打通纪检监察系统上下、内外交流渠道，系统内提拔或转任重要岗位 10 人，提拔或转任至系统外担任重要岗位 12 人，新进纪检监察干部 29 人，干部队伍活力激发。干部能力素质提升，开展纪检监察干部全员培训，实现全区纪检监察干部培训全覆盖。加强机关党建工作，成立机关党委、机关纪委和4个机关支部，深化“五张清单一张网”建设，开展重大风险隐患排查和防范化解，建设模范机关、清廉机关。加强区委巡察组干部考核管理，在全市率先将巡察组人员编制划入巡察办，明确由区纪委、区监委进行日常管理和考核。自觉接受外部监督，聘请首届特约监察员15名。坚持刀刃向内，受理核查纪检监察干部信访件和问题线索10件。同时，关心关爱纪检监察干部，及时为1名受到不实举报的纪检监察干部澄清正名。

（陆圣哲）

民主党派·工商联

民革柯城区总支

【概　况】 2019年中国国民党革命委员会衢州市柯城区总支委员会（简称民革柯城区总支）在中共柯城区委、民革衢州市委会领导下，在区政协、区委统战部的关心、帮助支持下，在总支部党员们的共同努力下，以全面完成民革市委会任务为担当，以全力以赴乐于奉献为目标，全体人员认真履行参政议政、民主监督职能，认真组织开展各项社会活动和支部活动，取得较好成绩和效果，圆满完成年初制订的工作计划。

【理论学习】 民革柯城区总支党员利用集中学习和自学的方式，通过微信、视频、上级文件等工具，结合主题教育认真学习习近平总书记新时代中国特色社会主义思想。2名民革党员参加市民革委员会、区政协组织的长沙大学履职能力提升培训班。1名民革党员参加市委会组织的广西“观故居、走多党合作之路”学习活动。5名民革党员参加区统战部组织的温州平阳红色教育基地参观学习。通过学习，坚定广大党员政治责任感和历史使命感，提高履行职能质量和水平，明确工作奋斗目标。

【参政议政】 民革柯城区总支围绕人民群众关心的，党政部门重视的工作内容，通过反映社情民意，政协会议提案，专题调研等多种形式开展参政议政、民主监督工作。总支部的区政协委员在两会上提出《关于发展我区体育产业的建议》《乡贤促乡村振兴》《关于加强消防安全责任人责任意识的建议》等7篇提案，提出《关于加快推进工业数字化转型升级的建议》的1篇大会发言，认真履行参政议政职能。开展专题调研工作，4月2日总支部全体党员赴巨化集团公司开展“夯实入企服务，助力产业振兴”调研活动。通过活动，增加民革党员之间交流学习，了解巨化集团公司运用新技术、发展新产业、形成新形态所取得成绩，坚定支持并宣传好本土品牌、总结推广服务企业中好做法、好经验的信心。支持党员参加市、区各级座谈会、协商会4次，参加区政协组织的“残疾人之家”建设工作，撰写《服务企业全生命周期，助推企业高质量发展》调研报告。

【助推中心工作】 支持党员参与党委政府中心工作。完成“古城双修”、礼贤未来社区等项目征迁工作。发动党员参与文明城市创建，开展交通劝导、垃圾清理、文明宣传等活动，派出部分党员进社区，为城中村清理卫生死角、铲除墙上非法小广告、清理乱堆放杂物、清扫绿化带，为创建全国文明城市添砖加瓦。

【服务社会】 组织健康讲座、义诊进社区、进单位、进学校、进企业等活动25次，为他们提供免费测血压、血糖，传播健康生活方式和常见疾病预防知识，受众人数 1000 余人。参加最美天使急救团队活动，在衢州高铁站现场演示心肺复苏、传播急救知识。关爱青少年、残疾人、计生特困等重点人群。举办青春健康讲座 16 场，培训人数 4500 余人次；走访慰问困难计生家庭 55 人次，发放慰问金 15.55 万元；为辖区残疾人提供健康随访等医疗服务。

【组织建设】 遵循“人才兴党”“人才强党”原则，摒弃领导推荐的“一言堂”，率领支部骨干到入党积极分子单位进行实地考察，把真正热爱民革的新人吸引到党派中来。年内，向民革市委会推荐 2 名优秀人士加入民革。派出 1 名党员参加民革市委会举办的“庆祝新中国成立暨多党合作制度确立 70 周年演讲比赛”，取得三等奖。多名党员获系统内年度先进工作者、专业委员会委员。根据市委统战部和民革市委会的要求，召开支部委员会民主生活会，在民主生活会上每位支委进行自我剖析和互相批评，列出个人问题清单和整改清单，逐步整改，接受党员监督。

（沈水忠）

民盟柯城区支部

【概　况】 2019 年，中国民主同盟衢州市柯城区支部委员会（以下简称民盟柯城区支部）在民盟衢州市委会和中共柯城区委统战部的正确领导与悉心关怀下，全体盟员以高度奉献精神和政治责任感履行参政议政、民主监督职能，始终围绕区政府中心工作，服务大局、立足本职，提高自身社会服务能力与本职岗位履职水平，为推动经济社会各项事业发展建言献策。

【理论学习】 组织盟员认真学习民盟盟史、章程，系统学习统战理论和人民政协理论，继承和发扬民盟老一辈优良传统。支持全体盟员参加省、市民盟组织的各项学习会、讨论会和培训班。支部主委、盟员骨干先后安排参加省、市基层青年骨干培训学习，提高理论知识。支部学习围绕民盟市委会、区委统战部部署进行加强支部盟员间相互沟通，促进各项工作开展。

【参政议政】 坚持以人为本、以民为先原则，围绕区经济社会发展重大问题和人民群众关心热点、难点问题，倡导盟员们深入基层、认真调研、注意倾听民意呼声、真实反映群众意愿，自觉践行情为民所系、利为民所谋、言为民所建、计为民所献。支部骨干盟员重视社情民意调查，支持人大、政协会议提案、议案工作与大会发言，撰写建议意见材料反馈，其中涉及经济发展、行风建设及教育卫生事业等问题，得到中共柯城区委、区政府重视和肯定。盟员中的政协委员履职认真，能参加政协大会发言和政协社情民意调研视察，坚守履职为民理念，为改善民计民生献计出力。盟员王秀珍为区政协委员大会和政协常委会撰写提案并作大会发言，其中两会大会发言《加强柯城大花园建设资金要素保障的建议》得到区有关部门肯定与重视。

【服务社会】 民盟柯城区支部全体盟员参加扶贫帮困、救灾援助等公益活动，盟员张丽红多年坚持资助石梁镇珊塘自然村吴忻晨；支部盟员在工作生活中，始终做到用点滴言行生动践行诠释民盟组织“立盟为公、参政为民”的参政党形象。

（沈水忠）

民建柯城区总支

【概　况】 2019 年，中国民主建国会衢州市柯城区总支委员会（以下简称民建柯城区总支）带领全体会员，围绕全区大政方针和本会中心任务开展工作。调动广大会员积极性和创造性，凝智聚力，密切联系群众，深入调查研究，积极建言献策，反映社情民意，为促进区经济社会全面协调可持续发展做贡献。

【政治思想建设】 组织会员学习重要政治理论及中共中央、省、市、区党委、政府重要会议精神，开展“不忘初心，继续携手前进”主题教育活动，每两个月组织班子成员学习民建全国、省、市全会精神，邀请民进市委会主委马梅芝参加。通过多种渠道输送骨干会员到各级各类学习班学习，提高会员政治思想素质和参政议政能力，选送新会员参加市委会组织的主题教育学习活动，民主监督及“三服务”等活动，选送支部主委参加省委会的支部主委培训活动。会员许琳获国家三级健康管理师资格。会员们参与衢州市民建企业家协会成立大会筹办组一对多联络工作，全程跟进大会嘉宾服务对接，组织参与衢州市民建企业家协会活动。参加区统一战线瞻仰革命烈士学习英雄事迹，提升自身思想政治素质。开展“不忘初心，继续携手前进”主题教育活动。

【组织建设】 严格按照民建章程和民建中央、省委会有关规定和程序，扎实有效地做好新会员发展工作，为衢州民建事业发展壮大增添力量。截至 12 月，民建柯城区总支部 3 名会员加入省民建企业家协会，并担任一定职务。多名会员加入市民建企业家协会。确立民建基层组织“生命力在于活动，凝聚力在于服务”理念，支持总支部开展形式多样的活动。是年，民建柯城区总支班子尽心尽责，广大会员积极配合，会员之间团结友爱，支部活动丰富多彩，组织开展外地考察、支部联谊等活动。年底总支班子成员主动组织慰问本支部的老会员活动。主动承办区委统战部的每季“读书会”活动二次，受到区委统战部和各民主党派好评。

【参政履职】 在区政协四届三次会议上，会员苏青华提出的《关于省市县三级政府设立行政复议局的建议》获 2018 年度“金点子”奖；韩琛提出的《关于加快高端装备制造业的建议》获 2018 年优秀建议；陈莹提出的《“美丽中国”始于“美丽乡村”——关于推进“美丽乡村”的几点建议》获 2018 年优秀建议；徐玉林提出的《关于加快特色小镇建设》获 2018 年优秀建议。委员殷琼被评为 2018 年度区优秀政协委员。在区政协四届三次会议上 10 名柯城民建的区政协委员提案 10 件，立案率 100%。在市政协七届三次会议上提交 2 件提案，其中会员韩琛提交的《关于持续开展扫黑除恶专项斗争的建议》被市政协确定为重点提案，由市委副书记、政法委书记周伟江领办，市政协副主席周庆督办。向民建市委会报送社情民意信息 14 篇，其中被省级部门采用 8 篇，被市级采用 6 篇，被采用率 100%。向民建市委会报送 2 篇调研报告，市政协理论课题、市委统战部理论课题各 1 篇。

【服务社会】 年内，会员参与区委、区政府中心工作，完成姜家山高铁新城前徐村坟地征迁工作，并参加礼贤未来社区征迁专班。

做好“三服务”联络员，帮助企业解决问题；区自然资源和规划分局会员做好党建治理大花园专班工作，主要牵头房地产信息系统建设和推广运用培训工作；经信局会员着力推进105家“低散乱”工业企业整治，助推工业企业转型发展。会员们参与“全国文明城市”创建工作。会员徐成正、江爱娟分别入选市新115人才专家库，会员韩琛入选市公共资源交易专家库和政府采购专家库；会员刘卫平获评庆祝新中国成立70周年“2019年中国茶产业精准扶贫特别贡献奖”；在行政事业单位工作的会员在2018年度考核中多名会员获评优秀等级、先进个人。总支部组织多项公益活动，会员积极参加奉献爱心、社会服务活动，会员韩琛十年来为就读华墅希望小学的贫困学生王黔送慰问金及学习用品；四支部会员主动对接帮扶七里乡困难学子3年。响应民建市委会的扶贫项目，自掏腰包贡献自己的一分力量，企业家会员巫宏飞、祝小林走访慰问生活困难家庭。

（沈水忠）

民进柯城区总支

【概　况】 2019年中国民主促进会衢州市柯城区总支委员会（简称民进柯城区总支）坚持以思想建设为引领，以组织建设为抓手，立足特色发挥优势，紧紧围绕区委、区政府的中心工作，深入调研，务实建言，汇聚力量，服务社会。聚焦乡村振兴，衢州有礼、主题教育、创文明城市等重点工作，自觉加强学习，务实建言献策，主动开展服务，各项工作进展顺利。

【自身建设】 是年，将会员整体素质提高放在工作首位，增强组织凝聚力。通过学习，加强组织和全体会员的自身建设，提升履职能力，提高参政议政水平。9月21日，民进柯城区总支与市直一支部联合开展“不忘合作初心，携手前进”主题教育活动，加深对多党合作初心的认识和理解，展望新时代新目标新任务，扛起新时代高质量发展新使命。

【提升履职水平】 积极参与调研，撰写提案和社情民意信息，被民进市委会级以上部门录用20多篇。9月29日，民进柯城区总支和开化支部联合承办民进市委会2019年第5次“开明议政”（总第17次）活动，会上，民进柯城总支委员刘美芳围绕如何写好社情民意，作题为《小草的呼声，草根的思考》发言，与会员们进行交流。

【服务社会】 支持总支会员充分发挥自身岗位优势，主动开展服务社会活动。10月15日，由民进柯城区总支医卫小分队总支副主委、区人民医院副院长许贤智带领，在门诊大厅入口处，给患者和家属宣传和演示如何正确洗手。会员姜利军创办的金色假日旅游公司，参与做公益类事业，如“一村万树”活动，主动对接，购买10万元（2个资产包） 浙江楠（位于九华乡范村村），在市旅游行业中是第一家，相关事迹被浙江卫视宣传；与沟溪乡政府共同投资打造沟溪余东研学基地，获批市级基地，正在报省级研学基地。6月4日，市委书记徐文光在区委书记徐利水陪同下视察沟溪乡余东村，给予高度肯定。她每年还参与衢州润智学校、衢江启智学校的送温暖活动和其他多项公益事业，回馈社会。

【做好本职工作】 立足本职工作，发挥专业优势，爱岗敬业，积极作为，屡创佳绩，树立良好社会形象。会员鲁艺文获2019南孔香樟人才奖。会员姜利军响应市委、市政府及市文旅局关于开发重庆旅游市场号召，积极行动、主动作为，10 月，三批重庆客人搭乘华夏航空公司飞机安全降落在衢州机场，一起走进这座最有礼的城市，开启山水和人文之旅。首趟包机降落后，市文旅局局长周红燕代表市文旅局到机场接机，各大媒体（衢州电视台 1 套、3 套，网易网、搜狐网、央广网、中国网、凤凰网、新浪微博、浙江之声等）纷纷报道，社会反响强烈。成为年内衢州旅游市场的一件大事。包机完成后，开启衢州旅游市场向以重庆为代表的大西南腹地大门，在衢州旅游历史上有重要意义。会员方向明创办的早田农业践行农产品供给侧改革新模式，有 20 种有机蔬菜通过欧盟认证，在上海、杭州等地建成控股销售公司并设立展销窗口，在衢州建成展示展销中心。央视等多家媒体还对此作过报道。实现乡村振兴，带领低收入农户脱贫致富的社会预期目标。

（沈水忠）

农工党柯城区总支

【概　况】 2019 年，中国农工民主党衢州市柯城区总支委员会（简称农工党柯城区总支），开展坚持和发展中国特色社会主义学习实践活动、社会主义核心价值体系主题教育学习活动，组织党员学习中共十九大会议精神和习近平总书记系列重要讲话精神，围绕中共衢州市柯城区委、区政府中心工作，积极建言献策。

【农工党员之家】 坚持以“健康中国”“美丽中国”为履职主线，立足区发展中医药健康产业，围绕打造全市及全国农工党员之家目标，筹建农工党专家楼。农工党专家楼建设完成。9 月 27 日，“衢州中医药博览会暨中国衢州健康城”举行开园仪式，中央、部、省、市有关领导参加开园仪式。

【参政议政】 区政协大会期间，提交提案 8 个，副主委翁水珍代表农工党柯城总支作《柯城区加快推进数字农业发展的建议》大会发言。委员刘国群代表农工党柯城总支作《加强土壤重金属污染防治，保障农产品质量安全的建议》大会发言。

【社会活动】 每位党员在各自岗位上参与衢州全国文明城市创建活动。党员郑开良、翁水珍、郑利珍、刘国群、周香球深入社区，进行文明劝导，推进文明城市创建。9 月 27 日上午，为助力“衢州中医药博览会暨中国衢州健康城”开园仪式，农工民主党柯城医卫支部吴淑珍等医务人员到活动现场，为参会老百姓进行义诊活动，测血压、测血糖、咨询、宣教、预约就诊，皮肤科医师范锡勇，肛肠科医师柴腾蛟及门诊护士长吴淑珍参与其中。

（沈水忠）

九三学社柯城区基层委员会

【概　况】 2019 年，九三学社柯城区基层委员会全体社员围绕组织建设、参政议政、社会服务、做好本职工作等方面，上下心往一处想，劲往一处使，团结拼搏，奋勇开拓，各项工作取得不少成绩。

【组织建设】 认真贯彻落实社省委、社市委的各项决定和工作部署，医卫、科教、综合三个支社，分别制定学习方案，开展学习教育活动，学习中共十九大及市委书记徐文光讲话，深刻领会精神，撰写体会。6月27日—28日，5位社员在副主委方炜金带领下，赴温州平阳革命根据地参加区委统战部组织的“风雨七十年、肝胆常相照”主题教育活动，重温中国共产党波澜壮阔革命史，艰难卓越奋斗史，可歌可泣英雄史。9月3日，衢州社市委举办“我与祖国共成长”演讲比赛，基层委员会社员积极参与，通过讲述自己在岗位上的故事来深深表达作为一名九三人对祖国的热爱与祝福，社员杨慧峰在演讲比赛中获一等奖，并代表衢州市到社省委参赛。12月31日召开年终工作会，听取由徐成旺主委传达中共十九届四中全会会议精神，商议区四届四次政协会议大会发言议题。

【参政议政】 九三学社柯城区基层委员会的政协委员们充分发挥党派优势，积极履职参政议政，为柯城区全力推动市委“1433”发展战略体系在柯城重重落地同心协力，群策群力。由九三学社柯城区基层委员会提出的1号提案《关于进一步提升柑橘产业的建议》获2018年度优秀提案，郑建军委员撰写的《柯城区生育保险基金安全运行分析及建议》获2018年度优秀大会发言，郑林树撰写的《我区企业科技创新存在的问题及对策分析》在大会发言。郑建军撰写的《关于进一步规范临床辅助用药使用的建议》被社省委采用。在区政协四届三次会议期间，社员通过大会发言、委员提案、小组讨论等形式广泛协商议政，建言献策，提交政协提案17件，占全部提案12.06%，其中集体提案1件，个人提案16件。全国人大代表陈玮共撰写提案和建议：区级2个、市级5个、全国17个。九三学社柯城区基层委员会提出的93号提案《关于设立“金庸路”的建议》、方炜金撰写的《关于加强新时代农民生产生活方式培育的建议》获区政协四届三次会议优秀提案。郑林树提交的21号提案《进一步加强我区企业科技创新的建议》被列为重点提案。社员陈玮、郑建军、郑林树被评为柯城区2019年度优秀政协委员。九三学社柯城基层委员会撰写的《关于提高我市中小学生体质健康水平的建议》获九三学社衢州市委员会2018－2019年度优秀调研课题三等奖。九三学社柯城基层委员会被评为2019年度九三学社衢州市委员会信息工作先进集体、九三学社衢州市委员会新闻宣传先进集体。陈玮被评为全国优秀基层政协委员、浙江省劳动模范、2019年度九三学社衢州市委员会信息工作先进个人，郑建军获评2019年度九三学社衢州市委员会新闻宣传先进个人。杨慧峰获评2019年九三学社浙江省优秀社员。

【服务社会】 坚持把社会服务作为参政党履行参政议政民主监督职能、凝聚组织力量、参与社会经济发展为民办实事的平台，主动开展助力乡村、社区活动。3月2日、9月28日，综合支社开展扶贫帮困活动，由社员邹小红组织参加公益志愿者活动，为5户残疾老人送去座椅式马桶，方便缺乏自理能力老人。“六一”儿童节，社员杨慧峰老师走进府山社区，为社区的家长做题为《“悦书香　悦成长”亲子阅读》讲座。给现场小朋友赠送节日礼物。6月6日，九三学社柯城区基层委员会部分区政协委员在区政协副主席、九三学社柯城区基层委员会主委徐成旺带领下，参加市公安局柯山分局扫黑除恶专项斗争视察工作；6月19日，九三学社柯城区基层委员会医卫支社一行6人到石梁镇双溪村，与市场监管、财政、卫健、医保、旅委等工作人员开展送药上山进岛便民服务，并为该村百姓开展义诊活动；7月15日，“比利时布鲁塞尔大学孔子学院访华” 夏令营活动在衢州孔氏南宗家庙举行，科教支社社员杨慧峰作为志愿者代表为学员介绍“南孔历史”、解读论语。医卫支社社员定期到乡镇送医下乡，为村民免费提供医疗检查、义诊、急救技能培训和健康咨询服务。加强宣教教育，普及洗手卫生等预防疾病知识。利用各种形式健康教育活动，让公众了解预防疾病重要性，科学认识和正确对待健康问题，促进公众健康行为的形成。全年医卫支社组织社员“洗手进幼儿园”“送医送药义诊下乡”，在城区组织义诊活动4次。社员积极做“红手印”志愿者，以身作则，倡导文明行动，进社区，进学校，进公共场所，做文明行为宣传者，助力衢州市全国文明城市创建工作。

【本职工作】 社员立足自身岗位，充分发挥自身优势，主动承担工作责任，工作中细致认真，尽心尽责、任劳任怨、乐于奉献，同时注重自身能力培养，加强学习，提高业务能力，提高自身综合素质。是年，社员方炜金“五水共治”工作突出被记三等功一次、获评年度优秀公务员。社员吴祖珍获评2019年区优秀公务员。社员吴文明撰写的“有机叶面肥对柑橘生长及果实品质的影响”发表于省级专业期刊《浙江农业科学》上，《大棚延后栽培椪柑品质动态变化研究》发表于国家级专业期刊《中国果菜》上，被评为区级劳动模范，课题“柑橘新品种选育引进筛选试验与示范推广研究”获2018年度浙江省农业丰收二等奖（排名第九），参与撰写《大棚延后栽培椪柑品质动态变化研究》发表于国家级专业期刊《中国果菜》。社员杨慧峰主持的“依托场馆，亲近与传播儒学文化的实践与研究”课题被立项为2020年衢州市教育科学规划一般课题。

（沈水忠）

工商联

【概　况】 2019年，区工商业联合会围绕区委、区政府中心工作和市委“1433”战略部署，服务大局，充分发挥工商联的统战性、经济性、民间性优势，积极履职，为全区社会经济发展做贡献。

【参政议政】 区工商联（商会）会员中，有市人大代表2人、区人大代表8人；市政协委员4人、区政协委员21人。两会期间，区政协工商联界别委员及其他非公经济人士提交提案11件，其中工商联执委徐玉林《关于加快特色小镇建设的建议》被评为优秀提案。组织工商联界别委员参加“新材料小镇建设和完善柯城巨化‘新材料＋’协同创新体系建设”协商会议、视察网红星耀城和中医药健康城、视察优化营商环境和深化“最多跑一次”工作等活动，提出许多意见建议，切实履行职能，发挥作用。工商联副主席方向明履职事迹入选省政协《70年70人》。

【服务会员】 2月，组织伟荣药化、鲟龙水产、德贤纺织等部分执委参加全区“两会”民营企业家人大代表、政协委员座谈会，与区领导面对面互动交流，提出制药企业发展的瓶颈问题，畅谈发展思路，对政府优化服务提意见建议。利用会员微信群向会员宣传党委政府关于企业的各项方针政策，向区委、区政府反馈企业意见，发挥“桥梁纽带”作用，助力优化区营商环境。组织双港开发区企业开展知识产权专题讲座、企业常见法律纠纷及风险防范等专题知识讲座，邀请杭州橙知果专利代理事务所团队、商会法律顾问戴剑波律师等为企业开展业务培训，由企业法人、财务人员、合同专员等200余人参加。集中走访调研基层商会5家、副会长以上企业10余家，了解商会运转情况、企业经营状况、存在的瓶颈问题，将收集意见反馈进行梳理，思考下一步解决方案。11月，与区法院联合召开民营企业家座谈会暨“法企直通车”启动仪式。会前，企业家代表参观区法院诉讼服务中心、执行指挥中心等场所，听取法院审判、执行工作情况介绍，全面了解掌握涉企矛盾纠纷化解流程。座谈会上，企业家们畅所欲言，纷纷从涉企纠纷方面提出意见和建议。现场向企业发布民营企业涉诉审判白皮书、法律知识等资料120余份。

【公益事业】 7月，工商联联合市农特产商会组织9位企业家代表带着学习用品、食品前往石梁镇尼山小学珊塘校区看望学生；柯山商会向巨化中学捐赠助学金第二届爱心助学款10万元；航埠商会继续与航埠中学贫困学生结对资助；执委企业浙江鸿盛环保科技集团公司向区慈善总会捐赠50万元，此笔善款中10万元将用于定向帮扶北川羌族自治县开展社会扶贫、慈善公益等，剩余善款按每年10万元，连续4年对柯城区范围内因病、因学发生造成经济暂时性困难的家庭及低保、低保边缘家庭中的高龄、孤寡老人开展精准帮扶。

图11　7月，9位企业家看望石梁镇尼山小学珊塘校区学生

【商会建设】 探索新模式，在域外成立衢州商会的地区，以柯城分会形式构建柯城商会组织，选择企业发展较好、较有影响力企业家担任负责人，开展柯城小组活动，增强在外柯城企业家认同感、归属感。8月31日，衢州西安商会柯城分会成立并进行授牌仪式。

【扶贫结对】 落实“千企结千村、消灭薄弱村”结对帮扶工作，与余杭区工商联互相走访考察9次。余杭6家企业与航埠镇严村村等3个村签订结对协议。12月，“一村万树”绿色期权项目启动，在项目捐赠仪式上，余杭区企业单位10家为柯城区捐赠资金30万元。11月，组织8家企业负责人前往与柯城区结对的四川北川县考察，寻求投资机遇，7家企业筹资帮扶款项70万元。12月，邀请北川工商联及执委企业到柯城作农特产品推介，帮助北川企业寻找销售机遇，促成两地企业合作。

【“消薄”工作】 深化山海协作，深入推进“千企结千村，消灭薄弱村”专项行动，创新打造绿色期权模式，将首批完成结对的九华乡茶铺村、沟溪乡斗目垅村、航埠镇严村村等5个薄弱村作为试点村，通过整合“一村万树”资源，建设村企结对林“消薄飞地”，形成企业付费买林木未来收益，村集体“一村万树”小周期变现增收的共享模式，打通“一村万树”资源、资产、资金通道。3月，在九华乡范村村召开“一村万树”绿色期权产品发布会，九华乡和余杭区余杭街道现场签订共建“生态飞地”协议。8月，余杭百丈镇政府、余杭区百丈商会与七里乡政府签约，认购七里乡上门村“一村万树”绿色期权10年周期的资产包一份。经工商联宣传发动，有143家企业和商会组织、500余名个人认购绿色期权资产包1654个，认购资金达720余万元。5月，省工商联原党组书记徐旭、副主席黄正强分别到柯城调研“千企结千村、消灭薄弱村”工作，走访查看万田农民小微企业创业园、九华乡范村村“一村万树”项目基地和沟溪乡五十都村“一村万树”项目基地，对柯城区“消薄”工作特别是“一村万树”绿色期权项目给予充分肯定。

【东西部扶贫】 5月，区委书记徐利水带队赴北川羌族自治县考察对接东西部扶贫协作工作，工商联多家执委企业一同参加，向北川县捐赠东西部扶贫资金60万元，该笔款项部分资金用于建成北川爱心多媒体电子阅览室和图书馆。9月27日，北川农特产品扶贫展示体验馆在柯城区中国（衢州）医药健康城开馆，四川省北川羌族自治县14家企业携近200种当地农特产品出席开馆仪式，现场参与品鉴客商千余人，直销3万余元，网上协议订购超过20余万元，迎来销售“开门红”。衢州德贤纺织制品有限公司和浙江佰意智造服饰有限公司分别向北川捐赠5500双棉拖鞋和300件羽绒服，多家执委企业采购价值5万元的北川农产品，通过消费扶贫方式为该县全面建设小康社会出一份力。

（周　丹）

人 民 团 体

工　会

【概　况】 2019年，区总工会认真贯彻落实中共十九大精神和习近平总书记系列重要讲话精神。按“日常工作出经验、重点工作有亮点、自选动作创特色、整体工作上台阶”的工作思路，围绕全区发展大局，加强党的建设，推进改革创新，组织引导职工，强化维权服务，夯实基层基础，年初预定目标完成。2月，在区总工会第四届九次全委会上，补选熊清益等常委2名，熊清益为区总工会第四届委员会委员、常务委员、常务副主席；张芳萍为常务委员、副主席。

【工会组建】 以精准开启实名制管理工作为抓手，推进基层工会组织建设。1月14日，召开全区基层工会组织和会员实名制数据库培训班暨全区实名制工作推进会，开启实名制工作。通过调查摸底，精确统计实情，全面摸清区基层工会组织建设、职工入会、干部配备等基本情况，健全做实工会组织和会员数据统计，为全面加强基层工会规范化建设提供真实可靠的基本信息及依据。至11月底，完成工会会员实名制录入37383人，完成比83%。争取区党委支持，选优配强基层工会干部，优化基层工会干部队伍结构。17个乡镇、街总工会主席实现60%以上是优秀年轻干部。加强干部从“一岗一专”到“一岗多能”的能力培养，增强工会服务能力和水平，全年组织工会干部培训7次，培训人数500余人次。

【中心工作】 参与区委、区政府征迁工作，采取“5＋2”“白加黑”工作模式，第一时间完成古城双修包干楼栋蝴蝶路163栋18户和礼贤征迁包干楼栋南滨三区7幢30户签约腾空工作。礼贤征迁更是见证工会铁军速度，三天时间，百分百完成30户签约工作，实现四个“百分百”目标。创文活动以每周二组团联社日为契机，发挥网格工作力量，组团联社支撑力量，全员参与联动力量。以“治乱”促提升，自治促发展，坚持全员参与、组团作战模式，全年开展志愿服务52次，走访住户182户，居民1000余人次，实地整治“十乱”现象700余处，发放宣传册2000余份，力保创文工作不留死角、不存盲区。开展“七城共建、七星联评”联合行动，动员职工广泛参与全国文明城市创建、环境整治、垃圾分类等中心工作，争做文明有礼衢州人。

【职工技能提升】 以提升职工技能为目标，围绕重点项目建设、新旧动能转换、区域经济发展等开展劳动竞赛。举办全区第九届职工职业技能大赛、重点工程（项目）立功竞赛、数据挖掘大赛、“安康杯”知识竞赛、第四届微型消防站技能大比武、万名职工学技能等活动。是年，招商引进“衢州市生物无

图 12　全区第九届职工职业技能竞赛颁奖现场

害化粪便、油脂消纳技术”项目，被区委、区政府列为重点研发项目。以企业需求为主导，融入个性化、实用性和针对性为一体的职工职业技能培训新模式，开展三期订单式培训，先后为实达实集团、金沃精工等企业送去企业营销战略、中高层管理等促进职工能力突破、企业更好发展的相关培训，受益职工 1000 余名。打造劳模（工匠）创新工作岗，引导广大职工立足岗位创新。柯城农村商业银行郑建华高技能人才创新工作室获“衢州市高技能人才（劳模）创新工作室”称号。

【职工服务】 创新服务方式，重点关注户外劳动者生产生活及劳动条件。在全区窗口单位、沿街商铺等建设“劳动者港湾”户外驿站 10 个，为户外劳动者打造休息服务场所，解决喝水难、热饭难、歇脚难、如厕难等实际困难，让户外劳动者切身感受到工会“娘家人”贴心温馨服务。开展“全员网格包干制进企业”活动，将区域内 17 个乡镇、街道（管委会）分为三个网格，每个网格由班子成员包干，每名工会干部职工担任 1—2 个乡镇、街道网格员，负责与网格内企业进行日常服务联系，做到无缝对接。同时，开展“三服务”活动，深入企业走访调研，组建“三服务”志愿服务队 3 支，下基层送服务、解难题，走访企业 157 家，帮助协调解决问题 21 个。

【职工帮扶】 唱好“四季歌”，开展春送岗位、夏送清凉、金秋助学、冬送温暖等各类帮扶活动。召开重点人群就业帮扶专场招聘会，49 家企业参展提供岗位 2600 多个，为 230 多人提供职业介绍。走访企业 80 余家送去清凉用品 3500 份，总计 26.6 万元；为 8 位在校学生送上助学金 4.08 万元；为 89 名困难职工发放困难救助金 17.4 万元；全年医疗互助报销人数 182 人，报销金额 18.07 万元。

【职工文体活动】 5 月 8 日，开展女职工大讲堂，增强女职工自我保健意识；5 月 24 日，举行青年登山联谊，为青年职工搭建广阔交友平台，助力“一村万树”；9 月 28 日，举办全区职工工间操比赛；12 月 27 日，举办丛林穿越大赛等活动，通过系列文体活动开展，增强基层工会凝聚力，营造“快乐工作、健康生活”氛围，为“健康柯城”打基础。组织劳模 60 名、一线职工疗休养 80 名，促进广大职工身心健康，把关爱活动落到实处。

【深化杭衢山海协作和东西部（四川）扶贫协作】 为促进两区山海协作，探索柯城余杭“生态飞地”建设，共同推广柯城绿色期权生态包。全程陪同余杭区考察团走访九华乡等地，宣传推广“一村万树 · 绿色期权”系列产品，提高余杭企业参加与消薄工程积极性。主动对接余杭区总工会，推进两地职工疗休养交流与合作。年内，全区赴余杭区疗休养职工 1844 人。开展东西部消费扶贫，推销北川县农特产品价值 5 万元，助推结对地经济增长。

【“最多跑一次”】 以办事程序“简约化”为目标，进行流程再造，精简流程，集约化办理，提高流转速度。是年，在职工医疗互助参保、基层工会组建、职工疗休养报备、区级劳模评选表彰及职工职业技能竞赛联办项目审批5件高频事项实现“最多跑一次”。7月1日，职工医疗互助保障正式纳入医保“一站式”结算平台，届时，职工在医疗机构结算费用时刷医保卡就能同步完成医疗互助保障报销手续，实现报销“零跑腿”。

【劳模评选】 何建红、胡飒斌、陈玮、黎耀富4人获评省级劳模，衢州市柯城区征迁管理办公室（高铁新城征迁工作团队）获评省级劳模集体；翁士文、赵国权等12人获评市级劳模。组织全区五年一次的劳模评选，评选出冯冠军、王国军等19人为区级劳模，双港街道五湖村、浙江天赞律师事务所、浙江金沃精工股份有限公司等5个模范集体。至年底，全区有全国劳动模范2名、五一劳动奖章3名；省级劳动模范19名（含享受省劳模待遇10名），模范集体2个；市级劳动模范52名，五一劳动奖章14名，模范集体2个；区级劳动模范72名，模范集体12个。

（叶　燕）

共 青 团

【概　况】 2019年，共青团柯城区委员会（以下简称团区委）坚持党的领导，学习贯彻中共十九大精神，做好全区青少年思想引领工作。开展纪念五四运动100周年暨“青春心向党·建功新时代”主题宣传教育实践等活动，弘扬爱国主义精神，在广大党团员间营造浓厚“两学一做”学习教育氛围，对学生进行革命传统教育。

【共青团改革工作】 从严管理团组织，夯实团基层基础。赴基层开展“三服务”工作，服务企业、服务群众、服务基层，推进共青团工作，保持和增强区各团委、团支部政治性、先进性、群众性，团结带领广大青年为区共青团改革发展新篇章再立新功。从严管理团干部，锻造柯城青年铁军。参与区委中心工作，团区委书记挂帅，融入全区重点工作项目中，市区“古城双修”项目，与府山街道共同包干109户，历时4个月，实现评估签约拆除三个100%；组织开展是年区团干部培训班，为团干部赋能，建设高素质专业化团干部队伍，提升干部战略谋划和攻坚作战能力。从严管理团员队伍，提升先进性光荣感。参加祭英烈活动，实地接受“沉浸式”精神洗礼。青少年在庄严仪式中接受理想信念熏陶，引导青少年重温革命历史、传承红色基因，增强听党话、跟党走的思想和觉悟。

【团组织建设】 依托智慧团建，筑牢团建基本盘。开展智慧团建工作，做到乡镇、农村、学校全覆盖。考核力度和工作培训加大，提高数据录入覆盖率和精准度，全区各级团委、团支部数据录入和更新全部完成，为开展团建工作奠定基础。开展“双百双提升”工作，增强团建标准化，衢州学院为“双百双提升”创建单位，对照标准，开展团建规范化、标准化建设。“青年之家”阵地建设加快，充实骨干队伍力量，补充优秀兼职干部，深化青年志愿品牌工作，乡镇街团支部日常管理抓实。推进新领域团建，团组织覆盖面扩大，在园区，柯城创客孵化园等年轻人较为集中的园区成立联合团支部、建设区青年创业服务中心，扩大团建范围。依托全省平安建设信息系统，开展重点青少年群体排查摸底工作，对五类重点青少年群体数据实行动态管理。运用互联网、微信、微博等共青团新媒体手段开展暑期自护教育、禁毒宣传、艾滋病防治宣传、青少年法治宣传教育等，青少年平安建设工作加强，推进团干部直接联系青年制度，推动“亲青筹”“亲青恋”等共青团平台，扩大团组织覆盖度、活跃度和满意度。

【青年志愿服务】 策划开展志愿服务活动30余场次：组织青年志愿者参与九华立春祭、共青团助力春运“暖冬行动”、创建全国文明城市攻坚行动、2019年全国围棋锦标赛（团体）暨第四届全国智力运动会、2019灵鹫山第二届（国际）森林汽车穿越大赛、全国乡村绿化美化系统宣传活动、“棋妙柯城·田园牧歌”橘子音乐节等主要活动，柯城“红手印”志愿者在全区大型活动中扮演着重要角色，为“志愿之城”金名片镀上青春色彩。

【希望工程助学行动】 将救助贫困弱势青少年群体作为重点工作，开展希望工程助学行动。组织青年企业家赴村社、赴农村小学开展结对帮扶活动，全年开展活动4场次，捐赠财物3.72万元，累计帮扶农村留守儿童100名。随着高考结束，深化希望工程“爱心助学”活动，营造全社会倡导扶困助学、关爱他人社会风尚，广泛动员社会力量，帮助全区品学兼优家庭贫困大学新生，实现大学梦想。在全区范围内排摸品学兼优、家庭贫困大学新生，通过整理上报团省委、省希望办等单位，结对寒门学子30名，实现助学圆梦。

【少先队工作】 结合清明节、“3·5”学雷锋日、“五四”青年节、“六一”儿童节等时间节点，先后开展“缅怀革命先烈 、传承红色基因”区青少年主题思想教育活动、纪念五四运动100周年暨“青春心向党·建功新时代”主题宣传教育实践活动、“青春心向党·建功新时代”纪念“五四运动”100周年征文比赛活动等，对少先队员进行革命传统教育，弘扬爱国主义精神，引领柯城青年思想不断前进。连续12年开展“节约资源、保护环境、争做国土小卫士”活动。结合主题，在中小学生中开展讲故事大赛，评出年度“国土小卫士”16名、李四光中队11支，以宣传节约资源、保护环境生态理念；开展区“新时代好少年”评选活动，评选出区级好少年47名，其中推报市级参与评选18名；评比表彰年度区十佳少先队员等活动，树青春榜样，弘扬正能量，激励全区广大少先队员，在助推区经济社会发展中发挥青春力量。

【东西部扶贫工作】 利用“亲青筹”平台，在推进东西部扶贫团柯城区委结对帮扶北川贫困青少年儿童工作中，配合“微心愿”认领，开展线下线上爱心公益活动，取得良好成效，筹集募捐资金20余万元，用于北川“青年之家”建设。6月，随团市委班子赶赴四川省绵阳市开展深入调研，明确任务、落实责任，发动下属团组织区青创协会购买总

图13 柯城—北川东西部扶贫协作“微心愿”圆梦行动启动仪式在北川安昌小学举行

价达2万元的北川特产助力东西部扶贫攻坚。

【乡村振兴工作】 结合乡村振兴讲堂从青年团干、青年团员、青年企业家中择优选择一批“叫得动、拉得出、讲得好”人才组成青年讲师团，形成以青春感悟、青年创业、技能培训等多元化讲师队伍，为基层送去新知识、新风气、新精神。做实优秀人才扎根基层。立足乡镇振兴总体部署，以柯城青年创业园、万田微盟、森林运动小镇为载体，吸引“乡小贤”回归，打通青年创业人才结对、服务村居“最后一公里”。做好青创农场建设。全力推进青创农场创建工作，年内，重点创建青创农场1家，引导提升孵化3家。

（徐恒义）

妇　联

【概　况】 2019年，区妇联围绕区委、区政府工作中心，按省、市妇联工作部署，准确把握市委“1433”战略体系的深刻内涵，找准妇联定位，团结带领全区广大妇女听党话，跟党走。发挥群团改革优势，坚持围绕中心、服务大局，突出妇女发展、妇女维权、家庭建设3个重点，勤谋深思、主动作为，推动全区妇女儿童事业健康发展。是年，区妇联获省巾帼建功先进集体、区党建治理大花园工作突出贡献集体、区三大征迁项目集体嘉奖等荣誉。区蔬菜技术推广中心主任何润云获“全国三八红旗手”称号。

【主题教育】 9—12月，开展“不忘初心、牢记使命”主题教育，全面落实“守初心、担使命，找差距、抓落实”总要求，把学习教育、调查研究、检视问题、整改落实贯穿始终，坚定不移推动党的理论入心入脑、坚定不移推动政治生态清明清朗、坚定不移推动群众路线走深走实，使主题教育成为妇联党员干部不忘初心跟党走、凝心聚力再出发的一次思想洗礼。3个月时间组织开展专题学习13次，交流研讨4次，完成专题党课3场，开展基层调研27次，调研发现问题14件，其中解决11件，为民办实事5件。主题教育开展以来，区妇联班子成员坚决“刀刃向内”，落实习近平总书记提出的“四个对照”“四个找一找”，围绕“18个是否”查摆自身问题，查摆问题41条，整改落实41条，取得实质性成效。

【巾帼建功】 做好农房整治拆后利用“后半篇”文章，推进“一米菜园”建设，打造有乡土味、乡亲味、乡愁味的乡村大花园。区妇联将“一米菜园”作为破解农村拆后用地如何焕发新生的有效抓手，通过“网格＋农户”“小家＋大家”“美丽＋幸福”夯实基础、压实责任，实施“1＋7＋X”创建模式，发挥基层妇联执委作用，带动广大妇女群众，打造低成本、可复制“一米菜园”精品村，为乡村大花园助力。至年底，全区13个乡镇街示范村创建工作完成。沟溪乡余东村获评2019年度衢州市“一米菜园”精品村，万田乡上蒋村、信安街道沙湾村获评2019年度衢州市“一米菜园”示范村。参与古城双修房屋征迁。围绕区委、区政府工作中心，主动参与“古城双修”房屋征迁工作，发挥女性细腻柔和特性，做好政策宣传扩音器，助推器和稳定器，克服人少因素，勇于担当、主动作为，人防路14—1幢20户征迁户签约任务完成。参与全国文明城市创建。联合区创建办在航埠镇举行全区全民创建攻坚集中行动暨“礼润万家、巾帼有为”系列活动启动仪式，引领全区妇女参与到全国文明城市创建中来，形成全民参与强大合力，营造全域整治浓厚氛围。省测、国测关键时期，区妇联全体干部投身迎检工作并组织志愿者 50 名支援荷花街道、信安街道。组建各具特色区、乡、村三级巾帼志愿者队伍近 180 支，衢化大妈志愿服务队、荷花街道“红色娘子军”志愿服务队、府山街道女子“拍拍团”志愿者服务队、沟溪乡“夕阳红”志愿服务队等，传播文明新风、服务广大市民，为文明城市建设注入“文明力量”。推动“三服务”落细落实。以领导班子带头、全体干部共同参与形式，利用微信、钉钉等平台发布用工需求帮助杰丰服装厂解决用工问题；助力来料加工优秀经纪人吴争仙申请中国妇女手工创业创新大赛；服务企业，帮助企业提升品牌知名度搭建平台，请优美世界服装搭配专家为乡镇街村、机关妇委会干部介绍优美世界品牌，讲解色彩服饰搭配，企业社会经济效益与社会效益提升；六一儿童节，联合多部门在水亭门与阿里公益举办大型自然嘉年华帮助农户推广多肉经济。助力“乡村振兴讲堂”。挖掘社会资源组建一支巾帼志愿讲师队伍，邀请农业种植、家政服务、手工编织等方面专家，聚焦农村妇女儿童所需所盼。全年开展乡村振兴讲堂 4 期，累计受众 200 余人。联合“半边天家政服务公司”和华墅乡华墅村结对共建“巾帼家政讲堂”。

【维护妇女儿童权益】 发挥社会力量致力定纷止争促和谐。创新工作方式，推动社会“家庭”细胞建设。区妇联家庭教育指导中心袁玮骅老师以法院“特邀调解员”身份参与法院家事调解，法院设有工作室，定期参与调解。10 月，袁玮骅老师参加浙江经视频道推出的“娘家人”普法栏目录制，以案释法教育引导妇女群众自觉学法尊法守法用法。全年化解夫妻间以争夺孩子抚养权达到多分割财产为目的的离婚纠纷 80 余起。发挥“家调会”“兰花热线”专业调解职能。家调会受理夫妻感情不和、家庭暴力、小孩抚养费等案件 52 余件，其中疑难复杂案件 9 件，立案调处 9 件，接待来电来访群众 200 余人，专业法律咨询服务 150 余人。区、镇、村妇联三级联动开展《中华人民共和国妇女权益保障法》《中华人民共和国反家暴法》《中华人民共和国未成年人保护法》等法律法规宣传，深化“平安家庭”建设。宣传培训和咨询服务活动 150 余场，发放各种法律宣传资料 2 万余份，有效提高广大妇女维护自身合法权益意识。开展乡镇村、机关妇委会干部维权法律知识专项培训 2 场，发挥基层妇联组织和妇联干部在基层治理和化解基层矛盾纠纷中的独特优势，增强广大妇女干部维权工作能力和服务群众的工作水平。

【妇联基层组织建设】 全区所有村（居）妇联改革换届工作完成，探索基层治理新模式。为打通服务妇女“最后一公里”，全方位激活基层妇联组织“神经末梢”，按哪里有妇女，哪里就有妇女组织原则，成立和规范妇女组织，扩大妇女组织覆盖面。全年围绕区中心工作，建设各具特色“妇女微家”15 个，重点打造“吴大姐的创业微家”“荷花街道妇女微家”。“吴大姐的创业微家”成为市妇联主题教育成果，带动留守妇女学习编织技术，解决部分妇女就业问题。通过妇女微家纽带，扩大妇联组织服务半径。各乡镇街探索服务妇女新方式。衢化街道探索构建

“3158”服务体系，立足问题导向、目标导向、价值导向三大导向，打造“衢化大妈”志愿服务品牌、形成“五色管理”机制，成立“妇女微家”8个，使妇联工作“活”起来、队伍“强”起来、群众“联”起来。政治性、先进性、群众性增强，成为妇女群众可信赖、可依靠的“娘家”。

【各类家庭创建】 贯彻落实习近平总书记提出“注重家庭、注重家教、注重家风”要求，在全区开展“树好家风、传好家训”和寻找“最美家庭”“绿色家庭”“书香家庭”“文明家庭”等活动。常态化寻找“最美家庭”，建立乡镇（街道）妇联上报制度，鼓励机关（事业）部门（单位）妇委会推荐优秀“最美家庭”，区妇联每月定期从中择优推荐给市妇联，参加省妇联季度评比工作。先后获省市级各种家庭荣誉称号近50家。是年，毛芳美家庭从全国999户家庭中脱颖而出，获“全国最美家庭”。“三八”国际妇女节到来之际，举办“传承好家风·讲述好故事”巾帼风采展示活动，对弘扬好家风传承好家训起到积极推动作用。以端午传统节日为契机，信安街道紫荆社区举办“树清廉家风、创最美家庭”活动，弘扬赵抃清廉文化，让廉政文化走进家庭；进村入户开展好家风好家训宣传，发放家风家训牌。全区各乡镇街道累计发放家风家训宣传牌2万块。

【家庭教育】 以创建全国文明城市，家庭和谐促进文明，以道德建设引领文明为契机，发挥家庭教育在未成年人思想道德建设中重要作用，联合相关部门共同开展家长学校“礼润千家，巾帼有为”家庭教育大讲堂等活动，深入推进家庭家教家风建设，总结经验，创新方法，促进社会主义核心价值观在家庭生根，以好家风好家教支撑起好的社会风气。全年借助省、市、区家庭教育讲师团力量，开展大型讲座23场，受益家庭近5000个。

【妇女儿童工作】 紧扣“三大攻坚战”目标任务，把关爱服务贫困妇女儿童特别是农村“三留守”人员作为妇联组织服务高水平建成小康社会的重要抓手全力推进。培树“女子帮帮团”志愿者帮扶品牌，深入实施系列关爱行动，对接省妇基会、儿基会、市博爱基金会、区慈善总会、区红十字会等部门，结对帮扶困境儿童、贫困“两癌”母亲、贫困妇女、退职妇代会主任等群团，96人次、金额10万元。“六一”，市、区领导到部分城乡小学、幼儿园，为孩子们送去节日的祝福，各级各部门、乡镇、街道领导和社会各界人士走访慰问学校、幼儿园近20所。暑假，华墅乡、衢化街道滨二村举办留守儿童暑期培训班，为留守儿童提供生活照料、学业辅导、心理疏导、安全教育等服务。

（江　艳）

科　协

【概　况】 柯城区科学技术局与区科学技术协会合署办公，对外挂科技局、科协两块牌子，内部一套班子，属独立核算单位。2019年，在上级科协指导下、在区委、区政府正确领导下，围绕省、市、区科协工作重点和区委、区政府工作中心，牢固树立创新、提升、协同、普惠的工作理念，重点做好基层科协组织建设、《全民科学素质行动计划纲要》（以下简称《纲要》）实施、科普活动开展等方面工作。

【基层组织建设】 结合乡村振兴工作，动员各乡镇（街道）基层科协发挥“三长”作用，组织“三长”即医院院长、学校校长、农技站站长（或农业服务中心主任、经济服务中心主任、社会服务中心主任、农技协联合会会长），走进乡村振兴大讲堂。衢化街道根据街道老年人数居多现状，多次组织街道卫生服务中心主任在普珠园村、孔家村等村文化礼堂给村民宣讲神经内科保健、养生保健、应急救护、呼吸睡眠障碍等健康知识。根据基层科协组织建设要求，开展乡镇（街道）科协组织建设回头看检查，就“四有一落实”情况、辖区内科普e站和科普宣传栏使用管理情况等方面做全面监督检查，根据查出的问题和不足要求各乡镇（街道）及时整改。针对石梁镇未及时开展相应科普组织建设投入，导致组织机构建设不够完备问题，石梁镇科协立即召开会议，研究讨论完善机构建设和使用科普经费事宜，尽快实现“四有一落实”，发挥科协作为党和政府联系科技工作者桥梁纽带作用；深化科协基层组织向村、社区延伸，要求村、社区配备一名专职负责科普工作人员，制定年度科普宣传工作计划，做到科普工作有人抓，年度计划有安排，年终总结有成果。

【落实《纲要》工作】 对区全民科学素质工作领导小组及时调整，多次召开会议，部署研究制定区全民科学素质工作要点，有序推进落实《纲要》工作。全年采取科普活动进文化礼堂、进社区、进学校、进企业形式，在全国科技周、全国科普日、社科普及周等重点活动期间，围绕活动主题，结合实际，因地制宜开展科普活动。

【科普宣传】 实施农民科学素质行动。结合乡村振兴工作，整合省级科技特派员、各乡镇（街道）基层科协“三长”、高级农民技师等资源，建立区“乡村振兴讲堂”师资团，人员20名，涵盖农村产业、果树营养生理、生态循环、农业废弃物资源化利用等专业领域，为农民开展科普讲座和培训10场；结合各乡镇产业特色，制作悬挂“你点我来”服务栏在各村文化礼堂89块，组织开展“你点我来”菜单式服务活动；区农民职业培训学校、区仙铭家庭农场两处农函大教学点，市级科普惠农单位和科普带头人开展技术培训，累计培训200人次；新评定农民技术员36人；实施科技特派员制度，建立示范基地8个，辐射推广40余公顷，带动农民就业300余人次，引进新品种20多个，推广新技术20多项，组织农民技术培训800多人次，促进农业增效、农民增收。实施城镇劳动者科学素质行动。围绕群众关心的热点焦点问题，开展科普活动进社区，组织北门社区开展预防控制疾病知识讲座、松园社区开展冬季养生健康讲座、朝阳社区开展老年人智能手机使用培训等10余次，同时利用周二“无会日”，开展志愿服务进社区活动，帮助提升居民文明素质，力促创文升级。结合三服务工作、科技工作开展技能培训，9月，组织企业近100家，开展企业研发活动信息管理系统专题培训会150余人次，现场发放《企业研究开发项目信息管理系统使用手册》，细致讲解研发经费归集问题，帮助企业工作人员提升专业工作能力。

【科普教育平台建设】 按一乡镇（街道）一特色科普阵地建设思路，建设特色社区科普馆，衢化街道科普活动中心、书院社区、荷西苑社区科普馆建设完成，通过调研摸排区范围内社区、行政村基本情况，根据区域特色确定建设清莲里消防主题科普馆，年底投入使用。为保障科普画廊全覆盖，推进科普信息化建设，新建万田村、朝阳社区、碗东村三处科普画廊，新增信安街道未来社区、万田村等科普 e 站 17 处，区建成科普 e 站 88 个。

【院士专家工作站】 结合“三服务”工作，制定《院士专家工作站建站指南》，走访区内企业，摸排企业建立院士专家工作站意向。区科协帮助衢州恒业汽车部件有限公司与中国工程院院士、清华大学博士生导师柳百成交流对接合作事宜。发挥 4 家院士专家工作站作用，衢州鲟龙水产食品科技开发有限公司和中国海洋大学食品科学与工程学院签订教学实践实习基地共建协议书，通过校企合作培养创新能力强、适应经济社会发展需要的高质量技术人才；邓秀新院士专家团队签署“柯城区柑橘无病毒良种苗木繁育中心”项目合作协议，为柯城柑橘产业提供技术支撑、引进早红脐橙、无籽柚等柑橘新品种。

（姜庆诗）

侨　联

【概　况】 2019 年，区侨联工作围绕区委、区政府工作中心，主动做好境外、海外同胞重大节日回乡探亲、走访慰问等工作。同时，加强基层侨联组织建设，提升侨界服务平台，做好侨胞侨眷服务工作。

【基层侨联组织建设】 6 月 16 日，信安街道第一次归侨侨眷代表大会在街道侨界空巢老人服务中心召开。会议审议通过《衢州市柯城区信安街道归国华侨联合会委员会组成和选举办法（草案）》，选举产生信安街道侨联第一届委员会委员。11 月 29 日，府山街道城站社区归国华侨联合会成立。会议审议并通过《府山街道城站社区第一次归侨侨眷代表大会选举办法》，选举产生城站社区侨联第一届委员会委员和领导班子，府山街道城站社区是市首家社区侨联组织，并被衢州市侨联确立为基层侨务工作试点。

【侨界空巢老人服务平台】 4 月 3 日，全国侨联秘书长陈迈一行到信安街道侨界空巢老人服务中心考察，参观“四室一长廊”（外语学习室、视频聊天室、生活照料室、侨务工作室及侨史文化宣传长廊）特色服务平台，为服务中心批示：“建好侨胞之家，温暖侨胞之心，展现侨胞作为！”5 月 28 日，省侨联主席连小敏到信安街道侨界空巢老人服务中心考察调研，给予充分肯定。信安街道侨界空巢老人服务中心获评 2019 年度“全省侨联基层组织先进集体”，并被市委统战部评为第二批市统一战线工作实践创新基地。

【侨胞侨眷服务】 加强与辖区内重点侨胞侨眷联络交流，开展重要节日期间侨眷侨属走访慰问工作，9 月 11 日，信安街道侨联举办中秋晚会，丰富广大归侨侨眷业余生活；帮助海外侨胞及其眷属、留学生及其家属协调解决生产生活中遇到困难，依法保障归侨侨眷合法权益，办理“三侨生”中考加分身份确认 1 名，协助柯城籍华侨开展回国定居事项咨询和办理工作 1 名。

（沈水忠）

群 众 团 体

文 联

【概　况】 2019 年，柯城区文学艺术界联合会（简称区文联）在兴创作、办活动、带队伍、促交流、抓帮扶、助脱贫等方面寻求突破，开展庆祝中华人民共和国成立 70 周年系列活动和形式多样的文化惠民活动，各项工作取得新进展，涌现一批特色亮点，为弘扬民族精神和时代精神、不断满足广大人民群众文化需求做出贡献。

【"九华立春祭"】 是年，通过线上线下同时举办九华立春祭。由中国农业博物馆、中国民俗学会主办，邀请国内外知名专家学者、"时代楷模"万少华、世羽赛冠军黄雅琼 3000 多名游客参加现场"立春祭"活动。以梧桐祖殿祭春神，柯城妙源过大年为主题，通过互联网向全球发起网络祭春，中央电视台《新闻联播》头条报道，央视新闻移动网、今日头条等网络平台同步直播，直播覆盖用户突破 1500 万人次，同比增长 80%，网络点击量 8000 万人次以上，实现宣传"全网络"。将线下体验与线上互动相融合，吸引近万名群众现场参与，来自美国、南非等国家的 30 余名国际友人共同参与。

【国庆七十周年活动】 2019 年是中华人民共和国成立 70 周年，围绕"我和我的祖国"主题，开展"党建引领、古城有礼、最美橘乡、运动赋能、产业创新"五大系列活动，重点推出"红色柯城"主题教育、"红手印"战队礼赞柯城、"建功新时代"大比武、"行走柯城"采风、森林汽车穿越大赛、农村公益电影展映等。举办全区庆祝新中国成立 70 周年主题文艺晚会，创作舞蹈《棋韵柯城》、音乐情景剧《来了，我们的运动之城》、音乐快板《有一种坚守，叫斗潭精神》、诗歌《七城畅想曲》等文艺作品，填补柯城近 10 年无大型文艺晚会空白。原创主题短视频《万颗童心·节日同唱：我爱你，中国！》从线下创意策划、组织实施、拍摄制作，到线上融合传播、全面推广，短时间内迅速"吸睛"，微信推送阅读量 10 小时突破 10 万人次，14 小时突破 20 万人次。三天"柯城发布"微信后台阅读量超过 27 万人次，并在"学习强国"、新华社、人民网等平台转载，阅读量超 500 万人次。

【余东农民画进京展览】 12 月 30 日，柯城余东农民画展首次在北京文化和旅游部恭王府博物馆举行"种文化——浙江衢州柯城余东农民画进京展"，展出 100 件农民画作品和 9 种 25 款文创衍生产品，被誉为国内基层文化最高规格的一次进京展，赢得领导和社会点赞肯定。30 余家媒体进行报道或转载，线上观看流量突破 100 万+。

【乡村音乐会】 是年，围绕乡村振兴和文化复兴，借助打造"好听衢州"音乐品牌契机，以区文化中心、花海万人天然音乐场、桃源七里为核心，采取“3+N”模式，突出“中国·乡村音乐谷”“高雅音乐进乡村”“跟着音乐游柯城”等主题，打造“田园牧歌”乡村音乐会品牌，全年举办“桃源七里”乡村音乐会13场次、橘子音乐节3场次和柯城文化中心专场音乐会7场次，丰富群众精神文化生活。

【“农民画品牌”彰显】 年内，余东农民画参加义乌文博会、上海旅交会、吉林农民画论坛、江西农民画邀请展等活动，创作各类题材画作1000多幅，获“全国前十名画乡优秀组织奖”。有6位余东农民画家成为国家、省级民间优秀艺术人才，近300幅作品在各类国家级、省级大展和大赛中获奖。

【文艺创作】 是年，戏曲家协会创作的曲艺作品《一面旗》获2019省群星奖，音乐舞蹈家协会编排指导的器乐合奏《城市与海》获省中小学生艺术节器乐专场一等奖；3月，民协作家协会徐为全编辑（在徐臣榜初稿基础上进行二次创作）的长篇小说《徐徽言传》由中国文史出版社出版。

【文化下乡】 年内，开展公益培训，搭建互学互促交流平台，发动各协会，通过送文化下乡、送文化进礼堂等活动，开展戏剧表演、书法、排舞等公益培训60余场次，派驻老师到沟溪、九华、航埠等地进行腰鼓、民乐等团队辅导90余次、180课时。充分发挥协会带动作用，为民间团队输送能量、提升团队专业素养。结合“深入生活、扎根人民”文艺服务基层“双百千村”“我们的中国梦、文化进万家”等主题活动，组建文艺小分队，加强文艺服务基层队伍建设，围绕社区、农村等基层文化阵地，创新服务内容、形式和组织，开展送文化下乡、点对点派送服务。区民协组织剪纸达人郑志辉赴万田乡余家山头村开展孝文化系列剪纸创作指导，区音乐舞蹈家协会组织会员赴航埠镇北二村开展畲族舞蹈交流创作活动，区作协赴信安街道沙湾村开展赵抃文化挖掘指导。全区创建余东农民画、七里音乐谷、后坞书法等特色文化村落20余个。

（金　萍）

社科联

【概　况】 2019年，柯城区社会科学界联合会（简称社科联）引领和凝聚全区广大社科工作者，紧密结合区委、区政府中心工作，深入开展社科普及活动和社科基地建设，扎实推进社科类课题学习研究，营造良好学习氛围，抓好抓实社科联工作。

【强化学习引领】 制订年度学习研究计划，组织开展“衢州‘两子文化’的历史定位与市场开发”“防范化解重大风险”和“未来社区建设”等专题学习会。借助主题教育契机，将部分社科基地融入“初心之行”主题教育线路进行学习宣教，营造良好社科学习氛围。借助“学习强国”学习平台推广使用，鼓励引导广大党员干部参与到社科理论学习中。

【推进社科普及】 推进省、市、区社科普及基地建设，扎实做好社科普及工作。其中杜立特行动纪念馆基地建设取得较好成效，特别是纪念馆借助庆祝新中国成立70周年契机，由衢州市众合帮公益服务中心牵头，在杜立特行动纪念馆开展40多期参与群众学生5万余人次的“不忘初心、牢记使命”主题宣讲、参观教育公益活动。组织开展“书香满城·阅读有礼”柯城区全民阅读活动，举办“4·23”世界读书日——书记约你来读书系列活动，营造全民阅读、崇尚学习的良好社会氛围。围绕“讴歌光辉岁月，弘扬有礼风尚”，开展社科普及周活动，扩大科学理论知识普及度，努力提升公众人文科学素养。组织开展柯城区“五进五讲”理论惠民活动，营造学理论、讲理论、用理论良好社会氛围，协助开展“科技强国、科普惠民”2019年柯城区科技活动周活动。

【加强课题研究】 认真做好2019年省市哲学社会科学规划课题申报工作，申报市课题6个、立项1个。同时加强“九华立春祭”非遗保护、以文明城市创建促城市品牌打造两个领域的专题研究，促进立春祭保护开发和城市品牌建设推广。联合区文旅体局梳理完成柯城区非物质文化遗产代表名录，出版《中国立春文化与二十四节气研究文集》。立足政策形势和中心工作，谋划2020年社科课题选题方向和指南。

（王　龙）

残　联

【概　况】 2019年，区残联以“不忘初心、牢记使命”主题教育为契机，以残联改革为动力，围绕残疾人事业发展要求和目标，推进区残疾人事业发展全局性、根本性和基础性工作，实施一系列民生项目，各项工作任务全面完成。在三大征收工作中被区政府给予集体嘉奖。

【社会保障】 全年区残联对全区困难残疾人3534名发放生活补贴，对重度残疾人、轻度智力及精神残疾人6023名（其中机构托养人员130人）发放护理补贴，两项补助金额2611.84万元。开展省困难残疾人大病医疗救助2人，市重大疾病困难残疾人医疗救助13人，救助资金10万元。对参加城乡居民医疗保险持证残疾人7765名投保太平洋商业保险，全年保费69.89万元。2018—2019年度赔付金额49万余元，赔付率83.59%。2019年度，赔付金额为32万余元，赔付率42.7%。

【培训就业】 组织残疾人参加各类职业技能大赛，全区残疾人3名通过市选拔进入省比赛，残疾人3名参加市残疾人创业创新大赛，其中1个项目获前五名（奖金5万元）。组织发动残疾人参加各类培训，全区参加多类培训班残疾人301名，其中参加省残联举办培训班残疾人8名，参加市残联举办培训残疾人20名，参加各乡镇（街道）、村（居）举办月嫂、电商等培训班残疾人273名（参与电商活动残疾人133名）。开展就业援助月活动，组织推荐有需求残疾人110名参加招聘会，进行就业登记残疾人20名，达成就业意向7人。建立健全残疾人求职登记和职业介绍制度，开展就业指导和失业登记服务80多人次，全区新增残疾人各类就业123人。15家“残疾人之家”开展辅助性就业人数190人。残疾人庇护中心全年经常性补助资金52.23万元。

【扶贫教育】 春节期间，区残联集中走访慰问低保等残疾人366名，发放慰问金22.98万元。对符合区农村困难家庭危房改造条件的残疾户确定为补助对象15户，其中拆建1户、修缮14户，补助资金17万元。一次性就业创业补助 3 人，发放补助金 0.9 万元。贷款贴息 12 人，发放补助金 1.94 万元。是年，区残联帮扶北川羌族自治县残联扶贫协作项目资金 5 万元，用于帮助残疾人就业、康复、队伍建设等。完成年度东西部扶贫项目实施帮扶贫困残疾人脱贫数 90 人、消费扶贫 2 万元。根据区委组织部要求，区残联选派干部 1 名到四川省绵阳市北川羌族自治县进行 4 个月（8—11 月）时间挂职，为东

图 14　东西部扶贫签约现场

西部两地开展各种交流打下良好基础。10 月，干部挂职期间走访慰问白坭乡苦竹村贫困户 11 户，为他们送去慰问金 0.66 万元。与省内结对单位余杭区残联加强协作，20 万元帮扶资金全部用于区残疾人发展事业。全年区残疾人大学生学费和住宿费减免补助人员 14 名，补助资金 15.4 万余元。对残疾学生及困难残疾人家庭子女 9 名，给予一次性补助，补助资金 3.3 万元。对在特殊教育学校（小学至高中段）就学的贫残疾学生 68 名，给予补助，补助资金 5.3 万余元。对区润智学校投入资金 60 万元，新建省级资源教室 4 个，完成并投入使用。全区 6—15 周岁各类残疾少年儿童总数 196 人，入学率为 98.47%，其中“三残”少年儿童 142 人，入学率 100%。全区残障少儿 172 名，其中随班就读 85 名、送教上门 27 名、特教学校 60 名。区残联与区教育局对康教结合、送教上门项目分别投入经费 12.6 万元。实现区残障少年儿童义务教育全覆盖，全年进行上门康复训练特殊儿童 20 名，其中 1 名患儿到润智学习接受教育，2 名患儿就读于普小。经区特教指导中心全程监督和全面考评，送教任务全部完成。

【康复服务】　残疾人精准康复服务工作推进，全区残疾人基本康复服务率达 98.86%，辅助器具适配率达 98.51%，困难残疾人无障碍改造适配率达 80%。高度重视并深化残疾儿童康复工作，全区进行抢救性康复残疾儿童 92 名，全年补助 151 万元，全年对 27 名加强困难在训儿童生活补助 15.15 万元。推进残疾人社区精准康复服务工作。是年，区航埠镇中心卫生院、华墅乡卫生院和花园街道社区卫生服务中心残疾人社区康复站通过市级评审。会同区卫健、财政、社保、民政等部门出台《关于进一步做好柯城区精神残疾人服用基本抗精神病药物费用全额保障工作的通知》，全区 1390 名持证重性精神病患者基本用药享受政府兜底的免费服务，实现精神病免费服药全覆盖，全年区精神病人免费服药人数 950 人，定点医院产生的相关补助经费分别为 2.2 万元和 154 万元。为残疾人配发辅具 204 名，其中安装假肢 7 名，配发助听器 60 人，配发轮椅类辅具 132 名，配置护理床 5 名。2018—2019 年度，为区残疾人进行家庭病床上门服务 500 多名，支付康复协调员和医生 29 万元。对 2019—2020 年度“阳光康护·家庭病床”工作进行评估、筛选，为区残疾人家庭病床上门服务 342 名。

【基本服务】 区新建“残疾人之家”8家（包括市本级三个街道三家），分别为荷花街道、信安街道、石梁镇、石室乡、姜家山乡；提升7家，分别是航埠镇、沟溪乡、华墅乡、府山街道、双港街道、花园街道、衢化街道。区残联高质量完成市民生实事项目关于区重点服务场所14个无障碍环境改造。完成荷花街道荷东苑社区、新荷社区2个无障碍社区建设，总投资185万元。

【文化体育】 开展体育康复进家庭，区残联为府山、荷花、双港街道3个、残疾人150名送去体育康复器材，价值3万元。组织钟楼社区残疾人艺术团下乡演出10场，并在全区各乡镇（街道）文化礼堂进行巡演。同时结合乡村振兴讲堂让残疾人及党员干部对主题教育有更深认识，进一步了解残联各项惠残政策。

【社会助残】 3月，携手区人民医院、荷花街道办事处，在荷花街道新荷社区举办“关爱听力健康，落实国家救助制度”为主题的第二十次全国“爱耳日”活动。5月，在国金中心广场开展以“精准扶贫残疾人，共圆美丽中国梦”为主题的助残活动。通过活动，引导公众关心、关注残疾人，营造残疾人事业持续、健康发展的良好社会氛围。10月，接受广东佛山市安格尔厨卫电器有限公司携手衢州欧策电器有限公司公益捐赠，为全区持残疾证、年龄在60岁以上且有需要的孤寡、困难老人无偿捐赠安格尔电热水器10台，并上门安装。12月，开展“礼自绍兴 衢州有礼”活动，绍兴市残联与衢州市残联联合在府山街道残疾人之家举行庆祝第28个国际残疾人日暨微心愿助残现场认领活动，区残疾人认领微心愿170份，价值6.8万元；搜狐新闻衢州站与旺旺集团衢州分公司向区润智学校学生及润智学校残疾人之家、姜家山乡残疾人之家残疾人捐助旺旺大礼包91份，使残疾人强烈感受到社会主义这个大家庭的温暖。

（吴　名）

红十字会

【概　况】 2019年，在习近平中国特色社会主义思想和中共十九大精神指引下，坚持依法治会，坚持改革创新，坚持服务民生，坚持弘扬人道，在推动红十字会事业新发展，推进“三救　三献”工作等方面发挥积极作用。

【组织建设】 加强区级红十字会党组建设，1月，建立柯城区红十字会党组，配备党组副书记，为贯彻落实群团改革精神，深化红十字会改革打下良好基础。8月，建立柯城区红十字会党支部，选举产生支部书记、副书记，为开展党员教育、党员活动奠定组织基础。12月25日，召开区红十字会第一届理事会第二次（扩大）会议。会议更换常务理事、副会长，审议并通过红十字会一届二次理事会工作报告、捐赠款物接受和使用情况报告的决议。4月，在石室乡荆溪村启动红十字文化村建设，建设红十字文化长廊，传播红十字精神、宣传急救知识。

【学习教育】 开展“不忘初心、牢记使命”主题教育活动，把握“守初心、担使命，找差距、抓落实”总要求，突出上下统筹推进，注重督促指导，将学习教育、调查研究、检视问题、整改落实贯穿全过程。先后出台《中共衢州市柯城区红十字会党组关于开展“不忘初心、牢记使命”主题教育的实施意见》《柯城区红十字会“不忘记初心、牢记使命”集中研讨方案》《柯城区红十字会十大专项整治工作方案》等，出台《柯城区红十字会制度汇编》，真正将主题教育效果转化为推动红十字事业发展的强大动力。

【人道救助】 区红十字会精心策划红十字博爱公益项目，争取资金，深入开展助困、助医、助学等人道行动，为困难群众送去人道主义关爱和温暖，发挥为政府分忧、替群众解难的社会保障机制补充作用。全年争取市级博爱送万家资金2万元，走访慰问困难家庭25户，开展本级博爱送万家活动资金16800元，走访慰问困难家庭24户。开展器官遗体捐献者家属慰问1.5万元，造血干细胞捐献者慰问0.1万元，同时开展困难群众及争取大病补助资金。接受中国人保财险柯城支公司爱心捐款10万元，定向用于雄鹰红十字应急救援队装备配备和专业训练支出等。通过多方协调，为应急救援队解决办公场地问题，每年减免场地租金5万元。

【救护培训】 结合健康柯城建设、全国文明城市创建和乡村振兴大礼堂等工作，推进救护培训“进机关、进学校、进社区、进农村、进企业”活动，开展形式多样应急救护技能培训和急救知识宣传，推进应急救护培训向多领域拓展，提高自救互救能力。加大专业救援队队员应急救护培训，提高志愿者专业救护能力。全年举办救护培训，开展应急救护培训活动100多场次。加强救护培训基地标准化建设。推进红十字应急救护站点建设，在区行政服务中心、市工程学校等地配备自动化体外心脏除颤器（AED）2台，构建起百姓身边第一道救护网。

【关爱生命】 通过媒体宣传、阵地宣传等形式，在社区、学校、广场、医院等广泛宣传传播关爱生命理念，关爱生命理念深入人心。全年区新增人体器官捐献3例，全区总计实现人体器官捐献21例；新增造血干细胞捐献1例，全区总计实现造血干细胞捐献6例。

【应急救援】 7月，成立区红十字应急救援队，主要从事突发事件人员搜救、搜寻等工作。从建队到12月底，实现山地搜救2人，开展应急演练2次，应急救护培训1次。规范志愿者的管理、培训等机制，依托社区红十字服务站、红十字志愿者队伍，开展应急救护知识普及培训体验、帮扶济困、文明城市创建等活动，全区平均年服务活动100余次，服务2000余人次。

【对外交流】 开展社会力量帮扶，对口援助北川，架起东西部帮扶连心桥。全年向北川拨付援助资金2万元，用于对突遭变故因病、因灾的困难家庭走访慰问，完成1万元的西部消费扶贫任务。融衢接杭构建新协作，主动与杭州市余杭区红十字会对接，签订《山海协作对口帮扶协议书》，是年，余杭区红十字会拨款2万元，用于“情暖夕阳幸福拍”项目，为全区70岁以上老人免费拍摄爱心照，赠送每位老人照片1张（塑封），帮助他们留住美好回忆。

【人道传播】 采取有效措施，加大宣传，增强宣传效果，坚持经常性宣传，提高全民参与的自觉性和积极性。开展纪念“5·8”世界红十字日系列活动。区红十字会组织合唱队参加市红十字会举办的“衢州有礼、‘救’在身边”纪念世界红十字日主题活动。在府山街道养老服务中心一楼大厅开展“爱心相伴‘救’在身边”便民服务系列活动，为近百人次居民群众提供家庭急救、老年人急救知识讲解、心肺复苏演示、健康义诊、理发等服务。走进广场、走进社区、走进学校对居民群众、青少年进行急救实操演练、宣传发放“三救三献”宣传资料等。专门设计印制红十字会法宣传折页、《红十字现场救护手册》、人体器官、造血干细胞捐献相关知识问答、定制救护包等宣传品2500份，分发到乡街便民服务中心等人流量大的场所供群众取阅，或在下基层调研、入户走访时分发给群众，作为知识普及。

（华红霞）

法 治

政法委与综治

【概 况】 2019年，全区政法、平安工作坚持以习近平新时代中国特色社会主义思想为指引，深入学习贯彻中共十九大，十九届二中、三中全会精神，按各级政法工作会议及市委、区委决策部署，坚持目标导向、问题导向、结果导向，突出专项整治，强化机制建设，围绕党建治理大花园总体目标，推进平安建设、风险防范、基层治理、扫黑除恶等各项重点任务，完成新中国成立70周年大庆、中共十九届四中全会、第六届世界互联网大会等重大活动的维稳安保工作，保障古城双修、衢化棚改、礼贤未来社区建设、农房整治提升、文明城市创建等中心工作，确保全区社会大局总体稳定，为区经济社会健康发展提供保障。

【维稳反邪工作】 将新中国成立70周年大庆维稳安保工作作为压倒一切的政治任务来抓，打好“八场战役”，完成“五个严防、三个确保”目标任务。区委主要领导和分管领导多次召开会议部署“两会”“70周年大庆”等重要节点期维稳安保工作，带头深入基层，亲自协调解决重大疑难问题。抽调精干力量，成立维稳工作专班，实行实体化办公，牵头做好督查指导、组织协调、服务保障等各项工作。明确各级各部门“一把手”为第一责任人，层层传导压力、级级压实责任，为实现“四个不发生”目标奠定基础。实行区域联动联防，坚持点面结合，围绕重点行业、重点领域、重点场所，开展隐患排查整改，先后开展排查5轮，督促整改问题隐患70余处，给予治安处罚86家次，反恐处罚31家次。把围绕中心、服务大局作为政法工作的重中之重，全力做好市、区各项重大活动现场安保工作。完成省委领导调研、信安湖光影秀、衢州马拉松等省、市重大活动警卫安保任务150余项，实现“零差错”。围绕古城双修、衢化棚户区改造、礼贤未来社区建设等区级中心工作，做好社会稳定风险评估及排查处置，保障各项重点工作顺利完成。5月20日，组织开展党员干部反邪教教育“专题日”活动，全区各村（社区）200多个党支部集中开展学习《党员反邪教读本》、签署反邪教倡议书、观看反邪教微视频等活动，基层党员干部接受教育1万余名。开展社会面警示教育，向群众发放宣传手册1.5万册，依托《我和我的祖国》庆祝新中国成立70周年农村公益电影平台，开展反邪教微电影下乡活动，在正片放映前加映反邪教微电影，全年在200多个村和社区播放2500多场次，受众面达50万人次。

【平安柯城建设】 围绕“平安柯城”创建工作目标，推进平安建设各项工作。盯紧3月全省平安大会时间节点，以问题为导向，精准发力，做好迎接省平安现场考核工作。根据考核评审条件和暗访清单要求，梳理反恐怖防范、社会治安安全、生产安全、消防安全、交通安全、食品安全 6 大现场检查点位清单，确保清单各类场所监管到位。针对上年 2 次平安暗访发现的问题（场所）16 处，点对点进行现场回访，确保整改到位。区级层面由基层治理专班对各乡镇（街道）网格员工作情况进行每日督查，将问题通报工作群；乡镇（街道）根据通报和自查，对事件分办流转、网格员“一长三员”应知应会、网格知晓率等工作薄弱环节查漏补缺，夯实

图 15　3 月 29 日，万田乡举办“扫黑除恶”攻坚宣誓大会

基层基础。3 月底，区顺利通过上年度平安考核。区委、区政府主要领导定期在常委会上听取平安建设工作汇报。年初，区级部门（单位）和乡镇（街道）主要领导均和区委、区政府主要领导签订“柯城区平安稳定基层治理工作目标管理责任书”。评审条件下发后，按各成员单位职能职责，将 15 项重大事项和 81 项评分标准逐条逐项分解到责任单位 40 个，以“平安月报表”形式将考核任务落实到责任领导、责任科室和责任人。组织各成员单位和乡镇（街道）参加视频培训会和现场推进会。结合各个时间节点，在

图 16　5 月 27 日，荷花街道松园社区组织居民开展邻里节活动

元旦、春节、暑假、国庆等期间组织开展扫黑除恶、禁毒、防火、防盗、反邪教、普法等宣传工作，通过短信、微信公众号、网络等数字手段和宣传橱窗、LED 显示屏、宣传手册等传统手段集中宣传，提升“平安三率”。同时，开展各类安全演练与竞赛，提升社会面各类群体的平安意识。区委政法委、区卫健局、柯城公安分局、柯山公安分局等多部门联合在区人民医院举办反恐防暴应急演练，有效提高应对突发暴恐事件的应急处置能力和协同作战水平。全市首创校园安全技能竞赛，参赛对象覆盖全区所有中小学、幼儿园，队伍 38 支，选手参加比赛 114 名，增强区校园安全工作的责任感和使命感。对标对表，以问题为导向，针对平安创建中易失分项目，开展各类督查暗访。6 月，许存真、何晓文、程佳良、徐慧仙 4 位区领导带队，对全区反恐、治安、消防和食品安全等进行专项督查。区平安办每两月组织一次综合性暗访，在重要时间节点，开展每周专项检查。各行业监管部门对照“平安暗访检查项目清单”，开展每月自查自纠。全区 60 多家成员单位和乡镇（街道）建立“平安联络员”机制，确保各单位分管领导和联络员均

到岗到位。对因工作变动导致人员调整的，第一时间把相关人员配备到位。区财政预算安排平安建设、维稳、国家安全、扫黑除恶、基层治理、反邪教等专项经费，强化平安创建经费保障。按“党建统领＋基层治理”体系建设要求，将平安考核相关要求纳入网格事务，通过网格员延伸平安创建的触角。全区704个网格实现网格支部（党小组）全覆盖，联村（社）服务团214个、党员走进网格，参与服务9000多名。同时组织机关干部、企事业职工、社区工作者、各类协辅人员、党员干部和热心公益的居民等参加平安志愿者队伍，打造区特色“红手印”志愿者队伍，全区注册志愿者3.6万余人。

【基层治理工作】 打造“全国基层治理最优城市”工作目标，对照“党建治理大花园”总体要求，发挥基层党建“三个三”利器法宝作用，打造“信访超市”，推动群众来访“最多跑一次”；探索乡镇街道“模块化”改革，破解城市社区治理难题；开展交流学习，吸引全国各地到柯城区调研考察基层治理工作20多次。以红色引领为导向，增添“党建统领＋基层治理”新支点。坚持党建、治理“一张皮”，突出抓好“三个三”基层党建工程，根据“三联”（组团联村、两委联络、党员联户）工作“联到家联到心联到位”要求，通过开展“头脑风暴”，借鉴学习，研究“联到家、联到心、联到位”务实举措，深化“三个三”，加强领头雁、带头人队伍建设，加强干部本领建设。按“一村（社）一组团”方式，组建联村（社）服务团214个，党员走进网格8895名，参与联户服务，建立网格党支部706个，实现网格支部（党小组）全覆盖。全区党员参与到联户当中有8895名，联户党员通过走访到户、建群联户等方式，当好“七大员”，做好“五上门”服务。坚持“实用＋真用”，用好三大指数。通过“线上＋线下”、指数量化、结果运用，实施量化积分，实现精准考核，变“稀里糊涂”为“清清楚楚”，奖优惩劣、奖罚分明。引导社会组织、行业协会、志愿团体等参与基层治理，吸收“两代表一委员”、老教师、老法官等担任兼职网格员。创新实施“网格公约”“明白墙”“五色管理法”等特色亮点做法，形成“大家事大家议、大家定大家干”基层治理新模式，实现“共治共建共享”基

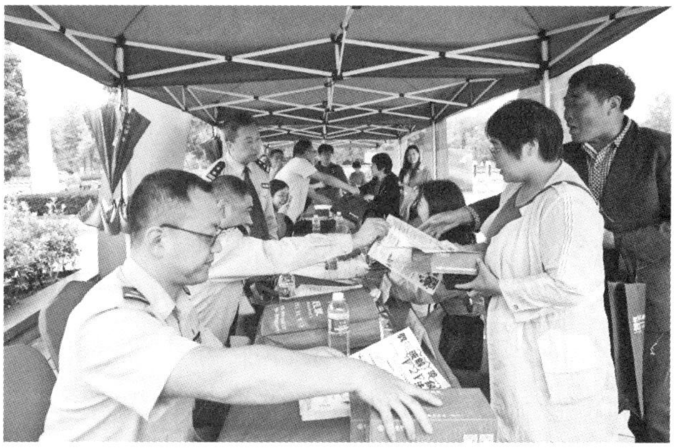

图17 柯城公安分局开展打击和防范经济犯罪宣传活动（徐颖敏 摄）

层治理新格。运用“党建”利器，向基层社会乱象亮剑，通过思想引领、党员示范、群防群治、网格（楼道）议事等方式，以楼栋、楼道为单元，探索网格“微治理”新模式。以体系建设为抓手，打造“党建统领＋基层治理”新平台。做细做优“主”字型运行架构。完善区级综合信息指挥中心功能，整合部门力量，完善事件流转处理、便民服务等功能，强化基层治理大平台运行。优化乡镇（街道）综合信息指挥室功能设置，合理调整工作人员，开展常态化监督。制定出台《柯城区网格工作考核指导意见（试行）》，

推动各乡镇（街道）出台个性化网格考核细则。深化全科网格建设。研究制订《“网格365，有事就找我”网格治理服务体系建设工作方案》，参与市首部城乡网格化服务管理条例——《衢州市城乡网格化服务管理条例》起草工作调研与意见征求工作。配齐配强乡镇（街道）综合信息指挥室人员，加强对全区“一长三员”队伍严管厚爱，全科网格建设深化，网格治理模式深入人心，全科网格体系沉边到底。改造提升“网格365”智慧信息系统。通过系统联通、信息支撑、数据驱动，打造完整的工作流程和工作闭环，并将“包小黑”法律服务模块纳入“网格365”平台，使得系统功能更强大，体验更优化，竖线更通达。以创新实践为突破，形成“党建统领＋基层治理”新合力。以“最多跑一次”改革为牵引，打破传统信访工作模式，在全省率先建成区人民来访接待调解中心（区级社会治理综合服务中心、区级“信访超市”），全面构建“大信访”格局。全年区社会治理综合服务中心受理群众诉求纠纷1673批3028人次，来访群众满意率达96.55%。同时，以ODR在线矛盾纠纷多元化解平台为基础，强化智慧运用，加大“12345”市民热线、“网格365”智慧管理系统等各类线上平台整合建设力度，全力打造线上版“信访超市”，推动信访工作数字化转型，实现调解“面对面”“键对键”。推进诉源治理，通过建设“一站式”诉讼服务中心，推进“一站式”多元解纷机制建设，推动形成共建共治共享矛盾纠纷的预防与化解大格局。“模块化”有效推动社区治理。紧扣区“模块化”改革关键点，按“统筹整合联动、跨界打通融合、扁平一体高效”的要求，以互联网思维重构管理理念，通过“模块＋岗位”“模块＋专班”“模块＋组团”有效破解城市社区治理难题。通过“模块＋岗位”“模块＋专班”“模块＋组团”等方式，推进工作重心前移，人员下沉，考虑模块干部和组团联社（村）匹配度，把相应模块人员下沉到相关重点社区，匹配村社需求，实现工作扁平高效。建立“岗位赋分＋模块评分＋专班加分＋组团积分”街道干部综合考评机制，全方位激活干部队伍一池春水。“新方法”发挥网格效能。通过开展“网格大比武”活动对全区基层网格工作展开大检验、大培训、大研讨，通过比拼实现查漏补缺、取长补短，提升网格员服务水平。

（徐　健）

法治政府建设

【概　况】 完善依法行政制度保障，落实行政规范性文件合法性审查和“三统一”规定，制定下发《柯城区司法局关于印发柯城区行政规范性文件制定主体清单和规范性文件统一编号规定的通知》，全年审查涉法文件54件，以区政府或区府办名义正式发文的行政规范性文件13件，提出合法性审查意见200余条。健全重大行政决策机制，实行行政机关合同管理“五统一”制度，推动行政机关合同全过程管理100%覆盖，全年审查各类行政合同88份，明确重大事项审核决定程序，依法保障人民群众合法权益，有效推进全区经济社会发展。严格规范公正文明执法，全面推行行政执法“三项制度”。开展综合行政执法领域业务知识培训，全区参加530余人，开展年度行政执法证法律知识考试，通过37人，通过率达84.1%。加强行政复议工作，建立健全质量管控体系，常态开展案件质量评查活动；加强行政复议工作沟通机制，建立行政复议办案协商机制，全年办理行政复议案件29件，其中不予受理6件，经调解当事人撤回申请案件终止5件，维持原行政行为9件，驳回复议请求8件，确认原行政行为违法1件，调解率21.8%，纠错率4.3%。强化法治督察和责任落实。落实党政主要负责人履行法治建设第一责任人职责，实施法治建设（依法行政）考核评价，考核结果纳入区级各部门（单位）、各乡镇（街道）、党政领导班子和领导干部综合考核。建立法治监督员工作制度，选聘全区首批法治监督员10名，全区开展校园内外食品安全法治监督活动。在全市率先完成法治建设纳入党委巡察工作。

（姚 琦）

柯城公安

【概 况】 衢州市公安局柯城分局（以下简称柯城公安）成立于1985年7月，办公地址经三迁，2007年8月迁亭川东路398号。管辖石梁镇、姜家山乡、万田乡、九华乡、七里乡、府山街道、荷花街道、信安街道、白云街道、双港街道（部分）1镇4乡5街道，25个社区，96个行政村。2019年，柯城公安分局民警269人，辅警378人，内设职能科室（大队、中心）18个，下辖府山、荷花、城西、信安、石梁5个派出所，原民航站派出所于7月升级为民航分局，由市公安局直管。牢记“对党忠诚、服务人民、执法公正、纪律严明”总要求，在上级公安机

图18 3月13日，召开年度公安工作项目化推进部署会

关和区委、区政府正确领导下，认真贯彻市委“1433”和市公安局“1244”战略体系，全力助推区委“四个区”建设；坚持“135N”发展思路，明确“美丽警营，幸福警队”工作目标，积极护航中心工作，打击违法犯罪，推动公安改革，加强队伍建设。全年有效警情26334起，同比增加3.0%，有效刑事治安警情16601起，同比减少4.0%。立刑事案件2382起，同比减少6.9%；破刑事案件919起，同比减少31.4%；本地案件破案率33.8%，较上年上升3.1个百分点；对523人采取刑事强制措施，同比减少11.7%；命案发1破1，抓获逃犯55人。受理行政案件6548起，同比减少2.9%；对1035人作出行政处罚，同比增加2.1%。预算外投入金额2269万元，同比增加31.1%。被区委、区政府记集体三等功1次，获评全区创建全国文明城市工作“突出贡献集体”、平安综治工作“突出贡献集体”，获评全市公安机关大比武团体第一名及最佳组织奖，1人被评为衢州市劳动模范，2人被记个人二等功，11人被记个人三等功。

【70周年国庆安保】 开展“践行新使命，忠诚保大庆”实践活动，组织升国旗唱国歌活

图19　10月1日，柯城公安举行“迎国庆”唱国歌升国旗仪式

动暨誓师大会。重点人员管控完善。建立“一人一档”。全年产生重点人员预警3151人次，均配合属地做好核查稳控，及时核查率、按时反馈率达100%，实现敏感时期重点人员零脱管失控。重大风险防范更加严密。查获非法政治出版物20册、非法宗教宣传图片9000余张；有效防范风险。加强重点区域管理，开展人员密集场所“四联三防”建设，建成示范点1个，严查八类重点场所实名制落实情况，给予反恐处罚31家次，有效防范暴恐风险。加强涉众型经济犯罪查处，破案23起，抓获犯罪嫌疑人46人，涉案资金8000余万元，追赃挽损459.7万元，查封

图20　2月，柯城公安分局禁毒民警向市民介绍罂粟危害

扣押物品价值2700余万元、房产3处，提前关停“非吸”企业10家，有效防范金融风险。社会治安状况持续向好。坚持显性用警，强化社会面治安管控，压缩传统犯罪生存空间，相关指标均不同程度下降。有效刑事治安警情16601起，同比下降4.03%；“黄赌”警情969起，同比下降9.35%；“两抢”警情4起，同比下降50%；扒窃警情40起，同比下降11.11%；入户盗窃警情159起，同比下降47.18%；传统诈骗警情264起，同比下降33.33%。全年安全感测评达92.45%，居全市第三。

【助力征收攻坚】 弘扬“斗潭精神”，接续“高铁速度”，深化“网格警务＋项目警官＋工作专班”模式。在“古城双修”“礼贤未来社区”征收工作中，开展专项安保40次，查处违法人员3人，训诫20人，以王宁为首调解团队深入一线，化解矛盾纠纷210起，直接促成签约60余户，助力征收跑出新速度，达到“当年签约、当年腾空、当年拆除”目标。

【安全保卫】 完成“四智会”、马拉松等市级以上重大活动安保120余次，“运动柯城”系列活动安保30余次，各级重要会议和要人警卫5次，全部实现“零差错”。处置各类聚集上访20余次，维护市行政中心秩序。优化安保机制，减少警力投入，全年出动安保力量11212人，同比减少1.5%。

【文明城市创建】 坚持全警参战，累计投入警力12000余人次，志愿服务总时长7200余小时，承担交通文明劝导184个点位、网吧禁烟32家、学校护学岗任务20家，查处阻碍“创文”案件43起44人，省测、国测迎检各项工作完成，实现国测“保8进位”。

【扫黑除恶深化】 对标扫黑除恶攻坚年要求，完善组织领导体系和专业队伍建设。办理市本级首起黑社会性质组织案件宣判，新抓获涉黑涉恶及“套路贷”犯罪嫌疑人230人，打掉全市首个“套路贷”犯罪集团，打击“套路贷”团伙6个39人，“套路贷”打击绩效居全市前列。开展涉黑涉恶线索“深排细核”集中专项行动，接到各类线索411条，核查401条，成案率12.04%，收网率居全市第一。

【打击侵财突破】 针对传统侵财案件，强化视频作战能力，以王盈视频工作室为龙头，加强对派出所视频分中心指导，创新开展视频侦查辅警等级评定，以视频侦查为主要手段共侦破传统侵财案件216起。针对新型电诈案件，成立区反虚假信息欺诈分中心，建立民警轮训、预测预警、紧急处置、合成研判等配套机制，破获全市首起“GOIP”案件、全省首起“多卡宝”案件、特大网络赌博案等一批大要案。

图21 11月5日，衢州黉宫电子商务有限公司非法吸收公众存款案受害人到柯城公安赠送锦旗和感谢信

【“黄赌毒”整治】 坚持“黄赌”常态查禁，组织明察暗访50余次，查处“黄赌”刑事案件18起、行政案件152起，采取刑事强制措施58人，行政处罚362人，打掉“黄赌”团伙14个，关停涉黄场所21家。开展禁毒“云战1号”专项行动，成立禁毒打击专班，深化高速省际卡点警务合作，起诉毒品犯罪嫌疑人34人，查处吸毒人员82人，责令强制隔离戒毒17人，缴获毒品25克；加快毛发检测实战化运用，送检毛发样本170例，对检出62例阳性全部予以处罚。

【暴力犯罪发案即破】 规范大要案处置流程，第一时间开展合成作战，综合运用多种侦查手段，实现五类案件发“8破8”，命案发1破1，连续10年命案全破。

【库存逃犯下降】 开展“云剑行动”，对所有逃犯建立“一逃一档”，逐人开展研判并明确具体负责人，抓获逃犯53人，降库存率62.97%。

【重点项目推进】 坚持抓项目促发展，明确五大类重点项目42个，将项目推进情况纳入全年绩效考核，每周通报、挂图作战。新建项目36个完成32个，6个续建项目完成，预算外投入金额2269万元再创新高，增加31.08%。

【基础建设提升】 年内，柯城公安建成刑事侦查中心、执法办案管理中心、“情指行”合成作战中心、反诈中心、“人民来访/案件受理”接待中心“五大中心”，办公环境和智能化应用水平大幅提升。对三楼天井平台进行改造，变废为宝打造“空中花园”，为民警提供休闲放松场所。派出所层面，荷花所搬迁新址，摆脱30年“蜗居”；府山所、城西所翻新改造完成；石梁公安综合楼（派出所、交警中队）先后完成用地预审、可研批复、农用地转用报批、土地征迁“两公告一批复”，进入设计阶段；全面推进派出所“五小”工程建设，添置健身器材、唱吧、咖啡机、按摩椅、台球桌等休闲娱乐设施，基本实现农村所“一人一房”，城区所“一人一床”。

【警务模式与时俱进】 坚持改革强警、科技兴警，探索现代警务模式。对原刑侦、经侦、禁毒及派出所刑侦中队力量进行整合，成立分局刑事侦查中心，全市率先实行刑事案件集中统一办理，派出所不再办理除简单伤害类、故意损毁财物类以外的刑事案件，不再承担刑事打击指标任务。11 月 1 日至 12 月 31 日在府山所、信安所试点运行期间，传统侵财案件破案率从 24.7%上升至 37.8%，新型案件破案率从 2.5%上升至 11.9%，派出所办理刑事案件占比从 76.4%下降至 21.1%，实现减负增效，缓解基层压力。建成全市首家县级公安机关执法办案管理中心，配备智能设备，组建专门队伍，实现集约化办案、全流程管控、“一站式”服务、专业化保障，较原有分散办案模式，每起案件办理时间节省 5 ～ 8 小时，整体效率提高约 1/3。打造“大脑＋小脑”情指行合成作战体系。情指中心及各派出所综合指挥室大屏均可实时显示警情位置、警力分布、辖区地图，达到“三图合一”效果，配套“4G 执法仪音视频实时传输＋警情周边监控自动抓取”，实现接处警全域可视化。情指中心对警情和案件进行日、周、月定期分析，派出所综合指挥室创新“6 ＋ N”岗位运行机制，通过“七张报表”对勤务精准化指导和闭环式管理，有效促进“降警情、控发案”。

【文化矩阵初具雏形】 按“一所一品”思路，根据各派出所辖区特点、警务特色、队伍气质提炼文化品牌，设计专属标志。形成“红色警盟，首善府山”“忠诚和谐，清廉荷花”“剑形兰心，品质城西”“护民固本，守信为安”“无案七里，正义石梁”五大文化品牌，为警营文化“铸魂”。

【暖警惠警落在实处】 开展各类慰问 148 人次，累计发放慰问金 13.9 万元，警察协会正式成立。注重身心健康，丰富体检套餐和疗休养路线，组建工会“五队五组”，举行兴趣小组活动 56 次。举办“警娃托管班”“小警察夏令营”，组织“警属座谈会”，加强单位和家庭沟通交流，解决民警后顾之忧。

【主题教育】 高标准、高质量开展“不忘初心、牢记使命”主题教育，全体民警、辅警深入系统地学习习近平新时代中国特色社会主义思想，深刻理解中国共产党为什么“能”、马克思主义为什么“行”、中国特色社会主义为什么“好”等问题。对“五位一体”总体布局和“四个全面”战略布局直观认识，“四个意识”增强，“四个自信”坚定，做到“两个维护”，初心使命意识牢固。

【监督执纪强化】 立案查处民警违纪案件 3 起 3 人，其中对 1 人予以开除公职，2 人予以党政纪处分；办理问责案件 6 起，对民警 4 名和辅警 3 名问责，1 名辅警予以开除。做好“一案一评”、每周“报账单”式廉政提醒，开展“自画像”活动，做到以案为鉴、警钟长鸣。

【队伍士气提振】 全市公安机关“大比武”活动，团体 10 个、个人 15 名进入前三，其中团体 3 个、个人 4 名获第一，新生代力量崭露头角，团体总分连续两年夺魁。各级党委政府对柯城公安重视和关怀前所未有，市委、市政府，区委、区政府及智慧新城管委会主要领导先后到柯城公安看望慰问，对公安工作予以充分肯定。新一届党委班子团结一心、共同发力，全体民警、辅警不辞辛劳、拼搏奋进，队伍凝聚力增强，向上势头明显。

（姜 帅）

柯山公安

【概　况】 衢州市公安局柯山分局（以下简称柯山公安）成立于1999年12月26日，前身系1958年10月成立的浙江省金华专员公署公安处驻衢州化工厂地区公安分局。1966年“文化大革命”期间实行军管，更名为衢县公安局衢州化工厂派出所。1984年10月恢复建立衢州市公安局衢化分局，1986年5月改为衢州市公安局（地级市）衢化分局。1999年12月企业公安转制更名为衢州市公安局柯山分局。柯山分局位于衢州市城区南面城郊结合部，面积270余平方千米，东至石室乡新东村与衢江区接壤；南至华墅乡龙泉头村与江山市接壤；西至航埠镇北一村与常山县接壤；北至柯城区双港街道礼贤街，管辖一镇三乡四街道（航埠镇、沟溪乡、华墅乡、石室乡、黄家街道、双港街道、花园街道、衢化街道，其中黄家街道行政隶属集聚区管辖，其余乡镇街道行政隶属柯城区管辖），121个行政村社，常住人口17.96万人，同比上升0.25‰；流动人口30224人，同比上升26.64%；常住人口出生人数1730人，出生率为9.6‰；死亡人数1205人，死亡率为7.13‰，人口自然增长率2.47‰。2019年，围绕市局“1244”战略部署，打造“全国治安首善之地”总目标，以分局“11235”工作体系为行动纲领，狠抓公安业务和队伍建设，确保辖区社会大局稳定。全年接警11343起；破获刑事案件441起；抓获各类逃犯19名，移送起诉犯罪嫌疑人206名；查处治安案件440起，查处违法人员710人次。完成全国“两会”、世界互联网大会、新中国成立70周年大庆等一系列高标准、严要求安保任务；开展扫黑除恶专项斗争，打击通信（网络）诈骗犯罪等专项行动，破获销售假冒“巨化牌”制冷剂案、销售“假红牛”案、涉外企业被合同诈骗案及全市首起全链条打击网络套路贷案件等大案要案。获评全省公安队伍正规化建设优秀单位、全省县级公安局执法质量优秀单位、全省县级公安机关信访工作优秀单位；深化“新生e站通”机制，获全省公安机关改革创新大赛银奖，全市公安机关大比武活动获团体第二，新警擂台比武第一；全年综合实绩考评在全市8个公安局中位列第一。被评为年度县级公安机关综合实际评估优秀单位。

图22　4月18日，路地融合暨城站派出所签约揭牌

【机构人员】 设机关职能部门18个和花园派出所、航埠派出所、城南派出所、石室派出所、城站派出所5个派出所，民警167人，辅警177人，警力与人口比例为0.8‰。

【维护稳定】 围绕全国“两会”、新中国成立70周年大庆、世界互联网大会等重大安

图 23　9 月 12 日，省公安厅党委委员、副厅长金捷到柯山公安督导检查新中国成立 70 周年大庆安保工作

保维稳任务，推进“风险防控攻坚年”行动，紧盯政治、反恐、社会治安等领域，滚动开展风险隐患大排查、挂牌“清零”大化解。全年发现重大风险隐患 42 处、化解 19 处。组织实施大庆安保决战决胜“四零铁拳”系列行动，检查酒吧、网吧等重点场所 460 余家，收缴子弹 60 发、收缴烟花 962 件。以信访“减存量、控增量”攻坚战为抓手，纵深推动“最多访一次”工作，化解公安部交办 2 起、省公安厅交办 4 起信访积案。围绕市区生活垃圾焚烧发电、衢化棚户区改造、航埠美丽沿江公路等重点项目，农房整治、创文等重点工作，开展“护发展、打歪风、拼首善”系列专项行动，保障党委政府中心工作顺利推进。

【严惩违法犯罪】 坚持“有黑扫黑、有恶除恶、有乱治乱”工作理念，紧抓组织部署、队伍建设、线索排摸、线索核查、宣传发动、案件侦办六个核心环节，组建实体化运作扫黑除恶专班 8 人，扫黑除恶专业团队 16 人，开展线索“深排细核”“打财断血”“打伞破网”等行动。全年打掉恶势力犯罪集团 1 个，恶势力犯罪团伙 2 个，套路贷团伙 3 个，抓获各类犯罪嫌疑人 110 名（同比上升 58.8%），查封、扣押、冻结涉案资产 3406 余万元（同比上升 249.4%），打击绩效与上年同比提升明显。围绕打造“中国营商环境最优城市”目标，查处涉企案件，先后破获销售假冒“巨化牌”制冷剂案、销售“假红牛”案和涉外企业被合同诈骗案，捣毁销售窝点 1 个，打掉生产线 2 条，抓获犯罪嫌疑人 20 余名，查扣涉案赃物价值 3160 余万元。同时，始终对辖区黄赌丑恶现象保持高压严打态势，常态化开展巡逻查控、深挖彻查，全面挤压黄赌滋生空间。全年抓获黄赌违法犯罪嫌疑人 323 人，查处“黄赌毒”案件 147 起，打掉“黄赌毒”犯罪团伙 3 个，治安处罚 362 人。

【践行新时代“枫桥经验”】 纵深推动“枫桥式公安派出所”创建活动，夯实公安基层基础。坚持大党建统领、大联动治理，主动融入党委政府基层治理“主”字型运行架构，根据五个派出所不同勤务模式特点，开展“一所一品”创建，打造村居、工业园区、专业市场、万达商户等各具特色网格警务。立足全市经济发展主战场区位优势，集中全局优势资源创新城南派出所园区警务模式，摘

图 24　城南派出所被评为全省首批“枫桥式公安派出所”

得全省首批“枫桥式公安派出所”三十佳殊荣，被记集体二等功。结合“三服务”及“百万警进千万家”活动，开展“全警大走访 平安创满意”活动，警民关系和谐。全年群众安全感及满意度全市排名第一。万达广场“四联三防”省级示范点验收工作完成。坚持治安基础要素顶格管控，全面加强易制毒、易制爆从业单位、枪爆物品等重点区域、物品检查监管力度。强化实名制管理，对旅馆、网吧、寄递等行业场所开展叠加式检查，一律从严从重处罚。全年处罚旅馆、网吧24家，开具万元反恐罚单6起。

【实施改革强警战略】 健全完善二级执法管理体系，理顺分局和执法部门两级执法管理模式，制作警情、案件、人员、财物“四张工作清单”定期巡查，督促规范执法成为全警自觉。针对拖案问题，年初开展“案件不跨年”集中攻坚活动，全程跟踪、考核推进，近两年伤害案件办结率达99%，创历年伤害案件办结率新高。推进“路地警务融合”，实现原站前派出所与铁路衢州站派出所合署办公，成立城站派出所，实现机制融合、功能融合。推进“最多跑一次”改革，依托创建“枫桥式公安派出所”活动，推动公安办事窗口入驻3个偏远乡镇街道，实现公安服务延伸扩面。深化“指尖警务”，建立“企业+窗口办事”钉钉审核审批平台，实现高频事项“零跑腿”办理。深化“新生e站通”机制，实现新生儿7件事联办，获得全省公安机关改革创新大赛银奖，是市、县级公安机关在该大赛中获得的最高奖项。

【队伍建设】 始终把队伍建设放到公安工作首要位置，坚持党建统领，树立“一切工作到支部”鲜明导向，开展“最强支部”创建活动，将业务工作和队伍建设纳入评选标准，发挥党建带队建、促业务统领作用。按“守初心、担使命，找差距、抓落实”总要求，开展“不忘初心、牢记使命”主题教育，筑牢忠诚警魂，推动隐患消除、作风转变、工作落实到位。推进学习教育、调查研究、检视问题、整改落实，重走常山县西源村、衢江区灰坪乡红色道路，邀请人民英雄“三老之一”胡兆富上党课，筑牢信仰之基、补足精神之钙、把稳思想之舵。开展美丽警苑、活力警队、幸福警营“三警”工程建设，凝聚警心、激励斗志。局党委班子对照“十项表率”引领示范，党员民警带头遵守“有难先上、有利先让、有责先担、有纪先守”“四先”要求，深入开展“最强支部”创建，践行誓言要牢记、红歌要唱响、支部要做强、党员要争先“四要”标准，党建氛围日益浓厚，党员先锋模范作用发挥明显。扎实推进清廉公安建设，组织开展“固本清源·锻造警魂”“警示教育月”活动，全警纪律意识、规矩意识逐渐增强。以建局20周年为契机，开展以先进走廊、警史馆、民警休闲区等为主要内容的忠诚之路和基层所（队、室）文化示范点“一路一点”建设，打造分局警营文化建设带。讨论、提炼形成齐飞、奋飞、高飞“群雁精神”和“忠、勇、精、正”警员信条。以为期两年“素质能力跃升年”活动为载体，落实周学月考季比武制度，建设专业人才库，开辟民警实训基地，举办“首善柯山、警营之星”评选活动，“提站位、拓格局、勇争先、创一流”柯山论坛，推动全警能力素质大提升。在全市公安机关大比武中勇夺团体第二、新警擂台比武团体第一。警种比武8个大项获全市前三，9名新警分局占3个。

【典型案例】 破获全市首起全链条打击网络套路贷案件。10月30日，专案组集结分局刑侦、巡特警、派出所等警力，兵分4路开展统一收网工作，当地警方协作，在温州瑞安、湖北孝感、黄石、上海等地抓获一个网络套路贷犯罪集团主犯和催收等犯罪嫌疑人27名，冻结资金160余万元、房产2处、车辆6辆、作案电脑107台、银行卡120余张、手机100余部。破获一起销售假冒注册商标案件。9月18日，分局在河北省石家庄市桥西区，抓获犯罪嫌疑人崔某。5月，犯罪嫌疑人崔某为谋利，在明知是假冒伪劣产品情况下，以明显低于市场价从他处购入假冒"巨化牌"R22制冷剂13.6千克装435瓶，22.7千克装165瓶准备予以销售。经鉴定，上述商品均为侵权产品，正品市场销售价达20万余元。

图25　11月1日，柯山公安分局领导到衢州高速公路西出口迎接"7.18"套路贷专案抓捕组凯旋

（祝　林）

检　察

【概　况】 2019年，区检察院坚持以习近平新时代中国特色社会主义思想为指导，贯彻中共十九大、十九届四中全会精神，围绕市委"1433"战略体系和区委"两创强区、两美富民"战略部署，落实"讲政治、顾大局、谋发展、重自强"新时代检察工作总体要求，全力服务保障中心工作。以"深化法律监督，彰显司法权威，维护公平正义"工作为主线，全面改进。加强法律监督，推进自身转型发展，各项工作取得新成效。

图26　5月17日，区检察院干警赴荷西苑社区开展"送法进社区"宣讲活动

【平安维稳工作】 贯彻国家安全观，依法严厉打击各种危害国家安全、涉众涉网、食药、黄赌毒等犯罪。全年受理审查逮捕287件453人，审结287件438人，作出批准逮捕决定214件301人，受理审查起诉817件1153人，审结778件1165人，向法院提起公诉596件940人，同比增长5.9%。落实平安稳定责任，坚持案件审查、追赃挽损、风险防控"三同步"，办理一批重大案件，依法批捕非法吸收公众存款、集资诈骗犯罪16件18人，起诉11件17人。推进电信网络诈骗、涉众型集资诈骗等犯罪案件办理，防控各类风险。

【扫黑除恶专项斗争】 履行扫黑除恶政治责任，涉黑涉恶案件办理"态度坚决、依法办事"，严把证据关、事实关、程序关，完善多方会商、提前介入机制提升办案质效。自

图 27 3 月 29 日，区检察院联合石梁镇组织开展“扫黑除恶在行动”主题集中宣传活动

上年开展专项斗争以来办理涉黑恶案件 12 件 89 人，其中典型案件：以蒋勇为首黑社会性质组织犯罪、以余清男为首恶势力犯罪集团、以翁建辉为首恶势力犯罪集团等。摸排深挖线索，坚决除恶务尽。重点对操纵破坏基层选举、非法采矿、高利放贷、经营“黄赌毒”等案件摸排，发现线索并追诉漏犯。破网打伞，打财断血。健全工作机制，涉黑恶犯罪案件必审“保护伞”线索，通过“留痕”倒逼严审细查，向纪委、监委、公安等移送线索 19 条。

【优化营商环境】 立足检察监督主责主业，营造公平竞争营商环境。打击侵害企业权益

图 28 12 月 10 日，区检察院对一涉企的审查起诉案件公开审查，邀请人大代表、政协委员、人民监督员监督

的违法犯罪，依法起诉 41 件 82 人。慎重办理企业人员犯罪案件，依法对 17 人作出不起诉决定，最大限度减少司法办案对企业生产经营的影响，防止“案件办了、企业垮了”现象发生。注重对企业知识产权等司法保护，以帮助非公企业解决困难和问题为目标，净化企业法治环境、政务环境。加强检企互动，实施挂点联系企业制度，开展送法入企、以案释法、法律咨询等活动，帮助企业防范法律风险。

【诉源治理】 开展“三服务”活动，打造最优基层治理城市发挥检察主力军作用。完善检调机制，落实宽严相济刑事政策，通过少捕慎诉化解社会矛盾，促进社会和谐。提升办案质量、注重人权保障，运用不批捕、不起诉等方式强化挽救职能，全年不批准逮捕 137 人，不捕率为 31.3%，不起诉 179 件 217 人，占比 18.6%，同比增长 33.1%。重视通过办案发现问题提出有效建议，发挥检察机关在推进基层治理中的作用。落实司法为民理念，规范办理信访案件，每访必录，全程留痕，件件回复，程序性答复 7 日内，实体性答复 3 个月内。强化首办责任制，提高初信初访化解率，促进从源头治理矛盾纠纷。办理司法救助和刑事申诉案件，彰显司法关怀，受理司法救助案件 9 件，其中救助成功 8 件，申请人全部作出息诉息访承诺。

【刑事检察】 强化侦查监督，坚持指控犯罪与诉讼监督并重，深化检警协作，促进侦查机关提升执法规范化水平。全年立案监督判处一年以上有期徒刑 14 人，追诉漏犯 10 人，以纠违为手段督促侦查机关规范办案，发出纠正违法通知书 10 份，及时跟踪督查。强化审判监

督，落实检察长列席审委会制度。完善裁判文书内部交叉审查、检察官联席会议研判机制，履行监督职责，提出刑事抗诉3件3人。强化刑事执行检察监督，常态化开展社区矫正工作巡回检察，依法发出纠正违法通知书5份，检察建议书8份，监督收监执行3人。强化与纪监委协作配合，合力推进反腐，对重大复杂案件依法提前介入，严把审查关，履行职务犯罪案件决定逮捕、审查起诉职责，办理监委移送审查起诉案件6件6人。

【民事检察】 以查处虚假诉讼为切入点，加强生效裁判结果监督。办结生效裁判监督案件18件，涉及虚假诉讼案件7件，其中提请市院抗诉2件，发出再审检察建议6件，向公安机关移送涉嫌诈骗犯罪案件线索7件。以规范诉讼程序为目的，开展诉讼程序违法行为监督。通过“一案多查”拓宽案源，针对送达程序等问题向法院发出检察建议3份。针对法院执行方面问题，办理当事人申请执行监督案件9件，向区法院发出检察建议4份，均被采纳。通过现场监督主动参与影响大、关注度高的案件，促进法院执行活动规范有序。注重打造精品案例，发挥“办理一案，影响一片”法治引领作用，民事监督案件获评全省精品案件。

【行政检察】 切实履行行政检察职责，助推法治政府建设，办理各类行政非诉执行案件7件，办理行政审判程序监督案件2件。加强行政非诉执行监督，解决行政处罚不落地问题。以排查行政机关应予执行而未执行情况为切入口，通过开展小专项监督，督促交警部门开展“查获案件未结案、作出处罚决定未执行双清理”专项整治行动，催缴罚款30余万元；督促乡镇街道执行生效裁定，拆除违章建筑1543平方米。履职加强行政审判程序监督，向法院发出检察建议2份，以类案形式启动监督程序，使监督形式从“个案纠正”向“类案监督”延伸，提升“办理一批案件、规范一个领域”的监督效果。

【公益诉讼】 聚焦生态保护、食品药品安全、国有财产保护、国有土地使用权出让“四大领域”，全面履行职能，公益诉讼诉前程序监督实现“四大领域”全覆盖，在保护公民个人信息、保障道路交通安全等外领域案件办理上实现突破。办理公益诉讼案件49件，其中行政公益诉讼诉前程序案件47件，刑事附带民事公益诉讼1件，单独提起民事公益诉讼1件。关注环保重点，针对“施工工地扬尘污染”问题，开展专项监督行动，督促施工单位整改到位。关注食品药品安全，主动沟通汇聚执法合力，针对保健品市场乱象向市场监管、卫生健康等部门发出诉前检察建议。针对电动自行车占用消防通道、私拉电线充电等消防隐患问题，依法向相关职能部门发出检察建议，引起区政府高度重视，出台《柯城区电动自行车违法违规行为专项整治行动方案》，在全区范围开展专项整治，取得较好效果，获市人大常委会领导批示肯定。坚持双赢多赢共赢，注重把问题解决在诉前，通过诉前检察建议等形式督促行政机关依法履职，通过个案办理推动行业整治，以点带面提高办案质效，违法砂场专项整治等监督案件多次获得市、区主要领导肯定，诉前检察建议按期回复率达100%。提起的刑事附带民事公益诉讼案件和民事公益诉讼案件诉讼请求全部实现。

【法律监督】 是年，浙江省委、衢州市委分别出台《进一步加强检察机关法律监督工作的若干意见》及《加强检察机关法律监督工作的实施意见》，为新时期检察工作转型发展提供重要支撑。区委高度重视《意见》的贯彻落实，出台具体实施方案，明确把检察机关法律监督工作纳入平安考核和法治浙江考核，为检察机关全面开展法律监督工作提供刚性依据和保障。建立与纪委监察委、公法司以及行政执法部门之间的协作沟通常态机制，畅通法律监督线索来源、协作渠道，提升法律监督效能，履职环境优化。

【保护生态环境和资源】 围绕绿色发展大局，服务保障美丽大花园建设。用“回头看”“提诉讼”“抓整治”等形式，深入开展“钱江源生态环境和资源保护公益诉讼”专项行动。针对信安湖流域反复出现非法捕鱼问题，在发出行政公益诉讼诉前检察建议和督促整改基础上跟踪问效，与主管部门对接，开展现场监督，防止问题反弹。注重运用诉讼的刚性手段保护生态环境和资源，使受损的环境得到及时补偿、修复。推进源头把控，加强综合治理。针对辖区内砂场未经用地审批问题，排查出违法砂场 28 家，涉及非法占用农用地 12.67 公顷，发出诉前检察建议 29 份，依法督促相关部门开展专项整治，相关整改措施基本落实到位。

【呵护未成年人健康成长】 贯彻“少捕、慎诉、少监禁”司法办案理念，落实未成年人特别保护制度，保障未成年人各项权益，严厉打击侵害未成年人犯罪，批准逮捕 9 件 16 人。严格把握逮捕、起诉条件，依法对 45 名涉罪未成年人提起公诉，对 21 人作出附条件不起诉决定。成立法律体检志愿服务队，开展法律体检、法治宣传，举办法治进校园、进社区、进乡村讲座 8 场。主动履职，针对校园学习环境、周边交通设施、食品安全等问题展开重点调查，依法向教育、市场监管、住建等部门发出检察建议 8 份，并督促落实整改。注重运用司法救助等体现检察温度，汪某某司法救助案获评全省优秀案件。

【推进认罪认罚从宽制度】 注重实践探索，全面适用认罪认罚从宽制度，担当刑事诉讼中主导责任，实现公平正义。主动谋划，因地制宜落实每周两班值班律师制度。规范程序，确保认罪认罚自愿性，尊重和听取辩护人、值班律师意见。主动与法院就量刑幅度等问题进行沟通协商，力求量刑建议更精准，认罪认罚从宽制度适用比例达 80%以上。

【“捕诉一体化”改革】 按“谁捕谁诉”要求，实行“捕诉一体化”改革，提高诉讼效率，利于落实办案责任制，有效提高办案质量。检察官关注整个案件证据收集，监督目标着力于侦查活动的合法性，对侦查工作的引领更加具体精准。

【检察指挥中心工作】 建设检察指挥中心，推动干警执法方式从传统审查理念向侦查理念逐步转变，融入大数据集成优势，提升信息化水平，显现线索集成、协调指挥、抓点赋面等方面作用，促进检察工作更好地融入基层社会治理体系，在市检察院、基层院上下联动一体化指挥系统运作下，工作成效显现，发现检察监督线索 386 条。办理电动车“飞线充电”公益诉讼诉前程序监督案件、道路交通安全隐患公益诉讼诉前程序监督案，为检察机关紧贴中心服务大局，主动融入创建全国文明城市、建设美丽大花园，提供抓手，得到市人大常委会领导肯定。

【司法体制改革】 统筹推进内设机构改革。完成本院内设机构改革任务，队伍结构优化，办案力量向一线倾斜，一批年轻骨干勇挑重担。落实司法责任制，制定检察官职权清单，制定检察人员分类考评机制，建立权责明晰、制约有力、运作高效的检察权运行机制。完善案件质量、廉政风险内控机制，案件评查机制强化，案件流程监控明晰。将事实情节认定有误、办案流程不规范、审判监督不到位等情况纳入案件质量信息库，经统一梳理分析后对共性问题开展类案评析，倒逼承办人更加注重办案规范、办案质量。在区委关心下，落实检察官职业保障待遇，为检察官沉下心办案提供有力保障。

【智慧检察新模式】 政法一体化办案系统实现案卷网上流转、文书数据共享，让数据多跑路，让办案人员少跑腿，智慧检务水平提高。改造完成检察指挥中心、庭审指挥系统、“网格＋检察”项目和机房核心设备更新，实施桌面虚拟化云平台管理系统，改造完成检察工作网。推进“12309”检察服务中心建设，提供档案查借阅、律师阅卷、信息查询等“一站式”服务，全年借阅档案375人次、律师阅卷298人次。

（赖丽群）

法　院

【概　况】 2019年，新收各类案件16720件，办结16527件，同比分别下降8.75%和7.84%，一审民商事收案同比下降24.36%，实现省委政法委、市委政法委分别提出诉讼收案零增长、负增长考核目标要求，员额法官人均结案424.31件，居全市法院第一位，较全省均值多88.34件。市中院对全市基层法院年度工作考核中综合排名第2位，获集体嘉奖。

【刑事审判】 全年受理各类刑事案件637件（不含旧存），审结611件，同比分别上升5.81%和3.38%。有罪判决960人，其中判处三年以上有期徒刑155人，对305名具有从宽情节被告人依法判处缓刑。立足“六个围绕”，推进扫黑除恶专项斗争，受理涉黑恶案件9件84人，审结7件65人，无改判发回重审案件，无抗诉案件。审结故意伤害、强奸、抢劫等暴力型犯罪案件及盗窃、抢夺、诈骗、危险驾驶等多发型犯罪案件353件437人；审结非法吸收公众存款、非法集资等案件9件；审结贪污、贿赂等犯罪案件6件7人。加强人权司法保障，为267名被告人指定律师出庭辩护。

【民事审判】 全年受理各类民事案件7038件（不含旧存），审结6976件，同比分别下降24.36%和22.68%，解决争议标金额31.57亿元。坚持以调为主、调判结合，调撤率达66.08%。审结婚姻、继承等家事纠纷案件531件；审结涉人身损害、医疗及消费者权益等案件952件；审结房屋买卖、租赁、中介等纠纷案件378件；妥善审理涉承包地“三权分置”、征地补偿等“三农”案件117件。

【行政审判】 受理各类行政诉讼案件373件（不含旧存），同比上升7.49%；审结299件，同比下降12.32%。完善行政争议调解中心实体化运行，调解、撤诉129件，撤诉率43.14%，妥善化解重大、敏感、复杂行政争议，得到省委常委、政法委书记王昌荣批示肯定。坚持“能调则调、当判则判”审判理念，判决结案299件，其中行政机关败诉49件，败诉率16.39%，行政机关负责人出庭应诉率达98.39%。推动领导干部旁听庭审制度常态化运行，开展旁听庭审20余次。审查行政非诉案件42件，准予执行率83.33%，发布2016至2018年行政非诉案件司法审查报告，受到区委主要领导批示肯定。

【执行工作】 全年受理各类执行案件6800件（不含旧存），执结6798件，同比分别下降5.50%和4.32%，执行到位金额16.05亿元。巩固深化“基本解决执行难”工作成果，坚持人员、力度、标准、效果“四个不减”，注重“立保审执破访”衔接，切实解决“执行难”问题，全力构建以“自动履行为主、

图29 11月28日，柯城法院与柯城公安分局共同举行“2017.07.01系列盗刷银行卡案”退赔大会，向来自全国各地的90余名受害人全额返还损失300余万元

强制执行为辅”执行长效机制建设。完善综合治理执行难工作格局，违法制裁率达68.33%，位居全省第5位。专门出台制度规范和解长期履行案件报结工作，常态化开展每月集中执行“雷霆”系列行动17次，全年集中约谈接访申请执行人、被执行人1456人，促成自动履行债务金额1.31亿元。集中约谈制度在省、市法院作总结推广，引起媒体关注，受到社会广泛好评。助力“无欠薪”区建设，加强涉民生案件专项执行，全年追索劳动报酬金额554.56万元。

【保障重大项目推进】 融入市委、区委中心工作，依法及时处理好涉斗潭危旧房治理改造征收、高铁新城征迁、古城双修、礼贤未来社区建设、衢化棚户区改造和文明城市创建等中心工作的相关案件，办理此类案件273件。加强个案引发普遍性问题研究，全年发送要情专报、专题报告、司法建议等62期。以开展“三服务”活动为抓手，完成省、市重点调研课题3项，服务保障政府重点工作、重大项目、重大改革依法推进。

【打造法治化营商环境】 开设营商环境专窗，对涉企案件实行快立、快审、快保全、快执行“四快”服务，强化服务保障民营企业“四三二一零”措施，建立服务民营企业发展“六个一”工作机制，举办民营企业家开放日活动，公开发布民营企业涉诉审判白皮书，编印法律风险提示，开启“法企直通车”，落实院庭领导定向联络重点企业制度。审慎适用强制措施，最大限度减少司法活动对涉案民营企业造成的负面影响，妥善处置涉企纠纷案件4127件，解决争议标金额22.68亿元，筑牢企业权益保护堤坝。

【加强破产审判】 注重发挥破产审判市场拯救和净化功能，利用破产审判后发优势，加强破产审判工作力度和规范化建设，健全市场主体救治和退出机制，新收破产清算案件36件，审结32件，通过司法程序盘活企业存量资产1.86亿元，释放土地资源13.27公顷、房屋面积7.25万平方米，清偿债务金额4.81亿元，化解税收债务金额1273.21万元，处置国旅烂柯山公司一批社会关注的破产案件。

【防范化解重大金融风险】 习近平总书记指出：“金融活，经济活；金融稳，经济稳。”

发挥司法手段防范化解重大金融风险职能作用，强化专业化审判，推动金融纠纷诉源治理。全年诉前调解金融纠纷案件387件，金融纠纷诉前调解率38.10%；审结涉金融民商事案件3186件，解决涉案标金额17.12亿元；审结涉金融刑事犯罪案件32件76人，解决涉案标金额9800万元；执行涉金融案件638件，执结标金额5.31亿元；通过破产程序化解银行不良贷款2.08亿元。开展民间借贷协同治理，建立"职业放贷人名录"，在全省率先对职业放贷人利息收入进行征税，全年新收民间借贷案件1790件，同比下降42.15%，下降幅度全市第一位。在全市融资畅通工作推进会上，作为唯一一家政法单位作典型发言。

【推进矛盾纠纷多元化解】 发展新时代"枫桥经验"，主动把诉源治理纳入"党建统领＋基层治理"大格局谋划推进，引导群众形成"先调解、再打官司"解纷习惯。成立特邀调解员队伍，聘请包含人大代表、政协委员等在内83名特邀调解员。加强律师调解工作，现有在册律师调解员80名。设立以全国劳动模范名字命名"叶兰花调解工作室"，"育家幸福社会工作室"入驻。上年5月成立"诉前调解中心"，调解各类民商事纠纷1958件，司法确认案件846件，解决争议标金额1.87亿元。对接四个平台和全科网格建设，实现"人民法庭＋巡回审判点"乡镇街道全覆盖。融入区社会矛盾纠纷调处化解中心，构建包含人民调解、律师调解、司法调解在内矛盾纠纷多元化解平台。完善"线下矛盾线上解"解纷模式，利用ODR平台调解案件1781件，成功率达93.12%。优化人民法庭布局，石梁法庭恢复建制并揭牌运行，更加方便群众诉讼。出台《驻庭调解员考核管理办法》，强化诉前调解工作、考核激励。全院一审民商事收案同比下降24.36%，全市排名第1位，诉前化解率达49.61%，全省排名第8位。8月，省委常委、政法委书记王昌荣到柯城法院调研诉源治理工作，对机制建设和取得的成效给予充分肯定。

【"思想建设年"活动】 坚持政治立院，毫不动摇把政治建设摆在首位，落实三个责任，三级书记同抓"不忘初心、牢记使命"主题教育，建立"十个一"工作机制，做到"十个结合"，紧扣主题、围绕主线、强化主责、融合主业，切实做到规定动作不打折，自选动作不走样，特色做法不跑偏，执法办案不耽搁，保证主题教育高质量开展，各项工作高标准推进。主题教育做法得到省、市、区巡回指导组充分肯定。

图30　9月30日，柯城法院举行升国旗仪式，庆祝中华人民共和国成立70周年

【"质量建设年"活动】 坚持"刀刃向内"，开展"查万案""听百庭"活动，对在司法质量大检查中发现瑕疵案件16名承办法官分别予以严肃问责并落实整改。开展打击虚假诉讼、惩治拒不执行判决、裁定和清理长期未结案三大专项行动。向公安机关移送虚

假诉讼案件6件，公开宣判拒执罪2件。办结长期未结案33件，超12个月未结案同比下降71.43%，超18个月未结案实现清零目标。对闹庭闹访、侮辱诽谤法官开展专项整治，针对民事案件当事人辱骂法官，果断出击予以司法拘留。

【"作风建设年"活动】 重视班子自身建设，做到管住自己、管牢队伍、管紧权力、管好案件，建好班子、率先垂范；带好队伍、树立形象；办好案件、公正裁判，营造干事干练干净政治生态。坚持抓两头带中间，落实"严管＋厚爱""激励＋约束"，锦旗上墙、模范上榜、先进上报，讲好法院故事，传播司法正能量，组织宪法宣誓3次、140人，受到各级表彰奖励6个集体、55名个人。区人民法院获评全国维护妇女儿童权益先进集体，一行政诉讼庭审获评全国"百场优秀庭审"，花园人民法庭被省高院授予集体二等功，诉讼服务中心被区委、区政府授予模范集体称号。

（周哲斌）

司法行政

【概　况】 区司法局围绕全区重点工作，以机构改革为契机，以平安建设为平台，以法治政府建设为重点，履行司法行政职能，发挥人民调解作用、开展普法与依法治理、推进社区矫正规范化、提升法律服务质效、完善依法行政制度体系，强化依法治区，推进"法治柯城"建设，为打造"四个区"，营造良好法治氛围。助推全区经济社会和谐、稳定、有序发展。

【人民调解工作】 完善区人民来访接待调解中心功能，公共法律服务中心与信访接待大厅实现分区设置、高度融合。聘任专职调解员4名，进驻人民调解室2个，医患、物业、交通等行业专业性人民调解8家，提供"一窗式受理、一条龙服务"。建立乡镇（街道）联调中心15个，专兼职人民调解员91名，与法律顾问轮流值班。在行政村、社区实行调解组织人员信息、服务内容、考核标准"三公开"，明确群众可以在任一中心申请矛盾纠纷调解，允许部分仅一方当事人申请的案件容缺受理，申请调解"最多跑一处"。全区各级调解组织受理矛盾纠纷5763件，调处5761件，成功率99.9%。组织人民调解员培训1期，参加培训人员500余人。乡镇（街道）培训人民调解员69期，参加培训人员2659人次。构建人民调解参与信访工作体系，探索"445"调解新模式，升级实体平台，入驻调解工作室，深化诉调、警调"大调解"格局，促进初访调处、积案化解，全年化解初信初访案件236件，市以上越级上访较上年明显下降。

【普法与依法治理】 以"七五"普法督查为契机，坚持把教育、学习、宣传宪法作为抓好"七五"普法首要任务。推进领导干部普法，结合"和君"大讲堂开展区管干部学法用法学习教育，全年举办各类讲座、法治培训30余场。落实任前法律知识考试制度，全区新提拔领导干部参加任前法律考试6批171人次，合格率100%。开展宪法进机关、进学校、进企业、进社区、进乡村等"宪法十进"活动，全区32所中小学校设置法治副校长，开展"四点钟"普法微课堂。通过"3·15"国际消费者权益日、"4·15"国家安全日、"6·26"禁毒宣传日及新中国成立70周年等重要时间节点，开展宪法为主题系列宣传活动140余场，送法下乡活动180余次，发放法治宣传资料6万余份，累计参与群众达8.9万人次。以节假日人员返流、乡村民俗活动、主题宣传日等为契机，联合区人劳局、市场监管局等多家单位开展“以案释法”法治宣传活动。通过征集市场监管、人力社保、公安等部门频发类型案例，编写案例库、制作案例展板，定期在微信公众号和“12348法网”发布案例资源。全区制作以案释法案例展板50余块，开展以案释法巡回宣传200余场，在各类平台媒体发布以案释法案例65起。年度创建民主法治村（社区）市级25个、省级7个。

【社区矫正工作】 贯彻《中华人民共和国刑法》《中华人民共和国刑事诉讼法》和《社区矫正实施办法》，做好“庆祝新中国成立70周年”维稳安保工作，健全组织体系、完善工作体系、严格工作措施、落实工作责任，确保社区矫正人员、刑满释放人员和涉黑涉恶人员等特殊人群的监管教育水平。全年接收社区矫正人员194人，在册人数281人，累计接收3102人，累计解除矫正2821人。强化社区矫正人员管理，施行手机定位“双核查”制度，定位率达95%以上，每日信息化核查率达100%。创新信息化核查机制，推行“视频报到、钉钉监管”办法，通过钉钉签到、上传图片视频，有效防止人机分离现象。发挥监狱派驻民警作用，全区乡镇（街道）开展社区矫正人员“治本归途、修心教育”巡回集中教育活动，全年受教育300余人次。组织社区矫正对象300余名，参与环境卫生整治、文明交通劝导、创文知识宣传等创文行动，引导社区服刑人员主动融入社会环境，增强奉献意识、责任意识和社会归属感，做遵纪守法的公民。

【法律服务工作】 以公共法律服务中心建设为契机，加强组织领导，完善法网平台建设，优化法律援助办事流程，强化法律顾问督查考核，推动公共法律服务体系建设全覆盖。全年办理法律援助案件数1042件，同比增长10.62%：其中刑事案件447件，同比上升16.5%；民事诉讼案件487件，同比增长44.9%；行政诉讼案件9件，同比增加55.6%；代书94件，同比增长32.9%，司法鉴定4件，非诉讼调解1件。法律援助中心及各法律援助站（点）全年提供法律咨询2641件，律师事务所办理案件2337件，其中刑事392件，民事1754件，法律援助191件，同比增长162.6%，咨询和代理法律文书193人次，同比增长10.3%；业务收费达2375.16万元，同比增长54.5%。

（姚　琦）

军　　事

人民武装

【概　况】 2019年，全区武装工作坚决贯彻中央军委决策部署，坚持以党在新时代的强军目标为引领，牢记使命、聚力为战，振奋精神、狠抓落实，旗帜鲜明讲政治，顾全大局抓改革，全面从严强党建，打牢基础促稳定，圆满完成各项任务，各项建设在新征程上深入发展，取得好成绩。区人武部被省军区评为战备建设先进单位，多人获市级以上表彰。

图31 “从绿军装到红马甲　一颗初心显担当”——老兵志愿服务队部分成员合影

【举旗铸魂】 深入学习贯彻习近平新时代中国特色社会主义思想，强化“四个意识”，坚定“四自能力”。开展“传承红色基因、担当强军重任”和“不忘初心、牢记使命”主题教育，以党委会和专武干部、民兵骨干训练会等形式，开展“我的初心没有变”教育活动。组织干部职工和专武干部到常山国防教育基地和革命纪念馆参观见学、重走红军路。在学史明理、学史知责、学史铸魂中赓续光荣传统，把“看、听、思、悟、行”融为一体。引导全区武装工作者增强“四个意识”，坚定“四个自信”，做到“两个维护”，夯实听党话、跟党走的政治根基。深入隐蔽战线防范，定期组织“四反”教育，落实军地隐蔽斗争和网络安全防范协作机制。开展“谈心、关心、稳心”活动，面对面、心贴心、做好一人一事思想工作，用热情换真情，用关心换安心。以唤醒广大党员干部职工的激情和抱负，确保思想政治建设始终保持良好态势。

【岗位练兵】 按“打基础、抓应急、强应战”思路，首长机关内练基础业务、外强组织指挥。党委每月议战议训，组织参加省、市专武干部业务集训。石梁镇、花园街道新任专武部长参加全市专武干部集训，成绩优良，其中王志龙被评为全市优秀学员。组织86名民兵连长和专武干部集训跟训，全区专武干部轮训一遍，武装干部和民兵骨干业务能力增强。区委将参加上级国动委重大演练任务列入部署，提升动员准备能力。7月，协同区应急管理局，组织民兵骨干参加防汛防台实兵演练，投入防汛排涝，协助群众转移物资。7—12月，军分区指挥所开设动员指挥技能集训和国防动员演练，全区30人次参加，均完成任务，得到军分区肯定。严格战备值班制度，及时完善战备方案，落实重大节日、敏感期、防汛防台、防火期值班备勤、战备拉动演练。10月，民兵参加防火值班与火情扑救，协助乡镇专业消防队控制火势蔓延。首长机关以战斗力为标准，聚焦能打胜仗抓实备，按课目训练。

【训练与比武】 民兵训练坚持按纲施训原则，坚持基础课目、专业课目重点方针，采取基础课目自主训、专业课目强化训、分队课目对口训、预备役兵员返岗训方法，全区民兵分队、民兵应急连、对口保障分队实施演练集训、跨区联训、比武集训等措施，以任务代训、比武集训完成150余人次。实施水上救援训练，时间2天，参加人员80多人次。参加全市民兵岗位练兵大比武，柯城民兵取得防化专业和通信专业班组第一和一个单项第一、多个单项前十优异成绩。巨化集团武装部协助重要防卫目标普查，整编任务完成好；石梁、府山民兵情报信息报送及时，受到表彰。黄家、石梁、石室、衢化、万田等乡镇街道选送民兵骨干，参加全省民兵岗位练兵比武集训，集训坚持以强带弱、以比促训原则，重点突出参赛人员。参赛民兵训战一致、顽强拼搏、敢打必胜，在省军区第二届岗位练兵大比武中，取得综合保障专业比武总分第四名成绩，展示柯城民兵良好精神风貌。市、区有关行政企事业单位、民间机构、行业系统20余家，按标准完成基干民兵调整编组、点验训练。红五环集团，作为私营企业编兵单位代表，参加省军区民兵建设座谈会。

【国防动员】 对接地方机构调整改革，完成国动委、国教委、征兵领导小组、征兵办公室成员调整。根据“三个不得”混编要求，突出民兵基干队伍，尤其是应急队伍，按“七率”标准，把兵员编在实处，整组编兵数据翔实。联合区府办开展国防动员潜力调查，开展统计人员培训，人防办（住建局）、交战办（交通局）、科动办（科技局）、经动办（发改局）、信动办（经信局）数据录入及时准确。区应急管理局参与应急民兵防汛防台演练组训和野战炊事车应急装备器材配备。区退役军人事务局提供退役军人有关数据，为加强后备力量建设提供支持，为支持国防动员事业、履行国防义务做贡献。国动委围绕“三个转变”目标，定期联系民兵组织整顿，参与民兵整组潜力调查采集，深入走访对接；组织“八办”联络员会议，明晰各自职责；贯彻落实省军区、军分区新时代国防动员体系建设座谈会精神，认真实施国防动员体系建设工作；全区民兵队伍规模数量合理，布局结构优化，实现通联顺畅、手段多样、规范完备原则，武装动员基础扎实。逢年过节区委、区政府领导走访慰问辖区部队，部队过境驻训主动对接，驻柯和驻训部队及广大民兵参与文明城市创建等工作，全区军爱民、民拥军良好氛围浓厚。保障国动委、人武部值班室指挥信息化、视频会议系统升级改造和应急野战炊事车采购等经费。各乡镇街道认真落实乡、村武装规范化建设，补充应急装备器材、规范库室和软件建设，全区武装机关国防动员基础建设扎实。

【兵员征集】 根据上级要求，兵员征集进一步提高普通全日制大学生（特别是大学毕业生）比例，区征兵办针对新形势下兵役工作新特点，加强调查研究，专题召开会议研究征兵形势、任务和相关优抚措施，大力宣传

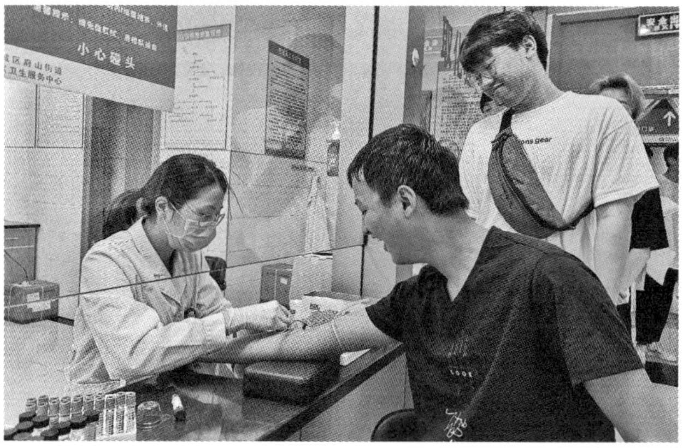

图 32　7 月 9 日，府山街道征兵预征对象初检（初审）工作在区人民医院府山分院开展

《中华人民共和国国防法》《中华人民共和国兵役法》，突出抓好高学历适龄青年发动，适应征兵形势变化。会同退役军人事务局，开展双拥系列活动，落实各项优抚政策，以调动广大适龄青年应征积极性。完成规定的征集任务，兵员质量提升。区卫健局、区人民医院、柯城公安分局、柯山公安分局对体检、政考工作认真负责，没有发生廉洁征兵和责任性退兵问题。石梁镇、九华乡、荷花街道任务完成好，全日制大学生（大学毕业生）征集入伍率高。

【国防教育】　坚持把国防教育作为培育社会主义核心价值体系的重要抓手，通过党委议军、领导干部国动和国教成员单位“军事日”活动等形式，突出抓好党员干部及各类群体国防教育。区委组织部、区委党校主动作为，在组织全区干部“和君班”和“教育领航班”中，融入国防教育元素，组织参观黄埔军校、参观侵华日军细菌战纪念馆等国防教育活动，爱国主义和国防教育营养元素充沛，为全区干部树立榜样。区委宣传部、全媒体中心有力配合各级开展国防教育，落实“八一”光荣榜，上报纸、上网络、进校园、进社区活动。全年媒体采编报道有关国防教育、民兵训练、兵役宣传和征集等重点新闻报道 20 余篇。教育局坚持国防教育从娃娃抓起、从基础培养，注重把国防教育作为提高中小学生素质教育重要内容，动员学校配合开展学生军训活动和参观军营、爱国主义基地、国防教育基地等活动，以增强中小学生国防观念。区国教办在庆祝中华人民共和国成立 70 周年前夕，开展“赞颂辉煌成就·军民同心梦”为主题的全民国防教育活动，设计制作体现 70 年党和军队辉煌成就图片 70 块，进校园、进机关展览，社会反响热烈。国庆阅兵后，邀请部阅兵归来文职人员徐建斌，分享国庆大阅兵精神感受，协助市国教办，推荐徐建斌及其团体参加“最美衢州人”评选活动。坚持把国防教育与民兵预备役官兵政治教育相结合，利用征兵、整组、完成急难险重任务时机，集中开展国防教育，民兵教育管理加强。国防教育日前夕，组织 500 多名民兵及应征青年参观衢州城市展示馆、细菌战纪念馆、府山烈士陵园系列活动，先后 3 次被市广电总台黄金时段报道。从衢州二中聘请政教处主任童雨滋等 5 名特、高级教师，成立区国防教育讲师团，赴衢州学院和职业技术学院，为 1200 余名学生开展国防教育授课。制作以“习近平强军思想”和“全军十大英模”为主题的国防教育灯箱长廊图片，推动“十大英模”灯箱进乡镇（街道）、进社区广场活动。全区国防教育氛围浓厚。

【从严治军】　贯彻从严治军精神，狠抓条令条例学习，把安全管理作为重心，精心谋划部署。落实军政主官全面负责、分管领导具体负责的安全工作责任制，确保管理工作常态化、规范化、责任化。按上级要求，开展

“枪弹清查整治和专项检查”“网络安全隐患排查”等活动，确保部队安全稳定。开展军委纪委巡视巡察反馈问题整改，部领导带头上党课，党员干部纪律规矩意识增强。严格遵守法规条例，在经费使用、物资采购、工程建设等敏感问题上，坚持集体研究，严格按政策要求办事。推进党务公开、部务公开，实行“阳光操作”，班子形象提升，风清气正氛围浓厚。

（毕卫东）

柯城消防

【概　况】 区消防救援大队2018年12月31日挂牌，2019年1月7日实施换装。在支队党委和属地党委政府坚强领导下，以中共十九大精神和习近平新时代中国特色社会主义思想为指引，贯彻习近平总书记重要训词精神，树立“四个意识”，坚定“四个自信”，抓好火灾防控和消防救援队伍建设，围绕支队党委年初消防工作和队伍建设总体思路，稳步踏实消防改革转隶步伐，高质量推进转制过渡期各项工作，着力打造“对党忠诚、纪律严明、赴汤蹈火、竭诚为民”消防救援队伍，带领全体指战员居安思危稳中求进，完成以防灭火和综合性应急救援为中心各项工作任务，完成水亭门灯光秀安保、协助处置“8 · 23”诚业有机硅等急难险重任务，确保队伍管理和火灾形势稳定有序。

图33　12月31日，柯城区消防救援大队挂牌

【灭火抢险】 全年参与国家级安保8次，省级安保10余次，市区级安保70余次，累计出动车辆80车次，人数430人次。辖区发生火灾203起，受伤1人，0死亡，直接经济损失14.14万元。同比，火灾起数下降18.36%，直接财产损失下降58.66%，灭火救援安全高效、处置恰当，未发生安全事故和群众信访投诉案件。始终将执勤训练工作作为中心工作纳入党委重要议事日程，主官积极参与“四长一员”活动，强化练兵备战鲜明导向，坚持实战实训、从难从严，全面开展执勤岗位练兵和多种形式消防队伍业务技能对抗赛活动，缩短操场与战场、训练与实战距离。修订完善数字化预案20份，开展灭火救援演练120余次，重点单位熟悉209家，微型消防站检查拉动580余次，维护保养消火栓460余个。在体技能项目上，完成年初制定目标要求100%达标，高层专业队班组培训，中队连续两次获得“优秀班

图34　2月15日，下街扑救汽车火灾现场

图 35　11 月，在山岳中抢险救援

组”称号。组建应急保障小分队，加强无人机飞手人才储备，专业力量建设提升明显。完成全国“双创”活动、“一带一路”国际经贸合作、“两山”实践和第四届智运会等重大消防安保任务。坚持“以赛促训，以训促战，交流互动，协同发展”方法，每季度召开专职队长例会、微型消防站站长联席会议，定期组织轮训、协同演练、实地帮扶，与专职队联合演练 24 次。连续四年开展微型消防站大比武，商场市场、宾馆酒店等九个行业、文化娱乐、银行业、房地产业等五大协会，农村志愿队 51 支、单位 863 家、参加人数 2973 人，实现全网辐射、紧贴实战、保障有力和全媒动员“四大转变”，加强消防救援队伍与微型消防站联勤联训，形成作战合力。把石梁镇政府专职消防队升级改造任务列入年初重点工作任务目标，主动向区政府汇报队伍建设思路，对接镇政府主要领导，从建站选址、库室设计到后续人员招录、装备配备协商解决，石梁专职队从派出所脱离，新建营房、车库，配备人员装备，与人社部门对接，落实编外用工 10 名，投入灭火执勤。11 月，市消防技能大比武，柯城区代表队获团体总分第一名，石梁城西村志愿队获得志愿队组第一名，东方商厦微型消防站获得微型消防站组第三名，新湖社区微型消防站获得社区微型站组第二名的好成绩。新华书店重点单位微型站组队参加全省微型消防站比武获第二名。

【监督执法】　除隐患、保平安，抓火灾隐患整治，推动消防治理体系和治理能力。市委、市政府及市消安委对区高层建筑消防设施未保持完好多次下发督办单，市委副书记周伟江专门作批示。先后对 6 处存在消防设施损坏高层建筑整改督办，多次召集 3 家重大火灾隐患单位小区及双水桥人家、锦绣家园、嘉园文景苑等小区物业服务企业、属地街道及住建部门召开整改协调会下发督办函。参照《全省老旧小区整治指导标准》，以畅通消防车通道、完善消防安全设施、整修改造电气线路、强化智能防控措施、夯实消防安全管理、浓厚消防安全氛围六个方面做好 25 个老旧小区消防设施增配改造工作。按“一小区一方案”原则制定总体整改方案，明确方式、步骤、时限、资金等内容，营造“部门联动、全员上阵，人人有责、人人尽责”工作局面。提请区政府将世通华庭小区、紫荆小区、香溢湖畔苑等三处高层住宅小区列为重大火灾隐患单位，抓住契机，主动协调住建部门、属地街道和主管单位，根据整改进度多次下发督办单，前后召开协调会 12 次，现场实地检查指导 20 余次，现场试压检测出动消防车 26 车次。常务副市长陈锦标、市创建办、督考办实地查看重大火灾隐患整改进度，区委、区政府领导多次带队检查，帮助确定整改计划、倒排时间进度，全力推动隐患整改工作。协调解决整改资金 700 余万元，更换、重建给水管网 7200 余米，更换消火栓阀门构件 50 余个，修复火灾自动报警系统4套、室内消火栓系统3套，消防水泵、排烟机、应急照明灯具、疏散指示标志等全面修复，验收通过。作为全市电动车火灾防范综合治理工作试点，对小区电动车消防安全管理进行整治和规范，明确电动车集中停放场所设置标准，解决“无章可循”问题。联合交警、电信等部门创新开发电动自行车“114 一键挪车”功能，治理成效明显。区政府再次部署电动自行车违法违规行为专项整治行动，成立专项整治工作领导小组，明确公安、住建、应急、消防、综合行政执法等部门和乡镇（街道）各自职责划分，多次开展联合检查和集中夜查行动，对违法违规行为依法予以行政处罚。全年出动执法人员80余人次，开展联合检查5次，劝阻纠正电动车违法行为137处，办理电动车违规停放充电处罚案件31起。国务院安委办要求开展“防风险、保平安、迎大庆”消防安全执法检查专项行动，区消安委第一时间向区委、区政府汇报，进行动员部署，出台行动方案，发动各方力量、整合一切资源，推进专项行动开展。依托行业部门、科研机构等单位及各专业安委会执法和技术力量成立“执法服务队”“专家指导队”，联合区住建、文旅体、公安、卫健、市场监管、教育、经信、民政等部门对各行业单位（场所）自查情况进行全覆盖抽查，坚持“隐患不除，不放松”原则，全力做好消防安全执法专项行动。全年检查单位1190家（次），督促整改火灾隐患910处，下发行政处罚决定书111份，下发临时查封决定书10份，责令“三停”单位20家，罚款19.52万元，各项执法数据均列全市第一。

【安全宣传】 紧抓消防宣传工作，做好水亭门“光影”灯光秀活动消防安保、“3·4”德坪坝三位救火老英雄、“4·13”破窗救小孩、“5·12”防灾减灾打开生命通道和第四届微型消防站技能大比武等重大活动救援消防宣传。通过精心谋划、主动出击，开展

图36　7月，参加支队消防技能大比武

消防宣传“七进”和“七类人员”培训、联合志愿者和消防宣传大使进入社区对孤寡老人开展“敲门行动”，消防宣传进军训及消防站开放等活动，参与975交通音乐频道消防专栏，消防宣传工作新思路、新方法。全年，稿件录入中央级媒体107分，省级媒体125.5分和总分305.9分，分列支队三个第一，打造央视“柯城消防”声音。

（周景鸿）

柯山消防

【概　况】 2019年，柯山消防救援大队党委在支队党委和属地党委、政府领导下，围绕年初支队党委扩大会议提出的工作任务和目标，坚持以习近平总书记系列讲话和训词精神为统领，忠诚践行总书记授旗训词精神，开展“不忘初心、牢记使命”主题教育，团结和带领全体指战员适应新体制、履

行新职能、担当新使命，完成一系列重大消防安保任务，处置“8·23”诚业有机硅、“11·10”申光电器等急难险重任务，确保队伍管理和火灾形势稳定有序。

【灭火抢险】 全年接警出动1112次，出动车辆1514辆次，出动人员8821人次，抢救被困人员56人，抢救保护财产价值72.4万元。在处置“8·23”诚业有机硅火灾事故中，全体指战员发扬不畏艰险，不怕苦、不怕累战斗精神，得到市委书记徐文光高度肯定，为全市消防救援队伍优待政策出台作铺垫。固化灭火救援基础工作。围绕“能打仗、打胜仗”目标，夯实战训基础工作。开展重点单位熟悉演练205次，大型实战演练8次，修订完善预案单位75家。创新推出“消防交底箱”工作机制，自主编纂《化工专业队学习辅导汇编》，邀请专家辅导授课；规范设置天然水源取水口提示牌，制作高新园区电子取水图，储备足量灭火药剂。强化灭火救援攻坚能力。结合“三长一线”带训制，掀起全员岗位大练兵比武热潮，分别获得支队冬训比武团体第三名、夏训比武团体第二名，乌壮壮获得全省装备技师比武第一名，余军健获得全市比武总分第一名，三名消防员获得消防“金斧头”奖励。官庄中队在支队两次单编制比武中均取得第一名。先后选派8人次参加各类专业培训，配全专业救援装备，为完成急难险重任务奠定坚实基础。细化队伍正规化建设。按正规化建设要求，抓硬件建设，对中队营区及库室全面翻新改造，对营房门牌及门牌标识设置重新规范；抓软件管理，重新修订消防员、合同制队伍、消防文员三个层面人员考评细则，规范队伍正规化管理，突出长效管理强化价值引导，规范队伍正规化建设。严格管控人、车、酒、网、电、秘等环节，常态化开展教育检查，组织酒精测试41次，手机自查374次，驾驶员会议15次，第一时间发现和解决问题，清退不合格消防员1名，确保消防队伍安全稳定、正规有序。

【监督执法】 压实安全责任，构建消防安全管理体系。推动政府责任制落实，深化消防安全网格化管理，推动、指导乡镇街道落实属地管理责任，发挥基层网格消防安全隐患排查作用。指导和推动有条件乡镇或管委会委托有资质第三方进行消防安全管理工作；依托安全巡查行动对乡镇街道开展半年度消防安全工作考核，推动行业部门落实“三个必须”要求，根据相关规定和工作需要指导派出所消防监督检查工作。深化单位消防安全“四个能力”建设，推行标准化管理，落实“两公开一承诺”制度，加快微型消防站、志愿消防队提档升级，提高单位自防自救能力。指导开展大型商业综合体等重点场所消防安全达标创建活动。紧盯隐患整治，强化社会面火灾防控工作。督促重大隐患单位整改、落实管控措施。对挂牌督办徐国清建材有限公司和广汇家居市场进行上门指导、检查，督促单位整改火灾隐患，落实整改期间管控措施。及时向政府分管领导汇报隐患整改进度，通过花园街道和上洋村配合，徐国清建材有限公司隐患整改完成，广汇家居市场隐患仍在整改中，持续督促该单位落实相关管控措施。开展“双随机，一公开”“互联网＋监管”监督检查模式。对辖区内信息进行完善单位858家，录入电子化监管平台，通过“双随机”系统检查单位131家，发现并督促整改隐患27处。指导乡镇街道开展居住出租房消防安全隐患整改。针对黄家街道区域性居住出租房隐患，强化参谋助手，主动向分管领导汇报进度。黄家街道投入经费100余万元，通过奖励补贴形式鼓励引导居住出租房配齐消防设施。全年居住出租房隐患整改完成300余家，安装智能充电站150余个，独立式烟感火灾报警器2000余个。做好参谋助手，推进消防安全三年翻身仗行动。当好政府参谋助手，深入研判辖区火灾形势，按任务清单推进相关工作，推动、指导部门、基层单位结合防控重点开展隐患清查工作。持续推进老旧小区消防安全设施改造、城市消防远程监控、智慧用电、智慧用水、单位自主管理系统等工作。指导帮扶乡镇街道开展老旧小区改造，全年老旧小区增设电动车集中停放点52处，智能充电口520个，为“空巢老人”和分散养老特困人员安装独立式烟感150余家。辖区公众聚集场所重点单位安装智慧用电达70%、高层公共建筑安装远程监控系统达100%。

【安全宣传】 开展社会化宣传、体验式场馆建设等工作。延伸消防安全宣传触角，链接“宣传点”，织密“宣传网”。指导辖区乡镇（街道）建立体验室7家，农村（社区）宣传点115个。深化“消防场馆我预约”行动，发挥“浙江消防体验场馆预约平台”小程序作用，每周对外开放参观不少于1次。针对节假日等重要节点开展消防宣传。安全生产月期间，联合街道、派出所等部门开展“防风险、保平安、迎大庆”宣传；消防宣传月活动，发动群众参加“消防知识有奖竞答”。发放宣传手册5000余份，张贴宣传系列挂图400余份，筑牢社会消防安全知识。依托各类媒体形成强大宣传攻势。每天定时通过微信、微博、今日头条等媒体平台向广大人民群众发放相关消防安全宣传知识。全年发送微信公众号1500余条，微博3000余条，短信7000余条。

（马彬炳）

经 济 管 理

发展与改革

【概　况】 2019年，面对错综复杂国际环境和艰巨繁重国内改革发展稳定任务，区发改局在区委、区政府坚强领导下，以习近平新时代中国特色社会主义思想为指导，贯彻落实中共十九大和十九届二中、三中、四中全会精神，执行中央、省委、省政府和市委、市政府各项决策部署，坚持稳中求进工作总基调，贯彻新发展理念，落实高质量发展要求，统筹做好“稳增长、促改革、调结构、惠民生、防风险”各项工作，全区经济社会发展保持总体平稳、稳中有进，全面完成区九届人大三次会议确定的目标任务。

表9　　2019年柯城区国民经济和社会发展主要预期目标一览表

指　标　名　称	计算单位	2019年目标	2019年实绩	
		比上年增长(%)	绝对值	比上年增长(%)
1.地区生产总值(按可比价)	亿元	7	225.6	6.6
2.投资(同比)				
民间投资	%	10	—	12.1
交通业投资	%	10	—	17.3
生态环保和公共设施业投资	%	10	—	21.7
高新产业投资	%	10	—	49.2
3.社会消费品零售总额	亿元	8	213.4	8.4
4.外贸出口总额	亿元	保持正增长	24.3	0.14
5.一般公共预算收入	亿元	8	12.8	7.7
6.居民收入				
城镇常住居民人均可支配收入	元/人	8	50431	8.6
农村常住居民人均可支配收入	元/人	9	25810	10.2

说明：1.2019年实绩为初步统计数据，最终以统计年鉴数字为准

2. 地区生产总值绝对值为当年价，增幅按可比价计算

3. 城镇登记失业率统计范围限于在就业服务机构进行失业登记的城镇失业人员

【经济发展】 全区实现地区生产总值225.6亿元，按可比价格计算，增长6.6%。三次产业发展良好。一产增加值较去年持平，二产、三产增加值增速分别增长4.2%、7.5%。农

业生产保持稳定，工业经济低位增长，服务业主导作用凸显。三次产业结构由上年4.0∶22.5∶73.5调整为3.5∶18.9∶77.6。三大需求协调推进。投资稳定增长，固定资产投资总额95.5亿元，同比增长13.1%。其中民间投资、交通投资、高新产业投资、生态环保和公共设施业投资同比分别增长12.1%、17.3%、49.2%、21.7%。消费平稳增长，社会消费品零售总额213.4亿元，同比增长8.4%。全年完成出口额24.3亿元，同比增长0.14%。三大收入稳中向好。财政收入、一般公共预算收入分别达19.9亿元、12.8亿元，同比分别增长12.5%、7.7%，其中税收收入10.8亿元，同比增长10.4%；规上工业盈利面有所好转，实现规上工业利润总额4.2亿元，亏损企业数量较年初减少11家；居民收入稳步增长，城镇常住居民人均可支配收入50431元，增长8.6%，农村常住居民人均可支配收入25810元，增长10.2%。

【产业升级】 加快大花园建设进度。围绕《柯城区大花园典型建设实施方案》既定目标，有序推进区大花园典型示范创建工作，年初列入省级培育名单，力争年底进入建设单位名单。省发改委在全省介绍《柯城全力打造"妙缘双溪"乡村国家运动大花园》经验做法。做好未来社区建设。预判谋划编制《柯城区九华乡"森林运动"乡村未来社区建设试点》，根据市工作要求，转变工作思路，及时拿出备选方案，推动乡村版未来社区建设。加强农村产业融合发展示范园建设。高质量编制创建方案，规划"柯城区乡村运动农村产业融合发展示范园"，面积约20平方千米。计划创建期4年，实施重点建设项目14个，总投资146.05亿元。区入选首批省级农村产业融合发展示范园创建名单。推进特色小镇建设。上年度省级特色小镇考核中，柯城新材料小镇和航埠低碳小镇完成年度工作目标，省认定考核结果分别为合格、良好，是年，横向对比全市13个省级特色小镇，投资完成情况分别名列第二名和第三名。全力推进美丽经济幸福产业。区三个项目[浙西健康城医养综合体（前期类），柯城区航埠低碳社区示范项目和柯城区花彩小镇及通景道路建设项目（实施类）]列入幸福产业重大项目攻坚清单，在市对区扩大有效投资考核中，二季度和三季度排名均为全市第二。

【民生事业发展】 是年，争取4批次保障性安居工程配套基础设施建设中央预算内投资计划项目13个，争取资金5.493亿元，项目数与资金数分别占全市的52%和59.7%，占全省的10%和15%，位列全省各县（市、区）第一；为区国资公司争取公司债券发行，10月15日首单12亿元公司债券获国家发改委批文；上年度全省扩大有效投资先进单位奖励资金1000万元；争取到寺桥水库PPP项目前期工作中央预算内投资50万元；争取省公建资金600万元；争取到小城市培育试点专项资金2500万元和考核优秀奖励资金1000万元；省服务业发展综合评价争取到奖励资金350万元。列入省级大花园典型示范创建培育名单；入选首批省级农村产业融合发展示范园创建名单；实达实纳入首批现代服务业与先进制造业深度融合试点建议名单，相关报道获区委书记徐利水批示；柯城区列入4个省重大服务业项目，创区列入省服务业重大项目历史新高。

【服务民生】 推进民生项目建设。作为全省为民办实事项目之一的综合供能站建设，全省无先例可循，柯城区不等不靠、主动作为，创新推出“通成模式”，破解项目供地难题。为全省提供借鉴样板，用实际行动诠释“无条件、有办法”。全区站点开工 4 个，相关建设工作稳步推进。深入推进“最多跑一次”改革，按减事项、减材料、减环节、减时间、减费用“五减”要求，推进一般企业投资项目审批工作“最多 90 天”，深度参与投资在线平台建设 3.0。平台上线，全区完成项目赋码 279 个，其中审批类 137 个、备案类 141 个，核准类 1 个。规范住宅小区前期物业管理备案工作；对经营性服务收费和非税收入开展梳理，联合相关部门梳理并公开发布《柯城区政府定价管理的经营服务性收费目录清单》和《柯城区政府非税收入项目目录》(2019 版)。高铁新城征迁姜家山村扫尾工作全面结束；古城双修征收全面完成；助力全国文明城市创建，每日开展重点路口文明劝导岗志愿者服务；周二无会日深入村、社开展创文志愿服务工作。

【项目推进】 坚持“一体化、高质量、快发展”理念，聚焦产业为王，狠抓项目攻坚，加强优质项目示范引领作用。省市集中开工项目 34 个，开工率 100%。金沃精工年产 12 亿元件高精度轴承套圈产研园作为衢州分会项目，在第七批全省扩大有效投资重大项目集中开工活动中亮相。开展重大项目谋划，全区谋划亿元以上项目 261 个，其中 10 亿元以上项目 87 个，30 亿元以上项目 19 个，有效充实项目储备。省、市、县长项目工程落地率 50%，省、市下达目标任务完成。

【重大项目建设与管理】 2019 年，把握高质量项目工作要求，围绕“4 张工作清单”，牵好重大项目“牛鼻子”、创推“专案分析”新模式、优化投资结构，强化扩大有效投资工作攻坚克难，在高站位谋划、高效率推进、高水平服务、高标准考核项目上下功夫、求突破，形成高质量项目工作新格局。省市集中开工项目 34 个，开工率 100%。金沃精工年产 12 亿元件高精度轴承套圈产研园作为衢州分会项目，在第七批全省扩大有效投资重大项目集中开工活动中亮相。开展重大项目谋划，全区谋划亿元以上项目 261 个，其中 10 亿元以上项目 87 个，30 亿元以上项目 19 个，有效充实项目储备。举办重大项目谋划擂台赛，发掘优质项目，“比学赶超”大干项目工作氛围浓厚。区级以上重点建设项目 65 个、重大政府投资项目 47 个进展顺利。省、市、县长项目工程落地率 50%，完成省市下达目标任务。

（包欣欣）

统　计

【概　况】 2019 年，区统计局以提高统计数据质量为核心，以增强统计服务能力为目标，以加强党风廉政建设为保障，准确把握新时代统计工作新定位、新要求，履行统计职能，

图 37　省统计局调研柯城基层统计工作座谈会

围绕中心重点工作，强化担当，攻坚克难，以扎实工作成效向新中国成立70周年献礼。

【统计执法】 配合省、市统计局统计执法“双随机”抽查工作。在全区开展统计执法检查抽取25家单位（项目），发现问题单位4个，查处单位4个，立案1个，实施行政处罚4个，罚款0.1万元，4个案件均查实并对失信企业进行公示。以“12·4”《中华人民共和国宪法》宣传日、“12·8”《中华人民共和国统计法》宣传日为契机，分别在双港街道西港社区法治公园、荷花街道清莲里社区红星美凯龙广场组织宪法宣传活动，通过展示统计法律展板、发送宣传资料、法律咨询、有奖竞猜等形式，倡导广大市民尊法、学法、用法，提高市民法治意识，增强法治观念，使统计法律法规宣传下基层，进社区，营造良好社会氛围。

【统计服务】 围绕全区主要经济社会发展目标，做好GDP、工业、农业、能源、投资、贸易、服务业等月（季）度经济运行监测，及时发布《统计公报》《统计年鉴》《统计月报》《统计信息》《统计分析》《柯城区国民经济主要统计指标》等统计产品。对照固定资产投资、GDP、工业、服务业等主要指标做好分析研判，做好统计数据事前预警分析和事后综合研判，及时撰写《月度投资项目完成情况分析》《关于粮食生产统计监测调查工作的汇报》《柯城区建区以来经济社会发展成就回眸》《2018年柯城区绿色发展指数排名情况分析报告》等文章，力求全面客观反映全区经济社会发展状况。全年发布《柯城统计专报》6期，及时发挥统计预测预警作用，为党委政府决策提供依据。

【第四次全国经济普查】 按上级统一部署，全区统计系统顺利完成全区普查任务。利用海报、横幅、LED广告、宣传册，《今日柯城》《柯城发布》等形式开展宣传。强化指标培训，对全区乡镇（街道）、村（社区）普查员进行集中培训，详细讲解普查入户登记相关指标。1月1日现场登记启动，全局干部和全区普查员349名、普查指导员127名深入一线走街串巷，做好督查指导和普查登记，共同奋战3个月，全面完成全区法人单位、产业活动单位及抽中个体户的入户登记。采取“白加黑”“5＋2”工作法，全力做好编码、数据审核、查遗补漏等工作。并及时撰写普查工作总结、技术总结和数据处理总结。全区普查登记单位数10315家（含市集聚区、西区）、抽样个体户数2257家，通过上级单位验收。

（方敏励）

审　计

【概　况】 2019年，区审计局坚持以习近平新时代中国特色社会主义思想为指引，求真务实、创优争先，履行审计职能，努力服务地方经济社会发展大局。全年组织开展审计和审计调查项目17个，向社会公告审计结果反映的四方面具体问题52个，整改问题金额14833.63万元，其中追回违规资金90.34万元，问题金额整改率100%，制定出台制度7项。

【专业审计】 围绕“三个聚焦”，强化审计监督与服务。聚焦经济高质量发展，优化营商环境等重点工作，为全区经济发展实现质量变革、效率变革、动力变革提供保障。开展财政预算执行和决算（草案）审计，以

"财政+"，部门预算执行审计覆盖涉企部门模式，开展区发改局、经信局、科技局、协作办4家单位部门预算执行审计，专项调查了解各部门涉企政策落实情况，强化审计监督与服务。聚焦保障和改善民生，规范资金管理和支出行为，提升人民群众获得感、幸福感、安全感。开展全区扶贫专项审计，重点关注扶贫政策落地、扶贫资金安全、扶贫项目绩效，维护困难群众利益，保障各项精准扶贫政策落地见效，助推打赢脱贫攻坚战。聚焦生态文明体制改革，促进领导干部履行自然资源资产管理和生态环境保护责任。开展七里乡领导干部自然资源资产审计，维护生态环境安全和人民群众利益，助推打赢污染防治攻坚战。

【经济责任审计】 聚焦清廉柯城建设，主动融入干部大监督工作格局。规划引领，突出重点。开展经济开发区双港管委会主要领导干部经济责任审计，重点关注开发区山海协作推进、招商引资落实、区人社局、衢化街道、七里乡开展领导干部经济责任审计。重点突出经济决策权、执行权、管理权和监督权等关键岗位领导干部审计。风险提示，注重预防。为帮助区党政主要领导干部履行经济责任，提升经济管理水平和廉政风险防控能力，编写《领导干部履行经济责任风险防范清单》，梳理风险点105个，列示风险表现形式和等级，提出预防措施；邀请省委审计委员会办公室秘书处处长王家华就领导干部如何正确履行经济责任，有效防范履职风险面向全区部门（单位）、乡镇（街道）党政主要领导干部授课。健全机制、统筹融合。建立健全与区纪委、监委、检察院等部门单位监督协作机制。配合区委巡察工作，统筹做好与经济责任审计结合，把"八项规定"落实等情况作为审计关注重点，主动融入干部监督工作大格局。

【政策执行审计】 围绕党委政府重点工作，强化审计责任担当，努力服务中心大局聚焦全面深化改革，针对国有企业改革、政府投资建设领域改革等重点难点，提出对策建议，推动完善制度机制，发挥审计建设性作用。开展衢州市兴航基础设施投资有限公司营运管理情况专项审计调查，重点关注航埠工业园区产业培育、低碳小镇建设及兴航公司资产资源、债权债务、项目建设、经营业绩等，推动区产业平台建设和国有企业深化改革。围绕区重点项目，加大投资项目预算执行审计、决算审计、跟踪审计和专项审计调查力度，对花港家园二期安置房建设项目开展预算执行审计，对斗潭片区危旧房改造项目、衢化棚改项目、航埠低碳社区等建设项目开展跟踪审计。审计中不仅揭露和查处工程建设领域存在突出问题和风险隐患，注重揭示政府投资建设项目管理上存在的体制机制性障碍、重大管理漏洞，发挥投资审计的监督和保障作用。

【审计管理】 找准审计定位。促改革、促发展发挥作用。铭记审计机关既是国家机关，更是政治机关，聚焦职能、提高站位，明晰思路、找准定位。加快适应新时代新要求，贯彻落实中央审计委员会精神，加快构建政策跟踪审计、财政审计大格局、经济责任审计全覆盖"三大平台"建设，稳步推进有重点、有步骤、有深度、有成效的审计全覆盖，提高审计监督实效。抓好审计质量。提升审计"治己病防未病"能力。转变审计方法，健全完善制度、规范审计流程、层层压实责任和检查督导，坚持问题导向、目标导向、责任导向、结果导向、服务导向，从习惯于传统事后监督转向事前、事中监督，从传统就事论事式单个问题整改转向系统、共性的体制机制完善建言献策。强化党建统领。把讲政治作为红线贯穿审计工作全过程。在项目攻坚中带好队伍建设，提升党建工作质量，发挥党组织战斗堡垒作用，坚持在审计项目实施和征地拆迁项目攻坚中锤炼干部、提升干部业务素质和综合能力，推行干部“积分值”考核，实行“积分上墙”，开展比学赶超活动，形成你追我赶、不甘落后的争先氛围。

【队伍建设】 党建统领促全局。载体建设为重点，抓党建促全局。实行“党建＋”工作方式，重大审计项目审计组推行“临时党支部”模式。加强党建阵地建设，设置党员活动室，悬挂入党誓词，增添红色元素。开展主题党日活动，赴遂昌王村口红色古镇重走红军路，重温革命史，体验红色精神。开展“党建＋大花园”系列活动，助力“一村万树”“美丽庭院”建设。抓人促事、强化担当，树立“以实干为导向、以实绩论英雄、以结果看成败”导向，局党组研究制定《局干部“积分制”绩效考核实施办法》《局外聘专业技术人员考核管理办法》，将干部绩效考核与年终绩效考核奖挂钩，与评定年度考核等次挂钩，与参加各项评优评先活动挂钩。打破科室界限，打破分管口子界限，统一调配力量，以审计项目、审计组定人员安排使用，实现全局统筹。实行年轻干部素质成长“导师制”，开展传帮带，促进新人快速成长，提升全局干部的凝聚力、战斗力。以身作则，坚持大事开会碰头，小事相互通报，团结协作，发挥班子成员集体领导作用，形成心齐气顺、团结干事的良好氛围。表率引领，自觉带头遵守制度，执行决议，维护纪律，遵守“八项规定”“六个严禁”，充分发挥模范表率作用。

（范　琪）

市场监督管理

【概　况】 2019年，柯城区市场监督管理局（以下简称：区市场监管局）围绕区委、区政府中心工作，按市场监管职能定位，新一轮机构改革完成，各项工作任务完成，助力市场监管事业再上新台阶。

【队伍建设】 聚焦理论学习、政治建设、改革担当、服务发展、守牢安全、为民服务、清正廉洁等“七个走在前”，将集中学习、支部分层学习和个人自学相结合，读原著、学原文、悟原理，做到干部天天有自学、支部周周有夜学、党委月月有研讨，组织开展“不忘初心、牢记使命”主题教育活动1次，班子研讨会5次，分层集中学习86次。在全市主题教育活动大会上作典型发言。经历第二轮机构改革，机关内设职能科室13个，下属单位6个，市场监管所9个，新增职能30余项。推进市场监管综合行政执法改革，进程蹄疾步稳，有序落地。履行党政廉风建设责任，展开廉政风险排查防控，开展“一把手”上党课活动，学习《中国共产党廉洁自律准则》《中国共产党纪律处分条例》等相关规定，时刻进行廉政提醒。党员干部参观浙江省第一监狱警示教育活动，增强干部拒腐防变能力；参观开化何田乡红色教育基地，追寻革命足迹，永葆党员本色。

【工商管理】 是年，区新增企业1682家、注册资本金963805.45万元，较上年同期增长15.92%、24.84%；新增个体工商户4998家。新办企业刻制第一套印章费用由当地政府买单，缩减企业开办办理环节。至年底，企业享受免费公章刻制服务1218家，累计节省费用24.36万元。“双随机、一公开”全面推行，至12月底，布置双随机抽查任务37个，参与联合抽查任务1次，抽取抽查对象1425家，检查完成率100%，检查结果公示率100%。开展涉企收费工作专项检查，清理政府性收费情况涉及项目数45个，涉及部门15个，问题数55个，相关部门及时停征和取消部分收费项目和标准，配合企业进行清退工作。

【服务企业】 通过深化商标服务指导，为企业注册商标提供政策咨询服务，引导企业创建自主品牌、走品牌发展道路，国内注册商标有效注册量达5328件；5月28日，“衢州椪柑”地理标志商标获国家知识产权局商标局注册公告。浙江鸿盛环保科技集团有限公司的“模块化袋笼制备系统”“双层滤料及滤袋”等三项技术申请PCT（专利合作协定）国际专利，实现区PCT专利申请零突破，超额完成市对区PCT专利申请考核目标任务。牵头中标《乡村振兴标准化试点项目》省标准化战略重大试点项目，实现零突破；指导荷花街道申报“红色物业联盟”小区治理省级标准化试点项目；指导国家鲟鱼养殖标准化示范区项目通过验收；推进“五色管理+全科网格”基层治理服务业标准化试点项目。指导浙江歌瑞新材料有限公司开展“品字标”浙江制造认证。衢州合农心农业开发有限公司辣椒/玉米通过“丽水山耕品字标”认证。

【安全监管】 完成市、区两级人代会和政协会议、灵鹫山江浙沪越野挑战大师赛、中国围棋之乡联赛等10余项重大活动的餐饮食品安全保障任务。开展春节专项检查、非洲猪瘟检查、校园周边“五毛食品”整治、全区冷库专项检查、春季开学学校及周边餐饮单位食品安全检查、中高考学校食堂保障、互联网订餐等专项整治。全年完成药品零售连锁总部换证许可现场核查2家，药品零售经营许可现场核查52家，医疗器械经营许可现场核查30家，医疗器械生产企业备案后检查1家。开展执业药师虚挂兼职专项整治、免费体验式医疗器械专项检查、医疗器械“清网”行动、疫苗质量和使用安全专项联合监督检查等，查处全市首例执业药师“挂证”行为。在全市率先完成送药上山便民服务点建设工作，超额完成20%，受到市局领导批示肯定。发现并整改安全隐患58项，未发生重特大事故和重大影响事件。全年办理业务1200件，处理牛牛牛火锅电梯超期未检、巨桑家私叉车检验不合格等重大问题14个。处置电梯困人事件15起，同时督促维保单位加强维保。检查重点产品生产企业（含3C、工业产品生产许可证企业）10家次，发现问题20余个；开展产品生产领域监督抽查10批次，合格率100%。开展许可证企业事中事后检查，邀请4名专家对2家食品相关产品企业、4家危险化学品包装物取证企业开展检查。发现问题18个，督促企业完成整改。

【综合执法】 开展“亮剑2019”系列综合执法行动，打击假冒伪劣综合执法行动开展期间，办结各类违法案件56件，大要案9件，罚没款231.5万元，移送公安案件1件。开展“三衢一号”执法专项行动，查处产品质量、广告、网络、食品等领域案件55件，办结36件，涉案金额20.42万元，罚没款109.75万元。在国家市场监督管理总局部署打击侵害消费者个人信息违法行为专项执法行动中，查处侵害消费者个人信息案2起，罚没款2万元。联合多部门整治保健品市场乱象，关停保健品专营店16家，取缔不规范会议营销15次，立案查办保健品类案件8件，涉及案值84.6万元，总计罚没款56万元。其中，某食品商行销售假冒红牛案，查获假红牛3000多箱、80000多罐，是全国范围内查获假红牛数量最多一次。某生物科技有限公司通过保健品会销形式从事非法集资，有偿赠送假酒的违法行为被处以50万元的罚款，此案被国家市场监管总局通过“食安通官微”作为十个典型案例之一向社会进行宣传。实现宣传全覆盖，对辖区内43个农贸市场、专业市场等重点场所进行每月一次上门逐一走访，排查有无欺行霸市、强买强卖、收保护费“市霸”“行霸”等涉黑涉恶线索，做到全面排查，不留死角。

（缪　琳）

交 通

交通运输

【概 况】 2019年，衢州市柯城区交通运输局在区委、区政府领导下，深入贯彻落实市委“1433”战略部署，以交通强国建设为核心，紧抓交通基础设施项目建设不放松；以创建四好农村路示范县为重点，深抓行业本底强基础；以开展“不忘初心、牢记使命”主题教育为主线，推动中心工作两不误，确保“活力新衢州、美丽大花园”建设在柯城交通重重落地。被评为全区 2018 年度档案工作先进单位、大干项目先进单位、通衢政民对话网络平台工作先进单位；1 月 14 日，在全省交通运输工作会议上就推进高水平建设“四好农村路”作典型发言。

【杭金衢高速公路拓宽】 柯城段涉及乡镇 5 个、行政村 24 个，完成主线 5.6 公顷，柯城互通连接线 23.27 公顷的土地征收和清表工作，土地交付项目建设单位进场施工，配合施工单位协调解决项目部钢结构预制场选址，施工便道借地等工作，核定社保名额主线 244 人，柯城互通连接线 749 人，合计 993 人办理参保 337 人。完成坟墓搬迁 10 穴，占总数 185 穴的 5.4%，完成苗木搬迁 52 户、占总数 65 户的 80%，完成电力杆线迁改 16 处、占总数 20 处的 80%，完成通信杆线迁改 15 处，占总数 17 处的 88%，完成自来水迁改 6 处，完成航埠镇孙家村坟墓搬迁安置地选址，公墓设计等工作。

【G351 柯城段】 柯城段涉及乡镇 4 个、行政村 28 个，土地征收 157.47 公顷，办理社保 3828 人。年内完成坟墓搬迁 638 穴，占总数 697 穴的 91.5%；完成苗木搬迁 82 户，占总数 82 户的 100%；完成房屋拆迁 48 户，占总数 66 户的 72.7%；完成大棚拆除 3 户，占总数 5 户的 60%；完成污水终端迁建 2 处，占总数 2 处的 100%；完成 2 座鱼塘政策处理、占总数 2 座的 100%；完成 12 口饮用水水井迁建，占总数 12 口水井的 100%；完成通信杆线迁改 16 处，占总数 21 处的 76%；完成国防光缆迁改 3 千米，占总数 5 千米的 60%；完成电力杆线迁改 19 处，占总数 28 处的 68%；完成电力 11 万伏特高压铁塔迁改选址设计放样，完成自来水迁改 8 处，完成石梁镇安置用地土地征收分户丈量，完成九华乡安置用地土地平整，协助项目施工单位办理拌合站、钢筋预制场临时用地、临时占用林地、水域各种相关手续报批等工作。

【沿江公路柯城段】 项目分为常山江、江山江，需建设行车道 26.31 千米，慢行道 19.93 千米，总投资 51793 万元。全年计划投资 15000 万元。项目累计完成投资 40869 万元，投资完成率 98%，总体形象进度 98%。其中，江山江段交工验收完成，建成通车；常山江段总体形象进度 99%。

【G320“二改一”】 项目全长 3.8 千米，总投资 8909 万元，年度计划投资 1500 万元，投资完成率 69%。总体形象进度 20%，路基工程量完成 32%，桥梁、涵洞完成 10%。柯城段完成沿线征地约 5.33 公顷，拆除房屋征迁红线内 9 户。

【通景公路】 项目全长 39.66 千米，总投资 42811 万元，是年计划投资 15000 万元，投资完成率 81%。其中翁梅至蒲塘公路主体工程贯通；里前坞至余家山头公路路基完成 98%，桥涵完成 98%，路面完成 20%；花园岗至杨家源公路路基完成 40%。

【农村公路新改建】 G351 国道至大荫山公路：项目全长 8.048 千米，总体形象进度完成 86%，其中路基完成 95%，桥涵完成 90%，隧道完成 90%，路面完成 35%；滨港南路延伸至 S315 公路：项目总长 1.429 千米，因政策处理一直未完成，总体形象进度 25%，累计完成清表 1320 米，挖方 7800 立方米，完成 2 道圆管涵施工。荆溪村至 S315 公路：项目总长 0.827 千米，路基、路面完成，交安设施正在施工。沟直线工程：项目总长 2.124 千米，总体形象进度 40%，路基完成 50%，桥梁完成 40%。

【农村公路改善工程】 石室至S315 省道连接线总体形象进度完成 95%，路基、路面完成，交安设施正在施工。石华线华墅连接线总体形象进度完成 95%，路基、路面完成，交安设施正在施工。沿江公路沟溪连接线土地款发放基本完成，房子未拆除，工程未正式开工。

【灵鹫山道路】 项目全长约 16 千米，总投资约 1.5 亿元，分为梓绶山至孟高寮道路工程和半山至上深坑道路工程两期实施。第一期梓绶山至孟高寮道路工程：九华乡及灵鹫山专班正在推进政策处理事项，项目完成施工 1 标段招标，爆破方案正在审批，原地面线复测正在进行，施工单位进场，4 千米施工便道完成，后期进行路面招投标及施工。第二期半山至上深坑道路工程：区发改局受理半山至上深坑道路工程项目立项申请。2018 年 9 月，计划 2020 年 2 月完成施工图审查，3 月完成施工招标公告发布。

【下蒋至余家山头公路】 项目全长 2.93 千米，概算总投资 4399.23 万元，万田乡开展征地工作。施工招标工作完成，施工单位进行原地面线复测，在土地交付完成后进场开工。

【320 国道应急抢修工程】 项目总投资约 750 万元，主要实施内容为修复东港大桥至北一段部分路段车辙、坑洞和下沉等病害，项目 7 月进场施工，11 月中旬全部完成。

【S305 富衢线柯城浮石二桥 2019 年维修加固工程】 项目总投资约 150 万元，实施内容浮石二桥维修加固，桩基加固 13 根，桥面加铺纤维碎石封层，同时对桥梁接线沥青路面进行修复。9 月进场施工，10 月项目完成。

【S315 兰贺线柯城下张立交桥至黄家段 2019 年公路养护大中修工程】 项目总投资 620 万元，预防性养护 4.069 千米。10 月进场施工，12 月完成。

【烂柯山景区公路改造提升工程】 项目总投资 1500 万元，实施内容为烂柯山景区道路提升改造，改造长度 1.87 千米，分土建和绿化两阶段实施，土建部分于上年 12 月进场施工，7 月底完成，绿化部分于 3 月进场施工，7 月全部完成。

【县道以上公路平交口安保设施提升工程】 组织实施区县道以上公路路口亮化工程，通过对区乡镇 13 个的 16 条县级以上公路增设 191 盏路灯进行夜间亮化提升，提升辖区县道以上公路路口夜间通行能力，12 月全面完工。

【四好农村路建设】 提升改造计划投资1.6亿元，计划分三期实施。一期项目5月中旬开标，主要实施区域在万田和九华两个乡，28条线路，总长约38千米，总投资2500余万元。6月项目进场施工，现完成约38千米，完成投资约2500万元，形象进度100%。二期项目8月初开标，总长约140千米，总投资约9500万元。项目8月底进场施工，完成投资约6300万元，形象进度70%。三期完成施工图设计初稿。全年四好农村公路提升改造工程路面维修完成138千米，安防完成66.1公里，危桥改造完成3座，公交停靠站完成40个。

【公路养护管理】 全年日常养护以国省道为重点，向辖区主要县道和旅游公路延伸，结合省、市、区政府及公路部门重点工作。完成辖区管养范围内的公路养护管理，交通量调查数据上报，公路养护统计年报。对14个有农村公路管养任务的乡镇街道，进行日常监督管理行业指导及养护考核资金发放，小型水毁工程修复管理，小型应急抢修工程修复管理，应急抢险、抗冰雪、抗台风等恶劣天气的公路保畅通，几十个小额零星养护工程质量、安全管理，及时报送各类信息、进度、考核报表。24小时接听12345、市公路局路网中心12328电话、区应急联动指挥中心电话，路上有问题及时安排处理并答复；路产因交通事故损坏估价等工作。年内，完成路面坑洞修补4200平方米，整治高低路肩32千米，清洗护栏230多千米，清理疏通边沟110千米，涵洞750米。

【公路路政管理】 按“最多跑一次、一窗受理云平台、八统一”要求，加快部门办事事项和办事指南，做到统一、规范，全面实现政务服务事项进驻行政服务中心100%，推行“无差别受理”100%，应用政务云平台100%，推行网上审批100%；规范办事事项和办事指南，配合行政服务中心做好业务受理培训指导工作。根据省、市关于推进“最多跑一次”工作要求，做好行政许可及公共服务工作。公共服务事项指标严格按上级要求进行指标提升，实现网上办、掌上办、即办件、跑零次、电子文书送达、承诺时间压缩工作100%，优化公共服务事项营商环境。相关职能部门共同配合，各司其职，抓好公路治超联合执法常态化管理工作。1月1日8: 00—12月25日8：00检测车辆680辆，超限644辆，处理638辆，扣3293分，卸载13208.36吨，处理擅自改装车辆101辆。

【安全生产】 围绕“春运”、全国“两会”、新中国成立70周年等重点时段行业安全维稳工作。强化应急物资和应急抢险队伍建设，保障辖区道路安全畅通。全年常备一支公路应急抢险队伍70余人，配备挖掘机2台、装载机2台、推雪板1套、除雪撒盐车1辆、储备融雪剂30吨，防滑砂石材料约20立方米，沥青冷补材料20吨，安全标志牌270副等。抓扫黑除恶专项斗争工作，明确线索摸排信息报送制度，理清排查范围和责任分工。先后在运渡口宣传发动5次，悬挂横幅5条，易拉宝6个，在建工地悬挂横幅78条，易拉宝35个，发动宣传教育、考试18次，发放宣传册200余份，大宣传板4块，同时在局办公大厅设置线索举报箱，畅通信息渠道。

（邹吉星 张小娟）

交通安全管理

【概 况】 2019年，柯城交警大队围绕国庆

图 38　7 月 29 日下午，柯城交警大队执勤交警头顶烈日，在文明创建一线，查处交通违法行为，劝阻电动车逆行　（徐颖敏　摄）

70 周年安保中心工作，以“降事故、保安全、保畅通、优服务”为主线，以全国文明城市创建工作、道路交通安全大会战、“创文明交通、治秩序乱象”系列行动为抓手，强化路面管控，深化事故防控。全年查获道路交通违法行为 214901 起，其中现场违法查处 142626 起，非现场违法查处 72275 起，非机动车处罚 53047 起。辖区发生道路交通亡人事故 38 起，死亡 38 人，同比减少 10 人，下降 20.83%。

【道路交通安全大会战】　是年，按上级部署要求，全面推进道路交通安全大会战工作，主要从健全交通事故联防机制、加快交通设施改造提升、强化重点车辆严管严查、开展交通安全精准宣传、完善工作落实推行机制着手，力争构建“党政统领、部门协作、社会联动、群众参与”的道路交通安全综合治理工作格局。开展交通隐患排查治理工作，对辖区 320 国道航埠段、快速通道、石华线等省、市级事故黑点整治工作完成。加强对“两客一危”、工程车、电动车等交通违法查处。组织开展“交通安全大讲堂”活动，提高村民尤其是老人、电动自行车驾驶员道路交通安全意识。开展警保合作，9 月，首个“警保合作”农村交通安全劝导站在航埠中队落地，夯实农村道路交通安全工作基础；九华乡交通劝导站投入实体化运作。

【“创文明交通、治秩序乱象”行动】　按“创文明交通、治秩序乱象”系列行动统一部署，结合创建文明城市重点工作要求狠抓路面秩序管控，以“零容忍”为导向，开展“利剑”系列行动、“逢十”统一行动和周末统一行动，严厉打击违法停车、酒后驾驶、不礼让斑马线、非机动车违法等各类交通违法行为，有效规范路面交通秩序，维护辖区交通安全畅通。结合辖区火车站片区、大润发片区、长途汽车站、汽车北站四个重要节点，联合运管部门、综合执法局针对车辆违法拉客、违停车辆占有消防通道等难点问题进行联合治理。全年累计查获道路交通违法行为 22 万起。

【全国文明城市创建】　持续推进全国文明城市创建工作，提升重点道路交通精细化、规范化管理水平，提高道路通行效率及安全。开展交通安全设施巡查维护“啄木鸟”行动，制定一套合理、科学、规范的交通设施巡查制度，重点对市区非机隔离护栏、中央隔离护栏及各类交通标志标线破损、缺失等问题

图 39　3 月 12 日，柯城交警大队到双港街道皂角村开展交通安全知识讲座

进行排查，按“细之又细、不遗不漏”原则开展常态巡查整改。在区委、区政府及上级公安部门支持下，系统组建一支长干队交通劝导力量，强化重点路口、重点路段道路日常交通秩序管控，守牢创文路面管理主阵地，为全国文明城市创建贡献交警力量。

【交通警保卫工作】 年内，完成各类交通警卫任务120余起，其中完成“新中国成立70周年大庆”安保工作；其他各类警保卫工作包括“第四届全国智力运动会”安保任务、“一带一路”安保任务、“孔子诞辰2570周年祭奠”安保任务、“2019水亭门光影秀”安保任务及各幼儿园、中小学校春游、秋游交通警卫任务；各中小学中考、高考、学考选考、司法考试等考试类交通警卫任务；市两会、区两会、“全国两山实践创新基地和生态文明建设示范培训研讨会”“全国乡村绿化美化现场会”等重要会议交通警卫任务，完成“TF铁人三项”“2019衢州马拉松”“灵鹫山第二届国际森林汽车穿越赛”等大型公益活动的交通保卫任务。

【队伍建设】 开展“不忘初心、牢记使命”主题教育，结合“最强支部”建设，以主题教育为抓手，加强政治学习和党性培养，强化党建引领作用，促进队伍的管理和建设，保证队伍的健康稳定发展。召开“不忘初心、牢记使命”主题教育集中学习研讨会8次，学习胡兆富、谢高华、贵海良先进事迹研讨会3次。年内，大队党支部被市公安局评为“最强支部”。

（朱肖丹）

公共交通

【概　况】 2019年，衢州公交集团员工885人，公交运营线路67条（含36条城市线路、17条农村客运班线、14条定制公交线路），公交车415辆。市区公共自行车服务系统网点259个，投放公共自行车10000辆。2019年公司被省交通运输厅评为“平安地铁公交优秀标杆单位”，被交通部评为“绿色出行宣传月和公交出行宣传周活动成绩突出集体”。公交1路线被省妇联评为“省巾帼文明岗”。公司智能化中心被市妇联评选为“市巾帼文明岗”。在“第五届（2019）宇通杯全国公交驾驶员节能技术大赛”中，衢州公交集团参赛驾驶员周俊浩获二等奖、“节能标兵”称号，夏建民获三等奖、“节能能手”称号。

【集聚区公交公司成立】 1月9日，由衢州市公交集团公司与衢州绿色发展集团有限公司合作成立的衢州绿色产业集聚区公共交通有限公司挂牌。该公司旨在服务园区企业，提高公交线网覆盖率、出行通达率，满足园区企业日益增长的出行需求。

【全国首创公交联名卡模式】 2019年，衢州公交集团公司完成IC卡系统升级改造，并取得交通部互联互通城市白名单。7月11日，联合招商银行衢州分行共同发行“公交联名卡”，公交线上线下账户完成整合，形成“交通一卡通”，公交出行更加智慧、更加便捷。通过这张卡，市民可在本市乘坐公交车和租借公共自行车，还能在全国260个地级以上城市搭乘公共交通工具。联名卡模式获交通部专家“政策支持、模式可行、全国首例”肯定，至年末，发行“一卡通”卡29090张。

【90分钟内免费换乘】 11月10日开始，乘客通过公交“一卡通”刷卡或“衢州行”手机APP交通云卡扫码乘车，可在90分钟内免费换乘一次市区公交线路，持有60-70周

岁半价优待卡乘客同样享受“免费换乘优惠”政策，市区常规公交运营线路均纳入“免费换乘优惠”范围。此举降低乘客出行成本，提升公交出行吸引力和满意度。

【公交站点改造】 是年，围绕衢州市创建全国文明城市和城市品牌打造，开展公交车站候车棚新建更新提升改造项目。全年对城区321个公交站点候车棚和站牌设施进行改造提升，在“市行政服务中心”“市公管处”两个站点四个站台建设智慧有礼公交站台试点项目，将便民服务终端（触摸屏）、LCD播放屏、灯箱等组合在一起，把传统公交站改造成城市公共空间中的“智慧服务信息岛”。

【节能环保绿色公交】 年内，购置更新20台混合动力公交车，全部报废老旧柴油车，至年底，衢州公交集团公交车辆415台，100%为绿色能源和新能源车辆（其中：纯电动公交车104台，天然气公交车256台，气电混合动力公交车55台）。全年更新2000辆公共自行车，提升车况车容和整体形象。

（秦莹莹）

铁　路

【概　况】 衢州站站房面积14040平方米，其中候车区域面积6797平方米，最高聚集人数为3800人。车站为一站两场设计，自北向南分别为普速场和高速场，高速场为5台8线。2017车站完成原址扩建并启用。原有站房改造面积4190平方米，新建站房面积为9850平方米，站房由两侧的塔楼、中部正厅及顶部飘檐组成。2019年，衢州市境内有龙游、龙游东、衢州东、衢州、后溪街、江山、上铺、贺村、新塘边、常山、开化、辉埠、杨林13个火车站，分别位于沪昆线、杭长高铁沪昆段、衢九铁路，属中国铁路上海局集团有限公司金华车务段管辖。主要担负旅客运输和列车解编任务。其中，衢州、龙游、江山、常山、开化5个车站办理客运业务。

【安全生产】 年内，坚持关口前移、超前防范，创新方法手段、精准施策，全面抓好安全工作。全年立项解决安全问题38个，确定安全薄弱、关键车站13个，实施安全隐患整治项目11个、114万元。加强季节性安全和施工等关键盯控，有序应对降雪冰冻、强降雨、强台风和衢州东站改、沪昆线集中修等密集、滚动施工考验。全年，车务段人身安全、作业安全和季节性安全等关键问题全面受控，确保国庆70周年安保、上海“进博会”、武汉“军运会”等重点时段安保任务，抓好二次安检、反恐防暴、治安保卫，确保重点时期安全稳定。至年末，包括衢州站在内的金华车务段实现连续安全4074天，再创安全天历史记录。获评上海铁路局集团公司安全优质站段。

【旅客运输】 立足“客运强段”目标，务实有效的实施客运提质计划，推进客运经营工作高质量发展。加强售票动态分析，实时掌握运能缺口，争取有效运能供给，实现以能促量。全力打好“三保三增”攻坚战，针对客流淡季车站成立营销小组，开展客票营销活动。走访企业单位，了解出行需求，每周召开营销分析会。推出便民利民新举措，细化完善客站重点旅客服务措施，不断优化列车开行、提升服务质量。实名制验证口配备人脸识别系统，实现旅客自助实名验证进站，旅客出行体验持续改善。做好高铁电子客票全面推广应用，全面动员，连续作战，落实“一站一方案”。衢州站连通客运枢纽中心，方便旅客乘坐城市公交、城乡公交、城际公交。全年，金华车务段到发旅客 4157.4 万人，同比增长 7.7%。衢州、龙游、江山、常山、开化 5 个客站到发旅客 645.52 万人，同比增长 2.8%，占全段到发总量的 15.5%以上。其中，衢州站到发旅客 386.59 万人，占衢州地区 5 个客运站的 59.89%。

【运输组织】 年内，优化完善衢州区域链状竞赛机制，发挥地区联劳作用，确保日常运输生产畅通高效。提前介入，做好与建设、施工单位的对接，制定衢州东站改施工运输组织调整方案，避免因衢宁线建设施工影响安全。路企联劳，利用铁路运能开行巨化、元立车流，减少周转时间，降低企业货场列车停留时间。针对元立原材料需求量大幅增长的情况，开展四站（衢州站、衢州东站、巨化、元立）联劳协作，专门成立领导小组，跟踪车流状况，做到提前预测、提前计划。严格控制长滞留车辆，每日出车基本保持在 550 辆以上，有效缓解点上拥堵压力，得到上海铁路局集团有限公司和铁路总公司充分肯定。衢州东站日均接发列车 503 列、日均解体 16 列、日均编组 24、日均调车勾数 110 勾，巨化站日均进车数 550 辆、出车数 550 辆。

（许慧如）

民用航空

【概　况】 2019 年，衢州机场保障航班 3604 架次，同比增长 77.19%；旅客吞吐量 404092 人次，同比增长 60.97%；货邮吞吐量 839.4 吨，同比增长 11.89%。全年没有发生重大差错和不安全事件，完成重要时期航空安全保障。通过“平安民航”考核和监管局空防处行政检查，实现第 27 个航空安全年。对标管理成效显著，其中医疗救护军民融合课题被评为浙江省机场集团优秀对标课题二等奖。在年度省机场集团绩效考核中被评为优秀单位。

表 10　**2019 年衢州民航客货运输量统计表**

航　线	客运量(人次)	客座率(%)	货运量(吨)
北　京	108006	88	64.9
深　圳	57093	67.8	389.5
大　连	37046	57.4	17.5
青　岛	28201	53.1	5.6
昆　明	30836	58	196.4
济　南	24485	46.9	4.7
海　口	28622	54.8	15.2
西　安	3487	70	0.1
重　庆	58535	82.4	143.2
成　都	8934	27.1	1.4
贵　阳	18847	57.1	0.7

【项目建设】 年内，完成多项机场项目建设。5 月，气象设施专项整治工程竣工；7 月，通过行业验收并投入使用。9 月，完成安防综合整治工程，并于 11 月通过竣工验收。完成空管综合整治项目可行性报告编制并报民航华东局审批，民航咨询公司到现场调研，根据评审要求补充材料。12 月，完成停机坪机位改造，由 3 个自滑机位改为 4 个滑进推出机位。至 12 月底，停车场改扩建项目完成工程量的 70%。

【航班航线】 是年，向民航华东地区管理局争取，主动与航空公司联系，掌握夏秋、冬春航班换季情况，协调班期、时刻及协议方案，巩固原有航班。3 月 31 日，新增贵阳、成都、大连3个航点；10月29日，新增西安航点，重庆航班由原来的每周4班加密至每天一班。年末，航线7条，通航城市11个，周起降86架次，同比增长59.3%。

【国庆70周年安保工作】 8月，启动国庆70周年安保工作，制定中华人民共和国成立70周年安保方案，成立安全保卫工作领导小组，落实安保措施，确保机场安全。按规定提升空防安全和反恐怖预警等级、安全检查等级。成立机场安全检查领导小组，制定安全检查工作方案，部署落实检查工作，开展机场运行控制、应急管理检查。摸清安全隐患和薄弱环节，落实责任，认真整改。9月20日至国庆活动结束，公司领导和中层以上干部实行24小时值班。

【营造舒适乘机环境】 年内，拓展候机空间，营造舒适乘机环境。扩大候机大厅超市面积，增加150座旅客座椅，座位总数550个。优化引导标识，候机楼所有标志标牌全部更换为灯箱式标志标牌，增强亮度、清晰。改造公共厕所，增加女厕所面积。加强“南孔圣地·衢州有礼”城市品牌宣传，利用电子显示屏、广告图板等设施与空间，在候机楼大屏幕播放“衢州有礼”宣传片，增添“南孔圣地·衢州有礼”元素，在候机厅超市、贵宾室展示、出售城市品牌文创产品。加强机场环境整治，重新粉刷装饰机场大门，处理候机厅因地面沉降造成的错台，候机楼外立面玻璃进行贴膜作防爆隔热处理，结合“创文”“创卫”工作加强卫生管理，确保环境整洁无死角，垃圾分类投放。打造“衢航家团队”服务品牌和“有困难，找小航”精品服务品牌，强化志愿者服务，建立志愿者咨询指引、扶老助残、维持秩序等长效服务机制，开展志愿者服务培训，为乘客提供不间断志愿服务。

【启动智慧机场建设】 年内，购置自助值机设备，推行安检人脸识别系统，与深航合作推出退改签二维码，实现自助退改签服务。推广智慧出行。9月8日，衢州机场试行“电子临时乘机证明系统”，通过安装在值机柜台、安检验证柜台身份核验终端，完成电子临时乘机证明人证核验，顺利办理乘机手续。配合民航华东地区管理局、华东地区空管局建成CDM系统、ADS—B系统，缩减飞机间隔，减少因部队训练影响的空中盘旋等待时间，提高机场保障效率。

【增开衢州—大连、衢州—贵阳—成都航线】 3月31日，衢州机场举行新航线衢州—大连，衢州—贵阳—成都航线首航仪式。衢州—大连航线由深圳航空公司执飞，每周5班（周2、4、5、6、7），航班时刻为：衢州至大连14：45—16：55，大连至衢州17：55—20：40。衢州—贵阳—成都航线由成都航空公司执飞，每周4班（周1、3、5、7），航班时刻为：成都至衢州10：15—14：30，衢州至成都15：15—20：05，贵阳至衢州12：25—14：30，衢州至贵阳15：15—17：35。

【增开衢州—西安航线】 10月29日晚，随着从西安飞往衢州的G52769“南孔圣地·衢州有礼”号航班平稳降落在衢州机场停机坪，标志着“衢州—西安”航线首航圆满成功。该航线由华夏航空公司执飞，机型为CRJ900/A320，航班号为G52769/G52770，每周2、4、6各往返一班，航班时刻为：西安至衢州15：55—18：15；衢州至西安20：35—23：25。

（周群超）

基础设施

田园开发建设

【概　况】 衢州市乡村振兴发展有限公司下设衢州田园开发有限公司、衢州市安达交通建设投资开发责任公司、衢州柯城土地开发有限公司等三家国有子公司。2019年，衢州田园开发有限公司承担重点工程、安置房项目、水利工程等项目21个，其中新建、续建开工项目12个。年计划项目总投资18.81亿元，全年完成投资26.55亿元。

【石梁镇城西拆迁公寓式安置工程】 用地总面积为8809平方米，建筑总面积为2.28万平方米；其中地上建筑总面积1.45万平方米，地下建筑总面积为8365平方米，规划建筑基地面积为2313平方米，层数7层，安置户数139户；（其中140平方米14户、120平方米42户、90平方米55户，60平方米28户），项目总投资概算11027万元，于2018年11月28日开工，总工期450天。10月，主体验收合格，12月内外墙粉刷完成。

【常山港柯城段治理工程】 以防洪、排涝为主，兼顾生态修复。工程位于钱塘江南源衢江上游常山港流域柯城区航埠镇、沟溪乡。新建及改造10段堤防和护岸约24.34千米；改造排涝渠道4条，总长约11.33千米；排涝内河1条，总长约3.5千米；新建排水闸3座，改造排水闸1座，新建排涝闸站1座、桥梁3座。工程总用地面积94.2公顷。拆迁各类房屋建筑面积2.34万平方米。工程建设工期为48个月，概算总投资9.48亿元。2018年8月29日完成招标。2019年1至7月完成项目初步设计审批及前期施工准备工作，包括项目部营地搭设、临时搅拌站建设及征地等政策处理工作。8月1日开工。左岸11月底完成严村至搅拌站约1.7千米绿道水稳层浇筑；12月底绿道贯通；严村樟树湾节点主体结构基本完成；沟溪古桥开始施工；大块石叠砌基本完成；高山窑节点开始施工。右岸水工部分基本完成；河西栈桥主体结构基本完成；古河道出口处土方开挖利用；右岸搅拌站开工建设。

【七里乡新店村农民安置点项目】 总用地面积2.7万平方米，其中：安置点规划用地面积1.8万平方米，配套设施规划用地面积8973平方米；建筑基底面积6894平方米，总建筑面积1.91万平方米。安置71户，其中：低层住宅大户24户，小户32户，公寓楼1栋15户；建筑密度38.22%，容积率1.05，绿地率10%，桥梁全长17米，宽13.5米；建设内容包括道路、绿化、给排水等及其他相应配套设施建设。于2018年11月21日完成招标， 投资概算8035万元。是年1月17日正式开工，至年底，完成投资额约2300万元，项目具体进度为：13#~22#楼内外墙粉刷全部完成，并开始拆除外架，1#

~12#楼及23#楼完成屋面浇筑，公寓楼内外墙粉刷完成20%，挡墙工程全部完成。

【衢江治理二期工程】 柯城段包括落马桥堤，官田堤，上万、上圩头护岸三段；总长约8.4千米，总投资约1.8亿元。落马桥堤政策处理中；官田堤段，上万、上圩头护岸7月开工。至年底，上万、上圩头护岸：涵管工程完成约790米，完成66%；堤顶绿道路基清表土方开挖完成约5500米，完成93%；堤顶绿道路基土方回填完成约5500米，完成93%；堤顶绿道路基水稳层浇筑完成约5500米，完成93%；护岸叠石部分完成约1150米，完成43%；1#、2#箱涵底板和墙板钢筋砼浇筑完成；堤顶绿道与沿江公路间空地土方回填完成2500米；1#、2#埠头完成基础浇筑；8号至9号涵管之间修坡基本完成。

【沟溪乡余东村美术馆】 项目采用EPC模式，规划总用地面积4151平方米，总建筑面积4260.28平方米，其中写生宿舍建筑面积1417.62平方米，展览及工作室建筑面积2842.66平方米。总投资概算3328.71万元。2018年10月开工建设，2019年7月12日，主体部分通过验收。至年底，室内装修主要完成各类管线及消防、空调管道预埋和门窗安装工作，进行吊顶及室内地面铺装工作。室外配套工程主要完成雨、污水管道、给水、室外供电及通信管线埋设和景观挡墙施工，进行场地硬化及绿化施工。

【姜家山城中村改造】 项目（安置房建设）工程位于锦西大道以西，创智大道以东，三江西路以北区块，规划总用地面积40.39万平方米，地上建筑面积约80.24万平方米，安排住宅6669套，停车位8522个，幼儿园2所，商业菜场1处及其他社区、物业管理用房等。3月，项目一期工程开工，至年底，完成投资额约51500万元。项目形象进度为：1号地块除迁户区域外地下室顶板全部完成，主楼最高施工至2层，平均高度0.5层。2号地块主楼全部封顶，开始进行砌体工程。3号地块的1#楼和10#楼顺利封顶，其余各栋楼最低完成至10层，平均达14层。项目二期建设地址在姜家山三江西路以北，田园三路以西，橘林大道以东。总用地面积8.51万平方米，总建筑面积为25.08万平方米，9幢住宅楼（18层、22层和25层），住宅总套数1524套，5幢附属用房，1幢幼儿园。项目总投资77506.9万元，5月开工，7号地块基础分部地下室完成，主体完成至5层，8号地块基础分部地下室完成。大塘头一期于2018年10月开工，是年A区东面四栋主楼完成结构封顶，西面四栋楼平均施工至11层楼板。B区主楼机房层完成，二次结构完成，内墙抹灰完成60%，屋面及室内防水完成50%。C区地下室基础完成，主楼平均完成至5层楼板，9#、10#楼2层楼板模板安装完成。大塘头二期建设地址在姜家山三江西路以北，田园三路以西。总用地面积4.29万平方米，总建筑面积为11.66万平方米，9幢住宅楼（18层和25层），住宅总套数701套，4幢附属用房。项目总投资52300万元，7月开工，年内完成9号地块基础部分地下室的85%。

【柯城区庙源溪水毁修复及提升工程】 主要对庙源溪沿线在“2017.6.25”洪灾产生的堤岸、堰坝水毁进行修复。建设内容：万田铺装广场护岸93米，沐一桥左岸护岸重建及加固76米，沐二桥两岸新（重）建及加固护岸628米，重建堰坝一座，沐二岩石出露处护岸加固75米，天然跌水处左岸重建护岸60米，上坦2#堰下游右岸重建护岸34米，鲁班2#堰下游两侧新建及加固护岸114米，溪淤堰上游左岸岸坡加固32米，其他零星修复50处。概算总投资616万元，工程于2018年6月5日开工，是年3月20日完工，10月完成验收。

【大俱源综合治理二期工程】 河道综合治理长约6公里，分为两段，上游段起点为童前村上游300米处，终点至茗坑口村里排过水桥上游200米处，河段全长约2.85千米；下游段起点为余东大桥，终点至上余畈村（沪昆高速桥下），河段全长约3.15千米（含支流0.25千米）。工程护岸治理4.74千米，新建骑行绿道3.14千米，新建滨水步道0.25千米，河床整理1.49千米，堰坝重建2座，新建便桥1座，改建涉水桥2座，泵房重建1座，打造景观节点2个。及其他相应配套零星工程。投资概算为2792.73万元。12月31日完成招标。

（郑雪芳）

建设投资

【概　况】 2018年9月3日，柯城区建设投资发展有限公司取得营业执照，前身是柯城区衢化城市建设投资开发有限公司，是在区属国企市场化改革后通过工商变更新成立的公司。2019年，在建实施建设项目8个，前期项目7个。

【衢化棚户区改造安置房一期项目（东区块）】 用地面积6.6万平方米；地上住宅建筑面积约12.2万平方米，层数11～15层；幼儿园建筑面积约3500平方米，层数1～3层；地下建筑面积约5.69万平方米；室外综合管线、道路、给排水、绿化、亮化及其他相关配套设施建设。项目于2018年3月14日开工，至2019年年底，地下室消防管道、给水管道安装完成80%，内墙防霉涂料完成70%；幼儿园地下室消防管道、给水管道安装完成50%，主楼外墙保温完成50%；住宅主楼窗框安装基本完成，消防管道、给水管道安装完成80%，外墙保温及抗裂砂浆完成65%，外墙腻子完成20%，内墙抹灰完成20%；28#楼地下室一节柱安装完成50%。

【衢化棚户区改造安置房一期项目（西区块）】 用地面积5.26万平方米；地上总建筑面积9.47万平方米，其中住宅建筑面积约8.37万平方米，层数11～15层，商业用房集中布置，建筑面积约1.1万平方米（含物业管理用房、社区服务用房、居家养老服务照料中心用房）；地下建筑面积约4.59万平方米；室外综合管线、道路、给排水、绿化、亮化及其他相关配套设施建设。项目于2018年2月28日开工，至2019年年底，主体结构及二次砌筑基本完成，楼地面保温浇筑20%，外墙抗裂砂浆90%，外墙腻子完成20%，地下室车库内墙抹灰、腻子施工完成，消防管及风道安装90%，电梯安装40%。

【斗潭片区危旧房改造项目（东区块）】 用地面积3.71万平方米（约7.73公顷），总建筑面积15.18万平方米，其中地上建筑面积9.35万平方米，地下建筑面积5.83万平方米。项目于2018年8月10日开工，实施主体为柯城区建投公司全资子公司柯城区旧住宅改造有限责任公司。2019年，该项目地下室结构完成约 99%，地上主体结构完成约 57%，12 幢建筑物有 9 幢楼出正负零，其中最高施工至 12 层。

【斗潭片区危旧房改造项目（西区块）】 用地面积 7.25 万平方米（约 7.27 公顷），其中住宅用地面积 6.7 万平方米，公共管理与公共服务用房用地面积 5502 平方米，总建筑面积 21.49 万平方米（含公共管理与公共服务用房 1.48 万平方米），其中地上建筑面积 14.94 万平方米（含公共管理与公共服务用房 1.48 万平方米），地下建筑面积 6.53 万平方米。项目于 2018 年 8 月 10 日开工，实施主体为柯城区建投公司全资子公司柯城区旧住宅改造有限责任公司。至 2019 年年底，地下室结构完成约 99%，地上主体结构约完成 81%，22 幢建筑物有 20 幢楼出正负零，其中 1#、4#、10#、15#、21#楼主体结顶，其余最高施工至 14 层。

【衢化文昌路一期改造工程】 道路总长 1163 米，道路等级为城市次干路，设计时速为 40 千米/小时，规划道路红线宽 30 米，2 孔 12 米箱涵一座。项目于 2017 年 12 月进场施工，2018 年 2 月七溪路以南部分道路主车道完成并通车。是年，年度计划投资 3627 万元，受政策处理及巨化“三供一业”移交影响，累计完成 81%，项目南段粗粒面层完成，北段水稳层完成 60%，箱涵完成 35%。

【衢化南一道改造工程】 道路长度 771.28 米，道路等级为城市次干路，道路宽 24 米（4 米人行道＋ 16 米机非混行车道＋ 4 米人行道），沥青混凝土路面。项目于 4 月进场施工。项目年度计划投资任务数 4100 万元，受政策处理及巨化“三供一业”移交影响，进度稍缓，确保年内通车。至 12 月 2 日，地下管线完成，电力排管完成，箱涵完成，道路路基完成，水泥稳定层完成 60%。

【衢化文昌路二期改造工程】 道路等级为城市次干道，道路长度为 1121 米，道路宽度为 30 米，设计时速为 40 千米/小时；用地红线面积 1.97 万平方米。新建长度 110 米 1 孔 6 米箱涵一座；拆除住宅 1.08 万平方米，非住宅 1.06 万平方米，加油站一座。项目年度计划投资任务数 6500 万元，实际完成 108%。项目范围内的房屋征迁工作除加油站外基本完成，所涉及的土地正在进行权属调查；施工图设计，基准点及道路放样；施工项目部临时用房搭设。

【九华乡集镇集聚点（二期）】 项目规划用地面积 5.01 万平方米，由 84 幢二至三层住宅、2 幢三层公寓楼及基础配套设施组成。其中住宅部分用地面积 2.72 万平方米，建 84 幢二至三层住宅、2 幢三层（带架空层）公寓楼，总建筑面积 3.05 万平方米，容积率 1.12，建筑密度 39%，绿地 30%，部分建筑采用装配式建造；基础配套及绿化用地面积 2.28 万平方米，包括道路、给排水、供配电、通信、照明、燃气、绿化、景观、停车场等，及其他相应配套的零星工程。项目总投资约 1.172 亿元（包含土地款），2 月，开始进行施工图设计，5 月底基础开始施工。全年完成项目年度计划投资 7000 万元。除局部 2 栋基础由于场地限制暂时没有开挖以外，其余基础施工全部完成；主体一层施工完成 85%，主体二层施工完成 70%，主体三层施工完成 60%，完成结顶 30%，预计至 12 月底主体结顶可达 60%。

（徐笑春）

利民城乡建设

【概　况】 根据区政府决定，2010 年 6 月，柯城区利民城乡建设投资开发有限责任公司成立。按国家《公司法》现代企业制度运作，公司注册资本由区财政全额出资，注册资本 5000 万元。公司经营范围为区范围内城乡基础设施项目投资、开发、管理、咨询服务；

图 40　参观中共衢县第一支部旧址

区范围内经政府批准的土地开发；区政府授权范围内的国有资产经营管理；城市环境卫生管理；销售不动产；房地产开发、经营。2019 年 9 月，营业执照变更经营范围，新增光伏销售。11 月，公司党支部并入区建投公司，现有党员 14 人，党组织关系全部转入区建投公司党支部。12 月，主要领导人事变更完成，公司由区国资公司下属子公司改为由区建投公司代管，受托管理人肖飞。

【学习教育】 5 月，组织全体党员干部开展“警示教育月”活动，作为党风廉政建设和反腐倡廉教育的重要内容。通过开展清廉文化大讨论，结合身边典型案例自查自纠，开展批评与自我批评活动，对全体员工的思想进行洗礼，使全体党员干部认识到腐败行为给事业、单位、家庭带来的危害。9 月，组织全体员工开展为期 3 个月“不忘初心、牢记使命”主题教育活动。围绕深入学习贯彻习近平新时代中国特色社会主义思想根本任务，把握“守初心、担使命，找差距、抓落实”总要求，聚焦主题主线，学懂弄通做实。通过集中学习、系统学习，把主题教育和区委、区政府中心工作结合起来。要求全体员工牢记党的宗旨，树立正确人生观、价值观，真抓实干，高标准、高质量开展主题教育，树立理想信念，补足精神之“钙”。树立规矩意识，增强纪律自觉。扎紧制度笼子，强化制度保障。加强队伍建设，筑牢力量根基。区委、区政府关于创建全国文明城市的政治任务完成，开展“周二无会日”下社区及省测、国测等一系列创文工作。狠抓落实，细化工作任务，做到目标明确、责任到人，措施到位。所有网格员全程参与，积极行动，确保各项工作扎实高效有序推进。

【资金管理】 全年土地出让金返还收入 776.34 万元；上级部门拨入项目建设资金补助收入 9456.46 万元（其中城南小学项目 6056.46 万元，花港家园二期项目 3400 万元）；姜家山柑橘园区一期管理用房租金收

图 41　花港家园二期施工现场

入 92 万元；万川再生资源回收利用市场租金收入 145.39 万元；时代花园商业用房租金收入 25.46 万元。新农村公司收入上级部门项目建设补助资金 1051.73 万元。本年度各项目建设总投资约 1.47 亿元（其中借款利息支出 326 万元），管理费支出约 645 万元。花港家园一期项目投入资金约 3064.48 万元，偿还国开行火车站棚改专项贷款本金 1314.46 万元。为确保项目推进，从区国资公司借入资金 1840 万元。

【资产管理】 万川再生资源回收利用综合市场：建有标准厂房 30 间，每间 240 平方米。2018 年 7 月 18 日，公司委托衢州嘉泰拍卖公司对厂房公开拍租，本年度续租。万川再生资源回收利用综合市场临时堆场：面积约 6670 平方米，除公共使用部分，可用于出租面积为 4685 平方米，2018 年 11 月 13 日，公司委托衢州嘉泰拍卖公司对堆场公开拍租，本年度续租。迎和中路 174 号：2015 年 11 月 19 日，公司从衢州市城市建设投资有限公司拍下迎和中路 174 号 5 年使用权，面积为 494.09 平方米，时间为 2015 年 11 月 19 至 2020 年 11 月 18 日。后根据区政府部署，将该房产转租给衢州新娱文化传媒有限公司，租赁期限为 2018 年 1 月 1 日至 2020 年 11 月 18 日。时代花园 19#楼：2017 年 10 月 8 日将 19#楼二层、三层，1714.68 平方米，租赁给衢江区中山职业培训学校，租期为 2017 年 10 月 8 日至 2020 年 10 月 9 日，本年度续租。完成花港家园小区一期（火车站片区和巨化路改造片区的安置户）20 批次 245 户 530 套住宅的土地增值税清算。

【项目建设】 城南小学：项目用地面积约 2.53 公顷，地上建筑面积约 1.73 万平方米，

图 42　城南小学校园

地下建筑面积约 9000 平方米，原投资估算约 1.25 亿元，由于地下面积增加 5000 平方米、总投资预计增加至 1.45 亿元，由市、区财政按 7∶3 比例出资。2017 年 6 月开工，是年 8 月上旬建成交付，学校于 9 月 1 日顺利开学。花港家园二期：项目用地面积约 2.93 公顷，安置住宅 536 套，总建筑面积约 8.15 平方米，其中地上建筑面积约 5.8 万平方米，地下建筑面积约 2.35 万平方米。总投资约 3.3 亿元。项目于 2017 年 10 月初开工

图 43　建设中的区文化中心地下车库装修

建设，是年 12 月底完成 1 ～ 8#楼主体结构和内外墙粉刷，9 ～ 11#楼完成钢结构安装的 80%，计划 2020 年 5 月底建成交付。其他零星工程：区文化中心一期工程污水管道延伸工程 5 月 20 日开工，7 月 3 日竣工并交付使用。区文化中心地下车库装修工程 5 月

15 日开工，8 月 8 日竣工并交付使用。凯旋新村幼儿园消防改造工程年 6 月 11 日开工，10 月 31 日完工。凯旋新村集贸市场周边市政道路工程于 12 月 10 日开工。完工项目移交：11 月 15 日区文化中心项目整体移交文旅体局。11 月 15 日石室片区污水管网工程国旅山水小区段竣工验收，衢州市区石室片区污水管网工程全面竣工并运行。

（徐笑春）

绿创运动

【概　况】 柯城区绿创森林运动有限责任公司为区政府直属全资国有企业，注册资本 5000 万元，下辖全资控股子公司衢州田园体育旅游发展有限公司。公司经营范围：经区政府授权范围内的国有资产经营管理；对外投资；一级土地开发；户外运动策划、体育赛事组织策划服务；旅游景区开发；产业推广与营销策划；公共配套设施运营与管理；物业服务等内容。

【项目建设】 主体负责区灵鹫山国家森林运动小镇项目，为国家 96 个运动休闲特色小镇创建单位之一（浙江省 3 家），建设情况良好。是年，徐莫森林汽车穿越小道项目一期完工、二期开工，小镇配套设施提升项目——徐莫公共雕塑艺术品及 AAA 厕所、千里岗森林营道项目、忘忧田园萱草未来村等重大项目均启动建设。徐莫森林汽车穿越小道：项目一期建设完工 15 千米、二期开工建设完成 6 千米。该项目最高海拔 1125 米，最低 205 米，落差 920 米。拥有山谷、泥地、草地和碎岩地等多种地形，具有超强的挑战难度和极佳的视觉观赏效果，被誉为中国“卢比肯”越野小道。小镇配套设施提升项目：在灵鹫山国家森林运动小镇建设范围内，对基础设施等配套建设进行提升。其中徐莫公共雕塑艺术品、徐莫森林小道及大荫山 AAA 厕所均在设计制作中。千里岗森林营道项目：营道从区灵鹫山至淳安县石林镇，总长 100 千米，主体路段位于灵鹫山国家森林运动小镇内，建设有森林徒步步道、乡村营地和户外营地灯。完成项目可行性研究、初步规划设计，项目立项等工作。忘忧田园萱草未来村项目：是国内首个以“萱草田园＋未来社区”作为核心定位的主题文化村，项目以人本化、生态化、数字化为价值导向，将乡村农业生产、文化生活转型升级为“1＋3＋N”的乡村版场景模式，植入萱草主题 IP 形象，形成现代农业、休闲文旅、未来社区的萱草未来乡村，正配合项目设计单位进行方案设计修改，做好土地流转前期准备工作。

【赛事组织】 举办灵鹫山·首届全国森林极限运动论坛、2019 灵鹫山·江浙沪马帮越野挑战大师赛、2019 绿创杯越野达人秀活动、2019 灵鹫山第二届（国际）森林汽车穿越大赛和中国摩托车耐力大奖赛、2019 灵鹫山·马帮中

图 44　8 月 25 日，四省边际中心石梁镇（石门山）第四届自行车爬坡赛

国帮主车王争霸赛暨江浙马帮越野嘉年华、灵鹫山百公里国际越野赛、全国首届森林极限运动会等重大赛事活动，获得《人民日报》、CCTV—5、CCTV—13等多家国家级媒体报道及点赞。灵鹫山·首届全国森林极限运动论坛，于每年上半年在灵鹫山国家森林运动小镇举行，作为中国森林极限运动委员会常驻地，邀请国内、国际森林运动方面顶尖专家、学者出席论坛并带来具有前瞻性行业观点和经验分享，倾力打造森林运动这一新型运动 IP 论坛。2019绿创杯越野达人秀活动：由浙江普拉多车友会、衢州万卡汽车车友会等会员组成，参加车辆为100余辆丰田系越野车，因车辆特殊性成为国内相对规模较大越野自驾游车友群体。2019灵鹫山第二届（国际）森林汽车穿越大赛和中国摩托车耐力大奖赛：赛事吸引专业汽车赛车手82名、摩托车专业赛车手 120 名及来自英国、德国、韩国的国际赛车手8名参赛，参赛规模、专业水平较第一届有大幅度提升，打响森林运动小镇业界知名度。本次赛事除专业竞技，增添改装车展秀、橘子音乐节等内容，丰富整场活动内涵。2019灵鹫山·马帮中国帮主车王争霸赛暨江浙马帮越野嘉年华，浙江省11个地市32名各地马帮帮主及长三角地区越野车手400余人参与比赛。赛事除帮主车王争霸赛以外，还设置有男女混合计时赛、越野赛道自驾体验、电音节、社会公益行等一系列活动。灵鹫山百公里国际越野赛，作为百公里越野赛里持续爬升高度最高的越野赛事，吸引来自国内外近1000名跑友前来

图45　8月30日，第二届（国际）森林汽车穿越大赛

参赛。赛事设100/50/30/15/8千米五个组别，其中 100 千米和 50 千米设立双人及三人团队组。是年升级为国际越野协会UTMB积分赛事。全国首届森林极限运动会，作为极限运动与森林元素首次结合大规模综合型极限赛事，以国内首创极限运动竞赛模式，吸引来自全国各地运动员2500余名、自驾游爱好者2000余名、户外运动企业60余家、运动爱好者近800名参加。经过策划组织，将活动分成七大板块，既有依托森林原有地形及障碍打造森林极限精英赛，又有具有全民参与性和体验性的麻蓬武林大会、森林运动体验、森林运动装备展等趣味文化活动，还设有“鞭打春牛”“森林棋境”“橘海悦动”等一系列融入柯城独特地域文化的森林运动嘉年华。

（赖建菲）

信　息　业

信息化建设

【概　况】 2019 年，区政府实施数字经济“一号工程”，出台《柯城区关于推进“山海协作＋产业智慧化”发展数字经济的实施意见》，鼓励企业数字化转型，全年完成企业数字化转型 20 家，企业上云 300 家，引进浙江瑞能等数字经济企业 18 家。承办全省工业互联网平台推广现场会。佰意智造被评为省级数字化车间。新材料小镇获评省数字化示范园区。数字经济核心产业增加值增长 48.2%，居全市前列。数字经济发展综合评价在全省前进 22 位，排列全市第一。开展“企业上云”行动。做好信息化发展指数运行分析、产业政策实施，企业项目建设申报等项目。

（何津津）

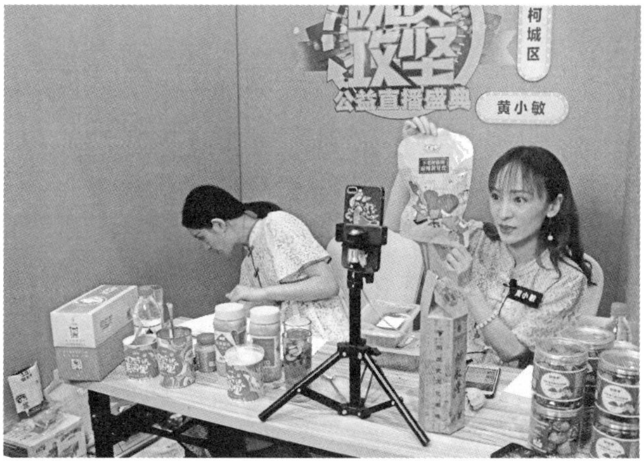

图 46　淘宝主播在柯城专属直播间内向观众推介柯城农产品　（方心怡　摄）

衢州电信

【概　况】 2019 年，中国电信衢州分公司（简称“衢州电信”）聚焦柯城区委、区政府工作重点，发挥自身优势，主动作为，服务地方经济社会发展。全年主营收入完成 5.2 亿元，移动过网份额 17.43%，5G 用户新增 0.55 万户。年度综合考核得分排名全省电信第二。获评浙江电信 2019 年度党建工作显著单位、2019 年党建翼联先进集体。

【信息化服务】 落实 5G ＋云改重点工作部署，启动云改攻坚、双创/规上企业打单和 5G ＋云改大单领航三大行动，成立专项团队，打造系统上云、云安全备份、视频云、桌面云等重点产品，分行业向客户提供信息化解决方案。深化推进柯城区“村情通”式智能应用平台、柯城区村（社）公权力监管平台升级优化。为衢州华茂外国语学校、柯城区万田小学、柯城区教工幼儿园等提供教育信息化服务。开展与政企客户 5G 合作，完成 5G 战略合作签约 29 家，打造 5G 智慧医疗、智能制造、智慧教育等多个试点标杆。

【网络保障与建设】 网络保障工作，圆满完成 HW—2019 行动，完成新中国成立 70 周年、全国第四届智力运动会、防御超强台风“利奇马”等 25 次重大通信保障任务。5G 建设工作，按上级公司“1 ＋ 3 ＋ 7”的网络部署，落实网络勘察设计，推进5G相关资源建设。5月，在衢州电信枢纽楼、水亭门、南湖广场3个主要点位率先部署5G信号。全年建成5G基站7个。

【升级智慧云展厅】 2018年10月以来，在电信枢纽楼6楼规划600平方米的场地建设智慧“云展厅”。在政府及相关单位的大力支持下，投资近500万元，2019年完成衢州市“12345”智慧平台建设项目。展厅具有投影展示、数据研判、应用展示、合影留念等功能，加载各类信息化应用模块，可按需切换各类信息化交流主题。全年接待政府、企业等重要客户5G来访参观近50场。6月6日，由阿里云公司打造，衢州电信运营的智能化咨询投诉举报平台在云展厅上线演示。

【志愿者活动】 组建由社区第一书记＋党建指导员＋党员志愿者等组成的红色队伍，按“一对一”或“多对一”模式，实现基层党支部与望江社区11个小区网格单元结对“联姻”全覆盖，选派优秀党员作为小区网格党建指导员。全年派出党员志愿者参加社区各类志愿服务活动100余人次，文明交通劝导900余人次。

（朱灵宵）

柯城移动

【概　况】 2019年，中国移动通信集团浙江有限公司柯城分公司（简称柯城移动）深入贯彻习近平新时代中国特色社会主义思想，中共十九大、十九届二中、三中全会及中央经济工作会议精神。深化“大连接”战略实施，树立“发展创优、转型创先”理念。围绕中心、服务大局，做强做优网络与信息技术支撑服务。行业信息化应用和民生服务类应用推广，为打造营商环境、基层治理最优城市，创文明城市，建设“活力新衢州、美丽大花园”贡献力量。至年底，光纤宽带覆盖实现23.8万户，行政村覆盖率100%，宽带出帐用户数13万户，宽带电视用户7万户。建成移动2G、4G、5G基站2982个。移动通话用户45万户，4G客户34.4万户。运营收入2.61亿元，上缴税收1413.6万元。

【首个5G基站开通】 5月14日，在水亭门遗址公园，开通首个5G基站，实现对遗址公园风景区5G信号覆盖。标志着柯城迈进5G时代，在衢州移动“三年三步走”计划中迈出第一步。

【首家5G体验营业厅】 5月17日，首个5G网络营业厅精彩亮相——衢州北门移动营业厅，到厅客户可以体验5G＋VR游戏、5G＋VR高清视频等纷呈有趣的5G应用。中国移动通信集团浙江有限公司副总经理陈洪涛在水亭门通过5G网络与另一端衢州市消保委秘书长、衢州移动服务质量监督员邓云在北门营业厅5G体验区现场接通衢州地区首个5G电话。

【村级视联网建设】 响应区委、区政府以减轻基层负担、提高工作效率，深化“最多跑一次”改革活动，6月30日前完成辖区208个村（社区）视联网覆盖工作，通过视联网数据能力和管道能力，助力政府实现远程服务代办，真正实现让数据多跑路，让群众少跑腿。

【5G＋数字工厂】 践行区政府提出的“数字柯城”行动，与浙江佰意智造服饰有限公司开展“5G＋数字工厂”建设，打造服装智造行业新标杆。将5G技术全链条赋能，

厂区实现5G移动无线信号全覆盖，赋能数据直接上公网、上云。实现设备联网、数据实时交互、制衣过程控制等生产管理；结合AI监控、人脸识别、车辆进出等实现智慧园区管理；建立直播平台实时发布T台秀新品、高清8K直播，VR远程试衣等。

【签约全国首个NB国土“智慧界桩”项目】 年内，签约衢州市国土资源局柯城分局“智慧界桩”建设项目。这是全国首个NB智慧界桩项目，以NB—IOT网络为基础，发挥NB技术的节电优势，解决偏远矿山监测供电难题，并通过智能分析系统建立覆盖矿区的界桩监测体系。助力国土局解决界桩缺失、位移等管理难点，为判定违规越界开采提供重要判定依据，提高监管效率，降低监管成本。

【爱心公益活动】 6月15日，特邀专业人员为开展2019年高考志愿填报公益讲座活动，为衢州二中、衢州华高、衢州一中、衢州市高级中学等高中家长和学生提供志愿填报咨询。9月12日，组织团支部成员和青年员工到衢州天颐老人之家开展移动送温情活动，给衢州天颐老人们送去中秋慰问礼品和节日的问候。11月6日，开展“慈善一日捐”活动，为遭遇利奇马台风侵袭受灾地区灾后重建进行爱心捐款。

【助力“美丽衢州”建设】 文明城市创建期间，改造行政区3个、街道8个，小区管线142个，整改站点255个，小区分布系统85套，重建站点18个。加强人员集聚通信保障，提高为民服务能力。为第四届智力运动会、万人马拉松、衢州人发展大会、立春祭等大型活动提供通信保障。全年累计完成大型通信保障131次，保障人数182万人次。

【全省首个“智慧安全帽”试点应用】 12月，联合衢州市住建局开展全省首个“智慧安全帽”试点应用。“智慧安全帽”是基于公司OneNET平台构建的“云、管、端”一体化创新应用产品。通过物联网技术赋能安全帽具备意外报警、量化考勤、北斗定位、融合监控、语音播报等多种功能，能够为一线建筑工人保驾护航。云端平台实现数据统计、实时告警监测、智能分析，切实提升施工企业精准管理水平，帮助主管部门实施创新智慧监管。

（刘思雨）

衢州联通

【概　况】 2019年，中国联合网络通信有限公司衢州市分公司（简称衢州联通）围绕党建统领、创新驱动、转型发展的总思路，纵深推进“1371”工程，各项工作取得明显成效，实现主营业务收入1.8亿元。衢州联通下辖柯城等6个县（市、区）分公司，有员工（含合同制与非合同制）389名，其中本科以上学历占62.7%，省级专业人才2人。至年末，衢州联通移动在网用户数为45.3万人，宽带用户数为5.6万户。

【网络建设】 是年，提升网络支撑水平，优化客户服务和保障能力，加快4G、5G网络建设，网络建设投资3460万元。新建4G基站189个，设分站点36个，开通5G站点8个，移动基站4368个，实现市区、县城、工业园区连续覆盖，党政机关、商务楼宇、医院等高流量区域深度覆盖。完善网络保障服务，完成做好第四届全国智力运动会开闭幕式、衢州马拉松比赛等重大活动通信保障共计 60 次。

【中标项目】 是年，衢州联通中标衢州市初中学业水平考试标准化考点专网集成服务外包项目、绿色产业集聚区视频监控施工及配套设施采购项目、柯城公路应急指挥平台等 7 个项目。3 月 22 日，中标衢州市初中学业水平考试标准化考点专网集成服务外包项目。初中学业水平考试是除高考外，又一个重要的升学考试项目。该项目是衢州教育信息化建设的重要组成部分，是保证教育考试公平、公正、公信和安全的重要措施。项目建设对于促进优质教育资源和高质量教学信息共享具有重要意义。5 月，项目建设完成。10 月 18 日，中标视频监控施工及配套设施采购项目。该项目旨在提升高新园区数字化水平，建设企业生产、公共配套、安全管理、交通为一体的数字化集成系统，确保智慧园区功能实现，对园区管理部门服务企业、招商引资和改善营商环境提供良好硬件基础，为园区内企业转型升级提供肥沃土壤。项目将于 2020 年上半年建设完成。11 月，中标由柯城区公路管理局建设的公路应急指挥平台项目。该项目涵盖路网运行监测监控、公路应急处置指挥、完善路网监控监测外场设施、配置应急处置系统硬件设施、运行支撑系统等多项内容，在现有“雪亮工程”视频监控系统基础上，实现系统与前端监控点位视频数据实时传输，同时可快速针对现场发生事件进行综合指挥调度，实现实时监测，快速应急预警。该项目对于加快完善应急指挥体系，全面提升公路应急保障能力和管理水平具有重要意义。项目计划于 2020 年上半年完成施工。

【衢州文化产业博览会通信保障】 4 月 21 日，由衢州市政府、浙江省文化产业促进会主办，衢州日报报业传媒集团、衢州市文化产业促进会承办的 2019 四省边际城市文化产业博览会在衢州南湖广场隆重召开。此次文博会层次高、范围广，得到市内外文化产业界人士关注，吸引四省边际城市群众多知名企业前来参展。为保证此次活动顺利开展，衢州联通提供全程网络支持和保障，提前完成主会场及沿路 3/4G 基站扩容，共完成扩容多载波 6 个扇区 12 个多载波小区，调整天馈 5 个，开通主会场 4G LTE1800 ＋ LTE2100 双频基站分担业务量。活动三天时间，3G 流量增幅 3 倍，4G 流量增幅 8 倍，圆满完成活动保障任务，赢得到主办方和用户一致称赞。

【第一届“5 · 17”国企开放日活动】 5 月 17 日，衢州联通举办第一届“5 · 17”国企开放日活动。本次活动以“‘五新’联通 5G 先锋”为主题，邀请公司星级客户代表、公众客户代表、政企客户代表、主流新闻媒体等共计 100 多人参加。第一届国企开放日给参与者全新“互联网＋”体验，让广大市民与快速、高效、便捷现代通信技术进行零距离互动体验。

【举办联通乒乓球选拔赛】 7 月 20 日，第七届中国联通乒乓球挑战赛衢州赛区选拔赛在衢州新星初级中学室内体育馆落下帷幕，来自全市 107 位乒乓球爱好者经过一天的角逐，产生 9 个组别的冠亚军。“乒乓在沃”——中国联通乒乓球挑战赛，是中国联通面向客户举办的一项全国性业余乒乓赛事，迄今举办六届，历届赛事都得到中国乒乓球协会以及社会各界认可，得到全国各地乒乓球爱好者响应和广泛参与，在衢州广大乒乓球爱好者中颇具影响力。本届“乒乓在沃”衢州赛区选拔赛，选手遍布两区四县（市），参赛年龄10岁至60岁全覆盖，赛事掀起衢州全民运动浪潮，弘扬国球精神，传承赛事之魂。

【助建衢州首个智慧公厕】 9月底，完成市区荷二路公厕升级改造工作，荷二路公厕成为全市首个“智慧”公厕。该公厕不仅能显示公厕余位、空气质量、氨气浓度、温度湿度等数据，还能通过人脸识别供纸机提供纸巾。“智慧”公厕每日自动生成一组数据，其中包括总人流量、男女厕人流量，及厕位等待时间和集中使用时段数据分析等，将广大市民对智能化便民应用的美好愿景转化为触手可及的现实生活。衢州首个智慧公厕项目对进一步实现城市可持续发展、强化智能信息技术应用具有重要意义，为城市品牌宣传、经济建设和增强竞争力贡献“联通”智慧。

（季志航　徐　炌）

城 乡 建 设

城乡规划

【概　况】 2019年1月28日，柯城区自然资源和规划分局挂牌成立。围绕区委、区政府中心工作，以“1255”工程建设为重点，以“不忘初心，牢记使命”主题教育为“党建统领”赋能，开展用地保障、耕地保护、节约集约用地、国土空间规划、自然资源调查登记、自然资源执法、地质灾害防治等工作，连续20年实现耕地占补平衡，为区经济高质量快发展提供保障。获评区党建治理大花园突出贡献集体、全域土地综合整治与生态修复工程突出贡献集体、招商引资工作突出贡献集体、三大征收项目集体三等功、其他重点工作集体三等功、经济社会发展目标综合考核先进单位。

【机构改革】 完成原规划和原国土两个部门办公整合和职能整合，制定高质量“三定”方案，健全完善党委理论中心学习组学习制度、建立局班子每周一上午例会制度、建立局机关中层以上干部夜学制度三项学习制度；完善“党建统领＋专班＋网格”工作制度，落实“腿勤脑勤”工作机制。

【用地保障】 全年完成土地规划调整项目180个，面积318.93公顷。争取各类农转用计划指标56.6公顷。盘活农转用指标7.47公顷，完成农转用报批项目68个，面积83公顷。完成汽车运动城、奥陶纪、萱草小镇等区重点项目报批。

【耕地保护】 推进全域土地综合整治和生态修复工程。是年，列入省级示范区项目5个，全部完成方案编制和上报。完成永久基本农田调整方案3个，在城北“妙源双溪”全域土地综合整治生态修复项目谋划“十大项目”，计划投资54亿元。引进农业综合体5个，成效初显。全年完成新垦造耕地265.87公顷，建设标准农田83公顷，质量提升42.47公顷，建设用地复垦26.33公顷；开展山海协作对接工作，完成指标调剂款14.08亿元。

【节约集约用地】 创建省级国土资源节约集约模范县，获取奖励指标20公顷；推进“十类地”综合处置工作。完成批而未供16.2公顷，盘活存量建设用地36.07公顷，低效用地再开发8.27公顷。全年完成供地105宗，面积80.93公顷，其中出让土地16宗，面积31.33公顷，土地出让金5.3亿元。全面实行工业用地“标准地”制度，推出工业“标准地”10宗、面积14公顷，实行率100%。

【国土空间规划】 诗画风光带规划编制完成，启动《石梁、九华、七里片区国土空间规划》，进行乡镇单元规划编制探索，完成控制性详细规划编制项目26个。

【农村不动产确权登记】 起草《柯城区农村宅基地及住房确权登记发证实施方案》和《柯城区农村宅基地及住房确权登记发证实

施细则》，设计农村宅基地及住房确权登记权属证明、继承协议书、房屋修缮证明、补批审批表，全市率先完成目标任务的85%。

【资源管理】 第三次国土调查完成。开展培训400人次，图斑出错率控制在0.63%以内；推进规划国土“一张图”建设，打造资源规划信息平台，实现信息共享；建立办公OA系统，规范公文拟办、承办，收发文登记，全程跟踪文件拟办进度，提高办公效率；推进“智慧资规”建设。将违法用地巡查、土地开发移动巡查、矿山智慧界桩，地质灾害智慧监管统一纳入平台监管。

【“最多跑一次”改革】 不动产登记办结推行30分钟，实现“提速办”；打破信息孤岛，实现“一证办”；启动不动产登记“身份证网证”服务，为办事群众提供“刷脸”审核身份服务，通过“身份证网证”办理事项55个，实现“网上办”，由线下“一窗受理”向线上“一窗受理”升级；农村公共设施和民生项目审批实现规划许可证和用地批准通知书合并办理。

【农村宅基地“三权分置”改革】 三权分置”改革扩面。办理“三权分置”不动产权证书116本，盘活农村宅基地10194平方米，农房14143平方米。率先推出“宅基地‘三权分置’＋共享民宿”模式，探索农村产权交易平台和农村宅基地使用权抵押等方式，实现平台交易2宗。

【执法监管】 扫黑除恶专项行动稳步推进。核查移交线索40多条，移交涉黑涉恶线索2条；开展“大棚房”专项行动，整改拆除“大棚房”12宗；开展违建别墅清查整改工作，核查图斑1200多个，查处疑似违建别墅1宗；开展砂石矿产资源管理领域专项整治，排查违法砂场28处，立案查处19宗，发出检察建议书15份，违法砂场拆除复垦基本完成。

【古城双修房屋征收】 抽调30余人组成专班参与古城双修房屋征收工作，负责化龙巷、钟楼巷、和平巷及白果巷范围内的平房散户，房屋征收任务100%完成。

（刘丰恺）

住房和城乡建设

【概　况】 2019年是新中国成立70周年，是决胜全面建成小康社会第一个百年奋斗目标的关键之年。区住建局结合第二批“不忘初心、牢记使命”主题教育活动，坚持市、区一体，全面贯彻省、市、区各项决策部署，抓好新一轮全国文明城市创建，推动全区住房和城乡建设事业高质量发展，为市委“1433”战略在柯城重重落地主动担当，积极作为。

【古城双修房屋征收】 是年，衢州古城双修房屋涉及被征收户1322户，建筑面积约14.1万平方米。全部完成签约，产权置换的691户完成腾空，并有序开展征收房屋拆除工作，拆除6.5万平方米。

【礼贤未来社区房屋征收】 礼贤片区分双水桥社区和锦绣社区两大区块。据前期初步摸底，涉及国有土地上房屋约1032户，征收总建筑面积约6.6万多平方米。完成入户调查，评估公司选定工作，11月入户评估和签约工作完成。

【衢化棚户区房屋征收】 衢化片区棚户区涉及约1643户危旧房屋，建筑面积约6万平方米。以“党建统领＋专班＋网格”模式，创新房屋征收模式，即开展竞争性房屋征收工作，把衢化片区棚户区实施范围内划分六个区块，由各区块产权人自由表达征收意愿，以意愿竞争激发产权人征收积极性，推动房屋征收工作从“要我拆”向“我要拆”转变。竞争性征收意愿征询工作完成，进入入户评估调查登记阶段。

【杭衢高铁柯城段征迁】 征迁涉及乡镇5个（万田、石梁、姜家山、航埠、华墅），其中征地涉及行政村27个，需征地约133.33公顷；房屋征迁涉及行政村18个，拆迁农户431户，企业14家，拆迁房屋建筑面积约19万平方米。区涉及先行用地2处，总用地面积约16.33公顷，需拆迁房屋约75幢（按红线用地计算，未考虑环评线拆迁）。进入调查摸底及安置房建设前期准备阶段。

【安置房项目建设】 斗潭片区危旧房改造项目（东、西片区）涉及住宅2503套，面积达36万平方米。涉及33栋，全部开工建设；高铁新城柯城片区安置项目，涉及6669套，建筑面积地上80万平方米，地下约34万平方米，北建地块结顶完成；衢化棚改安置房项目，建筑面积达33万平方米，涉及住宅2284套。基本建成29栋中的27栋；火车站片区棚改安置项目，建筑面积达5.5万平方米，住宅536套，基本完工。

【危旧房治理改造】 排查处置各乡镇(街道)政府危房情况。开展对全区乡镇9个和街道6个政府办公用房排查，排查46幢，总建筑面积约3.9万平方米。鉴定为危房7幢，建筑面积7393平方米，通过治理改造，8月25日，安全鉴定工作完成，鉴定等级为B级；改造治理城镇国有土地上危房工作。开展城镇既有住宅（房屋有9113栋，建筑总面积2525.15万平方米）全面安全大排查。对涉及

图47　12月23日上午8时44分，礼贤征收“第一拆”启动

26栋D级危旧房彻底治理改造；对涉及230栋C级危房，委托第三方公司（上海筑邦测控科技有限公司）采用设备在线检测和人工巡视方式开展动态监测，在浙江省城镇既有住宅房屋调查登记管理系统上完成相关信息匹配录入工作；处理城镇国有土地上房屋突发情况。2月24日，因持续降雨，双港街道锦绣社区锦绣家园11幢顶层屋面瓦片整体滑落，致使6辆私家车辆受损，局领导立即组织人员第一时间赶往现场，在做好应急处理同时与受损用户就后续处理意见达成一致。

【美丽大花园建设】 建设美丽宜居示范村。石梁镇双溪村省验收完成。2020年示范村申报完成，包括：航埠镇新山村、万田乡万田村、沟溪乡五十都村、姜家山乡前旮村。九华乡新宅村、源口村80%项目实施完成，坞口村启动“三拆”项目；做好住建部农房建设试点工作。全国农村住房试点建设申报工作完成，配合做好其他准备工作；联合区农房专班做好相关试点选取；整理完善农房设计通用图册；美丽城镇建设。启动创建准备工作，12月组建组织协调机构和成立实施专班，出台美丽城镇建设行动计划，做好2020年完成市级4个、省级2个美丽城镇首批创

建工作前期准备工作；推动城乡公厕革命建设。牵头完成125座上年改造公厕验收工作，拨付公厕改造资金1334万元。

【基础设施改造】 对标省测国测标准，对城区街道6个和万田乡、石室乡151个小区，进行道路硬化、行车道改造、雨污分流改造、新增、修缮路灯和修缮楼道灯、停车位改造、绿化建设等改造提升。涉及受益建筑面积559.1万平方米、居民61371多户，完成61529.5平方米路面修复、57911平方米绿化补植、1578个小区停车位、5231平方米非机动车停车棚改造及其他设施改造；统筹推进生活小区生活污水零直排建设。根据市、区两级为民办实事工程及市对区“五水共治”考核任务由区住建局牵头，各街道（乡）作为实施主体完成生活小区40个污水零直排项目建设，项目涉及资金约1.02亿元。至11月完成建设内容的80%；加大安全隐患整治力度。对世通华庭、紫荆小区和湖畔苑等消防隐患，联合消防救援大队、街道社区等单位多次商讨方案，倒排计划，力争与创文项目同步进场，同步施工，同步完工；针对部分功能性缺失设施，精准施策。其中开放式小区、背街小巷路灯项目，与街道社区、电力排摸，完成创建文明城市路灯亮化424盏。

【物管小区管理】 做好物业管理调研及政策宣传工作。探索物业监管机制改革，开展物业监管职能向基层下沉专题调研，撰写相应专题报告上报有关部门。为理顺市区物业监管职能，针对衢江区浮石街道物业管理职能移交事宜多次与衢江区进行对接；组织召开业主大会、业主委员会、物业维修资金业务培训会、物业管理条例、物业维修资金等物业相关政策法规培训会；全程参与由市房管处、市司法局、市人大法工委组织的《衢州市物业管理条例》修订工作，草案提交市人大进行最后审阅；加强物管小区安全检查。组织物业服务企业进行高层建筑火灾防控知识培训，开展物管小区公共水系、景观照明等安全用电督导检查，对现场发现用电设施设备毁坏等问题，现场交办，建立台账，跟踪督办；加强物业企业信用平台建设。按文件要求全区物业企业完成省物业信用平台的开户注册及信息上报等工作。浙江省物业服务企业信用信息管理平台启用，局负责在全区物业企业及业委会群发布全省物业服务企业信用等级评价相关信息工作。

【垃圾分类工作】 各项考核指标完成，分类收集覆盖面达85.2%，生活垃圾增长率控制在1%以内，创建二中宿舍、公园3号、世通华府高标准示范小区3个；“垃圾再生馆”深入推进。城区垃圾再生馆，日日回收垃圾30余吨。上年4月以来，通过垃圾再生馆平台，城区累计可回收垃圾约1.9万吨，大件垃圾约4.5万余件；开展“垃圾不落地”试点工作，全区挑选小区20个通过集中放置垃圾桶，引导居民定时投放，安排人员点位指导，提高村居民分类参与度及分类准确率。

【垃圾中转站管理】 做好全区11个农村垃圾中转站日常管理工作，及时进行中转站设备维修，加强垃圾清运车驾驶员管理，合理调配垃圾清运车辆，实现中转站垃圾日产日清。11月初，累计清运垃圾5580车；配合双港街道基本完成双港垃圾中转站提升改造工作；谋划区农村生活垃圾中转站市场化运维工作，实现管干分离，外包方案报区政府审议；采购垃圾压缩设备4套，总计金额146.4万元。

【保洁保绿管理】 做好社区环境卫生及园林绿化日常工作。严格执行保洁保绿督查机制，对照国家卫生城市及国家园林城市相关标准，坚持每周至少一次对全区环境卫生（园林绿化）进行检查，对存在问题及时指出，监督整改，以《柯城建设》专刊形式通报每月全区保洁工作情况；指导街道开展保洁保绿招投标工作，全区街6个道，全年保洁保绿合同经费2899万元；做好绿化验收工作，全年完成验收绿化工程项目7个。

【"五水共治"】 全区"五水共治"有序开展，包括节水型小区创建工作、雨水收集系统建设工作、小区零直排建设、农村污水管网建设、农村生活污水和污水处理厂运维监管。航埠污水处理厂和石梁镇污水处理厂设计日处理量为3000吨和600吨。全年市级污水管网建设改造工作（新建和改建污水管网）任务14千米，完成16千米，完成率114.3%；污水管网排查任务5千米，完成污水管网排查6千米，完成率120%；完成包括东港工业园区清淤雨水管网、双西港片区清淤雨水管网、专业市场城清淤雨水管网等工程157千米清淤雨水管网工程；完成旧住宅小区改造雨水管网建设6千米；完成旧住宅小区改造提标改造管网4千米；改造旧住宅小区雨污分流1千米；增加应急设备0.02万立方米/时；完成城市供水向农村村庄延伸工程，建设供水管网8.4千米；改造城市供水向农村村庄延伸工程供水管网6千米；各街道（乡）对前期摸排小区59个进行零直排改造，主要改造内容包括阳台废水、雨、污水管网项目。涉及改造建筑面积352.07万平方米、受益居民27640多户；做好行政村170个、农村生活污水终端400个运维管理工作；召集乡镇（街道）进行填报三表一单培训，涉及柯城辖区内行政村（社区）214个，农村污水终端400个，化粪池5000个，受益户46000户基本信息录入工作；完成标准化建设运维终端30个，利用第三方承诺制工作方法，完成标准化运维点验收工作30个，将材料同步到监管平台，通过省、市两级审核；做好农村生活污水治理设施运维年度考核工作及运维费、监管平台运维费拨付工作；开展区农村生活污水治理专项规划编制，主要内容包括农村生活污水处理设施建设改造规划和农村生活污水处理设施运维管理规划两个部分，招投标工作完成。

【"三改一拆"】 城中村改造涉及信安街道、府山街道、双港街道、花园街道和衢化街道。城中村改造任务全面完成，涉及改造受益户数894户、面积10.02万平方米。

【保障房体系建设】 确定本年度计划新开工棚改项目为衢州市柯城区斗潭片区危旧房改造项目（东、西片区）2503套，面积达22.83万平方米；在上年公租房准入家庭受理、审核基础上，增加新申请准入家庭，完成申请家庭签订租赁补贴协议40户；与市保障房中心对接、沟通，市保障房中心产权房（西区锦西家园）租赁房源95套作为区人才公寓，匹配工作完成。起草并报请组织部出台《柯城区人才公寓租赁管理暂行办法》；对2011年以来棚改项目进行梳理和系统信息录入，经多方沟通，对实际开工6717套保障房和交付的1175房源进行匹配录入，通过与柯城公安分局、柯山公安分局对接抓取数据，超出省厅要求的2%，达到2.78%。筹措保障性住房资金，全年累计争取中央补助扶持资金和省级奖补资金达5.5亿元。

【规范房地产市场】 根据国家“防风险、稳房价”政策要求，切实落实新建商品房库存数据核对整理，按日、月、季上报商品房交易数据，1—10 月上报商品房交易、库存报表 489 份；配合各级部门，核查房产信息 4419 户。通过商品房网上备案系统和银行监管账户管理，严把预售管理备案关，增强商品房销售透明度，规范市场交易行为。完成合同变更 91 套，退房 125 份，房产交易撤销 210 份，企业信息备案变更 7 个，完成企业信息项目备案、预售方案网上公示、开盘方案审核工作楼盘 14 个，核实购房户认购清单 1931 套、核对网签合同清单 1006 套，核对资金监管账户 340 户，核对预售申报价格 127 户。8 月 1 日起，商品房预（销）售备案、房预（销）交易审核、商品房转移审核业务全部移交资规局不动产窗口办理。1—7 月业务移交之前房产窗口完成商品房预（销）售备案 1105 套，面积 8.08 万平方米，预（销）售金额达 6.61 亿元，完成商品房预（销）交易审核 2498 件，商品房转移审核 306 套；建立台账制度，做好房产档案移交工作。建立健全档案工作台账，做到账物相符，档案交接手续完备，收进、移出登记及时。1—7 月业务移交不动产窗口前完成交易档案归档 3240 件，协助财税部门完成个人购房补助查询 164 余人次；完成预售证前期实地踏勘 20 次；开展白蚁预防和灭治工作，签订白蚁预防受理登记单汇总 47 份，完成白蚁灭治 268.4 万平方米。

【工程建设整治】 根据省住建厅等 5 部门联合下发的《关于开展浙江省工程建设领域专业技术人员职业资格“挂证”等违法违规行为专项整治的通知》文件要求，及时向区属企业传达专业技术人员职业资格“挂证”专项整治相关要求，并下发开展全省工程建设领域专业技术人员职业资格“挂证”等违法违规行为专项整治告知书。据统计，自查自纠阶段，审核企业上报数据 1313 条，其中“挂证”人员 332 人。

【建筑和人防工程质量监督】 提高监管效能，突出抓好参建各方责任主体质量行为，提高质量管理自觉性与责任感。年度办理建设工程质监手续 31 件，建筑面积 128.53 万平方米，造价 33.2 亿元。办理工程竣工备案 9 件。确保办理手续工程质监覆盖率达 100%，通过竣工验收的建筑工程合格率达 100%，备案手续完备率 100%。参与质量监督在建工程 67 个，其中包括市政工程 5 个，建筑工程总建筑面积 293.8 万平方米，合同总价 71.2 亿元。全年在建工程钢筋检查一次，重点检查地梁、楼板钢筋隐蔽工程验收情况，累计检查项目 11 项，下达质量整改通知书 18 份。受理地下结建人防工程质量监督 11 个，涉及建筑面积约 7.6 万平方米。

【消防工程审批验收】 根据国务院机构改革精神及省市文件要求，消防工程设计审查、项目审批、验收检查职能由公安部移交给住建部。5—6 月为过渡期，负责柯城区和西区范围内未报建消防工程备案检查；7 月 1 日起，负责辖区内建设工程管辖范围内设计审查、消防验收、备案检查。根据相关法律法规及消防部门移交的消防验收、竣工验收备案等事项，抓好消防验收及备案工作。

【建筑工地安全监管】 组织开展建筑工程“安全生产月”活动，省检督促全区工地做好创文工作 50 余个，评估化解区域内安全生产重大风险；建立健全“党政同责、一岗双责、失职追责”工作机制，与施工企业（项目部）层层签订安全、消防责任书，建立监理月报制度，使用“互联网＋预警”和微信平台全年发送各类预警变化信息1000余条；组织开展建筑工地一至三季度安全生产大检查、建筑工地防汛防台和地质灾害防治专项检查、预防高处坠落专项治理行动、建筑工程 “安全生产月”等专项检查，委托衢州市特种设备检验中心对起重机械进行专项检查，抽查建筑起重机械45台，检查施工升降机11台，物料提升机14台，塔式起重机械20台，其中施工升降机3台，物料提升机10台，塔式起重机械12台检测不合格，合格率分别为72%、28%、40%，对不合格责令限期整改或停工整改；与衢州市建设学校联合开展第一批农村工匠培训，围绕质量和安全两个主题，强化农村建筑工匠安全意识和施工水平。

【“浙江无欠薪”示范区创建】 全力推进“柯城无欠薪”行动，全面落实清欠保支工作。与劳动局、法院、公安等部门组成工作专班，形成工作合力，及时清查民工欠薪隐患，化解因欠薪引发突发性事件。对辖区内在建工程进行检查50余个，督促各施工单位做好实名制、维权公示牌、分账管理等7项民工工资支付相关制度和资料，确保“柯城无欠薪”在区建筑工程领域全面深入推进。

【物业小区消防安全管理】 推进电动车集中停放和充电设施建设工作，督促物业服务企业完成区范围内剩余25个物业小区安装智能充电设施建设任务。开展消防安全集中排查整治工作，督促物业服务企业对存在的消防安全隐患及消防违法行为进行整改。

【燃气监管工作】 牵头做好燃气安全检查工作，组织开展专项安全大检查，下发整改通知书8份，提出整改意见43条。与燃气企业签订安全责任书，明确燃气企业安全和企业员工责任。

【信访维稳工作】 按规范程序办理信访件，畅通“12345”政府热线、浙里办、浙江政务服务网等群众诉求平台，做好斗潭拆迁、物业服务、建筑工程质量安全等政策解释、投诉答复等工作，做好斗潭拆迁、物业服务、房地产管理、建筑工程质量安全等政策解释、投诉答复等工作，答复各类信访件约1600余件，包括处理物业投诉1518件，房地产领域投诉150余件，群访事件8起等。根据全区信访工作安排，区住建局作为区人民来访接待调解中心进驻单位，安排专门人员进驻中心工作。全年办理人大提案30份，政协提案14份。

【民防防灾救灾渠道】 与信安街道金河湾社区5月12日上午9:00在金河湾小区联合开展全国第十一个防灾减灾日宣传活动暨“提高灾害防治能力，构筑生命安全防线”高楼逃生应急疏散演练活动；与衢州民安救援大队合作共建，成立区民防应急救援大队；年底全市万人健步中，提供安保及救援服务。6月，全国第18个“安全生产月”，开展以“防风险、除隐患、遏事故”为主题的人防系统安全生产月进社区活动。利用“3・1”国际民防日、“5・12”防灾减灾日、“九一八”等纪念日进行集中宣传活动，展示防空防灾宣传图板30余块，累计发放知识问答500余条、宣传资料1500多份。11月，参加市局统一组织“人防军事训练周”活动，拓展自身应急救援能力和团队协作能力。

【扫黑除恶专项行动】 开展建筑工程施工发

包与承包违法行为专项整治行动。按“有黑扫黑、无黑除恶、无恶治乱”要求和《住房和城乡建设部关于印发建筑工程施工发包与承包违法行为认定查处管理办法的通知》等规定，紧盯建筑市场突出问题和行业乱象，坚持问题导向，开展建筑工程施工发包与承包违法行为专项整治行动，严格查处突出问题，公开曝光典型案例，有效遏制建筑工程施工发包与承包违法行为，规范区建筑市场秩序。

【“最多跑一次”】 优化二手房交易审核，取消授权委托书和合同签订承诺书两份纸质材料收取，二手房交易审核率先进入“无纸化”时代；优化工程建设项目全流程审批系统，按要求推进投资项目在线审批3.0系统应用；7月底，实现项目施工、消防、人防、质检备案审批一体化；9月底，全部实现政务服务事项“掌上办理”；完成人防在线审批监管平台3.0版对接，对窗口受理人员开展业务培训，完成人防易地建设核实40项，人防竣工工程1项。在建人防工程11项，收取人防易地建设费520余万元。

【提升建设行业】 引导企业实施“走出去”发展战略，跟踪联系企业在省外重大项目进展情况，为企业“走出去”发展提供帮助与支持。开具企业出市投标报名、企业年审无安全事故无在建工程等类别的诚信证明70余份；推动建立长效激励机制。启动上年度建筑业扶持政策兑现申报工作。通过与财政、税务部门联合审查，企业符合申请条件4家，获得扶持奖励资金40.3万元；促进区建筑业健康发展，防止建筑业税源外流，结合区实际及其他县区做法，对区建筑业扶持政策提出修改意见，拟通过扩大奖励范围、提高扶持奖励标准、提升服务水平等举措留住企业。组织区属企业召开建筑业扶持政策讨论座谈会，结合企业提出的意见建议和区实际，对区建筑业扶持政策进行修改。下步待市里的政策修改发布后，参照市里扶持政策作进一步完善后报区政府审议；做好企业安全生产目标管理工作，制定2019年度安全生产目标管理责任制考核办法，细化考核指标，制定评分标准，并与区属建筑业企业签订《衢州市柯城区建设系统2019年度安全生产综合目标管理责任书》。

（杨婵旖）

电　力

【概　况】 2019年，国网衢州供电公司柯城供电分公司（以下简称分公司）突出问题导向、把握发展关键，坚持实事求是、精准定向发力，全面助推市公司高质量建设现代能源互联网企业，经营管理实现政府放心、客户倾心、员工归心。先后获得区“两美”建设突出贡献集体和高铁新城建设集体嘉奖、衢州市数据挖掘大赛二等奖、第二届浙江省青创赛银奖、浙江省电力学会用电专业委员会优秀课题一等奖。

【安全生产】 严把安全生产生命线，明确安全工作总思路，从源头管理，落实规章制度，深化部室安全管控机制，全面提升全员安全技能素质。坚持制度管人和制度管事并举，建立健全《安全稽查手册》等规范章程，辅以安全责任清单为抓手，健全全员安全责任体系，层层压实全员安全责任。严格落实安全生产“一票否决”制，利用稽查及到岗到位等手段，加强现场安全稽查力度，督促、指导现场作业规范，全年稽查276次。组织

图 48　7 月 2 日，柯城供电营业部摸排古城双修征收范围内线路迁改的前期准备工作（胡元琪　夏凌飞　摄）

和参加各类安全学习和安全技能培训，高处作业、现场稽查等专项培训 63 人次，组织内部外协队伍 17 个、约 430 人开展安全作业强化培训，提升作业人员安全意识和安全技能水平。组织应急现场演练 1 次，开展桌面推演 10 次，推进与当地政府应急联动，参与市政府反恐演练 2 次，应急管理工作提升，班组人员应急能力和抢修能力提升。

【电网建设】 以目标网架建设为导向，以对户数管控为目标，以“差异巡视、主动检修”为抓手，开展各项建设工作，提供坚强可靠电网。围绕安全生产工作重心，结合主动检修、用户业扩接入等各项工作，确保每条线路、各类工程一停多用，全年新建、改造线路 44 条、新建改造变压器 108 台、环网站 133 座。应对迎峰度夏、防汛防台、迎峰度冬等关键任务节点，有效治理辖区内线路重过载、主线频繁停电、配变重过载、配变频繁停电等问题，城网供电可靠率 99.98%，农网可靠率 99.95%。结合缺陷隐患治理，按“一线路一方案”原则，消除线路薄弱环节，压降线路故障次数，开展 18 条线路带电检测工作，总计检测杆塔 2315 基、户外环网站 38 座。有序推进双环网建设，完成府山、五圣等 5 个老城区供电单元双环网建设改造工作，配网建设项目完成 1.75 亿元，区域配电网有效提升，鹿鸣网格同时获国网浙江省电力有限公司 2019 年配电网“五好”网格。

【经营管理】 用“刀刃向内　自我革命”勇气，以绩效考核模式为抓手，开展配网“清风行动”，展开“建规矩　强监督”和“梳流程　明职责”专项行动，提升业务精益化管理。全年台区线损治理、古城双修改造、巨化棚户区改造、礼贤未来社区建设等重点工作，采用“专班工作法”，由资深专家牵头，

图 49　8 月 10 日，柯城供电分公司为应对台风“利奇马”进行线路检修

图 50　6 月 7 日，柯城供电分公司工作人员在双环网改造现场进行核对工作

营销、运检、综合，集体企业等多专业人员多维度支撑，对专班阶段性和总体性目标设立详细全面奖惩条例，专班成员积极性和干事创业热情有效提升，各项工作目标完成。

【农电管理】 依托指标管控，着重打造全能型供电所，提升农电员工综合素质。是年，农电乡供平台指标达 100%。推进“乡村振兴、电力先行”示范区建设，各项指标平稳有序，稳步提升，石梁供电所获 2019 年省公司“五星供电所”称号。配合政府部门，责任落实到位，台账资料完善，信访态势稳控，全年未发生重大负面影响信访事件。以“红船共产党员服务队”为载体，建立用电服务和沟通渠道，助力农业生产和乡村产业，提高服务匹配精确度，做好服务保障。

【优质服务】 融入地方发展大局，推进电力营商环境优化。主动配合高铁新城建设、礼贤未来社区建设、古城双修、巨化棚户区改造等政府重大工程电网配套建设，按要求进行线路迁改、设备改造、客户拆迁销户等工作，为衢州美丽大花园建设提供坚强电力支撑。春节“信安湖·光影秀”主题活动、第四届全国智力运动会等重大活动 77 项保供电任务完成，投入保电人员 650 余人次，出动发电车 67 辆次。政企联动，创新实现“一户多人口”阶梯电价政策自动续期，居民客户续期“零跑腿”。落实低压非居民客户投资界面延伸至表计，提高低压接入容量至 160 千瓦，为近千个客户减少投资 60 多万元，推进小微企业办电零成本。加大政企合作力度，与区教育局签订智慧电务合同，智慧电务覆盖区 38 所学校，推动 38 所学校接入综合能源服务平台，全年推广共智慧电务 52 户，促成全省首个柯城工业园区综合能源服务示范项目。

图 51　7 月 2 日，柯城供电分公司工作人员在古城双修工作中进行现场勘查

【开展志愿活动，履行社会责任】 组建“红船党员服务队”“红船青年突击队”，开展志愿活动，催生价值创造。抗击台风“利奇马”，派出骨干力量第一时间支援一线，发挥良好示范效应。响应全省范围内开展残疾人贫困户室内照明线路改造的“千户万灯”公益项目，至年底，区范围内完成项目改造 30 户，为他们提供安全稳定用电环境。走进华墅乡希望小学，主动对接条件困难学生，定期送温暖，关心关爱未成年人成长。开展“共建共享红色联盟——电力服务进社区”活动，走进府山街道、荷东苑等社区，慰问关

图 52　12 月，柯城供电分公司红船共产党员服务队为贫困户改造室内照明线路

心困难群众，为他们开展家用电器设备与线路检修工作。深化服务创建文明城市，常态化开展文明劝导，组建创文小组，开展巡逻检查，创文展现作为。将青年志愿服务与分公司中心工作融合，以安全用电宣传、电力知识小课堂为依托，开展“安全用电你我‘童’行”“安全生产月宣传”“‘七一’服务进社区、安全用电科普行”等活动，宣传电力设施保护、安全用电知识，履行社会责任，彰显服务品牌。

（王大伟　骆　晗）

供　水

【概　况】 2019年，衢州水业集团有限公司售水6928万吨（石头坪自来水厂6416万吨，衢化自来水厂512万吨），同比增长15.31%。8月7日，石头坪自来水厂供水26.5417万吨；8月1日，衢化自来水厂供水3.53万吨，分别创下最高日供水量供水历史新高。出厂水和管网水水质综合合格率为100%。全年处理污水3027万吨，同比下降14.35%。出水综合合格率达100%，出水水质符合《城镇污水处理厂污染物排放标准》一级A标准。8月15日，衢州水业集团与市住建局签署《衢州市区供水特许经营协议》。

【开通网上业务办理渠道】 6月，开发支付宝生活号里水表开通、过户、接水等18项业务网上办理功能；7月，开通“浙里办”手机端自来水业务网上办理渠道；8月，开通浙江政务网PC端自来水业务网上办理渠道；10月不动产登记一窗平台受理自来水过户业务。

【接管巨化集团供水设施及服务】 根据《衢州市人民政府办公室关于印发衢州市国有企业职工家属区“三供一业”分离移交工作方案》和浙江衢州水业集团有限公司与巨化集团公司签订的《“三供一业”供水设施设备分离移交改造实施协议》，2019年1月1日，浙江衢州水业集团有限公司接管巨化集团移交的生活用水制供水系统设施和供水管理服务职能，完成57名巨化集团员工人事档案接收、劳动合同签订和入职培训等工作。

【城乡供水一体化工程】 完成柯城区沟溪乡和衢江区云溪乡等13个乡镇、街道28个村农民饮用水工程建设，受益人口35650人。柯城区16座农村供水加压泵站签订委托管理协议。东港供水加压泵站双电源供电改造工程，3月26日进场施工，6月20日线路并网投入运行，增强东港片区供水安全保障能力。

【污水处理工程】 投资202万元，修复狮桥街、仁德路D600破损污水管道400米，修复污水井12座。7月30日开工，至年底，完成投资9698万元，完成二沉池、二沉池集配水井、AAO池等主体结构建设，1#、3#二沉池完成满水试验。

（李宏伟）

征迁工作

【概　况】 区征迁管理办公室（简称区征迁办）成立于2013年8月，为区政府直属事业单位，机构规格相当于正科级，经费形式为财政全额预算，核定事业编制12名，设主任1名，副主任2名，下设综合科、政策法规科、征迁一科、征迁二科，单位类别为公益一类。受区住建局委托，负责行政区域范围内国有土地上房屋征收与补偿具体工作；承担辖区范围内集体土地上房屋征迁管理工作。2019年，根据《关于规范市、区部分行政事业机构的通知》，加强铁路建设工作，规范行政事业机构管理，区铁路建设项目办公室更名为区铁路建设办公室。

【古城双修国有土地上房屋征收项目】 涉及府山街道社区5个、被征收户1322户，建筑面积约12.7万平方米，为主城区历史上战线最长、情况最杂、难度最大的征收项目，35天完成签约1321户，实现100%签约（总户数为1322　户，其中有1户产权不明）。是年实现当年签约、当年腾空、当年拆除。

【礼贤片区改造国有土地上房屋征收项目】 涉及两大区块、两个社区，被征收户约1029户，建筑面积约6.4万平方米，为全省未来社区试点的衢州标准、衢州样本项目，仅用15天时间完成签约1029户，签约率为100%。全年实现"当年签约、当年腾空、当年拆除"目标要求。

【衢化片区棚户区改造国有土地上房屋征收项目】 涉及征收户数1643户，被征收房屋建筑面积约8万平方米，为衢州市首个"竞争性"征收项目，15天完成签约1643户，签约率达100%。全年实现"当年签约、当年腾空、当年拆除"目标要求。

【东门遗址公园及配套工程项目】 实施主体为区征迁办，项目涉及房屋征收10户，建筑面积1153平方米，3天完成10户收购签约工作。全年实现"当年签约、当年腾空、当年拆除"目标要求。

【杭衢铁路（柯城段）征迁项目】 是衢州段全线里程最长、征地体量最大、拆迁体量最大、三电及管线迁改体量最大的铁路征迁项目。横穿区境内约27.3千米，涉及乡镇5个（万田、石梁、姜家山、航埠、华墅），其中征地涉及行政村29个，需征地约128.6公顷；房屋征迁涉及行政村18个，拆迁农房约399户，拆迁房屋建筑面积约17万平方米。

【市区劳动路169号国有土地上房屋征收项目】 涉及房屋征收50户，建筑面积3797平方米。上年1月13日启动签约，由于项目实施过程存在较多遗留问题，区征迁办专门组织力量进行攻坚，历时一年半，8月，与最后一户签订补偿协议，并及时拆除房屋。

（任文斌）

综合行政执法

【概　况】 2019年，衢州市综合行政执法局柯城分局（简称柯城综合执法分局）以习近平新时代中国特色社会主义思想为指导，按市局和区委、区政府决策部署，汇聚力量、

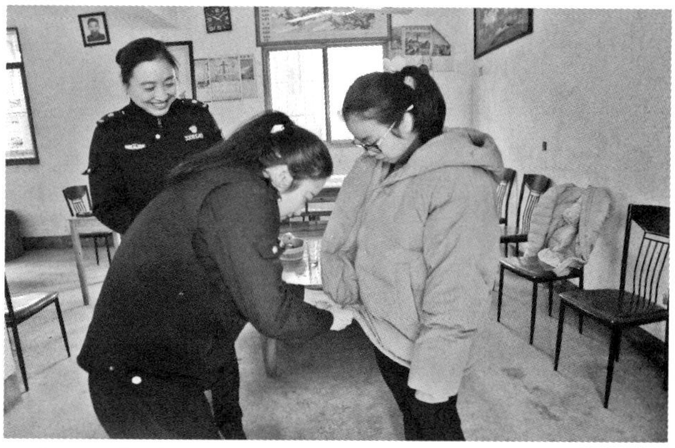

图53　柯城执法分局女子中队为贫困学生送温暖

精准施策、狠抓落实，各项重点工作有序推进。聚焦综合行政执法体制改革，优化城市管理执法方式，统筹做好市容管理、"三改一拆"等重点工作，以"绣花"功夫推进城市精细管理，改善人居环境质量，补齐民生服务短板，提升城市形象品位。

【组织机构】 根据上级安排，调整主要领导分工，拟定股级干部调整方案，优化各中队及机关科室运维体系。撤销专业执法中队，成立派驻住建中队，选派业务骨干6名常驻市住建局，负责住建、执法两部门工作对接、协调。同时，11个党支部换届选举工作全面完成，按“一岗双责”要求明确各中队由中队长担任支部书记、指导员任副书记。

【主题教育】 成立主题教育领导小组及办公室，明确主题教育实施方案和工作计划，坚持将学习教育、调查研究、检视反思、整改落实四项重点措施贯穿始终。全体党员以“两书一章”为重点，坚持集中学习和个人自学相结合，组织开展集中学习会13次，累计学习超1800人次，完成调研报告撰写10余篇，为民办实事40余例。同时，开设“红灯记”微信专栏，发布“红灯记”系列文章，集中宣传报道主题教育系列工作，浓厚主题教育舆论氛围增强。

【市容管理】 以全国文明城市创建工作为主线，提升城市精细化管理水平，打造最美城市环境，流动摊专项整治、户外广告专项整治、拔钉清障风暴行动、交通秩序专项整治、餐饮业前店后厨专项整治、食品安全专项整治等多个专项整治活动，加大对重点问题和难点问题的整治力度。对占道经营、乱搭建、乱停车、餐饮业油烟及前店后厨、破损广告、夜市烧烤摊、早餐规范点、流动摊贩、违规遛犬、乱贴乱画、牛皮癣等问题进行“回头看”。全年清理占道经营15000余起，扣押222起，查处359起，处罚金额11.62万元；拆除、清理各类广告1000余处，清理各类乱贴乱画105000余张、刷写4177条、印章33840个、覆盖4625平方米，清理横幅400余条，办理广告类案件2件，处罚金额200元；人行道违停机动车贴单处罚17525辆，拖移四轮机动车1902辆，处罚非机动车341辆，拖移非机动车2136辆；查处随地吐痰10起，处罚金额500元；查处乱扔烟蒂1089起，处罚金额54450元；查处乱扔垃圾2起，处罚金额100元；查处破坏绿化5起，处罚金额1200元；查处随地便溺10起，处罚金额500元；现场制止并纠正3600余起违规养犬行为，收容违规犬388只，查处犬类管理类一般程序49起，处罚金额17150元。

【执法办案】 开展“执法办案年”活动，简化办案流程，规范办案程序，提升办案质量。建立健全《柯城分局执法管理规定》和《关于加强案件积分管理工作的通知》，完善案件管理制度，将复议诉讼工作作为重点关注，理顺工作机制，发挥复议诉讼层级监督作用，指导和纠正基层执法工作存在的问题。全年办理行政诉讼、行政复议案件12件。按市局执法证积分管理规定开展行政执法案卷评查活动，通过案卷评查，下发执法办案情况通报，及时发现工作不足，提高执法队员办案能力和水平。办理一般程序案件481件，其中给予罚款处罚案件448件，罚款数额24万元，“三改一拆”类案件31件，拆除违法建设面积2764.16平方米；简易程序案件3502件，罚款10.91万元。

【信访工作】 按上级信访工作部署和要求，落实领导信访接待制度、领导包案制度、24小时值班制度，做好信访问题排查、化解和稳控工作，提高投诉信访处置率。全年受理各类信访投诉43568件，其中，浙江省统一政务咨询举报平台263件，人民来信来访25件，接12345交办件2285件（3月21日至

12月31日），数字城管40958件，通衢问政32件，办理各类工作交办件5件，信访按时回复办结率100%。

【品牌打造】 结合工作实际，深化品牌建设，总结工作经验，挖掘执法文化，打造“执法花木兰”“城管老娘舅”等特色党建工作品牌，以文化内涵带动共情意识提高服务水平，“花木兰”品牌事迹被新华社等主流媒体关注报道，日阅读量突破40万人次。分局女队、府山中队等分别获评全国巾帼文明岗、住建部2019年强转树先进单位、最美建设集体；叶志恒、周靖分别获省级青年岗位能手、省综合行政执法系统2019岗位技能比赛二等奖。

【拆违治乱】 紧盯农房整治及风貌提升“牛鼻子”工程，打好“拆、治、归”转型升级组合拳，纵深推进“三改一拆”“四边三化”工作。发挥区级防违控违综合管理信息系统作用，加强智能管控强势推进拆违治违。保持对城中村、城郊接合部和新建小区等重点区域高压态势，对在建违法建设实行“即查即拆”，有效遏制顶风抢建偷建等行为。全年拆违106万平方米，完成“三改”246万平方米（其中完成城中村改造10万平方米、旧厂区改造6万平方米，旧住宅区改造230万平方米，安置房建设5.5万平方米）。同时，抽调10名执法人员组成征迁小分队，参与古城双修房屋征收工作，55户入户调查和评估工作全面完成，以实际行动助力古城文化复兴和AAAAA级景区创建。

（琚婷婷）

资源　环境

生态环境

【概　况】 2019年，市生态环境局柯城分局围绕省、市关于加快推进生态文明建设工作要求和市委七届六次全会精神，践行“绿水青山就是金山银山”理念，坚持“党建治理大花园”，以环境质量为核心，推进治水长效战、治气攻坚战、治土持久战，坚决守住生态红线，夯实绿色本底。

【环境质量】 饮用水水源地达标率100%，出境水水质达标率100%；全区4个省控以上地表水监测断面水水质达标率100%；15个乡镇（街道）交接断面水水质监测达标率100%。全年，城区空气质量AQI优良率93.4%；$PM_{2.5}$浓度均值33微克/立方米，稳定达到国家空气质量二级标准。

【污染防治“三大战役”】 治水长效战：柯城4个省控以上断面水水质达标率100%，15个乡镇交接断面水水质达标率100%；所有乡镇交接断面及重点监控河道断面建设水质自动监测站一期20个自动站完成建设并投入运行；东港柯城工业园“污水零直排”创建完成；297家企业调查和270个问题整改完成。治气攻坚战：涉气“散乱污”企业13家、VOCs治理项目3个及根根陶瓷、圣宝建材、莎贝尔陶瓷原料堆场无组织废气整治项目完成。治土（清废）持久战：开展雷霆斩污行动。此次专项行动排查检查固废危废重点监管单位19家，1吨以下危废产生单位12家，出动130余人次，下发监察意见书31份，承诺书30余份。为更好地服务企业，规范稳固、危废管理，组织全区涉废企业30余家开展危险废物规范化管理培训会，提高企业自身环保意识，认真落实企业主体责任。

【中央和省环保督察案件整改】 中央环保督察交办件（39.25件）全部完成整改；省环保督察交办件（57.25件）完成整改56.75件，剩余0.5件（辖区内小作坊废水直排0.5件），此交办件由区经信部门牵头，会同综合执法、市场监管等部门开展“低散乱”整治，100家整治任务全部完成。开展销号工作，完成中央环保督察反馈问题1个、省级督查反馈问题8个和信访件96个验收销号工作。

【环境执法】 开展环境安全隐患排查整治专项行动，打击非法倾倒处置危废和危化副产品“雷霆斩污”专项行动，清水保卫战、亮剑执法行动，双随机执法检查行动等一系列执法行动，守住生态环境安全底线，出动400余人次，检查企业135家次。立案查处企业19家，处罚金额77.8万元，有力震摄环境违法行为。

【污染源普查】 区全国污染源普查工作完成，普查单位910个，包括工业源290家，集中式384家，农业源9家，移动源35家，行政村184个，规模以上排污口4个、生活源锅炉 4 户。

【省级生态文明建设示范区创建】 开展省级生态文明示范创建工作。编制《省级生态文明建设示范区建设规划》并正式发文实施。对照创建体系进行自查，有基本条件 1 项和约束性指标 3 个未达要求，对接各未达指标来源部门，针对未达要求进行整改。同时，推进美丽浙江建设，完成各项年度目标任务，获评“美丽浙江建设先进集体”。

【落实环境保护状况报告制度】 5 月 31 日，区人大常委会审议通过《全区 2018 年以来环境状况和环保目标完成情况报告》，18 个乡镇街道（含黄家街道、白云街道）环境保护状况报告全面完成。

【项目审批】 是年，完成环评审批、排污许可核发、辐射安全许可证核发等审批工作及日常窗口接待服务工作。做好审批前检查注重审批工作延伸和后续管理，项目审批无应批未批、违规审批、越级审批现象。全年审批项目 58 个（其中：环评报告书 1 个，环评报告表 57 个），登记表备案 442 个，主要为餐饮类和洗车行业等第三产业项目。项目审批严格实行现场核查制，一般项目由科室负责人进行现场踏查，重要项目请示分管领导参加踏查，出动建设项目现场踏勘、检查 100 余次。完成排污许可证核发任务，至年底，核发排污许可证 15 家，涉及全区饮料制造、家具制造、环境治理等行业。年内，完成排污许可证申领与核发工作。

【“最多跑一次”改革】 全力推进“最多跑一次”改革。发挥“互联网＋政务服务”模式，通过“网上申报、办结寄件”模式，完善服务流程，创新服务方式，实现部分办事事项“零跑腿”，就“建设项目环境影响登记表备案”一项，网上备案 442 项，审批项目环评报告表 57 个，从根本上节约群众办事时间。“6 • 5”世界环境日，结合周二无会日深入钟楼社区，向社区群众普及环保知识，发放环保宣传资料 400 余册，开展环保知识有奖竞答，倡导绿色低碳生活方式，引导群众从身边小事做起，形成人人、事事、时时崇尚生态文明的社会新风尚，共同履行环保责任，共建美好家园。

【队伍建设】 贯彻落实习近平总书记重要讲话精神，在市局党组和区委巡回组精心指导下，围绕守初心、担使命，找差距、抓落实总要求，不划阶段、不分环节，坚持把学习教育、调查研究、检视问题、整改落实四项重要措施衔接起来，整体推进，贯穿始终，确保主题教育高质量扎实推进。成立“不忘初心、牢记使命”主题教育领导小组，研究制定主题教育《实施方案》，组织召开主题教育动员部署会，制订下发《主题教育工作计划》，开展集中学习 6 次，对“八个专项”进行集中研讨；班子精选调研课题，结合“周二无会日”，开展“调研解难题、深入三服务”活动，完成专题调研 2 个；通过走访调研、召开座谈会、发放征求意见表等形式广泛征求基层党员群众、服务对象的意见建议，收集意见建议 15 条。在充分调研基础上为联系村党员干部上主题教育党课。

（何梦云）

土地储备

【概　况】 2003 年 12 月，区土地储备中心成立，为区政府直属全额拨款事业单位，具有独立法人资格，内设综合科、收购储备科，办公地点设在双港路332号。主要工作职责：依据有关法律法规规定，将需盘活的存量土地依法收回、收购、置换后予以储备，或将新征用的增量土地予以储备，根据土地利用总体规划、城市规划、乡镇规划和土地市场要求，制定收购储备计划；适时收购储备土地，经营管理纳入储备范围的土地；做好储备土地前期开发出让准备工作；筹集土地收购、储备和运作资金。

【土地储备业务】 2019年，完成黄坛口大坝下游嘉诚房开公司4.23公顷土地重新收储工作；完成衢化“中巨芯”项目用地收储，项目涉及巨化公司4家、工业用地8宗及省安装公司工业用地1宗，收储面积约6.24公顷；完成荷花三路原市审计大楼地块收储及建筑物拆除平整工作；完成九华乡集镇集聚点（二期）2.77公顷建设用地收储；参与并承担华墅大平山工业园区国有土地收储（收回）工作，计划收回工业用地12.16公顷。完成万田乡2015-1号地块0.89公顷土地公开拍卖，拍卖成交价14560万元；完成原市审计大楼地块即区营商大楼项目用地拍卖出让，出让价2200万元；完成衢化滨江生活区2018-2号收储地块拍卖出让，拍卖成交价1725万元；完成衢化“中巨芯”项目计划用地5宗中的工业用地4宗公开出让。签订收储协议13份，收储土地26.78公顷，公开拍卖土地8宗，取得土地出让金19677万元，划拨出让土地2宗，面积2.77公顷，至年底，储备土地面积76.67公顷。

（王云峰）

农业·林业·水利

农业与农村工作

【概　况】 2019年，区农业农村局按照市委“3752”乡村大花园振兴体系要求，聚焦农业农村工作，抓重点、补短板、强弱项。至年末，全区注册无公害农产品76个，绿色食品认证18个，有机食品认证9个，无公害农产品种植面积2184.87公顷，绿色食品认证面积418.76公顷。有全国驰名商标1个，省著名商标4个，市著（驰）名商标15个，中华老字号非物质文化遗产1个。农业龙头企业46家，其中国家级农业龙头企业1家，省级农业龙头企业5家，市级24家。获国家级和省级试点产业示范项目7个：省级乡村振兴产业发展示范建设项目、省农作物新品种展示示范项目、省种植业“五院”省级示范基地创建项目、大棚蔬菜病虫害综合防控技术示范项目、黄色金针菇生产技术示范项目、农业综合开发项目、乡村振兴—历史文化村落保护项目。柯城区被评为2019年度浙江省新时代美丽乡村示范县。《衢州市多举措应对春耕“育苗难”》工作报道获副省长彭佳学批示。2019浙江农业博览会，柯城区获优质产品金奖1个、新产品金奖1个、优质产品优质奖2个。分别是：区柴家柑橘专业合作社的“柴家牌葡萄柚”在2019浙江农业博览会优质产品评选中获金奖、浙江神禾农业开发有限公司的“浙神禾牌辣木叶菜”获新产品金奖、区瑞禾水果专业合作社的“永勤牌红心猕猴桃”和农法自然（浙江）农业科技有限公司的“农法自然牌椪柑”获优质奖。

【机构改革】 1月17日，区委下文件，组建区农业农村局。将区农业和农村工作办公室、区农业局、区政府直属承担行政职能的事业单位区农业综合开发办公室职责，区发展和改革局的农业投资项目、区财政局的农业综合开发项目、市国土资源局柯城分局的农田整治项目、区水利局的农田水利建设项目和渔业管理职责等整合组建区农业农村局，作为区政府工作部门。区委、区政府农业和农村工作领导小组办公室设在区农业农村局。区农业农村局承担区扶贫开发领导小组办公室工作。3月4日，区委办文件明确，区农业农村局是区政府工作部门，为正科级。区委、区政府农业和农村工作领导小组办公室（以下简称区农办），承担区委、区政府农业和农村工作领导小组具体工作，组织开展“三农”重大问题的政策研究，协调督促有关方面落实区委、区政府农业和农村工作领导小组决定事项、工作部署和要求等。区农业农村局内设办公室（挂政策法规科牌子），人事科教科（挂督查科牌子），农村社会事业促进科，乡村产业科，计划财资科（挂扶贫开发科牌子），农田建设和农机管理科，种植养殖管理科。1月18日，原区农业局从市区浮石路45号、原区农业和农村工作办公室从区政府3号楼、原区农业综合开发办公室从市区上街92号分别搬入荷花西路107—109号柯城区农业农村局大楼（区政府12号楼）办公。至12月31日，区农业农村局在册工作人员90人。其中：公务员编制20人；事业编制56人；编外人员14人。具有农业正高级职称专业技术人员1人；高级职称专业技术人员9人；中级职称专业技术人员22人；初级职称专业技术人员11人。

【粮食生产】 是年，全区粮食播种面积3220公顷，同比增长2.33%，粮食总产量2.05万吨，同比增5.13%。其中春粮233公顷，早稻545公顷，晚稻426公顷，夏秋旱粮1500公顷。水稻主导品种有金早47、中嘉早17、中浙优一号、甬优12号、甬优17、嘉丰优2号、再生稻有准两优608、丰两优香1号等优新品种。粮食功能区的建设，涉及乡镇有沟溪、航埠，投资1000多万元，功能区内基础设施配套、耕地质量达基本农田标准率88%、“三新”技术推广率100%、社会化服务覆盖率85%以上、功能区保护措施较完善。全区建百公顷水稻高产示范方1个，其中水稻1个。全区落实粮食补贴金额964万元，其中耕地地力保护补贴752.37万元，享受补贴面积5413.33公顷；规模粮油补贴197万元。储备早稻良种1.5万千克，全区良种覆盖率达98%以上。

【现代农业园区】 柯城现代农业园区是集种养农业、生态农业、旅游农业和设施农业综合性于一体城郊型农业产业园。园区由城郊省级现代农业综合区、主导产业示范区、精品园组成，涵盖柑橘、生猪、鲟鱼、毛竹主导产业示范区、名特优农副产品精品园、生态农业休闲旅游区、高标准良田和蔬菜基地、农业技术推广中心六大功能区。是年，通过“加快土地流转、强化主体培育、加强设施建设、注重生态循环、发展休闲观光”等措施，快速推进综合区一个，示范区4个，精品园13个。全年投入农业基础设施投资7.63亿元，初步形成优质、高效、生态、安全的城郊型农业产业布局。通过省级验收综合区1个（柯城区城郊省级现代农业综合区），主导产业示范区4个（生猪、鲟鱼、柑橘、毛竹）和精品园13个（华墅后王坂柑橘、七里高山蔬菜、五十都油茶、中央方青鱼、航埠彭泽鲫、石室油茶、九华油茶、姜家山蔬菜、石室鲟鱼、九华食用菌、航埠兴航水果、石梁湿地松、石梁香榧）。

【农业产业强镇】 开展农业产业强镇示范建设是实施乡村振兴战略、深入推进农村产业融合发展的重大举措。以石梁、九华、万田等两溪流域乡镇为乡村振兴主战场，以柑橘产业为主导，以美丽乡村建设为抓手，通过要素集聚、科技创新，重点培育以柑橘为主导、一二三产融合发展的产业体系，建设产业兴旺、产镇融合、宜业宜居的“农业、生态旅游业并举的综合型小城镇”，建有石梁镇农业产业强镇、沟溪乡现代特色水果产业强镇。至2019年，石梁镇建有省级田园综合体、省级现代农业园区、三产融合发展区，是全国休闲农业与乡村旅游示范区、全省“一村万树”先行示范区。沟溪乡水果特色农业产业规模833.33公顷，特色水果产量2.23万吨，其中建成现代果园面积450.67公顷，以柑橘、葡萄为主的设施农业大棚约50万平方米，其中玻璃温室0.6万平方米，连栋钢架大棚24万平方米，种植葡萄、猕猴桃、精品柑橘、黄桃、西瓜、火龙果、台湾青枣等多个品种。家庭农场或农业企业有90家，其中种植面积6.67公顷以上36家，全乡获无公害农产品称号9个、绿色食品认证2个、有机食品5个，注册商标5个。良好的农业发展氛围，尤其是土地流转的良好机制，产生集聚吸引效应。有红心猕猴桃特色园、五十都生态园、弘玖生态园、青禾科技园、花千谷农业产业园、直力香榧园等农业项目进驻。

【农业综合开发】 是年，农业综合开发土地治理项目总投资2765万元，争取到省以上财政补助资金2090万元，建设项目为包括沟溪乡河山片200公顷高标准农田建设项目，石梁中央方133.33公顷高标准农田建设项目，石室乡乌引干渠片433.33公顷高标准农田建设项目，华墅乡望江片366.67公顷高标准农田建设项目。项目开发面积1133.33公顷，涉及5个乡镇18个行政村，项目区建设排灌站4座，衬砌排灌水渠道9.89千米，渠系建筑物65座，扩建加固山塘1座，小型拦河坝2座，农用井1座，高效节水灌溉166.67公顷，田间道路41.31千米，农田林网工程3260米。继续实施农业综合开发试点项目，年内，石梁溪省级农业综合开发田园综合体建设试点项目投资10030万元，争取到省财政补助资金2500万元，建设白云山柑橘示范园、农法自然现代农业示范园，打造美丽田园风景线。继续建设“3030”新农人项目，年产3000吨香橙混合果汁加工项目投入602万元，争取省级资金300万元。项目实施带动更多农户共同致富，促进当地农村经济发展。

【农业行政执法】 全年出动执法人员830人次，巡查农产品生产主体410家次，农资经营单位160家次，抽取农业投入品100个批次，农产品定量检测700批次。对违法行为立案查办8起，罚没款2.3万元。发出整改通知书12份，案件查处率、移送率及农产品举报投诉调查处理率均达到100%。建成1家区级、13家乡镇、50家生产基地农残快检室，开展上市产品快检18000批次以上，所有检测结果在全区农产品监管网动态实时滚动公示，同时上传省农产品监管平台。开展农产品定量监测700批次，其中省级定量检测175批次、市级135批次、区级400批次。规模生产主体农产品质量安全抽检覆盖率100%，抽检合格率99.75%，其中省级抽检合格率99.43%，不合格产品处置率100%。

【农经管理】 是年，全区整理完成承包地测绘户49406户，占比100%；完成实测承包地面积8667.53公顷，占比127.5%，实测地块原合同面积101975公顷，审核公示行政村150个，占比100%；完善承包合同份数49406份，占比100%。全区在册农民专业合作社549家，其中国家级农民专业合作社示范社1家，衢州市柯城区柴家柑橘专业合作社；省级示范合作社6家，衢州市柯城区绿缘果蔬专业合作社、衢州市柯城扶农果蔬专业合作社、衢州市柯城草香园农产品合作社、衢州市柯城区澳林奇柑橘专业合作社、衢州市柯城区柯安蔬菜专业合作社、衢州市柯城区柴家柑橘专业合作社。家庭农场878家，其中省级示范性家庭农场36家，市级示范性家庭农场60家，区级规范化家庭农场82家。区整合各级财政扶持资金和区财政配套资金，集中实施集体经济发展项目——光伏发电项目，所得投资收益819万元全部分配到全区集体经济薄弱村。

【农机管理】 是年，全区购置农机补贴机具54台，补贴资金90.224万元。报废高耗能农业机械35台，补偿金额12.05万元。完成二个连栋设施大棚项目验收，面积14530平方米。12月，开展区农业公共社会化服务中心启动仪式，全年推广应用无人植保机、秸秆打捆机、送风式高效植保机等先进农机160台（套）；水稻耕种收综合机械化水平达80.28%。区、乡二级农机部门开展安全宣传26次，出动检查人员160人次，检查农业主体70多家，检查机具270台，签订农机安全生产责任书17份、承诺书215份，发送安全短信1156人次，发放资料850份。举办三期道路交通安全培训班和一期农机化统计培训班，培训乡村农机技术人员230名。开展农机属地检验65台（套），委托有资质的第三方检验机构年检上道路拖拉机128台。开展全区变型拖拉机排查并签订《柯城区上道路运输型拖拉机报废并限期退出营运市场告知承诺书》本市籍179人，外市籍228人。排查假牌证变型拖拉机39台，治理安全隐患7个，查处拖拉机违法行为25起，查扣假牌证变型拖拉机5台，脱检脱保拖拉机3台，强制报废拖拉机5台。

【农业信息化与教育培训】 是年，推广掌上农民信箱应用。全区农民信箱用户安装APP4900多户，占注册用户数28%。在开化举办了三期益农信息社新型职业农民培训班，进行掌上农民信箱知识培训，培训农民200多人，在信息进村入户信息员培训中，把掌上农民信箱推广应用列入其中。做好“每日一助”信息服务。发布信息108条，联系反馈3500多人次，成交金额380多万元。开展农民信箱用户培训。10月，分三期培训全区200多名农业经营主体和益农信息社让他们利用手机会使用掌上农民信箱、植保APP等。指导万村联网工程新农村网站建设。至年末，全区已建立行政村网站212个，全部行政村符合农业现代化评价指标的行政村（社区）网站要求。http: //www.zjwclw.cn/programs/zdgl/layout/index.jsp? zdid=11099 区农业农村局出台农民信箱工作考核办法，把万村联网建设列入考核内容，全区规范建站率达100%，行政村网站年平均信息发布量25条以上。提升农民信箱系统农产品网络营销服务功能。充分利用浙江农博会农民信箱网上专场和农技110网络平台，开展网上促销和对接活动。全年农民信箱发布买卖信息105条，建立农产品地方馆，收录当地特色、优质、放心农产品的第三方平台交易页面链接地址98个，采编农产品商务信息17条。扎实开展信息进村入户工作。年内，村级益农信息社行政村实行100%全覆盖。建立村级益农信息社177个，标准站171个，专业站6个，其中示范性益农信息社10个，专业特色站6个。推荐选聘村级益农信息社信息员177名，举办培训班5期，受训519人次。制定益农信息社台签161个、铜牌16个、服务规范和岗位职责制度354个，全部挂牌上墙。依托益农信息社便民服务7600余人次，发送短信35230余条。

【推进区域性农产品商务发展】 是年，打造“阿里巴巴柯城鸡尾柚标准示范基地”。通过合作建立种植管理方式、技术方案、农业生产投入物、农产品加工生产、仓储物流等相关标准和方案，有效提升柯城鸡尾柚的整体品质和服务。通过多方对接，帮助柯城鸡尾柚数字农场争取数字化改造资金补助，为推进农场数字化、信息化改造工作做好政策保障。推动柯城鸡尾柚与阿里巴巴淘乡甜深入合作，进驻阿里巴巴淘乡甜官方直营店以及新零售（如大润发、盒马鲜生、天猫超市）等渠道，借助淘宝直播打响柯城鸡尾柚区域品牌，推动优质农产品在阿里关联公司及平台上行持续稳定发展。全面展开“村播计划”新模式。7 月，“村播计划”开展，举办两期“农民当主播”村播培训，培训农民主播 200 余人次，培育农民主播“明日之星”10 人。开展“村播”6 场，交易额 790 余万元。在省商务厅和淘宝官方支持下，推动柯城阿里村播基地建设，与淘宝直播平台建立长期合作机制，被授予全省首个“淘宝直播村播试点区”。打造协同发展新模式。加强与余杭区商务局、余杭电商公共服务中心的对接合作，实现错位协同发展，签订柯城—余杭合作共建电商共享服务中心协议；与已签约的“柯城—北川电商共享服务中心”，形成三地协作机制。柯城西部电商扶贫工作从全省 108 个工作案例中脱颖而出，被列入省商务厅编制的《浙江省电商扶贫案例集》，作为 12 个先进案例之一进行推广。8 月，完成区休闲用品产业集群跨境电子商务发展试点申报，提高对发展跨境电子商务重要性的认识，增强企业对跨境电子商务的应用意识、信息安全意识，形成全社会关心、支持、参与跨境电子商务的良好氛围。不老神食品公司获评省新零售示范企业，公司围绕“电商＋门店”，借助网红直播，构建线上线下结合的销售体系，打开销售渠道。衢州翰典网络科技有限公司依托自身“淘小蜜”内容研发团队，获得天猫年度双十一“医药健康类”智能服务店铺“金蜂奖”。

【土壤肥料与农村能源】 是年，全区推广应用省补商品有机肥 4000 余吨，省补资金 80 余万元；农业农村部果菜茶有机肥替代化肥试点项目推广商品有机肥 5900 吨。全年补划标准农田质量提升面积 17.84 公顷，商品有机肥推广应用 550 余吨；新建标准农田面积 80 余公顷，商品有机肥推广应用 7800 余吨；新垦耕地面积 333.33 余公顷，商品有机肥推广应用 15000 余吨；区级财政资金用于商品有机肥推广应用 1400 余万元。加强对商品有机肥质量的监督管理，全年没有出现严重的质量安全事件。开展化肥定额制示范面积 687.6 公顷，实施化肥定额制规模主体 37 个，推广化肥定额制配套技术测土配方施肥面积 10733.33 公顷、有机肥使用面积 4000 公顷、绿肥种植 1200 公顷，水肥一体化设施 647.6 公顷。区柑橘有机肥替代化肥累计实施面积 1602.2 公顷，累计示范带动面积 7946.67 公顷，推广商品有机肥 17362 吨，利用畜禽粪便 7500 吨，农作物秸秆 6500 吨，推广配方肥 1000 吨，同时实施水肥一体化、绿肥种植等技术模式。通过项目施肥，项目区减少化肥使用量 347 吨，化肥用量减少 20%以上。规模养殖场畜禽排泄物资源化利用率 100%，土壤质量得到提升，土壤酸化得到改善，果品质量全面提高。通过项目实施全区初步建立起集成推广有机肥替代化肥的生产技术模式，柑橘有机肥替代化肥长效机制。基本实现化肥用量明显减少、农产品品质明显提高、土壤质量明显提升。深化土肥技术推广。全年推广测土配方施肥面积 10733 公顷；主要农作物测土配方施肥技术覆盖率95.9%，免费测土配方施肥服务主体82个；减少不合理的化肥使用量190吨。通过测土，对全区的土壤肥力状况有了较详细的了解，根据土壤磷高、氮适中、钾较低、严重缺钙、镁、硼的土壤养分状况，提出减少磷的使用量，增加钾肥用量，全面补充钙、镁、硼肥的施肥建议。

【沃土工程】 全年，项目土壤综合培肥示范面积133.33公顷，资金50万元，冬绿肥种植示范面积333.33公顷，资金40万元。冬绿肥种植：结合美丽田园建设、抛荒地整治，采购肥田油菜、紫云英、黑麦草、大荚箭舌豌豆、三叶草等免费提供给种植户。以乡镇为单位申报绿肥、种子需求量，107个农业主体、村集体申报绿肥种植面积1203.67公顷，其中肥田油菜882.67公顷，紫云英73.67公顷，大荚箭舌豌豆131公顷、黑麦草96.33公顷，三叶草20公顷，免费供种16922公斤。将绿肥种植与美化乡村、休闲农业、乡村旅游相结合，在石梁镇“橘子小镇”建设一个千公顷橘园套种绿肥示范方。在绿肥种植时选择不同品种搭配、种植出特色图案，形成强烈视觉效果。达到培肥土壤、美丽田园、休闲观光为一体。补划标准农田质量提升。至2019年全区完成3个标准农田质量提升，项目面积17.84公顷，从二等田提升到一等田。全区建有省级耕地质量监测点2个，农业“两区”土壤污染监测点5个，其中：综合监测点1个，常规监测点4个，按要求完成土壤和植株样品采样工作。耕地保护与质量提升促进化肥减量增效项目，全区69个样点取样检测工作委托省检验检疫科学技术研究院衢州分院进行。土壤污染防治。对3783.81公顷耕地土壤环境质量类别进行划定，其中轻度污染面积885.94公顷，中度污染面积10.01公顷。对受污染耕地进行安全利用和试验示范，通过施用石灰调节土壤酸碱度，降低重金属活性，实施水稻安全利用面积647公顷，依托浙江大学开展两个土壤安全利用试验示范，示范面积16.67公顷。全区土壤污染“对账销号”点位13个，已完成8个。

【植物保护与检疫】 是年，创建省级无病良种苗木繁育中心。5月12日，区农合联、韵泽盈公司与华中农大签订合作共建“柯城区柑橘无病良种苗木繁育中心”。6月4日，邓秀新院士工作团队教授彭抒昂、教授伊华林、教授龙超安等5人到柯城区指导柑橘无病良种苗木繁育中心、柑橘标准化示范园建设。至年底，无病毒苗木繁育中心建成大棚2.2万平方米，形成培育苗木13万株的生产能力。开展植物疫情阻截防控。利用微信嘉年华、柑橘产业群等开展植检法律法规宣传，要依法持证调苗，通过现场会、微信公众号发布、“三下”乡活动向橘农宣传柑橘黄龙病防控及种苗生产调运检疫知识、发放相关资料500多份。在重点区域开展红火蚁定点监测，经相关场所疫情普查，未发现红火蚁入侵辖区。年内，为相关种苗经营主体签发《检疫要求书》34份、“植物调运检疫证书”27份、“产地检疫证书”1份。进行柑橘潜叶甲、红蜘蛛、黑点病的田间发生动态观察，指导宇发家庭农场、天博家庭农场、鑫铺家庭农场、花千谷农业有限公司、韵泽盈农业科技开发有限公司开展红蜘蛛、黑点病、中喙丽金龟等病虫害防治工作。按要求开展梨枯梢病、甘薯茎腐病、甘薯小象甲、黄瓜绿斑驳花叶病毒病、瓜类果斑病、红火蚁等疫情普查，全年未发生上述疫情。5 月 16 日开始对各乡镇（街道）玉米地开展草地贪夜蛾调查。5 月 23 日在石室乡姜家埠头村玉米地首次发现草地贪夜蛾幼虫危害。区农业农村局通过农民信箱“每日一助”手机短信向全区农民发布草地贪夜蛾防控信息两次、“柯城三农”微信公众号发布草地贪夜蛾识别与防控技术一期。5 月 27 日全国视频会议后，组织乡镇农技人员及种植大户召开技术培训及防控工作会议；在主要玉米种植基地村务公开栏、农资店内张贴《草地贪夜蛾识别与防治挂图》150 份，组织相关人员技术培训 120 人次。是年，由于工程建设土方搬移频繁和弃耕抛荒地增多，加拿大一枝黄花发生蔓延扩散趋势依然严峻。区重大植物疫情防控指挥部印发《关于开展加拿大一枝黄花秋季防控行动的紧急通知》，按照属地管理的要求，各乡镇组织人员全面开展挖除清理防控行动。以仙铭家庭农场、农法自然有限公司、鑫铺家庭农场、宇发家庭农场、崇文家庭农场等柑橘精品园为示范基地，推广橘园生草栽培、避雨栽培、杀虫灯、黄板、性诱剂、防虫网等绿色防控技术。生草栽培橘园。7 月，进行一次割草，保水抗旱，每年每公顷橘园可以减少除草剂约 0.6 千克。仙铭家庭农场、农法自然基地实施橘园套种紫苏、韭菜、二月兰等植物试验，研究不同橘园生态环境对病虫害种群影响，生物多样性对红蜘蛛的生态抑制调控效果明显。在各个柑橘和小水果精品园试验利用杀虫灯、诱捕器等物理诱杀技术减少农药使用，仙铭农场、农法自然等果园投放吸果夜蛾、潜叶蛾等性诱捕器 2000 多个。从土壤微生物结构改善出发，提高作物抗病性，杜绝化学肥料和化学农药的使用，通过石梁基地试验创新自然农发的种植理念，逐步示范推广促进全区农药减量推进。完成农药废弃包装物回收处置。通过公开询价招投标确定柯城区三牛农资店为 2018 年—2020 年全区农药废弃包装物归集主体。下发《关于做好 2019 年农药废弃包装物集中回收工作的通知》，统一回收价格（玻璃瓶 1 元/千克、塑料瓶 4 元/千克、铝箔袋 8 元/千克）及资金结算办法，把回收任务分解到各乡镇（街道）。全区落实基层农药废弃包装物回收点 25 个，统一挂牌，统一回收，有序开展宣传、回收工作。与浙江巨泰建材有限公司签订无害化处置合同，将回收的农药废弃包装物送该公司进行无害化处置。年内，全区乡镇回收农药废弃包装物 13.325 吨，12 月 14 日前移交衢州巨泰建材有限公司集中处置，投入经费 23.59 万元，其中回收费 10.29 万元、归集费 6.05 万元、处置费 7.25 万元。

【柑橘产业】 是年，设立 32 个柑橘销售信息监测点，精准分析研判市场，科学把握舆论导向，引导橘农顺价销售。推广柑橘新品种面积 171.2 公顷、新建市级柑橘精品园 5 个、建立衢橘传统保护村 1 个。争取市级财政资金 360.2 万元，有力地推动全区柑橘产业转型升级发展。加快建设衢州乡村大花园建设的指导意见，加快推进农业农村现代化，围绕产业兴旺总体目标，加快柑橘产业转型发展。发展柑橘新品种，在石梁中央方、华墅刘坂、石梁城西等地，集中连片发展鸡尾葡萄柚、无籽椪柑、代代等柑橘优新品种 171.2 公顷；发展小水果新品种，在万田慈张村、沟溪余东村发展樱桃、蓝莓、枇杷等精品小水果 30.33 公顷；在航埠莫家、石梁五龙、沟溪余西村等地实施5个市级柑橘精品园，按计划有序推进，改善基础设施、提高种植水平、增强示范效应，成为全市柑橘产业转型发展的样板。与财政局联合出台柑橘产业转型发展补助资金管理办法，从发展优新品种、创建示范橘园、扶持柑橘出口、鼓励精深加工、实施退橘改种等方面进行综合扶持。为振兴传统地方柑橘品种，出台振兴衢橘产业的实施意见，选1～2个衢橘优良株系、建设1000公顷以上标准化衢橘示范园、创建2个衢橘保护示范村、开发衢橘深加工新产品3～5个，打响衢橘品牌。组织申报柑橘产业转型发展政策补贴。组织3家柑橘出口企业备案基地新建设253.33公顷、2家企业出口柑橘5170吨、2家企业柑橘深加工产品4818吨、5个市级柑橘精品园、2个衢橘新品种开发、10个发展柑橘新品种主体、1个衢橘传统保护村审报，发放柑橘转型发展补贴448.2万元。推进橘子小镇建设。委托用世共创咨询（北京）有限公司编制橘子小镇发展战略规划。围绕"橘子、文化、乡村"三要素，坚持"产业化、市场化、数字化"，按照"柑橘产业数字化，数字柑橘产业化"方向，力争将橘子小镇建成中国乃至世界柑橘产业与数字乡村融合发展的战略高地和产业振兴、文化振兴、人才振兴的绿色发展示范先行区。5月27日，区农业、宣传、财政等方面人员共同审核发展战略规划。并委托北京建筑设计研究院总建筑师吴晨团队编制橘子小镇实施规划。由区农业农村局、石梁镇相关人员组成区橘子小镇工作专班，制定2019年橘子小镇重点工作任务分解表和重点项目推进表，列出重点工作、主要责任单位、责任人、项目建设内容、实施进度，存在问题等。推进橘子小镇项目实施。省种质资源圃项目，浙江韵泽盈农业科技发展有限公司与中国柑橘研究所签订协议，引进国内外各种柑橘种质资源400份，至年底完成保存近300份。5月12日，区农合联、韵泽盈公司与华中农大签订"柯城区柑橘无病良种苗木繁育中心"项目合作协议，共建繁育中心。6月4日，邓秀新院士工作团队教授彭抒昂、教授伊华林、教授龙超安等5人到柯城指导柑橘无病良种苗木繁育中心、柑橘标准化示范园等建设。9月17日，台湾嘉义大学吕明雄教授一行到橘子小镇数字农场、柑橘无病苗繁育中心、种质资源圃等进行现场交流指导，并为柑橘工匠学校学员授课。无病毒苗木繁育中心建成2.2万平方米大棚，育苗13万株。农法自然在白云山片区新种植椪柑13.33多公顷，中澳种植柑橘13.33多公顷。橘园钻孔施肥133.33公顷示范区项目，完成93.33公顷。柯城区柑橘精品园雨禾家庭农场黄茶基地建设项目完成，等待验收。按照"推动乡村人才振兴，加快完善人才培育体系"要求，以培育新时代"柑橘工匠"为引领，打造具有柯城特色的"柑橘工匠"学校，采用理论与实践相结合方式，首批有志于柑橘事业发展学员50人，培训9期。年初，与阿里巴巴共建阿里巴巴淘乡甜——柯城数字农场标准化基地。浙江韵泽盈农业科技发展有限公司与阿里巴巴农业发展部签订共建66.67公顷柯城鸡尾葡萄柚数字农场示范基地战略协议，至年底，种植鸡尾葡萄柚1.5万株、面积20公顷，种植无籽椪柑13.33公顷。农法自然投入400余万元设立数字智慧农业系统，包括40多公顷喷滴灌水肥一体化设备、小型田间气象站、LED显示屏、土壤墒情传感器、视频监控探头等，打造智慧农业共同体，实现农业生产科技化、数字化。着力打造衢州椪柑区域品牌。完成“衢州椪柑”证明商标注册，以衢州市柑橘产业协会为主体，提高“衢州椪柑”国内知名度。开展柑橘生产销售形势预测。12月下旬，在全区设立32个柑橘销售信息监测点，每周汇总柑橘销量及售价情况，精准分析研判市场，引导橘农顺价销售。年内，项目实施主体完成2018年省级现代农业发展柑橘供给侧专项资金项目、2017年省级现代农业生产发展项目和生态循环农业示范项目等历年拖拉的项目，组织相关项目工程决算、财务审计和项目验收。

【蔬菜生产】 是年，全区蔬菜生产复种面积、产量、总产值稳中略升。全年蔬菜复种面积8073.33公顷次，同比增加0.41%，其中新发展蔬菜种植面积27.93公顷；改造提升蔬菜基地35.07公顷；全区商品蔬菜销售24.15万吨，同比减少3.09%；蔬菜销售收入4.39亿元，“数字育苗”项目被省农业厅立项为全省50家“数字工厂项目”。推广LED灯培育的蔬菜瓜果苗200余万株。区蔬菜中心结合推广“博新12—1”黄瓜新优品种、全人工光LED灯育苗新技术，发放“博新12—1”黄瓜苗5000多株，技术人员现场讲解相关育苗与新品种引进技术，让来自七里乡大头村113户农民受益，深受农民欢迎。年内，完成项目建设，实施省级现代、科技示范基地项目1个、“百村引智”、绿色发展、数字育苗、新品种展示等项目13个。组织全区52个蔬菜主体、大户参观第十一届省瓜菜种业博览会。11月下旬，柯城辣木被评为“2019浙江农业博览会优质产品金奖”。

【农业龙头企业】 是年，全区有农民专业合作社549家，家庭农场878家。拥有区级以上农业龙头企业46家（其中国家级1家，省级5家，市级24家，区级16家），有力推动全区农业产业化进程。

表11　　**2019年全区部分农业龙头企业一览表**

编号	级　别	企　业　名　称	主　营　产　品
1	国家级	浙江不老神食品有限公司	不老神鸡系列产品
2	省　级	浙江佳农果蔬股份有限公司	水果贸易
3	省　级	衢州通成农业发展有限公司	农产品批发
4	省　级	衢州市邵永丰成正食品厂有限公司	衢州麻饼
5	省　级	浙江丰禾粮油有限公司	大米
6	省　级	浙江可可佳食品有限公司	柑橘加工
7	市　级	衢州早田农业科技开发有限公司	蔬菜、农副产品
8	市　级	衢州市柯城区善创农业开发有限公司	桃
9	市　级	农法自然(浙江)农业科技有限公司	水果
10	市　级	浙江澳创果业有限公司	柑橘、农旅
11	市　级	衢州神之居农业投资股份有限公司	水果蔬菜采摘、乡村旅游等
12	市　级	衢州市久华生态养殖有限责任公司	湖羊

续表 11

编号	级 别	企 业 名 称	主 营 产 品
13	市 级	衢州浩捷进出口有限公司	水果贸易
14	市 级	衢州市丰云农业发展有限公司	水果、食用菌
15	市 级	衢州市果汇多农业发展有限公司	水果、蔬菜种植销售
16	市 级	衢州澳宁家具制造有限公司	实木家具
17	市 级	浙江青禾生物科技有限公司	铁皮石斛
18	市 级	浙江汇特动物药业有限公司	兽药、动物保健品
19	市 级	衢州市航埠粮油有限公司	大米
20	市 级	衢州市花鸟工艺品市场	花木、宠物、工艺品
21	市 级	浙江金明生物科技有限公司	柑橘囊胞、柚子茶
22	市 级	衢州市三冠名优特产有限公司	农产品种植加工销售
23	市 级	衢州鲟龙水产食品科技开发有限公司	鱼子酱、鱼肉
24	市 级	衢州市龙印农副产品配送有限公司	蔬菜、农副产品配送
25	市 级	衢州市乡香米业加工厂	大米
26	市 级	衢州双发农贸有限公司	农副产品批发
27	市 级	浙江鸿福农牧科技有限公司	生猪
28	市 级	衢州市朱盛生态农业科技有限公司	果蔬、生猪
29	市 级	衢州市沟溪泉休闲山庄有限公司	景区开发、农产品
30	市 级	浙江神光大叶枸发展有限公司	大叶枸

【农业著名商标】 是年，全区获得注册无公害农产品 76 个，绿色食品认证 18 个，有机食品认证 9 个，无公害农产品种植面积 2184.87 公顷，绿色食品认证面积 418.76 公顷。注册全国驰名商标 1 个，省著名商标 4 个，市著（驰）名商标 14 个，中华老字号非物质文化遗产 1 个。

表 12　　**2019 年全区驰名（著名）商标农产品一览表**

企 业 名 称	商标名称及等级	产 品 名 称
浙江不老神食品有限公司	不老神、中国驰名商标	不老神系列食品
衢州市邵永丰成正食品厂	邵永丰、浙江著名商标	麻饼
衢州圣德柑橘合作社	圣德、浙江著名商标	柑橘
浙江柯香米业有限公司	柯香、浙江著名商标	大米、挂面
浙江巨桑家私有限公司	巨桑、浙江著名商标	木家具
衢州市航埠粮油有限公司	梁氏、市著名商标	大米
衢州市柯城区兴航柑橘合作社	钱江源、市著名商标	柑橘
衢州市柯城草香园农产品专业合作社	草香园、市著名商标	水果罐头、蔬菜罐头、果肉等

续表12

企业名称	商标名称及等级	产品名称
浙江老树根油茶开发股份有限公司	老树根、市著名商标	压榨山茶油
衢州市柯城区澳林奇柑橘专业合作社	澳林奇、市著名商标	柑橘
衢州市柯城区丰云食用菌专业合作社	丰云一号、市著名商标	活动物、新鲜蔬菜、水果
衢州市柯城区柴家柑橘专业合作社	柴家、市著名商标	柑橘
衢州市柯城区山里农果蔬专业合作社	山里神农、市著名商标	蔬菜干品、笋干、精制坚果仁
衢州市柯城区坦上粉干专业合作社	坦上、市著名商标	粉干、年糕
衢州市柯城区永辉果蔬专业合作社	乡里侬、市著名商标	蔬菜水果
浙江汇特动物药业有限公司	汇特、市著名商标	兽药
衢州市柯城区云中蔬菜专业合作社	耘中、市著名商标	蔬菜
衢州市柯城区珍客来家庭农场	珍客来、市著名商标	食用菌
衢州市柯城区云中蔬菜专业合作社	耘中、市著名商标	茄子

【扶贫开发工作】 是年，注重大扶贫工作机制建设，出台《低收入农户高水平全面小康计划》《衢州市柯城区扶贫开发领导小组成员单位职责分工》等文件。全年发放低保金5725户、8370人、4718.89万元。城乡低保标准实现一体化，自2019年10月1日起由每人每月680元提高到770元；发放临时救助资金334.14万元；特困供养238户、239名特困人员，全年发放供养资金216.52万元。建立健全孤儿和困境儿童福利制度，全区社会散居孤儿12名，困境儿童155人，年度发放各项保障金145.43万元。对全区3534名困难残疾人发放生活补贴，6023名重度残疾人、轻度智力及精神残疾人发放护理补贴，两项补助金共2611.84万元。全年发放171.77万元资助3385人次贫困学生。补助基本医疗费623.49万元，惠及14845人。投入1554万元实施城乡困难群众医疗救助，投入190余万元为全区低收入农户投保商业补助医疗保险，防止低收入农户因病致贫返贫。全区困难家庭危旧房改造全面完成，涉及10个乡镇（街道）123户、220人。重点突出“四类人员”（农村低保户、低保边缘户、分散供养特困人员、困难残疾户）即时救助工作，发放区配套补助资金231.38万元。年内，农村饮用水新建及改造管网延伸村7个，建设主管道5千米、加压泵站3座，提升1.0157万人的农村饮水条件，完成投资1600万元。实施柯城—余杭山海协作“消薄飞地”项目、万田小微企业创业园、沟溪小微创业园、石梁镇物业联盟综合体投资收益项目，投入扶贫资金3805万元，以撬动投资达8000多万元扶贫物业经济项目，惠及139个薄弱村。其中万田乡16个村以农村集体经营性建设用地评估折价入股，8月投入使用的一期项目吸引4家小微企业入驻，实现30万元集体收入。盘活闲置农房，拓宽农民增收渠道，建设九华乡“一乡千宿”、石梁镇双溪村“智多张西”项目。至2019

年，“一村万树”行动实施106个村，种植100余万株珍贵彩色树种，有155家企业认购“一村万树”绿色“期权”资产包206个，500多位个人认购“一村万树”绿色“期权”单位1478个，总认购资金超过810万元，全年33个村集体获益164.8万元。连续多年开展“慈善一日捐”活动，2017—2019年，募集慈善资金461.72万元，用于慈善助学、助孤、助残、助老、助医等公益项目。深化山海协作大平台。全年在余杭、绍兴等地完成柯城农产品销售2200万元，助力农民增收。在余杭拓展建设“消薄飞地”，全区86个薄弱村以扶贫资金3600万入股购买发达地区物业，产生的租金以每个村收益5万元反哺，为薄弱村增加稳定的收益来源。171个行政村总收入9695.79万元，其中经营性收入5597.82万元；全部实现集体经济收入10万元且经营性收入5万元以上，其中经营性收入10万元以上135个村，占78.95%。

【畜牧兽医】 是年，严防死守非洲猪瘟疫情，全区没有出现重大疫情发生和蔓延情况。屠宰环节执法巡查92次，出动483人次，检查经营户989户次，捣毁生猪私屠滥宰窝2个，处理违法人员3名（移交公安处理2人，行政处罚1人）；罚没款13150.72元。在巡查中还查获出售白板猪肉、野猪肉、病害猪等违法、违规案件8起，收缴违法猪肉722.4千克、病死猪16头，全部作无害化处理。衢州市久华生态养殖有限责任公司坐落于九华乡童村村，占地2公顷，建有标准化羊舍12栋，是年，湖羊存栏3000头，其中母羊存栏1000头，年出栏4000头，年内，建成数字化牧场的示范场。全年改造提升9家养殖场污染治理和生物安全等设施设备，突出入场管控、饲料原料、基础设施、养殖环境、出场管控等关键环节，落实全链条闭环管理，提升规模养殖场生物安全水平。5月，出台相关实施方案和奖补政策，并组织主体开展申报实施，11月，按照“一场一策”方案完成建设，通过市、区两级验收，兑现以奖代补资金122万元。巩固污染整治成果，加强日常监督检查，全年出动576人次，对保留的规模养殖场开展污染治理和安全生产监督检查，发现养殖污染和安全生产隐患13起，及时督促业主整改，有效杜绝养殖污染事件和安全生产事故发生。通过与柯城移动公司合作，对9家养殖场的“智慧环保在线监测系统”进行改造提升，补充或完善12个球机探头，确保污染治理和病死猪处理监管实时监控到位。发现养殖场污染监控设备故障和掉线情况，派专人维护修复，确保24小时整改到位，实时监控到位。上半年开展畜牧业安全生产培训2次、发放宣传资料160余份，现场指导安全生产40余户次。与养殖户签订安全生产责任书15份，发放安全生产告知书30份。检查场户16家，发现安全隐患13起，责令及时整改到位。全年立案查处动物卫生监督与畜产品安全违法案件8起，其中移交公安追究刑事责任1起。罚款金额1.72万元，没收销毁猪肉产品584公斤。清理去年遗留4起案件，催缴罚款4.8万余元。

【乡村振兴】 是年，联合区自然资源和规划分局，完成柯城区“衢州有礼”诗画风光带总体规划编制工作。至年底，中国运动汽车城、衢州奥陶纪景区等13个诗画风光带重点项目全面开工，完成投资18.36亿元，投资完成率 113%。在完成创建省级美丽乡村示范县的基础上，结合农房整治和风貌提升工作，完善设施配套，提升风貌和产业布局，打造4个诗画风光带精品村庄。完成诗画风光带内4个重点村（石梁镇双溪村，万田乡万田村，九华乡妙源村、茶铺村）风貌提升及景观节点建设，基础设施配套加强，产业布局更加完善。2019年，柯城区被省委授予全省实施乡村振兴战略优秀单位称号。

【改善农村人居环境】 2019年，辖区内建成覆盖6个村的2处垃圾资源化处理站，全区实行生活垃圾分类“四分四定”的41个村，完成省对柯城区年度内生活垃圾治理工作要求。区创建办制定农村环境卫生长效保洁督查考核办法，建立区农业农村局、区爱卫办、区住建局等7部门联合督查考评和美丽乡村骑行队志愿活动，每月对各村环境卫生情况进行暗访检查并通报，曝光反面典型，与该村项目申报、资金拨付、村干部待遇及奖励挂钩。全年检查9次，至年底，全区环境卫生明显改善，村庄风貌显著提升。通过“智多张西”项目探索浙江乡村振兴新模式，为市、省乃至全国提供柯城样板。年初，项目开始实施，一期投入1500余万元。9月28日，智多张西开始营业，“十一”期间迎来游客高峰，黄金周接待游客7000余人次，营业额14余万元。按照“完整保护、适度改造、合理利用、传承发展”要求，因地制宜、科学规划、统筹项目，按计划有序开展历史文化（传统）村落保护利用工作。年内，完成航埠镇将军叶村、九华乡新宅村历史文化村落重点村建设，完成一般村建设6个。有序推进九华乡妙源村、万田乡下蒋村两个重点村及其他14个一般村建设。

【渔业管理】 年内，全区创建健康示范养殖场3个，分别是：柯城林亿家庭农场、柯城吴家家庭农场、衢州鲟龙水产食品科技开发有限公司。复检示范场1个：柯城艺贞家庭农场（衢州市晨阳水产养殖有限公司）。建设生态洁水示范基地2个：柯城吴家家庭农场、衢州鲟龙水产食品科技开发有限公司。在柯城吴家家庭农场和柯城林亿家庭农场继续开展禾花鱼稻田试点养殖和池塘养殖。扶持柯城吴家家庭农场开展稻鱼、稻虾、稻蟹综合种养，加大资金扶持力度，帮助业主改善养殖基础设施，提升养殖尾水处理能力，在发展养殖产业同时抓好水环境治理。按照病虫害测报要求及时上报相关测报点数据核查和上报工作，对于发现病虫害问题及时上报并邀请相关专家进行指导防治，避免水产养殖出现大的病虫害疫情。协助执法大队和检测单位做好部、省初级水产品监督抽检以及风险性监测抽检工作。协助开展家庭农场政策性保险—柯城区无水产养殖互助保险，大多数家庭农场主要参加的是市级政策性保险，区水产站按照相关要求协助做好养殖户损失理赔工作。

【农房整治】 年内，全区排查应整治各类农房14938宗，整治14938宗，面积99.7万平方米，整治完成率100%，其中整治主房3531宗，面积37.33万平方米（非法一户多宅368宗，3.75万平方米），非主房11407宗，面积62.37万平方米；四类人员应整治2413宗，整治2413宗，面积14.23万平方米。全年曝光各类违建问题139件，交办问题1902件，监督乡镇街道整改完成803件。

（叶美仙）

林　业

【概　况】 区林业局围绕区委、区政府中心工作和上级主管部门重点工作，全面动员、分工协作、共同参与，国土绿化、“一村万树”及绿色期权、资源保护等重点工作有序推进。举办全国乡村绿化美化宣传活动，被国家林业和草原局授予“全国生态建设突出贡献先进集体”。“一村万树”及绿色期权在全国乡村绿化美化研修班上作典型发言，所做工作得到全国政协副主席和国家林草局局长批示肯定。

【绿化造林】 绿化工作以“一村万树”“四边绿化”“五水共治”“彩色森林”“三改一拆”复绿，迹地更新等项目为抓手，各项绿化造林工作有序推进，全年完成造林更新面积 20.67 公顷，完成省下达任务 20 公顷的 103%，完成平原绿化 74.67 公顷，完成省下达任务 74 公顷的 101%。

【“一村万树”】 全区完成“一村万树”各类示范村建设 47 个，其中省级示范村 6 个，市级示范村 41 个，两溪三线村 10 余个。开展“一村万树”行动，全年种植各类珍贵彩色树木 21.23 万株，累计开展“一村万树”行动村有 106 个，种植苗木 101 万余株，盘活闲置农村土地 666.67 公顷。举办全国乡村绿化美化系列宣传活动，31 个省（市、区）200 余名代表及《人民日报》、新华社、《光明日报》等 20 多家媒体来区考察“一村万树”行动，网络开展“一村万树”LOGO 征集工作，扩大“一村万树”影响力。

【绿色期权】 谋划“一村万树”绿色期权村企结对帮扶新模式，由企业、机关事业单位、社会团体、家庭和个人等对“一村万树”进行天使投资，全区有关村股份经济合作社出资认购一定数量的珍贵彩色树木资产包，并享受约定时限期满后的资产处置权，形成企业付费买林木未来收益，村集体“一村万树”小周期变现增收的共享模式。举办“一村万树”绿色期权产品发布会及认购会，全年企业 185 家、600 多位个人出资认购绿色期权包，总金额超过 1000 万元。“一村万树”绿色期权模式获评 2019 年度衢州市改革创新最佳实践案例、2019 年度浙江省改革创新优秀实践案例。

【绿色保险】 与中国人保公司合作，推出全省第一份“一村万树”绿色保险，投保石梁中央方等村珍贵彩叶树 4.66 万株，保险金额 668.2 万元，有效防范“一村万树”项目中面临的自然灾害风险及其他风险，提高“绿色期权”天使投资人的积极性，为“一村万树”行动可持续健康发展保驾护航。

【集体林权制度改革】 探索集体林地股份合作，鼓励林业经营主体成立林地股份合作社或公司，探索新型经营模式发展林业产业，增加农民收入，配合资规部门做好林权不动产登记工作，核对、整理、完善各类林权档案资料，并全面移交区不动产登记中心，配合区农业农村局等部门建立林权流转交易信息化管理网络平台，发放经营权流转证 1 本，流转面积 2 公顷。

【林业特色基地】 发展以油茶为主的木本油料产业，拓宽林农增收致富渠道，全年种植油茶、薄壳山核桃、甜柿（太秋）等各类经济林苗木 5.3 万余株。开展林产品质量安全检查工作，组织开展毛笋、雷笋等林产品检测 33 批次，开展化肥等投入品检查 2 次，均合格。普及推广“林技通”，利用互联网优势，通过空中课堂等形式培训推广林业技术，通过网上互动方式解决林农林业生产实际问题，举办各种技术培训班和专题8期，培训农民500多人次。

【森林古道修复项目】 采用古法修复，实现修旧如旧，保持原有风貌，保护古驿道遗迹，完成九华坞口至七里杨坞4千米森林古道修复，完善相关配套设施，新建观景平台1座、休息亭1个，标识标牌10块。

【林业产业】 按林业系统统计口径统计，全区林业总产值29.41亿元，同比增长11.15%，一产4.63亿元，同比增长4.04%，二产7.82亿元，同比增长0.39%，三产16.97亿元，同比增长19.34%。组织衢州悠然竹文化发展有限公司竹编工艺品、浙江邵永丰成正食品有限公司邵永丰麻饼传统技艺表演及沟溪余东农民画等区特色林产品和特有非遗文化等参加北京世园会“衢州城市主题日”活动。柯城区作为浙江省3个地区代表之一首次独立参加2019中国森林旅游节，向全国展示区森林产品、森林旅游和民宿、灵鹫山国家森林运动小镇、“一村万树”和绿色期权等成果。组织企业9家展位13个参加第12届中国义乌森林产品博览会，产品获评金奖3个，获评优质产品2个。以柯城区绿创森林运动有限责任公司为申报主体向国家林草局等四部门推荐申报“国家森林康养基地”。配合区国家森林运动小镇建设推进办公室推荐灵鹫山国家森林运动小镇申报“中国森林体验基地”。至年底，全区规模木材加工企业、毛竹加工企业、森林食品加工企业19家，其中，省级农业龙头企业1家、省级林业重点龙头企业2家、市级农业龙头企业8家、区级农业龙头企业10家，年产值500万元以上林业加工企业19家，年产值亿元以上林业加工企业1家。

表13　　2019年柯城区部分林业龙头企业一览表

序号	企业名称	法人代表	主要产品	地址	级别
1	浙江老树根油茶开发股份有限公司	徐红素	山茶油	衢州市经济开发区航埠园区凤山路2号	省级农业龙头企业 省级林业龙头企业 市级农业龙头企业 区级农业龙头企业
2	衢州金三星人造板有限公司	毛忠法	竹胶板	衢州市柯城区双港开发区坑西村	区级农业龙头企业
3	衢州市三冠名特优产有限公司	杜梦可	农副产品	衢州市南区荷花二路126号	市级农业龙头企业 区级农业龙头企业
4	衢州市花鸟市场	柴土荣	花卉	衢州市区松园路	市级农业龙头企业 区级农业龙头企业
5	衢州市沟溪泉休闲山庄有限公司	胡雪斌	森林休闲	衢州市柯城区沟溪乡何家村	市级农业龙头企业 区级农业龙头企业
6	衢州市柯城区友邦竹制品厂	郑冬福	竹拉丝、竹帘	衢州市柯城区石梁镇塘公山背	区级农业龙头企业

续表 13

序号	企业名称	法人代表	主要产品	地址	级别
7	浙江高居家私有限公司	叶从年	红木家具	衢州市柯城区航埠镇凤山路 26 号	市级农业龙头企业 区级农业龙头企业
8	衢州澳宁家具制造有限公司	徐宁宁	实木餐桌椅	衢州东港开发区柯城工业园	省级林业龙头企业 市级农业龙头企业 区级农业龙头企业

【森林资源保护管理】 为保障全区重点项目和基础设施建设，分别向省、市额外争取林地指标 46 公顷，审批林地项目 22 个，保障中国汽车运动城、徐莫岩路（二期）、飞鸿神网谷等省、市、区重点项目实施。全年办理采伐证 88 份，面积 95.87 公顷，蓄积 2413.51 立方米，材积 1478.84 立方米。橘海省级森林公园经营范围调整和总体规划编制完成，为后续科学管理提供依据。开展新古树名木铭牌悬挂，续保古树名木公众责任保险，落实“一树一策”保护古树 30 株。开展野生动物动态监测、“爱鸟周”暨野生动物保护宣传月活动，首次拍摄到白颈长尾雉、黑麂、白鹇、勺鸡等国家一、二级重点保护野生动物珍贵影像资料。严厉打击涉林违法犯罪，对经营单位开展掌上执法检查 30 家，对经营单位（个人）开展“双随机”检查 14 家，全年立案查处各类行政案件 15 起，对非法侵害森林资源的违法犯罪分子起到震慑作用，维护林区安全和秩序稳定。

【森林消防】 机构改革后，承担综合防灾规划，编制防火规划并实施，开展森林防火巡护、野外用火管理、防火设施建设、防火宣传教育等职责。全年印发森林禁火令等宣传资料 11 万份，张贴禁火令公告 4000 份，春节、清明、七月半及高温晴热季节，对重点时段、重点地段不间断巡查、管控，出动巡查人员 25000 人次，出动车辆 100 多辆，制止野外违章用火情况 300 余次，有效扼制森林火灾发生。

【林业有害生物防控】 柯城区被国家林业和草原局公布为松材线虫病疫区县，迅速组织编制松材线虫病防控方案，明确以疫木清理为核心，以重点区域免疫针剂注射为辅助的综合防治思路。通过有效监测、营林措施清理枯死松木、优势木或整个林分注射免疫针剂、诱捕器诱捕天牛和生物预防、检疫监管等相结合综合防控方法，对以松材线虫病为重点林业有害生物进行防控，全区清理枯死松木超 707 吨，注射免疫针剂 20000 支，为疫情科学防控打好基础。

（余建荣）

水　利

【概　况】 2019 年，全区完成水利建设投资 3.7 亿元，各项工作取得较好成绩，得到部、省、市、区各级领导肯定和赞誉。区“两溪”美丽河湖建设情况在水利部召开的工作会上作为典型案例向全国推广；柯北“亲水花园·乡村振兴”示范区创建治理思路被省、部采纳借鉴，在全国推行。柯城区被列为全省“一试两县（区）”水利改革试点，建设“亲水花园. 乡村振兴”示范区，成功经验也在全省水利改革经验交流会发言，同时，在全省水系连通及农村水系综合整治PK赛中，荣获第四名好成绩；大俱源溪（余东—茗坑口）被评为省级美丽河湖，在全省美丽河湖建设工作培训班上作典型交流发言；“两溪”作为全国中小河流系统治理培训现场教学点，接待来自全国各地领导干部来区交流学习；柯城区被列为浙江省首批河湖标准化管理示范区和全省小型水库管理体制改革示范县。

【水利建设投资】 全年向上争取资金1.83亿元，同比增长35.6%，推进区常山港治理工程、衢州市本级衢江治理二期工程（柯城段）等水利项目建设，水利项目累计完成投资3.72亿元，超额完成全年目标任务。“十三五”规划期间，柯城水利实现跨越发展，突破亿元项目为“零”状态，累计完成投资14.36亿元，其中向上争取资金7.18亿元。

【“亲水花园·乡村振兴”示范区项目】 经过三年酝酿和完善，10月30日，印发《衢州市柯城区“亲水花园·乡村振兴”示范区建设行动计划》通知文件，示范区建设以河流水系为脉络，以村庄为节点，结合全域土地整治，实施多规合一，水域岸线并治，建成综合治水示范样板。省水利厅印发《中共浙江省水利厅党组关于全面推进深化水利改革工作的通知》文件，将柯城区列为全省“一试两县（区）”水利改革试点，建设“亲水花园·乡村振兴”示范区，成功经验也在全省水利改革经验交流会发言。

【寺桥水库】 按区委、区政府决策部署，寺桥水库工程建设指挥部及各成员单位在寺桥水库工程建设领导小组正确领导下，齐心协力，团结作战，创新机制，克服机构改革审批程序调整、项目要求更新等不利因素，寺桥水库各项前期工作紧锣密鼓全线展开。项目顺利完成项建书、选址意见书审批，获批稳评、地质灾害评专题、封库令。通过水利部太湖局和省水利厅的水利可研行业审查，通过省、市、区土地预审后报自然资源部审核。移民实物调查及其他专题正同步推进。

【常山港柯城段综合治理工程】 位于钱塘江南源衢江上游常山港流域，治理总长度24.34千米，概算总投资9.48亿元，是区投资最大、规模最大的流域治理工程。工程项目起点为官庄溪河口，终点为九润公馆，综合治理总长12.5千米，包括航埠堤北淤段、北淤护岸、航埠堤彭村段等10段堤防及护岸。项目以保障防洪排涝安全、保护修复生态环境、彰显河流人文历史、提升河岸景观品位为目标，建设具有柯城常山港独特韵味的秀丽河川公园“风情水道、古埠星城”。工程8月初全面开工建设，完成绿道土方填筑3.8千米，水稳层浇筑2千米，施工便道及围堰填筑10.7千米，砼基础浇筑完成8.6千米，砼挡墙浇筑6.7千米，大块石叠砌3.5千米，按计划完成投资约3亿元。

【衢江治理二期柯城段工程】 项目工程主要建设内容有新建加固堤防1.8千米，护岸6.38千米：上万上圩头护岸5.82千米（左岸自叶家大桥至恒丰电站），官田堤1.8千米（右岸万川段），落马桥段约0.6千米（江山江右岸），批复总投资1.81亿元。完成8.3千米绿道的土方填筑，水稳层浇筑5.5千米，大块石叠砌3.5千米，按计划完成投资约4100万元。

【农村饮用水工程】 衢化、九华、石梁、航埠等乡镇实施项目5个，新建及改造管网延伸村5个，建设主管道5千米，新建加压泵站1座，提升和改善0.9万名农民饮用水条件。

【创建全省小型水库管理体制改革示范区】 根据《柯城区农村产权确权登记颁证及交易流转管理工作实施方案》，成立工作组，制定《柯城区小型水利工程确权颁证实施办法（试行）》，沟溪乡水库7座、山塘11座确权图测绘、产权调查公示和颁发产权证书工作完成。通过确权颁证，明晰权属，明确责任主体，理顺管理关系，完成水利工程标准化管理创建工作14处、水库安全鉴定工作6处。

【创建全省首批河湖标准化管理示范区】 10月16日，区美丽河湖创建通过市级验收，省级复核，得到与会专家一致肯定，11月6日，在全省美丽河湖建设暨河长制工作培训班上作典型交流发言。加强河道建设规划和管理，完成《柯城区美丽河湖建设行动方案（2019—2022）》和大俱源溪完成16千米河道划界（任务5千米）。集中开展全区河湖“清四乱”整治7处，完成全区13座在册小水电清理整改综合评估和“一站一策”方案的批复及小水电清理整改销号工作。

【农业水价综合改革】 根据省水利厅等四部门关于开展全省农业水价综合改革“个十百千万攻坚活动”示范创建工作的部署，抓好农业水价改革示范推广，对照“八个一”标准，在石梁镇小沟村、华墅乡刘坂村开展改革示范村创建工作。出台农业水价形成、精准补贴、节水奖励和综合考核“四项机制”，推进机制落地见效。完成石梁镇、华墅乡、九华乡等乡镇共计有效灌溉面积8000公顷的农业水价综合改革工作，超额完成年初制定目标。

【水旱灾害防御】 落实水库47座、山塘128座行政责任人、技术责任人和巡查责任人等三重责任人，落实山洪灾害65个影响村相关责任人。加强全区水雨情遥测站44个、视频监控53个的运维工作，落实华数广电有限公司等相关运维公司加强维护，确保汛期设备正常运行。开展全区预警员、巡查员、水利工程维修养护人员标准化培训，提升相关人员业务能力。开展两轮水利工程安全大检查，针对两次检查查出问题27个，及时研究制定应急度汛措施，主动防范，排除隐患，确保安全度汛。

【水资源水土保持管理】 完成全省26县万元GDP用水量考核，对接省水利厅、市水利局，柯城区在26个县排名15名。创建节水型灌区和节水型企业3家，完成无违建河道创建36.64千米。审查水土保持方案等项目27个，水土保持方案报告书10个，水土保持方案报告表3个，水土保持方案登记表14个。全年征收水土保持设施补偿费79.9万元，征收水资源费45.7万元。

（吴华珍）

乌引工程管理

【概　况】 柯城区乌溪江引水工程管理处负责乌引柯城段5.88千米干渠管理、加固、维修及配套改造建设，保护水资源，利用乌引优质水资源，为沿渠群众提供生产生活用水和集聚区企业用水，涉及乌引工程各项活动，为全区经济社会发展服务。

【工程管理】 为确保水利工程安全运行，严格执行乌引管理办法，遵循“安全第一、科学规范、讲求效益”原则，贯彻落实工程安全管理责任制。坚持“预防为主，保护优先”原则，提高安全责任意识，确保干渠安全运行。干渠实行分段巡视管理负责制，按制度巡查渠道，发现问题及时处理。干渠实行标准化管理创建工作，与物业公司建立长效保洁机制，治理乱堆垃圾、乱开荒、乱扩种、乱搭建“四乱”现象；禁止渠道或管道开缺、阻水、挖洞等危害乌引工程安全活动；在人群活动多地段新增标牌、防护栏及防护桩，与市乌引管理中心等5家单位联合，与太平洋财产保险公司衢州分公司签订乌引工程公共水域安全责任险；对泉水溪管理站管理房进行维修及大院内进行修整，使整个办公环境明显改善，做好创建文明城市工作；加强对泉水溪管理站闸门维护巡查等工作，闸门机电设备日常维护，确保汛期设备正常运行，保证备用电源正常；全年投入维修资金50余万元。

【安全度汛】 防汛安全，重责如山。组建防汛领导小组，签订工作责任书，划分责任段，确定第一责任人，做到责任到岗到人、分段管理、各负其责。汛前对干渠进行地毯式大排查，接受市乌引管理中心指导，制订防汛预案，落实抢险救灾物资准备，可随时调用。实行全天候24小时值班制，保证通讯畅通。及时发现、处理到位、汇报督查到位，做到万无一失。

【供水管理】 为保证受益单位生产生活正常提供服务。严格服从市乌引管理中心集中调度、执行水调指令，令行禁止，确定一名专职水调员，负责联系市乌引管理中心和灌区乡村、企业调水工作。与灌区分管调水领导联系，告知供水日期、供水时段，宣传节水，防止抢水、分水纠纷；用水乡村企业要每月报送用水计划，实行计划限量、以供定需的科学水调度。

【提升水利经济】 是年，给衢州煤矿机械总厂、浙江通天星公司制革厂、衢州市南方水泥厂等企业年供水量60多万吨，向金华供水1100万立方米，向龙游供水2600万立方米。同时，加强“分水口管理”确保农灌送水到村到田，保障农业用水需求。

（叶黎霞）

工业经济

工业管理

【概　况】 2019年，区经信局全面贯彻落实市委“1433”战略和区委、区政府决策部署，以推进工业经济高质量发展为主线，聚焦产业数字化和产业转型升级，以主题教育激发干事创业激情，克难攻坚，打好高质量发展组合拳。区经信局（商务局）获区“古城双修、礼贤‘未来社区’、衢化棚户区改造”三大征收项目集体嘉奖。

【工业经济运行】 受国内外各种不利因素、企业转型升级阵痛期等多重影响，区工业低位开局。面对经济下行压力，全区围绕市委“1433”发展战略体系，聚焦聚力发展“新材料+、智能制造、服装时尚”三大重点产业，统筹推进“产业、招商、政策、平台、服务”产业体系构建，工业经济平缓回升，呈现可持续发展态势。

【规模以上工业企业】 是年，全区规模工业企业库内企业69家，全年实现工业增加值15.83亿元，同比增长5.0%；实现总产值71.15亿元，其中新产品产值率22.38%；利税总额6.66亿元，其中利润总额4.51亿元。

表14　　**2019年全区规模以上工业企业一览表**

序号	企　业　名　称	单位负责人	主　要　产　品
1	浙江衢州联州致冷剂有限公司	胡孝敬	车用制冷剂、气雾罐
2	浙江金沃精工股份有限公司	赵国权	轴承套圈制造
3	浙江辉博电力设备制造有限公司	徐建清	配电开关控制设备制造
4	衢州伟荣药化有限公司	吴伟荣	有机化学原料制造
5	浙江弗莱制冷剂有限公司	陈智勇	制冷剂和混配制冷剂系列生产
6	衢州龙威新材料股份有限公司	郑耀波	PVC透明膜地板膜装饰膜
7	衢州虎山混凝土有限公司	周志红	商品混凝土
8	衢州市东发铝业有限公司	吴发善	铝及铝合金制造
9	衢州金源宏泰制冷剂有限公司	邢君来	制冷剂和混配制冷剂系列生产
10	衢州鲟龙水产食品科技开发有限公司	王　斌	鱼子酱
11	衢州山河建材有限公司	姜达清	商品混凝土
12	衢州普星燃机热电有限公司	金国新	天然气发电
13	衢州恒业汽车部件有限公司	夏田生	汽车零部件及配件制造
14	浙江歌瑞新材料有限公司	徐　诚	含氟新材料研发

续表 14

序号	企业名称	单位负责人	主要产品
15	衢州正茂建材有限公司	陈仲华	矿渣微粉生产、销售
16	浙江圣丰工艺品有限公司	林旭升	节日装饰品
17	衢州市九洲化工有限公司	周　洲	有机化学原料制造
18	浙江益佰包装材料有限公司	裘继东	塑料薄膜制造
19	浙江鸿盛环保科技集团有限公司	宋朋泽	环境保护专用设备
20	浙江嘉宝铝业有限公司	周祝华	铝型材加工
21	浙江腾瑞金属材料有限公司	林　友	带钢加工
22	浙江衢州杰晟热能科技有限公司	盛水祥	燃气采暖热水炉、铝制散热片
23	衢州市圣宝建材有限公司	沈新龙	建筑陶瓷制品制造
24	衢州鑫业建材有限公司	金炎坤	混凝土
25	浙江衢州格林特电线电缆有限公司	徐伟兵	HDMI 线、DP 线
26	衢州市巨江航运建设开发有限公司	范洪浩	水力发电
27	衢州杭泰光伏发电有限公司	仇展炜	电力业务
28	衢州市万龙机械制造有限公司	郑雨海	空压机，凿岩机配件
29	浙江佰意智造服饰有限公司	叶晓红	羽绒服、口罩、防护服
30	浙江福锐特电力科技有限公司	翁兆丹	太阳能发动机，柴油发动机组
31	衢州市鑫瑞机械有限公司	张志辉	机械设备制造
32	浙江莎贝尔陶瓷有限公司	徐玉妹	建筑陶瓷制品制造
33	浙江洲扬实业有限公司	周增容	家具制造
34	衢州市远方化工厂（普通合伙）	叶　萍	醋酸钠、氯化钡、氟化钠、氟硅酸钠
35	浙江纪超自动化技术有限公司	黄建红	仪器仪表制造
36	浙江丰禾粮油有限公司	梅红良	大米生产、谷物磨制
37	浙江明一化工机械有限公司	姜志明	金属压力容器制造
38	浙江广兴包装新材料有限公司	谢根荣	PVDC 膜、PVA 膜等
39	衢州三源汇能电子有限公司	胡文康	变压器、整流器和电感器制造
40	衢州龙鑫建材有限公司	郑春英	蒸压混凝土砌块和蒸压灰砂砖
41	浙江根根陶瓷有限公司	王书根	建筑陶瓷制品制造
42	浙江俊峰健身器材有限公司	翁秀峰	甩脂机、健身车、按摩器、训练健身器材制造
43	衢州八达纸业有限公司	徐良君	机制纸及纸板制造
44	衢州原英伦塑胶有限公司	叶云阳	包装膜
45	衢州市同景新能源有限公司	徐水升	太阳能光伏发电
46	浙江和美塑胶科技有限公司	王继良	塑胶制品、有机硅偶联剂
47	衢州弘康纸制品有限公司	张　宇	纸和纸板容器制造
48	浙江衢州盛元文创印业有限公司	黄　磊	报纸、杂志
49	浙江九树机械有限公司	徐　波	压力容器、矿山采掘机械、农业机械、建材
50	浙江富通塑料包装有限公司	杨以周	塑料薄膜制造

续表14

序号	企业名称	单位负责人	主要产品
51	浙江不老神人防防护设备有限公司	郑樟田	钢筋砼结构人防门、钢结构人防门、砼结构构件
52	衢州港洋化纤有限公司	胡榴根	棉纺纱加工
53	浙江桥架母线有限公司	陈伟锋	母线槽、电缆桥架、电器元件
54	浙江东太新材料有限公司	詹伟东	钛白粉生产、加工和销售
55	衢州顺丰汽车部件有限公司	杨丛毓	汽车零部件及配件制造
56	衢州美电开关设备有限公司	完利松	高低压开关设备
57	浙江泰康生物科技有限公司	陈林心	芦荟胶囊、芦荟系列化妆品、牙膏等日用品
58	浙江赛邦印铁制罐有限公司	刘兴文	金属罐、包装装潢印刷品（印铁制品）
59	浙江衢州友邦氟材料有限公司	钟志红	聚四氟乙烯板、棒材
60	浙江亿迈达泵业有限公司	徐华茂	水泵、电动机制造
61	浙江赛捷智能科技有限公司	钟光华	智能手机、平板电脑、智能装备
62	衢州市航埠粮油有限公司	梁宗福	大米生产、谷物磨制
63	贝德科技有限公司	闻建花	水泵、水资源专用机械设备、阀门办配电及成套控制设备
64	衢州市口乐心食品有限公司	王渊鸿	粗加工水产品、冲饮品、罐头食品、食品饮料加工
65	浙江多力塑胶有限公司	温作平	中间膜新材料研发、塑料制品、聚乙烯醇缩丁醛树脂中间膜、太阳能电池胶膜制造
66	衢州开隆建材有限公司	魏昌华	商品混凝土、干混砂浆
67	衢州振翔电力器材有限公司	叶大土	电力线路紧固件及通用零部件加工
68	衢州安邦钢结构有限公司	王　云	金属结构制造
69	衢州中林木业有限公司	徐先兵	竹木制品、家具

【工业转型升级】 有序推进“亩均论英雄”改革，完善《关于深化“亩均论英雄”改革的实施意见》，评价结果（2018年度数据）规上企业亩均税收为9.2万元/亩，根据浙江省深化“亩均论英雄”改革工作领导小组办公室《关于印发《2019年全省“亩均论英雄”改革绩效报告》的通知》数据显示，区2019年度（2018年度数据）规上亩均增加值为63.7万元/亩，省26县专项考核中排名14，同比提升4个位次；开展“低散乱”专项整治工作，全年完成整治提升企业105家；淘汰落后产能企业4家，完成用地0.33公顷以上低效工业企业出清25家，新增产值11439万元、盘活土地39.4公顷，新增税收381.9万元。

【重点工业投资项目投入】 全年完成工业投资13.1亿元，同比持平；其中完成制造业投资11.95亿元，同比增长2.4%。全区安排重点技改项目19个，年度计划投资2.5亿元，至12月底，19个重点工业项目累计完成投资5.55亿元，完成年度计划的222%。

（何津津）

双港工业园区

【概　况】 2019年，双港管委会紧紧围绕区委、区政府中心工作，以工业经济“大发展、快发展、高质量发展”为工作导向，以“12345”发展计划为工作主线，园区实现入库税收4.43亿元，同比增长19.8%；一般公共财政收入2.5亿元，同比增长12.2%。实现固定资产投资11.98亿元、同比增长58.4%。39家规上企业工业产值34.02亿元，同比增长7.7%，高新技术产值占比70%，数字经济核心产业主营业务收入增速90.4%。新增7家规上企业。新引进11个项目，计划总投资22.5亿元，到位资金3.6亿元。园区有省重大产业项目4个、省“4＋1”重大项目3个、省市县长工程项目2个、省“五个千亿”投资工程4个、省集中开工项目2个、省“五个千亿”产业项目1个、省重点项目1个。

【主题教育】 扎实开展“不忘初心、牢记使命”主题教育。按照“守初心、担使命、找差距、抓落实”的总要求，分“区管干部、机关干部、非公企业党员”三个层面，组织本单位及辖区27个企业党组织开展“不忘初心、牢记使命”主题教育，区管干部均参加主题教育专题读书班，完成“两书一章”学习、8个专题研讨、1项专题调查研究、1次民主生活会、1次专题组织生活会、1次专题党课等规定动作，并按照时间节点要求完成衢州教育网络学院中共十九大专题学习培训，检视出25项问题已经完成整改18项。全体机关干部均按要求完成“两书一章”学习，开展集中学习22次，跟进学习习近平总书记系列讲话精神、三老典型案例、中共十九届四中全会精神、省委十四届六次全会精神等，掀起新一轮学习热潮。为每个两新企业党组织配备2名“不忘初心、牢记使命”主题教育指导员，27个两新企业党组织按计划组织开展主题教育，辖区302名党员实现全覆盖，通过“三会一课”、分散自学、交流心得等形式，按计划完成《论述摘编》《榜样4》学习。通过“不忘初心、牢记使命”主题教育，园区工作氛围更好、企业对开发区工作满意度提升。

【平台建设】 年内，全区81个建设项目全面实施，完成投资3.5亿元。总投资2.3亿元的9条主干道路白改黑工程全面启动实施，东港八路、宾港南路完成总工程量90%，塔山路完成总工程量70%，野鸭垄路、启德路完成总工程量20%，园区整体通行环境得到改观。电网改造全面启动建设，南拓区块双回路电网已并网通电。同创智谷中小企业孵化园5幢厂房、1幢研发楼基本完工，总占地13.13公顷的柯城新材料小镇客厅项目8幢车间基础完成、主体完成60%，2幢车间基础完成、2幢宿舍楼和9号车间基础完成、主体完成40%，研发车间基础完成、地下室完成40%，3幢共355套1.4万平方米人才专家楼完成40%。

【数字化园区】 柯城新材料小镇列入全省首批数字化示范园区。研究制定园区数字化转型方案，全面导入东南数字经济发展研究院、中国产业互联网（浙江）研究院等高端资源，建立中国产业互联网（浙江）研究院衢州产业创新服务平台、柯城数字智造服务港、柯城巨化新材料未来城创新基地、柯城巨化新材料中试基地、东南数字经济发展研究院柯城分院等5大平台。吸引入驻阿里云、浙江中控等 30 家专业服务机构，与国内外 200 余家知名企业、100 余名产业专家建立战略合作伙伴关系，以上门问诊、资源对接、课题研究等形式，“一站式”解决 216 项企业数字转型难题。格林特等首批 13 家企业已经全面实施数字化改造，总投资 5 亿元的数字智慧园区项目已经启动建设，恒业汽配被列入全省制造业与互联网融合发展试点示范企业，歌瑞新材料进入 C919 国产大飞机采购名单。

【产业转型】 始终坚持亩均论英雄发展理念，持续优化产业存量，新增国家高新技术企业 7 家，对 52 家企业启动低散乱整治工作，全面推动嘉恒饲料等 15 家企业低效用地整治，完成千秋门业 3.63 公顷闲置土地收储，国宇工贸、黑豹家俬、巨桑家俬、乐迪电子等闲置企业进入司法拍卖程序，东港片区企业整体提升改造评估、调查基本完成，盘活土地 37.82 公顷，新增产值约 2.9 亿元，税收 1790 万元。聚焦新形势产业所需，主导研究制定更加接地气的“新材料＋”“智能制造”等定向产业扶持政策，推动纪超、歌瑞等 15 家企业实施技改。其中，龙威新材料总投资 5.86 亿元新增年产 6 万吨环保新型装饰材料生产线项目开工建设；浙江歌瑞新材料有限公司技改投入 2340 万元年产 800 万平方米高耐候地板膜技改项目投产。

【招商引资】 探索形成“孵化和总部在余杭、小试中试在巨化集团、产业制造在新材料小镇”的产业共构模式。年内，总投资 10 亿元的博瑞中硝、总投资 1.5 亿元的博瑞电子等项目开工建设；总占地 1 公顷的柯巨新材料创新平台项目完成可研、平面布局图等前期工作；与余杭科创园区联盟理事长单位恒生科技园达成柯城新材料小镇客厅项目产业招商运营协议；总投资 34 亿元的鸿盛新材料项目针刺、制袋、后整理 13 条生产线建成并投产，11 条生产线正在安装，全年完成销售 1.1 亿元，税收近 3000 万元；总投资 11 亿元的贝喜欧项目正式投产，具备每月生产 3 万台智能马桶能力，年销售额预计将达 3 亿元，12 月当月完成销售收入 2900 余万元。

【涉企服务】 主动适应新业态新模式监管需求，全面提升园区智慧化管理水平，提升园区整体把控能力，实时掌握重点企业监管数据，建立园区数字化监管平台。年内完成基础数据调查核实工作，方案整体设计成型，部分监管数据已经打通，实现 15 家企业智慧电力、2 家企业智慧安监、4 家企业智慧环保、5 个天眼智慧物流、5 个污水排口监测点 24 小时全天候线上监管全覆盖，监管数据系统集成项目正在实施。

【网格化管理】 提升网格化管理水平，全面实施“污水零直排区”建设，建立企业一企一策解决方案，160 个地块、296 家企业完成全面排查，企业污水管网图、雨水走向标识全面完成，投入资金 2842.66 万元，园区污水零直排区创建通过验收，3 起中央环保督查案件结案。妥善处理欠薪案件 17 起，涉及人数 130 人左右，金额 293 万元。实现园区企业安全生产责任书签订全覆盖。完成双西港片 57 宗地块，99 家租赁个体小作坊或仓储物流安全生产排查。全年没有发生较大以上安全生产事故，开展安全生产排查 5 次，累计排查企业 613 家次，排查出安全隐患 2763 个，3 次组织安全生产应急演练及安全生产事故演练，累计参与演练 460 余人，有效提高园区企业安全事故防范意识和事故应急处理能力。

【山海协作】 全力打造山海协作升级版，6月，安排1名干部挂职余杭，分4批次组织100多名企业人员到余杭考察学习，通过产业创新活动周、数字经济发展大会等系列活动，吸引余杭400多名高层次人员到园区交流接洽，全面浓厚园区产业创新氛围，开拓柯城干部与企业的视野，以全新视角审视现阶段所面临的发展问题。与浙江清华长三角研究院杭州分院签约建设33.33公顷“清创智谷”高新技术产业园作为“飞地”产业化基地，以“加速＋基金＋产业化”的纽带方式，打通前端“飞地”与后端产业化渠道。全面导入余杭数字经济高端资源，为引入一批业内专家、平台、服务力量，其中阿里云、浙江中控等30余家服务机构入驻服务港，提供全方位、深层次、高质量的智力支撑，柯城—余杭山海协作工作被国家发改委、《浙江日报》等推广。

【三服务】 常态化开展“三服务”活动，累计协调解决恒业用能、鸿盛用工、弗莱融资等74家企业难题。全面做好惠企政策宣传工作，释放政策红利，帮扶31家企业争取10大项政策补助800万元，13家企业以罚点球方式获得产业数字化补助资金500万元。全力解决企业融资难题，如帮助恒业公司争取产业引导基金2000万元，通过委贷帮助弗莱制冷解决500万元流动资金。全面改善园区公交线路，解决企业职工出行“最后一公里”。争取人才公寓17套，解决6家企业人才居住。建立东港社区，解决长期以来园区社区服务缺位问题。

（裴帅帅）

航埠工业园区

【概　况】 航埠工业园区是市经济开发区重要组成部分，也是柯城区两大工业发展主战场之一。2019年，园区入园企业143家，其中规上企业14家。实现第二产业总产值25.45亿元，同比增长6.94%，其中，规上工业企业产值为14.66亿元，同比增长7.03%，新产品产值5.11亿元；完成制造业投资为3.3亿元，税收收入约为1.3亿元，同比增长7.82%。

【平台建设】 航埠低碳小镇是浙江省唯一以低碳发展为主题的特色小镇，也是浙江省为数不多同时列入小城市培育试点和特色小镇创建的重点乡镇。省级特色小镇这块牌子为柯城区航埠带来新的产业发展平台和空间。是年“两小”建设实现提档升级，“两小”考核均进位两档，达到良好及优秀，获得省相关部门的认可。6月，举办航埠时尚产业推介大会，吸引长三角、珠三角等地区政府领导、行业协会和业内大咖200余位人士参加；参与柯城区“山海协作＋产业数字化”发展大会、柯城“一亿中流”启动仪式暨科创园开园等活动，扩大产业影响力，招引优质企业入驻。优化招商服务，推动项目快速落地。网驿·时尚工场、佰意智造、杰丰服装等重大产业项目落地动工，实现时尚产业从0到1的突破。

【产业转型】 全省扩大有效投资重大项目集中开工仪式衢州分会场在航埠镇金沃精工项目现场召开；时尚产业综合园区网驿·时尚工场全面开工，项目招商在不断推进中；佰意服饰智造仅用时5个月将一座闲置厂房建成一座花园式现代化数字化生产基地，正式投产运营，成为服装智能制造标杆企业；杰丰一期项目顺利建成投产，二期项目土地征地工作开始。通过腾笼换鸟、倒逼低效企业腾退等措施，收储巨仁工贸闲置2年以上土地2.67公顷，引入总投资5.18亿元的浙江宝科智能设备有限公司年产50辆智控巴士项目，通过决策咨询；腾退飞宇光电僵尸企业（6.07公顷），于2018年6月通过司法拍卖取得所有房产，引进浙江佰意智造服饰有限公司。原木材市场4公顷低效商业用地腾出为时尚产业的商业配套服务创造空间。通过服务传统龙头企业上市工作，做优做强本土企业。在企业收购、资产重组、厂房用地分割等过程中积极协调，召集相关部门现场办公，提前介入制造安全、消防、环保等问题，提供25.33公顷用地保障，为培植企业上市提供全程服务。

【优化营商环境】 推进“最多跑一次”“最多100天”改革，组建最优营商环境专班，指派营商专员跟踪项目，定期召开项目协调会，梳理汇报项目进度和重点难点，全程“代跑”各类审批，加快推动企业项目落地等。杰丰、金沃等项目，通过专员“代跑”和厂房租用、维修协调、消防验收等方式，实现项目开工前审批“最多100天”。半年时间，佰意智造完成从项目审批到工商注册、资产变更、厂房装修等开工前所有工作，针对时尚产业导入后招工难问题，区委书记徐利水亲自部署招工工作，成立区企业招工服务专班，给每个乡镇街道派发招工指标，为杰丰等企业化解燃眉之急。航埠镇全力以赴，借助镇妇联、残联等优势，发挥妇女主任力量，有针对性向特殊群体开展宣传发动，对接特殊教育学校和机构，将其引导到企业实地参观考察。针对时尚产业导入后面临用工、住宿和人员管理需求，镇党委发挥村（社）党组织作用，探索创新“小埠红管家”模式，即在村级组织中下设“小埠红管家”综合服务站，以村级组织力量去整合招工资源、住宿资源，推动“农房改公寓”“农民变蓝领”，健全生产生活配套。同时做好流动人员信息收集、农房消防安全、矛盾纠纷化解等管理和服务工作。

（严　晨）

招商引资

【概　况】 2019年，柯城区抓住“招商引资、大干项目”这个牛鼻子，打造山海协作升级版，聚焦和推进重点产业形成，围绕柯城产业培育体系和产业招商流程顶层设计，打开格局、积蓄动能、创新方法，拓展招商引资、山海协作、东西部扶贫工作新局面。全年新引进各类项目31个，其中工业项目17个，三产服务业（含社会事业）项目14个；协议投资98.3亿元，其中工业项目协议投资41.27亿元，三产服务业（含社会事业）项目协议投资57.03亿元；实际到位资金统计入库（含结转项目）20.86亿元，其中工业项目实际到位资金12.4亿元；农业项目实际到位资金统计入库0.24亿元；三产服务业（含社会事业）项目实际到位资金统计入库8.22亿元。柯城区获“衢州市山海协作工程工作优秀单位”。

【大项目招商】 推进“招大引强”战略，项目质量提升明显，新引进31个项目中，协议投资5000万元以上项目27个，占总项目的 87.1%，协议投资 1 亿元以上项目 21 个，占总项目的 67.74%，协议投资 10 亿元以上项目 3 个，占总项目的 9.68%。由重庆奥陶纪旅业有限公司投资的“衢州奥陶纪景区项目”为当年引进最大项目，协议投资 36 亿元。

表 15　　2019 年协议投资 1 亿元以上大项目统计表

引进项目名称	投资主体名称	行业类别	协议投资额（万元）	当年到位资金统计入库（万元）
奥陶纪景区项目	重庆奥陶纪旅业有限公司	服务业	360000	0
含氟系列电子气体项目	浙江博瑞中硝科技有限公司	工　业	100000	966
年产 80 万吨钢（铝）板数字化彩印生产线建设项目	衢州浙达机电技术工程有限公司（筹）	工　业	100000	0
年产 3000 吨含氟特种薄膜项目	浙江意瑞薄膜科技有限公司	工　业	52240	0
医养健康综合体	衢州物产中大医疗健康投资有限公司	服务业	50400	13302
衢州广汇建材家具广场项目	浙江广汇清翔家居有限公司	服务业	35000	0
年充装 34.208 万吨新型环保制冷剂及汽车养护产品项目	浙江巨化联州制冷科技有限公司	工　业	27800	6994
年产 600 万套高档羽绒服生产线建设项目	浙江佰意智造服饰有限公司	工　业	23000	4839
忘忧花园萱草未来村项目	伊犁乡伴旅游文化发展有限公司	服务业	23000	0
佳农园艺养生综合体项目	浙江佳农果蔬股份有限公司	服务业	22000	0
九华百草园田园综合体项目	浙江枣椿堂农业发展有限公司	服务业	18000	1300
年产 20 万吨金属增材生产及高效金属 3D 打印应用服务项目	浙江智熔增才制造有限公司	工　业	15000	580
年产 6000 万只圣诞工艺品暨智能化仓储建设项目	衢州旭利工艺品有限公司	工　业	15000	531
柯城区实达实工业购总部科创园建设项目	浙江实达实供应链管理有限公司	服务业	15000	3700
年产 50 吨高纯 R1 项目	浙江博瑞电子科技有限公司	工　业	14000	0
PVDC 高阻隔涂布薄膜项目	浙江广兴包装新材料有限公司	工　业	13000	0
年产 40 万吨环保型温拌沥青项目	浙江八咏公路工程有限公司	工　业	10500	0
年产 20 吨半导体石英玻璃制品项目	浙江泓芯半导体有限公司	工　业	10000	2199
年产 1900 万套化妆品生产项目	浙江艺菲科技有限公司	工　业	10000	0
衢窑研究院项目	浙江衢窑文旅开发有限公司	服务业	10000	0
西溪央美文化苑项目	衢江区橘颂轩文化艺术交流中心	服务业	10000	0

【工业招商】　引进工业项目 17 个，占当年引进项目总数 31 个的 54.84%；协议投资 41.27 亿元，占当年协议投资总额的 41.98%；到位资金统计入库（含结转项目）12.4 亿元，占当年总到位资金统计入库的 59.44%。

表 16　　2019 年柯城区工业招商项目统计表

引进项目名称	投资主体名称	项　目落户地	协议投资额（万元）	当年到位资金统计入库（万元）
含氟系列电子气体项目	浙江博瑞中硝科技有限公司	衢化街道	100000	966
年产 20 万吨金属增材生产及高效金属 3D 打印应用服务项目	浙江智熔增才制造有限公司	山海协作产业园	15000	580
年产 3000 吨含氟特种薄膜项目	浙江意瑞薄膜科技有限公司	山海协作产业园	52240	0
年产 50 吨高纯 R1 项目	浙江博瑞电子科技有限公司	衢化街道	14000	0
PVDC 高阻隔涂布薄膜项目	浙江广兴包装新材料有限公司	山海协作产业园	13000	0
年产 6000 万只圣诞工艺品暨智能化仓储建设项目	衢州旭利工艺品有限公司	航埠镇	15000	531
年产 20 吨半导体石英玻璃制品项目	浙江泓芯半导体有限公司	航埠镇	10000	2199
年产 600 万套高档羽绒服生产线建设项目	浙江佰意智造服饰有限公司	航埠镇	23000	4839
年充装 34.208 万吨新型环保制冷剂及汽车养护产品项目	浙江巨化联州制冷科技有限公司	衢化街道	27800	6994
新建年产 100 台有机生活垃圾处理设备和 10 条金属板面深加工生产线项目	浙江创丰环保科技有限公司	山海协作产业园	8000	2230
年产 1.36 亿件（套）可视化医疗器械项目	浙江睿丁生物科技有限公司	山海协作产业园	5361	918
年产 20 万台新能源汽车空调压缩机项目	浙江巨能压缩机有限公司	山海协作产业园	5160	1755
年产 65 万件卫生护理用品	浙江可好卫生用品有限公司	衢化街道	2000	300
年产 80 万吨钢（铝）板数字化彩印生产线建设项目	衢州浙达机电技术工程有限公司（筹）	山海协作产业园	100000	0
年产 40 万吨环保型温拌沥青项目	浙江八咏公路工程有限公司	航埠镇	10500	0
年产 1900 万套化妆品生产项目	浙江艺菲科技有限公司	航埠镇	10000	0
年组装稀土管道除垢装置 1000 台项目	衢州聚通环保科技有限公司	航埠镇	1600	0

【农业招商】 上年度引进的“印象国际柑橘博览园”和“柯城区现代林业精品园”两个项目新增到位资金统计入库 0.24 亿元，占当年总到位资金统计入库的 1.15%。

【三产服务业招商】 引进三产服务业（含社会事业）项目 14 个，占当年引进项目总数 31 个的 45.16%；协议投资 57.03 亿元，占当年协议投资总额的 58.02%；到位资金统计入库（含结转项目）8.22 亿元，占当年总到位资金统计入库的 39.41%。

表 17　　2019 年柯城区三产服务业招商项目统计表

引进项目名称	投资主体名称	项目落户地	协议投资额(万元)	当年到位资金统计入库(万元)
奥陶纪景区项目	重庆奥陶纪旅业有限公司	石梁镇	360000	0
医养健康综合体	衢州物产中大医疗健康投资有限公司	双港街道	50400	13302
衢州广汇建材家具广场项目	浙江广汇清翔家居有限公司	专业市场	35000	0
忘忧花园萱草未来村项目	伊犁乡伴旅游文化发展有限公司	万田乡	23000	0
佳农园艺养生综合体项目	浙江佳农果蔬股份有限公司	九华万田	22000	0
九华百草园田园综合体项目	浙江枣椿堂农业发展有限公司	九华乡	18000	1300
柯城区实达实工业购总部科创园建设项目	浙江实达实供应链管理有限公司	专业市场	15000	3700
衢窑研究院项目	浙江衢窑文旅开发有限公司	石梁镇	10000	0
西溪央美文化苑项目	衢江区橘颂轩文化艺术交流中心	石梁镇	10000	0
检测中心、改装服务综合体项目	衢州迎宾特种设备检测有限公司	航埠镇	7500	0
衢州市柯城区华墅红樟园民宿生态旅游建设项目	衢州市红樟园农业开发有限公司	华墅乡	7447	989
衢州市中药材生态产业园	衢州市永信中药材有限公司	华墅乡	5010	1153
衢州朗馨高端养老项目	衢州朗馨养老服务有限公司	万田乡	4800	0
柯城云里俱源高端民宿建设项目	衢州云里俱源生态环境建设有限公司	石梁镇	2100	110

【山海协作】 新签约山海协作项目 16 个，占当年引进项目总数 31 个的 51.61%；协议投资 31.68 亿元，占当年协议投资总额的 32.23%；到位资金统计入库（含结转项目）9.86 亿元，占当年总到位资金统计入库的 47.27%。

表 18　　2019 年柯城区山海协作项目统计表

引进项目名称	投资主体名称	行业类别	投资来源地	协议投资额(万元)	当年到位资金统计入库(万元)
含氟系列电子气体项目	浙江博瑞中硝科技有限公司	工　业	杭州	100000	966
医养健康综合体	衢州物产中大医疗健康投资有限公司	服务业	杭州	50400	13302
年充装 34.208 万吨新型环保制冷剂及汽车养护产品项目	浙江巨化联州制冷科技有限公司	工　业	杭州	27800	6994
年产 600 万套高档羽绒服生产线建设项目	浙江佰意智造服饰有限公司	工　业	杭州	23000	4839
九华百草园田园综合体项目	浙江枣椿堂农业发展有限公司	服务业	杭州	18000	1300
年产 20 万吨金属增材生产及高效金属 3D 打印应用服务项目	浙江智熔增才制造有限公司	工　业	杭州	15000	580
年产 6000 万只圣诞工艺品暨智能化仓储建设项目	衢州旭利工艺品有限公司	工　业	金华	15000	531

续表 18

引进项目名称	投资主体名称	行业类别	投资来源地	协议投资额（万元）	当年到位资金统计入库（万元）
柯城区实达实工业购总部科创园建设项目	浙江实达实供应链管理有限公司	服务业	金华	15000	3700
年产 40 万吨环保型温拌沥青项目	浙江八咏公路工程有限公司	工　业	金华	10500	0
年产 20 吨半导体石英玻璃制品项目	浙江泓芯半导体有限公司	工　业	杭州	10000	2199
衢窑研究院项目	浙江衢窑文旅开发有限公司	服务业	丽水	10000	0
新建年产 100 台有机生活垃圾处理设备和 10 条金属板面深加工生产线项目	浙江创丰环保科技有限公司	工　业	杭州	8000	2230
年产 20 万台新能源汽车空调压缩机项目	浙江巨能压缩机有限公司	工　业	金华	5160	1755
衢州朗馨高端养老项目	衢州朗馨养老服务有限公司	服务业	杭州	4800	0
柯城云里俱源高端民宿建设项目	衢州云里俱源生态环境建设有限公司	服务业	杭州	2100	110
年产 65 万件卫生护理用品	浙江可好卫生用品有限公司	工　业	温州	2000	300

【东西部扶贫】 加强区（县）最高级别领导互访，促进柯城—北川两地交流对接。5 月，柯城区委书记徐利水访问北川，10 月，北川县委书记赖俊、县长瞿永安分别回访柯城；筛选 16 名卫生、教育、农林系统优秀骨干和专业技术人员赴北川交流指导；采取“园区（基地）＋合作社＋贫困村＋贫困户”模式，新建擂鼓、贯岭、都坝精品茶叶基地 133.33 公顷，香泉田园综合体体验基地 40 公顷，白坭红脆李示范基地 21.33 公顷和擂鼓乡村观光旅游示范带，推动 1380 名贫困对象收益稳定。启动柯城—北川扶贫协作产业园建设。投入专项资金 900 万元，建设标准厂房 2 万平方米、平整场地 2.5 万平方米。整合“余杭—柯城—北川”电商圈，发动全区机关部门、乡镇街道和企业，采（网）购北川农副产品，至年底，助力北川实现消费扶贫 1989 万元。组织“点亮微心愿·助力奔小康”活动，号召全区党员干部、志愿者及企业界政协委员、商会会员 600 余名捐赠物资 288 万元，带动东西部两地商会组织 6 个、3 个系统干部职工和 9 家企业参与，完成“微心愿”征集、认领 2300 个。开展劳务帮扶，全年组织北川人员到柯城企业务工 1050 名。

【机构改革】 根据中共衢州市柯城区委机构编制委员会《关于调整部分区属事业单位机构名称的通知》精神，事业单位不再称“委、办、局”，衢州市柯城区人民政府经济技术协作办公室（衢州市柯城区招商局）更名为：衢州市柯城区人民政府经济技术协作中心。协作中心为柯城区委下属一类事业单位，机构规格相当于正科级，经费形式为财政全额补助，核定编制 7 名，流动编制 3 名，设主任 1 名、副主任 2 名，内设机构领导职数 3 名。

（余效琪）

商贸　服务业

商贸业

【概　况】 2019年，全区实现社会消费品零售总额213.39亿元，同比增长8.4%，比上年同期回落1.1个百分点，排名居全市第一。实现限额以上社会消费品零售额99.07亿元，同比下降0.3%，同比回落6.7个百分点。其中，按消费形态分，餐饮收入实现零售额3.17亿元，同比增长0.5%；商品零售实现零售额95.90亿元，同比下降0.3%。按商品销售类别分，限额以上汽车类实现零售额36.68亿元，同比增长0.9%，比上年同期上升8.8个百分点；石油及制品类实现零售额29.24亿元，同比下降0.1%，回落18.9个百分点；家用电器和音像器材类实现零售额4.14亿元，同比下降1.2%，回落17.4个百分点；服装、鞋帽、针纺织品类实现零售额3.24亿元，同比下降3.3%，回落4.5个百分点。

【外向型经济】 贯彻落实市外向型经济工作会议和区商务工作会议精神，面对全球经济复苏明显放缓，外需疲软的严峻经济形势，强化服务意识，创新工作方式，细化工作措施，全区各项外向型经济指标保持相对平稳发展态势。至年底，全区外贸企业617家，外贸出口总额243146万元，同比增长0.14%。批准外商投资项目4个，实际利用外资834万美元，目标完成率139%。

（何津津）

电子商务

【概　况】 2019年，柯城区电商办贯彻落实市委、市政府“1433”战略，发挥“互联网＋”优势，紧抓“数字经济智慧产业、美丽经济幸福产业”“山海协作升级版”等重要机遇，深化与阿里巴巴战略合作，推动区电商行业快速发展，态势良好。1—12月，

图54　12月1日，“村播计划”柯城村播基地

区网络零售稳步增长，累计实现网络零售额75.4亿元（人民币，下同），在全市排名第1，同比增长35.8%。至12月底，重点监测第三方电子商务平台上各类活跃网络零售网店1240家，相当于注册零售网店总数的52.4%，活跃网络零售网店总数在衢州市排名第1，在全省排名第68。电子商务就业创业氛围良好，直接解决就业岗位约3590个，

间接带动就业岗位约1万余个。是年，成功获评中国淘宝村5个，浙江省电商专业村10个，2个浙江省电商镇、衢州东方集团、不老神食品公司获评为浙江省新零售示范企业，柯城区获评淘宝直播村播试点区，衢州市柯城区休闲用品产业集群跨境电子商务发展试点申报成功。

【创新园区】 柯城创客孵化园按打造国家级众创空间、省级科技孵化器、十大小微企业集聚创新平台要求，以发展数字经济为转型升级方向，打造数字经济智慧园、美丽经济幸福园。通过活动举办和专项培训吸引优质企业入驻园区，推动园区整体发展，在扩大园区规模、提升企业品质、创新服务业态模式、优化园区亩产税收等方面提质增效。全年柯城创客孵化园有入驻企业36家，入驻员工302人，入驻率达87.76%，实现网零售额3.341亿元，实现税收576.8万元。举办园区活动20场，专项培训5场。创客孵化园为17家小微电商企业兑现政策113.13万元，版主企业主房租补助申请7200元。

【举办电商发展趋势前瞻暨电商法解读论坛】 3月，“电商发展趋势前瞻暨电商法解读论坛”在衢州国际大酒店召开，论坛由衢州市商务局与柯城区人民政府共同主办，柯城区电子商务办公室承办，得到省商务厅、省电子商务促进中心、浙江国际电子商务研究院的大力支持。此次论坛是1月1日电商法实施以来全市规模最大的一次集中性电商普法类培训，对区电商企业合法合规经营、维护企业和消费者合法权益起到积极推进作用。

图55　3月13日，电商发展趋势前瞻暨组织召开电商法解读论坛

【“数字农场”打通地标新链条】 与阿里巴巴农业发展部签订框架协议，打造全省首个阿里巴巴数字农场标准示范基地。通过合作建立种植管理方式、技术方案、农业生产投入物、农产品加工生产、仓储物流等相关标准和方案，柯城鸡尾柚整体品质和服务有效提升，通过多方对接，帮助柯城鸡尾柚数字农场争取数字化改造资金补助，为推进农场数字化、信息化改造工作做好政策保障。至年底，阿里巴巴柯城鸡尾柚数字农场建设完成，柯城鸡尾柚供应链端初具雏形。在营销端，通过与阿里巴巴持续对接，推动柯城鸡尾柚与阿里淘乡甜深入合作，多渠道上行，进驻阿里巴巴淘乡甜官方直营店及新零售（如大润发、盒马鲜生、天猫超市）等渠道，同时，借助淘宝直播等渠道引流，打响柯城鸡尾柚区域品牌，推动优质农产品在阿里关联公司及平台上行持续稳定发展。

【打造全国首个“农民当主播”乡村振兴村播IP品牌】 紧抓“数字经济智慧产业、美丽经济幸福产业”“山海协作升级版”重要机遇，全面深化与阿里巴巴的战略合作，7月，实施“农民当主播”阿里村播计划。以阿里巴巴“淘宝直播”平台为核心，以培育本地新农人主播为目标，用“师傅带徒弟”

"主播带农民"方式，打造"柯城村播"模式，创建全国首个"阿里巴巴村播基地"，构建 "新农人培育＋供应链整合＋流量带货"直播体系，有效促进农民增收致富，助力乡村振兴。12 月 6 日，省委书记车俊到柯城村播基地时，提出"柯城村播"模式"三个好"：一是农民卖货、区长背书的"区长＋

图 56　10 月 28 日，"村播计划"农民做主播培训班一期

网红＋直播"模式很好；二是对帮农民卖农货特产向卖山水、卖文旅、卖乡愁深化，并借机推介城市品牌形式很好；三是对阿里数字农场溯源、互联网销售直播卖货很好。"村播计划"是乡村振兴、主题教育的成果展现，是党委、政府"三服务"的体现。

【东西部扶贫工作】 持续推进"东西部"扶贫工作。区电商办随同区优质电商企业等一行再度入川考察北川仁达科技、山石里铺、羌山雀舌及东西部扶贫协作产业园等园区；同时召开"柯城—北川东西部协作政企交流座谈会"，签订产供销一体的全电商产业链框架合作协议。"柯城—北川电商共享服务中心"成立后，与已经签约完成的"柯城—余杭电商共享服务中心"，形成三地协作机制。通过共享服务中心，将导

图 57　7 月 1 日，柯城—北川电子商务精英培训班

入余杭优质电商资源平台，共同举办东西部协作电商扶贫峰会，共同打造东西部电商扶贫，三地共享协作新模式。按扶贫先扶智要求，驱动内生动能，为北川量身定制电商人才培训、产品设计、品牌运营、项目孵化等服务项目。举办三期"柯城—北川电子商务精英培训班"，培训 10 余次，培训人员 600 余人。柯城东西部电商扶贫工作从全省 108 个工作案例中脱颖而出，被列入浙江省商务厅东西部电商扶贫 12 个先进案例之一，进行推广。

【"山海协作"再升级】 柯城、余杭两地电商部门、企业相互走访对接，致力于打造电子商务"山海协作"升级版。区电商办加强与余杭区商务局、余杭电商公共服务中心的对接合作，实现错位协同发展，签订柯城—余杭合作共建电商共享服务中心协议，在开展电商助农、游学培训、电商峰会及资源对接等方面建立合作框架体系。区电商办与余杭晨报、华数 T 购达成战略合作协议，依托余杭区位优势，助推柯城拓宽农特产品销售渠道，提升农特产品区域品牌竞争力，实现精准助农。

（叶宙珣）

供销合作经济

【概　况】 2019年，柯城区供销社系统完成商品销售总额 9.06 万元，其中销售农产品 3.36 万元，实现利润总额 1715 万元，推进

图58　3月6日，省供销社领导率队到柯城调研农信担保体系建设

为农服务体系建设，建办农民专业合作社 2 家，新建区产业农合联 2 家，即区中药材产业农合联和区食品产业农合联。

【为农服务体系建设】 搭建服务平台，推动产业转型升级。农合联庄稼医院规范化建设，庄稼医院医生下乡巡诊 35 次，解答各类咨询 72 次，发布微信公众号推文 10 篇，庄稼医院科普大篷车每周至少三次以上到

图59　6月6日，区在农合联召开中药材产业推介会

图60　11月28日，华中农业大学教授伊华林现场指导柯城区柑橘产业

田间地点巡诊，到村庄宣讲科普知识，为农户增产增收提供有力支撑；开展新型职业农民技能培训，全区培训从事农业生产专业农民 300 多名，培育一批既懂经营又善于管理的农业生产经营管理者和农业科技示范户，助推区新农村建设和现代农业快速发展；打造“三衢味”区域公用品牌，全年农产品加入“三衢味”品牌 14 个，通过“三衢味”聚合作用，实现农产品溢价销售，有效促进农民增收；优化农合联会员金融服务机制，建立信用服务大厅，开展会员贷款授信复核和签约担保“一站式”服务，为会员贷款金额达 3.1 亿元，发放会员贴息 800 万元；聚合资源服务质量提升，区农合联与邓秀新（华中农业大学原校长，现任中国工程院副院长，全国唯一的柑橘院士）院士团队签订合作协议，建立院士工作站，通过高标准种植，建设全国无核椪柑示范基地和华东地区最先进无病毒良种繁育中心，其中繁育中心每年可供无毒橘苗 100 万株，仅苗木收入可达 2000 万元。

【农产品销售平台建设】 对接项目北川农特产品扶贫展示体验馆升级为余杭—柯城—北川三地联盟馆，构建三地消费扶贫共享架构，

图 61 10 月 28 日，北川县考察团参观考察柯城区农合联

直接带动 108 种北川贫困户农产品进驻长三角农贸市场和 4 个余杭物流中心，推动北川深山农副产品融入东部大市场。全年在余杭最佳地段新增柯城农产品直销点 3 个，借助“网上联销”拓宽农产品销售渠道，依托“家乐淘”和华数电视等媒体平台推广销售柯城农产品，做好柯城农产品口碑，提升销量。

（郑敏霞）

专业市场建设

【概　况】 2019 年，区专业市场建设管理深入开展“不忘初心、牢记使命”主题教育，围绕市委、市政府“1433”发展战略体系目标，对标打造“中国营商环境最优城市”要求，结合专业市场实际，围绕投资环境和项目主线，加快推进重点项目建设，加大基础设施配套，全力推进市场改造提升。

表 19 **衢州专业市场城主要指标统计表** 单位：亿元

项目名称 / 年份	限上贸易企业销售总额	全社会固定资产投资总额	税收收入	公共财政预算收入	市场园区交易总额
2019	32.30	3.53	0.89	0.35	225.50

【党建引领】 9 月 12 日柯城区专业市场管委会党工委全面开展“不忘初心、牢记使命”主题教育，把学习教育、调查研究、检视问题、整改落实贯穿始终，制定《“不忘初心、牢记使命”主题教育实施方案》和《“不忘初心、牢记使命”主题教育学习计划》，把每一个环节抓细抓实。自开展主题教育以来，召开领导班子专题会议 12 次，召集全体干部职工集中学习 11 次，开展专题研讨 8 次，形成调研报告 7 篇。对照党章党规找差距。召开对照党章党规找差距专题会议，组织党员干部在深入学习党章的基础上，按照“四个对照”“四个找一找”要求以及习近平总书记对衢州的八个嘱托等方面，逐一对照检查，查摆问题 16 个，将其列入问题清单进行整改。

【项目建设】 是年，区专业市场建设管理委员会（简称区专业市场管委会）推进重点项目建设。1 月 15 日区专业市场管委会与实达实集团公司签订《实达实工业购总部科创园建设项目投资协议书》，项目一期计划新增建设用地 2.43 公顷，投资 1.5 亿元，设计建设用于生产性服务业公司总部。建筑主要用于产业全供应链服务、工业产品集中展示、企业 AI 智能体验服务、生产设备采购融资服务、中小企业加速升级孵化、总部办公、综合服务等相关配套功能用途，3 月完成项目设计方案调整，5 月 9 日完成项目控制性详规公示，6月末完成项目一期土地公开出让相关材料组件，9月完成土地挂牌出让，10月启动基础建设。加快衢州医药健康城项目周边设施配套建设，全力配合衢州医药健康城投资方进行招商，9月27日至9月29日举行为期3天的首届中国·衢州中医药博览会暨中国（衢州）医药健康城开园活动。开园仪式有主、协办单位领导，省、市、区相关部门领导，科研机构代表以及知名药企等600多人共同见证，并有人民网、新华网、今日头条等20余家主流媒体及近百家网络媒体进行活动报道，13000人次参与，意向入驻企业十多家。至年末衢州医药健康城招商入驻率完成95%以上。浙江中通车时代广场项目一期于9月完成主体建设并投入使用。新凤朝提升改造三期工程截至年底主体工程已通过竣工验收，正进行室外配套和室内装修工程。衢州专业市场城公共空间环境提升改造项目兴市街改造工程6月完成公开招投标，7月进场施工，截至年末完成形象进度90%。

【打造营商环境】 是年，专业市场管委会深化“三服务”工作，充分发挥“三服务”活动和“周二无会日”组团服务活动作用，帮助企业破解发展中实际困难。帮助衢州医药健康城开园协调办理相关审批、安保组织、接待组织等，确保开园活动顺畅有序；3月浙江中通车时代广场项目因存在110千伏高压线影响施工，区专业市场管委会多次与电力部门现场协调，制定迁建方案，科学制定施工方案，5月末完成高压杆线迁改；协调法院、衢化工程有限公司、相关金融机构组团服务，帮助新凤朝解决相关信贷业务问题；组织专班，服务实达实企业，加快项目前期审批进度，帮助企业解决项目红线内施工面不足而借用红线外用地等问题。全年区专业市场管委会共帮助企业解决各类重难题30多个。

【文明创建】 区专业市场管委会对照创建全国文明城市标准，制定工作方案，完善管理措施，组建市场创文突击队和志愿者队伍，全年集中专项整治26次，各市场网格创文整治200余次，清理各种垃圾4000余吨，劝导和纠正不文明行为9000余人次，占道经营1000余处，劝导和整治乱停车16000余辆次，拖移车辆600多辆次。对公共绿化带环境卫生、建筑垃圾清运进行专项整治，投入人员1100多人次，清运车辆100多车次，投入经费400余万元，市场环境面貌得到较大改观。维修破损道路600多平方米，维修破损人行道400多平方米，维修改造路灯LED光源100余盏，维修人行道阻挡U形杆300米，新增停车标示牌40余块，新增围墙1500米，新增垃圾箱340个。消防安全检查80余人次，督促落实各市场业主跟每位经营户签订安全责任书900余份，更换维修消防箱100余个，配备移动灭火器箱200余个，清理安全通道600余米，维修、更换安全出口指示牌60余处。

【市场培育管理】 实达实工业购平台项目列入省制造业与现代服务业深度融合示点项目和省2019—2020年度重点培育电商平台企业。中国（衢州）医药健康城被列入2019浙江省服务业重大项目，获得“世界中医针灸健康传播基地”“国医大师李今庸工作站”“中国大健康行业最具影响力品牌”等称号，2019年11月，中国（衢州）医药健康城被评为“2019‘一带一路’国际商协会大会大健康产业杰出示范单位”。

（张霞艳）

财 政

财政工作

【概　况】 2019年，全区实现地区生产总值225.55亿元，按可比价格计算，同比增长6.6%。其中：第一产业增加值7.99亿元，与去年同期持平；第二产业增加值42.55亿元，同比增长4.2%，其中工业增加值22.28亿元，同比增长7.0%；第三产业增加值175.01亿元，同比增长7.5%。三次产业占比为3.5∶18.9∶77.6。按户籍人口计算，人均生产总值122927元，增长5.0%。城镇常住居民人均可支配收入50431元，增长8.6%；农村常住居民人均可支配收入25810元，同比增长10.2%。全年固定资产投资总额95.50亿元，同比增长13.1%。全区财政总收入19.89亿元，增长12.5%；一般公共预算收入12.84亿元，增长7.7%，其中税收收入10.77亿元，增长10.4%；全区一般公共预算支出52.78亿元，增长33.2%。全区财政收支平衡。

【组织财政收入】 加强财税协作，坚持依法征税，一般公共预算收入占GDP的5.7%，占财政总收入64.6%，税收收入占一般公共预算收入83.9%。全区非税收入14.39亿元，其中纳入一般公共预算管理非税收入2.07亿元。与有关部门通力协作，参与中央和省级财政资金竞争性分配，全年争取资金累计达15.53亿元。其中，中央棚改资金、老旧小区改造资金9.20亿元，项目数、资金数均列全省第一。成功发行公司债券12.00亿元，发行利率为近两年同级别、同期限最低；新增一般债券资金8.00亿元，保障国资公司持续发展和重点项目建设。全年清理整合盘活存量资金2.77亿元，提高财政资金使用效益。

【服务经济发展】 出台“1＋2＋N”产业政策体系，安排产业转型升级等奖补资金1.00亿元，支持智能制造、数字经济等重点产业、重点企业发展。兑现招商信息奖励130万元。按照“第一时间＋顶格优惠＋叠加享受”原则，落实减税降费政策，全年新增减税降费2.77亿元，激发市场主体活力。打造产业基金2.0版。首期出资1.00亿元，参股市区域性产业基金。出台柯城区让利性股权投资引导基金管理办法和实施细则，恒业汽配公司首获基金投资2000万元，带动市产业基金跟投4000万元，助推企业创新和产业转型升级。

【保障民生支出】 落实惠民政策，保障民生社会事业发展。全年民生支出43.63亿元，增长36.3%，占一般公共预算支出的82.7%。制定出台教育发展“1＋3＋4”配套文件，城南小学新建、鹿鸣小学迁建等项目顺利推进，全年教育支出6.75亿元。推动健康柯城建设，区中医医院一期项目顺利开工，区疾控中心正式运行，全年卫生健康支出3.55亿元。保障养老保险、基本医疗保险、养老服务、残疾人事业及就业、救灾、宣传文化、科技、人才所需资金。出资3284万元在余杭—柯城山海协作园建立“消薄飞地”，每年可获10%固定收益。投入专项扶贫资金2420万元，建立3个物业经济联盟，助推53个村实现“消薄”。投入2.95亿元，落实农村路网改造提升、农村文化礼堂建设、城乡养老服务提升、生活小区污水零直排、教育资源扩容等12个民生实事项目，完成年度任务。投入资金13.44亿元，推进农房整治和风貌提升、农村生活污水治理、农村饮用水提标、垃圾分类、厕所革命等项目实施，保障全国文明城市创建、棚户区和老旧小区改造，城乡环境面貌焕然一新。

【深化财政改革】 完成区属国有企业“1＋4＋X”体系构建，“国资办—母公司—子公司”一体化配套监管体系基本形成。聚焦中心，排摸财力清单、事项清单和政策清单，形成《柯城区集中财力办大事财政政策体系方案（2019—2022年）》，增强财政资金保障水平。深化非税收入统一公共支付平台应用，推进非税收入线上线下一体化收缴，全年服务6万人次，电子化缴款率达92.2%。启用浙江政务服务网统一公共支付平台缴款票据。推进“政采云”平台深化应用，年交易金额4.87亿元，使用率达97.0%。农业扶贫馆在全市率先上线。取消并清退政府采购投标保证金，鼓励减免履约保证金，为企业盘活资金2100万元。

【强化绩效管理】 回收原柯城大酒店物业。“资产云”系统投入运行，规范国有资产公开拍租、拍卖。整合经营性资产2处，入账总价值0.90亿元。全年评审项目463个，送审金额26.43亿元，分别是2018年的197.0%、285.0%，净审减金额3.09亿元。审批政府采购项目2399个，采购金额5.53亿元。制定出台《柯城区涉农资金竞争性分配制度》《柯城区涉农资金统筹整合长效机制的实施意见》。实现惠民惠农财政补贴资金归并社保卡“一卡通”发放管理，推进公共财政服务平台建设，全区12万人次0.47亿元资金通过平台发放。制定出台《关于全面推进预算绩效管理的实施意见》，省循环有机农业示范试点项目绩效评价位列全省第一，增获奖励资金1000万元。将政府性债务纳入预算管理，实行政府债务动态管理及风险预警机制，守住不发生区域性、系统性风险的底线。全年化解隐性债务4.48亿元，完成年度目标任务的139.0%。

【队伍建设】 通过开展“七个一”警示教育活动，促进全面从严治党“两个责任”落实，引导全局党员干部增强“四个意识”，坚定“四个自信”，做到“两个维护”，遵守党章党规党纪和国家法律法规，保持清正廉洁。开展“不忘初心、牢记使命”主题教育。把握学习贯彻习近平新时代中国特色社会主义思想这条主线，开展集中学习、专题研讨、多载体促学等活动。将“学习教育、调查研究、检视问题、整改落实”贯穿始终，推动主题教育有序开展。组织成立财政专班，投入古城双修、未来社区征迁工作，顺利完成征迁任务。全局干部投入全国文明城市创建工作，得到挂联社区和街道肯定。

（陈俭龙）

国有资产管理

【概　况】 2019年是新中国成立70周年，也是全面推动区委、区政府部署各项重点工作的关键之年。区国资办（公司）上下紧密围绕“改革＋发展”，强化目标，以结果为导向，紧跟政策，实现三个“新”：国企改革迈入实质性操作新阶段，开辟融资新道路，合力搭建投资新平台。发挥国资导向功能，遵循市场规律，为区委、区政府中心工作重点建设项目保驾护航。

【国资国企改革】 形成市场化改革方案。由区委、区政府下发《衢州市柯城区全面深化国有企业市场化改革实施方案》，明确构建区属国有企业“1＋4＋X”体系，整合区内优势资源，将国资国企改革与地方政府债务化解结合，通过市场化改革，建立公司自营体系，股债结合、注入资本金、兼并重组等方式化解公司债务，做大区属国有企业。启动“1＋4”公司组织框架搭建工作。协同建投公司、田园公司、绿创公司等主要负责人，双港管委会、专业市场管委会、航埠镇联动，草拟建投公司、绿创公司、乡村振兴公司、产融公司市场化组建方案。制定《衢州市柯城区关于组建区级四大国有公司，推动公司市场化转型的实施方案》，对每家公司组建方式、资源整合、市场化改革方向等进行明确，将地方政府隐性债务化解与国资国企改革结合起来，做大做强各区属国有公司，将地方政府债务转化为企业债务，由企业承担。成立国企改革领导小组，设立“一办四组”。由区委办公室、区政府办公室联合下发《关于成立柯城区国有企业市场化改革领导小组的通知》。设立国有企业改革推进办及4个工作组，抽调业务骨干负责区属国有企业市场化改革具体工作。草拟国资系列监管制度，强化监管职能，推动国资制度化管理体系落地。编制三定方案、用工管理、负责人薪酬及人事、政府投资项目委托代建结算办法、工资总额管理、重大事项审批、公务消费监督管理、内部审计8个国资监管相关配套制度。

【发行企业债券】 12月2日，发行12亿元企业债券，创上年以来全国区县级国企同级别、同期限发行最低利率，与周边县（市、区）级国企同级别、同期限债券相比，节约利息约5000万元。引导企业进行经营性项目融资。以柯城营商大楼建设项目为试点，有效缓解财政支出压力，走出企业经营性项目融资典范新路。完成对浙江鸿盛项目第三期委贷及委贷后期管理事宜。1月25日，通过浙商银行衢州分行委贷方式发放5000万元，根据协议落实协调浙江鸿盛应收财政贡献、90%优先用于偿还委贷事宜，6月5日收到归还委贷本金，控制贷后风险。联合双港管委会、杭州立信、广泽会计事务所完成尽调和融资担保能力评估工作。出台区让利性股权引导基金管理办法和实施细则，推进产业创业创新和转型升级。首个受益企业是衢州恒业汽车部件公司。前期面对无资产抵押银行融资难的情况下，恒业公司主动寻求区让利性股权引导基金进入，银行在得知基金将进入恒业公司后，于9月和10月提前为恒业公司提供1600万元纯信用贷款，发挥财政资金引领撬动作用。让利性基金在11月29日完成投资2000万元，引导市金控集团投资产业基金4000万元。

（朱雅婷）

税　　务

税务征管

【概　况】 2019年，国家税务总局衢州市柯城区税务局（以下简称区税务局）坚持以党建为统领，围绕税收中心工作，全力服务发展大局，统筹谋划组织收入，全面落实减税降费，深化营商环境建设，进一步深化“最多跑一次”改革，协调推进优化税收执法与健全内控监督，提升动力优化税收征管效能，齐心协力推进各项税制改革，为税务系统“六大工程”（党建引领工程、文化兴税工程、创新驱动工程、法治税务工程、办税提效工程和数字管税工程）体系和区经济高质量发展贡献税务力量。

【税收收入】 是年，区税务局组织各项税收收入17.41亿元，同比增长20.87%。其中，办理出口退税1.56亿元，减少6149万元，同比降低28.31%。

表20　　2019年柯城区税务局税收收入统计表　　单位：万元

项　　目	收　入	比上年增减	同比(%)
一、税收收入合计	174135	30070	20.87%
1.国内增值税	94825	21455	29.24%
2.国内消费税	170	－1	－0.58%
3.企业所得税	32128	6317	24.47%
4.个人所得税	·875	3513	65.52%
5.城市维护建设税	5994	1335	28.65%
6.城镇土地使用税	981	－4743	－82.86%
7.土地增值税	6324	－5222	－45.23%
8.房产税	1912	－1773	－48.11%
9.印花税	1834	140	8.26%
10.契　税	8179	－2748	－25.15%
11.耕地占用税	12829	—	—
12.其　他	84	－78	－48.15%
二、出口退税	15571	－6149	－28.31%

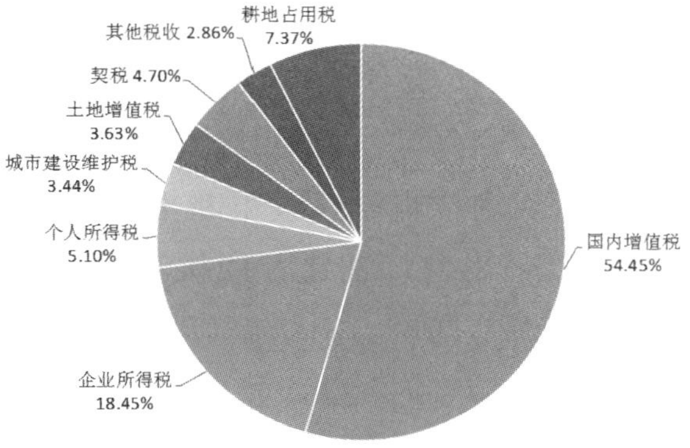

图 62　2019 年柯城区税务局税收收入分税种结构图

【社会保险费和非税收入】　制定柯城区税务局城乡居民基本养老保险费和城乡居民基本医疗保险费（以下简称“城乡居民两费”）划转过渡期实施方案，顺利完成社会保险费和非税收入职责划转。主动与柯城区农商银行、社保局和医保局对接，细化对账、数据交互、费款征缴和票据使用流程，形成“税务＋银行＋社保＋街道”多部门协作、多样化催缴模式。认真开展城乡两费征缴系统的初始化工作，通过金三系统，顺利完成城乡居民两费已对账数据接收，并通过城乡居民虚拟户扣缴入库。完成柯城区 2020 年度城乡居民医保 211779 户次征缴工作。2019 年，柯城区税务局组织征收社会保险费收入 13.79 亿元，职业年金收入 6996 万元，非税收入 6088 万元。

【减税降费】　全力以赴落实减税降费改革。做好普惠性优惠政策工作。1—2 月多征退税涉及 8001 户（人）次，其中自然人 7080 人，应退税款 84.86 万元，户数为全市最多，自然人占比最大，经过努力，完成退库 7920 户，退还税费金额 84.29 万元，对 23 户声明主动放弃退税费的纳税人，做好通话留迹留痕台账记录，对 58 户无法联系的外地缴税（费）人，进行公告送达，履行好告知程序。3—5 月核实应享未享 77 户，已全部退还应享未享税费 3.62 万元。办理一般纳税人加计抵减申明申请 237 户，增值税税率下调和抵扣扩面工作如期落实到位。与区纪委建立联合督查机制，印发联合开展减税降费政策措施落实情况监督检查工作方案，将减税降费专项监督纳入“八大专项”执纪监督中，确保减税降费工作落到实处。3 月 31 日和 4 月 1 日，区税务局减税降费惠企惠民工作连续两天被浙江卫视《新闻联播》报道。5 月 20 日，区政府常务会议专题听取区局减税降费工作汇报，会上区政府主要领导对区税务局工作给予充分肯定。

【税收政策落实】　年内，组织面对面培训 13 场，辅导纳税人 4024 人次，印发各类优惠政策汇编 2000 余册；通过短信、微信、钉钉等新媒体平台推送减税政策信息 6.52 万余条，组团联企走访纳税人 4424 户，实现对纳税人辅导全覆盖。全年累计减免税费（不含出口退税）2.77 亿元，其中减税 2.11 亿元，占全年税收收入比例达 12.9%，减费 0.66 亿元。

【税种管理】　个人所得税改革持续推进。加强个人所得税新政宣传培训，持续做好个人所得税异常申报数据清理，实现宣传培训覆盖面、月明细申报率和异常扣缴申报数据处理率“三个 100%”。增值税改革持续深化。平稳推行增值税发票管理系统 2.0 版，上线增值税电子发票公共服务平台，全力推广增值税电子普通发票，试点推行通用机打电子发票，进一步加强增值税发票风险管理。增值税税率调整后，全年减免增值税 9878.95 万元，退还留抵税额 1728.54 万元，全区共

54户一般纳税人转登记为小规模纳税人。

【纳税服务】 全面优化办税服务环境。规范窗口功能设置,实现实时智能分配办税资源,有效缓解办税拥堵。深入开展便民办税春风行动，全年建立11个税企交流咨询群，通过征纳平台推送涉税信息覆盖2.7万户。持续加强纳税人学堂建设。全年举办纳税人学堂32场，覆盖1.5万户次，大厅面对面辅导5600余人次，上门“一对一”辅导1355次，电话辅导2497次。持续深化“放管服”改革。“最多跑一次”涉税事项100%实现网上申请办理,其中133个事项可实现“零上门”办理，116个事项可即时办结。上线运行不动产登记网上“一窗受理”平台，纳税人通过网上预约、预审、完税，实现“不见面”办理。出口退税办理时间由平均7.2个工作日压缩到2.3个工作日,退税效率提高67.5%。

【征收管理】 做好涉税中介机构监管和企业纳税信用等级评价管理。全年完成33558户纳税信用等级评价工作。扎实做好税收风险管理。完成12批次108户风险任务，补缴税款249万元；主动筛选出68户个体工商户的风险纳税人，补缴税款61.7万元。完善风险管理工作机制，强化涉税信息分析、预警，开展各项风险应对任务，着力做好跨区域税收风险管理协作，全年应对跨区域协作任务21条，补缴税款162万元。清缴欠税户数67户，清缴欠税金额223.11万元。

【税收法治　督察内审】 法治税务建设不断深入。全面推行行政执法公示制度、执法全过程记录制度、重大执法决定法制审核制度“三项制度”。与区法院对接，参与各类破产案件清算。内控机制建设不断推进。通过运行内控监督平台，细化各项执法责任指标，实现风险源头防控、纠错提前介入、操作全程留痕和过错实时追究，税收执法风险得到有效防控。全年筛查疑点核实类数据92条，排查整改风险点7条。

【党建及纪检监察】 主题教育期间，召开主题教育领导小组会议5次，主题教育领导小组办公室会议15次；班子成员带头讲党课14次，并对16个专题进行研讨，对7个课题开展调研，互相交流学习心得体会30余次；支部组织开展20余次学习教育和研讨活动，党员干部互相交流发言300余人次，通过理论中心组学习、主题党日活动、警示教育等形式开展学习教育活动30余次。不断强化监督执法问责，全年发送节日廉政提醒短信539条，对婚丧喜庆、出国（境）等重大事项开展个性化提醒备案15人次。内部纪律抽查检查12次，邀请区纪委、特邀监察员明察暗访2次。通过主题教育，提高全体干部党性修养，第一税务所获评省级青年文明号；第一党支部被评选为全市税务系统优秀党支部；饶燕飞被评选为全省税务系统“十佳党支部书记”。

（杜　佳）

金　融　业

柯城农商银行

【概　况】 2019 年，柯城农商行上下协力、攻坚克难、担当有为，应对复杂经济金融形势，全力以赴抓好服务乡村战略、支持民营小微企业、助力“最多跑一次”改革等大要事。深化普惠金融，有效防控风险，推进党的建设和干部队伍建设。40 家网点和全体员工共同努力，各项业务实现平稳健康发展，呈现稳中有进可喜态势。为当地经济社会发展作贡献。

【存贷规模增长】 至 12 月末，各项存款余额 182.63 亿元，比年初增加 16.68 亿元，增幅 10.05%。其中个人储蓄存款 101.52 亿元，占比 55.59%；年度增加 16.83 亿元，增幅 20.71%。

【支农支小】 至 12 月末，各项贷款余额 135.75 亿元，比年初增加 12.59 亿元，增幅为 10.22%；涉农贷款余额 101.94 亿元，比年初增加 9.55 亿元，增幅 10.34%；小微企业贷款余额 77.29 亿元，比年初增加 7.29 亿元，增幅 10.42%，完成“两增两控”目标。

【经营效益提升】 全年实现营业收入 11.72 亿元，同比增加 1.48 亿元，增幅 14%；利润总额 3.32 亿元，同比增加 1.67 亿元，增幅 98.50%；利息收回率 98.55%，同比增加 1.78%；成本收入比 28.17%，同比减少 1.29%。

【不良贷款下降】 至 12 月末，不良贷款余额 1.44 亿元，比年初减少 0.33 亿元，不良贷款占比 1.06%，比年初下降 0.38 个百分点，实现额率双降。

【绿色普惠】 开展“新春送福”“普惠民生”等走访活动，推进金融五进工作。启动“伙伴行动”走访活动，计划分三年三个阶段把大走访活动做深做细。至 12 月末，客户 42.97 万户，比年初增加 18.22 万户，建档覆盖率 98.10%，比年初增加 41.59%。普惠签约客户数达 6.6 户，比年初增长 1.47 万户，普惠签约率 37.41%，比年初增长 8.25%。全国首创“一村万树”先锋卡，举办区一村万树绿色期权产品发布会，向“‘一村万树’绿色发展基金”捐赠启动资金 50 万元。授信 430 万元，帮助 155 家企业认购绿色期权包 206 个。绿色期权被市场认购后，资金将直接打入村集体账户，除支付土地、人工等成本外，其余资金用于村庄建设。全市率先成立石梁绿色专营支行，在绿色信贷利率定价、审查审批和激励考核制度上形成“柯城经验”。至 12 月末，石梁绿色专营支行绿色信贷余额 7.93 亿元，有效个人信贷覆盖率 27.97%，有效普惠授信率 82.56%。重视政策性贷款业务开展，向人行申报扶贫再贷款需求额度 1.2 亿元，支持低收入农户和扶贫企业融资创业。至 12 月末，发放扶贫贴息贷款 215 笔，金额 845.91 万元，向财政上报贴息 119 笔贴息金额17.02万元；扶贫再贷款161笔余额10328万元。加大与省农担公司合作，破解融资难题，开办“浙里担”业务。至年底，发放“新农贷”“惠农贷”11496万元。

【融资畅通工程】 连续三次对利率进行调整优化，合理降低小微企业贷款利率。同时，LPR贷款定价中明确对新增小微企业最高20BP优惠。开展涉企服务收费专项整治工作，清退评估费用。不存在违规收费、以贷转存、存贷挂钩、变相搭售、转嫁成本等行为，不存在中介机构收费等相关情况，落实减费让利。创新推出小微企业“流量贷”“园易贷”“科e贷”等产品，满足不同客户需求，至年底，分别发放3258万元、1418万元、6219万元。推进“无缝对接续贷”业务，减轻民营和小微企业的转贷融资压力。全年发放“无缝对接”续贷贷款903笔，金额310591万元，为企业节约融资成本约2709万元。针对民营小微企业，推广普惠快车、小微专车、企业直通车办贷模式，整合申请、授信、审批等多个环节，将300万元（含）以下小微企业非抵质押类贷款纳入企业循环贷，实现贷款更快捷。实行客户分层分类管理，成立小微企业服务部，为服务民营小微企业提供更加专业服务。拓宽金融信息渠道。首批试点上线“衢融通”平台，实现企业信用画像评分、信用信息共享和风险预警防范等功能。推动政府治理更加精准、企业守信更加自觉、银企对接更加畅通、企业融资更加便利，缓解企业融资难、融资贵问题。至12月末，全行通过平台登记发放贷款金额5070万元，获评2019年省“民企最满意银行”称号。

【助推“最多跑一次”改革】 紧盯重大项目建设，实现古城双修、礼贤未来社区、衢化棚户区改造和失地农户保险等重大项目全部开户，资金100%归集，累计到位资金超18亿元。以法院案款系统2.0版上线为契机，突破重重阻力，夺得法院案款业务代理权。克难攻坚，从邮储银行夺得粮食直补账户。“乘势而上”，借助区大力推广电子社保卡、ETC“东风”，与区委、区政府、街道乡镇、医院、学校多部门联动，实现在电子社保卡、ETC业务批量获客，市场占有率近90%。抢先试点“三资监管系统”，深度融入社会治理体系。将社区、村集体资金收支、资源性收支、资产性收支统统纳入系统监管，通过“三资”全入库、全监管，实现资金沉淀。“一举两便”，与区法院合作成立柯城区金融调解中心，为金融纠纷化解提供高效新方法，在确保不良清收质量的同时，减少司法资源浪费，减轻借款人诉讼费负担。与衢州市不动产登记中心合作，启用电子不动产登记证明，取消不动产抵押权登记网上办理“最后一张纸”，实现抵押登记全流程无纸化、零跑路。探索“两心合一”，把社保医保、民政、卫健、工商登记、公积金业务等141项政务服务事项受理职能前移到七里分理处，将乡镇便民服务中心与农商行网点融合，实现一个网点就是一个政银联通便民服务站。与衢州市信保融资担保有限公司合作，为衢州市本级成长性良好、符合信贷支持条件小微企业等借款主体提供保证担保服务，担保额度达1亿元，助推小微企业发展。“同业合作”，与巨化集团财务有限责任公司签订战略合作协议，授信2亿元，在同业拆借、票据贴现和绿色金融改革方面开展深入合作。贴现巨化集团票据1700万元，支持实体经济发展。

【深化改革】 通过改革使职能划分更加清晰，

实现前中后台有效分工，使得网点布局更加合理，推进部门协作、上下联动，全面提升组织效能。总部集中推动高效管理。通过自身机构改革不断完善和对标先进行社的学习，实现大支行大部室管理模式，完成信贷审查审批、反洗钱、“查冻扣”业务、全额清分、会计档案、参数维护等多个项目集中作业，提高总部管理效能。提升科技服务支撑能力。搭建数据仓库，推动自助取数平台和报表系统逐步开放试运行，数据价值和速度得到充分体现。完成房屋抵押系统开发，实现房屋价格评估自主化。与衢州市人社局对接跨行转账的接口，实现社保发放线上化，避免手工转账风险。完成贷款利率测算系统开发，为实现贷款利率公开透明奠定基础。试点“三台分离”制度。在石梁绿色专营支行开展试点，通过将“前中后”三部分人员设置单独岗位，即：市场拓展、数据维护、审核审批。专业人做专业事，形成有效的全流程监督机制。

【金融风险监控】 重视审计工作，开展关键岗位风险人员审计、内控评价审计、经责审计、诉讼费管理审计、小额贷款风险审计、关联交易管理审计、核销贷款专项审计等25个审计与排查项目，审计查明问题218个1151笔，涉及问题金额2.91亿元，其中整改问题208个，整改率95.47%，经济处罚金额26.02万元。组织开展“清风大讲堂”“行走的力量”等专项活动，编写《阳光镜鉴录》，打造合规文化，加强警示教育。开展突击查库防风险活动，对辖内网点柜员尾箱、金库、自助设备、在途现金等进行全面检查，发挥震慑作用，增强员工合规意识。在规范清收流程的同时，着重强调常规催收、限时起诉等不良贷款管理要求。至年底，处置不良贷款2.38亿元，其中核销1.53亿万元，现金清收0.63亿元，以物抵债0.22亿元。起诉不良贷款265笔，金额1.84亿元，申请执行案件205笔，金额1.17亿元。全面落实失信联合惩戒，净化信用环境。加强网点安防管理。全面排除网点安防隐患，及时更换老旧安防设备。开展消防技能大比武，获2019年柯城区第四届微型消防站技能大比武金融证券组第一名。

【队伍建设】 推进“不忘初心、牢记使命”主题教育，开展“一支部一特色”创建，组织全行党员赴浙西革命斗争纪念馆接受革命传统教育主题党日活动等，建立党群服务中心，助力业务高质量发展；创新学习方式，以领导班子上党课、“三会一课”“集中学习”等形式，不断丰富学习载体。抓实基层党组织建设。根据省农信联社“支部建在支行上”“一岗双责”要求，开展党支部换届工作，选出群众公认、素质过硬的党支部班子，换届产生党支部委员33名，新一届党支部书记11名。与区委组织部联合发文，推动党建共建联盟工作。优化队伍结构。以激发队伍活力为出发点，组织开展历年来力度最大、范围最广的员工双聘工作。经过调整，中层干部队伍精简，年富力强、高学历青年干部走上管理岗位，员工队伍结构优化。强化社会责任。以金融反哺教育事业，在全区教育大会上，为区教育发展基金注资500万元，为教育事业发展添砖加瓦，被区委、区政府授予“2019年柯城区尊师重教奖”。与航埠小学开展党建结对，全体在岗党员捐赠各类书籍1200余册，学校建起“春苗书屋”3个。

（吴奇超）

柯城工行

【概　况】 2019年，中国工商银行股份有限公司衢州柯城支行（以下简称柯城工行），现有员工90人，至年末全部存款21.5亿元，各项贷款27.2亿元，存贷总量保持当地同业领先优势。柯城工行立足本源，把握经济转型升级、市场空间扩大、改革红利激增等机遇，努力应对不确定性增加、风险多点多发、竞争加剧的挑战压力，厘清思路、看准方向、稳扎稳打，实现业务发展、经营质态、发展趋势和队伍状态四个“持续向好”。在企业文化建设过程中，坚持将党建融入业务发展，注重文化体系建设，创建并逐步完善柯城铁军文化体系，以该体系为主轴，从目标引领抓发展、过程控制抓执行、结果导向抓落实等三个层次出发，引领支行跨越式发展。

【重点项目落地】 是年，柯城工行重点支持项目：物产中大医养、半岛文化街区、高铁新城、杭衢铁路、柯城棚改、半岛悦蓉庄酒店、景富鹿鸣山文化院等。工业技改类项目：利化化学、金沃建工等。这些项目的落地都将助力衢州美丽大花园建设。

【助力幸福产业发展】 农村消费、网络消费、养老消费、文化消费、环保消费兴起，推动服务业向专业化和新领域延伸；服务实体经济提出新要求，柯城工行全面落实公司金融“抓大、抓小、抓新、抓优”八字方针，优化信贷投向和结构，持续推进普惠金融大发展、更积极发展个人消费类产品，包括个人家装消费贷款、个人文化消费贷款、工银e分期、提升客户满意度和幸福感。

【坚持以客户为中心】 “以客户为中心”始终是柯城工行核心经营观和文化精髓，从客户视角出发，解决需求痛点，打造极致体验，提供超预期服务，实现互利共赢。年内，加快网点智能化改造，实施“五个一”柜面组合服务新模式。实现服务客户金融需求个性化、综合化、一体化，实现服务渠道离行化、移动化、混业化，从“线下为主”向“线上优先、线上线下一体化”，从银行单方提供产品向双向互动、提供极致体验转变。提升客户服务水平，通过专业服务，全方位提升客户获得感，让客户感到受尊重，不仅要做“客户身边的银行”，更要做“客户心中的银行”“首选的银行”。

（汤静波）

柯城建行

【概　况】 2019年，中国建设银行衢州柯城支行（以下简称柯城建行）立足柯城，面向全市，为客户提供存款、融资、结算、代理、投行等各项金融服务。坚持以“三大战略”为动力，以转型创新为活力，以全面风险管理和合规经营为保障，各项工作取得良好成绩。至年末各项存款余额9.64亿元，各项贷款余额19.31亿元。

【服务经济】 根据区委、区政府部署，支持地方经济发展。坚持转型谋发展，锐意进取求突破、业务开展有重点、计划明确有措施、指标执行有追踪。年内，柯城建行推进“住房租赁、普惠金融、金融科技”三大战略。对公普惠金融贷款余额10789万元，当年新增3265万元，计划完成率106.36%。住房租赁，新增签约合同数7户、新增在线支付笔数6笔7.03万元、月活跃用户数194户、新增房源核验数352户、新增社会化房源352户、新增业务导向性房源313户。金融科技，智慧社区及党群服务平台取得突破，社会化服务平台实现有效用户数1155户。裕农通，全年新拓激活服务点59个，实现乡村覆盖率100%。ETC业务，全年共拓展ETC客户1113户，计划完成率23.14%。

【党建共建】 党支部重视“不忘初心、牢记使命”主题教育，按要求落实推进各项活动，通过支部书记讲党课、集中学习、讨论交流、自我检视与剖析、现场参观等多种形式开展活动，包括召开支部会议6次、开展讨论学习5次、开展主题党日活动2次、专题党课1次，切实贯彻习近平总书记重要讲话及指示批示，贯彻落实习近平新时代中国特色社会主义思想。专门成立张富清党员突击队与张富清金融队，深入开展“学习张富清、践行新使命”百日冲刺劳动竞赛活动，充分发挥党员先锋模范作用和支部战斗堡垒作用，实现各项业务快速高效提升。更是与航埠镇翁家村进行“银村结对”，通过深入开展党建共建，有力助力乡村经济发展及精准扶贫。通过双方联合开展党课学习、送金融知识下乡、慰问困难老人等形式，与翁家村党建共建。自签订“银村结对”以来，每季上门服务对接，在翁家村设立“裕农通”点2个、发放小微企业贷款100万元、发放“美好家庭贷”30万元、签约ETC5个，得到区政府领导的肯定。

【提升网点服务水平】 柯城建行是衢州建行首家顺利通过中银协“四星级网点”验收的单位，把“以客户为中心、创一流业绩”为服务宗旨。以高标准、严要求，在工作中树立良好精神风貌。在同业中以真诚服务态度、踏实服务作风为建行赢得荣誉。

【内部监督管理】 是年，开展“合规优先”文化建设，将常态化合规文化建设与主题鲜明的警示教育相结合，全行性案件通报，加大问责力度，强化规章制度执行，开展合规主题活动，厚植合规文化与理念。深化业务风险点管理，对网点重要岗位人员实行轮换制度，杜绝风险发生。确保全年无案件，无安全事故发生。

（傅建栋）

柯城中行

【概　况】 2019年，中国银行衢州柯城支行（以下简称柯城中行）响应市政府“活力新衢州　美丽大花园”建设号召，主动担当国有大行社会责任，贯彻落实国家法律法规，支持衢州实体经济振兴、重大项目建设，做好业务创新及产品创新，发挥中国银行海内外一体化、集团多元化经营优势，支持柯城区经济转型升级。年末，柯城中行本外币各项存款余额5.42亿元，其中公司存款2.08亿元，个人存款3.34亿元，较年初增加0.22亿元，本外币贷款余额11.77亿元，通过海外行融资、贸易融资、票据融资、产品创新等途径扩大贷款规模2.96亿元，实现营业收入2509万元，全力服务中小微企业及民营企业发展，支持衢州区域经济发展。

【重大项目营销】 与衢州市政府的重点招商引资项目——浙江华友新能源科技有限公司（上市公司）合作，并与其与韩国LG公司合资的华金新能源材料（衢州）有限公司达成合作，给予授信额度3亿元。助力大型房企在衢州开发，成功合作碧桂园西溪原著项目、江湾半岛项目一手房，并给予按揭项目额度8.7亿元。

【助力小微企业】 抓大不放小，除营销重点大项目、大房开，柯城中行始终秉承“服务小微”经营宗旨，贯彻落实市行、柯城区政府各项方针政策，推广柯城中行适合小微企业发展创新金融产品，推进普惠金融，服务普惠企业户数较年初新增20家，新增2395万元，真正做到为企业减轻负担、助力中小企业的发展。

【强化风险管理】资产质量良好是效益的基石和保证，强化风险管理，严守合规底线，针对不同岗位、结合不同方式，持续开展安全警示教育，提高全体员工风险合规意识。加强贷款风险监测，及时防范和化解贷款违约风险，连续几年做到公司、个人贷款不良资产余额控制在零，切实做到合规经营、安全发展。

（邓平超）

柯城农行

【概　况】 中国农业银行衢州柯城支行（简称柯城农行）以习近平新时代中国特色社会主义思想为指导，贯彻中共十九大和省市分行年度工作会议精神，坚持以“高质量发展”为目标，深化党建引领，加快有效发展，强化基础管理，严格防控风险，实现全行经营管理迈上新台阶。

【核心业务】 至年末，全行各项存款余额26.94亿元，比年初增加1.2亿元；全行各项贷款余额53.38亿元，比年初增加2.86亿元；实现营业收入14135万元，账面不良率0.07%，经营效益持续向好，信贷结构优化，机构绩效排名列全市农行首位。

【地方经济发展】 紧扣“活力新衢州、美丽大花园”发展理念，强化金融服务，助力地方经济发展。围绕美丽柯城建设，助推民生重大项目，重点支持区美丽沿江公路建设，支持沿江公路建设发放贷款2.98亿元。支持区地方社会事业，响应政府绿色号召，银企合作认购“一村万树”绿色期权10万元，向区领头雁培育基金会捐款12250元。支持当地民营小微企业发展，落实普惠金融政策，推动线上线下一体化深度融合。为82户民营小微企业发放贷款6.25亿元，缓解小微企业融资难融资贵问题。服务乡村振兴行动，加大三农服务力度。至年底，全行有村民建档10610户，农户贷款余额1.35亿元，连续6年派驻乡镇挂职干部，助力航埠镇、石梁镇经济建设。开展“送金融知识进社区、进企业、进机关”“三农服务下乡”等活动，走进农村、社区、机关、企业等上门为群众送金融服务。

【强化风险防控】 将“三线一网格”管理机理嵌入普惠金融运作全过程，加强员工行为

图63　1月，农行衢州兴柯支行到石梁镇荞麦坞村开展“反假币、反洗钱”金融服务活动　（卢颖　摄）

风险排查，强化“双基”管理，内控案防能力提升。实现全年平安经营无事故，获评2019年度总行级安全保卫“三化三达标”先进单位、2019年度全市农行“四好”领导班子先进集体。

（袁秋华）

中国人寿衢州分公司

【概　况】 2019年，中国人寿衢州分公司以中共十九大精神和习近平新时代中国特色社会主义思想为指导，紧紧围绕衢州市委、市政府重大决策部署，深入践行重振国寿战略，扎实推动“蓝图落地年”“队伍建设年”“作风强化年”各项工作，紧密贴合人民群众保险保障需求，服务地方经济社会发展。全年实现保险保费收入14.8亿元，同比增长11.19%，市场份额33.01%，持续保持市场领先地位。提供风险保障197.23亿元，同比增长42.79%，全市各类保单给付、理赔金额达到2.8亿元，累计有29722人获得赔付，发挥保险经济“减震器”与社会“稳定器”作用。

【助力精准扶贫】 与衢州市扶贫办创新开发了扶贫健康保险项目，以解决低收入群体因病因意外致贫、返贫难题为切入点，以医保外费用补偿补助为核心。是年，全市97433人参保，保险费收入1461.49万元，年度赔付47150人次，赔付金额1173.06万元，赔付率80.26%，为打赢脱贫攻坚战贡献力量。

【完善民生保障】 以“完善大保障、共筑民生网”为宗旨，把握商业保险作为保障体系重要组成部分的功能，有效发挥保险保障改善民生的重要支撑作用，开展城乡居民基本医疗补充保险项目和计生系列保险项目。2019年，全市参保人数达到27.51万人次，同比上升4.3%，全年保费1768万元。项目实施4年来，有21187人次受益，累计赔付金额4282.73万元，累计赔付率达到65.56%。

【提升服务能力】 践行“最多跑一次”改革，提高服务水平。全年为持续推进扶贫保险“零跑直付”，对接衢州市大数据发展管理局，在市医保局、扶贫办支持下，对理赔直付系统进行升级，12月11日，理赔直付2.0系统正式上线，实现扶贫保险理赔手续更简便、理赔处理更高效。新系统上线后，所有信息全部由系统自动获取、自动处理、自动付款，全程无人工参与，解决客户联系信息缺失、客户多次理赔、服务专员工作量过大等诸多问题。同时，推广“重疾一日赔”服务，以快速、专业、温暖的“三个一”服务（一束鲜花、一声问候、一日赔付）得到客户赞誉和认同，服务口碑良好。

【吸收社会就业】 牢固树立队伍发展驱动业务发展理念，加大销售队伍建设投入，重视教育培训和基础管理工作，实现销售队伍扩量提质。至12月底，全市系统保险营销员队伍规模达4400多人，对稳定和吸收社会就业起到积极作用。

【践行社会责任】 持续打造“衢州有礼、国寿有爱”公司品牌，履行社会责任，展现央企担当。是年，向浙江省马寅初人口福利基金会捐赠10万元；向龙游县人民教育基金会捐赠14万元；向开化县慈善总会的钱江源教育基金会捐赠12万元；为江山市举办“5·15”国际家庭日主题宣传活动暨计生协会员活动赞助21万元；参与相关部门组织的“3·15”消费者权益日、“金融知识普及月”

等系列公益宣传活动；举办“7·8”保险扶贫公益跑暨国寿700健行活动，进一步普及保险专业知识、助力社会脱贫攻坚。

【强化党建引领】 9月23日起，组织开展“不忘初心、牢记使命”主题教育工作，深化理论学习、抓实调查研究、深入检视问题、狠抓整改落实，达到“理论学习有收获、思想政治受洗礼、干事创业有担当、为民服务解难题、清正廉洁作表率”目标。同时，全员参与、全情投入，响应市委、市政府创建全国文明城市号召，组织志愿者参加府山公园创全国文明城市集中整治行动等志愿服务活动。

（姜许斌）

中国太平洋财产保险衢州中心支公司

【概　况】 2019年，中国太平洋财产保险股份有限公司衢州中心支公司（简称衢州中心支公司）在市委、市政府、监管部门和上级公司的正确领导下，坚持高标准、严要求工作作风，以奋斗的姿态、创新的思维、担当的精神、实干的作风，凝心聚力促转型，一心一意谋发展。全年实现保费收入20412.74万元，同比增长7.61%，优于市场5.11%。

【公司转型升级】 贯彻太保集团公司转型2.0战略部署，坚持以“对标一流，看齐先进”为导向，坚持以“稳存量、强增量、提质量”为经营方针，坚持以“抓重点、补短板、强弱项”为工作策略，坚持不断丰富和深化太保品牌在南孔圣地的内涵，在新周期抓住新机遇，实现新突破，全面实现有利润、可持续、精细化、有特色的高质量发展。

【创新领域不断突破】 衢州作为浙江省“两山”实践示范区，绿色经济、绿色金融、绿色发展是衢州肩负的使命，衢州中心支公司积极参与，把发展绿色保险定在三个主要领域：服务三农、服务民生、服务实体经济，制定“一县一色”“一县多色”“一镇一色”发展方向，大力推进生猪饲料＋期货保险、古树名木保险、新型家庭农业经营主体、电动自行车保险、商家预计消费卡责任保险、乌引工程民生责任保险等绿色保险。

【加强品牌建设】 树立强大的公司品牌是适应新市场形势发展强力后盾支持，在不断创建品牌、提高服务水平上服务国家战略和社会民生，彰显责任担当。2019年，太平洋保险获得全国扶贫最高奖项——全国脱贫攻坚奖的组织创新奖，为保险业中唯一获奖企业。树立品牌创建，从获全国五星服务门店到省AA级“守合同重信用”单位、市“十大绿色金融创新产品”。

（谢淑君）

浙商证券衢州营业部

【概　况】 浙商证券股份有限公司衢州荷花中路证券营业部成立于1993年10月，是衢州地区最早成立的证券营业部之一，秉承“同创，同享，同成长”核心价值观，坚持把客户服务放在第一位，把最好的财富管理分享给每一位客户。2019年，营业部围绕科创板、两融、公募基金三项重点任务，做好推进工作，提升服务覆盖率，实现全年利润总额2846万元。2月引进一笔一亿元股权托管项目；7月，与公司债券部合作，中标10亿元的衢州市交投集团非公开发行绿色公司债。全年多次组织线下反洗钱、打击非法证券期货宣传活动，为社会大众提供专业金融普法服务，为衢州开展“绿色金融”贡献一份应尽力量。

（叶庆芬）

银河证券衢州营业部

【概　况】 中国银河证券股份有限公司衢州须江路证券营业部位于衢州市柯城区须江路65号、67号、69号。至年末，营业部共有员工13人，其中党员3人。坚持转型创新，注重客户服务品质提升，根据客户需求提供多元化金融产品服务。2019年，营业部新开账户606户，客户累计13158户，总资产5.23亿元，同比增长10.65%。全年实现股基交易量133.06亿元，同比增长2.53%。

【反洗钱专项工作】 根据公司总部反洗钱“明确职责、落实责任”主题专项工作开展要求，做好反洗钱制度建设、各部门反洗钱工作自查复查、客户回访及账户规范等各项工作，发现问题及时纠正，做好所有涉及触发洗钱阈值客户的分析排查工作，不出错漏。

【走进校园投资者教育活动】 11月，开展主题为“防范洗钱风险，请勿出借账户”“远离场外配资与非法证券活动”等走进校园大学生宣传活动，通过建立校园宣传点、设立咨询站、发放宣传手册、向大学师生介绍各类洗钱及非法集资知识，帮助大学生了解法律知识、提升风险防范意识，提高风险识别能力，落实反洗钱社会责任。

（应艳云）

申万宏源证券衢州营业部

【概　况】 申万宏源证券有限公司衢州县西街证券营业部经营范围包括证券经纪、证券投资咨询、证券投资基金代销、融资融券、代销金融产品、期货IB、证券资产管理、证券承销与保荐等。营业部始终秉持“唯实求新　厚德笃行”的核心价值观，坚持“责任、专业、协作、开放、进取”的企业精神，以专业金融服务促进衢州当地实体经济发展，2019年，全年股票交易量约494亿元，实现业务净收入2626.3万元，为国家和地方实现税收327万元。

【投资者教育】 作为一家金融央企，高度重视投资者教育工作，年内，开展“简单金融.成就梦想——申万宏源走进投资者”衢州站巡讲活动。组建“申万投教小分队”，探索开展“警企合作”，营业部投教小分队与衢州市公安局经济开发区分局举行“金融投资安全防范服务基地”揭牌仪式和签约仪式；不忘“军民鱼水之情”，走进军营为某驻地官兵讲授“理财微课”，指导官兵们树立正确的投资理念。

【志愿者服务】 发挥专业优势服务社会。携手智慧新城幸福社区党员志愿者，为居民播放爱国主义题材露天电影“勇士”，加入西区志愿者大联盟，参与创建全国文明卫生城，成立“有礼公益团队”，开设“有礼公益课堂”。为建设“活力新衢州、美丽大花园”贡献力量。

（姜　薇）

教　育

教　育

【概　况】 2019年，全区义务教育阶段学校42所（不含市属），公办幼儿园5所。其中，九年一贯制学校1所、初中8所、小学33所、特殊教育学校1所、农民工子弟学校1所，公办、集体办、民办幼儿园95所。全区义务教育段学校：浙江省百年名校1所，衢州市名校12所，省级体育、艺术特色学校21所。全区在校（园）生52764人，其中小学24417人，初中9822人，幼儿园18464人，特殊教育61人。学前三年入园率98.04%，小学学龄儿童入学率100%，初中入学率100%。全区公办学校在职在编教师2694人，小学、初中专任教师高学历比例分别为99.88%、96.75%。

图64　11月26日至27日，柯城区推进语言文字规范化评估验收现场会

【机构改革】 根据《中共衢州市柯城区委衢州市柯城区人民政府关于印发〈衢州市柯城区机构改革方案〉的通知》，1月，建立区教育局，撤销区教育体育局（文化局）。同时，从原区教育体育局（文化局）划至区教育局有关职责、机构所对应转隶人员49名。区委办公室、区政府办公室印发《衢州市柯城区教育局职能配置、内设机构和人员编制规定》，对区教育局主要职责、内设机构和人员编制进行修订。

图65　1月20日，柯城区教育局揭牌

【教育设施投入】 围绕新建学校、中小学校舍改扩建、校园基建零星维修，区政府依法加大对教育基础设施投入。城南小学、白沙小学新建工程完成，9月投入使用；万田中心学校教学楼拆建工程、教工幼儿园教学楼拆建工程全部竣工，年底投入使用；鹿鸣小学迁建工程，现主体全部结顶，计划于2020年9月投入使用，总投资52245万元。完成白云学校、礼贤小学等27所学校校舍维修改造项目55个，总投资3753万元。为推进

学前教育第三轮计划，高度重视幼儿园扩容工程。全年实施幼儿园新建（改扩建）项目22个。竣工11个，即将完工4个，新建开工4个，完成改造2个，改扩建开工1个，总投资3721亿元。其中，新建幼儿园总建筑面积71858平方米，投资3.342亿元。

【学前教育】 出台《关于印发柯城区进一步加强学前教育工作实施办法的通知》，明确移交小区配套幼儿园原则上全部举办为公办园或公办园分园。在《衢州市区住宅小区配套幼儿园建设管理实施意见》基础上，形成《王良春副市长听取教育重点工作的备忘录》《关于衢州市区小区配套幼儿园治理整改的备忘录》，统筹解决移交主体不明、税费减

图66 2019年完成移交的锦西家园小区配套幼儿园

免、规划补建、装修移交等新问题。制定《柯城区农村幼儿园补短提升工程方案(2018—2022年)》《柯城区民办学校财务管理办法》《柯城区民办学校监督管理办法》《柯城区民办幼儿园公用经费资金拨付考核管理办法》。面向社会招聘9名公办幼儿教师编制，区委、区政府高度重视，核定公办幼儿园报备员额教师数量209名，分五年招聘到位。全年新建幼儿园竣工开园6所：礼贤幼儿园、翡翠湾（博雅）幼儿园、悦澜湾幼儿园、黄家街道中心幼儿园、花园街道平园中心村幼儿园、航埠镇彭村幼儿园，增加班级72个，增加学位2160个。竣工将开园5所：花园街道花园村幼儿园、航埠镇联合幼儿园、锦西家园幼儿园、悦鑫府幼儿园、南方幼儿园，增加班级46个、学位1380个。即将完工幼儿园4所：祥生幼儿园、南堂苑幼儿园、巨化厂中村安置幼儿园、姜家山乡中心幼儿园，预计增加班级45个、学位1350个。开工新建4所：高铁新城2所幼儿园、盈川幼儿园、沟溪乡中心幼儿园，预计增加班级51个、学位1530个。完成改造2所，即将改扩建1所：七彩梦幼儿园、石梁镇中央方教学点改造完成，万田乡第一中心幼儿园图纸审查完成，正在编制预算。是年全区幼儿园95所，其中公办园5所，集体办22所，民办68所，公办园和集体办园占比28.42%，公办园和集体办园在园幼儿占比36.17%。在园幼儿数18464人，学前三年入园率98.04%，普惠性幼儿园比例97.89%。省一级幼儿园12所，省二级幼儿园31所，省三级幼儿园46所，准办级6所，等级园比例93.68%，等级覆盖面98.08%，普惠性等级幼儿园比例91.58%。幼儿园专任教师持证率96.08%。

【入学报名“零跑腿”】 贯彻落实省、市、区“最多跑一次”精神，推进幼儿园、中小学招生网上报名工作。4月底，依托容博教育科技有限公司建成区招生报名综合服务平台，5月投入使用。初中入学报名4498人（不含民办初中），小学入学报名5273人，幼儿园入学报名1191人（不含民办幼儿园）。通过大数据比对及教育部门审核，初中实际录取3309人，小学实际录取4899人，幼儿园实际录取528人，报名平台统一向家长发

图 67　巨化三小教师到社区开展教育咨询公益活动（陈岚　徐倩云　摄）

放录取信息，统一发放入学通知书。整项工作基本实现入学报名“零跑腿”，社会反响良好，实现“办人民满意教育”目标。

【校园艺术特色】 全区因地制宜建立婺剧、剪纸、书法、蛋雕、竹编、陶艺、瓦艺等民间艺术工作室，培育艺术特色品牌 30 余个，“人人有特长、班班有特点、校校有特色”的“一校 N 品”艺术教育格局基本形成。组织参加衢州市第八届艺术节，艺术表演类获一、二等奖 17 个，美术作品类获一等奖 21 个，现场展演比赛获一等奖 5 个，送省参评节目 14 个。其中，在合唱、器乐专场中柯城区新华小学均拔得头筹。在省中小学生艺术节上，

图 68　6 月 4 日，新华小学器乐社团参加市中小学生艺术节器乐专场比赛获第一名

柯城区艺术表演类获一等奖 3 个、二等奖 3 个、三等奖 8 个；美术作品类获一等奖 4 个、二等奖 5 个、三等奖 4 个。

【德育工作创新】 坚持“立德树人”根本目标，贯彻“五育并举”教育理念，以重大节假日为契机，深挖特色教育资源，开展主题教育活动。以“南孔圣地 · 衢州有礼”和“棋妙柯城”城市品牌建设为抓手，以社会主义核心价值观“三进”活动、“新时代好少年”评选、文明校园创建、“五好”学校创建等为载体，推进“九礼六仪”礼雅育人工程，做到有礼育人、管理育人、课程育人、文化育人、活动育人、实践育人、协同育人。全年，通过市文明校园评估验收学校 6 所，创建市“五好”学校关工委 19 所；召开以“回归课程之本，铸就德育之魂”为主题全区中小学德育工作现场会，促进区德育工作创新发展；成立“小锦鲤志愿服务”队近 500 支，开展活动 1200 余次，参与人数近 13000 人，引导学生以实际行动践行《中小学日常行为规范》，提升浓厚礼雅育德氛围。

【通过语言文字规范化区评估验收】 11 月 26 日至 27 日，衢州市语言文字工作委员会组织专家评估团，在省语言文字工作委员会观察组监督指导下，通过走访座谈、查阅台账资料、听取专题汇报等形式，对区域推进语言文字规范化工作进行评估验收。评估团认为，在推进区域语言文字规范化创建中工作扎实、措施有力，并在实践中形成好经验、好做法，语言文字规范化水平明显提高，成效显著，符合省区域推进语言文字规范化区条件。区顺利通过浙江省区域推进语言文字规范化区评估验收。

【儿童青少年近视防控】 制定出台《柯城区

儿童青少年近视防控实施方案》，成立区儿童青少年近视综合防控工作领导小组，组织开展儿童青少年近视筛查工作。全区筛查中小学校、幼儿园21所，儿童青少年3601人。实施“健康教室照明”计划，根据教学环境检查结果，区政府拨付专项经费400余万元，计划两年时间内完成全区所有公办学校普通教室灯光改造，确保与视觉健康和近视防控密切联系的环境、器具标准执行落地。至年底，改造完成学校13所，2020年将改造剩余学校26所。

【互联网＋义务教育】 报省“互联网＋义务教育”民生实事结对学校15所，其中区内结对帮扶学校12所，跨区山海协作帮扶学校3所。根据柯城实际，将官碓小学等14所学校列入结对帮扶对象，区域结对29所，实现乡村小规模学校和完小教学点全覆盖，全区农村学校结对帮扶比率80%，全省结对帮扶任务超额完成。结对帮扶增量增质，未上报全省结对帮扶智慧督查系统的结对学校，与报省结对学校考核要求一致，同时间、同任务、同标准，根据结对协议，高质量完成帮扶计划。投入专项建设资金600余万元，完成各结对学校“互联网＋义务教育”信息

图69　石梁小学和杭州市余杭区五常小学的学生通过互联网同步课堂

化基础设施装备，组织开展同步课堂教学500余节，覆盖学生3000余人次；区域“互联网＋义务教育”教学教研平台建设完成，指导8个学科开展300余次教师网络研修活动，参与教师1000余人次。

【新型教学空间建设】 兴华中学作为全省首批同步课堂试点校，将互联网与现代教师研训相结合，建立“互联网＋教师研训中心＋大数据阅卷中心＋学术报告厅＋家长学校＋STEAM空间”模式，开展新型教师研训实

图70　鹿鸣小学七里校区和鹿鸣小学学生通过视频共上一堂课

践与研究。建成全市首个沙画、版画专业教室，开设沙画、版画社团课程，其中《走进印痕之美——木刻版画》课程入选衢州市第四届精品课程；白云学校构建“互联网＋数字阅读＋数字绘画＋数字音乐＋数字制作＋N”学生数字化学习空间，为师生创造个性化学习场所，打造“互联网＋拓展课程”教学新模式；巨化一小教师团队建起“乐创馆”，开设“四模”课堂；礼贤小学建成少儿科创中心，成为国家普及科技模型进校园活动试点校，引入专业教练团队；农村片尼山小学珊塘校区将互联网与“全科”教学相结合，聚焦全学科教学、全学科资源支撑、全学科教师培养，从小规模学校“小”字着

眼，根据农村小规模学校自然小班化特点，构建“互联网＋教学区＋阅读区＋实践区”的“大”教学场景，打造全方位、立体化学习空间；新华小学与衢州学院外国语学院签订建设协议，共同打造“衢州市新华小学STEAM教育博士工作站”。

【之江汇教育广场】 在教育资源和网络空间建设方面，之江汇教育广场应用是浙江省政府数字化转型重点项目。5月，组织区内教师参与衢州市电教馆组织之江汇教育广场应用培训活动。11月，研究制定推进应用若干意见，推进学科基地校、数字史料馆、浙江微课网、同步课堂、家校沟通等特色应用，开展精品教学空间和空间应用典型学校评比活动，形成“校校用平台、班班用资源、人人用空间”良好氛围。兴华中学在之江汇教育广场上建起数字家校，通过之江汇教育广场学科基地校进行直播，让农村学校家长也能享受到优质家庭教育资源，促进城乡家校资源互通，让城乡家长共同受益。大成小学之江汇教育广场案例《借助学习空间，校园课程百花齐放》《立体教研，助推教师专业成长》入选2019年浙江省“基于技术的教与学方式变革”典型案例。学校和教师获得省财政教育之江汇按用付费资金合计34572元，其中巨化一小王吕老师取得2019年度浙江省优秀空间建设老师个人贡献值（按用付费数）全省第一名。

【装备水平上新】 区财政局下达教育信息化专项建设经费2000万元，除支付上年应付中考人机对话机房等建设项目外，根据前期实地调研，结合上级考核指标、相关文件要求、学校急需程序、薄弱学校提升内容等维度，综合统筹研究后确定33个2019年度教育信息化建设项目，完成学校近视防控环境设施改造工程、农村“两类”学校装备更新工程、农村学校“冬暖夏凉”空调配备工程、平安校园技防工程、学校创新实验建设工程等项目建设，实现学校教育装备水平再上新台阶。各建设项目启动后，区建立“一论两理一审”建设管理机制，即建设方案须经第三方专家论证，采购过程由政府采购代理执行，建设过程全程由信息化专业监理负责，涉及基建装修部分采取事后第三方机构评审，保证建设规范有序。

【创新教育推进】 将创新教育推进与学校特色课程建设有机结合，推动创新教育理念和行动由部分学科逐渐拓展至全学科、全学段领域，参与面和受益面广泛，全区创新教育方面出现你追我赶、携手共进态势。万田乡中心学校被评为省中小学STEM教育项目培育学校；新华小学案例《载人船》被评为第一届省中小学STEAM学习项目A类入围奖第2名，列入出版计划；白云学校承办市青少年科技月系列活动；巨化一小和礼贤小学在2019年全国青少年模型教育竞赛活动中均取得优异成绩，斩获金牌4枚，银牌3枚，铜牌5枚，累计获个人一、二、三等奖46人次，团体一、二、三等奖18个；新世纪学校、新华小学、鹿鸣小学、兴华中学、大成小学等学生机器人社团，携手共赴大赛竞技场，捧回2019VEX机器人世界锦标赛技能挑战赛世界冠军，包揽第16届浙江省青少年电脑机器人竞赛VEX工程挑战赛小学、初中组冠亚军，夺得第十届亚洲青少年机器人锦标赛中国选拔赛全国亚军，取得2019VEX世锦赛中国选拔赛全国第一的好成绩。另外，全国青少年机器人技术等级考点正式落户新世纪学校；在2019年CSP-J/S（中国计算机学会创办的面向非专业级的软件能力认证）中，兴华中学学子在张双、郭雯靓两位老师带领下，1人获提高组一等奖，7人获入门组一等奖，5人获入门组二等奖。

【教育大数据应用】 教育大数据应用从局部试点阶段进入多点布局整体推进阶段，教学质量测评与诊断延伸到学校教学与管理等方面。书院中学《一份15页的成绩报告单》案例入选全国基础教育信息化应用典型示范案例名单，在全国基础教育信息化应用典型案例展示交流会上做专题发言。11月，省教育厅教研室在衢州召开“互联网＋义务教育”研讨会，书院中学童丽君老师以《以数为据，基于诊断的校本教研》为题介绍学校运用大数据开展精准教研的经验。书院中学案例《数据化背景下基于诊断的校本教研模式》获2019年浙江省“精准教学”案例评比二等奖，书院中学的衢州市重点规划课题《大数据背景下初中生日常行为规范评价的研究》，结题并送省立项，书院中学课题《初中数据诊断后有效作业布置与实施的研究》获衢州市教育科学规划2019年度重点课题成果二等奖。教工幼儿园基于大数据的“健康星”学生运动课程体系多次接受外地考察团访问。

【夯实教学常规】 按“常规是底线、管理出效益”工作理念。上半年，教研员共同努力，几易其稿，修订修编各学科《教学常规》完成，作为教学管理基本工作框架。制定出台《柯城区教学常规互学互看工作方案》，10月22日至11月4日，初中段教学常规视导工作启动，组织中考学科教研员5位、初中学校教学分管领导9位、教学骨干15位，围绕“备课、上课、作业”三个关键点，采用“推门听课、抽查两本（备课本、作业本）、参与教研、随机访谈、实地查看”等方式，对全区9所初中中考文化学科的273名教师进行教学常规专题视导工作。

【学校党建工作】 实施党建统领，加强全区中小学校党建工作，发挥中小学校党组织政治核心作用。全区各中小学校推进“两全”党建示范点创建、党组织领导下的校长负责制试点工作及“党建统领抓队伍、刀刃向内转作风、网格管理见实效”主题实践活动，实现党建工作和教育工作“两强两提升”，凝聚核心力量，破解工作难题，提升学校党建工作水平。以“不忘初心、牢记使命”主题教育为契机，以“四定”“四联”“四问”“四聚焦”为抓手，落实主题教育四个重要举措，实践“不忘初心、牢记使命”主题教育，实现“两全”“两实”（“两全”：对象全覆盖、督促检查指导全覆盖；“两实”：学实、抓实）成效，提升基层党组织战斗力。全区学校40所、党（总）支部35个、在职党员1067名、退休党员220名，参与其中。

【省标准化学校评估】 1月19日至21日，省标准化学校检查组一行五人，对城南小学、白沙小学标准化学校进行全方位检查评估。最终两所学校通过标准化验收，区标准化学校创建率已达90.47%。

【平安校园建设】 建立安保经费保障机制，统一购买安保服务投入900万元，为全区学校配备专职保安197人；保障学生上下学接送服务工程，全年投入财政资金340万元，校车开设接送线路71条，接送学生2206人；深化实施千万学生饮食放心工程，开展阳光厨房建设，区属公办学校全部实行大宗食品统一配送；提升校园安全管理水平，举办首届校园安全技能大比武。

【百万重金诚聘教育英才】 发挥主城区教育优势，打造区教育人才高地，区委、区政府高度重视，区编办、区人力社保局、区财政局大力支持，面向全国公开选聘优秀教师，百万重金诚聘教育英才，报名数量和质量均创历年新高。各类别优秀教师参加报名 139 名，经资格审查和初审，优秀教师列入考核 109 名，其中申报柔性引进专家 3 名，第一类省特级教师、正高级教师人数 4 名，第二类市名师、省优秀教师 2 名，第三类市教坛新秀、市优质课一等奖、市学科带头人 27 名，其他类别优秀教师 75 名。最终，通过面谈考核和教学考核，21 名优秀教师加入区教师队伍。

（吴敏超）

成人教育

【概　况】 浙江广播电视大学柯城分校（简称柯城电大）主要承担成人高等学历教育，与区委党校合署办公，实行“两块牌子、一套班子”工作体制，内设办公室、教务处、学管处、技术处。2019 年，学校认真履行办学职责，秉持“全员招生”“全力招生”“全年招生”的工作理念，有序开展招生工作，规范实施教学过程，缜密组织期末考试；贯彻执行上级教育行政部门和省电大制定的有关教育、教学、教务和考务等制度，受国家开放大学委托颁发毕业证书。专职教师 7 人，其中，高级讲师 1 人，讲师 3 人，助讲 3 人，固定外聘兼职教师 12 人。1 月，陈芬红获 2018 年度浙江省社区教育“优秀工作者”称号。11 月，方明红获“衢州广播电视大学 40 周年校庆征文活动”三等奖，郑晨获“衢州广播电视大学 40 周年校庆征文活动”优胜奖；《中国传统家训文化与新时期家风建设》被评为 2019 年“社区教育进农村文化礼堂特色课程”建设对象，《清献文化传播》被评为 2019 年“社区教育进农村文化礼堂学习品牌”培育对象。

【教学组织】 秉承“个性化服务”要求，做好春、秋两季学生的教材征订、发放、教学、考试等工作，做到“以人为本”“物尽其用”。按省电大工作要求，教师认真学习新教务系统，摸索各版块性能、路径和方法，虚心向同行请教，确保各项业务如期完成。学籍管理规范有序。学生学籍信息、成绩管理、毕业审核等环节做到及时、准确、零失误。是年，柯城电大开设本科专业 6 个，专科专业 6 个，所有专业均按省电大执行性专业规则设置课程。建立健全班主任助学、导学机制。明确规定，班主任是学生求学过程中第一责任人。多管齐下，组织、督促学生自主学习；利用 QQ、微信等新型交流方式，回复学生各种问题，做好思想工作。春秋两次期末考试，准备到位，运转规范，秩序井然，无不良反映。针对国家开放大学的系统开发、模块设置、权限分配及资源建设等问题，向上级电大提出一些合理化建议。

表 21　　　　**2019 年柯城电大专业设置情况一览表**

层次	专　业	主　要　课　程
本科	行政管理	公共政策概论、行政法与行政诉讼法、社会保障学、公共部门人力资源管理、政府经济学、行政领导学、城市管理学、西方行政学说、当代中国政治制度等
	法　学	行政法与行政诉讼法、经济法学、知识产权法、中国法制史、国际私法、国际公法、法律文书、合同法、公司法等
	会计学	宏微观经济学、国民经济核算、审计学、高级财务管理、货币银行学、高级财务会计、会计制度设计、财务报表分析、财务案例研究、审计案例研究、现代管理原理等
	土木工程	工程数学、土木工程力学(本)、流体力学、工程经济与管理、建筑结构试验、工程地质、土木工程CAD、混凝土结构(本)、钢结构、结构计算软件、钢—混凝土组合结构、建设监理等
	工商管理	流通概论、企业战略管理、成本管理、西方经济学(本)、质量管理、管理案例分析、组织行为学、人力资源管理、小企业管理、证券投资分析、现代管理专题、金融学、公司概论
	金融学	现代货币金融学说、财政学、财政与税收、现代管理原理、保险学概论、公司财务、金融统计分析、金融法规、中央银行理论与实务、金融风险管理、金融工程学、项目评估、信托与租赁、财务报表分析、证券投资分析、金融理论前沿课题、投资学
专科	行政管理	管理学基础、公共行政学、政治学原理、社会调查研究与方法、应用写作、办公室管理、监督学、个人与团队管理、行政组织学等
	工商企业管理	经济数学基础、基础会计、西方经济学、管理学基础、市场营销学、统计学原理、经济法概论、企业发展战略、财务报表分析、市场营销学、资源与运营管理、经济法律基础等
	会计学	经济数学基础、基础会计、中级财务会计、财务管理、管理会计、成本会计、审计学原理、统计学原理、电算化会计、财会法规与会计职业道德等
	建筑工程技术	建筑制图基础、建筑材料(A)、建筑构造、建筑测量、建筑结构、建筑施工技术方案设计、建筑力学、建筑施工技术等
	法律事务	法理学、宪法学、刑法学(1)、刑法学(2)、民法学(1)、民法学(2)、行政法与行政诉讼法、经济法学、中国法律思想史、法律逻辑学
	小学教育	美学与美育、人文社会科学基础(A)、信息技术与教育技术(1)、信息技术与教育技术(2)、自然科学基础、阅读与写作(1)、阅读与写作(2)、高等数学(B)(1)、小学社会教学论、小学数学教学论、小学自然教学论、小学语文教学论等

【招生毕业】 全年招收新生116人。其中，春季45人（专科22人，本科23人），秋季71人（专科45人，本科26人）。与上一年度相比，提升幅度较大。全年为社会输送毕业生72人。其中，春季23人，秋季49人。

【社区教育】 为营造社区全员终身学习的环境氛围，树立社区教育品牌，主动与社区对接，依托学校师资优势，挖掘社区教育内涵，探索社区教育新模式，培育“特色课程”，打造“学习品牌”，以促进社区教育新发展。为来自985、211院校大学生农村指导员（社区工作者）举办入职培训，提升履职能力。

【合作办学】 继续与西南大学网络教育学院合作，以“西南大学网络教育学院柯城电大学习中心”名义开展招生、管理和考试等工作。继续抓好月报考核，全面推进各项工作再上新台阶。以“没有最好、只有更好”为目标，以“完成时间尽量前移，完成质量尽量上提”为工作要求。全年招收新生82人，毕业90人。

（殷晓强　朱久良）

科 学 技 术

科技工作

【概　况】 柯城区科学技术局与区科学技术协会合署办公，对外挂科技局、科协两块牌子，一套班子，一个独立核算单位。2019年，区科技局在区委、区政府正确领导下，在上级主管部门精心指导下，围绕区委、区政府工作中心，紧扣“五倍增、五提高”科技考核、“26县发展实绩考核”等任务要求，实施创新驱动发展战略，构建创新驱动生态体系，为区经济高质量发展提供科技支撑。

【服务科技创新】 结合“大学习、大调研、大抓落实”和“不忘初心、牢记使命”主题教育，开展“无R&D活动规上企业全清零、企业研发经费管理系统推广应用全覆盖”集中服务活动。通过实地调研、政策宣讲、征集企业难题和技术需求等方式，落实税收优惠政策及省科技“新政50条”宣传贯彻和落地，了解企业在科技创新方面存在困难和问题，帮助企业解决技术难题和需求，推动企业创新发展。全年走访科技型企业100余家，解决成果拍卖、项目申报、高校合作类难题40余个，为全面完成“五倍增、五提高”工作目标夯实基础。

【科技创新】 推动《关于推进科技创新生态体系建设若干政策意见的实施细则（试行）》政策落地，将“科技新政50条”和市、区科技创新政策汇编成册，开展“三服务”和培训活动发放到位，为企业及科研院校创新创业提供政策支持。全年对科技创新政策予以兑现，兑现奖励补助资金1122万元。为高效落实研发费用加计扣除税收优惠政策，激励企业开展技术创新，9月，组织开展企业研发活动信息管理系统专题培训，参加培训企业100多家、150余人次。

【深化“最多跑一次”】 拟订《柯城区科技服务领域深化“最多跑一次”改革行动方案》，协调环保、市场监管、税务等部门帮助企业实现证明材料“一函式”，以“三服务”和“科技局机关干部驻企挂联服务制度”为契机，做到科技服务“跑上门”。与区大数据中心对接，梳理改善政务服务事项16项，实现基础数据信息共享，做到在政务外网实现申请与办理。

【载体建设】 把争创省级柑橘产业创新综合体作为全年科技工作“一号工程”来抓，3月，组织相关部门多次到兄弟县（市、区）学习取经，研究制定《柯城区柑橘产业创新服务综合体建设规划》和省级柑橘产业创新综合服务体申报资料汇编，加强与省厅相关处室汇报对接，邀请省厅相关专家帮助指导完善申报材料。8月，网上申报评审、省专家组实地考察、省厅现场答辩等程序通过，12月，省科技厅公布《关于第三批浙江省产业创新服务综合体创建与培育名单》，柑橘产业创新服务综合体创建成为区第一家省级产业创新服务综合体。同时，中国（衢州）网红星耀城被评为省级优秀众创空间。

【企业创新】 开展规上工业企业“三清零”行动，组织科技型中小企业调查摸底，筛选创新基础好、发展潜力大企业完善高新技术企业后备梯队清单。全年新增国家高新技术企业12家，完成全年任务数的150%，重新认定国家高新技术企业4家；新增省科技型中小企业30家，完成全年任务数的176%；新认定市级研发中心2家；指导帮助申报省级高新技术企业研发中心2家，申报省级企业研究院1家；指导企业申报省级重点科研计划项目2家，选拔推荐申报市级科技计划项目7个，完成区级科技计划项目立项37项。全年发放创新券117.59万元，完成兑现42.7万元。

【科技创新协作】 以打造山海协作升级版为契机，强化与余杭科技创新协作，搭建企业对接交流平台，推动区企业对标一流。5月，组织规上企业22家，开展“走进余杭看创新发展”考察活动。11月，联系余杭高新协会组织高新技术企业20余家到柯城区考察，推进两地政府与企业、企业与企业之间交流对接，促进两地在智能制造、新材料、服装等产业互动发展。组织企业赴深圳参加第十七届国际人才交流会，赴杭州参加海峡两岸（浙台）科技创新合作对接活动，组织军工单位赴山西参加两用技术科技对接交流活动。7月，浙江不老神食品有限公司获得武器装备质量管理体系认证证书。6月，举办“科技新浙商走进棋妙柯城”活动，吸引30多家企业到柯城区对接考察，科技新浙商促进会与区政府签订战略合作协议，授予区中小企业孵化园“科技新浙商创新创业基地”牌匾、灵鹫山国家森林运动小镇“科技新浙商企业团建基地”牌匾。对接协作办，完成东西部扶贫任务指标。

【产学研合作】 发挥“同济大学技术转移中心柯城分中心”作用，对接大上海科创资源，为区企业提供产学研合作服务，2月，“同济—联州车用制冷剂联合研究中心”挂牌成立，吸引浙江大学制冷剂研发方面专家加盟，建立起常态化学术交流、人才培养、项目合作和协同创新机制，开展联合科研攻关，推动“产、学、研”一体化落地，其合作研发成果——“冷媒罐装智能生产线”项目在第21届中国国际工业博览会上亮相。4月，浙江泰康生物科技有限公司和浙江科技学院挂牌成立“泰康—浙科口腔健康生物科技研究院及浙江科技学院研究生实习实践基地”，双方在口腔健康生物科技领域进行人才交流与产业发展合作。6月，浙江东太新材料有限公司和东华大学成立有机无机功能材料研究技术工程中心。帮助衢州伟荣药化有限公司和浙江大学签订“改变催化剂对裂解反应影响的应用研究”技术咨询合同；浙江纪超自动化技术有限公司和杭州电子科技大学在产品研发和人才培养方面达成初步合作协议。

【科技特派员】 深入实施科技特派员制度，落实全省、市科技扶贫项目15项，获得各级财政补助资金125万元，建立示范基地8个，辐射推广40余公顷，带动农民就业300余人次，引进新品种20多个，推广新技术20多项，组织农民技术培训800多人次，促进农业增效、农民增收。

【科技成果转化】 把促进科技成果加快转化，作为科技创新工作重要抓手，结合“三服务”

活动，主动帮企业与院校牵线搭桥，推进成果交易和转化。以 2019 浙江省科技成果拍卖会衢州专场等契机，全年完成网上技术市场科技成果竞价拍卖 6 项，交易总金额达 630 万元；签订交易技术合同 11 份，完成技术交易额 5.24 亿元。其中农法自然（浙江）农业科技有限公司以 350 万元拍下北京航宇绿寿康生物技术有限公司“益微 SOD”技术。全年完成 PCT 国际专利申请量 3 件，有效发明专利 1452 件；完成省级科技挑战赛技术需求项目 4 项。

【首批首席技术官】 在区人才办指导下，组织开展区首批首席技术官评选工作。全区企业参与报名 30 多家，通过企业推荐、专家评审、人才工作领导小组审议等程序，评选符合条件首席技术官 10 名，由区委人才办下文公布。

【院士专家工作站】 结合“三服务”工作，编制《院士专家工作站建站指南》，通过走访区内企业，宣传相关政策，摸排企业建站意向。多次帮助相关企业，对接清华大学等院士专家资源，交流对接合作事宜，促成联州制冷有限公司与 Rafiqul Gani（瓦费克勒.甘尼）院士签订建站协议。发挥 4 家院士专家工作站作用，为企业创新发展提供服务。

【科技下乡】 以推进《全民科学素质行动计划纲要》实施为重点，组织举办“全国科技活动周”和“全国科普日”活动。通过科普巡演进社区、科普志愿进社区等活动，到朝阳社区、书院社区、三和村及七里大头村等地开展科普宣传，提升广大居民学科学、爱科学意识。联合市科协、区农业农村局等单位，开展农函大教学培训，助推乡村振兴，全年培训农民 88 人，取得结业证书 88 人。结合各学校科技节，利用科普大篷车、科技流动馆、科普讲座等形式开展青少年科普活动。全年开展科普宣传活动及科技下乡活动 40 场次，接受科普教育 5000 余人次，丰富“乡村振兴讲堂”，配备讲堂师资力量 20 余人，课件 300 余册。

【防震减灾宣传】 做好区域地震安全性评价工作，开展防震减灾科普讲座等公益活动，分别在书院社区和航埠小学开设科普讲座和现场演练，通过对地震发生、警报、灾害预防、自救互救等知识的宣传，受到人民群众好评。获评 2018 年度省、市、县防震减灾工作考核县级防震减灾工作先进单位。

（姜庆诗）

气象服务

【概　况】 2019 年，区气象部门认真贯彻省、市气象部门和区委、区政府决策部署，克服人员少等困难，围绕全区经济社会发展，开拓进取，全力做好气象保障服务。梅汛期间，在市气象局的支持下，通过预警信息平台，及时发布预警信息，第一时间向区委、区政府报送预警、灾情、实况等各类信息。年内，全力做好区举办的灵鹫山国际汽车拉力赛、摩托车耐力大奖赛等系列大型赛事的气象保障服务。

【气象防灾减灾】 预报及时主动，做到各类灾害性天气过程无漏报。全年，先后出现罕见连阴雨、极端大风、强降水天气、台风、连续晴热少雨等极度气候事件，主动服务，及时通报，守好柯城气象防灾减灾第一道防线，灾害性天气没有出现明显漏报情况。6 月 17 日入梅后，区气象分局依托市气象台，及时发布各类气象信息、气象预警信号、地质灾害气象风险预警和其他天气通报类信息，为区安全度汛和防台做好气象服务保障。通过“三农”专项，完善柯城气象防灾减灾体系，指导完善建设气象防灾减灾标准村（社区）37个。

【气象服务保障】 做好区举办“2019灵鹫山第二届国际森林汽车穿越大赛”“2019灵鹫山中国摩托车耐力大奖赛”“四省边际第四届石梁镇石门山自行车爬坡赛”“柯城区橘子音乐节”“灵鹫山百公里国际越野赛”等一系列体育赛事的气象服务保障。协助区政府申报“中国天然氧吧”品牌称号，区“桃源七里”“大俱源”村申报“浙江避暑气候胜地”称号，并开展区生态旅游宣传。区“一县一品”工作完成，强化柯城旅游气象服务保障能力。

【完善分局机构】 根据区政府财政保障，柯城气象服务能力大幅提升。10月，在原地方财政保障40万元基础上，增补气象业务经费50万元，同时通过劳务派遣方式，增加两名业务人员。

（孙　迎）

文化·旅游·体育

文化和旅游

【概　况】 区文化和旅游体育局挂牌成立于2019年1月20日，根据《衢州市柯城区机构改革方案》，将区教育体育局（区文化局）文化、体育管理职责，相关单位旅游管理职责整合，作为区政府工作部门。组建以来，区文旅体局重点聚焦“五大柯城”建设，以打响柯城品牌为引领，坚持全面从严治党，统筹各项改革任务，健全公共服务体系，加快重点项目建设，强化行业安全意识，促进文旅体工作融合。

【“不忘初心，牢记使命”主题教育】 根据上级统一部署，抓好学习教育、调查研究、检视问题、整改落实四项重点举措，坚持读原著、学原文、悟原理，制定“党性教育半小时”制度，开展各类集中学习15次，专题研讨3次，梳理查摆问题25个，完成整治任务23个，出台《衢州市柯城区文化和旅游体育局工作人员因私出国（境）管理制度》，对瞒报、漏报出国（境）情况的4名人员给予批评教育问责处理，主题教育工作得到区委巡回指导组肯定，在第十指导组指导的12家单位中排名第一。

【乡村国家运动公园建设】 围绕乡村国家运动公园“3＋3＋10”空间布局体系（3条生态运动带，3大核心运动区，10个运动示范村），按“多规合一”和可落地、可实施要求，高起点、高标准编制概念性规划和控制性详细规划，占地1.4公顷的乡村国家运动公园主入口（万田乡湿地公园）建设完成，成为全省首个乡村智慧运动公园。

【文旅融合改革试验区创建】 与省发规院社会发展处开展合作，探索制定《柯城区文旅融合改革试验区创建方案》，谋划文化和旅游融合项目，重点围绕“音画柯城、棋妙柯城、乡宿柯城、儒雅柯城”四大文化旅游融合IP打造，在文旅融合体制机制、产业融合、阵地载体、要素支撑、数据统计、评价标准、人才培养等方面开展有效探索，入围全省首批文旅产业融合改革试验区培育名单。

【重点项目建设】 7月26日，历经一年多时间，通过十几轮考察、对接、洽谈，总投资2.5亿元忘忧田园萱草未来村项目签约。计划总投资5000万元九华麦谷文化艺术基地项目通过项目决策咨询，项目主要建设文化艺术体验区、精品民宿区、休闲农业观光区三大板块，是融合文化、旅游、农业等业态的民宿综合体项目。花彩小镇及通景道路PPP项目占地26.87公顷，计划总投资7.8亿元，区首个PPP项目，景观水系、停车场基层等建设完成。

【全域旅游示范创建】 发展乡村休闲旅游，召开全国“运动振兴乡村”专题研讨会，创建A级景区村庄36个，其中AAA级景区村庄5个。加强景区整改提升，重点推进桃源七里景区整改提升，完善旅游公共服务设施。推进旅游厕所革命，全年全区新建改建旅游公厕29座，百度地图标注29座，获评AAA级公厕1个。旅游交通标识系统建设完成，新增旅游景区道路标识牌36块，覆盖全区高速及国省道路口。加快大数据中心建设，推进文旅体资源、产业、管理、服务等要素融合共享，实现文旅体资源一张图监测。

【“一乡千宿”工程】 组织起草《柯城区加快建设“一乡千宿”民宿集聚区实施意见》，成立区民宿行业协会，会员51家，覆盖全区所有星级以上民宿和城区知名民宿。加强民宿宣传营销，编印溪山田园乡宿柯城宣传画册，建设集展示、宣传、招商等一体的民宿服务中心。承办全市民宿现场会，扩大区民宿影响力。全年新增省级金宿1家，银宿4家。

【公共文化服务】 新建南孔书屋1家，区图书馆在全市公共图书馆率先实现“五个首家”，即首家免收押金、首家线上办证、首家开通图书预约服务、首家刷脸借还、首家采用积分体系信用借阅。开展公益展演、公益文艺培训、送戏下乡等活动，全年送戏下乡216场，送书下乡15000册次，送讲座展览16场次，吸引4000余人次参加。加强文艺节目创作，舞蹈《麻糍糯糯盼儿归》和道情《一面旗》双双获2019年浙江省“群星奖”，填补衢州市省级“群星奖”空白。规范提升乡镇（街道）综合文化站、农村文化礼堂和三团三社，通过省基本公共文化服务标准化认定。结合“最多跑一次”改革向公共场所延伸扩面工程，推进基础设施改善、标志标识完善、中心容貌提升、服务体验优化、运行秩序整治“五大工程”，建设流动美术馆，满足群众对精神文化生活需求。加大非遗传承保护，衢州白瓷烧制技艺和邵永丰麻饼制作技艺入围第五批国家级非遗代表性名录申报项目；策划实施省、市级各类非遗展示展览活动，组织申报市级非遗传承人5人；上报区政府公布柯城区第七批非遗代表性名录19项、公布第二批区级非遗传承人15人。

图71 “书香满城 阅读有礼”区全民阅读暨“阅读带来光明”助盲听书分享活动

【“中国·立春”文化品牌打造】 举办2019年九华立春祭系列活动，以“梧桐祖殿祭春神 柯城妙源过大年”为主题，通过互联网向全球发起网络祭春，中央电视台《新闻联播》头条对活动进行报道，央视新闻移动网、今日头条等网络平台对现场活动进行直播，网上各直播覆盖用户突破1500万人次，同比上年增长80%，网络平台总点击量达8000万以上。围绕“中国·立春”品牌打造，编制《中国立春与二十四节气文旅融合发展策划书》，召开二十四节气（九华立春祭）传承保护座谈会，向文化和旅游部申报国家级非遗九华立春祭传承保护优秀实践案例，创造条件申报省级、国家级立春文化生态保护区和中国立春文化之乡。

【文旅市场推广】 举办九华立春祭之“舌尖

上的年味记忆”人气美食评选活动、九华立春祭之“祭春神、品美食、住民宿”千人春糕宴活动、“5・19”中国旅游日之“句小芒带你趣玩棋妙柯城”活动、“衢州有礼　棋妙柯城”柯城文化旅游（余杭）推介会、“运动柯城・田园牧歌”橘子音乐节、高雅艺术进柯城等活动。参与“南孔圣地　衢州有礼”城市品牌和旅游推介会（重庆）、2019 年义乌文化和旅游博览会、2019 年亚洲文旅展、浙江省（江苏）旅游交易会等推介活动。拍摄《看见柯城》《好吃衢州・有味柯城》《柯・遇》宣传片，借助浙江省信息中心、无线衢州等大平台宣传推广柯城文旅体品牌形象。

【市场安全监管】 落实安全责任，与文旅企业、文保员分别签订《文化旅游安全生产目标责任书》《柯城区文物安全责任书》。制定《柯城区文化旅游安全事故应急处理预案》，利用钉钉、微信等平台，宣传旅游安全知识。紧盯春节、“五一”、端午等重要节点安全防控，对星级酒店、景区、文保单位等进行安全生产大检查，文保单位配备高标准灭火器 100 个。全年开展日常检查监督 107 人次。结合“两会期间文化市场专项整治”、出版物市场专项检查、“扫黄打非”行动、三星级以上宾馆酒店境外卫星电视接收专项检查、网络赌博专项整治行动等活动，对辖区互联网上网服务营业场所、印刷及出版物经营单位、涉演单位和娱乐场所经营单位专项检查 132 人次，确保全区文化市场环境健康有序。

体　育

【基层体育场地设施建设】 完成基层体育场地设施建设项目 25 个，其中小康体育升级村 20 个、社区多功能运动场 3 个、笼式足球场 1 个、中心村全民健身广场 1 个。

【柯城围棋品牌打造】 1 月 25 日，与中国围棋协会签订战略合作协议，是中国围棋协会首次与县区级地方政府进行战略协作；4 月 13 日，“棋妙柯城・2019 中国围棋之乡联赛”开幕式暨第一站比赛在柯城区举行；8 月 4 日，举办 2019 年柯城区全民健身日系列活动暨衢州市第二届“三衢杯”衢州市业余围棋团体巡回赛（柯城站）；8 月 18 日，“棋妙柯城・2019 中国围棋之乡联赛”总决赛在山东日照开赛，衢州队以第一站亚军身份进入总决赛，8 月 19 日，举办“衢州有礼・棋妙柯城”烂柯围棋文化发布会，将赛事与推广相结合，借

图 72　4 月 7 日，畲族“三月三”风情文化节在航埠镇北二村举行　（吴铁鸣　摄）

机宣传柯城围棋文化；启动围棋“六进”（走进学校、走进社区、走进农村、走进企业、走进机关、走进部队）普及育苗工程，谋划烂柯文化“走出去”战略；筹办第四届智力运动会，全国围棋锦标赛暨第四届智力运动会测试赛于 6 月举办，四智会围棋赛于 11 月 8—18 日举办，柯城区获评最佳赛区。

【群众体育运动】 举办“中国・灵鹫山”2019“YGA 联盟杯”两岸青少年精英篮球赛、全民健身・礼赞祖国柯城区空竹协会展示活动、

图 73　1 月 20 日，40 余名冬泳爱好者参加市游泳协会举办“衢州有礼”杯冬泳挑战赛

“全民健身　你我同行”百人瑜伽展示活动、第七届全民体育节钓鱼比赛、区机关事业单位工间操培训班、四省边界中心石梁镇第四届自行车爬坡赛等各类体育赛事 30 余次，参与人数达 3 万余人。2019 年浙江省县级体校改革发展现场会、2019 年浙江省射击竞技体育运动单位安全管理现场会在柯城区召开。

【竞技体育赛事】　加大“一校一品”体育品牌培育支持力度，组队参与各类竞技赛事，成绩喜人。2019 年铃木世界杯健美操比赛，获高中组三人操银牌，初中组混双铜牌；2019 年浙江省青少年射击冠军赛，衢州代表队获 2 金 4 银 3 铜；2019 省田径锦标赛，衢州队获女子 4 × 100 米金牌；浙江省青少年射箭冠军赛，衢州代表队夺 6 金、5 银、5 铜，首次登上省赛金牌榜首位。

【运动休闲产业双创孵化园打造】　8 月 31 日，举行运动休闲产业双创基地项目签约仪式，与国家体育总局手曲棒垒球运动管理中心、省体育局、衢州职业技术学院签订推进水球项目发展合作协议、厅区共建体育产业战略合作协议、校区共建“体育＋”产业合作协议，在产业落地、场馆建设、智力支持等方面为双创基地建设提供强大支撑。运动休闲产业双创孵化园旨在打造三大阵地和四大运动休闲产业集群。

【国家森林运动小镇建设】　小镇总体围绕“三大主题运动区＋两条森林穿越小道＋两个康养配套区”空间布局，推进招商及项目落地工作，吸引客商前来考察 260 余批次。“三大主题运动区”（丛林冒险乐园区、运动汽车探险区、高空极限拓展区）中的三大核心支撑项目均落地。全国汽车定制改装行业发展委员会支持，全国汽车改装试点具新进展。先后举办全国首届森林极限运动会、2019 灵鹫山 • 江浙沪马帮越野挑战大师赛、全省

图 74　2019 滑鼠国际森林天空运动节——登上高空　（楼郁馨　摄）

运动休闲小镇建设工作第二次推进会暨灵鹫山 • 首届全国森林极限运动高峰论坛、灵鹫山国际森林汽车穿越大赛、中国摩托车耐力大奖赛，打响“森系”特色 IP 品牌。

（巫荟蕙）

灵鹫山景区建设

【概　况】　灵鹫山禅意康养景区位于九华乡，以灵鹫山山顶为中心，规划面积 52 平方千米，范围涉及九华乡上方、大候、坞口、妙

源、新宅等村。景区以佛教文化为核心，项目有：修缮灵鹫寺，建设康养小镇、登山古道、森林步道等旅游康养和基础设施配套。打造成集佛意禅修、健康养生、度假避暑、文化娱乐于一体的国家AAAAA级景区，形成国内外具有一定影响力的旅游度假地。

【景区建设专班】 2018年7月1日，区委、区政府根据市委“1433”战略体系，成立灵鹫山禅意康养景区建设专班，以加快推进灵鹫山禅意康养景区建设步伐。专班依据全面推行“活力新衢州、美丽大花园”建设行动纲要，负责灵鹫山禅意康养景区建设中规划设计、项目推进、工作协调等事宜。2019年6月19日，专班人员组织调整，工作人员由组织部选配，实行集中办公，办公地点设区档案馆，区委常委统战部部长柴文灯挂帅，原档案局局长林贤发主持日常工作。

【景区规划】 围绕“禅修+康养”设计理念，以灵鹫山“花园”式山水风景为核心，高品位、高质量做好景区规划。2018年11月，专班委托上海同济大学建筑设计研究院（集团）有限公司对景区进行规划设计。2019年4月，设计研究院完成景区总体概念性规划和山顶核心区规划设计。景区总体概念规划为“一核两区”。“一核”即：以灵鹫山山顶为核心区（约20.13公顷），以佛教文化为主要内容，修缮扩建灵鹫寺（约2公顷），建设灵鹫宫、灵鹫园、灵鹫寮、灵鹫阁、天索桥等，以恢复浙西佛教圣地为目的，打造集佛意禅修、健康养生、度假避暑于一体的国家AAAAA级景区，形成国内外具有一定影响力的旅游度假目的地。“两区”：一是梧桐春神文化片区（约16.53公顷），以世界非物质文化遗产二十四节气为核心，旨在打造二十四节气文化，弘扬农耕精神。主体项目：建设节气展示馆、春祭广场、室外戏台—戏剧表演、梧桐民俗美食街、农耕文化主题客栈、春艺术馆、春神艺术表演等。以九华“立春祭”为开端，带动二十四节气文化，将当地立春文化与旅游度假相结合，以体现民俗文化的乐趣。二是：鲁班殿文化片区（约17公顷），片区位于鲁班殿自然村，以弘扬鲁班精神、木工文化为核心，打造鲁班殿木艺片区，依托鲁班殿文化遗址，深度挖掘中国木艺工艺，打造有文化特色小镇，旨在宣扬注重创新能力。主体项目：建造鲁班殿、鲁班文化展示馆、鲁班文化街和民宿酒店、商业店铺、鲁班创意工坊、妙源溪景观区及景区入口区（含大型停车场）、游客中心等设施。

【僧团引进】 聚焦“名山”建设标准，专班经多方引荐和考察，2019年7月9日，引进南京栖霞寺方丈隆相法师，浙江佛学院弥勒佛学院副院长、宁波雪窦山华林讲寺监院然相法师率僧团进驻灵鹫寺，负责寺庙管理、修缮扩建等系列事项。僧团入住寺庙后开展灵鹫寺开山门法会、盂兰盆节祈福法会、地藏菩萨圣诞法会、中秋祈福法会等系列法会活动。

图75　8月1日，灵鹫寺——然相法师举行开山门法会　（聂琳珑　摄）

【道路建设】 专班按照“一园（灵鹫山森林公园）一溪（庙源溪）一镇（九华集镇）”总体空间布局，谋划实施灵鹫山交通配套工程。2018 年 12 月，灵鹫山道路工程建设经省林业局林地使用批复，路线长 16.05 千米，路基宽 4.5 米，设计时速 20 千米，整个道路工程分为半山至上深坑段和梓绶山至孟高寮段两部分。梓绶山至孟高寮路段，起于油茶基地通道，终至灵鹫寺东门入口，途径天台寺遗址，路线长 9.38 千米。2019 年 9 月，道路路基工程项目招投标工作完成，中标总价 4258.82 万元，中标单位为中交路桥华南工程有限公司。29 日，道路工程开工仪式在九华乡举行，道路建设破土动工。半山至上深坑段，起于半山，终至上深坑油茶基地通道，途径梓绶山，路线长 6.68 千米，年内完成开工建设前一切准备。

【灵鹫寺修缮扩建】 按照山顶核心区建设规划，瞄准“路通即可开工”目标，灵鹫山禅意康养景区建设专班全面谋划启动灵鹫寺修扩建前期各项准备工作，协调柯城区自然资源和规划分局、林业局、发改局等相关部门，落实寺庙建设工作任务清单，倒排工作计划表，明确总体工作计划及具体任务。2019 年 4 月 15 日，灵鹫寺修缮扩建项目获省民族宗教事务委员会批准。10 月、11 月，分别邀请奉化佛教协会会长净仁法师、南京栖霞寺住持隆相大和尚到灵鹫寺进行实地考察，出谋划策。12 月，委托宁波市海曙都市营造建筑设计有限公司设计灵鹫寺修缮扩建项目建筑设计平面规划方案。

（张泷津）

卫　生

医疗保障

【概　况】 2019年，按照全区机构改革工作统一部署，将原区人力资源和社会保障局的城镇职工和城乡居民基本医疗保险、生育保险职责，原区卫生和计划生育局的药械集中采购和监督管理有关职责，原区民政局的医疗救助职责，原区发展和改革局的药品和医疗服务价格管理职责整合，新组建成立区医疗保障局。承担全区基本医疗保险和生育保险的参保、征缴、待遇核发工作；负责医保基金的拨付和监管工作；承担医疗救助、药械集中采购和监管工作；承担药品和医疗服务价格管理的相关工作。区医疗保障局核定行政编制5名，设局长1名，副局长2名，内设办公室、改革发展科（挂政策法规科牌子）、医药服务管理科、医药招标采购和基金监管科4个科室，下属区医疗保险服务中心1个事业单位，核定编制20名，设主任1名。

图76　工作人员进村给困难群众送“精准扶贫卡”及“参保凭证”

【探索精准扶贫医保模式】 瞄准扶贫领域医疗保障工作中的痛点、堵点、难点，针对困难群众漏保、参保个人缴费部分未享受政府补助、发生医疗费用未享受医疗救助等问题，通过打通数据瓶颈、再造业务流程、整合服务环节、压缩办理时间，建立“一卡三员”工作机制，实现困难群众参保全覆盖、待遇全到位、政策全落地，原本需要3个月才能领到的医疗救助现在即时办理。该工作模式已覆盖全区12000余名困难群众，实现扶贫领域医保服务“一个都不少、一次都不跑”，有效提升困难群众的获得感、幸福感和安全感。该举措实施以来，得到省、市领导褒奖和困难群众点赞。12月5日，柯城区作为浙江先进典型区在全国医疗救助工作会议上作经验介绍。

【创推“新生儿一件事”联办】 深化“最多跑一次”改革，结合柯城区为主城区，年新生儿多达5000余人，群众办事难办证烦的实际，区医保部门主动牵头推进“新生儿一件事”联办，联动公安、银行、医院等单位，创新“五个一”全链条服务，实现出生医学证明、户口登记、医保参保、报销、预防接种证、婴幼儿保健册办理等10件事一站通办、5本证一次联办，从原来跑6个部门减

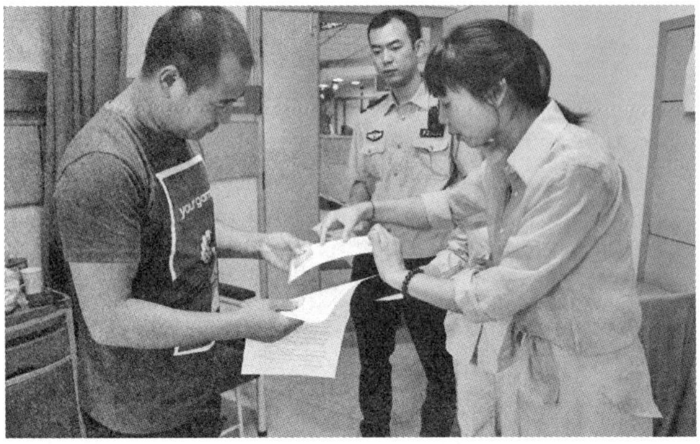

图 77 “新生儿一件事”联办

为“一次都不跑”、提交 14 样材料填 6 张表减为 1 样材料 1 张表、办结由 5 天减为 1 小时内。目前“新生儿一件事”在市中医医院、衢化医院、区人民医院、区妇保院等多家医院落地，为全市提供可复制、可推广经验，获得区政府主要领导和分管领导的批示肯定。

【实现学生医保年度平稳过渡】 长期以来，区学生群体的医保年度与全市各地不一致，导致待遇重复或空白问题，参保流程也因生效期不同而更复杂。区医保部门以问题为导向，以保障学生医保待遇为目标，经多方沟通协调，明确缴费标准和待遇保障标准，学生医保从 2019 年 9 月 1 日开始由学年年度过渡为自然年度，从此与全市统一，保险服务期限延长至 2020 年 12 月 31 日。

【打击欺诈骗保，维护基金安全】 实施医疗保障基金监管三年行动计划，强化定点医药机构协议管理，加强经办机构内部风险防控，推进总额控制下的以 DRGs 点数付费管理为主的支付方式改革，对定点医疗机构住院基金支出加强监控，有效控制医保基金不合理支出。全年巡查医药机构 169 家次，其中定点零售药店检查与回头看实现全覆盖，杜绝除药械与保健滋补品以外物品销售情况。查处违反协议管理规定医药机构 67 家，约谈 4 家，追回违规基金 65 万元。核查欺诈骗保参保人员 4 人，移交公安 1 人次，追回违规骗保基金 7 万余元。外伤调查做到应查尽查，调查外伤案件 3689 人次，发现不符合医疗支付 508 人次，累计拒付医疗费用达 1038 万元。

【稳步提升群众医疗保障获得感】 全年区户籍人口基本医疗保险参保率为 99.8%，经办医保业务 6 万人次，日均办件超 300 件。实现资助参保、医疗救助两个 100%。落实 12 种常见慢性病门诊政策，报销比例不低于 60%，并实现医保定点医药机构刷卡结算。完成阶段性减费降税，约减免 793 家企业 5—6 月的单位部分缴费金额基本医疗 510 万元、生育 45 万元，降低个体工商户和灵活就业人员缴费基数，月减征额 81 万元。推行“3 ＋ N”的“一站式”结算，将精神病人免费服药和抚恤优待对象医疗补助纳入柯城区医疗费用“一站式”结算平台，有效解决群众报销医疗费用“多头跑、报销难”问题。

（卢　伊）

卫生健康

【概　况】 2019 年，柯城区卫健局在区委、区政府领导下，在市卫健委指导下，坚持以习近平新时代中国特色社会主义思想为指导，践行“大卫生、大健康、大服务、大共享”理念，加快健康柯城建设。创新突破、医药卫生体制改革；强化防控、提升公共卫生服务水平；注重管理、促进医疗服务高质量发展。暖心服务、全面落实惠民政策，成效显著。

【医疗卫生机构】 全区医疗卫生机构 397 家，其中：区属公立医疗卫生机构 21 家〔区人

图 78 乡镇卫生院启用自助挂号缴费一体机

民医院、区妇幼保健院、区中医医院、乡镇（中心）卫生院 9 家〕、街道社区卫生服务中心 9 家）；乡镇卫生院（社区卫生服务中心）所属紧密型乡村一体化村卫生室（社区服务站）41 家；民办医疗机构 335 家（民营医院 18 家、社区卫生服务站 21 家、个体办村卫生室、诊所、门诊部等其他小型医疗机构 296 家）。全年全区医疗机构业务总量 4.99 亿元（不含其他收入），门急诊 123.09 万人次，出院病人 3.54 万人次。卫生系统在岗职工 1491 人（其中在编职工 927 人），其中正高 23 人，副高 114 人。全区出生 3606 人，符合政策生育率 98.36%，出生人口性别比为 104.33。人口出生率 8.17‰，人口自然增长率 3.47‰。无孕产妇死亡，婴儿死亡率 2.01‰，5 岁以下儿童死亡率 2.59‰。

【医药卫生体制改革】 实施“放管服”改革，推进“最多跑一次”改革。借助网上办、掌上办、双向快递、上门服务等方式，政务服务事项实现“零跑腿”100%。推进“一件事”全流程最多跑一次，重点推进诊所设立全流程“一件事”5 个工作日办结等事项。推进二级及以下医疗机构设置审批与执业登记“两证合一”，优化医疗机构诊疗科目登记。设置批准新执业登记医疗机构 20 家，其中中医诊所备案 3 家；办结医疗机构校验 221 户次，办结医师执业许可 642 件，办结护士执业许可 596 件，公共场所新发证 35 家，发放母婴保健人员证 13 本。办结率 100%，群众满意度 100%。深化公立医院管理体制、运行机制改革。区人民医院扩大实施临床路径病种管理，试行单病种收费管理，开展优质护理服务。做好医联体建设工作，完善省肿瘤医院对口支援工作，安排好“7 + X”专家到院工作，发挥省肿瘤医院派驻专家在肿瘤学科发展中作用。推进“双下沉、两提升”和市县优质资源下沉，省肿瘤医院下沉到区人民医院完成门诊 11333 人次，开展手术 519 人，市区级医院下沉到基层医疗机构完成门诊 10087 人次，开展手术 35 人。推动航埠、石梁二家省级中心镇卫生院服务能力提升，使其医疗服务范围辐射周边乡镇，成为县域医疗技术分中心，对邻近乡镇卫生院开展技术指导帮扶，在县域分级诊疗中发挥承上启下作用。

【医疗卫生服务能力】 5 月 7 日，区疾病预防控制中心成立，编制 4 名，全年开展业务培训指导、督导 18 场，培训 480 余人次。11 月 13 日，区中医医院揭牌投入使用，医院与万田乡卫生院合署办公，占地 1.87 公顷，床位 50 张，在职员工 63 人（其中万田乡卫生院 24 人），医技护人员 57 人，高级职称专家 24 人，长期坐诊名医专家 23 人。区人民医院依托省肿瘤医院，打造浙江肿治疗中心，成效显著。花园街道社区卫生服务中心口腔科、石梁中心卫生院糖尿病专科创建市级特色专科。通过标准化建设，稳步推进特色科室创建，加快骨干人员培养、医疗设备配置、业务用房建设，引导和鼓励基层医疗卫生机构发展中医药服务、社区康复、慢病、老年病等特色服务项目，基层医疗机构服务能力持续增强，满足基层群众健康需求。推动村卫生室规范化改造提升，41家村卫生室规范化改造完成。实施医疗质量提升行动，开展医疗乱象专项整治，对辖区内公立医疗机构、民营医院、医疗美容机构全覆盖整治，提升医疗风险防范能力和群众满意度，保障人民群众健康权益。专项整治行动检查各级各类医疗机构219家，发现违法违规行为74起，行政处罚74家，罚款21.75万元。

【人才培养和学科建设】 落实区委人才新政，加大人才引进力度，优化引才、育才、留才协同机制。入选衢州市115人才第二层次培养人员1人，入选市115人才第三层次培养人员2人。结合区卫生健康系统实际，参加浙江省卫生健康干部素质提升培训项目142名；引进高层次卫生人才9名，招录定向培养卫生人才27名，面向社会公开招录专业技术人员84名，赴医学院校招聘优秀毕业生8名。获浙江省医学会科研基金项目立项3项；申报衢州市指导性科技项目9项、立项2项；申报柯城区指导性科技项目6项、立项6项。举办省级继续医学教育项目2项、市级继续医学教育项目10项。3个市级专家工作站通过考核，成立甘椿椿博士工作站。各级刊物发表论文27篇，其中SCI论文1篇、《卫生高级专业技术资格医学卫生刊物名录》论文23篇。获第二十一届衢州市自然优秀论文二等奖2篇、三等奖4篇；获第十七届衢州市卫生系统自然科学优秀论文二等奖3篇、三等奖5篇。获国家实用新型专利3项。

【基建项目和信息化建设】 航埠镇中心卫生院、石室乡卫生院、华墅乡卫生院修缮项目完成，花园街道社区卫生服务中心医疗业务大楼消防及供电设施改造提升项目完成。10月，万田乡卫生院建设并整体搬迁完成。11月，区中医医院门诊综合楼竣工并投入使用，住院大楼建设项目一期完成，可研和初步设计批复，环评报告在编制。响应国家“互联网＋医疗健康”战略，运用互联网思维，围绕医疗卫生服务领域“最多跑一次”改革要求，在基层看病更放心、疫苗接种更透明、检查检验更省心、刷脸就医更便捷、费用结算医后付、医事服务“一站式”、出生服务一体化、健康服务一卡通、用血服务不用跑、“互联网＋”更丰富等发挥信息引领服务与技术支撑作用。为全区医疗卫生单位19家投放自助一体机30台。普及网上预约挂号，检查检验报告实现电子化；开通诊间结算、病区结算、床边结算等功能；开通电子健康卡服务，区级医院2家、基层单位18家与省电子健康卡平台对接，可在挂号收费、医生工作站、药房等服务场景刷卡。至年底，全区开卡量达20多万张。向基层医疗机构延伸“诊间结算服务”，鼓励民营医疗机构参与“最多跑一次”改革。向公共卫生服务领域延伸，推进各类公共卫生智慧化服务，为群众提供自助、方便、安全、快捷服务模式。依托“互联网＋健康”实现“挂号＋就诊＋支付＋报销＋取药”移动支付一站式医疗服务，实现就诊、费用结算零跑腿。打造“健康柯城”微信服务号，深入基层倾听群众所需，走访医院了解医护需求，最终设置大类3个，小类12个，子项30个，功能上线试用。向上对接，搭建柯城钉钉家庭医生健康管理平台，为衢州钉钉未来医院提供柯城方案，医疗卫生机构上线17家，线上签约居民达7万多人。建设区域绩效考核系统，助力基层医疗卫生机构补偿机制改革。建设全区防病毒与虚拟补丁系统，完善网络与信息安全体系。

【公共卫生服务能力】 基本公共卫生服务推陈出新，制定年度项目绩效考核实施办法，通过项目绩效方案精准化、考核形式多样化、项目台账资料整理标准化、项目培训精细化、项目宣传扩大化等举措，提升基层人员项目服务能力。全区居民电子健康档案建档率达

图79 荷花街道荷东苑社区联合辖区医疗志愿者开展“有礼暖民心”健康义诊活动

86.56%，档案合格率达91.42%；新生儿访视率、0～6岁儿童健康管理率、早孕建册率、孕产妇系统管理率均达90%以上，高血压、糖尿病患者规范管理率在原有基础上提升2个百分点，严重精神障碍患者管理率99.23%，规范管理率达96.81%，适龄儿童免疫规划疫苗接种率均达90%以上，年度未发生重大突发公共卫生事件。开通区社会心理服务热线0570—8812320，为全区居民免费提供心理咨询服务。新增实施肺结核患者治疗专项补助工作，区户籍肺结核患者在完成疗程后每例可享受最高800元的治疗补助。实施疫苗接种更透明项目建设，实现疫苗采购、储存、运输和使用全过程可追溯、可核查。石梁镇中心卫生院和万田乡卫生院作为省级试点单位试运行中。提升妇幼健康服务水平，落实出生缺陷防治民生实事项目，实施城乡妇女免费两癌检查项目，举办市、区两级产科医院母婴保健技术培训班、全区托幼机构卫生保健管理岗位知识培训和保育员培训班，提升妇幼保健服务水平。建立出生“一件事”联办机制，实现出生医学证明申领、落户、参保登记、预防接种证和母子健康手册等“多证联办”，优化办事流程，完成线上办理180件。加强家庭医生签约服务考核，引导签约对象合理有序就医，形成基层首诊、分级诊疗、双向转诊的就医格局。全年家庭医生签约152581人，签约率34.90%，十大类重点人群签约占签约比例76.98%，签约服务目标任务完成。强化疾病预防控制工作，是年确诊输入性登革热3例，患者治愈出院，防控措施及时有效，未出现本地新发病例。加强地方病防治工作，举办地方病防治专题培训班，全年查螺面积101万平方米，其中九华乡新宅村、上彭川村发现有螺面积0.87万平方米，多次邀请省、市专家现场督导灭螺工作。

【计生服务工作】 提升全员人口系统数据库信息质量，加强全员网上信息核查，利用信息数据互联互通提高生孕信息掌握率、出生人口信息上报的准确率和完整率。借助信息化做好服务人性化，利用“浙里办”APP推进“婚育户联办”，推行网上生育登记，实现生育登记“零跑”服务。全年区生育登记3067例，其中APP生育登记2895例，占总登记数的94.39%。建立计划生育家庭保障机制，为全区奖扶特扶和计划生育并发症对象

图 80　荷花街道新荷社区联合区人民医院举办健康宣传活动

发放扶助金，发放奖扶金 353.57 万元，发放特扶金 575.64 万元，开展计生特殊困难家庭保险，为 589 位特扶对象投保。

【卫生监督执法】 区卫生监督所成为全省卫生健康行政执法机构规范化建设试点单位，全年出动 2200 余人次，监督 1100 余户次，行政许可受理 122 户次，发证 65 本；立案查处违法案件 142 起，作出行政处罚 142 起，其中一般程序 89 起，简易程序 53 起，罚款 50.49 万元，没收违法所得 34.59 万元，完成本年度 89 起一般程序行政处罚案件的处罚结果网上公开。接投诉举报 60 起，其中医疗卫生类 57 起，公共卫生类 1 起，职业卫生类 1 起，消毒产品卫生类 1 起；及时查办 60 起，立案查处 22 起，查办率 100%，反馈率 100%。

【健康柯城建设】 推进健康素养提升工程，在健康素养进农村文化礼堂基础上，提质扩面，制定《柯城区健康素养提升“五进”（2019—2020 年）行动方案》。成立健康素养讲师团，开展健康素养“五进”专题活动 60 余场，农村文化礼堂覆盖率 30%以上。普及全民应急救护技能，在 35 个农村文化礼堂开展急救知识普及讲座，受益人数 1572 人次。利用救护培训基地，在学校、社区定期开展应急救护知识普及，完成应急救护普及 14185 人次。

【无偿献血工作】 开展多种形式无偿献血宣传、宣讲活动，抓好无偿献血工作的组织发动。全年无偿献血 1908 人次，献血量 610.85 升，用血量 563.88 升，成分输血率 99.9%，无偿献血占用血比例 108.3%，献血 300 毫升以上的占 88.5%。加强临床用血管理，强化科学合理用血。

（郭玲巧）

柯城区人民医院

【概　况】 衢州市柯城区人民医院（浙江省肿瘤医院衢州分院）是一家二级甲等非营利的综合性医院，是柯城区医疗、急救、教学、科研及业务指导中心。是全国第三家、全省首家通过第五版 JCI 医院评审标准认证的二级综合性医院，省基层卫生适宜技术示范基地。占地面积 2.6 公顷，设病区 18 个，实际开放床位数 700 余张，建筑面积 5.8 万平方米。员工 981 人，其中高级职称 99 人，中级职称 233 人，硕士研究生 25 人、博士 1 人。拥有飞利浦 1.5T 医用磁共振成像系统、螺旋 CT、医科达医用直线加速器等先进医疗设备。肿瘤科、肾内科、肝胆外科被省卫健委授予浙江省县级医学龙头学科。与浙江省肿瘤医院在医疗资源共享、技术支持、人才培养等领域开展全面合作，浙江省肿瘤医院专家团队常驻医院，长期开设专家门诊，设毛伟敏及王晓稼两个衢州市专家工作站。肾内科下设血液净化中心为浙西地区规模最大的血液净化中心之一，设浙一肾脏病中心吴建永专家工作站。肝胆外科与浙医一院严盛团队合作成立浙医一院肝胆胰精准治疗中心浙西分中心。心内科介入手术在衢州市处于领先水平，重症医学科被评为第四批、第五批衢州市重点学科。呼吸与危急重症学科高分通过国家呼吸与危重症医学科规范化建设评审。先后获全国文明单位、全国工人先锋号、全国巾帼文明岗、省级卫生先进单位、市政府质量奖等称号，万少华获国家“时代楷模”、全国优秀共产党员等称号。“天使急救志愿者团队”获第七届最美衢州人称号。

【医疗人才队伍】 有益探索增收节支，实现降本增效良好开局，扭转医院连续亏损颓势。是年，医院门急诊 39.16 万人次，住院 2.66 万人次，住院床日 22.95 万日张，床位使用率 90.54%，总收入 3.96 亿元，业务收入 3.85 亿元，医疗收入 3.58 亿元。顾客满意度 85.04%。未发生重大医疗事故和生产事故。全年引进卫生专业技术高级职称人员 1 人，硕士研究生 1 人。入选市级 115 人才第二层次培养人员 1 人，入选市级 115 人才第三层次培养人员 2 人。

【优化学科建设】 2 月，医院从武警浙江省总队医院引进心内科专家罗建华，填补急诊胸痛手术上的空白，成为衢州市首家可自主开展 PCI 手术的县级综合性医院。同时，PCI 手术开展缩短患者到院后的救治时间，提高救治效率。为提高医院整体救治能力，4 月 9 日，医院胸痛中心建设启动。成立胸痛中心委员会，明确职责及分工，确保创建工作开展。开展 CAG（冠状动脉造影术）或 CAG ＋ PCI（经皮冠状动脉介入治疗）196 台，永久起搏器安置术 7 台，射频消融术 1 台，其中急诊 PCI12 台，攻克被称为冠心病中的最后一座“堡垒”——慢性冠脉完全闭塞病变（CTO）。急诊 PCI 时间从 132 分钟降到 62 分钟，成效明显。以物产健康公司内部医联体合作为契机，7 月，金华市人民医院泌尿外科主任医师戴国平选调至泌尿外科，薄弱科室帮扶。以“传帮带”形式，提升科室整体医疗技术水平，带领科室医生先后开展一期输尿管软镜下结石、阴茎全切尿流改造、双侧腹股沟淋巴清扫、显微镜下精锁静脉曲张等新技术新项目，优化人才梯队，提高科室整体医疗服务水平。依托浙江省肿瘤医院帮扶，打造更加专业、细化的肿瘤学科，建设成为浙西地区最大的肿瘤中心。深化与浙江省肿瘤医院、浙一医院及华西医院等上级医院的医疗合作，在医疗资源共享、技术支持、人才培养等领域开展深入合作。加强专家工作站建设，以医院为平台，增加知名专家来柯医坐诊频次和学科覆盖，让衢城百姓在家门口就能看“北上广深”的专家号。营养科作为医院特色学科之一，先后被评为全国营养门诊工作先进科室、浙江省临床营养专科联盟理事单位。在省、市级营养技能配餐中，获团队、个人一等奖，科室知名度提升，受到业内人士赞誉，吸引数批外部同行参观学习。科室以专科技术为基石，发表论文 6 篇，其中 SCI 论文一篇。

【优质服务提升】 “最多跑一次”改革提质扩面。扭住“最多跑一次”改革牛鼻子，推进软件升级再造，打通“最多跑一次”改革最后一千米，在全省、全市率先开创性推出多项举措。集成一窗式受理。整合 17 个事项证明审核盖章（门诊医学诊断证明、住院医学诊断证明、死亡证明、终止中期妊娠、工伤鉴定、交通事故申请、自费药处方、府山托养、麻醉药品办理、转院登记、资料调取申请、医院等级证明、丧失劳动能力鉴定、妇产中心出院记录盖章、特殊门诊申请、院外购买大病用药药品、异地就医等）一个窗口办理，实现24小时无障碍盖章服务，方便患者办事；“派驻＋上门”联合办理。开设“残疾证办理窗口”，优化残疾证办理流程。每周三，区残联派出工作人员进驻柯医，患者在医院完成医疗鉴定后直接在窗口提交资料，公示后直接送证上门，无需再跑到残联办证；对行动不便的患者，组织鉴定专家提供上门鉴定，让患者实现“零跑腿”。窗口受理2371人次，为患者提供上门服务655位；商险理赔先垫付。为方便患者，先后与太平洋保险公司、泰康保险公司建立协作关系，实施医疗服务合作项目，就医类“一件事”联办，推行“就医＋商险理赔”联办服务。凡是上述两家公司的投保患者在办理出院手续时，理赔金额直接从住院费用中捉抵。理赔的费用由柯医先行垫付，省去患者到保险公司办理环节。两家保险公司实现直赔险种94个，惠及239人次，金额25.6万元。与更多保险公司进行对接，提升受益面，让更多患者享受便捷服务；互联网助力“不跑腿”。全市首家推出病案复印网上申请，患者出院后需复印病历无需来医院办理，只要在医院微信服务号中发出申请即可，通过快递将所需病案邮寄给患者，实现出院患者病案复印“不用跑”。打造就诊更加便利、沟通更加有效、体验更加舒适贴心的医疗卫生服务新模式。开展患者满意度调查，听取患者心声，全年收集意见建议1120条，采纳455条，改善422条。选派具有丰富临床经验高年资护理人员负责出院患者电话回访，为患者提供专科疾病宣教和指导，形成院前、院中、院后一体化服务模式，将医疗服务延伸至院后和家庭。

【科研成果创新】“冠心宁在冠脉支架植入后及多支病变的心绞痛患者的临床效果观察”“可穿戴设备在心房颤动患者确诊及后期随访中的应用”“衢州地区HP耐药情况及药敏试验在根除治疗中的作用”分别获浙江省医学会科研基金项目立项。申报市级指导性科技项目9项，立项2项，为“不血栓调节蛋白作为脓毒症的生物标志物的应用研究”“健脾补肾解毒逐瘀中药联合前列腺素E1治疗慢性肾脏病并发急性肾损伤的临床研究”；申报区级指导性科技项目6项，立项6项，分别为“右美托咪定在ICU谵妄患者中的临床应用”“基于多种新媒体实施基层医院PICC带管患者院外延续护理的研究”“药物（紫杉醇）涂层球囊处理冠脉小血管开口及分叉病变的临床研究”“舌肌训练器在脑卒中舌后坠辅助口腔护理的调查研究”“高能窄谱光子治疗联合水胶体敷料对动静脉内瘘成熟的效果研”“血清抗磷脂酶A2受体抗体在特发性膜性肾病诊断和治疗中的应用”。吴建永市级专家工作站通过市专技局实地考察；甘椿椿博士工作站成立开展工作。卫生厅研究B类项目“介入联合化疗与单纯化疗对不能切除的结直肠癌肝转移的前瞻性研究”完成验收，市级指导性科技项目“日本细菌战后烂脚病幸存者病源微生物学检测和耐药性研究”“衢州市社区发作血流感染大肠埃希菌及肺炎克雷伯菌ESBLs流行情况及危险因素”“结构式家庭疗法对炭疽杆菌慢性溃疡患者生活质量研究”完成验收。各级刊物发表论文27篇，其中在“卫生高级专业技术资格医学卫生刊物名录”内论文23篇，发表SCI杂志1篇。获得国家实用新型专利三项，分别为“床边多角度康复功能训练椅”“一种新型中草药暖胃带”“枕头防滑小沙袋”。立项举办省级继教备案项目“乳腺癌保乳整形及术后重建理论与实践学习班”“JCI标准下的基层医院护理安全管理与实践”2项，市级继教项目立项举办10项。推荐第21届衢州市自然优秀论文评比中“上颈椎损伤的放射征象特点与预后指导”“Age- and Gender- Specific Reference Intervals of Carbohydrate Antigen 50(碳水化合物抗原CA50的年龄和性别特异性参考区间)”获二等奖；“仲景温阳法辨证论治慢性心力衰竭的临床研究”“羟考酮联合腹横肌平面阻滞对腹腔镜阑尾切除病人术后恢复的影响”“颈丛阻滞复合静脉全麻对甲状腺癌根治术患者术后苏醒质量的影响”“腹横肌平面阻滞对老年患者腹腔镜腹股沟疝修补术后镇痛效果的影响”获三等奖。推荐第17届衢州市卫生系统自然科学优秀论文评比中，“上颈椎损伤的放射征象特点与预后指导”“Age-and Gender-Specific Reference Intervals of Carbohydrate Antigen 50（碳水化合物抗原CA50的年龄和性别特异性参考区间）”“仲景温阳法辨证论治慢性心力衰竭的临床研究”获二等奖3篇，“羟考酮联合腹横肌平面阻滞对腹腔镜阑尾切除病人术后恢复的影响”“颈丛阻滞复合静脉全麻对甲状腺癌根治术患者术后苏醒质量的影响”“腹横肌平面阻滞对老年患者腹腔镜腹股沟疝修补术后的镇痛效果”“经皮椎体成形术术中应用高/低黏度骨水泥治疗椎体压缩性骨折的疗效比较”“生酮饮食及限能平衡饮食对超重及肥胖者人体成分及生化指标的影响”获三等奖5篇。

【防腐倡廉】 建立供应商代表来访接待制度，严禁任何科室及个人私自接待医药代表；向社会公开服务承诺、医疗服务项目收费标准、药品及医用耗材价格，完善医疗服务公开制度；医院设备、药品、耗材、大宗物资（服务）等采购项目信息向全社会透明公开，确保招标程序公开、公平、公正，规范采购招标流程；7个党支部任命纪检委员，选聘廉情监测员20名，负责廉政风险排查；建设“廉政文化长廊”，对科室收到的感谢信、表扬信、锦旗、拒收红包等情况进行宣传报道，公开赞美，弘扬高尚医德。落实医疗卫生行业“九不准”等相关法规条例，通过周会观看《医疗卫生行业党风廉政教育》专题片，抓好中央八项规定及实施细则，抓“四风”、正作风，筑牢廉政教育红色底线。五月，组织小组长以上人员分两批赴十里丰监狱接受警示教育；开展“迎七一”主题党日活动，分4批次赴开化红色教育基地参观中共浙皖特委会旧址，重温入党誓词。同时，开展以“不忘初心，牢记使命”为主题微宣讲比赛，提高党员干部廉洁从医自觉性，营造心齐气顺、风清气正医德。据不完全统计，全年医护人员拒收“红包”22例，金额达20289元。

【安保措施升级】 全年举行消防知识培训45场次，消防器具使用培训49场次、消防疏散演练49场次，演练参与率达96%以上，提高员工火灾现场疏散、逃生能力。开展实习生、新员工、代培生消防知识培训1场、85人。医务科联合护理部、院感科、急诊科在院内1号、5号、7号、8号楼，分6场次进行院内999急救演练，330余人参加。不定期开展院内111、222、333、666、777等应急演练，提高医护人员处理突发性应急事件能力，营造人人重安全，人人懂安全氛围。3月获集团“安康杯”先进集体；5月，公司印发《关于2018年度安全综合目标管理责任制考核结果的通报》，柯医考核结果为优秀，在4家成员医院中鳌头独占，郑才良获评先进个人。保卫科参加柯城区劳动局组织的第四届消防技能比武竞赛，从200多支代表队中脱颖而出，取得第4名好成绩。与第三方消防检测公司联网，对高层建筑“智慧消防”系统进行改造，全面提高消防科技化、信息化、智能化水平。对楼喷淋机房、消火栓机房进行消防误报警系统改造，减少误报次数。对高配机房、发电机房、信息机房、配电机房原气溶胶灭火系统进行改造升级，全部更换为七氟丙烷灭火器。对监控设备进行改造，将原来模拟信号升级为高清信号，提高监控设备成像效果。10月配合公安部门，投入6700元，在门诊楼安装人脸识别前端镜头，对人流量大的区域进行人脸识别监控，提高非法人员来院安全防范能力。累计投入37.92万元，实现安全设施优化升级，确保安全平稳运行。不断优化完善信息化不良事件上报系统，做好风险防范和及时补救；严格执行早期预警制度，做到早期识别、早期干预高危患者；根据医院发展调整999急救分区支援，有效发挥急救团队功能，确保院区人员生命安全。推进医疗电子信息化建设。对各项医疗服务进行信息化改造，自主开发电子交班系统、电子会诊程序，改造手术审批流程、抗生素特别是三线抗菌药物信息化管理流程、自动出院随访系统、血栓评估系统、精麻药品电子处方等流程，对门诊及住院各系统进行大量精细化改造，将操作流程包括评估表、预防提醒、物理预防医嘱、用药注意事项等项目加入信息系统中，提升医生护士使用依从性，提升临床工作效率，保障医疗安全。

【公益事业】 持续开展公益事业。“万少华团队”11年如一日为“烂脚病老人”义务医治，副院长陈玮发起的“天使急救志愿者团队”蓬勃发展。5月31日，成为市首家获美国心脏协会（AHA）授牌的区域性急救培训中心，医护人员6名经系统培训考核后获导师资格证书，17批、学员200名培训考试合格，通过预营业考核。对外招生学员12名，进行培训及考核，发放BLS学员证书，提高全民急救意识。自上年7月成立创文志愿者团队以来，动员全院员工及志愿者们投入创文工作中，投身“小锦鲤志愿服务”“市创建国际花园城市”等志愿活动，为全市创文增砖添瓦，万少华团队获金牌小锦鲤特别奖。全年医院参加志愿者服务2280人次，志愿服务12040人次，解决患者实际需求，提升为民服务美誉度。是年，医院获省思想政治工作成绩突出单位；陈玮获评全国“优秀基层政协委员”、省劳动模范、市最具影响力卫健人——医德模范，成为市“南孔圣

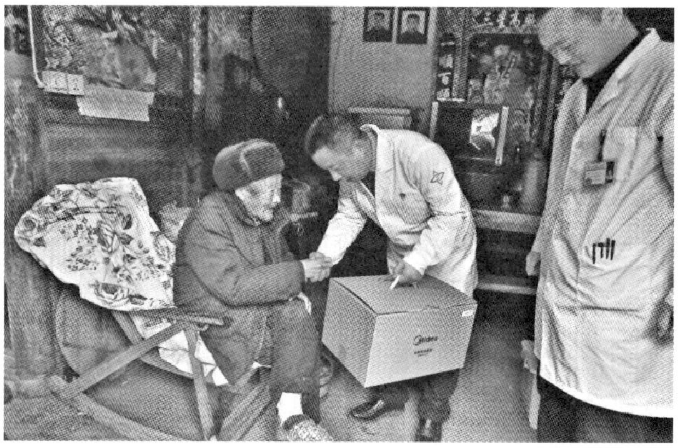

图81　2月1日，万少华和他的团队到九华乡、沟溪乡三位烂脚老人家中“送温暖”

地　衢州有礼”城市品牌代言人。许贤智获评衢州市最具影响力卫健人——医改先锋。

（徐琰儒）

爱国卫生运动

【概　况】 2019年11月，区爱国卫生运动委员会办公室更名为区爱国卫生发展中心（区国家卫生城市服务中心），全区爱国卫生工作在区委、区政府正确领导和上级主管部门支持指导下，贯彻实施新时期爱国卫生工作意见精神。以卫生乡镇创建、健康促进活动、病媒生物防制、国家卫生城市复审、助力全国文明城市创建等工作为中心，明确目标，落实职责，全面开展城乡爱国卫生运动。提升城乡环境面貌，爱国卫生工作新发展，各项工作目标任务较好地完成。

【国家卫生城市复审】 结合全国文明城市创建，各区块、部门单位精心组织，广泛发动，坚持问题导向，分解、落实好任务，采取有效措施，精准发力，提升国家卫生城市管理工作。各区块、部门单位加强卫生保洁和环境卫生日常巡查，整治城郊接合部、城中村、背街小巷、马路市场、老旧小区、农贸市场、小餐饮等重点区域、环节，开展“十乱”整治行动，区城乡环境卫生面貌显著提升，国家卫生城市巩固工作成效明显。通过条块之间、部门之间齐抓共管、通力协作、共同努力，国家卫生城市第三次复审和省级综合评估工作完成。

【卫生创建活动】 按创建标准，航埠镇、七里乡建立组织，制定方案，开展专项整治，落实整改措施，创建工作检查考核通过，创建国家卫生乡镇，落实创建工作长效化、常

图82　万田乡整治沿路环境卫生

态化管理机制。做好石梁等7个省级卫生乡镇巩固工作。全区创建市级卫生村58个。累计省卫生村76个，覆盖率35.6%。是年，农村卫生户厕普及率100%，农村无害化卫生户厕普及率99.92%。

【健康教育与健康促进】 组织开展第31个爱国卫生月活动，发动城乡居民参与以清洁环境、除害防病为重点“清洁家园”爱国卫生活动，推动爱国卫生工作新成效。加大控

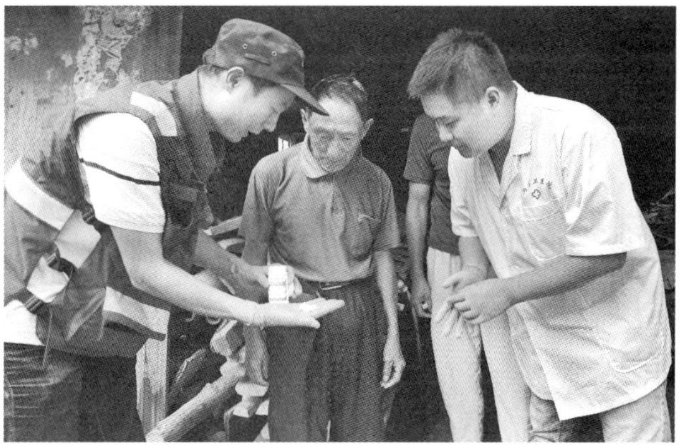

图83　7月中旬，辖区内村庄因强降雨发生汛情，沟溪乡卫生院联合市疾控中心，指导村民对房屋、厕所、水井等区域进行药物喷洒消毒处理，预防疾病传播

烟宣传和健康教育工作力度，营造无烟环境，共享健康生活。区爱卫办组织无烟单位创建工作，区卫生健康局获评市级无烟单位。创建健康社区4家、健康单位8家、健康食堂

2 家、健康餐厅 2 家、健康促进学校（铜牌）单位 13 家、健康促进社区 1 家、健康家庭 1028 户。

【城乡环境卫生治理】 各乡镇、街道和部门单位统筹结合“五水共治”“四边三化”“三改一拆”、农村人居环境提升三年行动、国家卫生城市复审和全国文明城市创建工作。以完善城乡环境卫生基础设施和长效管理机制为主要内容，以城市环境卫生薄弱地段、农村生活垃圾污水处理、重点场所环境卫生、推动城乡环境卫生整洁行动纵深发展，统筹治理环境卫生问题。重点抓老旧小区、背街小巷、城乡接合部、城中村、闲置空地、农贸市场、乡镇集镇所在地等重点区域占道经营、乱搭乱建、乱拉乱挂、乱贴乱画、乱堆乱放、卫生死角等集中整治，探索长效管理机制，实现城乡环境卫生管理水平和群众文明卫生素质全面提升，城乡生产生活环境整洁有序、村居民健康宜居。

【病媒生物防制工作】 按“属地管理、条块结合、各负其责、协同作战”原则，组织、协调、检查、考核；市疾控中心负责病媒生物监测和技术培训；各乡镇（街道）、部门（单位）负责本辖区、本部门（单位）病媒生物防制工作。坚持“环境治理为主、药物消杀为辅”综合防制措施，做到孳生地清理与外环境药物消杀相结合，群众性灭杀与专业队伍消杀相结合。组织开展春秋季灭鼠和夏秋季灭蚊、灭蝇、灭蟑螂活动。结合巩固国家卫生城市创建成果、卫生乡镇创建、爱国卫生月等活动，发动各级各部门、居民开展室内外环境卫生整治，加强对卫生死角、垃圾收集设施、沟塘水系、积水容器等病媒生物孳生地综合治理，清除病媒生物孳生场所，有效控制“四害”孳生地，降低“四害”密度。做好与建成区公共外环境病媒生物防制市场化运作 PCO 衔接，以街道社区为单位，协助其落实外环境药物、器具投放。强化公共外环境病媒生物防制工作的日常督查和经常性检查，确保病媒生物防制工作实效。

（陈燕华）

社 会 事 务

民政事务

【概　况】 2019年，区民政局围绕上级中心工作部署，贯彻中共十九届四中全会、全国民政会议、第十八次全省民政会议精神，学习习近平总书记关于民政工作的重要论述精神，贯彻落实省委“民政30条”，践行“民政为民、民政爱民”理念。瞄准“有成效、出亮点、见成果”目标，打好“十大战役”，全区民政干部履职尽责、克难奋进，区民政事业在新的历史起点上取得新成就。

【养老服务】 加强3家示范型居家养老服务照料中心建设，府山街道、双港街道、花园街道示范型居家养老服务中心建设完成，全部投入运营。为区老年人提供优质养老服务、配送餐服务，惠及覆盖群众3.8万人；135个城乡社区（其中城市社区47个）签约或拥有食堂，覆盖率达100%。改善乡镇敬老院供养条件7家，从外观整体改造、生活设施更新等方面着手，全面提升敬老院硬件设施，按标准配备护理人员提升软件服务水平。

【阳光低保】 认定管理工作规范，兜准教助对象，强化大数据比对，健全工作体制机制，兜牢民生底线，确保低保动态管理应保尽保、应退尽退。至12月底，全区在册低保5725户、8370人，发放低保金4718.89万元，其中：农村4908户、7296人，发放低保金4013.95万元；城镇871户、1074人，发放低保金704.94万元。城乡最低生活保障标准、低保调标操作实现一体化，每人每月770元。

【社会救助】 坚持兜底保障，助牢救助底线。是年，下拨困难群众救助资金150万元，临时救助资备用金126万元，社救系统临时救助资金支出76.88万元，救助户数231户、375人次，总支出资金352.88万元。对因病或因灾等原因造成生活困难的低保、低边及特困对象群体给予临时生活困难救助；对因突发情况造成生活困难的群众开辟紧急救助通道。

【基层治理】 落实“三岗十八级”工资体系，调整等级工资标准、执行职工带薪年休假制度、调整年终综合考核奖基数，提升社区专职工作者福利待遇。引进“985”“211”高校本科及研究生优秀人才充实专职社区工作者人才队伍，提升社区工作者整体素质。落实市全国社区治理和服务创新实验区创建工作，作为中期评估考核点，协助顺利通过中期评估，府山街道被确定为省级城乡社区治理和服务创新实验区。创新“邻礼通”小程序、深化“五色工作法”“红色物业联盟”“红手印”“红管家”、上洋村“村宪治村”等经验做法，夯实基层治理基础。实现区、乡镇（街道）、村（社）枢纽型社会组织服务中心三级机构体系全覆盖，有序引导社会组织参与基层治理。推动社会工作专业人才队伍建设，扩展一次性奖励享受人员范围，动员社会工作者参加全国职业考试，取得社会工作师职业资格 95 人。社区服务用房落实改善，安排 300 余万元用于 14 个社区用房租金及 13 个社区用房装修经费补助，兴航社区、望江社区、滨三村社区服务用房落实到位。

【生态公墓】 开展生态殡葬民生实事项目工作，建成 12 个公益性生态公墓树葬示范点和 1 个骨灰堂并投入使用，以奖代补方式拨付 1000 万元，有效缓解农村公益性墓地压力。配合高铁新城项目建设，搬迁约 3040 穴坟墓，推广骨灰堂集中安置，进骨灰堂 1859 穴，占比率达 54%，助推高铁新城搬迁工作。实施节地生态安葬奖励措施，强化宣传引导，鼓励群众选择散撒、树葬等生态节地安葬。全年新增骨灰撒散 5 例，骨灰安置 4 例，合计发放奖励 10.8 万元，促进传统殡葬观念的改变。

【慈善救助】 开展慈善一日捐活动，募集善款 74.1 万元。组织慈善“圆梦助学”活动，资助贫困大学新生 40 名、发放资金 20 万元（其中市慈善总会 10 万元）。开展困难群众慈善救助，春节走访慰问困难群众 100 户，发放慰问金 12 万元。实施福彩儿童慈爱基金，儿童大病救助 4 人，发放 8.2 万元。开展“情暖柯城·鸿盛扶贫”慈善助医活动 20 人，发放资金 10 万元。

【婚姻登记】 质量和服务水平提高，机关标准化建设深化，开展婚姻家庭辅导和颁证工作。全年办理结婚登记 2758 对，办理离婚登记 1497 对，正确率、办结率和质量测评满意率均达 100%。

【移民项目扶持】 推动库区移民创业致富和移民“美丽家园”建设，从道路硬化、创业致富、美丽乡村环境治理等方面开展项目扶持，发放大中型水库移民后期扶持直补资金 223.73 万元，组织实施大中型水库移民后扶项目和小型水库移民扶助解困项目 12 个，项目总支出 551 万元，对移民创业致富新思路、美丽乡村建设方向进行探索。

（严雨薇）

人力资源管理

【概　况】 2019 年，区人力社保局深入贯彻习近平新时代中国特色社会主义思想和中共十九大精神，开展“不忘初心、牢记使命”主题教育活动，坚持民生为本，强化“三服务”，推进“最多跑一次”改革，实现社会保障更有成效，服务民生更有作为，转型发展更有活力，为全力推动市委“1433”发展战略体系在柯城重重落地和打造“2019 高质量服务年”做贡献。

【人事招考】 开展各类招考 25 次，其中院校招聘 15 次，公开招聘 7 次（含机关事业单位编外招聘 3 次），选调 3 次，录用人员 435 人（含编外人员 127 人）。区属事业单位赴院校招聘高层次人才 7 次，合计引进高层次人员 49 人，其中硕士研究生 43 人，“双一流”高校本科生 6 人。

【人才引进与培养】 组织赴四川、哈尔滨、长沙、上海、西安等地高校招聘，现场签约 2 人，达成引进意向 75 人，其中硕士毕业生 8 人、博士生 1 人。企事业单位晋升高级专业技术职称 116 人，其中晋升正高 6 人，副高 110 人，比上年同期增长 18.36%。柯城区人民医院、浙江佳农果蔬股份有限公司设立浙江省博士后工作站，实现区博士后工作站零突破。启用职称电子证书，区企事业单位专业技术人员通过评审、初定等方式取得专业技术职称统一核发电子证书。公需科电子化，专业技术人员公需课继续教育培训考试“一网通办”，实现“最多跑零次”。

【培训技能与鉴定】 实施国务院办公厅职业技能提升行动3年计划，平台载体不断健全，聚焦区域产业发展，构建培训、评价、使用、激励人才工作“一体化平台”。全年开展职业技能培训和职业鉴定3813人，培养高技能人才667人。开展乡村振兴大讲堂，培训农村劳动力983人。举办区第九届职工职业技能大赛，参加215人。首次将技能大赛办到企业车间，选拔出高技能人才166名。推动高技能人才“千名技师带高徒”活动，发挥技能技艺传帮带示范作用，全年师徒结对，拜师学艺，传承技艺203对。创新人才培养模式，推行企业新型学徒制，采取“企校双制、工学一体”培养模式。

【劳动关系与欠薪】 无欠薪创建成绩突显。区通过“无欠薪区”创建考核验收，成为2018—2019年度“无欠薪”建设标准51个县（市、区）之一。区在建项目六大机制落实到位，全区入库在建项目实名制管理、分账管理、按月足额支付工资、工资银行代发、工资保证金和维权信息告示牌等制度全面覆盖，形成“源头治理”基本模式，在三个主体责任基础上，发挥责任单位根治欠薪前置性。及时处置衢化棚户区改造项目、斗潭危旧房改造项目等劳动纠纷，维护劳动者合法权益。全年处理欠薪案件310起，为974名员工追回薪资706万元；依法查处违反劳动保障等法律法规并作出行政处罚案件3件，公布重大劳动保障违法行为2起，纳入黑名单管理1起，开展劳动保障书面审查入库企业3500多家，劳动保障监察信息统计报送率、主动巡查信息入库率、立案案件入库率达100%。

【征迁工作】 面对古城双修和礼贤片区征收艰巨任务，组建征收工作专班，发扬斗潭精神和“蚂蟥叮蚯蚓”人社作风，以交心、交情工作态度和用心、用情工作方法完成“古城双修”48户和礼贤片区48户征收工作，赢得区领导、区级各部门和群众高度肯定，全年获记集体三等功1次，个人获记功嘉奖4人次。

（郑向怡）

劳动与就业

【概　况】 2019年，区就业局在就业优先政策的大背景下，认真贯彻落实区委、区政府决策部署。根据上级就业部门工作安排，提供更精心组织、更精细服务、更精准帮扶，开展职业技能培训、服务企业招工、东西部劳务协作等工作。落实各项就业创业优惠政策，助推全区企业健康发展和高质量就业。

【创业基地与就业见习基地】 全区省级大学生创业园2家、农村电商创业园1家和返乡农民创业基地4个。是年，3家创业园入驻企业96家，带动就业908人，累计入驻企业193家，累计孵化成功80家，实现总产值3.48亿元。全年认定就业见习基地12家，先后到江西南昌大学、江西服装学院洽谈，引入服装专业大中专学生100多名到柯城区就业见习，对就业见习基地给予补贴4万元。

【第五届创业创新大赛】 举办“中国梦 创业情”为主题第五届“圆梦杯”全民创业创新大赛，挖掘发动创业项目，征集电商平台、环保家居等项目40余个，其中进入决赛项目10个。本次大赛分初创团队组和企业成长组，设一、二、三等奖和优胜奖，奖金分别为20000元、15000元、10000元和6000元，累计发放11.4万元。其中，推选的人工智能文化科技节项目在衢州市创业大赛获创意创新组二等奖。

【开展职业技能培训】 根据企业需求，推行“订单式”“对接式”“储备式”技能培训，为用人单位开展技能人才定向培训。全年开展培训班43期，培训人员1618人。其中针对服装产业工人紧缺问题，新开缝纫工工种

图84 3月26日，花园街道安装社区联合区就业局和柯山职校，组织50余名下岗失业居民，开展为期10天就业技能(西式面点)培训

培训，华墅乡、沟溪乡、石梁镇组织缝纫工培训班9期，培训人员366人。落实技能提升补贴政策，全年为907名取得职业资格证书或职业技能等级证书人员发放职业技能提升补贴140.46万元，鼓励企业职工进行职业学习和培训。

【服务企业招工工作】 按缺工人数对企业分三级监控，按级别提供用工指导。根据企业

图85 市“8·8”人才交流会有柯城95家企业现场设摊，提供岗位2170个

需要在城区、重点乡镇举办“春风送岗位”“低碳小镇服装企业专场招聘会”“返乡人员家门口就业”“职业技术学校校企合作”等省内外各类招聘活动33场次，参加企业近700家，提供岗位2.65万个，招聘员工5950人。举办《柯城区招工政策解读培训会》，邀请21家省内外人力资源公司负责人到柯城区了解员工输送优惠政策、参观区企业，加强与云湘川赣等地人力资源部门对接，组织重点企业赴外参加专场招聘会，全年通过人力资源公司引进产业工人300多名。招工工作得到省委书记车俊批示，省就业管理中心主任夏春胜到柯城调研，对区服务企业招工做法给予肯定，并在全省推广。

【东西部扶贫劳务协作】 建立对口援助机制对需要就业援助人员动态管理，对就业扶贫、就业优惠政策、开展线上线下招聘方面精准施策，做好“引扶留稳促”五字文章，推进东西部就业扶贫工作。全年北川县到区企业就业劳动力3批次78名，其中北川建档立卡人员30人，根据《关于推进北川县建档立卡人员精准就业扶贫工作的通知》，给予在柯城就业并签订一年以上劳动合同且缴纳3个月以上社会保险的人员就业补贴、交通

补贴、探亲补贴等各项优惠政策，累计发放补贴金额66.54万元。

【援企稳岗政策减轻企业负担】 结合“三服务”工作，实施扶持政策，扶持企业发展，稳定职工就业。落实企业稳定就业岗位补贴、困难企业社保费返还政策。按上级文件要求，全年为382家符合条件企业返还社保费1877.33万元。落实稳岗补贴相关政策，审核通过企业241家，发放上年稳岗补贴196.25万元，惠及职工10164人。以上举措受到企业好评。

【高质量就业社区（村）工作】 结合高质量就业社区（村）创建要求，狠抓就业服务平台建设，开展“就业365”手机软件使用推广和就业信息宣传，录入劳动力数据，摸清就业困难人员、失业人员意向，全年城镇失业人员实现再就业4960人，其中帮助就业困难人员2010人。衢化街道望江社区等12个社区达区级高质量就业社区标准，花园街道新苑社区等15个社区达市级高质量就业社区标准，累计发放补贴111万元。

（郑向怡）

社会保险

【概　况】 2019年是新中国成立70周年，是决胜全面建成小康社会第一个百年奋斗目标的关键之年。区社保局以习近平新时代中国特色社会主义思想为指引，深入贯彻中共十九大和十九届四中全会精神，强化“三服务”，深化“最多跑一次”改革，实现社会保障更有成效，服务民生更有作为，转型发展更有活力，干部队伍更有担当，为全力推动市委“1433”发展战略体系在柯城重重落地和打造“2019高质量服务年”做贡献。是年，区社保局获2019年度全市社会保险工作先进单位、全市营商环境建设“有礼之星”，20余人次获表彰。

【参保扩面】 根据《2019年全面深化改革工作的通知》要求，10月底前省基本养老保险参保率需达到98%以上。为完成目标，区社保局高度重视，精心谋划，与全区各乡镇（街道）通力合作，狠抓扩面。全区新增参保超过1.6万人，户籍人口基本养老保险参保率达99.3%，较上年底的93.59%上升5.71个百分点，排名跃居全市前列，提升幅度大。

【社保扶贫】 省、市、区相继出台文件继续扩大免缴享受对象范围，提高政府代缴额度。区社保局开展对接，逐一筛选比对免缴对象清单，实现“零跑动”扶贫，确保扶贫举措精准到位。全年为全区5103名符合条件困难人员代缴保费51.03万元，为4296名符合条件对象发放城乡居民养老保险待遇。区委、区政府《关于高水平促进低收入农户全面小康的实施意见》出台后，展开落实，对符合条件的已征缴对象统一作退费处理，惠及4002人次，涉及金额30.52万元。

【待遇发放】 一分不差、一天不拖，做好养老待遇发放工作，6月，全面取消社银人工报盘，当月通过社银接口发放待遇11639.55万元，涉及8.13万人，有效防范经办风险；12月，全面实现惠民惠农资金归并社保卡发放，惠及全区城乡居民8511名，有效整合惠民服务资源；全年新增各类养老保险退休5039人、被征地农民基本生活保障享受198人、工伤一次性待遇支付445人、工伤定期待遇支付57人；按时足额完成各类待遇调整工作，惠及职工养老退休人员45853人、机关事业养老退休人员 2176 人、工伤保险伤残津贴享受人员 11 人、企业职工遗属 43 人；按要求完成新增退休人员预发转计发工作完成，惠及 2764 人。

【电子社保卡推广应用】 根据省人社数字化转型工作要求，2019 年电子社保卡持卡率要达 15%，2022 年要达 50%。11 月，区社保局创新工作方法，广泛宣传发动，借势借力借智，与各乡镇（街道）、相关部门和学校协同努力，至年底，发放电子社保卡 13.04 万张，发卡率从 5.5%上升到 37.6%，排名从全省倒数第一跃居全省前列，提前超额完成工作目标。

【企事业单位网上办事】 加快推进“互联网＋社保经办”建设，在全市率先实现机关事业养老保险参保登记事项全程网上办理，覆盖全区 148 家机关事业单位，累计办件量 956 件，办件量、网上办事率居全市第一；持续推行企业网上办事，做好政策咨询和技术支持，全年企业网上申报业务办件量达 42212 件；年度缴费基数申报工作全部线上进行，完成企业 2954 家和机关事业单位 146 家网上基数申报工作。

【多险合一新系统上线】 配合市社保中心做好新信息系统上线切换工作，提前研判，制定工作应急处置预案，成立工作小组定岗定责，全方位开展志愿服务、业务培训和宣传引导，形成 24 小时舆情监控制度，重大舆情实时汇报，应急处置高效联动。系统切换期间，实现业务衔接平稳有序、服务大厅忙而不乱，舆情零发生、群众零投诉。

【寓认证于无形】 通过“大数据比对＋人脸识别自助认证＋劳保员主动上门认证”三步走，运用信息化手段，变“群众被动”为“部门主动”，构建“寓认证于无形”认证服务新模式，实现“让数据多跑路，让群众少跑腿”，受到退休人员一致好评。全年应认证 76547 人，已认证 76104 人，认证率高达 99.4%。

【社保档案数字化转型】 推进社会保险档案影像化扫描项目，实现历史档案全面数字化，累计移交扫描档案 8429 卷，约 200 万页，项目基本完成；安装博通档案系统联机版，提升档案管理和查阅效率；县学街库房档案搬迁工作完成，合计 2956 卷；全年收集社会保险档案 1580 卷、41.5 万页，提供档案查阅 249 人次。

【实施减税降费】 区社保局围绕国家和省委、省政府统一部署，抓好各项惠民惠企降费政策落实，有效释放政策红利，助推区营商环境提升。全年实现工伤保险阶段性降费 264 万元，特定行业阶段性降费 1258.9 万元，机关事业单位养老保险降费 1211.8 万元，灵活就业人员降费约 2300 万元，合计为全区单位及个人减负约 5 千万元。

【“一件事”联办样板】 以“数据网上跑”代替“经办人工跑”，通过档案预审、数据在线推送、资料邮寄等方式方法，打造“一件事”联办新模式，全年完成单位参保登记“一件事”联办超 2000 件，亲人身后“一件事”联办 300 余件，退休“一件事”联办 3685 人次，实现群众办事 “零跑腿”。

【退休返聘工伤政策】 为保障退休返聘人员在继续就业期间合法权益，5 月，实行退休返聘人员单独参加工伤保险政策，12 月，受理全国第一例退休返聘人员工伤认定申请。由于涉及医药费较多，经办中专门为其开通绿色通道优先办理，从认定工伤到医药费报销全程不到 30 天，贴心服务受到企业和受伤害职工一致好评。此项工作在《浙江工人日报》首页报道。

【机构改革工作】 因机构改革人员划转等原因，区社保局人员锐减，在职职工数量从改革前的 57 人大幅减少至 30 余人，事多人少矛盾凸显。区社保局坚持高站位、有担当，4 月，创新业务经办模式，在全市率先实行由行政服务中心统一管理的社保、医保业务“无差别受理”经办，有效实现各项业务无缝对接，改革工作有序推进。

（郑向怡）

民族宗教事务

【概　况】 2019 年，区民宗局全面贯彻落实民族宗教政策法规，坚持“稳定是第一责任、发展是第一要务”原则，结合区情，统一思想、埋头苦干、奋发有为，切实维护区境民族地区团结进步，宗教领域和谐稳定。

【促进少数民族经济增效增收】 大力发展少数民族地区基础设施建设，实施北二民族村道路硬化项目、殿前民族村 320 国道接村公路拓宽项目和上门民族村停车场及文化礼堂项目，助力改善少数民族群众生产生活水平。支持非公企业开展结对帮扶，如早田农业科技开发公司重点帮扶七里乡上门民族村，实现民族群众年均增收 2 万元。围绕提升民族群众增收能力及民族村两委干部推动发展能力，开展教育培训帮扶，组织来料加工经纪人、种植户和低收入农户培训班 1 期，围绕农业种养植、来料加工及民族政策法规知识等内容，为近 100 人开展教育培训，组织 4 个民族村的村两委干部召开会议，向村两委干部进行“两委干部如何合作，如何做好好搭档，提升两委凝聚力、战斗力”教育工作，并开展少数民族文化挖掘、项目包装方面知识培训工作，融洽村两委干部关系，提升他们战斗力。

【传承少数民族传统文化】 做大做强畲族“三月三”节庆文化品牌，弘扬少数民族优秀传统文化，助推民族地区文化旅游繁荣发展，巩固全区民族团结进步事业。4 月 7 日，举办“棋妙柯城　情满畲家”航埠畲族第十二届“三月三”风情文化节，集中展示、传承和弘扬畲族优秀传统文化，彰显少数民族文化发展所取成就。指导衢州安康民族工艺饰品有限公司推进少数民族文化创意体验馆建设，衢州安康民族工艺饰品有限公司被评为全省民族团结进步创建重点培育单位。

【推进城市少数民族工作】 深化府山街道城站社区“民族团结之家”服务平台提升工作。做好民族工作信息系统和民情地图数据收集、录入。继续推进城市少数民族“四微”“六进”建设，不断搭建平台、健全机制、创新载体，促进各民族群众融合发展。在区创业少数民族群众马全被省民宗委评为第一届来浙少数民族“和谐融入之星”。开展“民族同梦　村居同心　文明同行”系列活动，实现“以城带乡、城乡互动”区域化党建新格局，做到村居资源共享、功能互补。

【推进重点寺院提升】 全力推进以灵鹫寺修扩建为核心的灵鹫山禅意康养景区建设，区委、区政府专门成立灵鹫山（九华山）禅意康养景区建设专班，目前整体工作进展顺利。委托同济大学规划设计院开展景区概念性规划设计工作，现基本完成，初步将灵鹫山景区规划定位为“一核心二区块”。开展上山道路的方案论证、规划设计和项目前期审批各项工作。梓绶山至孟高寮道路建设项目开工建设。4月，省民宗委下发同意修扩建的行政许可书，寺院民宗报批工作全面完成。开展寺院住持的寻访物色工作，3月，邀请南京市佛教协会会长、栖霞寺方丈隆相大和尚到灵鹫山实地考察，并通过浙江省佛教协会的同意，隆相大和尚同意于7月份派出弟子团队来灵鹫寺全面负责建设工作。

【做好宗教领域规范化管理】 深入贯彻落实全国、全省及全市宗教工作会议精神及相关要求，4月18日，区委常委会召开专题会议，听取全省、全市宗教工作督查整改工作专题会议精神汇报，研究贯彻意见，5月15日，召开全区宗教工作会议，研究部署全区宗教工作。全力抓好宗教界思想政治引领工作，通过在重点宗教活动场所设立宣传橱窗，举办培训班、座谈会，上门走访等，开展爱国爱教为主题宗教活动场所“五进”活动，广泛开展宗教界法制宣传教育工作。先后组织全区各宗教团体、宗教活动场所及民间信仰场所负责人、代表人士举办培训会2次，约500人次参加学习；召开宗教界代表人士座谈会3次，开展上门走访宣讲活动5次。深入开展宗教领域隐患排查整治工作，做好全区基督教私设聚会点排查整治工作，开展天主教领域综合治理工作，实现佘山工作相关任务，完成麻蓬天主教堂堂管会换届工作，认真抓好民间信仰场所规范化管理工作，妥善处置姜家山高铁新城拆迁涉及民间信仰场所的拆迁安置工作。

（沈水忠）

乡镇 街道

航埠镇

【概 况】 航埠镇位于柯城区西部，东与姜家山乡、双港街道相连，东南与衢江区廿里镇相接，南与华墅乡相邻，西邻常山县招贤镇，西北接沟溪乡，北靠石梁。总面积66.3平方千米，镇人民政府驻航埠村兴航路45号，距衢州城区10千米。下辖32个行政村，1个社区，户籍人口5.3万人，常住人口7.2万人。2000年被列为浙江省小城镇综合改革试点镇，2006年被列为衢州市第二批经济强镇，2007年被确定为浙江省中心镇，2014年被列为全国重点镇，2016年被列入浙江省首批低碳城镇试点和第三批小城市培育试点，2019年小城市培育试点获评优秀、低碳小镇获评良好。2019年实现地区生产总值13.40亿元，同比增长14.7%；实现财政总收入2.35亿元，同比增长42.4%；实现固定资产投资22.35亿元，同比增长34.8%；实现城乡居民人均可支配收入70304元，同比增长9.8%。

【党建统领】 以“三个三”基层党建工程为重点，坚持抓基础、补短板、促规范。坚持力量下沉、工作前移，落实“三会一课”、支部主题党日等制度，实现组团联村全覆盖、两委联格全覆盖、党员联户全覆盖，81个网格支部作用发挥更加有效。机构改革模块化运行成效显著，围绕做强做优乡镇“中线”，在构建模块框架、明确职责分工、理顺运行机制、完善保障制度上下功夫，确保规定动作做标准、不走样。同时将航埠特色融入模块化运行，精心设计、高效推进符合镇实际自选动作。牵头领导实行AB岗，调整大楼办公场所，按照模块整合，将大经济模块细分为大花园模块和大产业模块，进一步捋顺畅通工作渠道，提升全镇工作效率。乡村振兴讲堂工作稳步推进。镇党委以主题教育为契机，发挥乡村振兴讲堂作用，持续落实每月20日党员主题活动日，开展上专题党课、近距离学“三老”等活动，加强党员干部理论学习，提升村党员干部干事创业激情，提高两委班子凝聚力、战斗力，持续落实组团联村、培训教育等制度，不断凝聚市、区、镇、村四级联动工作合力。

【基层治理】 2019年，面对辖区内复杂情况和维稳安保形势，迎难而上，直面困难矛盾不回避，开展隐患排查和矛盾化解，取得初步成效。全年去京访人次同比下降50%；赴省访人次同比下降35%。特别是扫黑除恶专项斗争开展以来，辖区内警情、案件显著下降，320国道航埠段道路交通安全综合治理后交通事故明显下降，得到市领导肯定。抓稳控常态化制度建设。实行定期研判机制，对重点信访老户、涉军群体、邪教及吸毒人员、社会治安、安全生产等情况分析研判，做到情况明、信息灵、处置快。坚持“模块+

组团”，实行信访班子成员办案责任制和团长负责制，对重点对象实行“三包”，属地吸附有力保障重要节点平安。建立镇、村两级应急处置协调机制，实现在北京、京郊、途中三级应急联动，劝返效果明显。抓化解矛盾纠纷。挂牌成立“社会矛盾纠纷调处化解中心”，推行信访代办制，按照“全天候值守、一站式受理、点单式服务、闭环式处置”模式实体运作，实现信访“最多访一处”。打造“章仕隆工作室”，形成具有航埠特色的“警庭调律媒”矛盾纠纷化解大联调工作机制，并创新信访化解司法确认机制，得到各级领导肯定。全年登记矛盾纠纷 450 余起，成功调解 430 余起，其中非正常死亡纠纷 3 起，群访纠纷 7 起。同时，借势借力市、区领导包案化解东风，综合施策、化解重难点积案 23 件。

【产业发展】 树立产业为王、项目为王理念，大力推动招商引资、产业转型、腾笼换鸟等工作。镇小城市培育试点及时尚低碳小镇纷纷提档升级。同时，成功承办全省扩大有效投资会衢州分会场会议、“美丽领航、产业兴埠”服装时尚产业推介活动、全省工业互联网平台现场会等一系列重大活动，提升航埠知名度和美誉度。镇党委主要领导多次前往北京、杭州、深圳等地招商引资，杰丰、网驿、佰意智造、优美世界等多个千万级别项目纷纷落地航埠。为优化营商环境，镇创新“小埠红管家”，加强“三服务”工作，形成“镇—村—网格”三级企业服务机制，打造最优营商环境。佰意智造从 2018 年 12 月通过项目审批到工商注册、资产变更、厂房装修等开工前所有工作，短短用半年时间。通过腾笼换鸟、倒逼低效企业腾退等措施，成功收储巨仁工贸闲置 2 年以上的 2.67 公顷土地，引入总投资 5.18 亿元的浙江宝科智能设备有限公司年产 50 辆智控巴士项目，已通过决策咨询；腾退飞宇光电僵尸企业（6.04 公顷），于 2018 年 6 月通过司法拍卖取得所有房产，成功引进浙江佰意智造服饰有限公司。原木材市场 4 公顷余低效商业用地成功腾出为时尚产业的商业配套服务创造空间。通过服务传统龙头企业上市工作，做优做强

图 86　浙江佰意智造服饰有限公司引入 5GMEC 边缘计算技术，着力打造浙江首个单体最大的 5G 环境下数字化透明工厂服装加工车间　（卢颖　摄）

本土企业。在企业收购、资产重组、厂房用地分割等过程中协调，召集相关部门现场办公，提前介入制造安全、消防、环保等问题，提供 25.33 公顷用地保障，为培植企业上市提供全程服务。

【重点项目】 是年，用好“模块＋专班”工作推进模式，充分发挥基层党组织和党员干部在重点工作中骨干核心和示范引领作用，在工作推进中持续发力。在以杭衢高铁、杭金衢高速拓宽、320 国道二改一、沿江公路、衢江治理、浙能综合供能服务站、创文国测省测、农房整治及风貌提升等一批重点项目和重点工作中全力以赴，成效显著。高铁新城项目仅用 40 天时间就完成 42.47 公顷土地征用；沿江公路（绿道）、衢江治理二期、常

山港治理、物流大道西延房屋征迁等一大批省、市、区重点项目完成房屋征迁37幢，征地面积138.73公顷；全年完成土地开发项目13个，新增耕地面积131.4公顷；累计拆除违法建筑1905宗，40余万平方米。同时，镇以最严要求狠抓落实创文工作。在面临辖区范围面积大、人口数量多、工作艰巨的困难下，镇党委主要领导带领全体镇村干部以“双抢”精神为指引，以强大凝聚力和铁一般战斗力落实好创文工作部署。坚持问题导向、标准导向、结果导向，严格对照测评体系和创建责任分工，找差距，补短板、抓落实。扫清创建过程盲点、堵点，及时发现解决隐患点和扣分点，瞄准创建重点与镇薄弱点，优化分工协作，强化督导整改。镇创文工作数次得到市、区领导肯定，特别是两次得到市人大常委会主任居亚平肯定。

【乡村振兴】 为所有低收入农户购买健康保险，谋划扶贫产业项目，新建4座文化礼堂并成功举办航埠畲族“三月三”风情文化节、首届“村晚”等活动，家家户户亮家风家训，实行村务员代办机制，新山村、缪村村、三十六亩村等多个村村主道路“白改黑”、整村污水改造提升。2019年，航埠镇在扶贫、消薄、精神文化建设、民生实事建设上多方面发力，提升村民幸福感、获得感。航埠镇党委统筹谋划，在扶贫攻坚、消薄、促进农民增收等工作上出实招。扶贫消薄攻坚上，建立“区、镇、村”三级联系帮扶机制，每周二为固定帮扶日上门做好四件事，其次是抓住扶贫攻坚关键期，转变产业扶贫思路，深挖一批具有各村地域特色、优势资源扶贫产业项目，打造新山、莫家村农民创业园项目、“一村万树”绿色期权项目等一批扶贫项目。同时，充分发挥镇层面统筹功能，建立健全航埠镇集中实施集体经济发展项目制度。依托航埠本土柑橘产业，以柑橘转型升级为抓手，深化农村“三位一体”改革，加强小农户与现代农业发展的有机衔接，增加农民收入。在重点村落打造上，通过农村土地集中流转、全域土地综合整治等，重点打造一批现代农业田园综合体示范村，激发土地活力，释放农户生产力。在风貌提升上，结合“衢州有礼”诗画风光带建设，做好沿江公路河东片区征迁与改造工作，打造极具航埠特色常山港Y形经济带建设；结合全国文明城市创建、美丽城镇等建设实效，开展全域推进风貌提升工作，做好集镇、双江线及各村风貌提升及环境卫生整治。

（王晨斌）

石梁镇

【概　况】 石梁镇地处柯城区西北部，东邻九华乡、东南连万田乡、白云街道，南接姜家山乡，西南依航埠镇、沟溪乡，西接常山县东案乡、新桥乡，北靠七里乡。总面积

图87　5月5日，石梁镇白云村党支部组织党员村里新建党建宣传长廊

119.6 平方千米。镇人民政府驻石梁村碧云路 8 号，距城区 10.5 千米。石七线贯穿全境，连接杭新景、金衢、黄衢南三条高速石华线石梁至航埠段贯通；黄茶至大俱源黄大线建成通车、接连常山和衢江区苦狮线穿镇而过，镇域交通内畅外通。辖区总人口数 3.2 万人，劳动力约 1.91 万人，外出人口 0.89 万人。2019 年完成一般公共预算收入 5388 万元，较上年同期增长 132.24%；完成固定资产政府投资 5719 万元。是年，石梁镇获评全省文化礼堂建设示范乡镇、省级污水零直排工作优秀单位，全国中小河流系统治理培训班在石梁镇召开，全市乡村振兴“党建篇•改革篇”现场会在石梁镇召开，石梁做经验交流发言。

【组织机构】 围绕市、区机构改革要求，3 月 3 日完成镇机构调整，构建“六大功能”模块，分别是大党建模块、大协调模块、大治理模块、大执法模块、大经济模块和大服务模块。根据主要职责和“六大功能”模块下设内设机构和事业单位，全镇设党建工作办公室、综合督考办公室、社会治理办公室、综合信息指挥室、农业农村办公室、文化旅游办公室、经济发展办公室、财政管理办公室 8 个内设机构；事业机构为集镇建设服务中心、政务服务中心。石梁镇机关行政编制 30 名，实有 30 名；事业编制 27 名，其中，石梁镇政务服务中心（退役军人服务站）事业编制 13 名，石梁镇集镇建设服务中心（社区管理服务中心）事业编制 14 名，实有 19 名。党委、政府领导职位 12 名，核定中层正职 8 名。

【诗画风光带】 是年，“衢州有礼”诗画风光带涉及石梁镇重大项目 5 个。其中，衢州奥陶纪景区项目计划投资 36 亿元，是市、区两级重点项目，于 10 月 22 日在石梁镇派溪头村启动，涉及派溪头村、下村村、小沟村、杨田源村、黄茶村 5 个村，涉及农户 623 户，用地面积 278.27 公顷，全年完成土地丈量 493 户，完成占比 79.13%，丈量面积 133.33 公顷。寺桥水库项目计划投资 26 亿元，已列入国家和省水利发展“十三五”规划、省防洪排涝“百项千亿”项目，涉及双溪村、坎底村、派溪头村、黄茶村、下村村 5 个行政村，涉及土地用地 166.67 公顷，完成入户调查。花彩小镇项目位于石梁镇城西村，石梁溪西侧，占地面积 27.58 公顷，总投资 35127 万元。完成一期土地流转 25 公顷，坟墓搬迁 107 穴，拆除厂房 4 幢；“一县一带”城西村搬迁完成 2 户“钉子户”签约并完成房屋拆除，被区委、区政府通报表扬。柑橘小镇涉及中澳柑橘风情园、农法自然、印象国际等农业项目，塘公村完成剩余 6 户农户签约，解决一年多未签约土地流转问题，基本完成政策处理。张西乡村旅居产业项目投资 1500 万元，年内完成一期民房改造 32 栋，建成 4 处精品民宿、4 家青年旅社，建成手工坊、茶室、花店等 24 项配套设施。由石梁镇双溪村股份经济合作社和杭州和途信息科技有限公司共同成立衢州市优宿物业管理有限公司开展运营，开创新农村运营新模式。

【交通项目】 石梁镇有三条通景公路、351 国道、杭金衢高速公路拓宽和杭衢高铁项目等项目。其中，三条通景公路分别是翁梅至蒲塘通景公路、里前坞至余家山头通景公路、花园岗至杨家源通景公路，涉及城西村、荞麦坞村、静岩村、中央方村、里前坞村、麻蓬村 6 个行政村，涉及土地征用 32 公顷。年内完成土地征用 32 公顷，房屋拆迁 1 栋，厂房拆除 2 宗，搬迁坟墓 137 穴。351 国道项目石梁段涉及麻蓬村、石梁村、塘公村、白云村、五龙村 5 个行政村，涉及用地面积 56.67 公顷，房屋拆迁 37 幢。年内，共完成土地征用 56.67 公顷，坟墓搬迁 253 穴，第一批房屋拆迁（五龙村）3 天时间完成 10 幢房屋拆迁（自建安置）；第二批房屋拆迁（石梁村、塘公村）在 14 天签约期内完成拆迁 27 幢（迁建安置）。杭金衢高速公路涉及柴家坊村，完成 1.85 公顷土地征用。杭衢高铁项目涉及柴家坊村、中央方村、梅山村、荞麦坞村 4 个行政村，涉及土地用地 19.87 公顷。完成先行用地丈量 5.33 公顷。

【精品村建设】 围绕“一村一品”精品村建设目标，以双溪村、城西村为打造重点，投入 800 万元完成双溪寺桥自然村 27 幢房屋的外立面改造、古道修复、绿化种植、停车场，进一步强化基础设施建设。投入 3500 万元打造城西村精品村，完成 30 栋外立面改造、污水提升改造、线路改造、道路石板铺设，精品街区初见成效。

【农业产业】 推进柑橘产业转型升级，全年共种植鸡尾葡萄柚、爱媛、无核椪柑等柑橘新品种 133.33 公顷，新建避雨设施大棚 13.33 公顷。以阿里巴巴淘乡甜葡萄柚数字农场为依托，探索“农企＋农户＋包干分成”柑橘生产管理模式，共种植葡萄柚 40 公顷，推动农户实现家门口就业。配套投入资金 500 余万元新建柑橘精品园 1 个，新培育规模以上家庭农场 4 个，成功申报农业强镇项目，顺利通过验收，争取上级补助 2000 万元。以花木线、苦狮线、石华线、石梁溪“三线一溪”沿路沿线为整治重点，共计翻耕复耕土地 166.67 公顷，提升补建标准农田 6.67 公顷。以香抛、油菜为种植重点，完成梅山村香抛种植 16.67 公顷，完成油菜种植 133.33 公顷，彩色花种种植 13.33 公顷，进一步提升沿路沿线风貌。推进“一村万树”绿色期权，着力打通“一村万树”资源、资产、资金通道。全年签订“一村万树”绿色期权资产包 102 个，到位资金 42.6 万元，打通村集体“消薄”的“最后一公里”。

【文旅产业】 以柑橘为元素，结合艺术形式，全年共举办橘子音乐节 3 场，吸引游客 1 万余人次前来观光游玩。融入国家森林运动小镇建设，引入系列运动 IP 赛事，举办石门山第四届自行车爬坡赛，吸引 500 多位骑友报名参加，打响石梁运动品牌。以优促提升，特色民宿效应进一步显现，全年新增民宿 8 家，新增农家乐 60 余家，成功创建三星级、二星级、一星级民宿各 1 家，其中张西自然村优宿民宿群年内接待游客 5000 余人，收入达 50 万元。

【农房风貌提升】 以非法一户多宅、四类人员违建整治为重点在全镇范围开展农房整治。用“红手印”唤起党性意识，完成非法一户多宅整治 103 宗，整治面积 9408.2 平方米，全面完成非法一户多宅整治清零。全年全镇整治各类违法建筑 1139 宗，整治面积 95338 平方米。严格落实大棚房整治相关政策，以澳林奇柑橘专业合作社大棚房、早田丰大棚房为整治重点，整治大棚房面积 1 万余平方米。针对双溪村“栏塘”地质灾害隐患点一年未搬迁的困境，通过摸清底子、找准关键，36 个小时成功签约 25 户，实现“栏塘”地质灾害隐患点农房签约全面清零。完善农民建房管理机制，落实“四到场”“四公开”制度，加强新环境下农民建房管理，全年办理农民建房审批12户，正在办理20户，占地面积1200平方米。推进农村不动产办证登记，完成不动产登记4785户，完成目标任务73.62%。

【文明城市创建】 投入300万元，强化基础设施建设，在集镇道路两侧、背街小巷增设停车位200余个，新增分类垃圾桶200余对，以“十字三线多点”模式联合小城镇建设，开展“侠山义水·橘韵石梁”为内涵创文宣传，安装路灯广告200副，并在沿路沿线、各个路口等绿化带、窗口单位及商户的醒目位置安装公益广告500余处，不断增强创文氛围。建立集镇长效管理队伍，以“28＋2”模式开展管理，将全长2.5千米集镇主干道划分12个区域进行分段式管理，28人通过动态管理及时对占道经营、乱停车、乱扔垃圾进行整改，另外2人为机动小组进行全集镇动态巡查，形成创文长效管理机制。在村级开展创文“红灰旗”擂台赛，由镇创建办、环卫办组成督察小组对照创文标准开展评选，发放流动“红灰旗”，形成常态管理。出台《关于建立石梁镇集镇长效管理机制实施方案》，对集镇、城乡接合部197家个体经营户进行“文明诚信经营户”评选活动，每期选出10户创文之星，全年评选出30名创文之星，形成“政府推动＋示范带动＋执法联动”商圈治理模式。

【基础设施建设】 以人民群众对美好生活的向往为目标，加强民生福祉建设。其中，石梁农民饮用水供水管网改造提升工程，总投资2000余万元，项目涉及行政村15个、子项目12个，年内完成项目前期工作，主管道建设已开工。农村“四好”公路道路谋划道路修复9条，道路提升11条，年内完成道路修复9条，道路提升8条。新建塘公村、石梁村、梅山村、派溪头村生态公墓4个。开展“污水零直排区”改造提升工作，对衢石路、碧云路、绿海路、营盘路长约1.6千米创建范围内基本完成雨污分流。

【社会文化事业】 是年，推进文体事业发展，完成新建派溪头村、双溪村、城西村文化礼堂，并申报四星级文化礼堂3个、五星级文化礼堂1个，创建五星级文化礼堂1个，4星级文化礼堂2个，石梁镇获评2018年浙江省文化礼堂建设示范乡镇，是全区第一个获此殊荣的乡镇；完成荞麦坞、梅山、里前坞3个村小康体育村提升工作。

【社会保障】 按照“全覆盖”要求推进农村合作医疗保险缴费工作，健全帮扶机制，解决社会弱势群体实际困难，实现“精准扶贫”。2019年，全镇有低保户914户，1388人；审批办结低保29户52人次，注销低保160户298人次，低边42户42人次。全年发放残疾人“两项补贴”255万元，建成集康复治疗、技能培训、就业帮扶等功能于一体的一星级“残疾人之家”1家，帮扶残障人士10名。做好精准扶贫，细化帮扶措施，动态掌握贫困户具体情况，“走帮服”“阳光扶贫”到户走访帮扶率100%。

【扫黑除恶】 深入开展扫黑除恶专项斗争，出台《扫黑除恶攻坚年活动方案》《扫黑除恶宣传活动方案》《扫黑除恶深排细核活动方案》等多项方案，多形式开展宣传，悬挂横幅800余条，易拉宝60个，发放宣传折页30000余份。对全镇183名四套组织干部中开展涉嫌违法违纪和“三类人员”自查，摸排出不宜担任村干部的5人（已处置到位），立案调查党员干部13人，处置犯罪和违纪党员干部 4 人。

【基层治理】 推进“四个平台”高效化运作，全年上报事件 18978 件，办结率 100%。扎实开展信访维稳和矛盾纠纷排查化解工作，受理信访局来访件 76 件，来信 13 件，网上投诉 87 件，“12345”热线受理 619 件，受理率、满意率均为 100%。持续抓好安全生产工作，排查各类矛盾纠纷线索 43 条，化解重大矛盾纠纷 26 起。国庆一级响应期间，未出现赴省进京上访情况，辖区内无安全生产事故、治安事件发生，成功护航新中国成立 70 周年。

（郑燕丽）

华墅乡

【概　况】 华墅乡地处柯城区西南部，东、东南与衢江区廿里镇、后溪镇接壤，西南、西与江山市四都镇相邻，西北与常山县招贤镇相连，北邻航埠镇。总面积 44.56 平方千米，乡人民政府驻华墅村 160 号。距城区 16.5 千米。2019 年，乡党委政府全面贯彻落实中共十九大精神，围绕市委“1433”战略体系、区委“两创强区、两美富民”发展目标，以基层治理“三个三”工程、乡村大花园建设、重点项目推进、产业转型升级为抓手，不忘初心、牢记使命、开拓创新、务实苦干，确保“1433”战略落地，按区委决策部署，推进乡村振兴。全乡经济社会健康平稳发展。

【基础设施建设】 柴家、刘坂片区 466.67 公顷土地和 960 余穴政策处理基本完成并交付浙八味施工，开工建设区块 8 个，其中通过验收区块 2 个。三年开发期将给村民带来直接经济收益 5775 万元，每年为两个村集体带来近百万元经济效益。实施“通过百日攻坚，流转千亩土地，打造万亩良田”土地流转“百千万”项目，壮大村集体经济，增加农民收入。民生实事项目石华线至双江线连接道路工程，年内完工，完成通车。加快沿江公路“大、小三改”施工，保障沿线居民出行便利，完善乡交通网。农民建房做到违章建筑巡查、“四到场、一监督”，全年踏勘农户建房 58 户。

【产业结构优化】 以“传统农业上规模、特色农业创品牌、优势农业提品质”为发展理念，坚持转型发展，加快农业供给侧改革。加速推动中药产业链布局。以浙八味中医药健康产业园项目建设为龙头，以中药种植、中药加工、中药观光、中药养生等为载体，打造一、二、三产业融合的中药产业综合体，推进中药康养小镇建设。六大片区平行有序推进，连片种植中草药 51.14 公顷。推进柑橘产业转型发展。发展柑橘类家庭农场，深化市级柑橘精品园培育工作。新建柑橘设施大棚 2.18 万平方米。

【小城镇环境综合整治】 按“乌石人家·康养小镇”品牌定位，结合“衢州有礼”品牌文明城市创建，以“一加强、四整治、四提升”为总纲，创新工作机制、强化组织保障，全员发动、全面提升。新建停车位 100 余个，粉刷赤膊墙 84 幢，整治蓝色屋面 342 处，改造提升村道 1500 米，清理卫生死角 2400 余处，清运陈年垃圾 200 多吨。深挖本土特色，开展庭院美化、街景小品、村道绿化、特色墙绘等景观建设。拆、改、建有机结合，打造有礼华墅。

【美丽乡村建设】 以创建“无违建＋大花园”

为目标，深化农村拆违治乱行动，解决“一户多宅”及有碍观瞻、影响安全的农房等问题，风貌提升工作推进。坚持“拆、控、改、用”相结合，全乡农房整治全面推进村10个。健全农民建房审批制度和违章建筑巡查制度，做到农民建房“四到场、一监督”，全年审批农户建房58户，其中华墅村新型农民集聚区项目第一期第一批建农房37幢，第二批27幢农房正在建设，第二期38幢农房建筑用地政策处理完成。启动农房确权登记工作，完成10个村前期资料收集、房屋测绘、系统录入等准备工作，逐户检查分析筛选。做好源头防控工作，严格日常监管，杜绝新增违建现象产生。对乡地质灾害点实施动态监控管理，时刻绷紧防灾控险意识，提升乡村环境。地灾点两处（华墅村598号和桔岗自然村45号）。结合文明城市创建，按“全覆盖、可持续、减量化”要求，创新“1＋3”垃圾分类模式，即以网格为载体，按“三个统一”（垃圾再生馆标准统一、定时定点投放标准统一、督查考核标准统一），实现垃圾分类全覆盖，村庄环境改善。其中刘坂村获评“省级文明村”，华新村、望江村、华墅村获评“市级文明村”。深化实施“一村万树”绿色期权工作。将“一村万树”绿色期权与风貌提升、“美丽田园”相结合，在开荒地、拆出边角地和沿路沿线引进种植娜塔栎、浙江楠等名贵树种18300余株，占地面积3万余平方米，6家单位认购绿色期权包11份、45万元。

【社会事业发展】 城乡居民养老保险、医疗保险、失地保险、困难救助等社会保障体系不断完善，各项基本保障制度全面落实。其中城乡居民医疗保险全面普及，参保率达100%，养老参保率达99.61%，排名均位列全区各乡镇街道第一。城乡居民最低生活保障政策落实。规范低保申报程序，强化民主评议，创新民政专干评议模式，实施分类施保、三榜公示制度，贯彻落实《最低生活保障审核审批办法》，完善管理措施，建立健全低保信息网络化管理机制，加强动态管理，健全（半）年审核机制，加强督查。应保尽保，应退尽退，阳光施保，低保政策全面落实。全乡新增农村低保13户18人、停止127户187人、动态调整12户17人，全乡新增农村低保边缘户4户9人、停止55户62人、动态调整2户3人。至12月底，享受农村低保人数457户690人，全年发放低保金（含补助金）8280人次398.89万元。全面落实扶贫政策，127人获得扶贫健康保险理赔25000余元，为22名低收入农户子女上学提供帮扶补助资金6万余元，帮扶112户困难群众完成危房改造，落实帮扶资金42万元。加大对农村“三无”人员供养工作投入。乡敬老院集中供养人员5人，争取民生工程资金6万元对院内养老进行空调安装。关心关爱特殊失业群体，帮扶就业困难人群再就业。通过摸底，全乡未就业低收入家庭劳动力、残疾人、高校毕业生、被征地“4050”人，退役军人、零就业家庭劳动力35人，了解就业需求，根据实际情况进行帮扶。组织全乡200余人参加市春季人才交流大会、“8·8”人才交流大会等，通过招聘会找到新工作。全年分两批次组织54位失业人员参加缝纫工培训，鼓励失业人员再就业。

【安全生产】 贯彻落实《国务院关于推进安全生产领域改革发展意见》及《地方党政领导干部安全生产责任制规定》有关安全生产

文件指示精神，坚持“安全第一、预防为主、综合治理”方针，全面建立“党政同责、一岗双责、齐抓共管”责任制，加大安全生产宣传、检查力度。全年检查企业120多家次，排查隐患30多处，整改隐患30多处。建立健全应急管理机制，完善各类应急预案，履行安全生产、消防、森林防火、食品药品监管等安全生产责任制和各项安全规章制度，解决安全管理工作存在的各种隐患。做好汛期山塘水库、河道防汛安全工作。开展烟花爆竹、瓶装煤气安全隐患排查等专项活动。结合网格巡查，做好重点时期、重点场所隐患排查工作，人民群众生命财产安全有效保障。全年未发生重大安全生产事故。

【社会治理】 贯彻落实“党建统领＋智慧治理”体系，坚持党建治理一张皮，做深做实全科网格。以“属地性、整体性、适度性”为原则，全乡划分设立网格35个，配备“一长三员”146人，开展日常巡查、入户走访、便民服务、宣传咨询等工作，做到问题发现在基层、矛盾解决在一线。组建联村服务团10个，贯彻落实“周二无会日”活动。“四个平台”信息统揽和调度指挥不断加强，平台建设、乡村便民服务举措不断升级，将“最多跑一次”改革向纵深、向农村延伸。全乡配备村务代办员10名，进行一站受理、全科代办。落实领导班子信访包案制度和预约接待制度、信访维稳工作联席会议制度、信访案件督查督办制度，乡政府与全乡10个行政村签订维护社会稳定工作目标管理责任书，落实主体责任。大量矛盾纠纷和信访问题得到及时、有效化解。对重点上访对象实行有效管控、综合施策、疏导情绪、解决问题，力求把各种不稳定因素化解在基层、消除在萌芽状态。

【党建工作】 开展“不忘初心、牢记使命”主题教育。发挥“头雁效应”，实现学习教育全覆盖；以破解民生难题、调解矛盾纠纷、化解信访积案为突破口，将主题教育和重点工作有机融合、一体推进，不断增强党组织战斗堡垒作用，激发党员干部干事创业热情。后进村整转成效显著。依托“四个一”帮扶机制，研究制定“一村一策”，规范各项运行机制、提振党员干部精气神，抓基础、补短板、重融合，提升村级组织凝聚力和向心力。村两委班子战斗力和党员凝聚力增强，乡风文明程度改善，各项工作有序推进，4个村通过整转。全面推行模块化运行机制。构建大党建（大协调）、大经济（大服务）和大治理（大执法）3个模块，56名乡机关干部和部门派驻人员根据工作实际全部编入相应模块，重点岗位实施AB岗，基本实现以岗定责、责任到人、岗责清晰。细化完善干部“四维考评”体系，开展“竞聘上岗、双向选择”活动，调整中层干部及业务岗位，以“干部选村、村挑干部”方式确定年度驻村组长和驻村干部，有效激发干部干事创业热情。深化“三联工程”，结合乡自身实际情况，创新“组团联村查村情，两委联格办事情，党员联户访民情”工作机制，发挥基层党组织的战斗堡垒作用，激发基层党员的先锋模范作用。

（吴丽霞　罗　雨）

沟溪乡

【概　况】 沟溪乡地处柯城区西部，东至南与航埠镇相邻，西及西北与常山县招贤镇、

图 88　7 月 4 日中午，沟溪乡五十都村道路被水封住，村两委班子成员人力推车帮助来往车辆移动（陈雯　摄）

东案乡相连，北及东北与石梁镇相接。总面积 44.5 平方千米，其中陆地面积 42.5 平方千米。乡人民政府驻沟溪村 7 号，距城区 14 千米。辖 16 个行政村，下有自然村 42 个，设村民小组 112 个，有 6167 户，17112 人，非农户口 192 人，人口密度每平方千米 385 人，2019 年，贯彻落实区委、区政府重大决策部署，围绕乡政府中心工作，按各项目标任务，突出农房整治，产业发展，项目征迁、民生保障、和谐维稳等发展要素，在农房整治及风貌提升，村庄品牌打造，乡村休闲旅游，社会稳定等工作中，取得历史性突破。

图 89　12 月 30 日，中宣部、文化旅游部、中国美术家协会等有关领导参加余东农民画进京展在恭王府博物馆展厅前合影

既定目标任务完成，获区经济社会发展工作目标综合考核先进单位、区委其他重点工作集体三等功。12 月 30 日，余东农民画在北京恭王府博物馆展出。展品抒发出浙西农民对美好生活的热爱和追求，讴歌乡村振兴战略下农村的新变化、新成就，展示农村的风土人情。

【主题教育】　把学习教育、调查研究、检视问题、整改落实贯穿主题教育始终，开展“掌深悟透伟大思想大比拼、一线调研为民解困大比拼、担当有为冲刺目标大比拼”活动。实现全覆盖。党政班子带头学、机关干部集中学、农村党员扎实学，推动主题教育延伸“最后一千米”。调研有成果。班子成员走村入户问需于民、求教于民。调研阶段，乡班子成员累计走访群众 300 余户、农业企业 50 余家，对接职能部门 30 余次，收集意见、建议、诉求 100 余件，形成涵盖党建、产业融合、农房整治、集体经济消薄、庭院建设、民生实事项目等多个领域的调研材料。全年，调研发现 3 类 32 个问题，26 个解决到位，调研成果转化率达 82%。为德门龙手工面条作坊谋划解决 600 平方米厂房、帮助“杨氏金红 50”猕猴桃种植企业计划第二批 13.33 公顷土地流转。担当有作为。集中力量攻破一批历史遗留问题，啃下“硬骨头”，为重大项目、重点工作推进扫除障碍。沿江公路农房征迁工作，发挥“三联”作用，组团作战成效明显，涉及行政村 3 个、房屋 36 栋全部征迁，公路主线贯通完成。助推“衢州有礼”诗画风光带建设。

【文明创建】　集全乡之智，举全乡之力，鼓全乡之劲，全力以赴投身全国文明城市创建。坚持创建为民，把文明创建与补齐基建短板紧密结合。通过基础设施提升改造、“十乱”整治、停车规范、环境卫生整治、公益广告宣传，全方位做好创文基础工作。全面整治乱涂写、乱张贴问题，开展针对占道经营、流动摊点集中整治工作，清理辖区卫生死角1210余处，乱堆放1855处；拆除各类非法广告牌45处；更换集镇雨污水井盖25个，新增临时停车场4处，新增临时停车位302个，新增分类垃圾桶526个；开展文明单位、文明窗口、文明家庭、有礼之星等创建活动；配足配强集镇执法大队力量，落实早晚执勤、

图90　9月28日，沟溪乡后坞村举办首届农民书法展

周末值班制度，规范集镇秩序，扭转乱摆乱放、占道经营等乱象。民生事业：基础设施不断完善、亮点纷呈。小城镇环境综合整治项目全面完工，重新配套实施绿化、路灯安装、标识标线设置等项目，实现“雨天不积水、节日不堵车”。碗东村居家养老中心建成投入使用，开工新建沟溪、碗东、河山、后坞4个村文化礼堂，并投入使用。公共服务优化。推进乡、村便民服务中心“最多跑一次”改革，精简办事程序、减少办事环节、缩短办理时限，实行一站式服务。健全公共卫生保障机制，全面开展慢性病防治、“两癌”筛查，落实分级诊疗制度。深化优质服务，围绕“阳光计生”“关怀关爱行动”“计生贫困家庭走访”等活动，按利民、便民、亲民等工作形式，全心全意为民服务。社会保障完善。开展“富民消薄”工程拓宽农民增收渠道，增长工资性收入比重，全年组织参加劳务招聘活动2起，实现农民人均收入2.2万元以上，同比增长10%。城乡居民基本养老、医疗保险参保率均达99%以上。文化品牌逐步打响。按“一村一文化”品牌打造，夯实乡村文化基础，挖掘乡村文化内涵，培植乡村文化产业。以“常规＋特色”推进文化产业，产生直力多肉村、碗东唱彩村、碗窑古窑村、后坞书法村、河山太极村等特色文化村10余个，乡风民风得到更好提高。后坞村获评浙江省书法村，在柯城区“丰收节”达人赛中，沟溪乡获评一等奖2个，三等奖1个；后坞村举办首届农民书法展。

【农房整治】　抓农房整治牛鼻子工程，以农房整治为抓手，改善农村面貌，至年底，全乡整治违建1982处，面积10.8万平方米，率先完成非法“一户多宅”＋“四类人员”整治清零，农房整治工作得到市、区领导批示肯定并获财政奖励。8月2日，全区房地信息系统推进会在沟溪乡召开。

【大干项目】　推进大干项目，全面完成351国道、沟直线、沿江公路、常山港、柯城大道征迁工作，征迁涉及各类土地53.33公顷，房屋征迁户1500户，土地征用率先完成，为“衢州有礼诗画风光带”建设打下良好基础。修复四好公路12条，总计17.7千米，农村四号公路修复工程率先完成，被省交通厅评为四好公路省级示范乡镇。

【“一村万树”】　是年，狠抓一村万树示范村创建，年初启动种植、绿色期权发动宣传，

集齐 80 余万元绿色期权资金。斗目垅村新种植 2000 余棵新品种樱花，申报省级“一村万树”示范村创建；五十都村金钱柳形成产业，制成金钱柳茶，小有名气；直力村香榧树成型收获，结合“一米菜园”打造香榧特色庭院。获评区委 2019 年“一村万树、绿色期权”突出贡献集体。

【风貌提升】 按党建治理大花园要求，围绕余东农民画“一幅画”特色，点线面融合，高品位规划建设“一点二线三园”，点上重点抓斗目垅 1 个精品村，融合樱花、知青文化，打造省级乡村振兴示范村；线上重点抓常河线、苦狮线 2 条精品线；面上重点打造 3 个农民小微创业园，结合“一村十美”建设，打造一批拆建结合、特色鲜明、有效利用“一米菜园”150 余处（其中余东村“一米菜园”被评为市级精品示范村）、苔藓庭院 25 个、小型停车场 26 个等。五十都村列入 2020 年省级美丽宜居示范村试点村。苔藓庭院 25 个，小型停下车场 26 个等。是年获区委“党建治理大花园突出贡献集体”。

【乡村旅游文化节】 3 月 30 日至 4 月 1 日，以“一村万树、醉美沟溪”为主题 2019 年沟溪乡第五届乡村旅游文化节在五十都生态园举行。本届旅游文化节由区委宣传部和乡党委政府主办、区农业农村局、区文化和旅游体育局协办。乡村旅游文化节活动在五十都生态园、余东村、斗目垅村 3 个分会场联动开展，五十都生态园举办，旅游节开幕式、桃花节、梨花节活动，余东农民画村举办杜鹃花节—农产品和农民画展销活动，斗目垅村举办樱花节—“醉美樱花·沟溪有礼”旗袍秀摄影大赛活动。开幕式上，进行余东村农民画村、沟溪儒学文化村、五十都茶韵古村、碗窑古窑文化村、后坞书法村等 7 个特色村庄的授牌仪式，及“一村万树”、果树期权认购和民宿签约，游客尽享特色农产品、体验制陶、品尝特色美食旅游之乐。

图 91　4 月 9 日，沟溪乡乡村旅游文化节

（聂伟康）

九华乡

【概　况】 九华乡位于柯城区东北，东界衢江区周家乡、云溪乡，南邻万田乡，西连石梁镇，西北和北靠七里乡，东北接衢江区双桥乡。总面积 82.32 平方千米，乡人民政府驻沐一村 18 号。2019 年，辖 23 个行政村，总人口 21316 万人。俗称文化之乡、旅游胜地、养生福地。九华地势由西北向东南倾斜。西北多山，东南为丘陵和河谷盆地。北部有九华山、大考山、玉泉山、蓑衣田岗等千米以上山峰 6 座，西部有九龙山等千米以下低山。山地多为黄泥土，丘陵盆地多为红黄壤和水稻土。主要河流两条，发源于西北山地的庙源溪，发源于大考山的关溪，两河在万田乡汇合后汇入衢江。乡域内有里垄、箬溪垄、关溪口等 14 座水库，50 个山塘，引水渠道 30 千米。九华地灵人杰，山清水秀，历

图 92　6 月 19 日下午，九华乡大俟村、上方村等山区遭遇近年来最大强降水，村“两委”干部疏散村民 （郑时华　陈岚　摄）

史文化、名胜古迹存积丰厚，集佛教文化、民俗文化、南孔文化为一体。环境幽雅、树木苍翠、山峰逶迤、云雾缭绕，是浙西旅游的风景胜地。自然名胜有九华山、玉泉山、百丹坪。另有青峒毓秀古民居、寺坞古民居、郑廷宪大宗祠、梧桐祖殿、邵氏读书台、荥阳候夫人墓等人文古迹以及人类非物质文化遗产九华立春祭。距衢州民航机场、高铁衢州南站及杭金衢高速 15 分钟车程，西北距杭新景高速亦 15 分钟车程，距高铁衢州西站 10 分钟车程。万坞线、苦狮线两条三级公路纵横贯穿小镇，351 国道和通景公路开工建设，503 路公交车从市区直通九华，交通便捷。

【山海协作】　深化“一村万树”绿色期权，打通“一村万树”资源、资产、资金通道，融合工商资本参与“一村万树”建设，积极谋划、主动对接，孵出“一村万树”项目全省首个“生态飞地”。3 月 6 日，范村村召开全区“一村万树”绿色期权产品发布会，借助柯城—余杭山海协作平台，与柯城、余杭两地工商联、企业对接，与 13 家企业，160 多位个人签订绿色期权认购协议，认购资金达 680 万元，形成“企业付费买林木未来收益，村集体小周期变现增收”共享模式，实现企业、村民、村集体三方共建共享共赢。构建余杭“消薄飞地”，以余杭柯创园作为消薄飞地，通过房产转让形式，实现农副产品展销，全乡 23 个行政村，集体享受、反哺收益。

【“三权分置”改革】　以保护农民宅基地资格权、适度放活使用权为主线，立足宅基地所有权、资格权、使用权“三权分置”，放活农民宅基地、集体土地和国有土地上的房屋使用权属，盘活闲置农房沉睡资源，探索全国首创弹性办证模式，增加农民财产性收入、解除经营主体的后顾之忧。

【一乡千宿试点】　开展“一乡千宿”试点，以闲置农房为依托，合理利用资源优势，扩大民宿经济规模，获得全区首本村集体收储的不动产权证。

【全域土地综合整治】　以产业村人文融合发展为理念，全力推进九华、沐一、沐二、沐三、上彭川、下彭川、童村村等 7 个村的全域土地流转工作。下彭川村打造 100 公顷集中草药种植、加工、休闲、旅游、养生于一体的九华百草园田园综合体，童村村打造 200 公顷集中医特色民宿、药材观光、中医药保健养生、中医药科普教育、农民创业基地、健康旅游、运动休闲、养老养生为一体的衢六味田园综合体，有序推动土地政策处理和产业招商工作。

【乡村版未来社区】　以探索乡村未来社区建设为使命，以户外赛车运动及后市场产业为特色，以未来数字产业为核心，以十大未来场景构建为重心，打造一个规划单元占地 120 公顷，实施单元占地 37 公顷集生态人居、数字创业、乡贤回归、红酒度假，田园休闲等功能为一体的户外激情运动，复合型与国际化的九华中欧生态文化村。11 月，项目正式列入“SUC 联合国可持续社区标准试点项目”。

【重点项目】 为重点项目保驾护航，实现百亿中国运动汽车城、小城会客厅、飞鸿神网谷（丛林穿越二期）、九华第一生态公墓等一批重点项目落地。聚焦交通发展，全力保障四好农村公路建设、351 国道、大荫山通景公路建设。聚焦民生实事，有序推进饮用水管网延伸和提升工程、村级生态公墓、敬老院提升改造等工程建设。

【农业林业】 美丽田园建设整治弃耕失管土地 6.67 公顷，统一种植红高粱、大豆、西瓜等农作物，建设千亩油茶基地。组织开展森林防火集中演练 2 次，实现林火当日扑灭率 100%。完善林权信息和公益林补贴信息核对，严控林地审批、严抓林地非法取土，农林业经济贡献力持续增强。

【旅游发展】 做大做优农家乐经济，新增农家乐 2 家，与区农业农村局、文旅体局等单位联合组织开展民宿农家乐考察培训 2 批次。森林运动特色小镇建设成效明显，灵鹫山杯越野摩托车耐力赛，吸引近百名国内外赛车手，带来视觉盛宴。特色民宿效应显现，全年新增民宿 2 家，累计接待游客 1 万余人，收入达 240 余万元。立春与农历除夕喜相逢，“立春祭”现场吸引游客超过 3000 人，央视新闻 APP、CGTN 国际台、新浪微博、今日头条等网络平台，累计有超过千万观众观看立春祭直播，千人春糕宴展示九华深厚的文化底蕴。各类活动举办打响九华山水的知名度。全年累计接待游客超 35 万人，同比增加 15%。

图 93　由九华欣然竹木专业合作社农家纯手工制作的竹制品在北京举行的世界园艺博览会浙江馆展出（吴铁鸣　摄）

【乡村风貌】 实施上方老村整村解危搬迁拆除行动，17 天时间拆除危旧房屋 115 栋。推进农房整治及风貌提升，拆除违章建筑 955 宗，面积达 9.6 万平方米，举办全市乡村振兴“党建篇 • 改革篇”互看互学现场会，改革振兴乡村获实效。打造美丽庭院，全乡 65 个庭院整治提升完成。深化“厕所革命”，新建、改扩建农村公厕 40 座并通过验收。

【水利建设】 扩大“五水共治”成果，对全乡域范围小微水体开展“回头看”，地毯式摸排沟渠 10 条，溪流 5 条，水塘 25 个，排查黑臭水体，确保落实河长制及河道长效保洁机制。交接断面水水质达标率保持 100%，空气优良率保持 88%以上。开展“五水共治”满意度提升宣传工作，发动 1200 人次，发放宣传资料 2000 余份，全乡 23 个村张贴宣传海报、宣传标语等，提升“五水共治”群众知晓度、满意度、参与度。加快下坦村里西垅、谷口村新塘、范村村小恩头塘山塘综合整治工程建设。铁腕治理重点污染源，加强各类经营商户管理，开展食品巡查 10 家、卫生检查 16 家，整顿无证照经营户 5 户。

【文明创建】 上下同欲、万众一心、全民参与，共同推进文明城市创建。补齐基础设施短板，更换集镇雨污水井盖 20 个，修复损坏店招 18 处，新增公益广告牌 186 块，新装绿化带护栏 1680 米，解决设施陈旧、环境整治问题。坚持创建惠民，顺应村民品质生活，整治乱堆放 218 处，清理陈年垃圾 100 余吨，拆除私搭乱接 26 处，开展门前屋后清理 480 处；加强公共文化设施建设，成立乡未成年人活动中心和家长学校。

【社会保障】 实施就业政策，开展就业培训 12 场，受益 200 人次。落实应保尽保、应退即退政策，新增低保救助 38 人，退出 87 人，临时救助 135 人，医疗救助 65 人，累计发放资金 180 余万元。社会保险覆盖更广，完成“4050”办理 65 人，完成失地保险办理 2120 人。

【社会治理】 推进“最多跑一次”审批改革，简化行政审批事项 20 个，全面开通政务服务事项网上申请业务。深化“四个平台”建设，完善“党建统领＋智慧治理”模式，做深做细做实做好基层治理文章。实施“清廉乡村”建设暨群众身边“微腐败”专项整治行动，累计开展警示教育 24 场，网格大走访 5500 户，清理“三类人员”4 人。营造和谐有序社会氛围，开展“扫黑除恶”专项行动，严厉打击违法犯罪行为，提升百姓安全感。做好社区矫正、人民调解、禁毒帮教等基础性工作，社会矛盾纠纷有效化解。落实安全生产责任制，排查全乡各类重点场所安全隐患 22 处，整改 22 处，整改率达 100%，全乡安全生产形势保持稳定。

【中国共产党九华乡第十四届代表大会第三次会议】 2 月 15 日召开。会议听取和审议姜瑜晖代表中共九华乡第十四届委员会作工作报告和蓝晨代表纪律检查委员会作工作报告。

【九华乡第十六届人民代表大会第六次会议】

3 月 7 日召开。大会听取和审议姜瑜晖代表九华乡人民政府作工作报告；听取和审议裴春风代表九华乡人民代表大会主席团作工作报告。大会采取无记名投票方式，选举产生乡人大主席团主席 1 名，副主席 1 名，副乡长 2 名。裴春风当选为乡人大主席团主席，杜尚平当选为副主席，林富军和章栋当选为副乡长。

【九华乡第十六届人民代表大会第七次会议】

8 月 9 日召开。大会听取和审议裴春风代表九华乡人民政府作工作报告；听取和审议余延祥代表九华乡人民代表大会主席团作工作报告。大会采取无记名投票方式，选举产生乡长 1 名，乡人大主席团主席 1 名，副乡长 1 名。裴春风当选为九华乡人民政府乡长，余延祥当选为乡人大主席团主席，汪涛当选为副乡长。

（王　磊）

七里乡

【概　况】 七里乡地处柯城区西北部，东与衢江区双桥乡毗邻，南与九华乡、石梁镇相连，西与常山县新桥乡相依，北和东北与衢江区太真乡为邻。总面积 60.45 平方千米，距城区 33 千米。2019 年，在区委、区政府领导下，学习贯彻习近平新时代中国特色社会主义思想，全面落实市委“1433”发展战略体系和党建治理大花园体系部署，坚持稳中求进工作总基调，对标高质量发展要求，较好地完成年初确定的目标任务。七里乡获全省避暑气候胜地称号，创建第三批省级旅游风情小镇。

【项目建设落地见效】 牢固树立“项目为王”意识，大干项目，干大项目，持续发扬“5＋2”“白加黑”精神，推进重点项目政策处理扫尾工作。国金七里云舍配套道路、蓄水池等农户 26 户、土地 2.8 公顷政策处理完成；千峰岗观景平台建设完成；新店三期农民集聚点主体工程完工；新店老村改造工程基本完工；乡综合供能服务站场地平整及站房建设完成；山后源 2000 立方米蓄水池进入扫尾阶段。上门村文化礼堂、治岭村农民饮用水工程、沙龙村休闲文化广场等民生工程启动建设，有效抓实重点项目支撑七里乡转型升级。

【休闲旅游持续升级】 全乡农家乐（民宿）236 家，床位 4300 余张，其中星级民宿 23 家。乡成立民宿联盟，对内整合资源，对外推广招引，形成民宿间资源共享、合作共赢、抱团取暖的新模式。同时，鼓励村集体盘活闲置资源，收储农房改造特色民宿，引进业主对民宿产业进行投资，加快民宿提档升级。开展第三届粽香文化节、乡村音乐会 13 场、治岭红薯节等特色旅游文化活动，实现旅游产业和特色文化有效融合。结合 AAAA 级景区评定性复核和省级旅游风情小镇创建工作，对游客接待中心进行改造、重新设置标识系统、建设风情展示馆等，规范景区管理，提升游客风情体验，创建省级旅游风情小镇，推动乡村休闲旅游高质量发展。

【乡村风貌全面提升】 全力推进农房整治，拆除 317 宗，总面积 22715.51 平方米，加大拆后土地复垦力度，实施综合改造、整村提升。在建花木线沿线生态停车场、小公园景观节点 8 处、“一米菜园”5 个，修建文化艺术老街 1 条，建设沙龙村文化休闲健身广场 1 个，做好拆后利用、资源转化、风貌提升农房整治“后半篇文章”，全力推进乡村大花园建设。深化美丽乡村建设、小城镇环境综合整治、文明乡镇、卫生乡镇等创建工作，全国文明城市国测、省测高标准通过，创建国家卫生乡，乡村人居环境不断提升。

【民生保障持续加强】 牢固树立民生理念，完善社会保障体系，提升保障水平，失地农民保障、低保对象应保尽保。全乡参加城乡居民养老保险 4135 人，参加基本医疗保险 5184 人，参保率分别达 98.37%和 99.28%，其中缴费率达 100%，位居全区第一。发放低保、“五保”保障金 84 万元，临时困难救助 22 人次，发放金额 3.8 万元。

【社会事业蓬勃发展】 构建覆盖全乡、便捷高效公共文化服务体系，开展村晚、文化下乡、乡村音乐会等丰富多彩文化娱乐活动。乡成人文化技术学校面向高山蔬菜种植户开办“桃源七里·高山蔬菜种植”培训课程被评为衢州市 2019 年社区教育进农村文化礼堂“特色课程”建设对象，为开展新品高山蔬菜培育和产销知识教学打下良好基础。助推营商环境最优城市，杰丰招工完成任务 100%。以“最多跑一次”改革为抓手，高标准改造乡便民服务办事大厅，开展无差别受理工作，推进政务服务网向村级延伸，不断提升为民服务广度和深度。

【扶贫削薄持续推进】 高标准开展低收入农户政策宣传、认定工作，将困难低收入农户纳入帮扶，开展救助服务。增强贫困群众发展能力，开展贫困劳动力职业技能培训和农业实用技术培训，帮助贫困农民解决就业、创业中遇到实际困难。推进实施辖区扶贫项目，全年治岭村紫薇谷项目、上门村半岭停车场工程等扶贫项目完工；余杭区百丈镇政府、余杭区百丈商会分别认购上门村“一村万树”绿色期权10年周期资产包一份；治岭村成立富岭农旅发展有限公司，创新“村集体＋企业”发展模式，与余杭区对接合作拓宽农产品销售渠道，助力村级集体经济发展实现自我造血。

（汪育婷）

万田乡

【概　况】 万田乡位于柯城区东部，东与衢江区浮石街道交界，东南与信安街道隔江相望，南与白云街道为邻，西接石梁镇，北依九华乡。总面积26.4平方千米，人口1.6万人，下辖行政村16个、社区1个。乡政府驻弈园村。全乡山水环绕、良田万亩。具有多处省级粮食生产功能区、生态休闲旅游综合体、现代柑橘精品园。属省级非物质文化遗产“女儿节”发源地。连年评选“孝星模范”，创建国家AAA级旅游景区、中国“淘宝村”。先后获评浙江省美丽乡村示范乡镇、浙江省电商镇、省级先进党组织、市级“五好”星级党委。2019年，在市委、区委领导下，乡党委践行“八八战略”、牢记“八个嘱托”、围绕“八大任务”，强组织、优环境、化矛盾、推项目，用民生的改善、群众的满意检验工作成效，推动“党建治理大花园”重重落地。发挥机构改革模块化运行和党建“三个用来”强大作用，迎难而上、刀刃向内、自我革命，乡村干部精神面貌焕然一新，各项经济社会发展指标大幅提升。全区“党建治理大花园”工作完成，位列乡镇第一。获区2019年度重点工作“集体三等功”。

图94　11月27日，全市乡村振兴讲堂现场推进会在万田乡举行

【主题教育】 开展“不忘初心、牢记使命”主题教育，坚持四项举措贯穿始终，明确阶段性学习重点和要求，量质并举，入心入脑。确定后进村整转作为领导班子调研课题，走村入户问需于民、求教于民，形成专题调研成果12个，解决群众所需所盼实际问题200余件，推动主题教育往深里走、往心里走。发挥乡村振兴讲堂主题教育主阵地作用，以中共十九大精神和习近平新时代中国特色社会主义思想为重点，做好省市区意识形态相关文件及会议精神宣讲，创建学习型党组织，加强党员干部思想建设工作力度，为各项工作开展提供理论保障。

【后进整转】 开展“振兴一号”行动，对照后进村党组织整顿转化十条标准，落实《固本强基二十条》，按“四个一”帮扶机制，区委书记徐利水带头包干联系乡政府，区委组织部、区委宣传部、区委统战部、区法院、区委党校、资规分局因村施策结对帮扶。区委专门从部门单位选派优秀年轻干部4名到后进村担任专职第一书记，用心用力用情精准破题，实现上蒋村、顺家路边村、余家山头村、荷塘村4个后进村全面整转，夯实党在农村执政基础。

【农房整治　风貌提升】 抓农房整治风貌提升这个“牛鼻子”，创新“四个一”工作法，即一个专班、一份决议、一套方案、一场擂台，确保整治有热度，推进有速度，提升有力度。全年完成各类违建整治 1079 宗，涉及面积 83259.02 平方米（非法一户多宅 65 宗，面积 4668.4 平方米）；应整治合法一户多宅 51 宗，面积 4301.79 平方米；附属房 207 宗，面积 7630.74 平方米；生产性用房 218 宗，面积 43177.94 平方米；危旧房 62 宗，面积 4099.47 平方米；其他违建（含旱厕、围墙）476 宗，面积 19380.68 平方米，实现全乡非法一户多宅和“四类人员”全面清零，其余违建基本清零。复垦建设用地 8.53 公顷，整出空间、整出资金、整出公平正义。注重资源转化，通过“两个统筹、三个激活”创建全区首个农民创业园，建成全市首个智能化乡村运动公园，实现产业发展、体育赋能、强村富民。在风貌提升上下功夫，

图 95　万田乡冯坦村路边公厕被画上墙绘，变成一座建筑小品　（方秀琴　蒋诚　摄）

打造美丽庭院示范线，推进一米菜园、一村万树工程，全面提升乡村风貌，乡政府获评 2019 年度浙江省美丽乡村示范乡镇，万田村获评 2019 年度浙江省美丽乡村特色精品村。

图 96　万田乡农民集聚点项目（上下蒋未来村）上蒋村政策处理签约　（方秀琴　摄）

【全域土地　综合整治】 以周二无会日、三联工程为抓手，流转土地 200 公顷，搬迁坟墓 700 余穴，新增耕地 68.8 公顷，全年新增复垦复绿抛荒地 186.67 公顷，新增土地流转面积 80 公顷。实现山水林田湖路村全要素全方位整治，重塑田园风光，有效推进“衢州有礼”诗画风光带建设在万田乡重重落地。

【乡村振兴综合体】 实现全乡 16 个村乡村振兴讲堂全覆盖，打造乡村“五讲四美”、上蒋“多肉产业”、余家山头“手工剪纸”等特色讲堂。根据区委书记徐利水提出“要把乡村振兴讲堂打造成提供自动供给、政府供给的系统集成供应平台”要求，12 月，在市、区两级组织部门指导和帮助下，“乡村振兴综合体”改建完成，建筑面积 2200 平方米，坐落于弈园村。以“六个一”模式（一堂一院一中心、一站一园一基地：“一堂”即乡村振兴中心讲堂，“一院”即衢州乡村振兴学院柯城分院，“一中心”即网格议事中心，“一站”即阿里巴巴万田村播站，“一园”即农村小微创业园，“一基地”即乡村振兴特色人才实训基地）创建全市首个乡村振兴综合体，探索“讲堂＋互联网＋产业发

展”农民致富新路径。

【创文工作】 全乡营造“共创、共建、共享”创文氛围，自觉当好全国文明城市创建主力军，以高度政治责任感，全面压实创建责任，投入500余万元，抓便民、利民、惠民设施改造提升，有效整治集镇区块及沿路沿线占道经营、不规范停车、流动摊贩、环境脏乱差等重难点问题，整治城郊村违章搭建、环境卫生及陈年垃圾等顽疾，为实现“保八晋位”目标作贡献。

【乡镇模块化运行改革】 落实贯彻市委、区委机构改革模块化运行工作部署，探索实践模块化运行“1434”工作体系，坚持党建统领，布局谋篇设置大党建（大协调）、大治理（大执法）、大经济、大服务四大模块，发挥指挥协调权、管理考核权、提名推荐权三权赋能作用，通过“岗位赋分＋模块评分＋组团积分＋专项加分”四维考核办法，达到“统筹整合联动，跨界打通融合，扁平一体高效”改革成效，实现乡镇“大部制”，管好大小事，有效助力群众办事“最多跑一次”，矛盾纠纷化解“最多跑一地”。全年大服务中心受理民生事项16800余件，实现网格代办90%；大治理中心流转事项4600余件，办结率100%。乡社会矛盾纠纷调处化解中心被省委、省政府授予“全省优秀人民调解委员会”称号。

【“一村万树”】 全乡种植浙江楠、红豆杉、樱花树、桂花树等12万株，打造万九线水杉大道、冯下线枫香大道、环翁塘垅水库桂花大道3条。将“一村万树”绿化品牌推向市场，引入社会资本启动“一村万树”绿色期权认购活动，实现老百姓土地有租金，种树有薪金，村集体有股金，得到企事业单位、社会团体、家庭和个人及特定群体等申请认购“一村万树”绿色期权包48.35万元，其中单位资产包32万元，个人期权包16.35万元。万田村、荷塘村被国家林业和草原局生态修复公司列入11月28日“绿色中国行—乡村绿化美化”系列宣传活动观摩点。

【美丽庭院暨“一米菜园”创建工作】 以党建带妇建，发挥妇联组织桥梁纽带作用和基层妇联执委、妇女骨干引领示范作用，借农房整治风貌提升东风，做好村庄发展“拆改建”文章，以“四个一”（创建一项管理机制，完善一套运行模式，明确一批推进重点，营造一片良好氛围）推进美丽庭院升级，全乡建设“一米菜园”6.2公顷。有利于农民增收，美丽庭院可持续发展，“小菜园”成为“大花园”一部分，促进乡邻和睦互利，村民幸福感增加。

【电商强乡】 谷塘村建设小微创业园，总投资1440万元，规划用地面积9174平方米，建筑面积9234平方米，解决乡农房整治后电商仓储难题，每年可实现经济收益128万元以上。经过扶持和培育，顺家路边村、弈园村、谷塘村获全国淘宝村称号。11月，弈园村乡村振兴综合体建设淘宝村播基地，融培训、村直播为一体，为乡电商产业提升，提供保障。依托乡村振兴综合体“阿里村播”“万田微盟”等电商品牌，打造电商产业孵化基地和线上线下销售中心，推动柯城柑橘、坦上粉干等农特产品对外销售，发展壮大集体经济，帮助农民致富增收。

【基础设施建设】 结合村庄规划，配套建设公共设施，新建村级活动场所3座，改造12座，完成休闲广场建设3处，停车场22个，健身设施8处，球场2个。推进道路交通建设，新建下蒋至余家山头、三和至余家山头道路、G351国道衢州连接线征地政策扫尾、杭金衢高速拓宽、提升四好公路17条，开展运输服务站、公交停靠站建设，推广ETC发行应用，实施老旧营运车淘汰、道路交通安全大会战等工作，受到广大群众高度赞扬。

【人才工作】 创新“乡村振兴，人才是关键”理念，摸清全乡人才队伍底数，收集完善各类人才信息141人次，建立乡贤人才信息库。发挥乡村振兴讲堂、乡村振兴综合体、农民创业园载体作用，组织省级“非遗”剪纸传承人郑志辉、淘趣村长“捆鸡哥”、淘宝业主何成龙、多肉王子徐晓华等一批乡土人才，在老百姓家门口开办手工剪纸、淘宝电商、村播销售、食品加工等创新创业技能培训，为乡村发展培育新产业、新农人。

【民生保障】 城乡居民医疗保险实际应保数17640人，参保17570人，参保率99.6%。全年乡大服务模块办件16805件，主要分为即办件和受理件两大类，其中即办件办理2443件，受理件14362件，受理件由村网格代办员代跑代办90%以上，基本实现百姓零跑腿。全乡建立村级退役军人服务站17个，采集退役军人电子档案信息658条，悬挂光荣

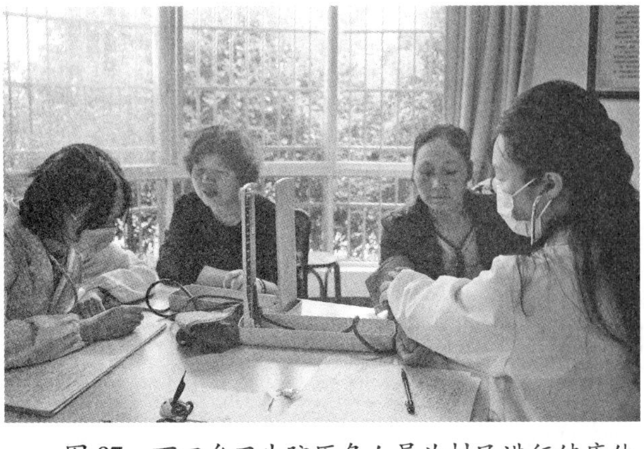

图97　万田乡卫生院医务人员为村民进行健康体检，并与村民签订家庭医生签约服务协议（方秀琴　摄）

牌601块。结合春节、“八一”建军节对困难退役军人进行上门走访慰问。走访退役军人34户，发放慰问金2.7万元；给40名民政定补对象和优扶对象发放补助金48.07万元；给137名60周岁以上农村籍退役士兵发放生活补贴62.74万元。全年发放低保金278万元、物价补贴10万元。救助对象18名，发放救助金5.1万元。对持证残疾人651名的住房、教育、社会救助、社会保障及康复服务等内容进行信息采集、审核登记，全面完成信息采集、数据录入、数据上报、数据分析和管理等工作，实现信息数据常态化更新。全乡参加太平洋商业保险494人，享受困难补贴151人，享受护理补贴305人，两项补贴全年发放120多万元。

（邵丽霞）

姜家山乡

【概　况】 姜家山乡地处柯城区中部偏南，东与白云街道相邻，东南频临常山港与双港街道相望，南、西南、西与航埠镇接壤，北邻石梁镇。总面积14.5平方千米。乡人民政府驻姜家山村。距城区3.8千米。2019年，全年实现工农业总产值5.26亿元，同比增长0.1%，实现财政总收入14239万元，争取到各类资金补助27302万元，农民人均纯收入22430元，逐年增长。各项计划指标全部完成。

【经济稳步发展】 全年实现工业总产值3.73亿元，同比增长0.3%；完成固定资产投资9.01亿元，同比增长8%；一般预算收入1658万元，同比增长11%。加大力度，改善医疗、教育和文化环境；优化计生服务水平；开展“无欠薪”行动；推进社保、医保参保扩面，

提升群众幸福感。实施学前教育补短板提升工程，引进乡中心幼儿园项目，总投资3000万元，面积4670平方米，全面启动施工。运用文化礼堂、中心文化站等载体，做好宣传；加强农家书屋、电子阅览室等文化阵地建设，新建塘头毛家村文化礼堂，投入使用；开展群众文体活动，丰富人民文化娱乐生活。民生实事项目：衢州市三山公墓扩建项目（一期、二期）规划建设2.9万平方米，新增墓穴3428个，年底部分投入使用。

【高铁新城征迁】 依托乡政府区位优势，打造杭衢一体桥头堡乡镇，征迁扫尾坟墓搬迁工作完成。乡村两级干部面对时间紧、任务重、要求高的实际情况积极投身工作，紧迫感、精气神、责任感提升。各村以网格为单位，发挥“白＋黑”“5＋2”连续作战精神，进村入户做工作，历时三个月，全乡3415穴坟墓搬迁全清零。响应衢州市委、市政府推进节地生态殡葬改革，践行“两山”理念，制定出台《姜家山乡坟墓迁移工作实施方案》，在姜家山村新建骨灰堂，并在全区率先推广骨灰堂集中安置，其中姜家山村实现整村生态安葬。

【三山村后进整转】 三山村被列为电视问政反面典型，区委书记徐利水亲自带队，连夜到三山村召开“振兴一号”动员会，为乡村两级帮扶支持、提振整转鼓足信心和决心。通过乡、村、党员、群众参与的“四级联动”，在三山村营造“干部带着党员干、群众跟着参与干”的良好氛围，掀起“以人民的民意”为推力的农房整治风貌提升攻坚战。多次组织两委干部、群众代表外出学习先进典型，接受思想洗礼，找到差距所在。乡村两级上下同心同欲、合力攻坚，2个月内拆除各类违章351宗，11.49万平方米；3个月实现沿线沿路风貌提升1.9万平方米，整治利用率达97%；通过听民意、聚民智、办实事解决多年未解决“老大难”纠纷200余件，理顺村与民、民与民之间关系。三山村成为组织有保障、干部有活力、群众有期盼的“厚劲”新三山。并代表区参与12月党建治理大花园月度考核迎检，受到市检查组及专班干部高度肯定。获得省、市、区各级媒体的宣传报道肯定，获评2019年市级党建统领乡村振兴讲堂精品示范点。

【落实民生事业】 社会保障体系完善，社会保险覆盖面扩大，基本医疗保险参保率达99%。落实各类社会救助机制，加强社会弱势群体权益保障，解决困难家庭子女就学、

图98 姜家山乡卫生院医生们挨家逐户履行家庭医生职责

大病救助、低保户生活困难问题。坚持创业带动就业，挖掘本地创业就业资源，搭建服务平台，利用乡村振兴讲堂平台，促进失业人员、失地农民就业。按“无差别受理”工作要求，办事事项向村延伸，投入资金对有条件的村，便民服务中心改造提升。配齐配强硬件设施，结合文明创建，发挥文化礼堂作用，加快构建公共文化服务体系；建好避

灾安置中心，未雨绸缪，防患于未然；残疾人之家投入使用，成为残疾人温暖的避风港，监护人放心从事自己工作；实施敬老院提升改造工程，孤老们居住环境媲美宾馆酒店，空调覆盖住房、餐厅、活动室。

【深化基层治理】 结合模块化改革，强化党建作用发挥，创新构建务实管用、行之有效“党建治理大花园”考核体系，狠抓网格一长三员和党员两支队伍，开卷督考、清单督考、精准督考。以“三张清单”带领“做战单元”，全乡累计走访农户4536户，提交农户反映问题500余件，网格内化解矛盾纠纷127余例，全科网格排名稳步上升，深耕网格、做实网格、赋能网格，实现党建、治理“一张皮”。推进“最多跑一次”改革，政务服务事项网上申请全面开通。完善信访工作制度，建立信访矛盾调解中心，执行班子成员接访制、领导“包案制”，有效护航社会经济发展。开展企业安全生产检查，全年整改各类安全隐患3处，各类突发事件和安全事故有效处置，实现排查整治常态化、长效化，增强人民群众的安全感。

（何江盼）

石室乡

【概　况】 石室乡位于衢州市柯城区东南部，东连衢江区大洲镇、横路乡，南接衢江区黄坛口乡，西南与衢江区廿里镇交界，西与花园街道、衢化街道、黄家乡相邻，北依市东港工业园区。乡人民政府驻石室一村28号，距城区12千米。2019年，辖11个行政村，1个社区，区域面积42平方千米，总人口1.9万余人。具有良好生态优势和丰富、优质水资源，国家级生态乡镇。30多家农家乐，以“石室鱼庄”出名。拥有号称“亚洲第一、世界第三”鲟鱼养殖基地。用鲟鱼卵加工成的鱼籽酱，享有“黑色黄金”美称；拥有大型红心火龙果、猕猴桃种植基地，其果实色泽、口感等方面都较市场上的普通品种更佳，市场优势明显。境内有衢州高级中学、市乌引管理局等市属单位。

【社会经济】 实现生产总值9.82亿元，固定资产投资6807万元，农民人均可支配收入达2.71万元。是年，谋划做好花海文章，通过拆除景区周边围挡，精选花种培育，丰富游客体验，带动乡村旅游，为村民增收致富和村集体经济发展助力。国庆期间，荆溪花海游客接待量超10万人，农家乐平均增收4.5万元。深入推进“最多跑一次”改革，创新开展组团联村夜访夜办工作，把坐等群众上门转为主动下村服务，让干部到农户家中开展服务，实现群众办事零跑腿。走访农户2589户，收集各类意见问题284件，解释疏通办理234件。聚焦网格活力提升，注重提高网格员业务能力，开展网格员培训。组织开展乡首届网格活力大比拼活动，选拔九龙村桥头网格代表队，参加区网格大比武活动，获乡镇组第一名，优异的成绩展现乡网格员特有风采。

【生态环境】 把“看好山护好水”摆在发展第一位，抓环境保护和生态提升。一村万树、绿色期权成功试水，与17家企事业单位签订认购协议，认定“一村万树”绿色期权包20余个，认购资金达100余万元。下石埠村、荆溪村、九龙村等地种植娜塔莉、榉树、浙江楠等名贵树种2万余株。开展“五水共治”工作，建立河长负责制，设有乡级河长4名，

图99 石室乡与17家企事业单位签订“一村万树”绿色期权认购协议

村级河长11名；成立蓝马甲志愿队13支、141人；通过实地调查、大力宣传、定期巡查，将“五水共治”工作向纵深推进。开展“美丽田园”守护行动，荆溪花海景区、各村沿路沿线开展“美丽田园颜色清理行动”，集中整治田园内乱搭乱建乱拉乱堆“四乱”现象，立拆立清，呈现田园天然绿色风貌。

【农房整治】 把农房体系构建和风貌提升作为乡村大花园建设的主抓手，紧抓农房整治“牛鼻子”工程，采用“四步工作法”，即摸底、定性、标图作战，打好底数清、步骤明、过程实的有准备之战。坚持党建引领贯穿始终，干部带头整治先行，以真情换真心，全年整治农房924宗，面积36470平方米，为乡村大花园建设腾出空间。根据拆违面积和地理位置不同，将拆后空间进行不同利用，类似道路拓宽、一米菜园、停车场改造等等，百姓直观农房整治成果。

图100 实地勘察推进基础设施改造提升

【文明城市创建】 对照创文标准，提出“12345”创建体系，咬定目标，全面展开创文行动。稳步推进各小区创文基础设施改造提升，按创建办要求，投资1600余万元，对六个小区进行雨污水管改造工程，将新增污水管网17.68千米，增设雨水篦53个，更换破损、老旧污水检查井1230个。坚持例会制度，抓项目工期和质量。创文责任有担当，全年发动志愿者上千人，开展文明劝导、乱堆放整治、杂草清理等工作，确保乡创文工作，省测期间，安排150余名志愿者前往府山和双港街道支援城区创文，得到相关街道一致好评。

【衢化棚改】 树立“一盘棋”全局意识，助力衢化棚改，坚持主动参与，及时献力，选派精兵强将，奋战棚改一线。意愿征询、入户登记、送达评估报告、签订征收协议，专班组成员“白加黑”持续奋斗，各阶段工作均走在衢化棚改各工作组前列，展现乡铁军的精神风采。

【安全稳定】 开展护航新中国成立70周年平安志愿巡逻，扎牢治安防范网，提高村（居）民保护意识和防范能力，将矛盾隐患消灭在萌芽中。打好道路交通安全保卫战，开展道路交通安全宣传，排摸容易发生安全隐患的路口14个，组织全乡党员干部进行交通安全先锋岗行动，定岗、定人、定时间，配齐三宝（反光背心、小红旗、哨子），压实责任，督查跟进，尽最大努力消除安全隐患。

（郑晓芬）

黄家乡

【概　况】黄家乡地处柯城区南部，东临花园街道，东南及南接石室乡，西南及西连衢江区廿里镇，北及东北依双港街道。总面积31平方千米。乡政府驻下卢村江畔人家一区一号楼，距城区5千米。辖区东西最大距离约6千米，南北最大距离约8.9千米。下辖寺前村、张家村、旺吴村、四都刘村、山底村、下刘村、坑西村、十五里村、后川祝村、东山村、王千秋村、黄家村、下卢村、宣家村、吕宅村、新铺村、陈家村、东周村、上草铺村19个行政村。2019年，在集聚区党工委、管委会精心指导和帮助下，严格按时间节点，高质量、严要求，各项工作有力有序有效推进。

【党建工作】履行党要管党、从严治党的政治责任，通过抓基层、打基础，以党建促发展、促民生，实现基层党建工作科学化、规范化和制度化。履行总揽职责作“谋划”。以守规矩、重民生、讲诚信为工作导向，以树正气、打歪风、强法治为载体，树立绝对权威，高标准谋划、高质量推进党建工作，切实推动基层党组织在落实各项重点工作中发挥战斗堡垒作用。发挥班子表率作用，克难攻坚；其他干部立足本职尽职尽责；民生特派员及自聘人员成为街道干部队伍的重要组成部分，在各自岗位上发挥应有作用；土地协管员队伍、专职网格员队伍成效显著，纪律严明，作风优良，在各项重点工作方面发挥作用。村干部坚持示范带动，村党支部唱“主角”。抓好基层党建工作落实，按任务具体化、责任清单化要求，构建街村两级齐抓共管浓厚氛围。抓党员分类管理素质提升、抓三会一课制度、抓先锋指数考核，严肃党风作风会风，提升党支部战斗力和号召力，村各项工作全面推进，得到广大群众和企业肯定。狠抓改革创新，队伍建设不留“死角”。多村联建党群服务中心。基于村庄整村搬迁后，造成党员群众散居在市区各地，党支部凝聚力下降状况，街道在下卢新村建立多村联建党群服务中心，为辖区多个拆迁村党支部组织生活提供保障。探索“第一书记”实职化举措。结合街道转业士官队伍管理，用好他们乡情熟悉、作风踏实的工作特点，选派转业士官到村担任支部书记或第一书记。在重点项目推进、文明城市创建等工作中，公正客观，深入团结群众，各项任务完成，表现良好的战斗力和积极向上的工作作风，为村干部树立工作标杆。集中力量做好“两全”示范带创建。结合党员先锋指数考评结果，制定村干部“干事创业”考核激励实施办法（试行）；依托“双整”工作基础，以“全领域建强，全区域提升”为抓手，集中力量打造有影响、有特色、有亮点示范村，由点及面，以示范引领实现全面提升。规范“组团联村”服务。坚持一村一组团、一周一清单、一格一服务，按“总领队＋团长＋团员”结构，组建联村服务团19个，涉及街道干部、平台力量、第一书记、农村工作指导员、生态指导员等110余人。坚持周二全天下村、纪工委随访督考，带着服务计划、有针对性地走访。抓村环境整治、基层治理、平安建设等工作，让干部到村进网格有事做、做实事。全年开展“组团联村服务”30多次，设计共性个性服务清单600余份，解决村民实际问题100余个。开展试点探索，打造主题教育主阵地、基层治理主载体。思想上提高政治站位，认识主题教育重要意义。把握目标要求，推动主题教育有序开展。加强组织领导，确保主题教育取得明显成效，把开展主题教育与党员联户、农房整治、信访维稳、扫黑除恶、创卫创文、拔钉扫尾、征地拆迁、“五四三”、村庄改造、乡村振兴、结对帮扶等工作结合起来，统筹兼顾、科学安排，使主题教育每项措施紧贴中心工作。服务大局，把党员干部在主题教育中激发出来的奋进精神转化为干事创业动力，推动街道发展迈上新台阶。及时组织专题培训，对主题教育工作进行周密部署。结合各支部每月主题党日活动，举办乡村振兴大讲堂。各村党支部书记利用乡村振兴大讲堂平台，结合“不忘初心、牢记使命”主题教育内容，为全体党员上党课。通过践行主题教育，党员们深刻认识要加强自身修养，坚定理想信念，更好地履行党员义务，发挥先锋模范作用。

【重点项目建设】 征迁工作按年初制定工作目标迎难而上，全力以赴开展重大项目征地拆迁工作，全年征收土地57.4公顷，确保重大项目用地需求。吕宅村、东山村、旺吴村、下刘村、四都刘村宅基及黄家生态公墓扩建、厂中村二号地块项目土地征收工作完成。通过征迁攻坚扫尾工作，保障高新D—22—1（赢科新材料）有机硅、川溪里新村、晓星大道（纬四路—现状沙溪沟）、利民化工二期等项目建设土地交付。集聚区危化品停车场、纬五路东延等项目房屋征收坟墓搬迁等地面附属物政策处理工作完成。尤其是在晓星大道（纬四路—现状沙溪沟）项目涉及四都刘村4幢房屋征收工作中，书记、主任亲自抓，干部到农户家做工作，2个月时间内，房屋征收和拆除任务提前完成，确保项目建设顺利实施。

【信访维稳】 在项目征迁体量大、重点稳控对象多、城郊结合情况复杂的情况下，按“既依法依规、又关心关注”工作思路，累计受理、处置各类信访案件450件次，稳控重点信访人员6人，涉军人员6人，有效保障“零赴京”任务重重落地，将大量矛盾化解在基层一线，不给上级党委政府添麻烦。在平常工作中，通过落实“一线化解法”，既把握政策红线，绝不向无理对象妥协，同时，在生活上关心关怀，定期上门与他们聊家常、聊工作、聊思想，帮助解决部分生活困难，及时疏导与帮扶，让他们对党和政府心存感激，建立通畅沟通渠道，从侧面化解一个个信访难题。全年妥善稳控涉P2P网贷平台人员信访势头，圆满化解上草铺村梅银香户有关公寓房交付问题，辖区社会环境总体趋稳。扫黑除恶工作，通过多形式、多角度进行扫黑除恶集中宣传，横幅、宣传海报、折页通告、易拉宝、草地牌、户外宣传牌等多种形式进行宣传，充分发挥党员联户作用，深入群众中进行面对面宣传，对宣传不到位的村进行督促和检查，确保宣传到位、到边到角，群众知晓率达100%。与各村党员签订扫黑除恶专项斗争行动责任书600余份，发放扫黑除恶宣传册6500余册，悬挂扫黑除恶宣传横幅3500余条，张贴扫黑除恶宣传海报、公告350余张，设置固定宣传牌90余处，另设置举报箱60余处，公开举报电话，畅通群众举报渠道。

【“五四三”工作】 结合全市“创建文明城市”行动，做好“五四三”工作（指“五水共治”“四边三化”“三改一拆”）。多次统一开展辖区内村庄卫生大整顿行动，整治边沟渠道50余处，清理淤泥约100余方，动用机械55台/次，清理整治边沟水渠5500多米。各村党员干部、志愿者、村妇联等自觉自愿为村里环境卫生义务劳动。组织卫生督查队加强治理后环境卫生巡查、督查，最大程度确保村道、渠沟卫生问题不反弹，发现问题第一时间进行处理。大力宣传“五水共治”，提高村民认识度、满意度。组织“五水共治”宣传5次，张贴海报2000余份，挂横幅5次，宣传车宣传治水满意度20余次，发放宣传单8000余份。贯彻落实河长制，各级河长在履行河长职责情况基本较好，偶尔有村级河长超时巡河，未达标准。街道治水办举一反三，引以为戒，督促河长保持责任意识，把河长制管理办法切实实施到位，监督、考核、评分及时跟上，让河长巡河常态化、制度化。紧紧守牢四边区域，结合农房整治工作，对辖区公路铁路沿线影响美化的房屋进行全面整治，优化沿线环境，提升辖区整体风貌。以315省道、沙金大道、杭长高铁、九景衢铁路等沿线为重点，安排人员对公路铁路沿线进行每日巡查，对发现的问题及时处置，特别是针对问题出现较频繁的公路、铁路沿线垃圾偷倒、乱堆乱放等现象，发现一起处置一起，坚决不留卫生死角。据统计，全年累计出动整治人员1000余人次，车辆500余车次，拆除乱搭乱建3000余平方米，清理建筑垃圾2200余吨，其他各类垃圾200余车次。通过一系列整治，辖区内四边区域环境面貌提升，铁路沿线安全隐患消除。

【农房整治】 推进乡村振兴战略深入实施，打好农房整治风貌提升攻坚战，促进“党建治理大花园”落到实处，为打造“浙西引擎”，建设“活力新区”提供坚实保障。各村按《衢州绿色产业集聚区农村“一户多宅”整治行动方案》严格划分标准，结合美丽乡村建设，对所有非法“一户多宅”、附属房、围墙实施彻底拆除，集中整治。截至9月17日，整治非法一户多宅、各类附属房、围墙、棚等1080宗，62038平方米。

【“四个平台”】 以“四个平台”建设为契机，践行“最多跑一次”改革精神，成立工作领导小组，明确职责分工，设立综合受理窗口；通过交叉任职、常态军训、日常培训、例会制度等举措树强网格员队伍建设，提高“四个平台”运转效率，提供各类跑腿代办，拉近干群关系，使群众获得感提升，树立务实、高效政府形象。至年底，“四个平台”累计收到咨询、投诉、举报等信息7800条，化解问题7800条（件），化解率达100%，帮助群众解决新矛盾、老难题。“四个平台”依靠数字化，使基层办事集中人力、节约时间、提高效率，实现多网格合一、一员多用，全面提升基层社会治理和服务群众水平。

【民政工作】 始终将“民本”理念贯穿到全局工作之中，加大对困难群众保障力度，确保困难户、低保户、体弱多病等困难群体基本生活得到保障。全年新增办理城乡医疗保险300多人，新增办理城乡养老保险200多人。全年发放低保金156万元，对130余户进行医疗救助初步审查。配合区民政局对农村低保户进行全面审计，该取消的取消，应新增的新增，经区民政局审计领导小组核查、取消120户。优抚对象和退伍军人35人，全年发放优抚金55万元；60岁以上退伍军人

68 人，全年发放生活补贴 18 万元；困境儿童 8 人，全年发放生活补贴 12 万元；精减退职人员 7 人，全年发放生活补贴 13 万元。

（徐　健）

府山街道

【概　况】 府山街道地处柯城区中部偏东南，东与信安街道相连，东南、南与新新街道、荷花街道相接，西南与双港街道相邻，西濒衢江与白云街道相望，北、东北仍与信安街道相连。办事处驻城站社区车站东路 6 号。区域面积 3.55 平方千米，人口 4.0 万人（其中常住人口 3.6 万人），下辖钟楼、城站、北门、府山、县学街、坊门街、天皇巷、蛟池街 8 个社区和柯城区志愿服务指导中心、乐淘党群服务中心、街道养老服务中心、府山残疾人居家照料（庇护）中心 4 个中心。街道党工委下辖 6 个社区党委、2 个社区党总支，社区在册党员千余名。“府山”为历代府衙所在地，故称府山，也是府山街道名称之渊源，辖区内交通便利、商贸兴旺、政通人和、文化灿烂，历史文化古迹甚多，有孔子文化街区、水亭门文化街区、北门街文化街区，是集商贸、旅游、购物、休闲、美食、文化于一体的综合型街道。2019 年，在新时期、新形势下，牢固树立新的发展理念，统筹推进市委战略体系落地，以领跑的姿态，战斗的精神，不惧艰辛、不分昼夜，快速敲定古城征收难题，全力以赴做好创文攻坚，用铁的意志、铁的手腕、铁的纪律打造为民服务体系，全力推动府山在高质量发展轨道上行稳致远、走在前列。

图 101　6 月 20 日，府山街道城站社区南湖世家小区居民在社区工作人员的指引下撤掉垃圾桶后实现“垃圾不落地”

【经济发展】 服务业考核整体稳步发展。对大型服务业进行系统排摸和全面了解，完成服务业小升规 1 家和月底入库 4 家月度申报系统入库和小升规企业入库对接 4 家，贸易限下批零、住餐季度抽样调查 46 家（包括记账户 3 家）完成一、二、三季度数据收集和系统录入，辖区内名录库新增企业 94 家。固定资产投资保持增长态势。全年投资总额达 4860 万元，重点开展创建文明城市公共设施和环境整治项目，完成投资 1000 万元。在招商引资领域，引入项目资金 3000 万元，全力做好企业落地服务工作。人均收支快步提升。通过对纸质记账与电子记账加大事实求证体系，人均收支抽样调查 20 户分别为北门社区 10 户和钟楼社区 10 户，人均支出 4.34 万元，同比增长 32.03%，人均收入 6.58 万元，同比增长 21.29%。

【生态环境】 加强“污水零直排区”建设工作，改善街道环境。至年底，拆除路面私设水龙头 52 处、整治店门前洗菜 260 家，拆除有碍观瞻水池并封堵水龙头 81 处。从源头上制止乱排现象，累计出动整治人员 3200 多人次，发放整治通知书 65 份，纠处占道经营摊点 63 起。开展环境卫生整洁行动。抓

图 102　蛟池街社区干部及红手印志愿者在清理环境卫生

好“门前三包”责任制落实、强化城市“牛皮癣”清理、进行违章简易搭建整治、开展散养家禽家畜整治等工作，定期不定期开展辖区内环境卫生大排查、大整治活动。同时，落实环境卫生长效保洁管理制度，确保整治一片、保持一片，巩固整治成果。试行垃圾桶考核管理办法，赋权网格员对保洁员、清运员、管理员考核权限，将垃圾桶编号管理、量化考核，考核结果与相关人员考核奖惩、薪酬发放挂钩。试行两个月来路面卫生及垃圾桶管理水平成效提升。

【党建工作】 从制度落实入手，夯实党建工作基础。突出“三个三”基层党建工程标准化规范化体系化建设，做实党员联户，发挥党建克难攻坚作用。至年底，红管家682名，覆盖住宅606幢，街居各级党组织召开“三会一课”120余次，利用周一夜学开展专题学习43次，围绕主题撰写心得体会650余篇。在古城双修征收中，发挥妈妈团、调解室、辖区社会组织的联盟合力造势，召集被征收党员户开展主题党日，参加党员300余人，统一党员征收户思想。做深街道“大工委”、社区“大党委”制度，建立“人大代表＋议事员＋网格员”三级联动队伍，借助街道人大代表联络站、收集居民反映问题120个，推动解决111个，答复率为100%，办结率为90%，群众满意率达95%。从主题教育入手，巩固政治思想觉悟。自区委主题教育部署会后，9—10月连续召开街道及社区主题教育推进会5次，党工委书记亲自抓和重点抓。开展集中学习10次，专题研讨会3次，学习测试1次，确保每周集体学习不少于1次，围绕“三老”典型创新开展主题教育演讲比赛，评出比赛一、二、三等奖以激发干部学习积极性。在意见征求环节，各模块分组深入基层征求意见，征求社区（中心）干部、居民代表、议事员、公安工作人员等38人，收回征求意见表20份，收集班子意见48条，班子个人意见31条。班子成员抽出不少于2天时间调研社区存在的问题和困难，围绕社区居民“周边事”“关心事”，开展调研解难题，根据调研成果撰写调研报告。党工委书记、班子成员、社区书记分别上党课，授课范围涵盖街道、社区（中心）全体干部、两新党组织、退休支部负责人。同时，各社区党组书记、中心及两新组织支部书记开展一次志愿服务、为民办

图 103　府山街道蛟池街社区举办太极拳培训

一件实事，实实在在为民服务展现“主题教育”成果。从体制机制入手，做实模块化运行体系。街道以模块化改革为契机构建统筹整合联动、跨界打通融合、扁平一体高效的工作模式。制定改革方案，以街道党工委书记抓总，党工委统领大党建（大协调）、大经济、大服务、大治理、大执法五大模块共同推进制度体系。落实模块化运行导图，建立联络员、信息反馈、交办部署模块工作导图运行体系。严格落实模块周报和定期协调例会机制，对模块间协调分配和重大事项进行集中攻坚。模块集中办公，以办公区、功能区、展示区分配体系，将街道办公场地全面整改，坚持集中、统一、高效办公空间，设置信访调解、心理咨询等功能区块，提供工作成果、人员风采、社区（中心）业绩等模块展示区。严格考核机制，建立干部分档考评机制，实行岗位赋分、模块评分、组团积分、专班加分和奖惩加减分的考核标准，实现“一月一考核、一月一公示”考核模式，组建精细化和标准化干部信息资源库。

【平安建设】 确保人员履职“零缺位”，依托“综治平台”这个“中枢大脑”，各专职网格员负责推进各项事物，整合接入公安雪亮工程，运用“互联网＋”理念，强化综合治理科学决策、社会监管、应急管理体系建设，及时开展反邪教、禁毒、扫黑除恶等相关知识宣传，全年综合信息指挥室接收四个平台上报事件 17822 件，发现并捣毁传销窝点 6 个，清理传销人员 72 人。加强重点人员“零疏漏”。联合街道“大网格”、社区“小网格”，明确各网格长、专职网格员、兼职网格员责任，抓传导、抓落实，辖区内有重点场所 135 个、重点信访对象 5 名、群体人员 4 名。化解各类矛盾纠纷 900 余起，街道信访办接待群众来访 38 件。落实相关领导包案处理 38 件，办理信、访、网、电 1008 件，按期办结率达 100%，有效维护群众的合法权益和社会大局和谐稳定。

【文明创建】 作为主城区，创文主战场，把握为民服务根本宗旨，打造“美丽”府山，将“五水共治”“四边三化”“三改一拆”有机结合，变突击创文为常态创文，变被动服务为主动跟进。全力创建全国文明城市。用好“周二无会日”赋能网格，以周二无会日为载体，统筹下沉力量，3 月起，市、区领导到社区帮助解决创文具体问题 126 批次，参加创文志愿服务人员 11450 人次，为创文助威助力。试行垃圾桶考核管理办法，赋权网格员对保洁员、清运员、管理员考核权限，将垃圾桶编号管理、量化考核，考核结果与相关人员考核奖惩、薪酬发放挂钩。试行两个月来路面卫生及垃圾桶管理水平成效提升。“红管家”扩面提质赋责网格，把“红管家”运用列入网格考核，修订网格员考核办法，激发网格员工作热情，全年出动近 8000 人次，清理垃圾杂物乱堆放 4000 余处，拆除违章搭建 190 宗、面积 88139.69 平方米，累

图 104　4 月 10 日，府山街道社会组织服务中心举办“让老人融入互联网+时代”主题讲座

计清理垃圾杂物乱堆放10032处，整治违规经营1360处，清理楼道、店招乱贴画4890余处，清运垃圾560余吨，清理种菜130户，劝导整治散养家禽宠物110户。

（傅莹莹）

信安街道

【概　况】 信安街道地处柯城区东部偏南，东及东南与衢江区樟潭街道相连，南与新新街道相依，西南及西与府山街道相接，西北与白云街道以衢江（新安湖）为界，北及东北与衢江区浮石街道隔衢江相望，衢州机场位境内东侧，办事处驻斗潭社区北门街132号。总面积8.2平方千米。街道下辖迎和、紫荆、书院、斗潭、金河湾、恬静苑社区6个、邻里未来社区服务中心、社会组织服务中心和居家养老服务中心；东门、北门、沙湾、信安行政村4个。街道工作人员55名，其中：公务员编制17名，事业在编人员12名，自收自支人员1名，区土管规划、司法、市场监管派驻9名，崇军公司7人，社区工作者4人，编外用工3人，班子成员10名。2019年，在市委“1433”发展战略体系引领下，不忘初心、牢记使命，迎难而上，创新工作，各项事业健康有序发展。

【经济建设】 实现全社会固定资产投资4600多万元；辖区内规上重点服务业企业营业收入2.01亿元，重点餐饮企业实现营业总额1076万元。自“三服务”助力企业招工活动开展以来，超额完成全年招工任务数的120%，在全区率先完成帮助杰丰和佰意俩服饰有限公司破解招工难工作任务。

【社会事业】 城市低保户原有403户、561人，4月，按省、市、区低保专项治理工作会议精神，新核减低保210户、323人，新办理申请低保户6户、11人，儿童2户，慈善救助困难大学生2人、孤老救助8人，孤儿助学1户，救助金3.9万元。大病救助21人，临时困难救助7户，救助金额5万多元；春节期间领导走访慰问困难户6户，慰问金6000多元；慈善救助5户，发放慈善金1万元；发放和清理优抚对象各种补贴工作，清查出有问题2处，追回多发放金额1680元。公共租赁住房：按每月申报进行，新申请38户，年审253户，合计291户。

【文明城市创建】 通过小区“十乱”问题集中攻坚行动，拆除违章搭建44处、清理小区乱堆放2665处、整理私拉电线充电625处、清理绿化带6250平方米、拖车1000辆、修补破损路面1732平方米，更换修补防盗门160处；通过背街小巷集中攻坚行动，整治占道经营、跨店经营907起、清理人行道乱停车1390辆、清理乱张贴500处、整治油烟排放问题47次；通过城中村和城郊村集中攻坚行动，整治水池100个、乱停车410辆、乱晾晒1350处，清理乱堆放3500处、乱张贴1200处等。通过全员发动、全民创建等集中攻坚行动，辖区环境风貌得到巩固提升。4月上岗后，“纠违别动队”整治乱停机动车、非机动车4000余处，整治占道经营1350余处，劝离流动摊贩720余处等。新增公益广告420余处，修补破损广告1006余处，发现不规范公益广告172处。

【基层治理】 新增停车位2231.3平方米，新建沥青路面8896.6平方米，绿化修补600平方米，封闭式围墙改通透式围墙160米，增设防腐木公园椅14个，增设石桌10个，增设石凳40个，新建非机动车停车棚418平方米，楼道灯更换122盏，围墙粉刷层脱落粉刷面积约1892平方米，增设雨污分流器293个，污水零直排改造小区16个，消防隐患整改小区2个。将全域分解成11个标段，投入资金约4500万元；整改雨污混接点1327处，新安装雨污水立管16000余米，新建雨污井1969个，纠正错盖井盖154处，消除破堵管407处，新铺雨污管道13000余米，通过省、市、区三级验收，获评年度全省“五水共治”工作考核优秀街道。

【特色工作】 辖区内1700多名企业员工、工会会员实名制数据库入录工作完成。开展辖区内企业和职工数排查摸底工作，落实25人以上企业，信安医院工会组建。组织各村社开展“三·八”妇女节各项活动。组织建立工会企业开展“安康杯”知识竞赛活动。3月17日，组织街居村干部到开化龙门村开展“不忘初心　牢记使命　严守军规　接继奋斗”春游“游学”活动。组队参加全区职工工间操比赛，获全区第三名。

（潘怡琦）

荷花街道

【概　况】 荷花街道地处柯城区中部偏东南，东与新新街道相邻，南与花园街道相接，西南及西与双港街道相连，北与府山街道相依。办事处驻兴华社区三衢路28号。总面积5.6平方千米。常住人口8.2万人。2019年，深入学习贯彻习近平总书记关于主题教育的重要论述，不忘初心，牢记使命，围绕市委“1433”发展战略，区委“三个三”基层治理体系建设，以党建为统领，以“服务中心，打造特色，借力发展”为主题，以“共建幸福美丽和谐新荷花”为目标，强产业、兴城市、优生态、惠民生、促发展，在经济社会高质量发展上迈出新步伐。

图105　2月24日，荷花街道荷东苑社区组织志愿者清理辖区内垃圾、烟头、小广告

【经济发展】 抓招商引资工作。组织人员奔赴杭州、宁波等地寻找项目源，对接余杭崇贤街道客商投资康养项目、宁波客商投资机器人伺服电机智能制造项目、杭州客商投资固废污泥炼解干化项目。树立“服务招商也是招商”理念，服务企业招工。累计为航埠服装低碳时尚小镇招工40余人，率先完成区里下达的任务目标。抓固定资产投资工作。

图106　1月4日，在荷花街道松园社区，96345党员志愿者为在衢务工人员订购回家车票

发掘辖区资源，扩大固定资产投资额度，至12月底完成固定资产投资2500余万元。其中总投资5600余万元的衢州中医医院扩建项目顺利入库，为8月全区仅有2个总投资5000万元以上的新入库项目之一。抓项目谋划工作。根据市、区一体规划及街道实际情况，谋划未来社区建设项目、荷花片区引水入城内河水系景观改造提升项目，柯时代商务中心项目等9个，为南区发展拓宽思路。

【生态环境】 垃圾分类处理水平提高。探索生活垃圾分类收集，实行源头减量，为资源化利用、无害化处理奠定基础。抓宣传教育进学校、进商场、进家庭工作。各社区村举办垃圾分类知识培训和活动35场次，参加近2000人；制作发放宣传册32350份、垃圾分类告知书41340份，按照每个小区不少于3处宣传阵地设立小区宣传牌318块。与机关在职党员、在册党员、居民代表、志愿者等群体签订承诺书5470余份。宣传与治理齐头并进，推动“五水共治”工作取得新成效。依托“网格化管理、组团式服务”，组建包括机关干部、社区志愿者在内的护水队，开展宣传、监督、保洁志愿服务活动30余次。发动辖区蓝马甲志愿者1000余名、对

图107　4月17日，荷花街道新荷社区冠苑小区开展居民沟通日活动

图108　1月22日上午，荷花街道朝阳社区工作人员与“红手印”志愿者捡拾地面垃圾

辖区范围内沟渠、景观水系等进行彻底大排查护水队9支。对9个小区完成零直排小区建设，既防止污水流入渠道又解决居民长期存在雨污混流、污水满溢问题。“三改一拆”任务超额完成。坚持“拆字当头、以改带拆、以拆促改、改拆结合”的工作思路，推进“三改一拆”工作。全年，拆除违建94宗，拆违面积10081.70平方米，区里下发任务量超额完成。

【重点工作】 党建统领活灵魂、“一根红线”贯穿始终，依靠红色力量，助推重点工作开展。“不忘初心、牢记使命”主题教育抓细抓实。学习习近平总书记最新重要讲话和指示批示精神，在读原著、学原文、悟原理上下功夫。累计发放《习近平关于“不忘初心、牢记使命”论述摘编》1480本，组织集中学习295次，开展主题教育心得体会大讨论35次，对照党章党规找差距38次，组织生活会各社区（村）、两新组织全覆盖。在主题教育期间，中央、省、市、区主题教育相关领导先后9次到荷花街道指导、调研。10月28日，中央第二巡回督导组一行到荷花街道新荷社区现场督导，给予高度评价。模块化改革获上级领导肯定和认可。以“能者多劳、

图 109 1 月 2 日，廉情信息员和网格员在荷花小区向居民收集廉情信息

劳者多得”为导向，聚焦人少事多、模块集聚、苦乐不均、动力不足等问题，探索建立“岗位赋分＋模块评分＋组团积分＋专班加分”的“四维”街道干部综合考评体系，破解“干多干少一个样”的“大锅饭”。荷花街道模块化运行改革得到省、市、区领导高度认可，肯定实施以来取得成效。10 月，市委书记徐文光对“四维”干部综合考评体系作出批示，在全市推广实施。红色物业联盟标准化获批省级试点。按“党建统领、标准引领、服务融合”思路，开展“红色物业联盟”标准化建设。实现小区管理由传统人管人随意性走向制度管理的标准化和常态化，公开、

图 110 4 月 17 日，荷花街道兴华社区兰花热线工作室举办 DIY 之我是烘焙师系列活动

公正、公平、透明，唤醒业主自觉，有效破解城市老旧小区治理难题。“红色物业联盟小区治理标准化”10 月获批省级试点。网格公约实现“小网格”撬动城市“大治理”。针对辖区内开放式老旧小区多、租户多、人员复杂且流动性大等社会治理难题，以“网格公约”为抓手，以楼道（幢）“六步议事法”为平台，探索出“大家事大家议大家定大家干”基层治理新模式，形成“共治共建共享”基层治理新格局。小区乱象顽疾破解，治安环境提升，做到“小网格”撬动城市“大治理”。民情档案“五色三类”工作法及时掌握民情动态。根据不同家庭情况，以“五色三类”工作法加以管理掌握网格基础动态。五色：红色代表“重点对象”，重点时节、敏感时期需重点关注；黄色代表“出租房”，平时加强巡查并主动与辖区中介对接及时更新出租房信息；绿色代表“残疾”，要经常关心、帮扶；蓝色代表“空巢、独居”，平时要多走访随访；白色代表“常态”，以引领、服务为主。同时，将辖区内出租房划分为“A”“B”“C”三类：“A”类为重点户（群租、短租），每周巡查不少于一次，“B”类为关注户（整治重点区域）每月巡查不少于 2 次，“C”类为放心户（家庭户、租期 2 年以上租户）每半年巡查不少于 2 次。

（汪湛玮）

花园街道

【概 况】 花园街道地处柯城区东南部，东及东南与石室乡以乌溪江为界，南与衢化街道相连，西南及西与黄家乡相接，西北与双港街道相邻，北与荷花街道、新新街道毗邻。

办事处驻花园村。辖花园、上洋、上下门、平园、叶篷、新姜6个村及安装、新苑、福苑、花港4个社区。行政区域面积9.7平方千米，户籍人口12110人，常住人口26036人。2019年，街道党工委、办事处按区委、区政府决策部署，深入贯彻习近平新时代中国特色社会主义思想，推动市委“1433”战略体系重重落地，主动适应经济发展新常态，凝心聚力抓落实，奋发有为求实效，保持经济社会健康发展的良好势头，巩固社会和谐稳定的良好局面。

【经济社会发展】 是年，完成固定资产投资8600万元。农林牧渔业总产值4737万元，工业总产值177178万元，创新招商项目跟踪服务机制，以商招商，实现招商引资5500万元。街道公共财政收入3766万元，城乡居民人均可支配收入4.12万元，比上年增长8.5%。

【民生服务】 完成便民服务中心提升改造，深化“最多跑一次”改革，在办事项达142项，其中高频事项30项。完善政务自助服务区、自助填单区配置，引导办事群众逐步形成网上和自主终端办理，分流近千人次。加强对村社公共服务站管理10个，落实专职工作人员10名，实施街道居家养老中心改造提升，项目投入20万元，基本完成改造；实施街道残疾人之家改造提升，项目投入12万元，基本完成提升，为年度省级为民办实事项目。

图111　6月20日，迎来新一轮强降雨天气，花园街道安装社区网格员巡查白沙溪河道水位

【社会保障】 城乡居民医疗保险集中参保期确认参保人员社保的总参保3435人，其中新增234人，中断184人，免缴200人，城乡居民医疗保险参保率达99.9%。参加被征地农民基本生活保障累计4000余人。全年，开展就业困难人员就业帮扶服务48人次，就业走访140人次，就业服务活动32次，就业信息更新431条。帮助就业困难人员60余人，走访慰问就业困难户22户，开发非全日制公益性岗位5个，换发放“就业失业登记证”50余本，办理4050社保补贴59人。加强低保规范化管理，对现有低保户严格进行核查，全年办理困难户4户、纳入低保4人，核销低保85户、99人。公示接受群众监督，实现城乡低保工作制度化、规范化。办结医疗救助4户、救助资金0.97万元，临时救助10户、救助资金1.5万元。

【农房整治】 按区委、区政府统一部署，街、村干部共同努力，继续深入摸排、投入力量、扩大战果。制定“一路一街一渠一园一道”

农房整治重点区域推进方案（一路即衢化路沿线，一街即徽州街沿线，一渠即巨化东排渠沿线，一园即市森林公园周边，一道即各村主干道），大棚房整治、高桥头综合环境卫生整治、东排渠风貌提升等重、难点工作完成，辖区农村风貌提升。全年整治违建505宗，面积达5.46万平方米。

【基础设施建设】 完成福苑菜场改造、徽州街片区改造、零直排改造、背街小巷和开放式小区路灯安装工程等为民办实事项目。推进安装社区、新苑社区老旧小区改造，解决事关群众切身利益的突出问题。完成省安装、省五建公司家属区“三供一业”基础设施改造，年底完成接交工作。

【文明城市创建】 街村干部全员下沉网格投身创文，做好创文基础工作。通过基础设施提升改造、“十乱”整治、规范停车、环境卫生整治、公益广告宣传等。全年清理辖区卫生死角1158处、花坛杂物1691处、绿化带种菜712处、楼道内乱堆放2001处；清除牛皮癣1079块；拆除违章搭建325处、各类非法广告牌58处；规范乱停车1671起；

图112　3月4日，安装社区联合衢报传媒“96811”志愿者服务团队为居民提供义诊、家电维修、修锁换锁、义务理发、修鞋等便民服务

劝导占道经营459处、不文明行为1688起；劝离流动商贩355家；签订“门前五包”责任书300多家，“九小”行业环境全面治理。各类人员（长干队、红手印志愿者、居民志愿者）参与创文各项活动20100人次，为街道整体环境提升作出努力。

【农村特色经济】 利用新姜村地理环境优势，谋划实施“在衢州站，为你种下百亩樱花林”线上众筹活动，筹得种植经费74万元，激发新姜村村两委动力，深化“一村万树”百

图113　月20日，位于花园街道上洋村的市花卉市场一片火红景象（卢颖　摄）

亩樱花林项目，打造最有故事村庄，经济效益、社会效益不断提升。建设小微创业园。叶蓬村小微企业创业园，投资2000万元，用地1.73公顷。一期用地0.33公顷，建筑面积3467平方米，项目预计年底完工。平园村小微企业创业园，投资4000万元，用地2公顷，完成选址，下步申报土地指标。上洋村小微企业创业园，投资5000万元，用地8.73公顷，一号地块土地报批完成，规划审批中。二期完成选址及规划平面设计，下步完成土地报批及规划审批。引进实打实总部经济项目。项目总投资1.5亿元，占地3.67公顷，其中配套道路0.67公顷，出让3公顷。土地征用和交付完成，项目一期2公顷开工建设。

【社会治理】 坚持党建引领社会治理，突出抓“四个平台”功能发挥，建立快速上报系统和联动机制，发挥全科网格队伍人员分布广、素质高、作用好特点，夯实平安基础。采用“互联网＋维稳”办法，通过四个平台与平安综治视联网，有效保障辖区平安建设。

（姜明明）

双港街道

【概　况】 双港街道地处柯城南部，东依荷花街道，东南连花园街道，南接黄家街道，西南与衢江区廿里镇相邻，西与航埠镇，姜家山乡以常山港为界，西北、北与白云街道以常山港为界，东北与府山街道相依。总面积12.3平方千米，其中陆地10.9平方千米。办事处驻梅家村236号。浙赣铁路、320国道、46省道、杭衢高速公路引线纵横贯穿境内。街道地势东西长、南北宽，自西南向东北倾斜，西北大部分属平原，系江河淤沙冲积而成，土层深厚肥沃，并有少量丘陵，以红黄壤为主，含有丰富的黄砂石。东部属千塘畈平原。常山港由西南向东北流入衢江，境内流域总长6.5千米，江山港自西南向北从中部穿过，境内总长4.5千米，巨化引水渠道全长8千米，自厂区往西流，入江山港。常山江、江山江两江交汇于此，故有“双港口”之称，地理位置优越，交通十分便捷。境内有戴笠（八角亭）、防空洞、老鹰潭、古银杏等古迹名树。至2019年底，街道下辖6个村共16个自然村，6个社区，总人口52305人，其中：农村常住人口8359人，社区常住人口29025人，社区流动人口14921人。

【机构改革】 2019年，街道将机构改革作为工作重中之重，提前谋划，统筹推进，制订出台《双港街道机构改革组织实施工作方案》，倒排计划，厘清思路，做到工作分派有表可查，落实责任有据可依。全面启用“六大功能”模块实战化运行模式，由书记、主任、副书记牵头领导六大模块，其他班子、全体干部按照职责分工划归各模块，将原有条块全部打破重组，实现六大模块之间功能优势互补、职责有机融合。完善周一例会、月度分析会等模块研判分析机制，不定期召开模块交流座谈会，强化模块间沟通交流；健全模块联动机制，统筹协调人财物资源分配，为重点工作开展提供资源保障；建立干部模块化运行考核机制，以工作实绩论英雄，激发干部干事激情，多管齐下打牢夯实中线承上启下中坚构架，为“主”字形基层治理架构顺畅运行奠定基础。

【营商改革】 以打造“中国营商最优城市”为目标，重点围绕个人事项全生命周期持续发力，加快推进“最多跑一次”改革向公共服务领域、村（居）基层网格延伸。持续优化线下服务模式，在原有55个办理事项集中受理、统一分流、透明办理基础上，不断扩大个人、企业“一窗受理”可办理业务数量，为群众提供“一站式办理”全天候公共服务。根据区营商办统一安排，全面推广“格里办”工作，依托全科网格和网格员、代办员队伍将便民服务事项代办服务送到群众身边，实现部分公共服务“最多跑一次”向“一次不用跑”转变，为辖区群众提供便利。

【绿色期权】 根据区政府统一部署，深入开展“一村万树”，充分利用拆违地块、边角地块、村庄周边及农户房前屋后空闲地块栽植苗木，累计种植各类花草树木3万多株（盘），新增绿化面积6.67多公顷，南村村被列入区级“一村万树”示范村。依托“一村万树”工作成果大力开展绿色期权改革，累计完成绿色期权资产包认购3个9万元，有效打通资源、资产、资金转化通道，用城市资金反哺农村，实现村集体收入增长和农村环境提升双赢。

【农房整治】 坚持把农房整治作为农村环境整治提升主抓手，以乡村大花园建设为目标，牢牢抓住“党建统领＋干部带头”这个关键点，充分发挥白凉亭“红手印”示范引领作用，以四类人员为重点开展全域综合整治，高水平、高质量打好农房整治攻坚战。全年开展多次大规模集中行动，实现大坟自然村生产性用房、高栾养殖用房等难点户拆除工作，累计拆除各类违建 347 宗、拆除面积 23630.09 平方米，实现拆后土地利用 5861.43 平方米，全面完成“大棚房”整治。结合“四边三化”，对老 320 国道梅家集镇菜市场进行重建，带动周边环境提升明显，全年拆违任务提前超额完成。立足规控区实际，有序开展农村危旧房整治，完成 2 户农村困难户危旧房救助，对于借用修缮、翻新名义实施的建房行为进行严厉打击，有效规范农民建房秩序。

【礼贤征收】 吸取斗潭征收、古城双修工作经验，按照“征收工作领导小组＋指挥部＋一办四组＋网格小组包干”的作战体系，联合全区 20 多个部门抽调 300 余名精干力量，日夜奔波，全心投入，按时高质量完成 1029 户、63385 平方米房屋征收，实现签约、腾空、拆除全部完成。特别是面对南滨一区老年住户多、产权人过世多、继承情况复杂的实际情况，街道坚决担起主战场责任人重任，联合司法部门开展诉前联调，成功调解 2 例被征收户产权人死亡公证纠纷案例，全面完成责任片区 21 户房产公证，为签约腾空奠定坚实基础，工作成果深受上级领导好评。

【文明创建】 严格落实市委书记徐文光“文明城市有一个，一定是衢州；文明城市少一个，一定不是衢州”的战略指示，采取“主要领导包片、联系领导包社区、街道干部包网格”的模式开展工作，压实责任到人，充实基层力量。牢固树立“一百减一等于零”的创建理念，把每次市、区督察都当作模拟考试，精心制定被查方案，统筹人财物资源，全力保障创文工作有序开展。加大投入扩展宣传渠道，运用“和美双港”微信公众号、报纸杂志、村（居）等载体和家长学校、农村振兴讲堂等平台，全方位、多层次强化创文宣传，发布创文微信 30 余篇、刊发文章 45 篇、新增墙绘 1000 多平方米、更换破损公益广告 300 余处，强化形成浓厚舆论氛围，引导居民掀起全民创文热潮。依托志愿者组织开展社区“十乱”整治，累计投入 19200 余人次，完成各类“十乱”整治 45998 处，清运垃圾 5698 车，辖区面貌焕然一新；投入 2200 多万元资金，完成污水零直排小区改造项目 6 个，惠及 4 个村（居）14 个小区（自然村）；补种绿化面积 6 万余平方米，改造和新增机动车位 3596 个，基础设施改造有序推进；强化开展新国标培训，提前准备、周密部署，顺利通过省测、国测，多次在市、区擂台赛中名列前茅。

【民生保障】 坚持以人民为中心发展思想，认真落实各类救助政策，强化低保动态管理，低保申请审批管理日趋完善。持续关注社会弱势群体，救助保障提质扩面，累计筹集发放各类民政救助资金 167.08 万元，救济 507 人次，涵盖残疾人、老年人、困难军属等 7 大类 30 余项类别。加大社保新政策宣传力度，规范社保业务办理流程，实现城乡居民医疗保险参保 6292 人，参保率 99.4%。城乡居民养老保险参保扩面效果显著，参保率从

95.6%提升至 98.2%，基本实现城乡居民养老保险参保全覆盖。高度重视公共卫生管理，为街道居民进行免费体检，基本完成城乡公共卫生服务项目，城乡参合居民体检率基本达标。立足市、区产业发展规划，以杰丰服装、佰色服装等重点企业入驻招工为契机，全面实施就业创业帮扶工程，组织失地农民、失业人员、应届毕业生等重点人群参加缝纫工、车缝工培训，新增就业 212 人。深入开展中小企业政府账款清欠工作，结合“无欠薪区”创建，对街道历年工程项目账款支付情况进行全面排查，涉及 12 家企业 7 个项目的 435.8 万元工程（采购）款全部提前完成清欠。

【公共文化】 根据上级部署，开展浙江省基本公共文化服务标准创建工作，收集完善创建台账资料，完成浙江智慧文化云系统录入。发扬特色文化优势，依托春节、元宵、端午、中秋、重阳等传统文化节日，结合组团连村、文明创建等中心工作，成功举办双港街道第二届乒乓球混合团体赛、双港街道首届网格知识竞赛等 16 场文体活动；充分发挥社区家长学校作用，整合资源邀请名优教师进社区开讲座，每月定期举办未成年人活动，在 6 月家长学校和未成年人活动评比中优秀率均为 100%；送戏下乡到村 10 场；盘活农村文化礼堂闲置资源，组织送戏下乡 10 场、放映电影 30 余场，使村民们在家门口就能享受到免费文化大餐，丰富业余文化生活；拓展街、居文化站功能，组织开展各类讲座、展览、培训 10 余期，涵盖养生、育婴，辖区公共文化生活精彩纷呈，居民幸福指数大幅提升。

【社会治理】 以中华人民共和国成立 70 周年大庆安保维稳为核心，制定迎大庆安保工作方案，通过开展活动讲座、组织应急演练等形式，对扫黑除恶、禁毒、应急避险等进行全面宣传，鼓励辖区群众举报传销、黄赌毒窝点，对各类违法犯罪行为进行严厉打击。根据扫黑除恶三年工作部署，以“有黑扫黑、无黑除恶、无恶治乱”为原则，全面开展扫黑除恶攻坚年建设，启动实施群众身边“微腐败”专项整治，对全街道范围组织涉黑涉恶线索深挖细排，以“零容忍”态度对黑恶势力犯罪下重手、出重拳，顺利通过中央扫黑除恶督导组督导检查。依托全科网格建设，创新建立“网格 365”基层治理服务体系，采集录入网格信息，提升网格治理服务能力，形成“格里事情格里办、基层治理服务优”的局面。定期召开信访工作例会，研判辖区信访形势，强化敏感时期和节假日的稳控措施。推行信访“代办制”，深化矛盾纠纷多元化解。全年办受理群众来访 7 件、来信 11 件、巡视组交办 6 件和处理国家、省、市长信箱交办件 2 件，处置“12345”来电投诉 661 件、网上投诉 577 件，部分信访积案得到有效化解，维护街村稳定。安全生产警钟长鸣，严格落实消防和安全生产责任制，依托安全生产月等活动，加大对火灾隐患、安全生产等重点领域隐患排查力度，全年累计开展专项检查 16 次，下发整改通知书 65 份，全部完成落实整改，实现全年无重大安全事故发生，顺利通过区安全生产巡视组巡视督查。

【主题教育】 街道党工委召开专题部署会，深入学习“不忘初心、牢记使命”主题教育活动精神，针对时下中心工作提出主题教育＋礼贤征收“两结合”“双促进”的指导意见，明确“抓好学习推动中心”思路，从三方面推动主题教育落地生根。坚持个人自学与集中学习相结合的原则，组织全体党员干部对习近平新时代中国特色社会主义思想自觉进行通读学习，班子层面重点学习“两书一章”，其他党员干部重点学习《论述摘编》。除每周一集中夜学外，街道党员干部自觉做到在每日工作间隙静心自学，真正做到读原著、学原文、悟原理，劳逸结合提升实现学习效果。以班子成员为重点开展学习教育，围绕“四项重点举措”，抓好十项重点任务。在原原本本学“两书一章”基础上，对照“八个专题”分2次进行集中学习研讨，谈心得、讲认识，互学互促，共同提升。学习中带着问题思考，结合自身分管业务，深入基层跑片调研，现场协调解决问题17个，汇总上报问题6个，形成调研报告11篇。对照“四个讲清楚”，利用“周二无会日”组团联村，采用乡村振兴讲堂模式给街、村（居）党员上党课，引导大家学思结合，以学促行。对照区主题办部署的“七个一”和分层分类“1 ＋ 5”指导意见，组织辖区基层党组织开展各类会议、活动，规定动作落实到位。街道层面，组织全体党员干部收看中华人民共和国成立70周年庆典，回顾“初心使命”。村（居）层面，各基层支部按时完成“三老”精神学习交流会，由支部书记带头向党员汇报心得体会；结合创文工作，全面推进落实“小区病”专项整治，开展党员进社区志愿服务活动；与各村村两委成员签订承诺书，督促他们带头领办民生实事；组织两新组织立足实际、立足岗位，比学赶超干工作，用实际行动为实现“两个一百年”战略目标做贡献。

【基层党建】　每月召开党建工作例会，针对基层治理工作形势进行分析研判，发现问题即查即改、全力解决。严格规范村（居）网格员管理，切实落实每日2小时巡察上报制度，强化日常督考实施“周讲评、月通报”制度，将考核结果与绩效奖励挂钩，倒逼增强网格员工作责任心，有效提升格内问题预警时效。组团联村扎实开展，以周二无会日为阵地，集中进村入社体察民情、指导工作、解决问题，累计走访3000余户，帮助化解信访积案6件、调解矛盾纠纷200余起。党员联户抓实抓稳，充分发挥19个农村网格党小组（除老弱病残外）300余名党员联户作用，确保按时走访不留死角，推动党的力量“横向到边、纵向到底”。开展党建项目建设，年初制定的22个党建项目完成19项，涉及工程项目建设的正在推进中。铁腕开展“微腐败”专项整治，对村干部实施“三类人员”清理，累计清理村干部4人，包括“黄转黑”整转1人，结合党干自查、签订承诺书、入户走访、强化宣传力度等手段，有效提升基层党员干部责任担当的政治意识，全面营造出基层党员干部“不敢腐、不能腐”的政治氛围。严格基层党员实绩考评，对基层支部“四会”（两委会、党员大会、一长三员例会、网格党小组会）落实情况及相关台账每月开展检查并通报，指导各村（居）规范党员12分制考评，对中心工作推进不力的党组织谈话6人次，对5年内未发展党员的1个党组织开展帮扶，加强基层支部战斗堡垒作用，消除党员不作为现象，规范党员行为，提升党员特别是农村党员想做事、会做事、做成事的能力素质。

（郑兴峥）

新新街道

【概　况】 新新街道地处柯城区东南，东与衢江区樟潭街道毗邻，东南与石室乡相接，南与花园街道相依，西与荷花街道相邻，北与府山街道、信安街道相连。办事处驻彩虹社区思源路290号。地域总面积12.5平方千米，建成区面积10.5平方千米。下辖行政村10个（官庄、十五田铺、杨家田铺、戴家、东埂、童村碓、后贻、上妙、白沙、建新）、小南门村改居工作委员会1个、社区7个（金桂、杨浦、三衢、彩虹、银桂、五环、乐业）。辖区总人口近10万人，其中常住人口7.1万人。2019年，紧跟市委、市政府“3752”顶层设计，围绕市两会、市委七届六次全会等重要会议精神，以衢州发展战略体系为指引，以打造最优营商环境、最优基层治理为目标，重点在基层党建、未来社区、乡村振兴等领域谋创新，求突破，为改革发展增添新活力。

【基层党建】 实行组团联村（社）服务兵团化，实现村居连片集团化服务。按区域连片、村社结合原则将辖区18个村、社划分为6个基础片区，将原有各“组团联村（社）”服务团连片打通使用，实现集团化服务。使得各村（社）驻联服务力量中部门和条线人员构成更为丰富，为帮助服务村社理清工作思路、推进项目建设、解决问题困难提供更多思路和办法。统筹连片村社开展片区内、片区间交流座谈、联合活动、资源共享等增进村社互动，促进城乡融合，形成互促互利的良好态势。

【队伍建设】 扎实践行读原著、学原文、悟原理。研读精读“两书一章”等规定书目和重要会议、讲话精神，围绕8个专题和中共十九届四中全会精神，组织理论中心组集体学习6次，召开党员集中学习会198次，专题研讨会39场。带头领读领学，讲谈感悟、送学上门、返乡学习会、党员录音领读等学习形式，开展革命传统教育、形势政策教育、先进典型教育和警示教育，增强学习教育的针对性、实效性和感染力。走访村（居）18个，居民群众113户，查找存在问题，剖析问题根源，形成调研报告11篇。召开调研成果交流会，查找和整改问题30个。对照党章党规找差距，对照先进找不足，对照职责找短板。召开对照党章党规找差距专题会议、学“三老”感悟交流会等。各村社党组织召开对照党章找差距专题会议18场，党员干部广泛开展自我剖析和检视。坚持边学边改、立查立改，以整改落实成果检验主题教育为实效。制定整改任务细化方案，列出责任清单、整治措施、进度时限，强化节点管控，做到“问题清零”。

【机构改革】 围绕人员编制不足、部门联动不畅、项目推进不快、群众办事不便等突出问题，以模块联席会议为核心，按“大党建、大服务、大治理”三大模块；“综治、执法、市场监管、便民服务”四个平台；“党建、协调、服务、经济、治理、执法”六个单元架构；探索构建“3469”模块化运行架构。进行办公场所集成改造，分别设立大党建、大服务和大治理三个集中办公区块，同时明确岗位职责和人员分工，形成完善街道模块化架构体系，部门及人员联动合力有效增强。

【基层治理】 以“红色物业联盟”建设为中心，激发小区居民主体意识，提升自治能力。试点小区探索以“居民代表议事制度”为核心的小区居民自治体系，建立小区公共财物社区监管制。逐步推广实践，12个小区居民自治体系建设初步完成，其中乐业社区就小区居民自治体系建设相关经验代表街道在全市红色物业联盟推进会上作典型发言。全年街道结合社区分设等实际情况，优化调整基层网格体系，重新划分基层网格53个，实现网格党支部（党小组）全覆盖，配强“一长三员”队伍，优选专职网格员53名，组织9期专职网格员培训。7月，增设骨干兼职网格员32名，工作日全程在岗，有效缓解专职网格员工作压力，壮大网格力量运行效率。

【乡村振兴】 12月底，集体经济发展成效良好，10个行政村及小南门村改居集体经济经营性收入均达10万元以上，其中十五田铺村集体经营性收入突破100万元（106万元）。通过项目谋划和业态升级，激发村集体自主“造血”能力。优化产业形态，扩大经济规模，官庄村自筹资金，农贸综合体项目投资2200万元，项目施工年底结顶，建成使用后可实现增收200万元，十五田铺沿街商铺26间投入使用，年内实现增收约60万元。紧扣企业需求，统筹闲置土地和固定资产，发展物业租赁经济，童村碓村完成临建厂房回收利用，每年增收20余万元。白沙村全市首例农民公寓房，解决村民住房需求同时计划为企业务工人员提供住宿租赁，打破村集体经营性收入薄弱困局。依托乌溪江流域生态提升，打造休闲旅游和生态农业，上妙村打造“治水＋致富”特色品牌，引入乌溪江水源，建设景观渠、荷花池、水上乐园等休闲娱乐设施，流转闲置土地，统一种植发展观光农业，全年村集体经营性收入达26万元，其中农产品销售收入10万元。

【农房整治】 建立“一房一档”“一日一报”制度，按“拆、改、收、建、亮”原则推进。整治拆除房屋311宗，面积19150.74平方米。其中集中连片可利用宅基地约20宗、面积约8000平方米，新包装村集体项目4个；利用零星宅基地新建小型停车场12处，新拓宽村道10条。通过拆后宅基地清理、庭院序化等开展互学互看、整治评比，打造美丽庭院、景观节点。邀请专业人士帮助设计规划，展现美丽庭院真实场景，评选乡村美丽庭院，为美丽庭院建设提供经验样板；结合村集体经济和文化发展，由村集体回收有保护价值或经营价值房屋，童村碓村通过合规程序，由村集体回收村民徐某临建厂房一处，面积1500余平方米，每年可为村集体经营性收入增收20余万元；利用拆出空间谋划美丽乡村建设，各村结合实际实施道路拓宽、停车场、活动场地等建设。白沙村拆改用结合，新建小型停车场，拓宽村主道实现双向通行等；将农房整治工作成果纳入“两全”党建示范建设范围，结合乡村振兴党建示范及美丽庭院改造等项目，把党建统领核心作用具体实践亮出来，提升村级组织公信力，形成党建引领全域提升良好发展态势。

【文明城市创建】 对照文明城市创建标准，3个新社区办公场所装修开张运行。同时，整合综合文化服务中心、未成年人活动中心及社区家长学校等，依托小区业委会、物业公司、志愿者、未成年人等居民群体，加强文明素质、民俗文化等系列宣传，有效提升辖区居民对文明城市创建的支持率和满意度，省测、国测迎检任务完成。全年完成10个老旧小区改造，以道路修复、停车位改造及绿化补值等为重点，实施道路拓宽及破损修复96890.37平方米，铺设草坪砖8343.62平方米，绿化补植3万余平方米，新增绿化围栏1000余米，更换楼道灯291只，新增灭火器221个，更换修复各类消防设施54处，新增公益广告0.3万余处，公益小品5个。开展出租私房集中整治，排查出租私房751户，完成火灾隐患整治733户，整治3人以上居住出租房1104户。推进住宅小区电动车智能充电设施项目建设，安装电动车充电接口5180个。开展交通安全文明宣传活动，排查三轮、四轮电动车185辆，签订电动车出行安全承诺书1800余份，开展交通安全教育培训1800余人次，依托乡村振兴讲堂开展交通安全、文明出行专题讲堂13场。

【“五四三”工作】 实施后贻、童村碓村两个雨污分流改造项目，常态化开展“污水零直排”常态化巡查；10个行政村设立垃圾回收站、垃圾回收兑换点，全面落实农村垃圾分类；发放“五水共治”各类宣传资料5万余份，落实LED电子宣传50余处，微博、微信等数字平台专题宣传阅读量近万次。完成“四边三化”问题点位整治17个，其中建新村高铁沿线新增绿化2000余平方米，高铁沿线乱搭建拆除整治6处，300余平方米。“三改一拆”严查严控违法建筑，全年拆除违法建筑16宗，建筑面积20914平方米。

（项华敏）

白云街道

【概　况】 白云街道地处柯城区东部偏东，东和东南与信安街道、府山街道以衢江为界，南与双港街道以常山港为界，西与姜家山乡毗邻，西北与石梁镇相连，北和东北与万田乡相接。前身系花园岗街道办事处，于2003年9月成立，2005年9月更名为白云街道办事处，委托西区管委会管理体制。办事处办公地点设在衢州书城8～10楼（资产属衢州市基础设施投资有限公司）。辖区总面积14.4平方千米，辖13个行政村、4个城市社区。户籍数12679户，人口33931人，其中农村人口0.42万户、1.3万人；常住人口约8万人。街道党工委下辖1个社区党委（白云）、1个党总支（新湖）、22个党支部，实有党员848　名，其中农村党员500名。班子成员9人。有编制职数23名（其中公务员12名，事业编制11名）。干部职工人数77人，其中实际在职在编公务员11人，事业编9人，自聘职工7人，劳务派遣工（民生服务员）16人，西区管委会下派12人，西区崇军公司下派军转干士官14人，其他单位下派8人。2019年，街道以“大党建”为统领，加强“模块化”运行机制建设，组建文明城市创建志愿者、征地拆迁攻坚队伍，着力创建文明城市管理示范街、安全生产示范街、大花园建设示范街，相关工作得到市委、市政府主要领导的高度认可和鼓励支持，呈现出项目建设平稳健康发展、社会大局和谐稳定、全街上下政通人和的良好局面。

【征迁工作】 以市政府重点项目建设要求为落脚点，推进严家圩、花园岗、回龙、压潮等4个村拆迁扫尾攻坚工作，完成回龙安置小区、锦西大道、外国语学校、石梁溪三期、悦榕庄酒店、鹿鸣山文化院街等11个重点项目用地交地任务，保障项目全面落地实施。重点完成回龙安置小区、养生大道项目20余公顷用地交地任务，搬迁坟墓500余穴；

完成压潮村73.33公顷土地征收清表和医养小镇项目40余公顷用地交地任务，拆除房屋1幢，搬迁坟墓285穴；完成鹿鸣山悦榕庄酒店、文化院街项目26.67公顷用地清表交地任务，拆除农房2幢，搬迁坟墓260余穴；完成严家圩村14户征迁遗留扫尾，保障过江遂道项目6.67公顷用地清表交地任务；完成湖柘垅村整村拆迁“清零”，保障锦西大道、孙姜大桥改造提升项目13.33公顷用地任务及鹿鸣山文化院街项目13.33公顷借地任务准时交付，搬迁坟墓80余穴；花园岗村区块涉及的石梁溪三期项目地块房屋拆除工作及交地全面完成，开展征迁扫尾“百日攻坚”战，完成签约23户，拆除房屋50幢；钱家山村区块过江北隧道项目用地清表交地任务全面完成，拆除违建83户，400余平方米；完成双塘岭村区块高铁小镇外国语学校及北环路项目用地交地，搬迁坟墓800余穴；农房整治，拆除455宗，1.8万余平方米全面完成。

【基层党建】 坚持把基层党建作为街道事业发展的根本保障，把党建责任牢牢扛在肩上，把党建统领落实到任务攻坚中，不断提升基层党组织的组织力、战斗力。以原基层治理全科网格为基础，把13个村、4个社区划分成网格58个，落实建立网格支部18个，成立“红色网格议事厅”18个，按“一村社一组团、一网格一服务”工作格局，把党支部建设有效覆盖到网格，做实做优“三个三”基层党建工程。成立组团联村服务团17个，落实“党员＋联户”工作制，利用每周“周二无会日”到村（社区）进行集中服务、集中议事、集中调处、集中攻坚等工作；到户了解情况，听取诉求，化解矛盾，关爱帮扶，代办服务。全年街道1805名党员开展入户走访13314次，梳理交办问题28个，调解纠纷328件，代办事项930件。

【队伍建设】 以学习贯彻习近平新时代中国特色社会主义思想为主线，开展“不忘初心、牢记使命”主题教育，强化党员干部教育管理，利用周一集中学、初心之行、村（社）书记轮训等形式，结合主题教育落实后进党组织整转“一村一策”整改，完成后进党组织整转4个，建立村级后备干部库1个，培养储后备干部26名，配强党建工作力量，把年富力强，有知识、懂技术的本土人才选进村（社）“两委”队伍，优化领导班子结构，提高整体素质和工作能力。同时，开展“领头雁”培训工程，落实村（社）书记例会、“村（社）书记比武论剑大擂台”“乡村振兴大讲堂”等活动，开展党员群众素质能力培训提升，开设中心精品讲堂1个，汇编教材21种，开课60场次，培训党员758人次，培训群众460人次，开展村（社）书记和其他村两委党员干部轮训8期，培训200余人次。

【模块化改革】 牢牢把握市委部署精神，结合“不忘初心、牢记使命”主题教育契机，综合考虑街道工作实际情况，推进街道机构改革模块化运行工作，在打通融合、条块结合、资源整合上精心组织、认真研究、统筹全局，突出党建统领核心，合理设置模块架构，明确模块人员职责，设置起“大党建（大协调）、大经济（大服务）、大治理（大执法）”3大模块，发挥“6大功能”，成立7办2中心9个内设机构，12项议事机制，整合职能相近、业务相关工作，实行专班化攻坚，完善模块化运行机制与模块干部考核管理机制，真正做强“中线”力量，各项工作由原分散的“条线”模式向统筹的“块面”联动模式转变，切实加强街道工作“统”的力量，工作流转速度提升，工作效率提高，党建治理大花园工作扎实推进。

【基层治理】 加强基层治理综合信息平台运行，推进基层治理体系在线“四个平台”应用，深化“最多跑一次改革”覆盖面、延伸点。全年利用线上完成综治平台事件处理3685件、市场监管平台事件处理175件、综合执法平台事件处理19845件、便民服务平台事件处理16899件；加强全科网格及全科网格员队伍建设，为街道13个村、4个社区划分的36个网格，配备网格长36名、专职网格员36名，兼职网格员96名，网格指导员32人，制定全新网格考核管理办法，每月对各网格进行分析研判、考核，对网格员进行业务培训，把基层党建、综合治理、政策宣传、社会保障、应急管理、便民服务、合法权益维护等工作纳入网格服务管理体系，提供“社会化服务”，实现大事全网联动、小事一格解决。全年利用网格化管理排查出各类矛盾纠纷2117起，调处2117起，调处成功2083起，调处成功率97.97%；排查出重点信访对象7人；重性肇事肇祸精神病人13人，矛盾纠纷化解力度提升。

【平安建设】 打造平安街道建设，创新社会稳定综合治理模式，完成中华人民共和国成立70周年、中共十九届四中全会等重要时期维稳安保工作，做好信访重点人群等涉稳群体稳控工作，通过分析研判，处理各类信访投诉390件。梳理出重点人员20名，严格落实稳控措施，采取积案化解手段，重点人员全部掌控到位，未发生一起人员进京赴省事件。开展交通安全大会战，排查登记电动三轮车100余辆，组织道路交通宣传活动2场，发放宣传资料1.5万余份。按省物资等硬件设施配备标准，新建街道消防体验馆1个，提升改造村级避灾安置点3个，开展安全讲座、火灾应急演练等20余次。同时，以社区为主体多层次开展安全生产月主题活动，落实重大事项安全风险评估制度，定期组织对山塘水库、危旧农房进行维护保养巡查，常态化抓好安全生产管理。深入推进扫黑除恶工作，开展涉黑涉恶线索“深排细核”集中专项行动和“树正气、打歪风”专项行动，走访住户1.6万余户；发放宣传手册、宣传单、海报等9万余份，悬挂横幅2000余条，利用钉钉、微信等转发、推送“扫黑除恶”相关知识宣传2万多次，核查摸排并上报问题线索55条。

【文明城市创建】 围绕文明城市创建目标，以问题导向，针对环境卫生薄弱、杂乱问题复杂的小区、路段等点位，开展文明城市创建“百日攻坚”“十乱整治”等行动，开展背街小巷及小区占道经营、前店后开门、违章搭建、雨棚整治300余次，拆除私搭乱建等违建250余户，1万余平方米；整治占用公共区域乱挖乱种1800余平方米；清理楼道1600多处、乱堆放5240余处，清运垃圾960余车；整理规范非机动停放13989余辆、机动车9493余辆；组织交通文明志愿劝导200余次。加大公共基础设施建设，投入640余万元有效加强4个社区，20多个小区、城中村基础设施建设，增加小区消防灭火器2600余只，消防检查记录卡5万多张；增设文明养犬展架52套、晨晚练点展架25套、垃圾分类展架450套，发放分类垃圾桶900多个；增设划小区停车位、非机动车停车位

400余个。同时，强化创文宣传，制作墙面广告5000余平方米、宣传栏55套，小品造型8座、楼道公告栏1200套、绿地宣传花草牌1300余块、各类公益展板350块，灯杆道旗600套、15分钟导示圈120套，开展创文小喇叭宣传四期，播放次数达4800余次。完成31个小区，8个村及相关公共机构等场所垃圾分类收集设备投放，垃圾分类覆盖率达100%。

【“五四三”工作】 围绕省、市工作目标任务，按“两个高水平”建设要求，打好“五水共治”“三改一拆”“四边三化”组合拳，有效提升城市功能、人居环境和城市品质。以全域创建“污水零直排区”为抓手，深入推进“五水共治”工作，发挥“互联网+”优势，深化落实河长制，实现巡河电子化、数据实时化、管理无纸化、资料集中化，全年河长巡河达标率和上报事件处理率持续达100%；统筹完成25个居民小区雨水、污水管网及街道辖区内沿街饭店、单位食堂，酒店宾馆隔油池等各类污染源建设改造，实施“污水零直排区”全域创建，治水满意度比上年同期大幅度提升。以“基本无违建街道”创建为目标，纵深推进“三改一拆”。完成城中村综合整治改造974户，整治面积17.13万平方米，完成年度改造户数任务的90.8%，完成年度城中村综合整治面积任务的93.38%；完成旧住宅区改造131户，面积2.27万平方米，完成年度改造户数任务的85.06%，完成年度旧住宅区改造面积任务的84.07%；完成违法建筑系统销号面积2.24万平方米，完成年度任务的112%；拆后土地利用面积12.05万平方米，利用率达89.33%。以实施垃圾分类为出发点，突出基础设施投入，加快“四边三化”整治提升工作，完成31个小区，8个农村等场所垃圾分类收集设备投放，建立恒大御景半岛、玉龙湾、江源路等5个生活垃圾“定时定点”投放和清运试点工作，月亮湾、翡翠湾、悦澜湾3个垃圾分类省级高标准示范小区的申报工作完成，工作成效明显。

【民生事业】 坚持把改善民生作为工作出发点和着力点，切实保障人民群众共享发展成果，居民群众有更多获得感、幸福感。全年社保业务线上办理城乡居民待遇综合16人；一次性待遇支付申报46人、城乡居民养老新参保70人、职工养老保险续保33人、职工养老保险中断32人，办理失业证110本；审报城镇就业困难人员4050社保补贴121人；完成辖区低保、残疾人员参保信息和300多名扶贫对象的就业情况核查；完成对276位退休人员的资格认证。完善医疗、养老体系，完成全民参保扩面入户调查643人，全民参保率98%以上。完成城乡居民医疗保险参保人数核查6388人，参保率达99.41%。全面落实计划生育优惠政策，开展“两免”活动，婚孕检率均达95%以上；办理生育登记证255本，独生子女证14本，再生育审批13人；办理奖扶16人，特扶4人。创新失地农民技能培训，在河边埂、龚家埠头等村开展培训面点、绿化养护等技术专题培训5期，培训人员300多人次。全年实施民生项目28项，公共文化服务效能提升，民族、宗教工作全面加强，工会、共青团、妇联等作用充分发挥，机关事务、统计、档案等工作成效显著，社会事业均衡发展，民生福祉不断改善。

（徐勇敏）

衢化街道

【概　况】 衢化街道地处柯城区东南部，东及南与石室乡相邻，西南、西及北与黄家乡相依，东北与花园街道交界。下辖7村8社区，总面积14.04平方千米，其中巨化集团公司厂区面积6.77平方千米。办事处驻文昌路63号。2019年，在区委、区政府领导下，在“活力新衢州　美丽大花园”美好愿景下，发扬街道“五不精神”（不推诿、不怕难、不怕累、不怕烦、不埋怨），用心服务，抓班子带队伍，抓基层打基础，完成全年各项任务，推动街道各项事业平稳较快发展。

图114　3月11日，上祝村通过村企合作“一村万树”苗木销售获30万元分红

【经济发展】 2019年，完成固定资产投资58725万元，同比增速93.79%。以街道为投资主体的项目当年新入库固定资产投资项目1个，续建项目2个，省重点政府投资项目2个。做好企业服务工作，优化营商环境，是年成功招企业引亿元项目1个。对辖区内企业收入情况进行摸排，及时掌握企业营业情况，对符合小升规、新增规上企业及时更新上报，为其提供政策服务，全年合计上报新增规上企业2家、小升规企业10家。配合完成第四次全国经济普查数据采集工作，顺利完成对辖区内364家非一套表单位、22家抽样个体进行数据登记、核查工作。

【党建统领＋基层治理】 坚持党建统领，通过深化“三联工程”、抓好模块化改革和红色物业联盟等，提升街道基层治理水平以及服务质量和效率。抓“三联工程”强引领。开展“月度之星”评选，实行专职网格员星级考核。6月，举办“网格活力大比拼”活动，既检验网格员能力素质，又提高网格员服务热情。推动党员赋权赋能，做实党员联户。房屋修缮流程由“群众跑多部门审批并缴纳保证金”简化为“群众签订承诺书并由联户党员担保、日常监督”，进一步简化服务程序、提高党员联户实效。抓模块化改革聚合力。优化模块功能划分和模块内岗位设置，打破“有事找人找不到，岗位之间不相通”弊端。前两年塔坛寺村完成文化礼堂建设项目审批流程耗时一年多，今年，溪东埂、官碓、孔家村文化礼堂项目审批仅用时98天完成所有手续。同时，探索模块化实战运用和创新运行体系。在衢化棚改中，运用“模块＋专项＋网格”，推进征收工作又稳又

图115　7月29日，衢化街道志愿者打捞花径小区河道内的漂浮物和垃圾。

快开展；建立水、电、气等服务型企业进驻模块新机制，有效解决用户多头奔跑现象，推动“最多跑一次”向“最多跑一地”延伸。抓红色物业联盟解难题。构建“五治融合”治理模式，推行“365工作法”，按照“集、议、改、评、用”五步流程，收集、分类、登记、解决居民“三最”问题，激发红色物业联盟驱动力。

【主题教育】坚持高标准抓好“不忘初心、牢记使命”主题教育。分层分类抓学习。在读原著学原文悟原理基础上，结合街道实际，开展分层分类教学，通过班子成员带头学、在职党员集中学、退休党员互帮互学、流动党员邮寄家书学等形式，实现2600多名党员学习全覆盖、不走样。其中“上门送学”活动，被人民网、中国新闻网、浙江卫视等宣传报道，“红色家书、千里传学”做法被

图116　衢化街道文昌社区的老人们在社区图书室里阅读、交流

学习强国等媒体报道。用心用情解难题。利用“周二无会日”“三联工程”等载体，带头开展“调研解难题、深化三服务”活动，回应群众关切，累计代办民生事实900余件，解决群众最急最忧最盼的事32件。

【项目建设】坚持党建“三个用来”，发挥好党建在项目攻坚中利器法宝作用。棚户区改造刷新两项全市纪录。在全市首创竞争性征迁，为衢州国有土地征收提供新模式；棚改1643户首日签约率80%以上，三天签约率破99%，15天完成房屋签约100%，刷新衢州征迁史上最快速度。棚改案例被选入全省主题教育总结大会专题片。农房整治拆建结合赢民心。全年整治各类违建1409宗，拆除面积31704.32平方米，拆后利用土地18415.09平方米，打造景观节点5个、改造或新增停车场9个、拓宽道路2.56千米。试点村塔坛寺村经过整村推进，美化房屋外立面95幢，新建停车场、健身公园、改善基础设施等9处，村庄道路白改黑，面貌焕然一新，得到村民高度认可。文明创建深入人心。纵向形成网格支部、“一长三员”为一体的网格组织动员体系，横向与巨化集团、银行、学校等形成企商校的组织动员共同体，打通融合多元力量投入文明创建，小区环境明显改善，居民素养明显提升。

（管秋霞）

附　　录

2019年柯城区国民经济和社会发展若干统计资料

统计公报

2019年，全区始终坚持以习近平新时代中国特色社会主义思想为指引，坚决贯彻中央、省、市、区决策部署，践行“八个嘱托”，聚焦“八大任务”，紧紧围绕区委区政府对经济工作的总体部署，以高质量发展引领经济提质增效，全年经济运行稳健，质量效益提升，社会民生和谐稳定。

一、综　合

2019年，全区累计实现地区生产总值225.55亿元，按可比价计算，同比增长6.6%。其中：第一产业增加值7.99亿元，与去年同期持平；第二产业增加值42.55亿元，同比增长4.2%，其中工业增加值22.28亿元，同比增长7.0%；第三产业增加值175.01亿元，同比增长7.5%。三次产业占比调整为3.5∶18.9∶77.6，三次产业贡献率分别为0%、12.3%、87.7%。全区实现人均GDP122927元（按户籍人口计算的大柯城人均GDP），合17819.5美元，同比增长5.0%。全区城镇新增就业9282人；城镇失业人员再就业4960人；就业困难人员再就业2010人；城镇登记失业率1.81%；农村电商培训人数910人；扶持农村电商创业人数40人；农村电商创业带动就业人数199人。

二、农　业

2019年，全区累计实现农林牧渔业增加值8.36亿元，与上年同期持平。其中：农业增加值5.84亿元，同比增长0.3%；林业增加值0.76亿元，同比增长1.2%；牧业增加值0.36亿元，同比下降16.6%；渔业增加值1.02亿元，同比增长2.5%；农林牧渔服务业增加值0.37亿元，同比增长1.7%。

三、工业和建筑业

2019年，全区累计实现工业增加值22.28亿元，同比增长7.0%。其中，实现规模以上工业增加值15.83亿元，同比增长5.0%。规模以上工业累计实现总产值67.41亿元，同比下降1.4%。21个行业大类中有13个行业实现增长，前五位的行业为专用设备制造业、造纸和纸制品业、金属制品业、废弃资源综合利用业、家具制造业，分别增长438.4%、100.0%、22.8%、15.6%和11.0%。新产业快速发展。全区规模以上工业实现高新技术产业增加值10.87亿元，同比增长2.6%；装备制造业增加值3.92亿元，同比增长5.3%；战略性新兴产业增加值2.59亿元，同比下降0.4%；数字经济增加值0.34亿元，同比下降0.8%。全区有资质的建筑业企业70家，完成建筑业总产值69.65亿元，同比下降10.9%；

签订合同总额共计108.2亿元，与上年同期持平，其中本年新签合同额75.57亿元，同比下降15.6%，占合同总额的70%；上年结转合同额为32.63亿元，同比上升73%。全年房屋建筑施工面积187.17万平方米，同比下降20.9%。其中，新开工面积108.39万平方米，同比下降39.8%；竣工产值43.90亿元，同比下降19.4%。

四、固定资产投资

2019年，全区固定资产投资同比增长13.1%。其中，项目投资同比增长23.1%；房地产投资同比增长4.7%。分结构看，高新产业同比增长49.2%，生态环保和公共设施业同比增长21.7%，交通业同比增长17.3%，民间投资同比增长12.1%。全区房地产投资额48亿元，同比增长4.7%。从投资构成看：建筑工程投资21亿元，同比增长69.5%；安装工程投资1亿元，同比下降64.3%；土地购置费25亿元，同比下降11%。

五、国内贸易和对外经济

2019年，全区累计实现社会消费品零售总额213.39亿元，同比增长8.4%，排名全市第一。其中累计实现限额以上社会消费品零售额99.07亿元，同比下降0.3%。按消费形态分：餐饮收入累计实现零售额3.17亿元，同比增长0.5%；商品零售累计实现零售额95.90亿元，同比下降0.3%。按商品销售类别分：限额以上汽车类累计实现零售额36.68亿元，同比增长0.9%；石油及制品类累计实现零售额29.24亿元，同比下降0.1%；家用电器和音像器材类累计实现零售额4.14亿元，同比下降1.2%；服装、鞋帽、针纺织品类累计实现零售额3.24亿元，同比下降3.3%。全区培育电子商务产业基地3个，总建筑面积2.4万余平方米，入驻电商企业130余家。全区累计实现网络零售额75.4亿元（含西区、集聚区），同比增长35.8%，在衢州市排名第一。其中，限上电商企业销售额1.45亿元，同比增长22.0%。全区实现进出口总额25.58亿元，同比增长0.4%。其中：出口24.31亿元，同比增长0.1%，占全省比重1.05‰；进口1.27亿元，同比增长6.5%。

六、财 政

2019年，全区完成财政总收入19.89亿元，同比增长12.5%，排名全市第一；完成一般公共预算收入12.84亿元，同比增长7.7%，排名全市第一。其中，完成税收收入10.77亿元，同比增长10.4%。

七、教育和科学技术

2019年，全区有小学33所，在校学生24417人，教职工人数1650人，其中专任教师1626人；初中9所，在校学生9822人，教职工人数849人，其中专任教师840人。义务教育入学率、巩固率均保持在100%。全区企事业单位和户籍在柯城区的居民共申请专利2423件（其中发明专利869件，实用专利1402件，外观专利152件），授权专利1230件（发明专利239件，实用新型专利877件，外观设计专利114件）。新增国家高新技术企业12家，完成全年任务数的150%，重新认定国家高新技术企业4家；新增省科技型中小企业30家，完成全年任务数的176%；新认定市级研发中心2家；指导帮助申报省级高新技术企业研发中心2家，申报省级企业研究院1家；指导2家企业申报省级重点科研计划项目，选拔推荐7个项目申报市级科技计划项目，完成区级科技计划项目立项 37 项。创建省级产业创新服务综合体 1 个—柯城区柑橘产业创新服务综合体。深入实施科技特派员制度，落实全省、市科技扶贫项目 15 项，获得各级财政补助资金 125 万元，建立示范基地 8 个，辐射推广 600 多亩，带动农民就业 300 余人次，引进新品种 20 多个，推广新技术 20 多项，组织农民技术培训 800 多人次，有力促进了农业增效农民增收。

八、旅游业

2019 年全年共接待游客（含市本级）2013.56 万人次，同比增长 9.3%；旅游总收入(含市本级)129.89 亿元,同比增长 13.4%。其中 2019 年度乡村休闲旅游总人数 1210 万人次，同比增长 1.51%，乡村休闲旅游综合收入 4.98 亿元，同比增长 2.2%。

九、文化、体育、卫生

2019 年，公共文化服务取得新成效。新建南孔书屋 1 家，积极开展公益展演、公益文艺培训、送戏下乡等活动。全年送戏下乡 216 场，送书下乡 15000 册次，送讲座展览 16 场次，共吸引 4000 余人次参加。与浙江音乐学院、中国美院、江西师范大学美术学院开展合作，邀请艺术家开展艺术采风创作活动，建设七里音乐谷、余东美术采风研学基地。加强文艺节目创作，舞蹈《麻糍糯糯盼儿归》和道情《一面旗》双双获得 2019 年浙江省“群星奖”，填补了衢州市省级“群星奖”的空白。进一步规范提升乡镇（街道）综合文化站、农村文化礼堂和“三团三社”，顺利通过省基本公共文化服务标准化认定。结合“最多跑一次”改革向公共场所延伸扩面工程，推进基础设施改善、标志标识完善、中心容貌提升、服务体验优化、运行秩序整治“五大工程”，建设流动美术馆，不断满足群众对精神文化生活的需求。加大非遗传承保护，衢州白瓷烧制技艺和邵永丰麻饼制作技艺成功入围第五批国家级非遗代表性名录申报项目；策划实施省级、市级各类非遗展示展览活动，组织申报市级非遗传承人 5 人；区政府公布柯城区第七批非遗代表性名录 19 项、公布第二批区级非遗传承人 15 人。全民健身带动产业新发展。一是群众体育赛事丰富多彩。先后举办“中国·灵鹫山”2019“YGA 联盟杯”两岸青少年精英篮球赛、“全民健身·礼赞祖国”柯城区空竹协会展示活动、“全民健身你我同行”百人瑜伽展示活动、第七届全民体育节钓鱼比赛、柯城区机关事业单位工间操培训班、四省边际中心石梁镇第四届自行车爬坡赛等各类体育赛事 30 余次，参与人数达 3 万余人。二是竞技体育成绩喜人。加大“一校一品”体育品牌培育支持力度，积极组队参与各类竞技赛事，2019 年铃木世界杯健美操比赛荣获高中组三人操银牌，初中组混双铜牌；2019 年浙江省青少年射击冠军赛,衢州代表队共获得 2 金 4 银 3 铜；2019 省田径锦标赛，衢州队荣获女子 4 × 100 米金牌；浙江省青少年射箭冠军赛，衢州代表队夺得 6 金 5 银 5 铜，首次登上省赛金牌榜首位。三是打造品牌赛事促进小镇建设。举办全国首届森林极限运动会、2019 灵鹫山·江浙沪马帮越野挑战大师赛、全省运动休闲小镇建设工作第二次推进会暨灵鹫山·首届全国森林极限运动论坛、灵鹫山国际森林汽车穿越大赛、中国摩托车耐力大奖赛，打响“森系”特色 IP 品牌。至 2019 年，全区乡镇（街道）建有全民健身路径

486个、篮球场213个（其中三人制篮球场53个）、室外乒乓球场79个。全区体育场地共1409个，总面积达到108.1万平方米，人均体育场地面积2.23平方米，全区100%的社区和86%以上的行政村建有符合省标准的健身点。全区现有体育社会组织总数28家（其中体育社会团体13家，体育类民办非企业单位15家），现已注册体育社会指导员共1539人（其中在岗677人）。柯城区现有省级阳光体育后备人才基地（学校）7所，省、市、区命名的体育特色项目学校20所。全区有医疗卫生机构397家，其中：区属公立医疗卫生机构21家（区人民医院、区妇幼保健院、区中医医院和9家乡镇卫生院、9家街道社区卫生服务中心）；乡镇卫生院（社区卫生服务中心）所属的紧密型乡村一体化村卫生室（社区服务站）41家；民办医疗机构335家（民营医院18家，社区卫生服务站21家，个体办村卫生室、诊所、门诊部等其他小型医疗机构296家）。卫生系统现有在岗职工1522人，其中正式在编职工943人（区人民医院573人、区中医医院33人、区妇幼保健院48人、区卫生监督所8人、乡镇卫生院和社区卫生服务机构281人）。全年无偿献血1908次，献血量610.85升，用血量563.88升，成分输血率99.9%，无偿献血占用血比例108.3%，献血300毫升以上的占88.5%。

十、环境保护

2019年，全区环境质量持续提升。污染防治方面：1—11月，柯城4个省控以上断面水质达标率100%；15个乡镇交接断面水质达标率100%；所有乡镇交接断面及重点监控河道断面水质自动监测站一期20个自动站已完成建设并投入运行；完成东港柯城工业园“污水零直排”创建全部297家企业的调查和270个问题的整改工作，目前正按照验收组反馈的意见进行整改。13家涉气“散乱污”企业、3个VOCs治理项目以及3个（根根陶瓷、圣宝建材、莎贝尔陶瓷）原料堆场无组织废气整治项目全部完成治理任务；督察和执法方面：中央环保督察交办件（共39.25件）已全部完成整改；省环保督察交办件（共57.25件）已完成整改56.75件。完成1个中央环保督察反馈问题、8个省级督查反馈问题和96个信访件的验收销号工作；积极开展环境安全隐患排查整治专项行动、打击非法倾倒处置危废和危化副产品“雷霆斩污”专项行动、清水保卫战、亮剑执法行动、双随机执法检查行动等一系列执法行动，守住生态环境安全底线，全年共出动400余人次，检查企业135家次。

十一、人口、人民生活和社会保障

2019年末，全区总户数181016户，总人口441191人，其中城镇人口232029人，乡村人口209162人。全年共出生新生儿4452人，其中男婴2307人，女婴2145人，人口出生率10.11‰。共死亡2819人，其中男性1654人，女性1165人，死亡率6.4‰，人口自然增长率3.71‰。据城乡住户调查数据显示，2019年，全区居民人均可支配收入43401元，同比增长9.7%。其中：城镇常住居民人均可支配收入50431元，同比增长8.6%；农村常住居民人均可支配收入25810元，同比增长10.2%，城乡收入比由2018年的1.98缩小到2019年的1.95。2019年，全区养老保险参保总人数198281人（含企业养老及城乡养老），其中企业养老保险参保人数122107

人，城乡居民养老保险参保人数76174人。医疗保险参保总人数301824人（含职工医保及城乡居民医保），其中职工医疗保险参保人数72279人，城乡居民医疗保险参保人数229545人；工伤保险参保总人数64024人；生育保险参保总人数48528人。至2019年末，全区社会福利院数10个（含市本级3家），床位2880张（含市本级961张）；中心敬老院7所，床位1919张，集中供养农村五保和城镇“三无”对象193人。全区享受低保的城乡居民5725户8370人，全年共支出低保金4718.89万元。其中城镇享受低保的居民达817户1074人，全年共支出低保金704.94万元；农村享受低保的居民达4908户7296人，全年共支出低保金4013.95万元。全年资助困难群众大病救助46309人次，支出资金1554万元；临时救助贫困家庭375户，支出资金352.89万元。

注：1.本公报数据为初步或快报统计数据。

2.全区地区生产总值、各产业增加值及农业产值绝对数按现行价格计算，增长速度按可比价格计算。根据第四次全国经济普查结果，对地区生产总值、三次产业及相关行业增加值等相关指标的2018年数据进行了修订。

3.人口数为公安部门统计的户籍人口数。

4.规模以上工业统计指标范围为年主营业务收入2000万元以上的工业企业。

5.进出口数据不含一达通。

6.“农村居民人均纯收入”自2014年起调整为“农村居民人均可支配收入”。

（柯城区统计局）

表22　　2019年柯城区地区生产总值一览表　　单位：万元

指标名称	2019年	2018年	2019年发展速度%
地区生产总值	2255460	2064800	106.6
农林牧渔业	83583	82279	100.1
#农、林、牧、渔服务业	3714	3635	101.7
工业	222818	215253	107.0
#开采辅助活动	0	0	100
#金属制品、机械和设备修理业	7312	7064	107.0
建筑业	209992	202821	100.7
批发和零售业	626348	584707	104.5
批发业	395284	368761	104.5
零售业	231065	215945	104.4
交通运输、仓储和邮政业	77963	75174	102.1
住宿和餐饮业	136247	125178	104.9
住宿业	12559	11850	103.8

续表 22

指 标 名 称	2019 年	2018 年	2019 年 发展速度%
餐饮业	123688	113327	105.0
金融业	102285	88445	112.8
房地产业	221997	196764	109.5
K 门类房地产业	67222	53375	120.3
自有房地产经营活动	154774	143389	105.0
其他服务业	574227	494181	111.0
营利性服务业	237040	218248	106.5
非营利性服务业	337187	275933	115.1
第一产业	79869	78644	100.0
第二产业	425498	411010	104.2
第三产业	1750093	1575146	107.5

说明:2019 年地区生产总值(GDP)采用快报数据

表 23 **全区国民经济主要指标增长情况一览表**

指 标 名 称	计量单位	2019 年	同比(%)
年末总人口	万人	44.12	—
其中:城镇人口	万人	23.20	—
人口密度	人/平方千米	727.3	—
年末总户数	户	181016	—
常住人口	万人	48.66	—
城镇化率	%	84.66	—
地区生产总值	万元	2255460	6.6
三次产业比重	%	3.5∶18.9∶77.6	—
人均生产总值(常住)	元/人	111431	4.8
人均生产总值(户籍)	元/人	122927	5.0
规模以上工业企业个数	个	62	—
规模以上工业总产值	万元	674113.3	—
农业总产值(现价)	万元	73489	—
粮食总产量	吨	20480	46.4
柑橘总产量	吨	146408	−11.8
生猪年内出栏数	头	19900	−33.2
蔬菜播种面积	公顷	5534.33	0.9
花卉面积	公顷	772.8	9.2
社会消费品零售总额	万元	2133906	8.4

续表 23

指　标　名　称	计量单位	2019 年	同比(%)
全社会固定资产投资额	万元	—	13.1
财政总收入	万元	198871	12.5
其中：一般公共预算收入	万元	128394	7.7
在岗职工工资总额	万元	637595	—
在岗职工平均工资	元	129738	—
城镇居民人均可支配收入	元	50431	8.6
农村居民人均可支配收入	元	25810	10.2

说明：2019 年地区生产总值(GDP)采用快报数据。

表 24　**全区农林牧渔业增加值一览表**　单位：万元

指　标　名　称	合　计	农业	林业	牧业	渔业	农林牧渔服务业
一、总产值	108603	73489	11275	7337	12421	4081
二、中间消耗	25020	15088	3628	3735	2202	367
（一）物质消耗	17576	10534	2052	3130	1860	0
1.用种量	792	677	24	91	—	—
2.饲　料	3854	0	—	2371	1483	—
3.肥　料	5143	3964	1179	—	—	—
4.燃　料	513	242	25	140	106	—
5.农　药	445	385	60	—	—	—
6.电	171	88	20	8	55	—
7.农用塑料薄膜	192	192	—	—	—	—
8.小农具	755	430	293	10	22	—
9.其　他	5711	4556	451	510	194	—
（二）劳务支出	7444	4554	1576	605	342	367
三、增加值	83583	58401	7647	3602	10219	3714
（一）固定资产折旧	19577	12857	2213	375	2610	1522
（二）劳动者报酬	64906	46444	5434	3227	7609	2192
（三）生产税						
（四）生产补贴（一）	900	900				
四、按可比价格计算的增加值	82281	57800	7629	3968	10188	3696

表 25

全区建筑业企业生产经营情况一览表

指 标 名 称	计量单位	2019 年	2018 年	同比(%)
一、有工作量的企业个数情况	个	70	66	6.06
二、建筑业合同情况	千元			
签订的合同额	千元	10820035	12825636	— 0.05
上年结转合同额	千元	3263088	1876331	73.91
本年新签合同额	千元	7556947	8949305	— 15.56
三、承包工程完成情况				
直接从建设单位承揽工程完成的产值	千元	76818295	7782425	— 12.39
自行完成施工产值	千元	6606738	7604354	— 13.12
分包出去工程的产值	千元	211557	178071	18.80
从建设单位以外承揽工程完成的产值	千元	358434	211796	69.24
四、建筑业总产值	千元	6965172	7816150	— 10.893
其中:装饰装修产值	千元	333185	491525	— 32.21
其中:在外省完成的产值	千元	1066350	1666502	— 36.01
建筑工程产值	千元	4868500	5538642	— 12.10
安装工程产值	千元	1570461	1239317	26.72
其他产值	千元	526200	1038191	— 49.32
五、竣工产值	千元	4389692	5451378	— 19.48
六、房屋施工面积	平方米	1871701	2366311	— 20.90
其中:新开工面积	平方米	1083914	1716054	— 36.84
七、劳动人员情况				
计算劳动生产率的平均人数	人	23315	30466	— 23.47
期末从业人数	人	21088	28432	— 25.83
其中:工程技术人员	人	5065	5529	— 8.39

表 26

全区房地产开发情况一览表

项 目	计量单位	2019 年	2018 年	同比(%)
计划总投资	万元	1804980	1449734	24.5
本年完成投资	万元	480210	458768	4.7
施工房屋面积	平方米	1743947	1050529	66.0
本年新开工房屋面积	平方米	1057422	435891	142.6
本年竣工房屋面积	平方米	326143	401662	— 18.8
竣工房屋价值	万元	95597	214100	— 55.3
竣工房屋住宅套数	套	1842	2821	— 34.7
房地产企业个数	个	34	33	3.0
本年资金来源合计	万元	929811	934128	— 0.5
上年末结余资金	万元	442700	365223	21.2
本年资金来源小计	万元	487111	568905	— 14.4

续表 26

项　　目	计量单位	2019 年	2018 年	同比(%)
商品房销售面积	m^2	632685	524568	20.6
住　宅	m^2	554210	503274	10.1
商业营业用房	m^2	22116	13393	65.1
办公楼	m^2	44700	1011	4321.4
其　他	m^2	11659	6890	69.2
商品房实际销售额	万元	789688	645002	22.4
住　宅	万元	722481	621501	16.2
商业营业用房	万元	32484	20300	61.8
办公楼	万元	32424	701	4525.4
其　他	万元	1935	2500	-22.6

表 27　**全区农村、街道基层组织情况一览表**

乡镇名称	农村基层组织(个)		街道基层组织(个)		土地面积(平方千米)
	乡(镇)人民政府	村民委员会	街道办事处	社区委员会	
合　计	10	213	8	56	606.8
航埠镇	1	32	0	1	66.4
石梁镇	1	21	0	1	119.6
九华乡	1	23	0	0	81.2
沟溪乡	1	16	0	0	44.5
华墅乡	1	10	0	0	44.5
七里乡	1	7	0	0	60.3
姜家山乡	1	11	0	0	14.5
万田乡	1	16	0	1	25.2
石室乡	1	11	0	1	42.6
黄家乡	1	19	0	0	29.0
府山街道	0	0	1	8	0.3
荷花街道	0	1	1	9	1.8
花园街道	0	6	1	4	9.0
双港街道	0	6	1	6	12.3
信安街道	0	4	1	6	15.3
新新街道	0	10	1	7	11.8
白云街道	0	13	1	4	17.7
衢化街道	0	7	1	8	10.8

表 28

全区户数及人口构成一览表

乡镇名称	总户数	总人口	男	女
合　计	181016	441191	220249	220942
农村小计	85958	214401	107178	107223
航埠镇	20208	53026	26351	26675
石梁镇	13516	32138	16185	15953
九华乡	9217	21316	10954	10362
沟溪乡	6167	17112	8753	8359
华墅乡	6247	17048	8780	8268
七里乡	2036	5319	2755	2564
姜家山乡	4995	13003	6258	6745
万田乡	7922	17383	8894	8944
石室乡	7615	18165	9073	9092
黄家乡	8035	19436	9175	10261
城镇人口	95058	226790	113071	113719
府山街道	12437	28857	14175	14682
信安街道	11866	29412	14443	14969
荷花街道	17324	42969	21635	21334
双港街道	11207	24737	12360	12377
白云街道	12679	33931	16456	17475
花园街道	5351	12110	5981	6129
新新街道	10090	23296	11734	11562
衢化街道	14104	31478	16287	15191

说明:公安户籍统计口径发生变动,东港街道划至衢江区

表 29

全区工业产值分乡镇(街道、部门)情况一览表

单位:万元

名　称	规模以下		
	企　业	个　体	合　计
总　计	147835	200505	348339
新新街道	27075	32435	59510
府山街道	958	44229	45188
荷花街道	1198	20640	21838
信安街道	1198	1179	2377
白云街道	3834	885	4718
双港街道	5990	8846	14836

续表 29

名　称	规模以下		
	企　业	个　体	合　计
衢化街道	4792	3833	8626
花园街道	4792	5897	10690
石梁镇	4553	3538	8091
航埠镇	25639	56026	81665
黄家乡	22524	6487	29011
七里乡	240	885	1124
九华乡	240	2359	2599
沟溪乡	1198	3244	4442
华墅乡	3115	885	4000
姜家山乡	1438	1180	2617
万 田 乡	5511	3539	9050
石 室 乡	33548	4423	37971

表 30

全区各级各类学校概况一览表

类　别	学校数	班级数	招生数	毕业学生数	在　校学生数	2020年预计毕业生数	教职工数						
							合计	其　中					
								专任教师	行政人员	教辅人员	工勤人员	校办企业职工	编制数
合　计	138	1581	14034	13026	52764	13192	4777	3754	108	639	276		2472
一、基础教育	138	1581	14034	13026	52764	13192	4777	3754	108	639	276		2472
1.普通中学	9	242	3092	3499	9822	3572	849	840	2	1	6		846
普通高中													
普通初中	9	242	3092	3499	9822	3572	849	840	2	1	6		846
2.小　学	33	652	4114	4373	24417	4294	1650	1626	7	9	8		1606
3.幼儿园	95	682	6821	5146	18464	5326	2258	1268	99	629	262		
4.特殊教育	1	5	7	8	61		20	20					20
二、中职教育													

（柯城区统计局）

机构单位及负责人名录

中共衢州市柯城区委员会

区委书记　徐利水
区委副书记　方庆建（—2019.06）
姜良米（—2019.01）
许存真（2019.01—）
蒋国强（2019.09—）
区委常委　姜海洋（—2019.01）
胡益峰（2019.01—）
徐洪水（2019.01—）
柴文灯
袁万松（—2019.08）
毛志宏（2019.08—）
薛　伟（—2019.01）
邵晓航（2019.01—）
贵丽青（女）
朱晓芬（女，2019.01—）
何　健（女，—2019.01）
柴志强（2019.01—）
高雪峰（—2019.12）
刘　丰（2019.11—）
姚礼敏（挂职，—2019.08）
黄宏瞻（挂职）
刘　敏（挂职）

衢州市柯城区人大常委会

党组书记、主任　徐登富
党组副书记、副主任　鲍继红（女）
副 主 任　王国强
李　青
范洁红（女）
姜有源
陈秋荣

人大常委会机关

办公室（研究室）主任　余继雄
法制委员会副主任委员　何建忠
麻新建
财经委员会副主任委员　林利奇
监察和司法工委主任　赵珍良
财经工委主任　余成友
建资环工委主任　华　成

农工委主任　王荣胜
教科文卫工委主任　余大刿
代表工委主任　张　强
社会建设工委主任　任蜀云

衢州市柯城区人民政府

区　　长　方庆建（—2019.07）
副区长、代理区长　蒋国强（2019.09—）
副 区 长　贵丽青（女）
姚礼敏（挂职，—2019.09）
袁万松（—2019.09）
吴伟红（2019.09—）
徐洪水（2019.01—）
黄宏瞻（挂职）
刘　敏（挂职）
何晓文
陈雪良
毛志宏（—2019.09）
林　静（女）
程佳良
马　睿（挂职，—2019.09）

政协衢州市柯城区委员会

党组书记　徐连土
副 书 记　章雨土
党组成员　徐小平
诸葛翔（—2019.01）
缪宏飞（2019.01—）
主　　席　徐连土
副 主 席　章雨土
徐小平
吴云林
徐成旺（兼）
秘 书 长　诸葛翔（—2019.02）
缪宏飞（2019.02—）

政协机关

办公室主任　刘小华
办公室副主任　陈香玲（女，—2019.01）
提案委主任　吴光湖
经济委主任　杨尚平（—2019.01）
吴学文（2019.01—）
委员工委主任　姜雨良（—2019.01）
魏光明（2019.01—）
教科文卫体和文史委主任　缪宏飞（—2019.01）
余海云（2019.01—）
农业农村和人资环委副主任　徐　军
社法和港澳台侨民宗委副主任　余　慧（—2019.08）
社法和港澳台侨民宗委主任　余　慧（2019.08—）

区纪委区监察委员会

书记、主任　薛　伟（—2019.01）

书　　记　邵晓航
副主任、代理主任　（2019.01—）
副 书 记　杨　熠（女，—2019.05）
程　广（—2019.05）
吴国清（2019.05—）
张新刚（2019.05—）

区委办公室

主　　任　吴伟红

区委组织部

部　　长　姜海洋（—2019.01）
胡益峰（2019.01—）

区委宣传部

部　　长　贵丽青（女，—2019.01）
部　　长　朱晓芬（女，2019.01—）

区委统战部

部　　长　柴文灯

机构编制委员会办公室

主　　任　杨利兵

区档案局（馆）

党组书记、局（馆）长　林贤发（—2019.01）
党组书记、馆长　徐珍宏（2019.08—）

区委区政府信访局

局　　长　陈志忠（—2019.01）
揭根龙（2019.01—）

区委防范办

主　　任　吕忠清（—2019.01）

机 要 局

局　　长　徐珍宏（—2019.01）
汪　斌（2019.05—）

区委两新工委

书　　记　巫　伟（—2019.01）
郑　亮（2019.01—）

人 才 办

主　　任　杨利兵（—2019.01）
余　琦（2019.01—）

关 工 委

主　　任　钱慧卿（女，2019.01—）

区委老干部局

局　　长　舒素标（—2019.01）
叶建军（2019.01—）

机关党工委

书　　记　杨利兵（—2019.01）

区委党校

校　　长　姜海洋（—2019.01）
校　　长　胡益峰（2019.01—）

区精神文明建设办公室

主　　任　　蒋利平

全媒体中心

副 主 任　　卢雪云（2019.01—）

沈月梅（女，2019.01—）

网络综合治理服务中心

主　　任　　汪凤花（女）

区政府办公室

主　　任　　张文利

发 改 局

党组书记、局长　　华国民

区经济和信息化局

党组书记、局长　　叶建国（—2019.01）

薛　云（2019.01—）

区人力资源和社会保障局

党组书记、局长　　舒素标（—2019.08）

区民政局

党组书记、局长　　舒建明（—2019.01）

周建立（2019.01—）

区财政局

党组书记、局长　　吴国清（—2019.08）

舒素标（2019.08—）

区退役军人事务局

党组书记、局长　　卢成龙（2019.01—）

区安监局

党组书记、局长　　余志华（—2019.01）

区应急管理局

党组书记、局长　　肖善生（2019.01—）

区教育局

党委书记、局长　　雷　晓（2019.01—）

区科技局

党组书记、局长　　张　强（—2019.01）

龚　晓（2019.01—09）

张红萍（女，2019.09—）

区卫生健康局

党委书记、局长　　施　萍（女，2019.01—）

区医疗保障局

党组书记、局长　　王　晖（女，2019.01—）

区人民医院

党委书记、院长　　余荣明（2019.08—）

区住房和城乡建设局

党委书记、局长　　林良友

区机关事务管理局

党组书记、局长　　宣洪云（—2019.01）

区机关事务保障中心

副主任　　蒋宇斌（2019.02—）

区行政服务中心

党组书记、主任　　余继雄（—2019.01）

李三清（2019.01—2019.06）

区营商办

党组书记、主任　　李三清（2019.06—）

区民宗局
局　　长　　方宏华
（2019.06—）

区统计局
党组书记、局长　　吴志鸿

区审计局
党组书记、局长　　张吉青

区市场监督管理局
党组书记、局长　　周建立
（—2019.01）
舒建民
（2019.01—）

区公共资源市场化配置监督管理办公室
党组书记、主任　　梅健峰
（—2019.08）

区公共资源交易监督管理办公室
党组书记、主任　　梅健峰
（2019.08—）

区征迁办（铁办）
党组副书记、主任　　洪　栋
（—2019.01）
党组书记、主任　　赖育宏
（2019.01—）

柯城电大分校
党组书记、校长　　魏光明
（—2019.01）
张洋陆
（2019.05—）

区土地储备中心
主　　任　　严建飞
（—2019.08）

区农业局
党委书记、局长　　叶鹤琪
（—2019.01）

区农办
党组书记、主任　　董高法
（—2019.01）

区农业农村局
党组书记、局长　　董高法
（2019.01—）

区林业局
党组书记、局长　　封荣祥

区水利局
党组书记、局长　　陈宏良

气象局
党组书记、局长　　叶海龙

区乌引工程管理处
主　　任　　陈坦侬

区旅委
党组书记、局长　　施　萍
（女，—2019.01）

区文化和旅游体育局
党组书记、局长　　姜建玲
（女，2019.01—）

双港开发区管委会
党工委书记、主任　　任文俊

航埠工业功能区
主　　任　　张洋陆
（—2019.06）

区协作办（招商局）
党组书记、主任（局长）　　王　晖
（女，—2019.01）
宣晓君
（女，2019.01—）

区电商办
主　　任　　姜洪梅
（女，—2019.01）

区供销联社
党组书记、主任　　吴祥国
（—2019.01）

徐宽善
（2019.01—2019.08）

专业市场建设管理委员会

党工委书记、主任　薛　云
（—2019.01）
熊正中
（2019.01—）

区国资公司

主　　任　吴　川
（—2019.02）

双西港管委会

党组书记、主任　熊正中
（—2019.01）
周　波（挂职，2019.05—）

城投公司

总 经 理　吴祥国

建投公司

总 经 理　肖　飞

民革柯城支部

主　　委　胡海姣（女）

民盟柯城区支部

主　　委　周志伟

民建柯城区总支

主　　委　韩　琛

民进柯城区总支

主　　委　张红萍（女）

农工党柯城区支部

主　　委　林　静（女）

九三学社柯城支社

主　　委　徐成旺

区工商联（商会）

党组书记　王荣胜
（—2019.01）
周小玲
（女，2019.01—）

主席（会长）　吴伟荣

区总工会

主　　席　李　青

党组书记　余海云
（—2019.01）
熊清益
（2019.01—）

团 区 委

副 书 记　金敏捷
（女，—2019.01）

书　　记　郑　建
（2019.01—）

区 妇 联

党组书记、主席　宣晓君
（女，—2019.01）
王爱华
（女，2019.01—）

区科协

党组书记、主席　张　强
（—2019.01）
龚　晓
（2019.01—）

区文联

主　　席　邱雪萍
（女，—2019.01）
许　捷
（2019.08—）

区社科联

主　　席　姚宏东
（—2019.01）
方　燕
（女，2019.08—）

区残疾人联合会

党组书记、理事长　　黄慧华

区红十字会

会　　长　　何晓文（兼）

区爱卫办（国卫办）

主　　任　　朱小卫

区政法委

书　　记　　姜良米（—2019.01）

书　　记　　许存真（2019.01—）

柯城公安分局

党委书记、局长　　程佳良

政　　委　　陈慧列

柯山公安分局

党委书记、局长　　詹虎山（—2019.01）

徐慧仙（女，2019.01—）

政　　委　　毛凌锋

区检察院

党组书记、检察长　　周恩强

区法院

党组书记、院长　　祝菊红

区司法局

党组书记、局长　　刘荣禄（—2019.01）

程志华（2019.01—2019.05）

程　广（2019.05—）

柯城交警大队

大 队 长　　江见明（2019.06）

蔡　胜（2019.07—）

教 导 员　　章　金（—2019.06）

郑　瑜（2019.07—）

区人武部

部　　长　　田志伟

政　　委　　刘　丰

柯城消防大队

大 队 长　　潘　菁

教 导 员　　黄志强

柯山消防大队

大 队 长　　王霄飞

教 导 员　　李　翔

柯城执法分局

党组书记、局长　　黄增然（—2019.06）

程志华（2019.06—）

政　　委　　吴卫良（—2019.06）

彭露剑（2019.06—）

区人防办（民防局）

主任（局长）　　严建飞（—2019.02）

柯城资规分局

党组书记、局长　　周志平

柯城环保分局

党组书记、局长　　杨更华

柯城税务局

党组书记、局长　　陈兴华

柯城交通分局

党委书记、局长　　陈志忠（2019.01—）

柯城供电营业部

党委书记　　徐　翏

总 经 理　　兰位龙

市水业集团

董事长、总经理　商振平

柯城农商银行

董事长　郑建华

行长　傅雪金

柯城电信

总经理　徐文祥

柯城移动

总经理　蒋亦辉

柯城联通

总经理　郑　瑜

柯城工行

行长　周朝晖

柯城建行

行长　毛建云

柯城中行

行长　李　静（女）

柯城农行

行长　王霄云（女）

航埠镇

党委书记　何　健（女，—2019.01）
　柴志强（2019.01—）

镇长　张洋陆（—2019.06）
　徐卫民（2019.06—）

石梁镇

党委书记　宋昌顺（—2019.01）
　万志正（2019.01—）

镇长　余爱民

石室乡

党委书记　熊清益（—2019.01）
　郑　建（2019.01—2019.05）
　周　童（2019.05—）

乡长　丰小龙

华墅乡

党委书记　卢成龙（—2019.01）
　郑迅舟（2019.01—）

乡长　郑建光

沟溪乡

党委书记　姜建铃（女，—2019.01）
　冯小青（2019.01—）

乡长　陈建锋

姜家山乡

党委书记　程志华（—2019.01）
　郑伟星（2019.01—）

乡长　徐云飞

七里乡

党委书记　林利奇（—2019.01）
　周　童（2019.01—2019.05）
　杨　勇（2019.05—）

乡长　项月明

九华乡

党委书记　许　捷（—2019.01）
　姜瑜晖（2019.05—）

乡　　长　姜瑜晖
（—2019.05）
裴春风
（2019.05—）

万田乡

党委书记　徐新华
乡　　长　王　青
（—2019.01）
徐清林
（2019.01—）

黄家乡

党（工）委书记　郑贞毅
乡长（主任）　周　峰

府山街道

党工委书记　倪慧进
（—2019.01）
洪　栋
（2019.01—）
主　　任　汪晓勤
（—2019.01）
唐志斌
（2019.01—）

花园街道

党工委书记　方宏华
（—2019.05）
严声建
（2019.08—）
主　　任　吴静静
（女，—2019.01）
严声建
（2019.01—）

荷花街道

党工委书记　王爱华
（女，—2019.01）
方育娟
（女，2019.01—）
主　　任　陈林云

信安街道

党工委书记　方　燕
（女，—2019.01）
巫　伟
（2019.01—）
主　　任　蓝建雄
（—2019.01）
杜　昀
（2019.01—）

双港街道

党工委书记　郑　亮
主　　任　万志正
（—2019.01）
袁　超
（2019.06—）

新新街道

党工委书记　陈利飞
主　　任　黄林鹏

白云街道

党工委书记　汪永棠
（—2019.07）
黄洁平
（2019.07—）
主　　任　洪　平

衢化街道

党工委书记　严　兵
（—2019.01）
徐发珍
（女，2019.01—）
主　　任　徐发珍
（女，—2019.01）
邱　剑
（2019.01—）

中共衢州市柯城区委关于巡视整改情况的通报

根据省委部署，2019 年 3 月 11 日至 5 月 15 日，省委第二巡视组对衢州市柯城区委进行了巡视。2019 年 6 月 25 日，省委巡视组向衢州市柯城区委反馈了巡视意见。按照党务公开原则和巡视工作有关要求，现将巡视整改情况予以公布。

柯城区委坚决扛起巡视整改的主体责任，把巡视整改作为检验“四个意识”、践行“两个维护”、对党忠诚的“试金石”，以高度的思想自觉、政治自觉、行动自觉做好巡视整改工作。一是统一思想认识，提高政治站位。先后召开整改问题交办会、区委常委会、巡视整改动员会、专题民主生活会，聚焦省委巡视反馈意见，全面对照检查，主动领责担责，切实增强巡视整改的政治自觉和责任担当。二是加强组织领导，压实整改责任。第一时间成立以区委书记为组长的巡视整改工作领导小组。将巡视反馈的 7 个方面问题分解落实为 144 条整改措施，以作战图的形式列明问题、任务、责任、时间 4 张清单，落实到 12 位牵头区级领导、8 个牵头部门，实行挂图作战、销号管理。三是坚持以上率下，狠抓整改落实。区委书记认真履行巡视整改第一责任人职责，亲自部署研究、亲自组织推进、亲自协调重点环节，以上率下抓好巡视整改落实。建立巡视整改周报告制度，及时梳理了解全区面上巡视整改进度。建立巡视整改跟踪督办机制，对巡视整改进度缓慢、整改效果不佳的单位下发巡视整改“督办函”，层层压紧压实责任，确保巡视整改工作一抓到底、抓出实效。

巡视反馈后，对省委巡视组巡视期间移交的 223 件信访件，进行了认真梳理和集中办理，目前已办结 223 件，办结率为 100%。对巡视组移交的问题线索，及时进行分类处置，目前已办结 8 件，办结率为 100%。在巡视整改工作中，对违规违纪的，立案 85 件，了结 276 件，给予党纪处分 62 人次（党内警告 22 人次，严重警告 25 人次，撤销党内职务 5 人次，留党察看 3 人次，开除党籍 7 人次）；政务处分 15 人次（警告 4 人次，记过 4 人次，降级 1 人次，撤职 3 人次，开除 3 人次）；组织处理 6 人次（调离岗位 4 人次，责令辞职 1 人次，降职 1 人次）；诫勉 58 人，提醒谈话（批评教育）207 人，通报 3 起；挽回经济损失 805.35 万元；清退不符合任职条件的村干部 53 人；坚持举一反三，长效治理，建立完善各项制度 41 件。

一、关于“贯彻落实习近平同志重要指示精神和中央、省委决策部署不够到位”问题的整改情况

（一）加快推进转型升级。加快传统产业转型升级，不断挖掘新的经济增长点。培育“新材料+、智能制造、服装时尚”三大主导产业，出台《关于加快工业创新转型大力推进产业集群发展的若干意见（修订）》

《关于推进“新材料+”和智能制造产业发展的若干政策意见（试行）》《关于支持时尚产业发展的若干政策意见（试行）》等产业扶持专项政策。主动融入长三角一体化，借力山海协作，大力实施数字经济“一号工程”，成立“一院一会一平台”，全力打造数字经济先行区的第一协作区。全区新增国家高新技术企业12家、省级科技型中小企业44家，浙江瑞能、昱马网络、浙江焱能电力科技等一批数字经济企业落户柯城。

（二）持续深化改革创新。制定出台《柯城区委全面深化改革委员会2019年工作要点》，明确45项重点改革任务，持续加大重点领域改革力度。深化“最多跑一次”改革，开展投资在线审批平台3.0建设试点，创新实现扶贫领域医保服务“一次都不跑、一个都不少”，正式上线农村产权交易平台，全面启动房地信息系统在线审批试点，开展机关内部“最多跑一次”改革。持续深化“一村万树”绿色期权实践。深化“亩均论英雄”改革，完成全区55家规上和127家规下工业企业的亩均效益评价。建立“组团联企”长效工作机制，扎实做好服务企业稳定增长工作。

（三）城市建设勇当先锋。高铁新城征迁扫尾工作圆满收官，全面完成12422亩土地、1927栋房屋、4372穴坟墓征迁和搬迁任务，高铁新城安置房项目全部开工建设。古城双修、礼贤未来社区房屋征收全面完成任务，衢化棚户区改造房屋征收工作基本完成。城南小学、白沙小学建成投入使用，鹿鸣小学、柯城中医医院等项目建设稳步推进，借力文明城市和“污水零直排区”创建，城市公共服务配套不断完善。

（四）提升环境整治水平。持续开展污染防治行动。严格执行《柯城区治水长效战2019年工作计划》《柯城区治气攻坚战暨打赢蓝天保卫战2019年工作计划》《柯城区治土持久战2019年工作计划》《柯城区贯彻落实中央和省环境保护督察反馈意见整改2019年工作计划》，全面加强污染整治力度，提升污染防治水平。开展中央、省环保督察交办信访件整改验收销号和备案工作，结合“工业污水零直排区”创建，加强园区污水处理能力，开展园区企业排查、“一企一策”建档和问题整改工作。

（五）防范化解风险隐患。持续推进地质灾害隐患综合治理“除险安居”三年行动，加快未完成隐患点的整改落实，对省市通报问题，多次召开区政府常务会议听取汇报，立查立改，2018年底尚未完成的5个项目现已全部整改到位；2019年省、市下达的8个隐患点均已完成治理。对照“五查三十问”工作要求，开展“回头看”，对隐患点的排查巡查、三级联防机制的建立、梅汛期重点防范区域的确定等方面工作进行查漏补缺。建立地质灾害群测群防机制，及时开展隐患排查调查及危险区农户撤离等相关工作。加速农村危旧房治理，下发《柯城区农村危旧房治理攻坚行动方案》，分解落实工作目标，交办的493户D级危房已彻底解危。

二、关于“开展党内政治生活不够严肃规范”问题的整改情况

（一）严肃党内政治生活。区委常委会带头高标准开好巡视整改专题民主生活会，聚焦巡视反馈问题，开展批评和自我批评，全面认领责任；全区各单位党委（党组）严格按照民主生活会有关要求，召开巡视整改

专题民主生活会，列出问题清单，开展整改落实。

（二）加强学习完善制度。全区各单位党委（党组）结合省委巡视整改专题民主生活会，开展《中国共产党党组工作条例》等党内法规的学习，并对照条例进一步修订完善议事规则。全区各支部利用讲坛、夜学、支部主题党日活动等载体，组织党员学习《中国共产党支部工作条例（试行）》等党内法规，明确每年至少召开1次组织生活会，强化党员领导干部参加“双重组织生活”的认识。

三、关于“深入落实精准扶贫方略不够到位”问题的整改情况

（一）迅速整改问题。开展2019年度低收入农户区级认定审核，对各乡镇（街道）上报初选名单中不符合认定条件的480户1449人不予认定。清退149名村干部及其家庭人员2015年以来违规享受小额贷款贴息59.89万元。全面复核石梁镇里前坞村低保，注销不符合低保条件的低保户9户。责令消薄“一村一策”实施不理想的4个乡镇向区委区政府作出书面检查。重新制定全区120个省定薄弱村“消薄”措施，积极创新光伏发电、物业经济、农旅经济、政银合作等“消薄”模式，高质量推动“村企结对”。持续深化“千企结千村、消灭薄弱村”专项行动，推进“一村万树”绿色期权、山海协作村企结对项目，已有8个村与省、杭州市共13家企业结对，谋划项目8个，绿色期权认购资金涉及34个行政村722万余元。加快完成历年项目实施、项目台账资料审核和资金拨付，2018年底全区财政专项扶贫资金结转结余1616万元，已经拨付。

（二）开展责任追究。针对低收入农户认定审核把关不严问题，对九华乡原副乡长予以诫勉谈话，责令原九华乡具体负责扶贫工作的1名干部作出书面检查，对区扶贫办扶贫开发科科长予以批评教育，对区扶贫办主任予以诫勉谈话。针对不符合条件人员享受低保政策问题，对石梁镇原里前坞村党支部负责人予以诫勉谈话。

（三）完善长效机制。出台《柯城区扶贫产业项目管理办法》和《柯城区财政专项扶贫资金管理细则》，加强扶贫项目谋划，提高扶贫项目质量。建设柯城区扶贫项目库，出台《关于建立2019—2022年产业化扶贫项目库的通知》，积极做好项目前期谋划和项目储备，立项扶持的产业项目从项目库中择优选取。目前已入库项目64个，入库项目中产业类项目60个，占比93.75%。加强全区低保工作动态管理，通过初审、区级联审、大数据比对等措施，提高扶贫对象认定精准度，全区低保户实行按季复核，利用“大数据”手段，定期监测在册人员的收入和财产变动情况。

四、关于“意识形态工作责任制落实不力”问题的整改情况

（一）完善制度建设。印发《中共衢州市柯城区委办公室关于2019年度柯城区落实意识形态工作责任制考核办法的通知》，明确乡镇（街道）、部门（单位）党委（党组）工作任务和工作责任，将意识形态工作纳入各部门（单位）、乡镇（街道）领导班子和领导干部年度综合考核。

（二）强化督查考核。制定《对部门（单位）、乡镇（街道）落实意识形态工作责任制的检查实施方案》，加大意识形态工作责

任制考核力度，每半年对全区各乡镇（街道）、部门（单位）党委（党组）进行一次督查，加大问题整改和跟踪反馈，对违反意识形态工作责任制规定的，进行责任追究。

（三）加强阵地建设。制定《柯城区融媒体中心总体建设方案》，完成新闻APP客户端开发和融媒体大屏指挥中心建设。全面排查、清理、完善“柯城发布”微信矩阵中部门（单位）、乡镇（街道）、学校等微信公众号链接，实现定期更新。

五、关于“地方特色文化挖掘和弘扬不够”问题的整改情况

（一）加强基层文化阵地建设。制定《关于推进全区农村文化礼堂建设的实施意见》《柯城区农村文化礼堂设施建设指南》《2019年柯城区农村文化礼堂展陈设置资料收集操作表》和《衢州市柯城区农村文化礼堂星级常态运维管理办法（试行）》，全面提升农村文化礼堂“建管用育”水平，全区累计建成农村文化礼堂113家。全面推进“十百千”项目建设，常态化开展“三团三社”辅导工作。

（二）提升公共文化服务水平。先后召开专项工作推进会和全区迎接省基本公共文化服务标准认定培训会，成立区基本公共文化服务标准完成情况督查小组，实施“一月一督查”“一月一通报”，全面压实责任，顺利通过今年省基本公共文化服务标准化认定验收。

（三）创造性继承、发展地方特色文化。加大南孔文化、围棋文化、金庸文化、九华非遗文化等传统文化的传承保护和价值挖掘力度。梳理完成柯城区非物质文化遗产代表作名录，制定完善“非遗文化”为主的传统文化创新性发展规划方案，出版《中国立春文化与二十四节气研究文集》，积极创新谋划2020年“九华立春祭”活动；完成围棋进校园、进社区、进机关工作；“烂柯棋院”正式揭牌成立，与中国围棋协会签订新一轮中国围棋之乡联赛冠名合约。

（四）打造推广县域品牌。打造推广“衢州有礼·运动柯城”县域品牌，制定完善县域品牌实施办法和工作计划，设计完成品牌形象标识，在柯城全域范围内全方位、多形式、新角度植入“衢州有礼·运动柯城”县域品牌。通过烂柯围棋文化发布会、2019第二届灵鹫山（国际）森林汽车穿越大赛、2019第四届全国智力运动会等活动，进一步打响“衢州有礼·运动柯城”县域品牌。

六、关于“村级组织建设不够扎实有力”问题的整改情况

（一）净化村级组织队伍。开展村级组织换届“回头看”，加强村干部资格联审，清理村干部中“三类人员”59名。开展群众身边“微腐败”和不正之风专项整治，依规处理违纪违法问题。开展“树正气、打歪风”专项整治工作，净化农村社会风气，助力扫黑除恶专项斗争攻坚年各项工作，进一步铲除黑恶势力滋生土壤。公开为10名领头雁澄清正名。

（二）开展后进村帮扶整转。排摸出一批后进村，为每个后进村配备“1名区领导+1名乡镇班子+1名第一书记+1个结对部门”帮扶力量，制定一村一策整转方案，集中精力抓整转。对村级党组织软弱涣散的七里乡七里三村党支部和全体党员进行排摸体检，逐个过筛；责令七里乡党委向区委作出书面检查，对七里乡原党委书记予以批评教育，对七里乡原纪委书记和组织委员予以诫勉谈

话，对七里乡七里三村党支部书记给予党内警告处分。

（三）加强农村党员干部队伍建设。制定出台柯城区“固本强基20条意见”，建立村书记区级备案管理、村干部常态化联审制度。启动“一区百雁”工程，选优配强领头雁队伍。建好用好“乡村振兴讲堂”，切实发挥主题教育主阵地、乡村振兴主平台、基层治理主载体作用。完善“区级主导、乡镇主抓、支部主体”的发展党员工作体系，扎实推进长期未发展党员的村党组织整改工作。

七、关于“干部选拔任用工作不够规范”问题的整改情况

（一）规范干部任用工作。加强干部任期制管理，严控任现职未满1年的区管干部调整频率，特别是乡镇（街道）党政正职，对任现职未满3年且确需调整的，必须报上级组织部门同意。拓宽选人用人视野，多层次、多角度、多渠道考察了解干部德才表现，统筹考虑干部结构、人岗相适度与队伍稳定等关系，提高班子搭配的科学性和前瞻性，避免班子成员特别是主要领导“中途易将”。

（二）及时整改消化。对巡视提出的3家单位超职数配备4名科级领导干部的问题，根据人岗相适原则，合理使用空缺职数进行岗位调整，目前已全部整改到位。全面收回自定编制，自2016年开始，区委编办分三年逐步收回自定编制，至此轮机构改革后区级自定编制已经全部收回。全面清理乡镇长助理，对近年来配备的乡镇长助理情况进行统计核查，于7月12日对30名乡镇长助理进行清理，并不再新配乡镇长助理（局长助理）。

（三）加强督查整治。对全区各部门（单位）、乡镇（街道）中层干部选拔任用工作进行督查。第一时间对双港开发区管委会2个未经编办核定的内设机构作撤销处理，免去12名不符合规定的中层干部职务，对主要领导和分管领导进行批评教育，责令双港开发区党工委作出书面检查。

八、关于“形式主义、官僚主义问题病根未除”问题的整改情况

（一）严格执行“周二无会日”制度。2019年7月，重新选派了组团联村成员，召开全区“组团联村”服务专题培训会，进一步明确“周二无会日”服务内容，严肃工作纪律，推动“周二无会日”组团联村工作制度化、常态化、长效化。按照“每月最多督一次”的要求，统筹条线开展联合督查，减轻基层负担。

（二）持续深化作风整治。追查九华乡党委村级巡查反馈整改不力问题，区委责令九华乡党委在专题民主生活会上进行对照检查，对原乡党委书记进行批评教育，并责令原乡纪委书记作出书面检查。全区面上对2016年以来村级作风巡查整改情况进行“回头看”，对巡查发现的1514个问题过筛一遍，并全部销号整改。完善巡察整改落实情况评估机制，将巡视巡察整改落实情况纳入年度履行全面从严治党主体责任检查考核内容。

九、关于“违反中央八项规定精神的问题禁而不止”问题的整改情况

（一）严管津补贴发放。督促全区15个乡镇（街道）清退违规发放的津补贴，双港管委会清退违规发放的加油费，共计清退资金140.3万元，责令区财政局向区委作出书面检查，对35名相关单位责任人员进行问责。严格执行中央八项规定实施细则精神和省委“36条办法”、市委、区委操作办法，

持续开展常态化正风肃纪和“廉节清风”检查，区纪委区监委定期梳理典型案件通报。

（二）规范公务用车管理。对区水利局公车维修情况进行核查，责令区水利局向区委作出书面检查，对水利局办公室主任给予党内严重警告、政务记过处分，对水利局原办公室负责人予以诫勉谈话，对时任分管副局长进行批评教育，后任分管副局长在专题民主生活会上作自我批评，扣除两名驾驶员2019年度考核奖。对全区机关、事业和国有企业的车辆管理及使用情况开展专项检查，根据车辆管理职责，要求有关单位健全完善制度，并报区纪委留存备查。通过实地查看、调取车辆GPS轨迹、“天网工程”等方式，对车辆的管理使用情况进行经常性监督检查。

（三）严控资金拨付。对违规拨付乒乓球协会资金问题进行核查，退回区财政协会结余资金80万元，责令38家单位就违规向协会拨付预算资金问题向区委作出书面检查，给予时任乒乓球协会秘书长党内警告处分。开展全区各类协会专项检查，责令退回财政资金11.5万元。下发《关于进一步严肃财政纪律加强财务管理的通知》，进一步明确财政资金的管理使用规定，从制度上严防类似问题的发生。

十、关于“‘两个责任’落实不够全面有力、巡察工作质量不够高”问题的整改情况

（一）落实主体责任。印发《2019年党风廉政建设和反腐败工作组织领导与责任分工》，进一步细化责任清单。组织区委常委会、区纪委常委会听取部分单位落实全面从严治党主体责任情况汇报，开展质询评议。区委区政府分管领导分别听取38家单位落实全面从严治党主体责任情况。开展“一案三查”，对在扫黑除恶专项斗争中发现的17人履行主体责任和监督责任不力的予以追责问责，其中14人受到党纪政务处分。

（二）加大案件督办力度。制定出台《2019年度纪检监察干部考核办法》，加大案件办理情况通报力度，举办区纪委区监委机关“啄木鸟”论坛，组织开展“周一夜学”，不断提升纪检监察干部办案意识和能力水平。对各乡镇（街道）纪（工）委和派驻纪检监察组案件办理情况每月一统计，半年一通报。2019年上半年，全区纪检监察组织立案同比增长82.93%，自办立案同比增长184.2%。

（三）提升政治巡察质效。开通巡察扫码举报平台，印发巡察组联系卡，开展“日巡+夜访”巡察模式，进一步拓宽举报渠道。加强问题线索办理督办力度，建立巡察问题线索底稿和集体研究排查会诊工作例会制度，实行问题线索现场集中交办和办理评估验收机制，切实提高问题线索处置效率和质量。八届区委前五轮巡察移交的166件问题线索已查结164件。

（四）落实线索移送机制。发挥区委反腐败协调小组作用，落实纪检机关与公检法部门之间的案件及问题线索移送制度，确保党员或公职人员违法案件线索及时通报、及时处置。截至目前，已移送75件，立案25件。

十一、关于“工程建设领域存在较大廉政风险、国有资产存在流失隐患”问题的整改情况

（一）开展问题排查和资金催收。开展旧住宅改造项目、EPC项目、小城镇环境综合整治项目等专项检查，及时整改检查中发现的问题。持续催收外借资金，现已收回外借资金1502.23万元。

（二）建立完善风险防控机制。加强项目前期谋划，落实重点项目重大项目例会、国土规划联席会等民主决策制度，做深做细项目前期，合理制定实施计划。严格执行《招标投标法》和《浙江省招标投标条例》，落实柯城区政府投资工程建设项目交易管理有关规定，加强招标、开标、标后全过程监管。修订完善《柯城区国有不动产管理办法》《衢州市柯城区属国有企业（单位）资金集中管理办法》，防止国有资产流失。

十二、关于“群众身边‘微腐败’问题屡禁不止”问题的整改情况

（一）开展清廉乡村建设活动。全区召开“清廉乡村”建设暨群众身边“微腐败”专项整治行动万人大会。下发《柯城区群众身边“微腐败”和不正之风专项整治行动实施方案》《关于开展“亮剑行动”集中整治村干部插手项目工程的通知》和《柯城区农村干部违反廉洁履职若干规定责任追究办法》。

（二）严肃进行追责问责。严肃查处沟溪乡直力村将集体资金存入村会计个人账户和万田乡、航埠镇村干部违规承揽本村工程项目问题，分别给予沟溪乡直力村党支部书记、村委会主任党内严重警告处分，对村报账员予以通报，对村监委主任予以诫勉；给予万田乡荷塘村党支部书记撤销党内职务处分、万田乡姚家村党支部书记党内警告处分、万田乡余家山头村1名原支委委员党内严重警告处分；给予航埠镇枧头村党支部书记党内严重警告处分、村委会主任党内严重警告处分、镇招投标办1名工作人员党内严重警告处分；对万田乡余家山头村党支部副书记进行诫勉谈话，对万田乡冯坦村1名村支委委员、1名村委委员进行批评教育，责令万田乡余家山头村原村委会主任辞去职务。加大村（社）巡察全覆盖力度，今年以来共发现问题295个，移送问题线索15个。

（三）规范小微权力运行。搭建村级公权力智慧监管平台，严格按照区公权力清单“36条”，规范办事流程，全力推进村级小微权力运行规范化、制度化、公开化，接受村民监督。

十三、关于“上轮巡视整改不到位”问题的整改情况

（一）彻底整改“工程项目招投标”问题。对全区限额以上、限额以下项目开展检查，对未正确履职的61名责任领导进行相应问责。落实《柯城区村级工程项目交易管理细则》《衢州市柯城区政府投资工程建设项目标后监管实施细则》 等制度，开展项目常态化监督检查，确保工程质量。召开全区政府投资工程建设项目业务知识培训会，对乡镇（街道）、行业主管部门、区国资公司、相关部门（单位）项目分管领导和业务人员进行业务培训，进一步提高项目业主及行业主管部门依法公开招标和项目监管的责任和意识。

（二）彻底整改“村干部插手工程项目”问题。在全区范围内开展村干部插手工程项目集中整治“亮剑行动”，共收集问题线索13条，给予九华乡新宅村原党支部书记党内严重警告处分、万田乡下蒋村原村委会主任党内警告处分、石梁镇中央方村原村委会主任党内严重警告处分。发挥区乡两级公共资源交易管理平台、监管办和行业主管部门的作用，加强对项目招投标、工程监理、合同签订、质量监管、工程验收、项目审计和工程款支付等环节的全程监管，扎紧每一道关口。

对新发现的村干部插手工程问题，采取“一案双查”，追究相关部门和人员的监管责任。持续推进清廉柯城建设，通过搭建清廉网格，采取书面规范村（社）议事流程、网络公开等方式，将监督触角深入基层每个角落。

下一步，柯城区委将深入贯彻习近平新时代中国特色社会主义思想，继续认真落实中央和省委关于做好巡视“后半篇文章”的要求，持续抓好巡视反馈意见的整改落实，进一步巩固整改成果，以巡视整改成效促进各项事业持续健康发展。一是标准更高，持续抓好后续整改。继续紧盯巡视反馈问题，对仍需一段时间整改完成的问题，发扬钉钉子精神，扭住不放、寸步不让，倒排时限、集中攻坚，继续执行整改“周报告”制度，及时研判协调，跟踪到底，确保整改见底清零。二是力度更大，持续压实“两个责任”。把巡视整改作为全面从严治党的重要抓手，层层压实管党治党政治责任，建立健全主体责任压力传导机制，推动全面从严治党向纵深推进。严格落实纪委监督责任，实践运用监督执纪“四种形态”，不断健全党风廉政建设和反腐败斗争长效机制，巩固良好的政治生态。三是执纪更严，持续推进作风建设。结合“不忘初心、牢记使命”主题教育，强化干部队伍作风纪律建设。始终坚持正风肃纪的高压态势，从严管好“关键少数”，选优配强“领头雁”队伍，以巡视整改实际成效推动“党建治理大花园”在柯城高迈一步。

中共衢州市柯城区委

2019 年 12 月 17 日

中共衢州市柯城区委　衢州市柯城区人民政府关于印发《衢州市柯城区机构改革方案》的通知

区委发〔2019〕1号

各乡镇、街道，各级部门（单位）：

《柯城区乡镇（街道）机构改革方案》已经区委、区政府审定，并报经省委、省政府批准，现印发给你们，请结合实际认真贯彻落实。

中共衢州市柯城区委
衢州市柯城区人民政府
2019年1月17日

衢州市柯城区机构改革方案

根据《中共中央关于深化党和国家机构改革的决定》《深化党和国家机构改革方案》《关于地方机构改革有关问题的指导意见》和《中共浙江省委关于深化机构改革的实施意见》《浙江省机构改革方案》《中共浙江省委关于市县机构改革的总体意见》及《衢州市机构改革方案》，结合实际，制定衢州市柯城区机构改革方案。

一、机构改革的总体部署

深化机构改革，要以习近平新时代中国特色社会主义思想为指导，全面贯彻党的十九大和十九届二中、三中全会精神，贯彻落实习近平总书记关于深化党和国家机构改革的重要论述，牢固树立政治意识、大局意识、核心意识、看齐意识，坚持加强党的全面领导、坚持以人民为中心的发展思想、坚持社会主义市场经济改革方向、坚持优化协同高效、坚持以法治方式推进改革、坚持在中央统一领导下充分发挥地方积极性。

深化机构改革，要认真贯彻落实习近平总书记对浙江工作的重要指示精神，深入践行“干在实处永无止境，走在前列要谋新篇，勇立潮头方显担当”的新期望，按照省委、市委要求，从机构职能上把加强党的领导落实到各领域各方面各环节，主要机构设置同中央保持基本对应、与省市机构改革有效衔接；以“最多跑一次”改革为牵引，加快政府职能转变，使市场在资源配置中起决定性作用、更好发挥政府作用，强化社会管理和公共服务职能，切实解决人民群众最关心最直接最现实的利益问题；统筹区和乡镇（街道）各层级、党政群各领域改革，优化机构设置和职能配置，提高效率效能；充分发挥法治规范和保障改革作用，在改革中完善和强化法治，坚决维护国家法制统一、政令统一、市场统一；结合柯城区实际，因地制宜，积极探索机构设置和职能配置，构建系统完备、科学规范、运行高效的机构职能体系，再创体制机制新优势，为推进“八八战略”再深化、改革开放再出发、加快柯城大花园建设提供强有力的体制机制保障。

深化机构改革，要在党中央集中统一领导和省委、市委具体部署下，由区委负总责，不折不扣落实好各项改革任务。

二、调整优化党政机构和职能

（一）对应省市机构改革，调整优化相应机构和职能

1.建立健全和优化区委对重要工作的领导体制机制

（1）组建区监察委员会。将区监察局的职责，以及区人民检察院查处贪污贿赂、失职渎职及预防职务犯罪等反腐败相关职责整合，组建区监察委员会，同区纪律检查委员会合署办公，履行纪检、监察两项职责，实行一套工作机构、两个机关名称。

不再保留区监察局。

（2）组建区委审计委员会，作为区委议事协调机构。区委审计委员会办公室设在区审计局。

（3）将区委全面深化改革领导小组改为区委全面深化改革委员会，作为区委议事协调机构。区委全面深化改革委员会办公室设在区委办公室。

（4）将区委建设“法治柯城”工作领导小组改为区委全面依法治区委员会，作为区委议事协调机构。区委全面依法治区委员会办公室设在区司法局。

（5）将区委网络安全和信息化领导小组改为区委网络安全和信息化委员会，作为区委议事协调机构。区委网络安全和信息化委员会办公室设在区委宣传部。

（6）将区委财经领导小组改为区委财经委员会，作为区委议事协调机构。区委财经委员会办公室设在区委办公室。

（7）将区国家安全领导小组改为区委国家安全委员会，作为区委议事协调机构。区委国家安全委员会办公室设在区委办公室。

（8）组建区委外事工作委员会，作为区委议事协调机构。区委外事工作委员会办公室设在区委办公室。

（9）组建区委教育工作领导小组，作为区委议事协调机构。区委教育工作领导小组秘书组设在区教育局。

2.加强区委职能部门的统一归口协调管理职能

（1）区委组织部统一管理区委机构编制委员会办公室。调整优化区委机构编制委员会领导体制。区委机构编制委员会办公室作为区委机构编制委员会的办事机构，承担区委机构编制委员会日常工作，作为区委工作机关，归口区委组织部管理。

（2）区委组织部统一管理公务员工作。

将区人力资源和社会保障局的公务员录用调配、考核奖惩、培训、工资福利等职责划入区委组织部，对外加挂区公务员局牌子。

（3）区委组织部统一管理区直属机关党的工作。将区直属机关工作委员会的职责划入区委组织部，加挂区委直属机关工作委员会牌子。

（4）区委宣传部统一管理新闻出版和电影工作。将区教育体育局（区文化局）的新闻出版和电影管理职责划入区委宣传部，对外加挂区新闻出版局、区政府新闻办公室牌子。

（5）区委统战部统一管理民族宗教工作。将区民族宗教事务局的职责划入区委统战部，对外加挂区民族宗教事务局牌子。

（6）区委统战部统一管理侨务工作。将区民族宗教事务局（区政府侨务办公室）的侨务管理职责划入区委统战部，对外加挂区政府侨务办公室牌子。

将区民族宗教事务局（区政府侨务办公室）的指导、开展对华人华侨及社团的联谊和服务工作职责划归区侨联行使。

3. 新组建和优化职责的机构

（1）组建区农业农村局。将区农业和农村工作办公室、区农业局、区政府直属承担行政职能的事业单位区农业综合开发办公室的职责，以及区发展和改革局的农业投资项目、区财政局的农业综合开发项目、市国土资源局柯城分局的农田整治项目、区水利局的农田水利建设项目和渔业管理职责等整合，组建区农业农村局，作为区政府工作部门。区委区政府农业和农村工作领导小组办公室设在区农业农村局。区农业农村局承担区扶贫开发领导小组办公室工作。

不再保留区农业和农村工作办公室、区农业局，以及区政府直属承担行政职能的事业单位区农业综合开发办公室。

（2）组建区文化和旅游体育局。将区教育体育局（区文化局）的文化、体育管理职责，相关单位的旅游管理职责整合，组建区文化和旅游体育局，作为区政府工作部门。

不再保留区文化局。

（3）组建区卫生健康局。将区卫生和计划生育局、区深化医药卫生体制改革领导小组办公室的职责，以及区民政局承担的区老龄工作委员会办公室职责，区安全生产监督管理局的职业安全健康监督管理职责等整合，组建区卫生健康局，作为区政府工作部门。

保留区老龄工作委员会，日常工作由区卫生健康局承担。

不再保留区卫生和计划生育局、区深化医药卫生体制改革领导小组办公室。

（4）组建区退役军人事务局。将区民政局的退役军人优抚安置职责，区人力资源和社会保障局的军官转业安置职责等整合，组建区退役军人事务局，作为区政府工作部门，按中央有关改革部署实施。

（5）组建区应急管理局。将区安全生产监督管理局、区政府直属承担行政职能的事业单位区突发公共事件应急管理办公室的职责，区政府办公室的应急管理职责，市公安局柯城分局的消防管理职责，区民政局的救灾减灾职责，市国土资源局柯城分局的地质灾害防治相关职责，区水利局的水旱灾害防治相关职责，区林业局的森林防火相关职责，区科学技术局的震灾应急救援职责，以及区政府防汛防旱指挥部、区政府森林消防指挥部、区抗震救灾指挥部等有关职责整合，组建区应急管理局，作为区政府工作部门，按中央有关改革部署实施。

不再保留区安全生产监督管理局和区政府直属承担行政职能的事业单位区突发公共事件应急管理办公室。

(6) 组建区医疗保障局。将区人力资源和社会保障局的城镇职工和城乡居民基本医疗保险、生育保险职责，以及区卫生和计划生育局的药械集中采购和监督管理有关职责，区民政局的医疗救助职责，区发展和改革局的药品和医疗服务价格管理职责等整合，组建区医疗保障局，作为区政府工作部门。

(7) 重新组建区科学技术局。将区科学技术局的职责，区人力资源和社会保障局的引进国外智力和外国专家管理职责整合，重新组建区科学技术局,作为区政府工作部门。

(8) 重新组建区司法局。将区司法局、区政府法制办公室的职责整合，重新组建区司法局，作为区政府工作部门，保留区行政复议局牌子。

不再保留区政府法制办公室。

(9) 重新组建区市场监督管理局。将区市场监督管理局（区工商行政管理局、区食品药品监督管理局）的职责，市质量技术监督局柯城分局的职责，区发展和改革局的价格监督检查职责，区科学技术局的知识产权保护协调和专利行政执法职责，区经济和信息化局（区商务局）的打击侵犯知识产权和假冒伪劣商品以及反垄断等相关职责整合，重新组建区市场监督管理局，作为区政府工作部门。

保留区食品安全委员会，具体工作由区市场监督管理局承担。

不再保留区工商行政管理局、区食品药品监督管理局牌子。

(10) 优化区林业局职责。将市国土资源局柯城分局、市环境保护局柯城分局等部门的自然保护区、风景名胜区、自然遗产、地质公园等管理职责划入区林业局。区林业局由自然资源部门统一领导和管理。

(11) 优化区审计局职责。将区发展和改革局的重大项目稽查职责，区财政局的预算执行情况和其他财政收支情况监督检查职责，相关单位的相关经济责任审计职责以及区属国有企业监事会等职责划入区审计局。

4. 其他不再设立的机构

(1) 不再设立区社会治安综合治理委员会及其办公室、区委维护稳定工作领导小组及其办公室，有关职责交由区委政法委员会承担。

(2) 将区委防范和处理邪教问题领导小组及其办公室职责交由区委政法委员会、市公安局柯城分局承担。

(二) 与省市机关机构基本对应的其他机构和因地制宜设置的机构

1.与省市机关机构基本对应的其他机构

区委办公室、区委巡察工作领导小组办公室、区委区政府信访局作为区委工作机关；区政府办公室、区发展和改革局、区经济和信息化局、区教育局、区民政局、区财政局、区人力资源和社会保障局、区住房和城乡建设局、区交通运输局、区统计局作为区政府工作部门。其中：

(1) 优化区委办公室职责。将区委机要局（区密码管理局）、区委保密委员会办公室（区国家保密局）的职责、区政府办公室（区政府外事办公室）的外事职责，以及区档案局（区档案馆）的行政职能划入区委办公室，保留区委机要局（区密码管理局）、区委保密委员会办公室（区国家保密局）、区档案局牌子，对外加挂区政府外事办公室牌子。

区档案馆继续作为区委直属事业单位设置。

（2）组建区委区政府信访局。在区委办公室（区委区政府信访局）的信访管理职责基础上，组建区委区政府信访局，作为区委工作机关，对外保留区统一政务咨询投诉举报平台管理办公室牌子。

（3）区委台湾工作办公室（区政府台湾事务办公室）与区委办公室合署办公。

（4）组建区教育局。在区教育体育局（区文化局）的教育管理职责基础上，组建区教育局，作为区政府工作部门。

不再保留区教育体育局（区文化局）。

（5）组建区交通运输局。将市交通运输局柯城分局的职责，区水利局的渔船检验和监督管理职责整合，组建区交通运输局。

（6）优化区政府办公室职责。将区政府直属承担行政职能的事业单位区金融工作办公室的职责，区经济和信息化局（区商务局）的电子政务发展、政务和社会公共服务信息资源开发利用职责划入区政府办公室，加挂区政府金融工作办公室、区大数据发展管理局牌子。

不再保留区政府直属承担行政职能的事业单位区金融工作办公室。

（7）优化区发展和改革局职责。将区经济和信息化局（区商务局）承担的能源管理相关职责，区民政局、区经济和信息化局（区商务局）等部门组织实施重要物资和应急储备物资的收储、轮换和日常管理职责，以及区机关事务管理局的公共机构节能管理职责划入区发展和改革局。

区机关事务管理局更名为区机关事务保障中心，继续作为区政府直属事业单位。

（8）区经济和信息化局加挂区商务局牌子。

（9）区财政局加挂区政府国有资产监督管理办公室牌子。

（10）区住房和城乡建设局加挂区人民防空办公室（区民防局）牌子。

2. 因地制宜设置的机构

区委老干部局作为区委工作机关；区水利局作为区政府工作部门。其中：

（1）调整区委老干部局管理体制。将区委老干部局由区委组织部管理的机关调整为区委工作机关，归口区委组织部管理。

（2）区委组织部加挂区委新经济与新社会组织工作委员会牌子。

（三）优化市级部门派出机构设置

1.市生态环境局在柯城区设立生态环境分局，作为市生态环境局的派出机构。将区发展和改革局的应对气候变化和减排职责，以及区水利局的编制水功能区划、排污口设置管理和流域水环境保护职责，区农业局的监督指导农业面源污染治理职责等划入市生态环境局柯城分局。

2. 市公安局在柯城区设立公安分局，作为市公安局的派出机构。

3.市自然资源和规划局在柯城区设立自然资源和规划分局，作为市自然资源和规划局的派出机构。将区发展和改革局的组织编制并实施主体功能区规划职责，以及区水利局的水资源调查和确权登记管理职责，区林业局的森林、湿地等资源调查和确权登记管理职责等划入市自然资源和规划局柯城分局。

4.市综合行政执法局在柯城区设立综合行政执法分局，作为市综合行政执法局的派出机构。

机构改革后，共设置党政机构35个。党委机构10个，其中，纪检监察机关1个，工作机关9个。政府机构25个，其中办公室和工作部门22个；市级部门派出机构4个，其中公安分局、自然资源和规划分局、综合行政执法分局计入机构限额，生态环境分局不计机构限额。（详见附件）

三、统筹推进其他各项改革

（一）深化区人大、政协机构改革和群团组织改革

1. 深化区人大机构改革

加强人大对预算决算、国有资产管理等的监督职能，健全人大组织制度和工作制度，完善人大专门委员会设置，更好发挥其职能作用。

2. 深化区政协机构改革

推进人民政协履职能力建设，加强人民政协民主监督，优化政协专门委员会设置，更好发挥其作为专门协商机构的作用，推动协商民主广泛、多层、制度化发展。

3. 深化群团组织改革

认真落实省委和市委关于群团组织改革的决策部署，健全党委统一领导群团工作的制度，紧紧围绕保持和增强政治性、先进性、群众性这条主线，自觉服从服务省委和市委工作大局，着力解决机关化、行政化、贵族化、娱乐化等问题，把群团组织建设得更加充满活力、更加坚强有力。

群团组织设立的党组，接受批准其成立的党委统一领导，定期汇报工作，确保党的方针政策和决策部署得到贯彻落实。进一步抓好各群团改革方案落实，改革机关设置、优化管理模式、创新运行机制，探索群团组织机关综合性设置。坚持眼睛向下、面向基层，将力量配备、服务资源向基层倾斜，更好适应基层和群众需要。

群团组织改革与机构改革相结合，促进党政机构同群团组织功能有机衔接，支持和鼓励群团组织承接适合其承担的公共服务职能，增强群团组织团结教育、维护权益、服务群众功能，充分发挥党和政府联系人民群众的桥梁纽带作用。

（二）深化区委区政府直属事业单位改革和承担行政职能的事业单位改革

按照精干高效原则设置党委政府直属事业单位。承担行政职能事业单位改革，纳入区党政机构改革，统筹推进、同步实施。将完全、主要和部分承担行政职能的事业单位全部纳入改革范围，全面清理事业单位承担的行政职能，将行政职能划归行政机构；按照能转职能的不转机构、确需转机构的实行综合设置的原则，区分情况推进改革，理顺政事关系，实现政事分开。党委和政府直属的承担行政职能的事业单位，原则上并入相关党政机构。确需单设为行政机构的，要整合相同相近的行政职能，在精简的基础上综合设置，计入机构限额。改革后保留设置的事业单位，名称不再称“委、办、局”。除行政执法机构按照中央部署推进改革外，不再保留或新设承担行政职能的事业单位。

结合党政机构调整，撤并整合职责相近、设置重复分散、规模过小的事业单位，同步划转涉改部门所属相关事业单位，并按一定比例精简编制。面向社会提供公益服务的事业单位，理顺同主管部门的关系，逐步推进管办分离，强化公益属性，破除逐利机制；主要为机关提供支持保障的事业单位，优化职责和人员结构，同机关统筹管理。

（三）深化“最多跑一次”改革，推进审批服务便民化

聚焦发展所需、基层所盼、民心所向，突出重点领域和关键环节，推动“最多跑一次”改革向纵深发展，更大力度深化简政放权、放管结合、优化服务改革，深入推进审批服务便民化，最大限度激发市场活力和社会创造力。

进一步深化“一窗受理、集成服务”，以实施“无差别全科受理”为目标，全面实现“一窗通办、就近能办、异地可办”。区乡一体全面推动由“一窗受理”向“无差别全科受理”提升，群众和企业到政府办事“进一个门、取一个号、跑一个窗、办一件事”，实现政务服务“最多跑一次”100%全覆盖；推进各类政务服务事项向行政服务中心全进驻，加强便民服务网点建设，加快“无差别全科受理”窗口向乡镇（街道）、村（社区）代办点延伸。推进“最多跑一次”改革向公共服务领域延伸，提升医疗卫生、教育和水电气等公共服务水平，在解决人民群众反映最强烈、最渴望解决、最难办的事情上取得更大突破。

进一步深化“互联网+政务服务”，以打造“无证明办事之城”“掌上办事之城”为目标，全面实现“一网通办”。全面实施国家政务信息系统整合和公共服务数据共享应用示范工程试点项目建设，以一体融合“大平台”、共享共用“大数据”、协同联动“大系统”和全面触达“大服务”为“四横”，业务规则和技术标准体系、安全和运营体系、绩效考核体系为“三纵”，推动技术、业务、数据和服务“四融合”，形成规范统一、数据驱动、共享共建、协同创新的“数字政务服务”建设模式，加快实现“网上办、掌上办、一证办”，持续推进政府数字化转型。

进一步简化投资审批和商事登记流程，全面优化营商环境。制定发布企业投资项目开工前审批“最多跑一次”负面清单，提升放大“多评合一”“多审合一”“测验合一”成果，着力打好标准地、承诺制、中介提速、代办制、区域评价、流程优化等改革组合拳，实现一般企业投资项目开工前审批“最多90天”；联动推进证照分离、多证合一、证照联办，减少涉企证照事项，压缩企业开办时间，实现常态化企业开办4个工作日内完成。

进一步创新完善事中事后监管。按照“事前舍得放，事中事后主动服务敢于管”的要求，加强和创新事中事后监管及重点领域执法。深入推进“互联网+监管”，强化非现场检查，综合运用“双随机、一公开”、智慧监管、审慎监管、信用监管等举措，着力构建事前管标准、事中管检查、事后管处罚、信用管终身的监管体系，全面推动执法监管“一次到位”，实现服务零距离、监管不扰民。

（四）深化综合行政执法改革

按照减少层次、整合队伍、提高效率的原则，深化行政执法体制改革，统筹配置行政处罚职责和执法资源，完善“部门专业执法＋综合行政执法＋联合执法”的行政执法体系，进一步加强和创新执法监管。制定深化综合行政执法改革的实施方案。

大力推进科学执法。全面梳理和精简行政处罚、行政强制事项，实行清单化管理，建立动态调整机制，规范执法职责。改进执法方式，更多应用新科技手段，提高执法效能。应用全省统一的行政执法监管系统，实现监管信息共享、平台工具共用、部门执法

协同、违法失信共管，提升监管执法水平。

大幅减少多头执法。结合部门职责和机构整合，做好部门所属执法队伍和执法职责的整合，实现一个部门原则上设置一支执法队伍。认真落实中央专项部署，整合组建市场监管、生态环境保护、文化市场、交通运输、农业等5个领域执法队伍。5个领域内现已纳入综合行政执法的具体执法事项，由部门专业执法更加有效的，应回归相应领域的执法队伍承担。进一步加大整合力度，将商务执法等整合划入市场监管执法队伍。加大跨部门跨领域综合行政执法力度，优化执法事项，切实解决执法扰民、执法真空等问题；各级各部门上下联动、相互配合，协同落实综合行政执法改革。

着力解决多层重复执法。按照减少执法层级、下沉执法力量、推动执法重心下移的要求，强化行政执法职责，一般实行局队合一体制，避免重复执法。健全完善区乡行政执法统筹指挥机制，更大范围融合基层执法力量，在乡镇（街道）逐步实现一支队伍管执法。

加强执法队伍建设。强化执法队伍编制管理，锁定执法人员编制底数，暂保持现状不变，待中央统一明确政策后逐步规范。严控总量规模，统筹资源配置，探索建立体现行政执法特点的编制及人员管理办法。综合行政执法改革涉及的机构编制事项按有关规定办理。加强人员招录、使用和考核管理，全面清理规范临时人员和聘用人员，严禁使用辅助人员执法。建立健全行政执法可追溯、可问责机制和执法人员不作为、乱作为退出机制，完善执法程序，严格执法责任，加强执法监督，做到严格规范公正文明执法。

（五）深化乡镇（街道）机构改革

根据《中共浙江省委办公厅浙江省人民政府办公厅关于加强乡镇（街道）“四个平台”建设完善基层治理体系的指导意见》《中共浙江省委办公厅浙江省人民政府办公厅关于深化街道体制改革完善城市基层治理体系的意见》《中共浙江省委办公厅浙江省人民政府办公厅关于深化经济发达镇管理体制改革加快服务型乡镇政府建设的实施意见》，围绕“基层治理四平台”建设，进一步优化乡镇（街道）机构设置和职能配置，构建区乡协同、功能集成、执行有力、简约高效的新型基层管理体制。

区乡统筹，理顺区级部门与乡镇（街道）关系。合理配置行政资源，切实把条的管理和块的治理协同起来。区级部门要依法履职，强化专业性管理。乡镇（街道）工作重心要转移到加强党的建设和公共服务、公共管理、公共安全上来。推进审批服务便民化。

分类管理，建立差异化乡镇（街道）体制。根据不同乡镇（街道）的地理区位、人口规模、产业特点和经济社会发展水平，统筹确定每个乡镇（街道）的功能定位，实行分类管理。一般乡镇（街道）设置9个综合性办公室和中心，机构名称要相对规范，规模较小的适当精简，经济较发达、人口规模大、基层治理任务重的可适当增设1—2个。结合乡镇（街道）实际，优化部门派驻机构布局。

重心下移，强化乡镇（街道）党（工）委统筹功能。加强乡镇（街道）党（工）委对辖区各项工作的统一领导，整合管理执法服务资源力量，推动治理重心下移、人员下沉、保障下倾。部门派驻机构纳入乡镇（街道）日常管理，全面落实乡镇（街道）党（工）委对部门派驻人员任免调整、考核评级、经济待遇等刚性措施。部门派驻机构可与驻地乡镇（街道）内设机构联合办公，鼓励符合条件的派驻人员、乡镇（街道）干部交叉任职。

（六）强化机构编制管理刚性约束

强化区委对机构编制工作的统一领导，统筹使用各类编制资源，加大部门间编制统筹调配力度，严格执行机构编制管理法律法规和党内法规，严格机构编制管理权限和程序，严禁越权审批。

坚持总量控制和限额管理。严格执行中央和省规定的机构限额。加强和规范机构编制管理。严禁超编进人、超限额设置机构、超职数配备领导干部。严格管理编外聘用人员。清理不规范设置的机构和配备的职数，全面清理限额外设置的行政机构，规范管理合署办公机构，精简整合规范开发区管委会等各类派出机构，根除挂牌机构实体化、“事业局”。清理规范议事协调机构，职能相近的予以整合，临时性、阶段性的任务完成后及时撤销，严控新设议事协调机构。议事协调机构一般不单设办事机构，具体工作由有关部门承担。部门承担联席会议日常工作的内设机构不加挂牌子、不刻制印章。

认真做好部门“三定”工作。重新制定或修订区委工作机关、区政府工作部门“三定”规定，坚持优化协同高效，科学配置机构职能编制，强化部门内部职责和业务整合，推进组织架构重建和流程再造，切实把加强党的全面领导和职能转变要求落实到位，规范履职行为，确保权责一致。严格执行部门领导职数有关规定，区级部门领导职数一般不超过3名，任务重、规模大的部门可适当增加。

坚决查处各类机构编制违纪违法行为。及时公开机构编制有关信息，接受各方监督。坚决整治部门通过项目资金分配、考核督查、评比表彰等方式干预下级机构设置、职能配置和编制配备的行为。完善机构编制实名制管理，健全机构编制管理同组织人事、财政预算管理共享的信息平台，强化机构编制同纪检监察机关和组织人事、巡察、审计等部门的协作联动，形成监督检查合力。

四、组织实施

（一）加强组织领导。各级各部门要充分认识做好机构改革工作的重要性，提升政治站位，增强“四个意识”，坚决维护习近平总书记的核心地位，坚决维护党中央权威和集中统一领导，切实把思想和行动统一到党中央关于地方机构改革的决策部署上来。在省委、市委具体部署下，区委加强统筹，区深化机构改革协调小组负责做好全区机构改革的组织实施工作，具体工作由协调小组办公室承担。各级党委主要负责同志要当好第一责任人，牵头挂帅，靠前指挥，抓好机构改革组织实施工作。

（二）细化工作进度。机构改革工作部署、组织实施要上下协同、有机衔接、紧凑有序，统筹安排时间表、路线图，严格按照上级规定的时间进度要求压茬推进。区机构改革方案报省委、省政府批准后实施，乡镇（街道）机构改革方案经区委、区政府批准后同步实施，2019年3月底前基本完成。

（三）稳妥有序推进。全面贯彻先立后破、不立不破原则，有序做好人员转隶、新机构挂牌、集中办公等工作。特别是涉及安全生产、应急救援、维护社会稳定等工作的新老机构要确保工作有序衔接。各级各部门要紧紧抓住职能转变这个关键，在改职责上出实招硬招，在职能整合、业务融合上真正发生化学反应，做到脱胎换骨。要高度重视思想政治工作，教育引导广大党员干部特别是领导干部坚持党性原则和全局观念，自觉服从改革大局，确保思想不乱、工作不断、队伍不散、干劲不减，保证机构改革和日常工作两不误。要加强改革正面宣传，做好舆论引导和政策解读工作，为改革顺利开展营造良好氛围和环境。

（四）严明纪律规矩。严格执行机构改革政治纪律、组织纪律、机构编制纪律、干部人事纪律、财经纪律、保密纪律，严防国有资产流失，不讲条件、不打折扣、不搞变通、不开口子，确保机构、职责、队伍按照改革要求及时调整到位。要将机构改革实施情况纳入区委区政府督察任务和巡察范围，强化监督和执纪问责，保障改革顺利推进。各级各部门推进机构改革情况和遇到的重大问题要及时向区委报告请示。

附件：

1. 中共衢州市柯城区委机构设置表
2. 衢州市柯城区人民政府机构设置表

附件1:

中共衢州市柯城区委机构设置表

- 纪律检查委员会监察委员会机关
- 办公室
- 组织部
- 宣传部
- 统一战线工作部
- 政法委员会
- 全面深化改革委员会办公室（设在办公室）
- 全面依法治区委员会办公室（设在区司法局）
- 国家安全委员会办公室（设在办公室）
- 网络安全和信息化委员会办公室（设在宣传部）
- 财经委员会办公室（设在办公室）
- 外事工作委员会办公室（设在办公室）
- 机构编制委员会办公室
- 审计委员会办公室（设在区审计局）
- 教育工作领导小组秘书组（设在区教育局）
- 区委区政府农业和农村工作领导小组办公室（设在区农业农村局）
- 巡察工作领导小组办公室
- 区委区政府信访局
- 老干部局

说明：

柯城区委设置纪检监察机关1个，计入机构限额的工作机关9个(设在相关部门的区委议事协调机构的办事机构不计入机构限额)。其中，纪律检查委员会与监察委员会合署办公，实行一套工作机构、两个机关名称；办公室挂机要局(区密码管理局)’保密委员会办公室(区国家保密局)’区档案局、区政府外事办公室牌子，台湾工作办公室C区政府台湾事务办公室)与办公室合署办公；组织部挂直属机关工作委员会，新经济与新社会组织工作委员会，区公务员局牌子；宣传部挂区新闻出版局、区政府新闻办公室牌子；统一战线工作部挂区民族宗教事务局、区政府侨务办公室牌子；区委区政府信访局挂区统一政务咨询投诉举报平台管理办公室牌子。

附件 2:

衢州柯城区人民政府机构设置表

- 办公室
- 发展和改革局
- 经济和信息化局
- 教育局
- 科学技术局
- 民政局
- 司法局
- 财政局
- 人力资源和社会保障局
- 住房和城乡建设局
- 交通运输局
- 水利局
- 农业农村局
- 林业局
- 文化和旅游体育局
- 卫生健康局
- 退役军人事务局
- 应急管理局
- 审计局
- 市场监督管理局
- 统计局
- 医疗保障局
- 市公安局柯城分局
- 市自然资源和规划局柯城分局
- 市综合行政执法局柯城分局
- 市生态环境局柯城分局

说明：

柯城区人民政府设置工作机构 25 个。其中，办公室和工作部门 22 个。办公室挂区政府金融工作办公室、大数据发展管理局牌子；经济和信息化局挂商务局、中小企业局牌子；司法局挂行政复议局牌子；财政局挂区政府国有资产监督管理办公室牌子；住房和城乡建设局挂人民防空办公室(民防局)牌子。市级部门派出机构 4 个，市公安局柯城分局、市自然资源和规划局柯城分局、市综合行政执法局柯城分局计入机构限额，市生态环境局柯城分局不计机构限额。

区委办公室 区政府办公室
关于印发《柯城区乡镇（街道）机构改革方案》的通知

区委办〔2019〕2 号

各乡镇、街道，各级部门（单位）：

《柯城区乡镇（街道）机构改革方案》已经区委、区政府同意，现印发给你们，请结合实际认真贯彻执行。

中共衢州市柯城区委办办公室
衢州市柯城区人民政府办公室
2019 年 1 月 17 日

柯城区乡镇（街道）机构改革方案

为加快推进基层治理体系和治理能力现代化，推动市委“1433”战略体系重重落地，根据省委办公厅、省政府办公厅《关于深化街道体制改革完善城市基层治理体系的意见》（浙委办发〔2018〕18 号）、《关于深化经济发达镇管理体制改革加快服务型乡镇政府建设的实施意见》（浙委办发〔2018〕27 号）和市委办公室、市政府办公室《关于乡镇（街道）机构改革的指导意见》（衢委办发〔2018〕58 号）文件精神，结合柯城实际，现就深化乡镇（街道）机构改革制定本方案。

一、改革的指导思想和原则

（一）指导思想

高举习近平新时代中国特色社会主义思想伟大旗帜，全面贯彻落实党的十九大和十九届二中、三中全会精神，严格执行落实中央、省委、市委关于深化乡镇（街道）机构改革精神，围绕区委八届五次全会提出的基层治理战略任务，主动适应经济社会发展新要求和人民群众新期待，强化党建统领基层治理新格局，统筹区乡资源，优化组织机构，着力破解制约乡镇（街道）发展的体制机制问题，为打造中国基层治理最优城市提供坚强保障。

（二）基本原则

1. 坚持党建统领。以大党建为统领，充分发挥乡镇（街道）党（工）委领导核心作用，加强整体设计，统筹各类资源，提升乡镇（街道）统筹协调能力。

2. 坚持扁平高效。整合区域管理、执法、服务等各类资源，凝聚各方力量，推动“以条为主”的多头管理向“以块为主”的乡镇（街道）综合治理转变。

3. 坚持资源下沉。推动各类资源下移到基层一线，尽可能把服务、管理放到基层，使基层有人有权有物，保证基层事情基层办、基层权力给基层，基层事情有人办。

4. 坚持因地制宜。按照乡镇（街道）不同类型，以产业布局、功能定位、区域特色等为依据，实行差别化定责赋权，切实把乡镇（街道）职能转变到提供公共服务、加强社会管理、促进经济发展上来。

二、创新构建运行架构

1. 实行模块化运行管理。按照市委基层治理“主”字型运行架构的要求，构建乡镇（街道）“六大功能”模块运行架构，对乡镇（街道）主要职能进行统筹并实行模块化运行。大党建模块，统筹党建、纪检监察、组织、宣传、统战等工作。大协调模块，统筹乡镇（街道）所属机构和部门派驻机构人员力量、日常事务处理、督查考核等工作。大治理模块，统筹平安综治、信访维稳、全科网格等工作。大执法模块，统筹辖区日常执法、现场监管、执法联动等工作。大经济（大生态）模块，统筹辖区内经济发展、项目建设、招商引资、优化营商环境、城镇建设、乡村振兴、生态文明建设等工作。大服务模块，统筹社会事务、审批服务、公共服务等工作。

乡镇（街道）党（工）委书记统筹抓总“六大功能”模块运行，各模块分别明确 1 名乡镇（街道）班子成员担任牵头协调人，其他班子成员按职责分工列入相应功能模块，自觉服从模块牵头协调人的指挥调度。

2. 实行工作专班机制。工作专班是功能模块运行的重要补充机制，主要围绕乡镇（街道）重点中心工作、重大项目建设、重大攻坚克难任务，需要跨模块跨层级跨机构统筹要素资源，实行集中攻坚扁平运行的工作模式。专班设立一般要明确工作周期，实行项目化管理，明确责任书、路线图、时间表，建撤灵活，动态调整。专班牵头负责人由乡镇（街道）班子成员担任，人员的组成可以打破身份、层级、机构和专业限制。专班运行采取专兼结合、统分结合开展相应专项工作，对需要派驻部门人员力量参与工作专班的，条线部门应当支持配合，并探索实行按工作周期、进度等更加灵活的管理考核机制。

三、科学设置组织机构

根据不同类型、功能模块和实际编制数，按照精简高效和既相对统一又因地制宜原则，乡镇（街道）一般设置不超过 9 个内设机构和事业单位，人口规模较小的适当精简，小城市试点镇、中心镇最多可设置 11 个机构。着眼于保障乡镇（街道）“六大功能”模块运行，总体按“共性+个性”综合设置内设机构和事业单位。机构名称相对规范统一，内设机构一般为×××办公室，事业单位一般为×××中心。

统设“共性”机构。乡镇（街道）原则上统一设置党建工作办公室、综合督考办公室、综合信息指挥室、社会治理办公室和政务服务中心5个机构。

1. 党建工作办公室。承担大党建模块的日常管理协调工作。负责基层党的政治建设、组织建设、人大、政协、宣传、统战、党风廉政建设和反腐败工作，负责工会、共青团、妇联等群众团体工作。

2. 综合督考办公室。承担大协调模块的日常管理协调工作。负责协助党政领导处理日常事务；负责机关内部之间的综合协调、督查考核、文秘信息、保密档案、重要会务及行政后勤管理等工作。

3. 综合信息指挥室。承担大执法模块的日常管理协调工作。负责基层治理综合信息平台日常运行管理、平台接收事项的交办跟踪和督办、行政执法统筹协调指挥以及各类应急管理等工作，管理协调市场监管平台、综合执法平台。

4. 社会治理办公室。承担大治理模块的日常管理协调工作，负责社会治安综合治理、平安建设、信访维稳、矛盾化解等工作，管理协调综治工作平台。

5. 政务服务中心。承担大服务模块的日常管理协调工作，落实“最多跑一次”改革基层延伸，履行社会事务和公共服务等工作职能，管理协调便民服务平台。

选设“个性”机构。在统设“共性”机构基础上，乡镇（街道）在机构限额内，根据不同类型的主体功能职责，因地制宜“个性”化选设内设机构和事业单位，可以突出经济发展类机构设置，具体可参考《乡镇（街道）内设机构和事业单位设置一览表》（详见附件2）进行设置。

乡镇（街道）人大、纪检、人武部和群众团体等组织按有关规定设置。

四、统筹优化编制资源

乡镇（街道）行政编制和事业编制实行总量管理，根据乡镇（街道）的规模、类型和实际需要核定。按照精简高效原则，调整和均衡各乡镇（街道）工作力量，在总量内合理核定人员编制，原则上不得超过各乡镇（街道）原核定编制总数。

规范中层职数配备，乡镇（街道）中层职数根据编制总数从严核定，原则上每个内设机构和事业单位设1-2名。

乡镇（街道）领导职数按照有关规定设置。

附件：

1. 乡镇（街道）功能模块设置表

2. 乡镇（街道）内设置和事业单位设置一览表

附件 1：

表 31　**乡镇(街道)功能模块设置表**

功能模块	大党建	大协调	大治理	大经济(大生态)	大执法	大服务
主要职能	统筹基层党建、宣传、统战、纪检监察等工作。	统筹乡镇（街道）所属机构和部门派驻 机构人员力量、日常事务处理、督查考核 等工作。	统筹平安综治、信访维稳、全科网格等工作。	统筹辖区内经济发展、项 目建设、招商引资、优化 营商环境、城镇建设、乡 村振兴、生态文明建设等 工作。	统筹辖区日常执法、现场监管、执法联动等各项 工作。	统筹社会事务、 审批服务、公共 服务等工作。
日常管理机构	党建工作办公室	综合督考办公室	社会治理办公室	经济发展办公室（生态文明办公室）	综合信息指挥室	政务服务中心

附件 2：

表 32　**乡镇(街道)内设机构和事业单位设置一览表**

内设机构		事业单位	
统　设	选设或挂牌	统　设	选设或挂牌
党建工作办公室 综合督考办公室 综合信息指挥室 社会治理办公室	经济发展办公室 社区管理办公室 农业农村办公室 集镇建设办公室 执法办公室 财政管理办公室 文化旅游办公室 生态文明办公室	政务服务中心	集镇建设服务中心 文化旅游服务中心 社区管理服务中心

衢州市柯城区人民政府办公室
关于公布柯城区第二批地名文化遗产保护名录的通知

柯政办发〔2019〕1号

各乡镇人民政府、街道办事处，区政府各部门、直属各单位：

根据民政部《地名文化遗产鉴定标准 MZ/T033-2012》（民政部公告第251号）《浙江省地名管理办法》和省民政厅《关于结合第二次全国地名普工作加强地名文化遗产保护及宣传的通知》（浙民区〔2015〕201号）精神，为进一步保护、传承和弘扬地名文化遗产，决定将讲舍街、五圣街等51个街巷、古村落、古镇、山川、古迹遗址列入“第二批地名文化遗产保护名录”。

附件：柯城区第二批地名文化遗产保护名录

衢州市柯城区人民政府办公室
2019年1月2日

附件：

表33　**柯城区第二批地名文化遗产保护名录**

类别	名　称	释　　义
街巷	讲舍街	清嘉庆《西安县志》:“在金紫街西。西抵关王庙边染正坊，东抵药师庵。”民国《衢县志》:“ 以李克斋讲舍名。东连药师庵，过芙蓉堤，至紫金街，交东隅界。”李克斋即李遂，明嘉靖衢州知府。其在此设衢麓讲舍，传播王阳明心学。殁后建祠。清乾隆诗人陈圣洛、陈圣泽昆仲居此。
	五圣街	因旧有五圣巷而名。清嘉庆《西安县志》:“对南赛巷，通预备仓。”民国《衢县志》:“古名魏衙巷。对南赛巷，通出预备仓。”民国大和肥皂厂设此。
	蛟池街	旧有蛟池巷，因名。清嘉庆《西安县志》:“蛟池巷。”亦称茭池巷，民国《衢县志》:“菱池巷，名蛟池塘”。民国《衢县志》:“菱，今通作蛟，名蛟池塘。西有小巷，通建乙塘。古名马王巷。”旧有四眼井。清同治十一年设耶稣堂，相继有美、英传教士来此传教。光绪二十六年，爆发了“衢州教案”，震惊中外。民国徽商巨贾叶仕衡居此。

续表33

类别	名称	释义
街巷	县学街	亦称县学前、县学塘。因明清县学设此而名。有池塘，也因县学而名。民国《衢县志》："亦通称县学塘。"清康熙蒲松龄《聊斋志异衢州三怪》载："城中一塘，夜出白布匹，如匹练横地。过者拾之，即卷入水。"即为此处。清康乾时，有朱文公祠(即徽州会馆)、万寿宫(即江西会馆)等设此。晚清徽州学者江南春有诗。
	航头街	又名黄头街。明清时期是通往江山、常山的水路埠头，设有街市，故名。旧时街上多打铁铺，亦称打铁街。清嘉庆《西安县志》："城西十里，在亨衢乡五十七都。"晋时，殷浩将军曾流放于此。
	东河沿	民国《衢县志》："由乌桥至莫家桥。"晚清福建陆路、水师提督罗大春及其家族寓居于此，旧有圣谕楼等。
	马站底	一称马栈底。清嘉庆《西安县志》："朝真井，北抵太平坊。"民国《衢县志》："相传留状元之马栈在此，站当作栈。通至状元坊。"状元厅故址为南宋状元留梦炎宅。旁有熙春巷，即留状元之熙春园，又名熙春楼。留梦炎，宋理宗淳祐四年(1244)甲辰科状元，官至右丞相兼枢密使。
	裱背巷	曾名裱褙巷、厚伦巷。清嘉庆《西安县志》："裱祷巷：名厚伦巷。"民国《衢县志》："古南婆巷，俗呼裱褙巷。转通南街，又有巷出中河，名小南婆巷。"
	中河沿	清嘉庆《西安县志》："莫家桥下左右，横街。"民国《衢县志》："莫家桥西首。"旧有中厢祠詹家祠堂、汪洋医院等设此。民国国医馆馆长江钟灵居此。
	瑞仙巷	旧称晴楼巷。清嘉庆《西安县志》："晴楼巷，在瑞仙桥上，旧有庙。"民国《衢县志》："古名晴楼巷，出中河沿，有瑞仙桥。"
	馒头巷	清嘉庆《西安县志》："夫人庙东，系私巷。"民国《街县志》："夫人庙东小巷。通中河巷。极曲折。"
	美俗坊	清嘉庆《西安县志》："旧天后宫南首。"民国《街县志》："通广门左转至老天后宫。"今为道前街所贯通。
	天官桥	一称天官桥头。民国《衢县志》："西河沿转弯处。"旧有义姑庙(亦称娘娘庙)等。
	百岁坊	清嘉庆《西安县志》："在鲁阜神祠前。"民国《蜀县志》："大南门沿城东转柯阳首庙前，巷颇曲折。"清代、民国衢州望族龚氏一族聚居于此。
	建乙巷	民国《街县志》："亦作日巷。通建乙塘。"
	九曲巷	民国《街县志》："百岁坊东首小巷，通出鲁儒坊道贯巷，有数湾。"晚清蜀郡学堂总理叶师蕴居此。
	西河沿	民国《衢县志》："华丰楼至天官桥一带河沿。"民国美国哥伦比亚大学、纽约大学哲学博士、英文版《北平新闻》报总编卫士生居此。
	新河沿	旧称新开河下。清嘉庆《西安县志》："新开河下，白衣庵前一带。"民国《衢县志》："文昌阁向北门一带。"晚清举人、宋史学家叶左文居此。
	白果巷	旧称白果树巷。民国《衢县志》："浮石桥东，内有小河。"晚清正谊书院山长吴子弓居此，民国弘一法师曾登门拜谒，并撰《旭光室跋》。
	化龙巷	清嘉庆《西安县志》："北口出讲舍街。"民国《衡县志》："旧镇署以东上下诸巷，通名化龙巷。"旧有老博士署等。晚清广东连州知府、龙游余恩镕解组归乡，自龙游迁居于此。子福溥、孙庆春、曾孙绍宋数代居此。余绍宋，民国北洋政府司法次长、方志学家、书画家

续表 33

类别	名　称	释　　义
街巷	闹市巷	旧称道士巷。清嘉庆《西安县志》:“化龙巷内,即道士巷。”民国《衢县志》:“俗称道士巷。在化龙巷南,出新桥街。”
古镇	石梁镇	以传说得名。相传古有石梁飞来落地,故名。位于衢州市西北。清嘉庆《西安县志》:“城西二十里,在进贤乡四十八都。”民国《衢县志》记载,石梁郑氏为明兵部侍郎郑辰后裔,由航埠迁至旧有商贸市场,通寺桥源,多山货、纸品等。今为衢西重镇。
古村落	园林村	隶属于华墅乡。清嘉庆《西安县志》:“去城南四十里,在德懋乡二都。”今属柯城区华墅乡。南宋成淳二年(1266),朱熹第五世孙朱照迁徙于此。村中多其后裔,有祠堂、碑园、谱牒等存世。
	荆溪村	隶属于石室乡。以溪得名。曾名金鸡、金溪。清嘉庆《西安县志》:“三十庄,去城东南二十里,在靖安乡十一都,领村荆溪。”
	缸窑村	隶属于衢化街道。明清时期,江西人迁徙于此,以筑窑产缸为业,故名。清嘉庆《西安县志》:(窑厂)“缸窑三所,青窑、黄窑。”清嘉庆《西安县志》“三十八庄,去城东南十五里,在龙业乡十五都。领村缸窑。”
	沙湾村	隶属于信安街道。以自然地理特征得名。宋代曾名陈家堡、孝悌里。北宋“铁面御史”赵抃出生地。清嘉庆《西安县志》:“四十二庄,去城东一十里,在龙业乡十七都,领村沙湾。”宋封越国夫人徐氏(赵拆继母)墓在此。《古迹志》云:“清献公抃丧继母,与弟拊庐墓于此。”
	将军叶村	隶属于航埠镇。曾名双牌鱼湖。据《叶氏宗语》记载,宋时先祖由处州松阳迁至,有将军叶光烈为国捐躯,未归故土。子孙遂更名将军叶,并建祠以纪念。清嘉庆《西安县志》:“一百二十庄,去城西三十五里,在临江乡五十三都,领村将军叶。”
	严　村	隶属于航埠镇。以姓氏得名。古名严川。据《严氏宗谱》记载,严氏先祖自桐江迁至,明天顺间建祠。据《严氏宗谱》记载,清嘉庆《西安县志》:“一百十九庄,去城西二十五里,在临江乡五十一都,领村严村。”衢州椪柑、衢橘发源地之一。亦为“西安高腔"发源地之一。
	严家圩村	原名严家淤。隶属于白云街道。地处江山港、常山港交汇处的沙淤上。先为严氏定居,故名。又因地处内淤之外,故曾称外淤。清嘉庆《西安县志》:“一百三十三庄,去城西南十里,在亨衢乡五十七都,领村严家淤。”
	汪　村	隶属于双港街道。村以姓氏名。因地处常山港下游沙洲上,旧时亦称下洲。据《汪氏宗谱》记载,汪氏先祖于明宣德年间自婺源迁至信安下洲。清嘉庆《西安县志》:“一百三十三庄,去城西南十里,在亨衢乡五十七都,领村汪村。”
	麻蓬村	隶属于石梁镇。曾名后洋,亦作麻篷。清雍正年间,江西南丰人迁至,村民操南丰方言,祖传“十三太保”武功。民国《衢县志》:“在百九庄石梁附近,距城约二十里。自道光十余年,设立天主堂。道光末设领报堂。民国十四年,村前山建圣母堂”。清末民初,法国神甫来此传教,并有意大利、奥地利、西班牙等国传教士到此交流访问,村民皆信奉天主教。
	治岭村	隶属于七里乡。曾名竖岭。清嘉庆《西安县志》:“八十五庄,去城北八十里,在玉泉乡三十五都,领村治岭。”据《徐氏宗谱》记载,先祖于明洪武间迁至。村内有织机洞、孟家洞等溶洞群、山羊石林、大宗祠、千年樟树等独特的自然景观。清嘉庆《西安县志》:坚岭“鸟道蚕丛,千盘百曲。石壁削立,别开胜景。”清人陈圣泽、陈一夔有诗。

续表33

类别	名　称	释　　义
古村落	五十都村	隶属于沟溪乡。曾名叶坂。清康熙间编册，西安县置十七乡五十九都，该村划为五十都，故名。清嘉庆《西安县志》："一百十六庄，去城西四十里，在临江乡五十都，领村五十都。"
山川	灵鹫山	位于柯城区九华乡境内。民国《衢县志》载："一名大猴岭，俗称小九华山。"清嘉庆《西安县志》："在县西三十五里。古有灵鹫庵，今建地藏殿。秋七八月间，远近进香云集。"清人郑万年有诗，近代徐映璞著《浙江灵鹫山志》。
	鹿鸣山	位于柯城区西郊。清康熙《西安县志》："在县西三里，岗峦秀洁，修竹苍松掩映，禅刹为那人游宴眺览之所。望城中雉堞，烟火如列，几案有泉清冽，人争汲取之。明太守瞿溥赵姬葬其麓，有碑记"。清嘉庆《西安县志》："鹿鸣山，山有项王庙。"明徐应秋、清朱彝尊、朱邕等有诗。
	白云山	位于柯城区石梁镇境内。清康熙《西安县志》："在县西四十五里，上有白云庵。孤峰峭削，下瞰平时，幽寂明秀，上凿崖石，为池养鱼。半山有泉，莹烛须眉，四时不涸。"宋参知政事赵抃、清嘉庆宰相费淳有诗。
	九龙山	位于柯城区南九龙湖风景区。明《一统志》："在府城南二十里"。明嘉靖《衢州府志》："定阳溪环其趾。"清康熙《西安县志》："去城二十里。相传一人有九子，客死栝苍。其子以筏载棺归抵山下筏覆，诸子求相，得诸石穴中。紫蔓斜结已合，加之斧凿，潭水尽赭。是夜，云雷倏起，有神物飞出者九，或以为龙云。"按，明徐应秋《玉芝堂谈荟》称"九龙山名甚多。衢西南已见其二。大约以山脉分支而名。雷雨之说不经，不足信也"。清人张濬有诗。
	响谷山	位于柯城区南。又称响谷岩。明《一统志》："在府城南二十一里。"《方舆纪要》称，在烂柯山南里许，实隔河相望。清康熙《西安县志》："在县南三十里(按，有误)，崖壁峭立，水环其侧。崖之畔有石穴，风嘘则鸣"。清人翟灏有诗。
	青峒峰	位于柯城区石梁镇境内。又名青铜尖。清康熙《西安县志》："在县西三十里，奇峰秀耸，在县城背后，本名大靠山。俗讹为大考山，上有转轮禅庵，即定光古佛成道处，也明方孟旋、徐子卿两先生读书其上，构数楹，颜日：'倚云'，有《依云社文集》，即此。"清人陈圣泽有诗。
	铜钱岭	清《浙江通志》："去郡城三里而遥(按，西门外，去常山大路)。康熙十三年，耿逆(按，指靖南王耿精忠)之变，官兵列营于此，与此对河而阵。历三年，王师云集，贼始大溃，烧营夜遁。"清咸丰间，太平军石达开率部扎营并激战于此。清人陈传经有诗。
古迹遗存	周宣灵王庙	古称周孝子祠。位于柯城区下营街。清康熙《西安县志》："宋孝子广平正烈周宣灵王神祠，在县治西北朝京门内。宋淳熙间，周雄因闻母讣，哀伤哭死舟中，植立不仆。衢人异之，即车神肉躯敛布加漆，建庙祀焉。有大旱为霖、反风灭火之应。至元中，伯颜忽都奏封王号，大新其庙，以城濠田税供春秋祭仪。"
	南禅寺	即南禅显圣寺。位于柯城区南。清嘉庆《衢州府志》："在城南三里。梁天监年间，嵩头陀建。来至道元年，建水陆道场，感梦熙陵，御笔改今名。其寺有瑞石将军祠，灵应特异。"今寺圮而名存。
	资忠寺	即资忠显亲禅寺。位于柯城区双溪村。清康熙《西安县志》："城西北三十五里。宋熙宁间，枢密何公建功德院。绍兴十九年，赐今额。久废。康熙三十一年，天宁寺僧普幻募化重建"。按：此寺在今寺桥源，寺门有桥，因以为名。宋室皇裔赵子昼墓在此。

续表 33

类别	名 称	释 义
古迹遗存	天妃宫	即老天后宫。位于柯城区天王巷。清康熙《西安县志》。“在县治西，朝京门之南。明时，军卫漕艘吏卒所建。清嘉庆间，闽商公建新天后宫于天王巷，自为福建会馆。”
	徽州会馆	即朱文公祠。位于柯城区县学街。清嘉庆《西安县志》：“徽国文公祠，在县学西。乾隆二十一年，徽商建。乾隆六十年重修。光绪初年，大修。”
	驿马桥	即落马桥。位于柯城区南郊。民国《衢县志》：“旧传，黄巢于此落马，不敢入城，因名。光绪间修。”
	鸭 桥	即压潮桥。位于柯城区区西压潮村。民国《街县志》：“旧本石梁，久圮。嘉庆十七年，陈志辂独建。同治九年、光绪二十年，皆其裔孙捐修。”
	双水桥	位于柯城区南。民国《衢县志》：“城南二里。康熙间，募众资建。”今桥圮而名存。
	蛟池塘	位于柯城区蛟池街。明《一统志》：“茭池，在府城中，产菱。因名。今在夫人庙前，俗称蛟池塘”。清蒲松龄《聊斋志异衢州三怪》载：蛟池塘“又有鸭鬼，夜既静，塘边并寂无一物，若闻鸭声，人即病。”
	县学塘	（见“县学街”条）。
	建乙塘	位于柯城区建乙巷。民国《衢县志》：“一作见日塘。在鲁儒坊北。”

汇总：街巷 21 个、古村落 11 个、古镇 1 个、山川 7 个、古迹遗址 11 个

区委、区政府部分文件选目

表 34　　2019 年中共衢州市柯城区委部分文件目录

序号	文　号	文　件　名　称	发布日期
1	区委发〔2019〕7 号	关于支持检察机关依法推进公益诉讼工作的意见	2019 年 3 月 9 日
2	区委发〔2019〕10 号	关于高水平促进低收入农户全面小康的实施意见	2019 年 3 月 29 日
3	区委发〔2019〕15 号	关于加快工业创新转型大力推进产业集群发展的若干意见（修订）	2019 年 6 月 26 日
4	区委发〔2019〕22 号	印发《关于加快教育高水平高质量均衡发展推进教育现代化实施意见》的通知	2019 年 9 月 5 日
5	区委发〔2019〕25 号	关于高水平推进新时代人大工作和建设的实施意见	2019 年 11 月 11 日
6	区委发〔2019〕26 号	关于新时代加强和改进人民政协工作的实施意见	2019 年 12 月 16 日
7	区委发〔2019〕28 号	关于进一步加强新时代乡贤工作同心聚力“四区”建设的实施意见	2019 年 12 月 22 日
8	区委发〔2019〕29 号	关于全面推进预算绩效管理的实施意见	2019 年 12 月 27 日
9	区委发〔2019〕30 号	关于印发柯城区加快建设“一乡千宿”民宿集聚区实施意见的通知	2019 年 12 月 30 日
10	区委办〔2019〕1 号	印发《柯城区关于推进“山海协作+产业智慧化”发展数字经济的实施意见》的通知	2019 年 1 月 4 日
11	区委办〔2019〕17 号	关于大力整治形式主义切实减轻基层负担的实施意见	2019 年 4 月 27 日
12	区委办〔2019〕23 号	关于印发《柯城区专项工作组干部管理考核办法（试行）》的通知	2019 年 6 月 19 日
13	区委办〔2019〕24 号	关于开展“请你来协商”平台建设工作的意见	2019 年 6 月 26 日
14	区委办〔2019〕31 号	关于印发《衢州市柯城区公务员职务与职级并行制度实施方案》的通知	2019 年 8 月 1 日
15	区委办〔2019〕39 号	关于印发《衢州市柯城区“亲水花园·乡村振兴”示范区建设行动计划》的通知	2019 年 10 月 30 日
16	区委办〔2019〕40 号	关于公布《柯城区部门与乡镇（街道）职责边界清单》的通知	2019 年 11 月 25 日

表 35 2019 年衢州市柯城区人民政府规范性文件目录

序号	发文文号	行政规范性文件名称	发布日期
1	柯政发〔2019〕13 号	衢州市柯城区人民政府关于“一村万树”绿色期权的实施意见(试行)	2019 年 2 月 19 日
2	柯政发〔2019〕33 号	衢州市柯城区人民政府关于支持时尚产业发展的若干政策意见(试行)	2019 年 7 月 18 日
3	柯政发〔2019〕34 号	衢州市柯城区人民政府关于推进“新材料+”和智能制造产业发展的若干政策意见(试行)	2019 年 7 月 18 日
4	柯政发〔2019〕52 号	衢州市柯城区人民政府关于印发柯城区让利性股权投资引导基金管理办法的通知	2019 年 10 月 29 日
5	柯政办发〔2019〕4 号	衢州市柯城区人民政府办公室关于印发柯城区集体土地上房屋征收认定办法(试行)的通知	2019 年 1 月 25 日
6	柯政办发〔2019〕5 号	衢州市柯城区人民政府办公室关于印发柯城区城市总体规划用地范围内农民住房困难户疏导安置结算办法的通知	2019 年 1 月 25 日
7	柯政办发〔2019〕18 号	衢州市柯城区人民政府办公室关于印发柯城区村级工程项目交易管理实施细则的通知	2019 年 5 月 27 日
8	柯政办发〔2019〕21 号	衢州市柯城区人民政府办公室关于印发柯城区农村宅基地及住房确权登记发证实施细则的通知	2019 年 7 月 10 日
9	柯政办发〔2019〕11 号	衢州市柯城区人民政府办公室关于印发柯城区农村综合产权流转交易管理办法(试行)的通知	2019 年 7 月 16 日
10	柯政办发〔2019〕16 号	衢州市柯城区人民政府办公室关于印发衢州市柯城区一村万树绿色期权管理实施细则(试行)的通知	2019 年 7 月 16 日
11	柯政办发〔2019〕31 号	衢州市柯城区人民政府办公室关于印发柯城区企业还贷周转资金管理办法的通知	2019 年 10 月 18 日

荣　誉　录

区委区政府表彰的全区经济社会发展作出突出贡献的企业和各条战线的先进集体、先进个人名单

柯城区2019年度创业创新突出贡献奖

财政贡献奖

衢州柯城农村商业银行股份有限公司
浙江金沃精工股份有限公司
衢州普星燃机热电有限公司
浙江衢州联州致冷剂有限公司
衢州伟荣药化有限公司
衢州虎山混凝土有限公司
衢州鑫业建材有限公司

税收前十强企业

衢州柯城农村商业银行股份有限公司
衢州宸帆电子商务有限责任公司
浙江金沃精工股份有限公司
衢州普星燃机热电有限公司
浙江鸿盛环保科技集团有限公司
浙江长舟贸易有限公司
衢州伟荣药化有限公司
浙江衢州联州致冷剂有限公司
衢州虎山混凝土有限公司
衢州凯泰汽配城综合开发有限公司

国家高新技术企业

浙江桥架母线有限公司
浙江圣丰工艺品有限公司
衢州金源宏泰制冷剂有限公司
衢州市霸龙机动车部件有限公司
浙江金明生物科技有限公司
衢州奔能车业有限公司
浙江赛邦印铁制罐有限公司
浙江五星机械有限公司
浙江俊峰健身器材有限公司
浙江绿峰机械有限公司
浙江九树机械有限公司
衢州市圣宝建材有限公司

工业企业小升规奖

衢州弘康纸制品有限公司
浙江佰意智造服饰有限公司
浙江鸿盛环保科技集团有限公司
贝德科技有限公司
衢州开隆建材有限公司
浙江多力塑胶有限公司
衢州中林木业有限公司
衢州安邦钢结构有限公司
衢州振翔电力器材有限公司
衢州市口乐心食品有限公司

工业企业上台阶奖

浙江鸿盛环保科技集团有限公司
衢州市九洲化工有限公司

工业企业增速奖

浙江赛捷智能科技有限公司

浙江衢州杰晟热能科技有限公司
衢州市远方化工厂

大干项目突出贡献集体

双港管委会　专业市场管委会
交通运输局　航埠镇　石梁镇
衢化街道

招商引资工作突出贡献集体

区发改局　区卫健局
区应急管理局　柯城资规分局
区协作中心　双港管委会
九华乡　衢化街道

招商引资工作突出贡献个人

戴凡淅（双港管委会）
陈　浩（交通运输局）
余红星（荷花街道）
祝　骏（衢化街道）
黄志辉（七里乡 山海协作专班）
陈国刚（沟溪乡）
金国明（农业农村局）
陈　峰（衢化街道 深圳招商组）

山海协作工作突出贡献集体

区委组织部　区财政局
区协作中心　区农业农村局
石梁镇

山海协作工作突出贡献个人

郑晨义（农业农村局 消薄飞地小组）
郑　悦（区委政法委 消薄飞地小组）
胡春芳（沟溪乡）　方蕾茜（统计局）
陆嘉洋（国资办 山海协作专班）

柯城区2019年度大花园建设突出贡献奖

党建治理大花园工作突出贡献集体

区委组织部　区委宣传部
区委政法委　区农业农村局
区财政局　区水利局
区林业局　柯城资规分局
区统计局　区文旅体局
区妇联　区电商办
万田乡　石梁镇
沟溪乡　九华乡
华墅乡　衢化街道

全域土地综合整治与生态修复工程突出贡献集体

农业农村局　柯城资源规划分局
万田乡　九华乡　华墅乡

“一村万树 绿色期权”突出贡献集体

区林业局　区农业农村局
区委宣传部　区财政局
区工商联　柯城农商银行
万田乡　九华乡
石梁镇　沟溪乡
花园街道　九华乡
范村村　姜家山乡前昏村
万田乡万田村

“一村万树 绿色期权”突出贡献个人

盛　誉（区府办）
金　焕（区委组织部）
丰峰峰（区政协机关）
吕世民（区林业局）
郑　建（团区委）

郑建华（柯城农商银行）
方桔明（航埠镇人民政府）
王建峰（华墅乡人民政府）
蒋　平（石室乡人民政府）
谭君华（七里乡人民政府）
贵建国（航埠镇新三村）
余显忠（九华乡近山村）
谢伟富（沟溪乡斗目垅村）
祝明明（衢化街道塔坛寺村）
戚逸民（花园街道新姜村）

“党建统领基层治理”示范村（社）

航埠镇雨灵山村
石梁镇石梁村
沟溪乡斗目垅村
姜家山乡三山村
万田乡弈园村
府山街道坊门街社区
荷花街道松园社区
信安街道紫荆社区

“担当作为”好支书

贵建国（航埠镇新山村）
祝明明（衢化街道塔坛寺村）
郑小莲（府山街道县学街社区）
揭伟君（荷花街道荷东苑社区）
郑晓蕾（双港街道欣港社区）
万衢英（衢化街道文昌社区）
张国华（巨化中学）
夏丽红（新世纪学校）

柯城区2019年度重点工作记功嘉奖

三大征收项目集体三等功

区人大机关　　区政协机关
区纪委区监委　区委组织部
区委宣传部　　区委政法委
区财政局　　　区教育局
区卫健局　　　区人社局
区住建局　　　区征迁事务中心
区民政局　　　区水利局
柯城资规分局　柯城公安分局
石室乡　　　　荷花街道
双港街道　　　衢化街道
府山街道　　　信安街道
花园街道

三大征收项目集体嘉奖

区市场监管局　　区应急管理局
区审计局　　　　区经信局（商务局）
区司法局　　　　区交通运输局
区统计局　　　　区医保局
区总工会　　　　团区委
柯城综合执法分局　区林业局
区残联　　　　　区文旅体局
区监管办　　　　区发改局
区机关事务保障中心
专业市场管委会　区妇联
区委统战部　　　区营商办
区退役军人事务局　双西港管委会
区科技局　　　　柯山公安分局
柯城消防大队　　柯城供电分公司
柯城交警大队

三大征收项目个人三等功

毛志宏　吕　品　林良友　周　轶
赖育宏　郑　建　郑　晨　吴卫良
江红霞　姜雨良　舒素标　雷　晓
施　萍　童　新　周志平　周建立
陈宏良　杜尚龙　姜新胜　方育娟

陈林云　余红星　郑　亮　袁　超
舒志明　徐发珍　邱　剑　杨　星
洪　栋　唐志斌　袁文武　郑龙华
杜　昀　周　童　严声建

三大征收项目个人嘉奖

郑梦慧　周林芳　周　勇　汪岳荣
缪旭东　樊建军　揭根龙　廖品利
杨　全　汪　斌　李水华　傅　颖
邵　峰　林利奇　何建忠　余成友
缪宏飞　余　慧　吴学文　郑　煜
钱慧卿　杨　辉　蔡永洪　郑瑞林
吴驾云　陈军华　沈志兴　郑锡峰
张吉青　郑建龙　劳淑珍　卢小红
刘建明　朱秋宁　王　琮　范成平
方润雨　胡志刚　姚宏光　郑志刚
上官珺　傅朝旭　汪雁南　徐炎斌
吴　杏　汪立新　徐晓文　申屠军良
吴志鸿　李仁寿　吕志斌　童晓文
韩　译　毛红霞　李　鸣　郑建军
余育勤　周志伟　汪明英　熊清益
张芳萍　何建莉　雷湘绮　魏　云
刘骏峰　夏栋庆　叶　斌　余仲飞
李晓雯　危丽华　郑忠平　方伏寅
沈国春　吴巧山　刘尖兵　蓝　珍
汪凤花　卢雪云　吕世民　郑国锋
黄慧华　金韶辉　鲁国华　徐国强
万志龙　曾朝霞　童子仲　贵媛婷
余锦芝　毛鹏飞　徐　剑　汪闪明
陈江生　王慧明　刘水忠　宋江河
王爱华　鲁　怡　谢世宏　沈水忠
李三清　吴　青　郭大远　王小军
周　波　余慧峰　童文峰　余宛然
王　红　曾小东　方水土　赵哲珂
裘杭宾　何美忠　琚晓阳　郑小兵
汪德伟　毛云龙　陆　军　谢小丽
毛雪琴　胡　勇　洪美蓉　祝华建
康　壮　翁九荣　张　甜　毛文秀
刘　愿　董翠燕　周　斌　童惠春
余燕珍　雷安广　朱小强　杜　霖
朱芳军　郑云逸　史文艳　黄永勤
李江波　鲍利兵　祝　骏　付　妍
蒋玉田　张建生　冯国英　汪　娟
余　军　徐成方　姜益军　周　菲
徐嘉川　沈佳黎　杨小丽　余洪中
陈　喆　陈禹诺　徐春春　鲁红平
许小康　柴水才　郑　辉　崔远博
沈忠飞　傅莹莹　夏　俐　江素洁
郑小莲　徐洁艳　翁　毅　陈永红
周　成　徐红飞　管建梅　郑华珍
丰小龙　汪建军　许炳祥　徐一丰
陈　亮　邵明峰　胡　正　严国强
郑华良　童　荣

林其他重点工作集体三等功

区委宣传部　区林业局
柯城资规分局　柯城供电分公司
沟溪乡　万田乡

其他重点工作集体嘉奖

区委组织部　区农业农村局
区交通运输局　区税务局
区协作中心　区电商办
石梁镇　沟溪乡
双港管委会　航埠镇时尚低碳小镇

其他重点工作个人三等功

黄宏瞻　刘　敏　周云聪　姜洪梅

其他重点工作个人嘉奖

徐恺彧　兰琴仙　童雪芳　余延祥
蒋　峰　徐卫民　郑宇琦　宣晓君
任文俊　方志英　戴凡浙　钱　颖
夏灵飞　杨　儒　吴　川　楼　寅
郑　悦　郑晨义

柯城区2019年度经济社会发展目标综合考核先进单位

乡镇（街道）

万田乡　沟溪乡　衢化街道

党群综合类部门

区委组织部　区委宣传部
区委政法委

经济发展类部门

区发改局　区农业农村局
区财政局（国资办）

社会管理类部门

区住建局（人防办　征迁办）
区人力社保局　区卫健局

市驻区分支机构及金融类

柯城自然资源和规划分局
柯城综合执法分局
园区管委会
双港管委会

全区优秀教育工作者

获省劳动模范　省教坛新秀
市第七届名师　市第五届“红烛奖”
市教坛新秀　市劳动模范
区“三优一模范”
区“乡村教育守望奖”
2018年度区政府教学质量奖
区优秀学校领导班子
区先进教育工作者
区优秀班主任

区教育系统“两优一先”人员名单

一、浙江省劳动模范

兴华中学　何建红

二、浙江省教坛新秀

大成小学　江狄龙
实验幼儿园　汪慧丽

三、衢州市第七届名师

区教研室　黄雪祥　白云学校　吕晓军
白云学校　陈红梅　大成小学　章味珍
华墅小学　江　剑　实验小学　刘美芳
鹿鸣小学　胡晓芸　新华小学　江月蓉
教工幼儿园　蒋　舜

四、衢州市第五届“红烛奖”

兴华中学　包国生　新星初中　胡建新
巨化中学　朱荣林　石梁中学　占家明
航埠初中　郑瑞英　润智学校　童文珍
新世纪学校中心亭校区　翁贤明
黄家小学　朱顺娥

五、衢州市教坛新秀

兴华中学　唐玲玲　巨化中学　金沈芝
白云学校　傅　晓　白云学校　周润之
新华小学　黄　欣　航埠小学　吴秀珍
教工幼儿园　徐　鸿
润智学校　叶　莉

六、衢州市劳动模范

新世纪学校　陈昱安

七、柯城区“三优一模范”

1. 优秀校长

兴华中学　何建红　新华小学　童伟强
巨化一小　郑美宏　航埠小学　张伟民
实验幼儿园　徐丽娟

2. 优秀教师

兴华中学　徐　勇　新星初中　周　磊
书院中学　江军英　白云学校　邵　晨
新华小学　毛晓晓　鹿鸣小学　胡晓芸
尼山小学　唐湘飞　巨化一小　张秀秀
沟溪小学　蓝国平　华墅小学　江　剑
教工幼儿园　饶　俊
润智学校　叶　莉

3. 模范班主任

兴华中学　周　清　巨化中学　林国英
新星初中　朱晓云　书院中学　郑淑琴
白云学校　徐国梅　鹿鸣小学　季　焱
礼贤小学　杜慧娟　大成小学　卢红育
巨化三小　方素娟
尼山小学珊塘校区　楼雪仙
九华小学　方永琴
新华幼儿园　杨　莘

4. 优秀创新团队

新世纪学校机器人社团
负责人　陈昱安
兴华中学“互联网+”技术团队
负责人　崔迎光
少年儿童体育运动学校射箭队
负责人　吕晓军
白云学校“云端漫步”读写研究团队
负责人　陈红梅
新华小学 STEAM 创客团队
负责人　黄　欣
尼山小学南孔文化传承团队
负责人　杨慧峰
航埠小学民乐队
负责人　许　冰

八、柯城区“乡村教育守望奖”

1. 夫妻“乡村教育守望奖”

（沟溪小学）蓝利群
（沟溪小学）毛美仙 夫妇
（航埠初中）叶泉良
（石梁中学）余美珍 夫妇
（石梁中学）郑锡丰
（航埠小学）徐爱仙 夫妇
（石梁中学）吴全胜
（石梁小学）张　静 夫妇
（石梁中学）严富根
（石梁中学）龚敏芝 夫妇
（万田小学）蒋煜庭
（万田小学）祝志芳 夫妇

2. 个人“乡村教育守望奖”

航埠初中
刘卸海　何建军　陈根木　程祖平
严毓平　陈　伟　孙贤龙　郑卸德
郑激扬　徐红权　柴贤明　饶松良
孔云明　郑瑞英　何国仙　方晓红
石梁中学
苏玉泉　徐国祥　黄孝忠　郑水良
占家明　孙莉红　裴根香　刘水才
沟溪初中
蓝传福　王汉君　程志刚
华墅初中　祝小云
航埠小学
陈先昌　叶金华　柴贤德　秦　明
陈培新　孔祥鸿　徐增富　傅雪南
陈建新　朱友良　姚国银　郑国成
周小华　危圣红　郑雪仙
巨化一小官碓校区　姜秀伟
九华小学　方连生　江春良
黄家小学　董金根　朱顺娥

姜家山小学
徐天录　郑渭清　郑建新　方土华
万田小学　江先华　吴菊仙　张余青
华墅小学
郑　彬　徐建龙　朱老四　吴慧珍
沟溪小学　巫友惠　谢卸泉
石梁小学　余焕成　邵亚芳
石室小学　徐梅仙
鹿鸣小学七里校区　雷　霄
新世纪学校中心亭校区　翁贤明
新华小学下村校区　梅樟木
大成小学民族校区　翁洪云
尼山小学珊塘校区　余春琴

九、2018 年度柯城区政府教学质量奖

（一）中考奖

兴华中学　巨化中学　书院中学
新星初中　白云学校
航埠初中　华墅初中　石梁中学
沟溪初中

（二）竞赛奖

1. 初中文化学科竞赛奖
巨化中学
2. 区中小学生田径运动会团体奖
初中组
白云学校　兴华中学　巨化中学
城区小学组
鹿鸣小学　新华小学　新星小学
农村小学组
姜家山小学　华墅小学　航埠小学
3. 衢州市四大联赛团体奖
足球联赛　兴华中学　白云学校
篮球联赛　兴华中学
乒乓球联赛　兴华中学
4. 省艺术节艺术表演奖
鹿鸣小学　白云学校
实验小学　新星小学
5. 市艺术节艺术表演奖
兴华中学　白云学校（初中组）
新华小学　鹿鸣小学
大成小学　白云学校（小学组）
巨化三小

（三）教研指导奖

姜春林　刘　芳　廖丽萍　阮建中
黄雪祥　徐慧娟　张　勇　蔡菁菁

十、柯城区优秀学校领导班子

兴华中学　白云学校　新华小学
礼贤小学　实验小学　大成小学
巨化一小　新华幼儿园　华墅小学
石室小学

十一、柯城区先进教育工作者

兴华中学
郑明霞　钟国斌　翁妍雯　汪海田
陈小梅　崔迎光　巫亦婷　卢　微
王雪珍
巨化中学　贺　艳　汪雪芳　朱晓卉
书院中学　邱丽娟　童丽君
新星初中　徐增伟　叶建新
白云学校
叶海涛　黄刘荣　吴艳丽　余靓靓
陈新明　叶盛华　傅　晓　郑琦玲
新世纪学校
夏丽红　王　吉　黄丽娟　魏丽英
曾　艳
新星小学
李小建　邵庆廷　郑晓菁　方益梅
郑林燕　方　绣　吴伟华　翁舜强
新华小学　陈梅玲　雷郑涛

鹿鸣小学
陈丽芳　徐康康　刘建梅　姜华龙
张　豹　孙　洁
礼贤小学　陈　勇　杨　梅
尼山小学　杨根银　周　芳　邵蕴卿
实验小学　叶爱萍　吴晓霞
大成小学
章味珍　朱燕飞　童晓峰　郑小青
廖予倩　潘　甜　黄晓敏
巨化一小　陈　丹　邱美霞
巨化三小　张丽慧　王　林
新华幼儿园　卫群芝　胡小平
教工幼儿园　蒋　舜　饶　俊
实验幼儿园　董丽娟
机关幼儿园　徐慧庆
玉龙幼儿园　祝敏佳
银河幼儿园　王慧芯
汪村乡小学　邱　勋
花园小学　林　婧
石室乡小学　李红芬　蔡　欢
黄家小学　吕建虹
姜家山小学　吾慧芳
万田乡学校　方　茜
航埠镇初中
蓝小成　巫勇军　於　可
航埠镇小学
毛武高　唐诗诗　余红霞　王　淞
石梁镇中学　聂天敏　毛雪晨
石梁镇小学　陈小红　叶　群
九华乡小学　黎　赟
沟溪乡小学　祝淑珺
华墅乡小学　余　凯
华墅初中　姜松刚
阳光小学　余小琴

十二、柯城区优秀班主任

兴华中学
叶翠仙　许　娟　缪　黎　刘伟英
龚小伟　黄　婷　聂秀宾　陈文明
王　钧
巨化中学
朱志嘉　朱　亮　林国英　高海霞
书院中学　徐玲玲　刘正松　郑志仙
新星初中　张菊兰　吴　星　查明俊
白云学校
汪　博　邓平军　徐国梅　方桂琴
徐巧英　吴　莹
新世纪学校
章小莉　杨　奇　方丽娟　魏骏飞
新星小学
吴秋琛　汪争春　黄　静　叶　芳
陈文清　郑建锋　郑慧斌
新华小学　姜霞珍　郑小妹　吾雅珍
鹿鸣小学
徐　娟　应美娟　吴雪芬　徐亚灵
陈小芳　张献凤
礼贤小学　夏小佳
尼山小学　钟剑惠
实验小学　曾　琦　郑丽萍　陈玲玲
大成小学
毛建霞　孙　丽　邵爱宁　柯雪芬
高雯曦　徐莉莉　曹　霞
巨化一小　陈秀燕　王海燕　杨　珍
巨化三小　廖素珍　黄　莹
新华幼儿园　汪炎爱　余依帆
教工幼儿园　陈　倩　徐　鸿
银河幼儿园　何荷婷
实验幼儿园　肖迎春
机关幼儿园　池喜梅

花园小学　徐林雁　魏丽鸿
黄家小学　金　晶
姜家山小学　王　茜
石室乡小学　周　宇
万田乡学校　祝志芳
航埠镇初中　徐红权　郑瑞英
航埠镇小学　叶园园　江竹梅　叶欢欢
石梁镇小学　卢　婷
石梁镇中学　葛月霞　吴全胜
沟溪初中　曹　丽
华墅乡小学　翁新凤
九华乡小学　李　菲
沟溪乡小学　江春燕
润智学校　张慧妮
阳光小学　娄昱晖

十三、柯城区教育系统“两优一先”

（一）先进基层党组织

巨化中学党总支　新星初中党支部
白云学校党总支　石梁中学党支部
新华小学党支部　新华幼儿园党支部
新世纪学校党支部　巨化一小党支部
航埠小学党总支　大成小学党总支

（二）优秀党务工作者

兴华中学党总支　郑明霞
巨化中学党总支　徐良明
书院中学党总支　王德洲
航埠初中党支部　孙贤龙
新华小学党支部　徐玉镯
巨化一小党支部　步红方
九华小学党支部　应　靓
石梁小学党支部　郑秀芳
机关幼儿园党支部　黄　峥

（三）优秀共产党员

教研室党支部　廖丽萍
兴华中学党总支
许　娟　陈　蕾　周　清　王丹丹
巨化中学党总支
徐　婷　程阳清　吴　瑕
书院中学党总支
朱晓庆　陈庆莹　欧阳伊甸
新星初中党支部　吕昌全　严菊仙
白云学校党总支
琚晶晶　夏向红　周永龙
石梁中学党支部　丁杰勋
航埠初中党支部　郑必成
新华小学党支部　黄忠英　叶　盛
鹿鸣小学教育集团党支部
蒋冬霞　杨冰洁　鲍丽丽
实验小学党支部　叶小秋　姚巨辉
尼山小学党支部　吴锡珍
大成小学党总支
周文霞　王婷丽　范赟赟
新星小学党总支
李　霞　王冬青　郑　翀
新世纪学校党支部
吕雨香　魏鹏莺
巨化一小党支部　曾亚红　苏建洪
巨化三小党支部　柴锡明　周梦媛
石室小学党支部　胡世超
花园小学党支部　陈小燕　林　婧
润智学校党支部　吴晨晨
黄家小学党支部　尹文超
汪村小学党支部　程晓静
姜家山小学党支部　祝慧珍
万田小学党支部　蒋巧俏
九华小学党支部　陈小琴
石梁小学党支部　汪　菲
航埠小学党总支　王芩安　徐扬帆

华墅小学党支部　　祝良芳
沟溪小学党支部　　苏文婷
新华幼儿园党支部　叶春红
教工幼儿园党支部　王　洁
实验幼儿园党支部　邱　恒
机关幼儿园党支部　池喜梅
银河幼儿园党支部　张　佳
玉龙幼儿园党支部　宣　宇
阳光小学党支部　　张　铁

“八一”光荣榜

2018 年 4 月 1 日至 2019 年 3 月 31 日柯城籍现役官兵立功受奖人员光荣榜

三等功　贵华鑫　航埠镇上万村
三等功　丰晓建　航埠镇万川村
三等功　郑毫亮　航埠镇曹门村
三等功　王鹏飞　石梁镇塘公村
三等功　王红刚　万田乡王家村
三等功　鲁江宏　万田乡顺家路边村
三等功　邓　军　石室乡下石埠村
三等功　吕　卫　府山街道县学街社区
三等功　肖　金　花园街道新姜村
三等功　朱春有　荷花街道荷三路
三等功　李星宇　荷花街道朝阳社区
三等功　许文焘　双港街道双港社区
三等功　余维佳　双港街道双港社区
三等功　叶　欢　信安街道迎和社区
三等功　王　易　信安街道紫荆社区
三等功　章杰钦　花园街道安装社区
三等功　李苏侨　衢化街道滨一村社区
三等功　章皓天　白云街道玉龙社区
三等功　郑伟康　黄家街道黄家村

柯城区获全市党建治理大花园先锋战队和先锋战士名单

一、先锋战队

基层组织建设和基层治理先锋战队
府山街道坊门街社区
衢化街道昌苑社区
花园街道上洋村
石梁镇白云村
组团联村（社）服务先锋战队
姜家山乡大塘头村联村组团
农房体系构建和风貌提升先锋战队
双港街道五湖村
全域土地综合整治先锋战队
华墅乡人民政府
小城镇环境综合整治先锋战队
航埠镇人民政府
农村改革先锋战队
九华乡范村村

二、先锋战士

基层组织建设和基层治理先锋战士
吴　竞　荷花街道新荷社区党委书记
组团联村（社）服务先锋战士
孙有银　信安街道北门村联村组团成员
徐金平　石梁镇坎底村联村组团团长
网格服务管理先锋战士
张秋芬　双港街道双港社区大乐园网格 2 网格长兼专职网格员
徐三古　姜家山乡富周塘村网格 2 网格长
徐　辉　沟溪乡后坞村网格 1 专职网格员
徐建平　花园街道叶篷村网格 2 专职网格员

祝松妹　衢化街道昌苑社区网格 1 兼职网格员

范显富　荷花街道通荷社区网格 1 兼职网格员

叶美玲　石梁镇柴家坊村网格 1 网格指导员

黄　丽　府山街道天皇巷社区网格 4 网格指导员

农房体系构建和风貌提升先锋战士

冯小青　沟溪乡党委书记

全域土地综合整治先锋战士

王建峰　华墅乡党委副书记　乡长

小城镇环境综合整治先锋战士

周建忠　小城镇环境综合整治行动领导小组办公室专职副主任

农民增收和扶贫开发先锋战士

兰琴仙　石梁镇党委委员　副镇长

产业发展先锋战士

方向明　衢州早田农业科技开发有限公司董事长

《柯城年鉴（2020）》专用名词解释

1. 四项重点措施：即学习教育、调查研究、检视问题、整改落实。

2. “五个始终、六个带头”：即始终高举思想旗帜、始终秉持政治忠诚、始终担当履职尽责、始终坚持人民至上、始终恪守务实清廉；带头参加学习研讨、带头深入调查研究、带头听取群众意见、带头检视查摆问题、带头抓好整改落实、带头反对形式主义官僚主义。

3. “五个一”学习活动：即一系列集中自学、一次初心之行、一次警示教育、一系列专题研讨、一次专题党课。

4. “9+1”专项整治：即①贯彻落实习近平新时代中国特色社会主义思想和党中央决策部署置若罔闻、应付了事、弄虚作假、阳奉阴违问题专项整治；②干部不担当不作为问题专项整治；③违反中央八项规定精神和省委“36 条办法”、区委操作办法突出问题专项整治；④形式主义、官僚主义，层层加重基层负担，文山会海突出，督查检查考核过多过频问题专项整治；⑤领导干部配偶、子女及其配偶违规经商办企业，甚至利用职权或职务影响为其经商办企业谋取非法利益问题专项整治；⑥基层选人用人突出问题和干部因私出国（境）违规问题专项整治；⑦基层党建突出问题专项整治；⑧扶贫、民生领域不正之风和侵害群众利益问题专项整治；⑨对黄赌毒和黑恶势力听之任之、失职失责、包庇纵容充当保护伞问题专项整治；⑩编外用工问题专项整治。

5. “3+2”产业体系：即“新材料+”、服装时尚、智能制造三大主导产业，美丽经济幸福产业、数字经济智慧产业两大新兴产业。

6. 四个结构：即交通投资、生态环境和公共设施投资、高新技术产业投资、民间投资。

7. 两院一会一平台：即柯城数字经济协同创新研究院、东南数字经济发展研究院柯城分院，柯城数字经济专家委员会，柯城数字智造服务港。

8. “1+2+N”产业扶持政策体系：指一个主政策：《柯城区加快工业创新转型大力推进产业集群发展的若干意见（修订）》（工业 18 条）；2 个产业专项政策：《关于柯城区推进“新材料”和智能制造产业发展的实施意见（试行）》《柯城区关于支持时尚产业发展的若干政策》；经信、科技、金融、人才等若干配套政策。

9. 一亿中流：指销售规模或估值在数千万到数亿元间，在自身的细分领域有一定建树，在产品、技术方面有自己的底蕴和竞争力的一批企业。

10. “四维”考核办法：即“岗位赋分+模块评分+组团积分+专项加分”。

11. 三个城：即无证明办事之城、掌上办事之城、信用示范之城。

12. “1+4+X”母子公司体系：“1”是指

衢州市柯城区国有资产经营有限责任公司；“4”是指衢州市柯城区建设投资发展有限公司、衢州市柯城区绿创文旅体育投资有限公司、衢州乡村振兴投资发展有限公司和衢州产融投资发展有限公司等四个一级子公司；“X”是指改革后暂时保留或实行“一套班子若干牌子”的二级子公司。

13. GEP 核算：即生态系统生产总值，指一定区域内以自然生态系统为主系统，为人类提供的最终产品与服务的经济价值总和，包括物质产品、调节服务与生态文化服务的价值。

14. 三类人员：即受过刑事处罚、存在“村霸”和涉黑涉恶等问题的村（社区）“两委”干部。

15. “三个三”基层党建工程：即落实乡镇（街道）主体责任、发挥村（社）组织主体作用、激发党员群众主体意识“三大主体工程”；组团联村全覆盖、网格支部全覆盖、党员联户全覆盖“三个全覆盖”；乡镇（街道）党（工）委服务指数、村（社）党组织堡垒指数、党员先锋指数“三大指数”。

16. 三联工程：指组团联村、两委联格、党员联户。

17. 双下沉、两提升：即城市医院下沉和医学人才下沉，推进县域医疗服务能力提升和群众满意率提升。

18. 八个嘱托：即习近平总书记在浙江主政期间 8 次到衢州调研时的重要指示精神：①“成为全省经济新的发展增长点”；②“打造四省边际中心城市”；③“成为全省经济向中西部邻省拓展的一个桥头堡”；④“推进山海协作工程上新水平”；⑤“让南孔文化重重落地”；⑥“努力把生态优势转化为特色产业优势，依托‘绿水青山’求得‘金山银山’”；⑦“营造亲商安商富商的投资环境，吸引更多的外来投资者到衢州创业发展”；⑧“抓好以党组织为核心的基层组织建设和干部队伍建设，形成全方位覆盖基层的工作网络”。

19. 八大任务：即市委七届四次全会上提出的“交通先导、城市赋能、产业创新、乡村振兴、队伍建设、基层治理、营商环境、城市文明”等八大工作任务。

20. 八个一体化：即区委八届四次全会提出的“突出互联互通，全力推动交通先导一体化；突出共建共享，全力推动城市赋能一体化；突出开放开发，全力推动产业创新一体化；突出宜居宜游，全力推动乡村振兴一体化；突出提速提效，全力推动营商环境一体化；突出崇文崇礼，全力推动城市文明一体化；突出落细落实，全力推动基层治理一体化；突出有为有位，全力推动队伍建设一体化”。

21. 六有、五美：六有，即有完善的基础设施、有整洁的居住环境、有配套的社区服务、有长效的管理机制、有特色的小区文化、有和谐的邻里关系；五美，即环境美、生活美、产业美、人文美、治理美。

22. 两小镇、两飞地、两基地：“两小镇”即新材料小镇和航埠时尚低碳小镇；“两飞地”即柯城科创园和巨化新材料协同创新中心；“两基地”即数字经济和高新技术产业基地。

23. “一案三查”：既要查办黑恶势力，又要追查黑恶势力背后的“关系网”和“保护伞”，还要倒查党委、政府的主体责任和有关部门的监管责任。

24. “两个一律”：对涉黑涉恶犯罪案件，一律深挖其背后腐败问题，对黑恶势力“关系网”、“保护伞”，一律一查到底，绝不姑息。

25. “一个战略目标”：即活力新衢州、美丽大花园。就是以大花园建设为统领，以“两山”实践示范区、绿色金改试验区为支撑，打造自然的花园、成长的花园、心灵的花园，建设中国营商环境最优城市、中国基层治理最优城市和国际花园智慧城、南孔圣地礼仪城，加快绿色发展、西部崛起，真正使衢州成为浙江经济发展新的增长点和新的特色亮点，与全省同步实现“两个高水平”。

26. “四大战略定位”：即打造大湾区的战略节点、大花园的核心景区、大通道的浙西门户、大都市区的绿色卫城，全面融入全省“四大”建设。

27. “三大战略任务”：即队伍建设、基层治理、城市文明。队伍建设，就是坚持“严管+厚爱”“激励+约束”，严明军规、由事察人、实战选人、激励关爱，把干事导向和用人导向最大限度地紧密结合起来、体现出来，打造一支战斗的团队、奔跑的团队、温暖的团队；基层治理，就是坚持大党建统领大联动治理，抓实抓好“三个三”基层党建工程，着力构建“王”字型运行机制，努力达到“主”字最高标准、最高境界，真正实现党建、治理“一张皮”；城市文明，就是扛起“让南孔文化重重落地”的历史使命，内向打通文明城市创建和城市品牌打造，外向与建设“两个最优城市”打通，横向打通文化事业发展和文化产业发展，纵向打通南孔古城复兴和南孔文化复兴，全力打造“一座最有礼的城市”。

30. “三大战略路径”：即坚持“四个两手抓”、打造“四个升级版”、强化“四个大统筹”。坚持“四个两手抓”，就是在开放开发上，既要打开杭衢高铁有形的大通道、又要打开杭衢创新合作无形的大通道，同时还要谋划打开杭深近海内陆线有形的大通道，打开四省边际生态旅游协作区无形的大通道。在改革创新上，既要打破拖累经济发展的产业生态的“坛坛罐罐”、又要打破制约经济发展的政务生态的“坛坛罐罐”；在动能培育上，既要打造美丽经济幸福产业、又要打造数字经济智慧产业，让美丽更智慧、让智慧更美丽；在形象塑造上，既要打响都市大花园的品牌、又要打响乡村大花园的品牌，建设全域大花园、一个大花园。

31. 打造“四个升级版”：就是打造绿色发展升级版、“最多跑一次”改革升级版、杭衢山海协作升级版、特色小镇升级版。强化“四个大统筹”，就是把龙游、江山、常山、开化4个县（市）统进来、统起来，强化重大战略定位、重大基础设施、重大产业项目、重大资源要素的市域统筹，加快传统县域治理向现代市域治理转变，全力建设浙江第五大都市区，努力打造跨省域的泛都市区。

32. 三服务：即服务企业、服务基层、服务群众。

33. 项目工作“4421”体系：指坚持“规则在先、规范操作、公开平等、竞争择优”四个原则，健全“策划、设计、招标、建管”四个规程，防止和避免被部门主导、防止和避免被业主绑架，确保形成最优方案和最好主体，确保工程优质、干部优秀。

各单位审稿人名单（按姓氏笔画为序）

万　勇	万沛霖	丰峰峰	王　中	王予亮	王丽君（女）	王梦琳（女）
毛凌锋	方　放（女）	方　盛	邓克刚	叶　菲（女）	叶海龙	付　妍（女）
吕世民	吕志斌	吕益中	朱欣慰	刘金生	刘恩华	江国军
江晓东	孙浩浩	严建飞	苏青华	李　翔	李晓飞	肖建伟
吴伟红	吴兴钢	吴海青	吴湘忠	何建莉（女）	何雪华	余　均
余　鹂（女）	余　勤（女）	余向琴（女）	余洪中	余锦芝（女）	汪凤花（女）	汪闪明
汪晓勤	汪德伟	宋江河	张　霞（女）	张建明	陈　伟	陈　俊
陈坦侬	陈逸青	邵　宁	邵文超	周　成	周　听	周　尉
周小玲（女）	郑　俊	郑　麟	郑国贞（女）	郑急流	郑晓颖（女）	郑增进
胡　滨	胡建华	胡海姣（女）	侯剑峰	姜杨青	姜祥峰	姜德云
骆江涛	秦新举	徐　翏	徐　斌	徐月芳（女）	徐俊飞	徐敏芳（女）
凌姗姗（女）	郭　俊	唐　华（女）	黄志强	商振平	董翠燕（女）	蒋文伟
韩　译	童文峰	曾小东	蓝建雄	蔡永洪	管　军	潘奔本（女）
潘黎群（女）	魏国春					

索　　引

说明：

1. 本索引采用主题分析法编制。
2. 索引主题词的首字按汉语拼音字母顺序排列。
3. 索引词后阿拉伯数字表示主题词内容所在的页码。
4. 特载、专记、大事记、附录的内容均不做索引。

M

N

P

Q

R

S

T

W

X

Y

Z

图书在版编目（CIP）数据

柯城年鉴. 2020 / 衢州市柯城区地方志编纂委员会，衢州市柯城区档案馆编. -- 北京： 方志出版社，2020.10

ISBN 978-7-5144-4518-3

Ⅰ. ①柯… Ⅱ. ①衢… ②衢… Ⅲ. ①区（城市）—衢州— 2020 —年鉴 Ⅳ. ①Z525.54

中国版本图书馆 CIP 数据核字（2020）第 225579 号

柯城年鉴（2020）

编　　者：衢州市柯城区地方志编纂委员会
衢 州 市 柯 城 区 档 案 馆
责任编辑：齐　笑

出 版 者：方志出版社
地址　北京市朝阳区潘家园东里 9 号（国家方志馆 4 层）
邮编　100021
网址　http//www.zgfzcb.cn
发　　行：方志出版社图书经销中心
电话（010）67110500
经　　销：各地新华书店
印　　刷：浙江江山鑫华印刷有限公司

开　　本：889 × 1194　1/16
印　　张：29.75
字　　数：631 千字
版　　次：2020 年 10 月第 1 版　2020 年 10 月第 1 次印刷
印　　数：001 ～ 600 册

ISBN 978-7-5144-4518-3　　定价：226.00 元